U0796427

北京市社会科学基金项目优秀成果选编

Beijingshi Shehui Kexue Jijin Xiangmu Youxiu Chengguo Xuanbian

第四辑

北京市哲学社会科学规划办公室 编

首都师范大学出版社
CAPITAL NORMAL UNIVERSITY PRESS

图书在版编目(CIP)数据

北京市社会科学基金项目优秀成果选编．第4辑／北京市哲学社会科学规划办公室编．—北京：首都师范大学出版社，2016.1

ISBN 978-7-5656-2634-0

Ⅰ.①北…　Ⅱ.①北…　Ⅲ.①社会科学—科技成果—汇编—北京市　Ⅳ.①C121

中国版本图书馆CIP数据核字(2015)第278475号

BEIJINGSHI SHEHUI KEXUE JIJIN XIANGMU YOUXIU CHENGGUO XUANBIAN(DISIJI)

北京市社会科学基金项目优秀成果选编(第四辑)

北京市哲学社会科学规划办公室　编

项目统筹　马　岩
责任编辑　张成水
首都师范大学出版社出版发行
地　址　北京西三环北路105号
邮　编　100048
电　话　68418523(总编室)　68982468(发行部)
网　址　www.cnupn.com.cn
印　刷　北京东运印刷有限公司
经　销　全国新华书店发行
版　次　2016年1月第1版
印　次　2016年1月第1次印刷
开　本　787mm×1092mm　1/16
印　张　31.5
字　数　574千
定　价　64.00元

目　　录

哲学学科

项目名称：后现代主义对当代中国文化建设的影响及对策
项目编号：06AgZX026
项目负责人：杨生平
项目信誉保证单位：首都师范大学

论后现代主义对当代中国文化建设的影响与对策

内容提要：后现代主义是20世纪中叶产生于西方发达国家的泛文化思潮，有其独特的社会背景、理论基础、思维方式与价值取向。自传入中国后，对中国文学、哲学等众多文化领域产生了重要影响。后现代主义是现代性体系的综合反映，对此剖析必须有宏观、中观与微观等多项思维，并以制度变革为基础对其加以批判改造。

后现代主义是20世纪60年代左右产生于西方发达国家的泛文化思潮，涉及哲学、艺术、文学、历史学、政治学、社会学、伦理学等诸多领域，产生后有广泛的国际影响。后现代主义影响深：它既涉及对近现代西方哲学的批判与反思，又涉及对资本主义、现代性等问题的批判与反思。后现代主义影响广：它不仅对西方发达国家有很大影响，还对像中国这样发展中国家有较大影响；不仅影响观念形态领域，还影响人们日常生活领域。

一、后现代主义及其实质

后现代主义是一个十分复杂的概念，对它的研究要区分四层不同的意义，即作为词源的后现代主义、作为艺术形式的后现代主义、作为历史现象的后现代主义与作为思想观念的后现代主义。"'后现代主义'一词最早出现于1934年出版的《1882—1923年西班牙、拉美诗选》中，用来描述现代主义内部发生的'逆动'。在1947年出版的英国著名历史学家汤因比的《历史研究》一书也出现过这个词。汤因比用'后现代'指称西方文明中一个新的历史周期——西方统治告终，个人主义、资本主义和天主教权衰落，非西方文化抬头、壮大。"①20世纪60年代，后现代主义出现于绘画、建筑等艺术领域，用以表达一种新的风格。由于这种艺术风格影响越来越大，伊哈布·哈桑把它作为与现代主

① 王治河主编：《后现代主义辞典》，北京：中央编译出版社，2004年版，第9页。

义艺术不同风格加以系统研究。真正使后现代主义走向世界舞台，还要归功于利奥塔。利奥塔在《后现代状况》中通过对后现代社会知识特点的系统描述，使“后现代主义”一词声名鹊起，随着此书在北美公开出版发行，作为历史现象的后现代主义与思想观念的后现代主义两个问题也浮出水面。不少思想家断言当代西方社会已经步入一个新的时期，出现了明显的“后现代转向”，并纷纷开始对这种现象进行学术研究与理论追溯。在此过程中，哈贝马斯与詹明信的观点是影响力较大的。哈贝马斯认为尽管后现代主义提出了不少合理问题，但现代性仍然是一项未竟的事业，可以通过重建理性与提倡主体间性的方法来弥补现代性的缺陷，而詹明信则公开提出后现代主义是晚期资本主义文化逻辑的观点，并通过对后现代主义“消解深度”“强调平面感”和“取消历史意识”等主张的分析，提出通过认识绘图的方法倡导一种新的乌托邦。

从理论源头上看，后现代主义的哲学基础是以德里达、福柯为代表的后结构主义(或解构主义)，伽达默尔的哲学解释学和罗蒂、蒯因为代表的新实用主义。德里达通过对传统西方哲学内在问题的分析，指出了其存在“逻各斯中心主义”的局限，并提出了延异哲学思想。福柯通过对西方自文艺复兴以后知识构成和发展进程的分析，提出知识型理论并宣称整个西方知识史是断裂历史的观点。伽达默尔通过对海德格尔“在”与“在者”以及前理解等观点的继承，颠覆了西方哲学关于真理是对客观世界正确反映的结论，提出任何解释活动都离不开主体的视界，解释过程就是主客体视界融合的过程。罗蒂等通过对传统实用主义反本体论立场的继承，主张没有核心、没有标准的后哲学多元文化。由于以上后现代哲学流派在反传统哲学时存在明显矫枉过正现象，后来逐步出现了以大卫·格里芬与小约翰·科布为代表的建设性后现代主义。建设性后现代主义批判传统西方哲学把人与外部世界确定为外在关系的人类中心主义局限，提出有机体与内在关系学说，以试图改变现代性带有的灾难性后果。随着全球化加深与后现代主义影响力增强，后现代主义逐步向社会其他领域发展并逐步衍生出许多次生态的后现代主义流派。鲍德里亚通过对西方社会新特点的研究，提出了消费社会理论；布尔迪厄通过对西方社会与个人实践研究，提出了文化资本理论等。后现代主义与殖民文化研究结合形成了后殖民主义理论，与女权主义研究结合形成了新女权主义，与历史研究结合形成了新历史主义，与马克思主义研究结合形成了后马克思主义。另外，后现代主义还与生态等问题研究结合产生了生态社会主义，等等。

从现实实质来看，后现代主义是晚期资本主义社会的综合反映。20 世纪初期，是资本主义矛盾总爆发时期，也是资本主义寻求新增长的时期。1929—1933 年的经济危机几乎把所有的资本主义国家都卷入其中，此时资本主义国家经济出现了大萧条，各种社会矛盾总爆发，随之还引发了第二次世界大战。但资本主义作为一个有生命的有机体不可能就此死亡，更不可能甘于灭亡，它必然要寻求新的增长点，并以此克服经济危机，确保资本主义持续发展。二战结束后，西方国家逐步进行改革，引入了凯恩斯主义与福特制，加强了国家干预能力，这在某种程度上缓解了资本主义社会矛盾，带来了一个较长时期的经济增长。但好景不长，到20世纪70年代前后，国家干预资本主义出现了滞胀危机等新问题。后现代主义正是体现了反对宏观调控与整体控制，追求个性增长与发展的需求。另外，后现代主义也反映了当代资本主义社会一个特殊群体——中产阶层发展需要。中产阶层不同于传统的资本家阶层，他们手中掌握的不是"资本"，而是"符号"，他们是靠所接受的教育和从事的工作性质获得应有的社会地位的。他们的专长是处理文字工作、金钱与人，他们是处理人际关系、商业和技术关系的专家；他们不是依靠"物"，而是依靠"智能"，依靠组织与协调制造"物"的人们的社会机器而生存。大多数中产阶级以在劳务市场出卖服务而不是以买卖资产赢得利益，从职业而不是从资产中获取直接收入。这是他们同大资产阶层最大的区别。当然，从他们的工作性质来看，他们也不同于以蓝领为代表的社会下层阶层。因为，他们不直接从事具体的物质生产活动，收入与社会地位也明显高于蓝领阶层。中产阶级这一社会的"中间"性质决定了他们需要一套既不同于大资产阶层又不同于蓝领阶层的文化理念与生活方式：他们需要享乐文化、游戏文化；他们要过的是雅皮士生活，而不是嬉皮士生活。

正如安德森所说，后现代主义内生着反对资本主义以及与资本主义共谋两种力量①。后现代主义中不少思想家曾猛烈抨击过资本主义制度（如德里达）；但由于他们找不到代替资本主义的更好制度，因而他们的批判更多化为与资本主义的共谋关系。当然，这种转化也跟20世纪60年代发生在西方许多发达国家的激进运动失败有着密切关系。对激进运动失败的影响，伊格尔顿这样总结说："想象一场遭受重大失败的激进运动。事实上，失败如此重大，以至于它在有生之年已不大可能重新兴起，即使曾经有过这种兴起。我心中的这个失败不仅是政治左派所熟悉的那种令人沮丧的受人冷淡，而且是一种如此明确的招致拒绝，以至于似乎使得这类政治学说传统上赖以动作的那些范式名誉扫地。现在这些概念不是受到激烈竞争，而更多的是被人怀着古物收藏家的宽容趣味加以观照，就像人们看待托勒密宇宙观或邓斯司各脱经院哲学那样。它们和常规社会的语言，现在看来不是非常不一致，更多的是完全不可通约——是不同星球的话语，而不是邻国度的话语。"②后现代主义

① ［英］佩里·安德森著，紫辰等译：《后现代性的起源》，北京：中国社会科学出版社，2008年版，第107页。

② ［英］特里·伊格尔顿著，华明译：《后现代主义的幻象》，北京：商务印书馆，2000年版，第5页。

与资本主义共谋关系，明显表现在它与当代资本主义大众文化发展关系上，它成了大众文化发展的意识形态。

从理论特征上看，后现代主义具有反一切体系哲学、宏大叙事与深度哲学的特征，弘扬小叙事与边缘叙事，具体表现是用非本体论代替本体论，用协同论取代反映论，用断裂历史观代替连续历史观，用内在性取代客观性，用不确定性代替确定性，等等。从价值取向上看，后现代主义具有反主体的主体价值、尊重差异的自由价值和反宏大叙事的文化价值等显著特点。后现代主义始终强调个人与边缘群体的价值，主张用发展和开放眼光看待人的价值问题，强调为给他者与未来留有足够的价值空间。这无疑都是有积极意义的。但由于这种价值主张以反对群体价值与共识价值为基础，因而很难找到实现它的正确路径。正如伊格尔顿所说："后现代主义历史终结的思想并没有为我们想象出一个与现在十分不同的前途，那种它奇怪地视作一项值得颂扬的事业的前途。但是在几种前途中的确存在着这样一种可能的前途，它的名字叫法西斯主义。后现代主义的最大考验，或者对于任何其他政治信仰来说是最大的考验，它是如何发展到那一步。它的有关种族主义和族性特点，有关同一性思想的偏执，有关总体性的危险和对他者的恐惧的大量著作：所有这些，连同它对于狡诈的深刻见解，无疑具有相当大的价值。但是它的文化相对主义和道德的约定主义，它的怀疑主义，实用主义和地方主义，它对团结和有纪律组织的观念的厌恶，它的缺乏任何关于政治中介力量的适用理论：所有这一切都将对它极为不利。它在对抗它的政治对手左派——左派现在比以往任何时候更是它的对手——的时候，它需要强有力的伦理学甚至人类学基础；缺少这一点的任何东西不可能给予我们所需要的政治资源。因为这个理由，后现代主义是处于问题的最后部分而不是解决办法的最后部分。"①

二、后现代主义对当代中国文化建设的影响

改革开放以后，由于路线调整、西方现代化对我国的影响、社会主义市场经济体制的确立以及知识经济崛起与全球化进程的影响，后现代主义逐步传入中国。虽然中国缺乏后现代主义产生的土壤(后现代主义只是西方发达国家进入后现代化社会的产物)，但这并不影响后现代主义在中国影响的速度与广度。自20世纪80年代传入中国以后，后现代主义在中国迅速发展，并在某些领域形成了具有明显后现代特征的新思潮。后现代常用的一些词汇，如"话语""文本""叙事""解构""颠覆"等，成了许多人的口头禅。一时间，"人人皆话语，个个谈文本，解构不离手，颠覆不离口"，成了当代中国文化景象的

① [英]特里·伊格尔顿著，华明译：《后现代主义的幻象》，北京：商务印书馆，2000年版，第152页。

一大景观。以《大话西游》为代表的解构与重叙历史经典的风潮一浪高过一浪，不少青少年以“解构”与“叛逆”作为人生价值的重要坐标。20 世纪 90 年代，随着大众文化在中国的兴起，后现代主义也渐渐纳入中国大众文化发展的轨道。中国大众文化在追逐利润与票房的同时，也增加了“穿越”与“玄幻”等明显的后现代元素。当然，要全面总结后现代主义的影响是一项十分复杂的工作，在此只能就文学、哲学与重点文化问题研究做一简单考察。

20 世纪 90 年代前后，中国文学形成了带有明显后现代特征的新思潮，如先锋派文学、新写实主义等。这些小说质疑历史的真实性和决定论的合理性，强调恢复文学的虚构性质，并希望用文学的名义去反抗历史的合理性。格非的《迷舟》、余华的《古典爱情》、马原的《旧死》和苏童的《一九三四年的逃亡》等，便是典型的例证。在当代一些小说家们看来，文学需要反对一切深度。他们主张文学应该走向生活，但又不赞同现实主义的写作方法。他们要求文学作品应真正返回生活中的真实，纯粹客观地对生活本态进行叙述，主张叙述时是一片真空，一片透明，不带丝毫偏见，不掺入半点属于自己的杂质，只原原本本把生活的具象原始地还原出来，以达到一种完整的而不是支离破碎的、现象的而不是理念的真实。王安忆的中篇小说《小鲍庄》、池莉的《烦恼人生》等便是明显的表现。当代一些小说家取消了理想、消解了文学的深度，主张作者从情感的零度开始写作，从某种意义上说似乎使文学更贴近了生活，更反映了生活中的原貌，但事实上却使文学彻底归入市场经济的轨道，加速文学商品化和大众文化的发展。

如果说后现代主义对当代中国文学创作起到了直接影响的话，那么，它对当代中国哲学的影响是间接的。这种影响是通过对后现代主义提出的哲学问题认可或走向的肯定表现出来的。跟后现代主义哲学一样，国内有不少哲学家公开否定本体论，认为本体论是旧哲学思维模式，甚至有人干脆用后现代主义思想家批判思路去指认本体论与唯心主义的关系，对之加以彻底否定。还有一些哲学家通过对哲学史的考察提出后现代主义哲学与马克思主义哲学有着同样重要的变革意义，并以后现代主义哲学思维重新注解和解释马克思主义哲学的方式加强对后现代主义哲学的宣传与推广。近些年来，由于本体论现实意义逐步明显，有一些哲学家又改变了以往批判本体论的思路，用从海德格尔与一些后现代主义哲学家那里借鉴过来的主体理论提出生存本体论等观点。

如果说后现代主义对当代中国文学与哲学的影响主要是通过思维方式表现出来的话，那么，它对当代中国一些重要文化问题研究的影响则直接表现在“话题”上。作为后现代主义次生态流派之一——后殖民主义主要探讨的问题就是全球视域中不同民族与国家的文化关系。作为全球最大的发展中国家，中国文化自然是他们探讨的主要问题之一。作为中国学者，加入全球化与不同民族文化关系的讨论本属正常现象，但由于这些讨论都是由后殖民主义理论引发出来的，因而自然带有明显的后现代特征。后殖民主义对中国文化问题研究话题的影响主要通过中国文化的后殖民、后殖民中的中国文化和后殖民主义与现代启蒙话语三类问题表现出来的。客观上说，后殖民主义视域中的中国文化问题研究有着重要的意义，它既加强了中国文化与世界文化关系的比较研究，推动全球文化交流，又促进了当代中国文化发展。但由于相关问题的争论往往是在缺乏对后殖民主义理论本身充分反思基础上进行的，因而无论是后殖民主义的推进者还是反对者都有一定思想局限性。尽管后殖民主义提出的文化殖民思想是有创新意义的，但后殖民主义理论本身只讲话语殖民不讲话语外的经济与政治殖民，是有明显局限的。文化关系的殖民思考只有把文化自律与文化他律结合起来，才能得出客观、准确的结论。

三、后现代主义对当代中国文化建设的启示

(一)必须客观研究与认识后现代主义

要正确评价后现代主义，就必须先正确看待现代性及其实质。现代性是由资本、科技与理性等因素组合而成的，包括政治经济制度、知识理念体系和文化制度在内的完整制度体系。这个完整制度体系从某种意义上可以用“资本主义”去指称。这个制度体系，在经济上是资本与科技结合，在政治上是民主与法制结合，在文化上是理性与主体结合。文化上的理性与主体既是这个制度体系中的经济、政治派生物，又是它们合理性基础与内在组织机理，甚至是整个制度体系的黏合剂。后现代思想家虽然也涉及现代性中的经济与政治问题，但大多涉猎的是文化上的理性、主体等问题。客观上说，现代性中的理性与主体是有进步意义的，它们在向封建神学讨战中弘扬了人的地位与价值，但也存在有一定问题。就理性而言，它过分强调自身的霸权地位，看不到外部世界的决定作用，忽视自身的弱点(哥德尔不完备定理证明再完美的理性体系都不可能是自洽的)；过分强调工具价值，忽视人自身价值。就主体而言，过分强调理论主体、理性主体，忽视现实鲜活主体、非理性主体；过分强调人的主体地位，忽视世界与人的有机联系；过分强调封闭主体，忽视开放主体。就此而言，后现代主义对现代性理性与主体的理论基础、思维方式、价值取向和功能效果的批判是深刻的，并由此给整个现代性体系带来了巨大震撼。但后现代主义在对现代性批判上有两个明显缺点：一是思维方式的偏颇。后现代主义在批判现代性时往往从一个极端走向另一个极端，他们最初是要批判理性、主体和宏大叙事的弱点，可最终却变为对整个理性、主体与宏大叙事的批判。这一点是跟正在西方兴起的复杂性科学相反的。复杂性科学反对还原论中的片面性，却不抛弃还原论，主张整体论与还原论的统一。二是忽视对现代性制度体系的批判。知识体系、文化制度在现代性体系

中占有重要地位，却不构成现代性体系的核心，现代性体系核心应是经济、政治制度以及整体社会制度。要改变现代性体系的整体性质，就应该从这些制度入手。可对此，后现代主义是无奈且无能为力的。正因为后现代主义合理性与不合理性混杂并存，故而不能采取肯定一切或否定一切的态度，必须仔细甄别，区别对待，用其所长，避其所短。

(二)不断完善社会主义制度，巩固意识形态领导权

以实践为根本特征、强调人的本质是现实关系总和的马克思主义从意识形态、形而上学与资本逻辑等方面展开了对现代性的多重批判，并从根本制度层面完成了对现代性体系彻底改造。马克思主义认为，资本与科技在经济层面的结合，民主与法制在政治层面的结合以及理性与主体在文化层面上的结合，对现代性体系构成的确重要，但它们还不是现代性体系的根本。现代性体系的根本还在于这些因素以根本制度的形式嵌合在一起。当资本与科技以产权形成固定下来后(即资本主义私有制)，现代性的众多因素就有了凝固特征。而当这一特征与政治统治、意识形态论证与宣传相契合，现代性体系就像牢笼一样稳固。因此，对现代性体系的改造必须是根本制度的变革，就此而言，社会主义是解放和改造现代性体系的唯一合理之路。以苏联模式为代表的社会主义制度确实存在不少问题，但这并不意味着社会主义制度已丧失其优越性。社会主义制度仍是好的社会制度，关键是它需要在实践中不断创新，充分吸收资本主义现代性体系中的合理因素，改造其不合理因素，实现社会与人的同步协调发展。因此，对当代中国文化建设来说，坚持并发展马克思主义、坚持社会主义根本制度，是基本前提与重要保障。虽然后现代主义将批判的苗头直接指向资本主义，但同时也影射社会主义；虽然他们没有直接公开主张“意识形态终结论”，但在一定程度上却助长了这种思潮的蔓延。针对此情，当前我国意识形态建设的使命要从“守势”走向“主导”，不断完善社会主义意识形态理论体系，要从面向世界、面向未来的视角建构适应世界发展潮流的学术与意识形态话语体系，要勇于和善于与后现代主义思潮开展正面交锋，要有敢为天下先、用不断创新的话语观点和理论体系引领世界思潮发展的豪情壮志。当然，社会主义制度在建设与完善过程中，也要充分吸纳后现代主义提出的合理建议，避免资本主义现代化建设中带来的负面影响。

(三)加强政策引导，完善法制体系，建设公正、合理和有一定张力的文化发展立体体系

文化是多样的，层次是复杂的，就其存在方式而言，有文化事业，也有文化产业，有经营性文化，也有公共服务性的文化，等等。由于后现代主义对当前我国文化建设的影响是多层次的、多方位的，这些不同领域或层次的文化形式生产和作用方式又有所不同，故而不能采取统一的文化管理思路，应采用统、分、合的文化政策，并从制度入手加强建设。虽然后现代主义有很强的解构和破坏功能，只要将它限制在一定制度和政策框架中，它就不可能导致颠覆性的后果。由此，建设强有力的意识形态管理与政策机制是防止后现代主义负面影响泛滥的必要前提。由于后现代主义提出的问题大多数是很重要的现实和学理问题，因而在一般文化事业管理的层面就应该提供相对宽松的文化政策。一般理论和学术问题必须在正常的对话和交锋中才能得合理解决，强力的政策控制不仅影响理论和学术的深入探讨，还可能因此而影响现实问题的合理解决。许多学理问题表面上看似乎是一个纯理论问题，但它们归根到底都是现实问题的反映。若不能把重大理论问题讲清、弄透，它迟早会带来较严重的现实后果。尤其像后现代主义这样在当今西方社会有如此重大影响的思潮，更需要严肃认真对待。由于后现代主义具有较强的创新能力，它不仅能不断创造一些新理论和新观点，还能以创新式思维激活已有的文化资源，因而将它合理移植到大众文化和文化产业之中是十分有益的。鉴于后现代主义有可能存在以解构主流意识形态来激活大众文化意义的特点，对此可采用立法方式进行规避。当然，在主流意识形态、一般文化事业与文化产业三个层面采取不同的文化政策也是相对的，毕竟这三种文化不是绝对分离的，而是互动、联动的。所以，要合理利用这种互动、联动，适时把在一般文化事业与文化产业中经过深入讨论或现实检验为正确的观点引入意识形态，再以丰富后的意识形态进一步引领一般文化事业、大众文化乃至现实社会的发展。

（作者：杨生平　首都师范大学教授）

项目名称：两个世界与历史理念：张力与结构——一种历史观念的考察
项目编号：09BaZX037
项目负责人：刘敬东
项目信誉保证单位：清华大学

理性、自由与实践批判
——康德、黑格尔与马克思：两个世界的内在张力与历史理念的动力结构

内容提要：本成果以理性、自由与实践批判作为核心概念，以两个世界的内在张力与历史理念的动力结构作为透视视角，尝试对康德、黑格尔与马克思的历史理念进行解读。本成果认为，包括世界历史理论在内的马克思历史理论是一个由历史观点与阶级观点、形式自由与实质自由的内在紧张所构成的具有巨大张力的思想体系，并从这一解释框架出发，对20世纪社会主义理论与实践的经验和教训做了哲学反思。

一、研究目的与方法

本成果力求基于经典文本进行考察、解读和研究，将理念与现实之两个世界的内在张力这一解释框架，马克思历史理论中历史观点与阶级观点、形式自由与实质自由的内在紧张作为解读视角。成果注重对马克思世界历史理论进行个案研究：基于马克思关于中国和印度的文章、时评，对马克思世界历史理论进行了比较深入的个案考察；注重历史与逻辑的统一等方法的运用和创新。研究尝试考察以下主要问题：(1)基于两个世界的内在张力与历史理念的动力结构这一解释框架，阐明从康德、黑格尔哲学之理性、自由与普遍法治的主题到马克思哲学之实践批判的革命变革的历史逻辑；分析和阐明马克思实践批判究竟在何种意义上，既批判地继承、又革命性地变革了西方哲学特别是德国古典哲学关于两个世界的内在紧张与历史理念的动力结构这一基本传统。(2)阐释马克思资本概念的三层含义或三个维度，并由此提出马克思历史理论中所存在着的历史观点与阶级观点的内在紧张；(3)主要基于马克思政治经济学批判的著作文本，阐明马克思世界历史理论的基本内容，并依据马克思世界历史理论的解释框架，对中国和印度进行个案研究。(4)分析马克思历史理论中所存在着的形式自由与实质自由的内在紧张，并由此反思世界社会主义史上的经验、成就和教训。

二、成果的主要内容、重要观点

1. 该成果以理性、自由与实践批判为立论主题，以两个世界(理念世界与现象世界)的内在张力与理性、自由与实践批判的历史理念为解释框架和基本线索，总体上梳理、阐明和描述了从古希腊到马克思之历史观念的发展、演变和变革，考察、研究和阐述了康德、黑格尔和马克思的历史理念。该成果认为，由巴门尼德、柏拉图所确立，在中世纪神学形态中得到革新的两个世界的内在张力与理性、自由的历史理念，在近代哲学，特别是以康德、黑格尔为代表的德国古典历史哲学的前进发展中不断发生着内容的更新与转换。在马克思哲学的实践批判中才得到了彻底的革命性变革，这一变革表现在它的哲学基础、资本批判、阶级性格、历史主体、人类解放，等等方面。

2. 该成果基于康德、黑格尔历史哲学的文本，考察了两个世界的内在张力与理性自由的历史理念在康德、黑格尔历史哲学中的内在的逻辑关联，并以理性、自由、普遍法治、现代国家和世界历史等核心概念，阐述了康德、黑格尔历史理念得以展开的一系列更加具体的概念群落和详尽的表达形态。本成果认为，两个世界的内在张力框架下的理性、自由与普遍法治的历史理念，构成了以康德、黑格尔为代表的德国古典历史哲学的基本主题和核心原则。理念世界与现象世界之两个世界的相互关系在德国古典哲学中得到了系统更新和逻辑自觉，具有与以往哲学相比更加丰富、鲜明的时代内容和深厚有力的逻辑力量。但在马克思实践批判的历史理论的基本语境中，德国古典历史哲学所表达、所展开的两个世界的历史理念的典型哲学形态，由于其特定的观念论基础和阶级性格而存在着深刻的哲学局限。

3. 马克思历史理论基于实践批判的基本观念，即作为社会批判理论与行动—实践哲学，作为透视和揭露资本秘密的资本哲学，对理性、自由与普遍法治的基本内涵和阶级基础进行了彻底的实践批判和历史论证：马克思在从《1844 年经济学哲学手稿》到《资本论》的经济学—哲学批判中，通过揭示资本与劳动深刻对立的基本逻辑，历史地、系统地而且不容辩驳地证明了，理性不再是资本赢得利润进行无限扩张的精神工具，自由也超越了资产阶级阶级自由的阶级内涵而变革为无产阶级的阶级自由和全人类的彻底解放，普遍法治的阶级性质在摧毁资产阶级国家政权的社会革命中、在无产阶级专政和无产阶级国家政权的建立中得到了根本变革。因此对现代资产阶级的理性、自由、普遍法治、国家本质的实践批判，就成为马克思历史理论彻底否定资本主义现存秩序、争取无产阶级的阶级自由和人类彻底解放的精神旗帜。

本成果认为，尽管马克思严厉批判了黑格尔哲学关于“理念与现实已经调和”的历史理念，尽管马克思哲学具有不同于以往所有哲学的根本特征和阶级性格，但两个世界的基本理念与内在张力仍然以独特的方式存在于马克思的哲学精神之中：在物化、异化与自由个性之间，在作为“自由人联合体”的共产主义的社会理想与资本主义的现存秩序之间，存在着不可调和的紧张、矛盾和对立，共产主义的理论与实践开辟了扬弃这一矛盾的现实的合理道路。

4. 本成果立足马克思著作文本，基于马克思资本概念三个维度所形成的内在张力这一解释框架，历史地考察、梳理和研究了马克思世界历史理论。本研究认为，马克思历史理论是一个包含着多重的解释框架和具有复杂的内在张力的思想体系。仅就资本这一马克思历史理论的核心概念来说，它在马克思哲学—经济学批判的基本逻辑和总体框架中，至少包含着三个基本的维度或方面：一是作为资本主义生产方式内部的、资本与劳动对立意义上的否定性的资本概念。这一维度或方面主要体现在《资本论》这一卷帙浩繁的著作所表达的理论语境中。《资本论》通过使用从抽象到具体、逻辑与历史相统一的科学方法加以系统地展开的政治经济学批判，使这一维度或方面得到了系统、严密地表达；二是从整个人类史来看的，从中世纪向现代社会过渡的具有历史性意义的资本概念。在这一维度和意义上，马克思强调资本的诞生和自由工人的出现标志着人类历史的一个新时代，包含着一部世界史；三是克服自然崇拜、克服地域的民族的界限和偏见的、创造世界市场和世界文学的资本概念。后两个的维度或方面，即关于资本的生成史的维度或方面，关于资产阶级(资本)越出国界、开辟世界历史的“伟大的文明作用”即资本的客观历史作用的维度或方面，马克思没有专门的著作加以系统的、严密的表达，而是体现在《1844 年经济学哲学手稿》《德意志意识形态》《共产党宣言》《1857—1858 经济学手稿》《纽约每日论坛报》等一系列前《资本论》的著作文本和大量政论、时评中。

由此可见，马克思以资本的概念、法则和逻辑为核心主线逐步形成和建构起来的、包括世界历史理论在内的历史理论之所以充满巨大的生机和魅力，根本原因之一就在于资本概念的三个维度之间的相互支撑、协同作战所形成的深刻的内在张力。从资本概念的三个维度的相互支撑的内在张力中考察马克思世界历史理论，是本成果力求有所创新的基本出发点之一。

5. 本成果在重新审视西方历史哲学关于两个世界以及理性、自由与普遍法治的基本理念的基础上，认为传统社会主义条件下的学界把两个世界的内在张力与理性自由的历史理念简单地、缺乏分析地批判为唯心主义，并不加边界地、过度夸张地把唯心主义与阶级观点、阶级分析方法无条件地联想在一起，是导致对马克思实践哲学之批判向度的极度夸张和教条主义运用，从而对追求自由与民主、法治与正义、市场与繁荣的社会主义事业造成严重消极作用的观念的理论的基本原因之一。本成果基于马克思的著作文本，认为在马克思历史理论中存在着、内蕴着历史观点与阶级观点的内在张力，并基于这一基本观点为透视和解读视角，历史地考察和阐释了马克思历史理论所内涵的形式自由与实质自由的内在紧张及其表现形态。

本成果着眼于马克思主义发展史，以形式自由与实质自由的紧张、对峙和统一为基本线索和解释框架，并从历史观和思维方式之变革与转换的角度，历史地、批判性地反思了传统社会主义条件下把马克思实践哲学之批判向度推向极端的理论和实践上教条主义，对20世纪社会主义理论与实践的经验和教训做了力所能及的历史哲学的剖析。

6. 本成果基于马克思19世纪50年代至60年代发表在《纽约每日论坛报》上关于中国和印度的文章、时评等文本，以中国和印度为典型案例，设立专章即“资本与世界历史(下)——马克思世界历史理论：中国与印度个案”对马克思世界历史理论进行了比较详尽、深入的个案考察，在探索、拓展马克思世界历史理论研究的空间和领域上做了初步的尝试和有益的探索。这是本成果所具有的主要特色之一。

三、成果的学术创新

1. 本成果以理性、自由与实践批判为立论的主题，以两个世界的内在张力与历史理念的动力结构为透视视角和解释框架，在考察西方历史理念之基本特征的基础上，尝试对康德、黑格尔和马克思的历史理念进行探索和研究，并力求以此为基点、为前提解释和阐明康德、黑格尔和马克思历史观的核心观念和基本问题。

2. 本成果基于马克思著作文本，根据历史与逻辑相统一的方法论原则，细致地梳理和考察了马克思资本概念的三层含义或三个维度。本成果从马克思资本概念的三层含义或三个维度出发，探索、挖掘和阐释了马克思历史理论和世界历史理论所包含着的、相互支撑的内在张力和巨大生机。

3. 本成果认为马克思历史理论中存在着历史观点与阶级观点、形式自由与实质自由的内在紧张，并以此为透视视角和解释框架，尝试对世界社会主义史的经验、问题和教训进行历史的和哲学的反思。

4. 本成果对马克思世界历史理论进行了比较系统的文本解读和思想阐释，特别是在此基础上以中国和印度为典型案例，尝试对马克思世界历史理论进行了比较深入的个案研究。这在马克思世界历史理论研究的内容、范围和领域的挖掘、拓展、深化上是一个探索和尝试。

（作者：刘敬东　清华大学教授）

科社·党建·政治学学科

项目名称：以创先争优为契机推进首都基层党组织建设研究
项目编号：11ZDA11
项目负责人：倪海东
项目信誉保证单位：中央财经大学

组织绩效视角下的首都基层党组织建设研究

内容提要： 提升基层党组织建设的科学化水平，推进基层党组织治理体系和治理能力现代化，是创新基层党建、夯实党的组织基础的关键。基层党组织作为社会组织的一种形态，组织绩效管理思想对完善并提升基层党组织治理体系和治理能力现代化建设具有重要的借鉴意义。以首都基层党组织的绩效管理与建设为突破点，构建首都基层党组织党建科学化评价体系，是提高首都基层党组织科学化、规范化、制度化水平的创新途径。

党的十八大提出了“以改革创新精神全面推进党的建设新的伟大工程，全面提高党的建设科学化水平”的战略任务，党的十八届三中全会又提出了“国家治理体系和治理能力现代化”的重要命题。习近平总书记在十八届三中全会上的讲话中明确指出，“国家治理体系和治理能力是一个国家制度和制度执行能力的集中体现。国家治理体系是在党领导下管理国家的制度体系，包括经济、政治、文化、社会、生态文明和党的建设等各领域体制机制、法律法规安排，也就是一整套紧密相连、相互协调的国家制度；国家治理能力则是运用国家制度管理社会各方面事务的能力，包括改革发展稳定、内政外交国防、治党治国治军等各个方面。”由此可见，党的建设是国家治理体系和治理能力现代化战略任务中的重要组成部分。

党的基层组织是团结带领群众贯彻党的理论和路线方针政策、落实党的任务的战斗堡垒。创新基层党建工作，是夯实党的组织基础的根本要求。如何提升基层党组织建设的科学化水平，推进基层党组织建设中的治理体系和治理能力现代化，则是创新基层党建、夯实党的组织基础的关键。从组织管理的视角看，基层党组织作为社会组织的一种形态，组织绩效管理思想对基层党组织的管理和建设具有重要的借鉴意义，以首都基层党组织的绩效管理与建设为突破点，构建首都基层党组织党建科学化评价体系，是提高首都基层党组织科学化、规范化、制度化水平的创新途径。

一、组织绩效与绩效管理

在管理学中，绩效一般是指组织中个人或组织内的部门在特定时间内的可描述的工作行为和可测量的工作结果，以及组织结合个人或部门在过去工作中的素质和能力，指导其改进完善相关工作方法、技能和态度，从而获得或预估该个人或部门在未来规定周期内所能取得的工作成效的总和。① 从概念层面来说，我们提到绩效总是默认包括个人绩效和组织绩效两个方面。仅从字面分析，可以看出绩效是“绩”与“效”的组合。其中“绩”主要指的是业绩，它体现的是组织的各种目标和组织为个人设定的相关目标的实现程度及取得的成绩。“效”是指个人或组织在工作中的效率、效果、态度、品行、行为、方法、方式等。从实践层面来看，绩效是一个组织或个人在一定时期内的投入产出情况，投入指的是人力、物力、财力、时间等物质资源，产出指的是工作任务在数量、质量及效率方面的执行和完成情况，为了科学地把握清楚这些情况，绩效管理的概念应运而生。

所谓绩效管理，是指组织中各级管理者和组织成员为了达到组织目标共同参与的绩效计划制订、绩效辅导沟通、绩效考核评价、绩效结果应用、绩效目标提升等工作所构成的一个持续循环过程，它的根本目的在于持续提升个人、部门和组织的绩效。

目前，最常用的绩效管理手段就是绩效评价②。在具体开展绩效评价工作方面，企业目前走在了前列，突出表现在开始应用更科学、更高效的信息化评价手段，形成了绩效考评工作的长效机制，诸如平衡计分卡评价、日常绩效管理等概念已经深入了一些大型企业员工的思想和行为之中。相对来讲，基层党组织建设与管理中在科学、高效的绩效考核方面还比较落后，相关工作的开展主要还是采用传统的手工填表方式进行，这使得大量数据难以进行跨年度、跨部门、跨领域的复杂操作和长期保存，致使基层党组织建设中的一些好的举措和经验难以形成长效工作机制，影响了党建工作的系统性和连续性。与此同时，一些考评工作也显得烦琐冗长，缺乏效率，人力物力投入与产出比低，致使一些重要的党建工作因效率偏低而被不少组织成员认为是走形式，搞花架子，实际意义不大，严重影响了基层党建的开展。此外，基层党建工作凭经验、靠感觉的传统方式在信息化程度日益加深的新形势下，其科学性、规范性越来越受到质疑。基于以上问题，本课题组有针对性地开展了对多种类型基层党组织和党员的调研工作及后续的系统开发工作，在此扎实的实证调研基础上，依据“MOP 模型”和绩效管理的基本理念，研发了一

---

① 参考百度百科中关于“绩效”的词条，http：//baike.baidu.com/view/122994.htm.

② 参考百度百科中关于“绩效管理”的词条，http：//baike.baidu.com/view/166419.htm.

套基层党组织绩效管理信息系统。该系统为有效支持首都各领域基层党组织围绕创先争优活动、基层党建、基层党员开展绩效评价工作，提供了一套有效落实绩效管理理念和实践、有力提升党建工作科学化水平的良好助推工具。

二、组织绩效视角下的创先争优活动

创先争优活动，即在党的基层组织和党员中深入开展创建先进基层党组织、争当优秀共产党员活动。这是在基层党组织中广泛开展并富有成效的一种活动形式。从组织绩效视角来看，这项活动正是基层党组织实施一种绩效管理行为的创新实践。

第一，创先争优活动在覆盖对象上符合绩效概念的内涵。创先争优活动包括两类主体：一是党员个体，二是基层党组织。创先争优活动以这两类主体的实践活动为主要内容，其内涵与组织绩效管理对象是高度一致的。

第二，创先争优活动本质上包括“绩效”和“评价”两个部分。开展创先争优活动要联系实际，注重实效。要紧紧围绕党的中心工作，紧密联系本单位、本部门、本行业的生产经营、工作业务等活动，使创先争优活动搞得扎实有效，不流于形式。这里谈的是“绩”“业绩”，也就是各类基层党组织设定的组织发展目标。开展创先争优要充分调动和发挥党员的积极性和主动性。党员的积极主动参与是创先争优活动开展的基础条件。创先争优活动的动员发动要深入，参与的党员要广泛，党组织要尽力为党员参与创造条件，使党员通过创先争优活动，充分发挥先锋模范作用。这里谈的是“效”，即党员个体和基层党组织在工作中的效率、效果、态度、品行、行为、方法、方式等。开展创先争优活动要建立长效机制。一方面要根据形式任务的要求，及时确定和提出新任务、新要求，使党员争创先进的热情经久不衰；另一方面要有健全的制度来保证。通过制度，保持和增强“争”“创”意识，形成你追我赶的局面，使活动始终处于积极前行的状态。这里谈的是“评”，即通过建立绩效考评制度，形成长效机制，用绩效管理的术语来说就是实现一个持续循环的活动过程，以持续提升个人、部门和组织的绩效。开展创先争优活动要把握标准，加强领导。评比表彰要坚持标准，严格考核，真正使评选出的党组织和党员具有榜样和典型意义。这里谈的是“评”的标准和“评”的原则，这与组织绩效管理工作中重视评价指标建设，重视评价活动的领导是完全一致的。

第三，创先争优活动的步骤事实上与绩效管理工作常用步骤和流程是一致的。我们知道，创先争优活动一般有三个大步骤。一是制定“创先争优”活动规划。内容包括：活动的指导思想和目标，基本内容和要求，活动方式，评比条件、方法和奖励办法以及活动的组织领导措施等。二是活动规划的实施。活动中经常掌握情况，进行检查指导，及时发现和纠正存在的问题，总结推广好的经验。三是评比表彰。采取自下而上，民主评选，集中审议的方法，评选出先进基层党组织和优秀共产党员，按有关规定进行表彰。而绩效管理的过程通常被看作一个循环，这个循环分为四个环节，即：绩效计划、绩效辅导、绩效考核与绩效反馈。可以看出创先争优的前两个步骤与绩效管理过程的前两个过程是一致的，其第三个步骤实际上可以认为就是绩效考核与绩效反馈。

第四，开展创先争优活动的原则与绩效管理工作原则具有一致性。在绩效管理领域，一般遵循如下重要原则：

清晰的目标。对组织成员实行绩效考核的目的是为了让组织成员实现组织的目标和要求，所以目标一定要清晰。

量化的管理标准。考核的标准一定要客观，量化是最客观的表述方式。很多时候组织的绩效考核不能推行到位，沦为走过场，都是因为标准太模糊，要求没有做到量化。

良好的职业化的心态。绩效考核的推行要求组织必须具备相应的文化底蕴，要求组织成员具备一定的职业化的素质。事实上，优秀的组织成员并不惧怕考核，甚至欢迎考核。

与利益、晋升挂钩。不与利益挂钩的绩效考核是没有意义的，考核必须与利益、薪酬等奖励机制挂钩，才能够引起组织由上至下的重视和认真对待。

具有掌控性、可实现性。绩效考核是组织的一种管理行为，是组织表达要求的方式，其过程必须为组织所掌控。

同样，在创先争优活动开展方面，也有一系列必须遵循的原则。中共中央办公厅转发的《中央组织部、中央宣传部关于在党的基层组织和党员中深入开展创先争优活动的意见》(以下简称《意见》)明确提出，深入开展创先争优活动，要认真贯彻落实党的十七大和十七届三中、四中全会精神，以邓小平理论和“三个代表”重要思想为指导，以深入学习实践科学发展观为主题，坚持从本地区本部门本单位实际出发，改革创新，务求实效，统筹推进党的建设其他经常性工作，充分发挥基层党组织的战斗堡垒作用和共产党员的先锋模范作用，在推动科学发展、促进社会和谐、服务人民群众、加强基层组织的实践中建功立业，努力实现组织创先进、党员争优秀、群众得实惠。开展创先争优活动，要注意同学习实践活动整改落实后续工作相衔接，切实兑现向群众的承诺；注意同已有活动载体相衔接，进一步增强活动实效；注意同党的建设其他经常性工作相衔接，突出重点，统筹推进。仔细分析可以发现这些要求实际上就是开展创先争优活动的总体原则，它们分解后均可以与绩效管理的基本原则相对应。

第五，开展创先争优活动与绩效管理活动在目标设定与工作形式上是一致的。创先争优活动的主要形式，是创建先进基层党组织、争做优秀共产党员。《意见》明确提出，创建先进基层党组织要努力做到“五个好”，即领导班子好、党员队伍好、工作机制好、工作业绩好、群众反映好；争做优秀共产党员要努力做到“五带头”，即带头学习提高、带头争创佳绩、带头服务群众、带头遵纪守法、带头弘扬正气。这些形式事实上就是在设定了基层组织和党员的绩效评价目标体系，整个工作的开展事实上是围绕这些目标逐步推进的一个循环，这与绩效管理工作总体上是完全一致的。

上述五个方面的内容，较为充分地证明，组织绩效管理的理念与方法，与基层党组织建设具有高度的契合性，组织绩效管理的方法可以有效地适用于包括创先争优活动在内的各项基层党组织建设活动。

三、基层党建绩效管理与创先争优长效机制

抓基层、打基础是党建事业的一项长期的系统工程。当前，首都基层党组织在加强和改善基层党组织工作方面已取得卓有成效的成绩和进展，扩大了党的组织和工作的覆盖面，发挥了基层党组织的领导核心作用，提高了基层党员的素质，初步形成了以“三级联创”为主要内容的基层党组织工作机制，一些地方还取得了显著的成绩。但从整体来看，首都基层党组织建设的个别方面离党的建设的要求和老百姓的期待还有一定的差距。因此，各级基层党组织要随着形势的不断变化和争创活动中出现的问题，认真分析问题出现的原因，对照原有设计的活动方案，及时进行改正或者制定新的措施，以确保争创活动的开展能够顺利进行，力争使基层党组织和党员始终保持一种创先争优的精神状态。如果从绩效管理来看待当前创先争优活动存在的问题，实际上就是绩效管理工作中非常强调的一个问题，即兼顾工作经过与达成目标过程相统一的绩效管理与评估问题。

绩效管理是一个循环过程，这个过程中不仅关注结果，更强调目标、辅导、评价和反馈。上述问题如果仅仅停留在文字概念的理解层面，显然对于真正形成创先争优工作的长效机制，加强基层党建工作的科学化水平是远远不够的。只有将绩效管理理念、方法、技术引入创先争优活动的各个环节，做到各项工作真正落实到绩效评估体系之中，创先争优工作的长效机制才可能切实有效的实现。事实上，这个实现过程正是首都基层党建工作科学化水平提高的过程。基于此问题和解决该问题的现实需求，开发和研制一套基层党组织开展创先争优活动以及党建绩效管理活动的评价指标体系和一套绩效管理信息系统，就成为影响和制约首都基层党建工作科学化水平提升的关键。

四、基于“MOP 模型”的首都基层党建绩效评价体系

基于上述关于基层党组织绩效管理活动评价体系和绩效管理信息系统需求迫切性的分析，课题组本着提升首都基层党组织建设科学化水平这一目的，建立了“MOP 模型”（见图 1）。这里的 MOP 分别代表多层次（Multilevel）、全

方位(Omnibearing)和精比重(Proportional)，故取名为“MOP 模型”。

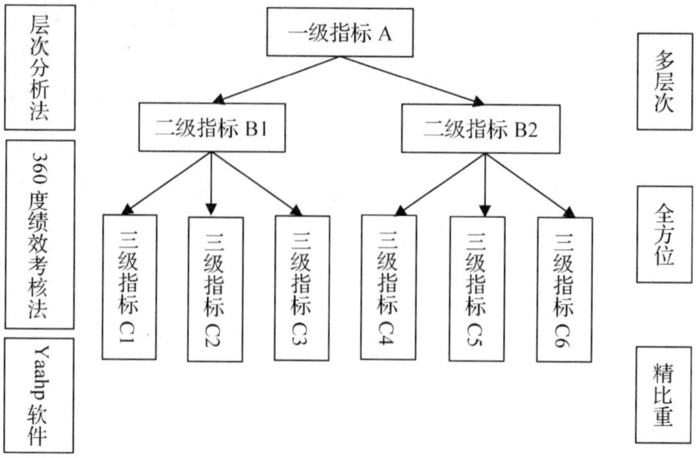

图 1 “MOP 模型”结构

多层次具体是指“层次分析法”(Analytic Hierarchy Process，简称“AHP”)，是 20 世纪 70 年代美国匹兹堡大学教授萨泰(Thomas L. Saaty)创立的一种定性分析和定量分析相结合的评价方法，建立三级指标体系。通过“一级—二级—三级”指标的层层递进，从不同层次进行绩效评价。①

全方位是指借鉴美国英特尔公司提出的 360°绩效考核法，即由组织者和被考核者通过全方位、多维度和客观真实的评价方式，对被考核者的绩效、关键事件和特定的工作行为进行评价。② 结合课题研究的主要目标、任务和内容，根据《中国共产党章程》《中国共产党党和国家机关基层组织工作条例》《中国共产党农村基层组织工作条例》《中国共产党普通高等学校基层组织工作条例》等文献的内容和要求，以及当前首都基层党组织的最新变化和特点，我们制定了一系列全方位的指标，形成较为完整的党组织建设评价指标体系。

精比重是指通过面向党建方面专家、学者的问卷调查，收集他们对于指标重要性的评价，进而运用 Yaahp 软件(层次分析法软件)建立三级评价指标的相对重要性矩阵并计算权重，将定性化的评价指标转化为可量化的评价指标，并通过打分来确定最终评价结果。其中 Yaahp 软件是一套已经进入商用的层次分析法软件，具有成熟的设计理念和技术架构，能够提供方便的层次模型构造、判断矩阵数据录入、排序权重计算以及计算数据导出等功能，对

① 参考维基百科中关于“Analytic hierarchy process”的词条，http：//en. wikipedia. org/wiki/Analytic _ hierarchy _ process.

② 参考百度百科中关于“360 度绩效考核”的词条，http：//baike. baidu. com/view/1765392. htm.

于检验课题组设计的指标的科学性具有很突出的优点。①

通过不断的调查、对比分析、专家求证和软件检验，课题组最终完成了21套基于“MOP模型”的指标体系，并设计了配套的操作办法。在指标体系设计论证和实际测试完成之后，课题组又将其置入一套基于网络的绩效管理信息系统中，从而实现了考评工作的全程信息化，大大提升了基层党组织实施绩效考评工作的效率。

囿于本文篇幅所限，基层党组织建设的绩效管理信息系统的详细指标和具体评价办法不能全面呈现，而只能将其重要理念和思路择要论述。本套系统在课题组实验单位的试测显示和证明，通过使用绩效管理信息系统这种创新的绩效考评形式，基层党组织能够有效地提升基层党建的科学化水平，促进基层党建长效机制的建设，对于切实落实党的十八大提出并强调的“创新基层党建工作，夯实党执政的组织基础”的要求，增进党的十八届三中全会所提出的国家治理体系和治理能力现代化均具有重要的现实意义。

参考文献

[1]《中共中央关于加强和改进新形势下党的建设若干重大问题的决定》，北京：人民出版社，2009年。

[2]《中共中央关于全面深化改革若干重大问题的决定》，北京：人民出版社，2013年。

（作者：倪海东　中央财经大学党委副书记、研究员）

① Yaahp官方网站，http：//www.yaahp.com.

项目名称：马克思主义大众化研究：历史进程和基本经验
项目编号：11ZDB14
项目负责人：崔耀中
项目信誉保证单位：中共北京市委讲师团

在新的历史起点上不断推进马克思主义大众化

内容提要：如何进一步推进马克思主义大众化，是时代赋予我们的一个重大历史课题。发展变革中的世界和中国为马克思主义带来新的机遇和挑战，必须直面应对。马克思主义大众化历史进程中蕴含着极为丰富的宝贵经验。坚持和发展马克思主义，服务和依靠人民群众，坚持理论联系实际，遵循理论传播规律，抓好党内理论学习，这些好的经验需要认真总结，并加以运用。在新的形势下进一步推进马克思主义大众化必须紧紧围绕党的中心任务，解放思想，实事求是，理论联系实际，创新工作方式方法，建设一支宏大的理论人才队伍，用马克思主义中国化最新成果武装全党、教育群众。

实现马克思主义理论武装是党的意识形态工作的重心，是加强社会主义核心价值体系建设的重要内容，是实现中国特色社会主义伟大事业的根本保障。新世纪新阶段，党的宣传思想工作的环境、对象、范围、方式等发生了重大变化。如何进一步推进马克思主义大众化，提高马克思主义大众化实效，巩固马克思主义在意识形态领域的指导地位，巩固全国全党人民团结奋斗的思想基础，成为时代赋予我们的一个重大历史课题。

一、抓住机遇，应对挑战

当今世界正在发生广泛而深刻的变化，当代中国正在经历广泛而深刻的变革。发展变革中的世界和中国在为马克思主义的发展提供更丰富的实践基础和广阔空间的同时，也给中国马克思主义大众化带来许多新的问题。在社会大变革时期，人们思想上的片面性是很容易发生的。在新形势、新任务、新挑战面前，如何实现中国特色社会主义理论体系普及，推进马克思主义大众化，成为统一思想、凝聚共识，形成推动事业前进强大精神动力的关键所在。只有加快推进马克思主义大众化，广大党员干部和人民群众才能明辨理论是非、澄清模糊认识，不会在重大的理论和现实问题上误读、误判，不会在热点、难点问题上迷茫徘徊，从而筑牢思想防线，增强理论自信、道路自信和制度自信，不为风险所动、不为干扰所惑，全力投身改革实践和中国特色社会主义事业伟大征程中，进而推动实现中华民族伟大复兴的中国梦。机遇前所未有，挑战也前所未有。新形势下推进中国马克思主义大众化，必须紧紧抓住历史提供的机遇，直面和应对各种风险和挑战。

在中国特色社会主义伟大旗帜下，我们形成并不断发展中国特色社会主义理论体系，为马克思主义大众化积累和提供丰富的素材。中国特色社会主义实践的丰硕成果证明了马克思主义的真理性，增强了马克思主义的吸引力。改革开放三十多年来，国家各项事业的快速发展，人民生活水平的快速提高，国际地位的快速提升，使广大人民群众对中国特色社会主义道路、制度和理论体系充满自信。与传统社会主义模式失去活力和生命力相比，与新自由主义面临"自我拷问"相比，我们有理由自豪和自信。面向未来，世界在变化，时代在前进，形势在发展，随着社会主义实践的深入，中国特色社会主义道路将越走越宽，马克思主义也将随之不断丰富和发展，还将产生新的中国化理论成果。这一切将为马克思主义大众化提供坚实的实践基础和更丰富的时代内容。

深化马克思主义大众化也面临严峻挑战，特别是社会急剧变化和价值观多样化的挑战。当今世界，经济全球化、政治多极化以及科学技术的迅猛发展使得各种思想文化交流、交融、交锋日益频繁，意识形态领域的斗争也更为尖锐复杂。与此同时，国内社会思想多元、多样、多变特征更加明显，人们思想活动的自主性和多变性日趋增强。受此影响，不同阶层、不同民族、不同区域、不同收入群体、不同性别、不同年龄、不同政治面貌、不同文化背景、不同职业的社会群体思想实际变化和差异也十分明显。马克思主义如何解释快速发展变化的世界和快速发展变革的中国，如何加强对不同群体民众进行马克思主义教育的针对性，这也是一个难题。

此外，我们在"马克思主义大众化"上还存在认识上的误区，也影响到马克思主义大众化的推进。其一，把"大众化"等同于"全民化"。大众化必须有重点，必须分层次。按照一个标准推进大众化，必然造成大众化的实效性不强，效果不明显。其二，把"具体化"等同于"简单化"，甚至"庸俗化"。马克思主义大众化在形式上就是要由抽象到具体、由深奥到通俗，但具体化绝不是简单化，更不是庸俗化。在现实的马克思主义宣传教育工作中，这一问题仍然存在。其三，把"强化"等同于"神化"。现在我们的理论宣传教育工作，依然存在某种程度的神化倾向，唯上唯书的问题仍未能解决。理论总是抽象的，生活实践是具体的。理论并不能解决实践中的所有问题，并归根到底要接受实践检验。理论一旦被神化，被置于至高无上的地位，理论就失去了活力，丧失了对实践的指导作用。

二、总结经验，把握规律

马克思主义大众化历史进程中蕴含着极为丰富的宝贵经验。这些经验值得我们认真学习总结，并加以借鉴和运用。这对新形势下坚持不懈地用中国特色社会主义理论体系武装全党、教育人民，增强道路自信、制度自信和理论自信具有十分重要的意义。

(一)坚持和发展马克思主义，解决“化”的内容

知道了“化”的内容，才能有效推进“化”的工作。推进马克思主义大众化，首先要科学对待并完整准确地理解马克思主义，搞清楚什么是马克思主义、怎样对待马克思主义，实现马克思主义同中国实际和时代特征的有机结合，在坚持和发展马克思主义中推进大众化。马克思主义是真理，然而，在推动这一真理与实践相结合，使之掌握群众，进而推动历史前进的过程中，曾出现过对待马克思主义的教条化倾向。由此带来的一个直接后果是，用马克思主义的本本来裁剪现实解释不了中国的实际问题。另一个直接后果是，学不到马克思主义的精髓，搞不清马克思主义的基本立场、观点和方法。本本上没有的，即使实践提出要求了，也不敢试、不敢闯、不敢干，生怕出问题。

对于马克思主义，我们党历来讲两句话，一是坚持，二是发展。这就要求从精神实质、理论品格上理解马克思主义，明确马克思主义是不断发展着的理论，与时俱进、不断创新是其根本要求。没有创新，没有应用，就没有马克思主义中国化，也没有马克思主义大众化。在改革开放的历史新时期，我们党始终坚持解放思想、实事求是、与时俱进、求真务实，先后形成了邓小平理论、“三个代表”重要思想、科学发展观等理论创新成果，形成了中国特色社会主义理论体系。当前，推进马克思主义大众化的重点，就是推动中国特色社会主义理论体系和中国梦的学习教育。

(二)服务和依靠人民群众，明确“化”的主体

推进马克思主义大众化，一个关键是正确理解和把握“大众”。历史充分证明，人民群众是马克思主义大众化的主体，只有服务和依靠人民群众，鼓励和支持群众进行自我教育，马克思主义大众化才有坚实基础。推进马克思主义大众化，必须坚持人民主体地位，树立群众观点、贯彻群众路线，服务和依靠人民群众。

人民群众是认识和改造世界的主体，是推动历史发展的根本力量。社会越是进步，人民群众主体作用的发挥就越是突出。这是马克思主义的基本观点。把人民群众仅作为被动的马克思主义传播对象，显然是一种片面的认识。可以说，马克思主义能否发挥指导作用，关键要看其能否被作为主体的人民群众所掌握，形成推进事业发展的强大力量。在推进马克思主义大众化的过程中，我们党始终坚持人民主体地位，把马克思主义宣传教育工作同实现人民群众的利益结合起来，重视调查研究，全面把握人民群众的思想动态和理论需求，并通过解疑释惑和解决实际问题促进人民群众思想觉悟的提高。

（三）坚持理论联系实际，体现“化”的要求

紧密结合时代特征和历史中心任务，在回答重大理论和实践问题以及社会热点难点问题中学习宣传马克思主义，是推进中国马克思主义大众化一个宝贵的历史经验。马克思主义要“管用”。这个“管用”，就马克思主义大众化而言，就是要通过理论对时代问题的科学回应和指导实践，证明和发展其真理性，并以此说服教育群众。

问题是时代的声音，是理论联系实际的结合点。这个“问题”既包括重大理论和实践问题，也包括社会热点难点问题，都关系到党和国家的前途命运。我们党领导中国革命、建设和改革的过程，就是一个不断回答和解决时代课题，并在此之中实现理论创新和武装的过程。在道路发展方向和路径设计这个重大理论和实践问题上，在不同历史时期中，每一次抉择和实践都得益于大众化，并使后者实现进一步发展。社会热点难点问题也是如此，而且由于其更贴近社会现实和人民生活，联系这方面问题推进马克思主义大众化更具有现实性，也更具直接效果。改革开放以来，特别是进入改革攻坚期和深水期后，各种问题层出不穷，特别是发展不平衡、不协调问题突出。当其与历史遗留、积累的问题交织在一起时，更具复杂性，往往呈现“两难”特点，统筹兼顾的难度加大。教育、医疗、物价、收入分配、反腐等众多社会热点难点问题，人民群众有意见、有看法，需要在思想理论上给予明确回应。近年来，中宣部理论局组织编写的系列通俗读物《理论热点面对面》受到读者热烈欢迎，就是因为其直面并有针对性地回答了社会热点难点问题。

（四）遵循理论传播规律，掌握“化”的方法

马克思主义大众化要求实效，就要立足实际，遵循客观规律。或者说，要把马克思主义大众化作为一项“科学”来对待，进而以科学的态度和方法推进该项事业。

马克思主义大众化要重视形式手段的多样化，要实现载体和渠道的不断创新。任何理论大众化的方法路径乃至目标任务从根本上说都要受制于当时、当地的经济文化发展水平，即使是“先进理论”也概莫能外。在社会主义建设和改革开放时期，随着社会的发展和人民群众经济文化水平的不断提高，更多的形式手段和载体渠道被不断创新和充分利用，有力的推进了马克思主义大众化。在信息化时代条件下，我们党还特别强调和重视大力推进和深化网络等新媒体理论宣传教育平台建设，努力把以互联网为代表的新媒体建设成为推进马克思主义大众化的前沿阵地，从而增强宣传教育的针对性和有效性，提升引导能力，实现理论传播向广度和深度上拓展。

马克思主义大众化要实现理论话语向大众话语的转变，将“基本原理”转换成“常识道理”。这种方法符合由浅显到深刻、由具体到抽象、由简单到复杂的思想理论传播规律。也就是说，马克思主义讲“中国话”还不够，还要用中国普通群众的话，还要从实际出发、用形象化具象化的语言来表达。真理总是朴素的。“真佛只说家常话”。《毛泽东选集》雄文四卷没有用什么艰深的理论词汇，却将马克思主义的基本理论、观点和方法在结合中国革命实际中展示得淋漓尽致。

(五)抓好党内理论学习，打牢“化”的基础

重视理论武装建设是党的优良传统和政治优势。我们党历来把加强党的思想理论武装作为推进党和人民的事业不断前进的先决条件。正是由于重视学习，特别是重视对马克思主义的学习，不断读马克思主义之书、明马克思主义之理，我们党才能在艰难困苦中不断取得革命、建设和改革的胜利。纵观历史，我们不难发现，之所以中国共产党能够在各种思潮冲击和复杂形势面前能够保持思想统一，即使在党员由几十名发展到几千万规模时，仍然能够保持思想统一，形成强大的凝聚力和向心力；之所以中国共产党能够执政，而且能够长期执政，不断克服各种风险挑战，其中的一个奥秘就在党不断以理论学习保持自身的先进性和纯洁性。“照镜子、正衣冠、洗洗澡、治治病”离不开马克思主义这个锐利的思想武器。

中国特色社会主义事业的巨大成功充分证明了中国共产党领导社会主义建设的能力和先进性。不仅如此，鉴于党在国家和人民政治生活中的特殊地位和作用，马克思主义的学习教育越是在党内得到重视并加强，马克思主义在社会上的影响力也就越能不断扩大。党内大兴马克思主义学习之风会在整个社会起到很好的示范作用，并营造良好的学习氛围，从而有助于引导和激励更多的群众学习。

三、解放思想，整体推进

在新的形势下继续推进马克思主义大众化必须提高党的意识形态领导能力，紧紧围绕党的中心任务，解放思想，实事求是，坚持理论创新与理论武装的统一。

马克思主义中国化、时代化和大众化是一个整体。因此，推进马克思主义大众化必须要在整体上考虑把握、推进实施，在实现马克思主义中国化、时代化中实现大众化。推进马克思主义大众化首先要解放思想，以一种开放的胸襟和全球视野对待马克思主义，从中国和世界发展变化的实际出发，适应时代发展的需要，在坚持和发展这一科学理论中推进这一理论走向大众。这也是提高党的意识形态领导能力的必然要求。世界发展中不断出现新情况、新问题，改革开放不断出现新情况、新问题，不解放思想如何能正确认识这些问题，又如何能正确的解释和应对这些问题？什么是马克思主义、怎样对待马克思主义，什么是社会主义、怎样建设社会主义，建设什么样的党、怎样建设党，实现什么样的发展、怎样发展等重大问题仍然要我们随着时代的发展，在推进中国特色社会主义事业的伟大实践中给予创造性的科学回答。需要强调指出的是，解放思想的要求是面向全体大众的，这也是推进马克思主义大众化的应有之义。人民群众不仅是历史的推动者，从根本上说，还是理论的创造者。没有广大人民群众的思想解放，就没有中国特色社会主义理论体系。只有人民群众真正掌握了马克思主义的精髓，才能实现坚持和发展这一理论。

宣传工作是党的事业的一部分，是社会主义建设事业的一部分。因此，这一工作必须要整体推进，防止单一化。一方面，从根本而言，创新实践是科学认知的前提。在当代中国马克思主义的指导下，让广大群众在改革开放伟大实践中体会、感知、了解和接受这一真理，这样的大众化才能取得实效。这符合知行相统一的基本认识规律，也是马克思主义认识论的基本观点。科学认知产生的动力和沃土就在丰富的社会实践中。另一方面，中国特色社会主义各项事业的顺利推进为当代中国马克思主义大众化提供了新的平台、条件，其建设成果也为中国特色社会主义理论体系的科学性提供了充分的实践证明，增强了这一理论的吸引力和向心力。难以想象，没有社会主义各项事业的进步，没有整个中国特色社会主义建设事业的大发展、大繁荣，马克思主义能在各种社会思潮的挑战面前岿然不动，成为人民群众思想上的“主心骨”。

四、立足实际，创新方式方法

理论联系实际，是马克思主义最重要的理论品质。推进马克思主义大众化必须要贴近实际、贴近生活、贴近群众，重视在聚焦和解决实际问题上下功夫，重视创新工作方式方法。

推进马克思主义大众化首先要科学回答和解决人民群众关心的社会热点难点问题。唯有如此，马克思主义大众化才能彰显其理论价值，让人民群众感受到马克思主义的科学性，从而认可并接受马克思主义。马克思主义大众化要立足实际，首先必须要敢于和善于回应社会关切。在新的历史条件下，要着眼于马克思主义的运用，着眼于新的实践就是要用中国特色社会主义理论体系来解读党的理论和路线方针政策，回答人民群众最关心、最直接和最现实的利益问题，让人民群众切实感受马克思主义的理论魅力。无论是住房、医疗、教育这些民生问题，还是分配、环境这些社会问题，抑或是作风、能力等党建问题，只有给予这些社会大变革中的问题以科学的回答，才能有力地推动马克思主义大众化。这既是个认识问题，还是个方法问题。在这些问题上不搞清楚、弄明白，找到问题的根源和症结所在，明确改进方向和途径，就无法凝心聚力,“中国梦”的实现也就没有坚定的精神支持。抓住群众关切点,就找准了思想理论教育的切入点。

推进马克思主义大众化必须要创新形式和手段。在当今世界文化交流频繁、各种思想相互激荡,科技革命日新月异的时代条件下,思想理论传播的理念、机制和方式方法都发生了重大变化。推进马克思主义大众化,不能靠强制,也不能仅靠灌输,更不能表面化、形式化,这样会令人反感。推进马克思主义大众化一定要采取灵活多样的教育形式,拓宽马克思主义大众化的渠道,进行全方位、多角度、深层次的全面教育。在现代传媒技术中,以互联网为代表的新兴媒体无疑是影响最为深广的信息平台。进入21世纪以来,随着数字技术、网络技术、通信技术的迅猛发展,新兴传媒异军突起,形式之多、数量之众、速度之快、传播之广前所未有,网站、博客、微博、电子邮箱、电子书、手机报纸、QQ、IPTV(网络电视)等新兴媒体大量出现。特别是随着社交型媒介的大量涌现,信息和信息传播的互动化、碎片化和个体化成为这一时代的特点。这类新媒体在意识形态领域发挥的作用决不能忽视。在新的形势下推进马克思主义大众化要特别重视和利用以互联网为代表的新兴媒体。这对马克思主义大众化既是个挑战,又是个机遇。在互联网这个战场上,我们能否顶得住、打得赢,直接关系我国意识形态安全和政权安全。可以说,过不了互联网和新媒体这一关,就很可能过不了长期执政这一关。马克思主义的传播在任何时候都要利用那一时期的先进技术手段,这是历史的经验。

五、重视基层,培育人才队伍

宣传思想工作的服务对象在基层,工作主体在基层,任务落实在基层。因此,必须要重视基层,加强对基层理论宣传教育工作的引导,特别是要重视培养基层理论宣传教育骨干,建设一支业务精、能战斗的宏大理论人才队伍。

随着改革的不断深入,社会变革日渐加剧,在各种因素的相互作用下,社会基层马克思主义宣传教育的重要性也更加凸显,面临的形势也更加严峻,挑战也更加复杂。各种错误思潮和观点也往往选择基层宣传理论教育的薄弱点进行突破和侵蚀。争夺基层群众是当前意识形态斗争的一个基本特点,特别是在信息化迅猛发展的今天,基层群众获取信息无论是在渠道、时间,还是内容上都与以往有着很大的不同。所以说,马克思主义大众化的工作重心一定要下沉,要坚定地站在思想政治教育的第一线,巩固基层马克思主义宣传教育阵地。这是把握党的宣传思想文化工作主动权的必然要求。

推进马克思主义大众化,没有一支宏大的理论队伍是不行的。毛泽东曾提出,要组成一支有几百万人读马克思主义理论基础的宏大理论队伍。加强理论队伍建设，必须要弘扬优良的学风和扎实的作风。广大理论工作者要严谨而不保守，活跃而不轻浮，锐意创新而不哗众取宠，追求真理而不追逐名利。要提倡理论创新，鼓励大胆探索，开展平等、健康和充分说理的学术争鸣，形成有利于创新的生动活泼的局面。要全面落实党的知识分子政策，尊重知识、尊重人才，充分调动马克思主义理论工作者的积极性、主动性、创造性，认真听取理论工作者的意见和建议，重视理论研究成果的转化和运用，关心理论工作者的学习、工作、生活，为加快马克思主义理论队伍的壮大多办实事。

在这里，必须强调的是，所谓的马克思主义理论队伍决不仅是限于学术或宣传部门中的专业人员，它应有更广阔的内含。就马克思主义大众化而言，哲学社会科学领域中的研究工作者、高等院校的教育工作者、党的宣传部门的工作人员是这支理论队伍的重要组成部分，但有一定马克思主义理论基础和宣传能力的普通党员和广大群众也同样可以承担理论传播者的角色。我们提倡专业理论工作者下基层，但这仅仅是工作的一方面。我们还要提倡教育和引导相结合，提倡群众性的自我教育，群众性的理论队伍就必须要建立起来。只有打造一支宏大的群众自己的宣传教育队伍，马克思主义的声音才能时刻留在人民群众的身边。

参考文献

[1]"中国马克思主义大众化研究：历史进程和基本经验"课题组著：《中国马克思主义大众化研究：历史进程和基本经验》，北京：中国人民大学出版社，2013 年。

[2]秦宣：《问题与对策：提高马克思主义大众化的实效》，《思想理论教育导刊》，2011 年第 5 期。

[3]崔耀中：《重视和总结运用马克思主义大众化的历史经验》，《人民日报》，2013 年 6 月 25 日，第 7 版。

（作者：崔耀中　中共北京市委宣传部副部长）

项目名称：基于社会网络的北京市突发群体性事件的生成规律及其应急策略研究
项目编号：09BeKD066
项目负责人：汪大海
项目信誉保证单位：北京师范大学

基于社会网络的北京市突发群体性事件的生成规律及其应急策略研究

内容提要：社会网络理论是研究突发群体性事件的新视角，其中社团结构是分析突发群体性事件社会网络结构的切入点，网络演化动力是分析突发群体性事件生成规律的核心问题。在对北京市突发群体性事件实践调查的基础上，本研究基于社会网络理论从中心性、凝聚子群、“核心—边缘”结构三个方面，深入分析了北京市突发群体性事件社会网络结构与生成规律。在此基础上，提出从更新应急管理理念、构建预警信息管理系统、完善应急管理预案、理顺应急管理体制、健全应急管理机制、加强应急管理法制建设等方面，优化北京市突发群体性事件的应急策略。

一、社会网络理论：突发群体性事件研究的新视角

目前国内外关于突发群体性事件的研究视角比较传统，解释能力也很有限，面临着明显的工具性挑战，即运用现有的理论工具和研究方法不能有效地解析突发群体性事件的发生过程或生成机理。近年来，复杂社会网络在世界范围内备受关注，本研究拟尝试引入复杂社会网络来研究突发群体性事件的生成规律并找到应急策略，努力实现突发群体性事件研究理论工具和研究方法的创新和突破。

(一)社会网络理论概述

社会网络指的是由多个结点(一组社会行动者)和各结点之间的连线(行动者之间的关系)组成的集合①，通常被用于描述和测量行动者之间的关系或通过这些关系流动的各种有形或无形的东西，比如信息、资源等。在社会学中，社会结构是在各不相同的层次上使用的，它既可用以说明微观的社会互动关

① 康伟：《突发事件舆情传播的社会网络结构测度与分析——基于“11·16校车事故”的实证研究》，《中国软科学》，2012年第7期。

系模式，也可说明宏观的社会关系模式。网络由节点和连接这些节点的边所组成。[①] 社会网络理论认为，社会是由一群行动者与行动者间的关系以及这些关系所构成的网络结构所组成，信息的传递与交流受到社会关系与社会网络结构的双重影响。社会网络的基本理论包括：

1. 社会行动者、关系及社会结构

在社会网络研究中，“社会行动者”及其“关系”是两个最基本的概念。社会行动者可以是任何一个个体、社会单位或者社会实体。社会行动者是有意识的行为主体，其行为受社会网络的制约。在社会网络分析中，常用“点”来表示“社会行动者”，而且规定了关于“点”的信息必须是可以通过常规的方法进行收集的静态或者是动态的实际信息；用“边”来连接这些“点”，“边”可以是单一的，但更多的情况下是多路的、环状的或非环状的有向结构，通常可代表各种社会关系。

2. 弱关系和强关系理论

社会网络结构中的各个“行动者”之间存在或远或近，或疏或密的“关系”。对于每个具体的“行动者”来说，这种不同的“关系”在特定的社会行为中具有不同的作用。1973 年，美国社会学家格兰诺维特提出“弱关系的强势假设”。格兰诺维特认为，弱关系倾向于连接与行动者本人具有较高异质性的人群，由于这些人之间关系疏远，因此信息沟通很不充分，此时，由于弱关系充当了沟通不同群体的“关系桥”，故此在信息的扩散传播方面，弱连接能够传递对于行动者来说可能是未知的、新鲜的，因而也是有价值的信息。由于弱连接比较容易在不同的团体间传递非重复性的信息，使得网络中的成员能够增加修正原先观点的机会，有利于联合其他网络位置的人来减低社会结构的限制以取得结构利益。1992 年，美国卡内基梅隆大学教授克雷克哈德针对格兰诺维特提出的“弱关系的强势”的观点提出“强关系的强势假设”，认为强关系特别适用于不确定性情境，在需要承担风险或面临危机时，强关系是可以依赖的对象。处于不安全位置的个人极有可能通过建立强关系获得保护，以降低其面临的不确定性。

3. 结构洞理论

作为格兰诺维特弱连接理论的补充和延伸，1992 年美国芝加哥大学社会学教授伯特提出了另一新概念——结构洞理论。他将结构洞定义为“非冗余联系之间的分割”。结构洞是人际网络中普遍存在的现象。通常情况下，结构洞的建立不是通过“强关系”，而是网络结构中“弱关系”作用的结果。在具有结构洞的网络中，占据中心位置的个体可以获得更多、更新的非重复信息，并且

① David Knoke & James H. Kuklinski, *Network Analysis*, Beverly Hills: Sage Publication, 1982, p. 24.

具有“保持信息”和“控制信息”两大优势。美国著名华裔社会学家林南认为，无论是强关系还是弱关系，关系人本身的社会地位都是决定关系所能涉及的资源数量和质量的重要变量。显然，关系的作用最终是由关系人的能力与意愿的合力所决定的。一般来说，弱关系具有信息传递的优势，而强关系则适于传递情感、信任和影响力。

(二)突发群体性事件社会网络的内在逻辑

1. 社团结构：分析突发群体性事件社会网络结构的切入点

在一个复杂的社会网络中，具有相同性质的网络节点之间常常联系紧密并且聚集成社团，而社团与社团之间却无密集的联系，可以用稀疏来形容，这就是社团结构——某种程度上也可将其理解为“网络中的顶点可以分成组，组内顶点间的连接比较稠密，组间顶点的连接比较稀疏”[①](如图1所示，节点A—G为一个社团，节点H—N为一个社团，节点O—V为一个社团)。

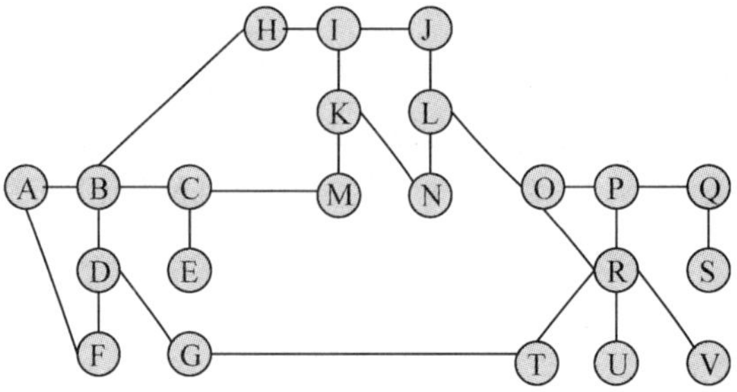

图1　社团结构网络图

这种网络形态的社团结构在突发群体性事件中大量存在，而且网络中每一个社团实质上代表了一个利益集团，不同的社团之间形成了一种结构动态变化的利益相关者关系。以一个因新城区建设房屋拆迁问题引发的突发群体性事件为例：通常这一类型的突发群体性事件形成前后，都存在着大量的利益集团，比如一般都存在的以党政部门为主体构成的官方利益集团、以商业利益为核心形成的开发商等商业利益集团和以拆迁户为核心的维权利益集团，还有以非直接利益相关者为纽带构成的社会舆论团体等。这些利益集团客观上就是一个利益网络，并且每一个集团内部都客观存在着核心人物，即网络社团中处于核心节点的那个人物，这个人物的行为活动一定程度上影响或决定着这个利益集团的发展。如图2所示，在这个图中有三个明显的社团。其中，第一个是政府，用G代表，包括与事件其他利益主体联系密切的信访、公安及市委等部门。这里的市委不仅是政府机构社团中的核心节点，也是事

① Michelle Girvan and M. E. J. Newman, Community Structure in Social and Biological Networks, *Proceedings of the National Academy of Science*, 2002, 99, pp. 7821—7826.

件整体网络中的核心节点。第二个是开发商群体，用 B 代表，包含若干个开发商单个主体，分别用 B1、B2、B3、B4、B5、B6 代表。第三个是拆迁户群体，用 F 代表，包含若干个拆迁户单个主体，分别用 F1、F2、F3、F4、F5、F6 代表。此外，还有一个非直接利益相关群体，用 P 代表。由于这个群体中的个体之间不存在明显的利益关联，故社团结构不明显，其中包含若干个单个行动主体，分别用 P1、P2、P3、P4、P5、P6、P7、P8、P9、P10 代表。

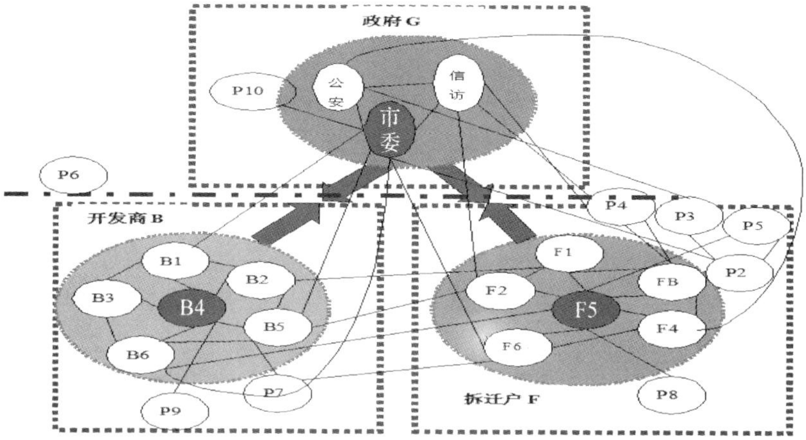

图 2　一个因新城区建设房屋拆迁问题引发的群体性事件的网络结构简化图

2. 网络演化动力：分析突发群体性事件生成规律的核心问题

对于社会系统中常见的集群现象或群体行为，社会学家一般依据社会影响理论，从社会心理学角度考察微观层面上个体的选择以及这种选择对于宏观行为的影响。显然，这就和研究突发群体性事件发生发展过程中谣言的传播和信息流的流动非常类似。因为从理论上讲，在一起群体性事件发生演化过程中，随着信息量(特别是谣言)的不断增加和传播的速度、频率的加快，人群网络中的利益集团(社团)就会跟着发生变化。这种变化往往表现为几种类型：一是每一个社团的人数可能不断增加，力量不断增强；二是社团内部也可能出现意见分歧，相互不信任，出现内耗，导致整体力量减弱；三是社团之间的人员交往会发生，可能出现不同社团形成新的利益共同体，如非官方利益集团联合对抗官方利益集团等。因此，从网络内外能量传递引起的动力演化过程来讲，分析突发群体性事件人群网络中社团结构的变化及其内在原因，对于分析和掌握事件的动态演化趋势和演化根源，无论在理论上，还是在技术上都是可行的切入点。另据网络动力学的研究表明，在一个复杂的社会网络中，当外加能量处于较低水平时，同一社团内的个体就能达到同步状态；在网络结构演化的研究中，相同社团内的个体也可能最终连接在一起。这就表明，在一个复杂的社会网络中，是网络动力的作用推动着网络中每一个节点在不断地相互作用和发生变化，从而改变着每一个社团(利益集团)的网络(利益)结构，最终促成了社团(利益集团)之间的相互博弈或联合抗争，引发集体暴力事件的发生。

二、北京市突发群体性事件的社会网络结构与生成规律

根据世界发展进程的规律，当一国或地区人均GDP处于500美元至3000美元的社会发展阶段，往往对应着人口、资源、环境、公平等社会矛盾的瓶颈约束最严重的时期，也往往是“经济容易失调、社会容易失序、心理容易失衡、社会伦理需要调整重建”的关键时期。[①] 2013年，北京人均GDP为15052美元，正处于“黄金发展期”和“矛盾凸显期”，各种传统的和非传统的、自然的和社会的安全风险交织并存。随着经济结构升级和体制转轨的不断深化，北京市社会转型不断加快，各类社会矛盾不断凸显、交织，面临着诸多可以预见和难以预见的风险挑战和考验，各种突发群体性事件的形势更加严峻。以北京市朝阳区为例，从2006—2011年的统计数据来看，这6年间共发生突发群体性事件3354件，平均每年527件，涉及区域达到47个之多，分布非常广泛；其中上访集聚人数在4人以下的占总发生次数的19.64%、5—10人的占7.49%、11—30人的占32.66%、31—50人的占14.86%、51—100人的占17.25%、101—500人的占5.59%、501—1000人的占1.17%、1000人以上的占1.35%。

在深入调查和分析北京市突发群体性事件的规模、性质、诱因和类型基础上，我们运用社会网络理论，来分析北京市突发群体性事件的社会网络基本类型与构造方式，并通过社会联结本身——如密度、强度、对称性、规模等来说明特定的行为和过程，厘清北京市突发群体性事件与特定社会网络之间的关系，揭示北京市突发群体性事件的演化规律。

(一)北京市突发群体性事件社会网络的中心性分析

“中心性”是社会网络分析的重点之一，主要探讨个人或组织在其社会网络中具有的权力和中心地位。其中，个体中心度主要测量个体处于网络中心的程度，反映了该点在网络中的重要性程度；网络的中心势主要刻画整个网络中各个点的差异性程度。中心性分析主要是对北京市突发群体性事件中个人或组织所具有的权力及其中心地位进行研究，通过测量个体在网络中心的中心度，找到突发群体性事件中个体在网络中的重要性程度，并计算整个网络的中心势，实现对整个突发群体性事件中各个网络点的差异性程度。社会网络研究者一般用“中心性”来表达“权力”或“影响力”的概念，有国外学者研

① 薛澜、张强、钟开斌：《危机管理：转型期中国面临的挑战》，北京：清华大学出版社，2003年版，第6页。

究表明，“行动者越处于网络的中心位置，其影响力越大。”那么，在突发群体性事件中处于每一个利益集团中心位置的核心人物，往往具有巨大的动员能力和影响力。这种能力不仅表现在其对所属利益团体中的影响力，也表现在推动整个事件演化发展中的推动力。因此，我们研究事件的人群结构和演化过程，就需要在分清整个事件人群网络的社团机构的同时，着重研究每一个社团的中心节点，分析处于中心节点的这一行为主体的心理及行为模式，从而更好地把握和研究其所在的社团。因此，通过对具体的北京市突发群体性事件进行个案研究，分析该个案生成演化过程中各利益集团中每一个个体扮演的角色，就可以探究其个性特征、行为模式对所在社团的影响以及对事件掩护所起到的推动作用。

(二)北京市突发群体性事件社会网络的凝聚子群分析

当社会网络中某些行动者之间的关系特别紧密，进而结合成一个次级团体时，这样的团体就被称为凝聚子群(小团体)。分析社会网络中存在的子群、子群内部成员之间、子群之间、一个子群的成员与另一个子群成员之间等的关系特点，就是凝聚子群分析(小团体分析)。凝聚子群分析主要是对北京市突发群体性事件进行“小团体分析”，着重分析网络中存在多少个子群以及子群内部成员之间关系的特点。因此，从网络内外能量传递引起的动力演化过程来讲，分析群体性事件中凝聚子群(小团体)的变化及其内在原因，对于分析和掌握群体性事件的动态演化趋势和演化根源，无论在理论上还是在技术上都是可行的切入点。凝聚子群密度的取值范围为[－1，＋1]，该值越向于1靠近意味着派系林立的程度越大，越接近于－1意味着派系林立的程度越小，越接近于0表明关系越趋向于随机分布，看不出派系林立的情形。通过对北京突发群体性事件中的凝聚子群密度进行分析，能衡量突发群体性事件社会网络中小团体现象是否严重，从而根据不同情形采取不同的应对措施。

(三)北京市突发群体性事件社会网络的“核心—边缘”结构分析

“核心—边缘”结构分析主要是研究社会网络中处于核心地位和边缘地位的节点。根据关系数据的类型(定类数据和定比数据)，找到“核心—边缘”结构的不同形式，并根据数据建立离散或连续的“核心—边缘”模型。一般来说，定类数据是用类别来表示的，通常用数字表示这些类别，但是这些数值不能用来进行数学计算；而定比数据是用数值来表示的，可以用来进行数学计算。如果数据是定类数据，可以构建离散的“核心—边缘”模型；如果数据是定比数据，可以构建连续的“核心—边缘”模型。而离散的“核心—边缘”模型根据核心成员和边缘成员之间关系的有无及关系的紧密程度，又可分为3种：“核心—边缘”全关联模型、“核心—边缘”局部关联模型、“核心—边缘”关系缺失模型。如果把核心和边缘之间的关系看成是缺失值，就构成了“核心—边缘”关系缺失模型。通过研究北京市突发群体性事件社会网络中处于核心地位和边缘地位的个体或团体节点，根据关系数据的类型(定类数据和定比数据)，找到突发群体性事件社会网络“核心—边缘”结构的不同形式，并根据突发群体性事件社会网络数据建立离散或连续的“核心—边缘”模型，进而准确把握北京突发群体性事件的特点和发展规律，就能有针对性地采取比较有效的应急管理措施。

三、基于社会网络的北京市突发群体性事件的应急策略

(一)转变观念，更新突发群体性事件的应急管理理念

为了有效应对北京不断增多的突发群体性事件，首先，要与时俱进，切实转变观念，更新突发群体性事件的应急管理理念，要明确如何有效地防患未然、化危为机，将其看作改进和完善工作方式的契机。其次，要牢固树立法制意识，不断增强法制理念，补充法制知识，坚持依法治国的基本原则，严格做到有法必依、违法必究，坚定维护党纪国法的公正性和权威性。再次，要树立协同思想，各级党委和政府要加强部门沟通和协调，强化信息交流和共享，全面掌握社会舆情的发展变化，准确把握潜在的社会矛盾特点，并及时化解可能引起突发群体性事件的各种社会风险。

(二)提高信息化水平，构建突发群体性事件的预警信息管理系统

信息是突发群体性事件预警取得成功的基础，突发群体性事件从发酵到爆发都伴随相关信息传播活动，对突发群体性事件的准确预警离不开事件信息的获取。从一定程度上来说，突发群体性事件监测、预测、预报与预控的过程，就是情报信息收集、研判、发布与应用的过程。为此，应从以下几个方面加强北京市突发群体性事件预警信息管理系统的建设：一是构建多层次覆盖整个社会面的信息网络平台，完善预警信息研判机制。相关部门应遵循“早发现、早报告”的原则，利用多种手段收集预警信息，建立多层次、全方位、覆盖整个社会的情报信息网络系统。二是构建政府、媒体、公众等多元主体信息互动平台，完善预警信息传播系统。鉴于突发群体事件信息传播网络结构的复杂特征，应打破传统单一主体时序性、阶段性的管理方式，建立扁平化、弹性化的多中心网络结构。三是建立以预警信息为基础的预警分级管理制度，完善预报警示系统。突发群体性事件预警系统的科学运作，必须与预警支持系统有机结合，完善报告系统、分析系统、协调系统、评估系统等管理制度。四是构建突发群体性事件预警指标体系。突发群体性事件预警指标是研究突发群体性事件发生以及发展的各要素现状、趋势以及发现各种社会问题的一种量化手段，科学完善的预警指标体系有助于提高突发群体性事件预警的信度和效度。

(三)遵循可操、实用原则，完善突发群体性事件的应急管理预案

截至“十一五”结束，北京市建立了以市总体预案为核心，专项、保障和

部门预案及区县总体预案为依托，单位预案为基础的应急预案体系，全市共制定各级各类应急预案 48.1 万个[①]。其中，与突发群体性事件密切相关的应急预案包括《北京市房屋拆迁纠纷群体性事件应急预案》《北京市土地权属争议引发群体性事件应急预案》《北京市建筑业农民工群体性事件应急预案》等，这些有关突发群体性事件应急处置的预案也几乎涵盖了北京市各种易引发突发群体性事件的风险领域。因此，北京市突发群体性事件的应急预案体系总体还是比较完善的。不过，目前北京突发群体性事件的应急管理预案不够成熟，主要表现在：应急预案的体系结构、分类有待改进完善；应急预案的可操性、实用性不够强；缺少常规性、普及性培训、宣传与演练等。因此，要遵循可操、实用原则，完善北京市突发群体性事件的应急管理预案。首先，要及时总结每次突发群体性事件应急处置工作中的经验教训，不断完善应急管理预案体系，适时修订和细化应急管理预案，使其更加具有现实指导性。其次，要面向广大领导干部、普通公职人员及社会各界群众，不断强化突发群体性事件应急预案的宣传、教育、培训与演练，扩大应急管理预案的影响力和指导性，切实完善应急管理预案体系。

(四)加强沟通协调，理顺突发群体性事件的应急管理体制

根据 2007 年 11 月 1 日颁布实施的《中华人民共和国突发事件应对法》的相关规定，突发群体性事件的应急处置一般实行“统一领导、综合协调、分类管理、分级负责、属地管理为主”的应急管理体制。由于当前应急管理体制的特点，往往造成突发群体性事件的各责任部门之间条块分割严重、协调联动较弱以及协同性差等问题，从而造成突发群体性事件的扩大化和严重化，不利于将其消除在萌芽状态。目前北京市突发群体性事件的应急体制还不够完善，包括：缺乏常规的突发群体性事件的应急处置机构和人员配备，尤其是基层应急管理组织体系不完善；突发群体性事件的应急管理资金缺乏，应急设备和技术不足；突发群体性事件的应急管理学术研究不够，等等。因此，必须进一步理顺北京市突发群体性事件的应急管理体制，加强沟通协调和制度建设，不断健全“以人为本、执政为民；党政协调、军地协同；分类管理、部门协作；建章立制、规范权力；专家参与、科技支撑”的突发群体性事件应急管理体制，不断完善群体性事件应急管理的领导协调体制、信息监测体制、经费保障体制、物质储备体制、通信保障体制、媒体沟通体制、社会捐赠体制以及法律责任追究与行政问责体制，并充分发挥各类专家的参谋咨询作用。

(五)总结内在规律，健全突发群体性事件的应急管理机制

目前北京市突发群体性事件的应急机制还不够科学，主要表现在：重“救

---

① 北京市人民政府办公厅：《北京市人民政府办公厅关于印发北京市“十二五”时期应急体系发展规划的通知》，首都之窗，http：//govfile. beijing. gov. cn. /Govfile/front/content / 22011032 _ 0. html.

灾”轻“防灾”，突发群体性事件的预防与应急准备不充分；重“预警”轻“监测”，突发群体性事件的风险评估与监测不合理；重“处置”轻“反思”，突发群体性事件的事后反思与学习不全面；重“强制”轻“沟通”，突发群体性事件的公关与沟通技巧不灵活；重“物质”轻“精神”，突发群体性事件的心理恢复与干预不到位。具体而言，包括情报信息监测搜集、社会风险评估分析、风险预警信息报告发布等方面，都存在着一定不足之处。因此，要总结内在规律，不断健全北京突发群体性事件的应急管理机制：在预防阶段，要加强突发群体性事件的预防与应急准备工作，主要包括风险评估、制定预案、培训与演练、宣传与教育、完善监测网络和建立应急中心等；在预警阶段，要增强突发群体性事件的检测与应急预警工作，主要包括危机监控与识别、及时启动应急预案、果断进行先期处置等；在控制阶段，要强化突发群体性事件的应急控制与救援工作，主要包括领导担当、媒体管理和公众关系等；在解决阶段，要注重善后恢复与重建工作，具体包括适时结束应急状态、开展后续监控、加强善后处理和进行恢复重建等；在反思阶段，要重视突发群体性事件的事后反思与学习工作，具体包括责任追究、心理恢复、组织变革和教育培训等。

(六)强化依法治国，加强突发群体性事件的应急管理法制建设

要强化依法治国理念，不断加强北京突发群体性事件的应急管理法制建设。现代社会是法治社会，“有法可依、有法必依、执法必严、违法必究”是保障社会稳定有序发展的前提条件，也是恢复与重构被突发群体性事件威胁和破坏的社会秩序与价值规范的必要保证。要做到突发群体性事件应急管理有法必依、违法必究，需要加大普法宣传和教育，不断增强整个社会的法制观念，不断强化法制教育与培训，不断加强对广大人民群众和社会组织的普法宣传与教育，使法治理念真正深入人心，切实做到有法可依、有法必依、执法必严和违法必究，早日形成法治社会的良好氛围，达到依法治国的理想秩序。

（作者：汪大海　北京师范大学教授）

项目名称：统一战线服务两新组织发展研究
项目编号：11KDB012
项目负责人：楚国清
项目信誉保证单位：北京青年政治学院

新时期统一战线服务“两新”组织重点群体研究

内容提要： 新经济组织、新社会组织中自主创业的非公有制经济群体和自主择业的知识分子群体，是当今我国社会内部最有能力发出“声音”的“财富”与“知识”两大群体。为了认真做好这两大群体的统战工作，充分调动其积极性、主动性和创造性，本文根据调研数据，论述了这两大群体的基本特征、社会参与、政治参与以及对统战工作的认知状况。

一、“两新”组织重点群体的研究背景

随着我国经济社会的快速发展，新经济组织和新社会组织大量涌现。实践表明，新经济组织、新社会组织中自主创业的非公有制经济群体和自主择业的知识分子群体，是当今我国社会内部最有能力发出“声音”的“财富”与“知识”两大群体，使我国改革开放充满内在动力和活力。“两新”组织已然成为各类新社会阶层在各个层次的代表性人士的聚集之地、培育之地。深入开展“两新”组织统战工作，认真做好“两新”组织中新社会阶层人士的统战工作，有利于充分调动这一群体的积极性、主动性和创造性，激发创业潜能，增强发展活力，为促进经济社会又好又快发展提供强大的力量支持。

为在“两新”组织中开展统战工作提供工作思路，课题组于2011年9—10月将北京市东城区、西城区、丰台区、石景山区四个区定为调查区，对北京市“两新”组织群体开展了专题调查。课题组依据北京市统战部提供的各区县的“两新”组织名单，为每个新经济组织、新社会组织制作一个号签，采用随机抽签的方法，从每个区县抽取5个新经济组织、5个新社会组织。之后，课题组与抽中的新经济组织、新社会组织负责人联系，请他们提供该单位统战对象的名单，将名单按一定的顺序编号，然后采用等距抽样的方法抽取10名样本人员名单。课题组共发放问卷400份，收回问卷400份，回收率为100%。经过两步筛选，即逻辑关系设定相关的未填项标准，及以政治身份这一核心变量筛选，有效问卷251份，有效回收率达63%。

二、“两新”组织重点群体的基本特征

(一)“两新”组织重点群体人员构成

调查显示，在北京市“两新”组织中，民营科技企业的创业人员和技术人员所占比例最高，所占比例为40.2%；其次是私营企业主，占了25.1%；再次是自由职业人员，占了15.1%；个体工商户、中介组织的从业人员各自占了7.6%、7.2%，受聘于外资企业的管理技术人员比例最低，只占了4.8%。

在企业工作的新经济组织、新社会组织成员，59.4%是在私营企业工作，其次是民营科技企业，所占比例为17.9%，还有7.2%是股份合作制企业，在外企、港澳台商投资企业工作的只占了4.0%。新社会组织成员，有19.9%是在民办非企业单位工作，有10.0%在社会团体，有4.4%在中介组织工作，还有1.6%在基金会。

从职业分布来看，新经济组织、新社会组织成员从事的事业大都是自由选择、自主经营和自我发展的，不受行政组织的控制和其他经济组织的限制，有相当大的自由权。另外，随着改革的逐步深入和经济结构的不断战略性调整，加之市场经济的竞争机制和优胜劣汰的价值导向，这种职业和身份的非稳定性、多变性的现象还会继续下去，进一步增加了在“两新”组织群体中开展统战工作面临的难度。

(二)“两新”组织重点群体年龄结构

从年龄结构来看，北京市新经济组织、新社会组织群体平均年龄为34.73岁，年龄最小为19岁，最大为64岁。其中，20—29岁这一年龄段人数最多，占该群体调查总人数的34.3%，其次是30—39岁这一年龄段，占了33.9%；年龄在40—49岁这一年龄段的有58人，占了该群体的23.1%；50岁以上的有20人，占了8.0%。由此看来，40岁以下的被访者的比例就高达68.8%。

其中，自由职业者的年龄最年轻，其平均年龄是32岁，51.4%的都在29岁以下。其次是民营科技企业的创业人员和技术人员的，该群体的平均年龄是33岁，47.5%在29岁以下，31.7%在30—39岁之间。相对于前两个群体，受聘于外资企业的管理人员、个体工商户、私营企业主这三个群体的年龄稍大，50.0%的受聘于外资企业的管理人员的年龄在30—39岁之间；个体工商户、私营企业主中分别有78.9%、73.1%的人年龄在30—49岁之间。虽然不同新经济组织、新社会组织人员的年龄结构呈现出差异性，但总体上该群体在年龄结构上一个突出的特点就是年轻化。

另外，年龄最小为19岁，20—29岁这一年龄段占34.3%的结论特别值得关注，因为这显示一些非公有制经济人士的新生代已经进入或正在进入经济社会的历史舞台。新生代与其父辈在社会来源、成长环境、生活方式、思想和价值观念等方面都有着明显的代际差异，特别是在他们成长的过程中所

亲身经历和感受的是国家改革开放政策一次次的更新和深化推进，大多数人的思想和政治取向缺乏稳定性，具有较大的可变性。因此，关注这一群体的政治取向关系到新世纪新阶段推进中国特色社会主义建设和爱国统一战线的持续发展，关系到保持社会政治长期团结、稳定的大局。

(三)“两新”组织重点群体的文化程度

现代社会，受教育程度高低往往能够决定一个人的职业地位和社会地位，高学历者将拥有更多财富。在学历构成上，该群体大学本科的人员最多，占调查总人数的 40.7%，其次是大专文化程度，占 28.2%。较低学历(初中)、较高学历(硕士及以上)所占比例都比较低。其中，有 3.6%的被访者是在海外获得的学历。具体来看，高学历者在中介组织中最为集中，该群体中硕士以上学历的比例就占了 27.7%。民营科技企业的创业人员和技术人员、受聘于外资企业的管理技术人员和私营企业主的文化程度主要集中在大学本科，三个群体中，本科学历均达到 40%。可见，新经济组织、新社会组织群体是一个高学历相对集中的人群。并且与全国一般水平相比较，北京新经济组织、新社会组织成员教育水平更高，专业技术人员比重更大，掌握的人力资本和技术资本更多。

与他们的身份相对应，新经济组织、新社会组织成员年均可支配收入主要集中在 10 万元以下，该收入段的人群占调查总人数的 62.0%；其次是 10 万元—20 万元这一区间，占了 14.7%；再次是 20 万元—50 万元，占了 13.1%；年收入在 50 万元以上的占了 10.2%。2010 年，北京市城镇居民人均可支配收入是 29073 元，可见该群体在收入状况处上于中等偏上水平。

虽然“两新”组织群体的就业领域、工作环境、收入均优于普通人群，就工作满意度而言，合计有 62.1%的被访者表示很满意或较满意，但也有 30.6%的人认为自己目前的工作一般，还有 7.2%的人对此表示不满意，表示不满意和一般的比例接近 40%。但是，这个群体对个人职业发展前景有较高的信心，具体来看，有 28.7%的被访者对自己的未来职业发展前景有信心，有 30.3%的人表示比较有信心，二者累计达 59.0%，只有 7.3%的人对自己未来职业发展感觉没信心。

三、“两新”组织重点群体的社会参与

(一)“两新”组织重点群体参加社会组织情况

社会组织化是社会现代化的一个重要方面和必然趋势。随着新阶层队伍的不断壮大、阶层自我意识的发展，其团体化的愿望和行动日趋增强。新阶层人士社会团体化，不仅仅在于满足“志同道合”的社会交际、交往、沟通感情、开展业务和交流经验的需要，更重要的是希望“组织起来”，表达和反映自己的愿望和要求，维护自身的利益。

在市场经济条件下，商界的行业协会、商会、联谊会等社会团体是市场经济体制的一个构成要素和重要环节，是国家宏观经济与微观经济有机联结的桥梁和纽带，还是维护其行业、同业人士利益，反映其愿望和要求的平台。

调查显示，该群体中，高达 91.6%的没有参加任何社会组织。参加社会组织的新经济组织、新社会组织成员中，参加工商联的人数最多，占 58.2%；其次是新的社会阶层人士联谊会，占 27.3%；青联与党外知识分子联谊会各有 7.3%的新经济组织、新社会组织成员参加。就他们参加统战组织的时间，66.7%的是最近五年参加的，有 18.2%的是 2001—2005 年之间参加的，15.2%的是 1996—2000 年之间参加的。可见，最近五年是新经济组织和新社会组织成员参加统一战线组织最多的时期，也是统一战线组织蓬勃发展的时期。

(二)“两新”组织重点群体参加政党组织情况

政党是“当代社会的专业化利益综合机构”①，能够代表、聚合、反映其组织成员的利益要求，为公民的政治参与提供了重要的形式和渠道。从我国的现实政治状况来看，中国共产党无疑是一个非常重要的、能够满足政治参与要求的制度资源载体。

调查显示，该群体中，参加民主党派的占了 8.3%。在参加民主党派的人员中，中介组织的从业人员参加民主党派的比例最高，其次是私营企业主，受聘于外资企业的管理技术人员则没有人参加。这说明新经济组织、新社会组织成员参加社会组织情况表现出一定的差异性。在尚未加入政治组织的成员中，个体户对加入中国共产党表现出了最高的积极性，比例达到 46.4%。

允许新经济组织、新社会组织成员中的优秀分子加入中国共产党，这对于调动他们现代化建设的积极性和创造性，拥护社会主义制度，增强政治认同，促进政治稳定，具有重大而深远的历史意义。

(三)“两新”组织重点群体宗教信仰特点

宗教利用各种社会机会寻求自身的发展以及各种社会势力利用宗教制造声势，从而把宗教与社会的关系拉得越来越近，是近二十多年以来国际范围内宗教现象活动的显著特征。

调查显示，新经济组织、新社会组织成员中，有宗教信仰者的比例是 31.1%；余者为不信仰宗教者，所占比例为 68.9%。就具体的宗教信仰看，在所有新经济组织、新社会组织中，佛教信仰者所占比例最高，占该群体的 10.2%；其次是伊斯兰教，占 6.6%；信仰天主教和基督教的分别占 3.3%、3.7%；道教的信仰者所占比例最低，占了 2.0%。有关研究显示，中国社会

---

① [美]加布里埃尔·A. 阿尔蒙德、[美]小 G. 宾厄姆·鲍威尔著，曹沛霖、郑世平、公婷、陈峰译:《比较政治学：体系、过程和政策》，上海：上海译文出版社，1987 年版，第 242 页。

成员表示有宗教信仰的人数比重始终不超过10%，但新经济组织、新社会组织成员中，有宗教信仰者的比例已经超过三分之一，可见宗教在该群体中具有相当的影响力。

从本次调查的样本来看，在信仰佛教的人群中，受聘于外资企业的管理技术人员的比例最高，其次是自由职业人员，再次是民营科技企业的创业人员、技术人员和个体工商户。道教在个体工商户中有较大的影响。天主教、基督教的影响人群主要是中介组织的从业人员和受聘于外资企业的管理技术人员，伊斯兰教的重点信仰人群是私营企业主、中介组织的从业人员。

这些数据警示我们，应密切关注宗教组织在新经济组织和新社会组织中的渗透，防止宗教组织利用某些组织的名义从事非法的活动。此外，应不断加大对新经济组织和新社会组织的社会主义核心价值体系的宣传和教育工作，帮助新经济组织和新社会组织成员树立积极的世界观和人生观。

(四)“两新”组织重点群体的阶层意识

阶层意识，是指全体成员对本阶层共同处境和共同利益的共同认识。阶层意识一旦形成和建立，阶层成员之间就会产生一种“我们感”，而对于外部，对于其他社会阶层、社会群体，则会从心理上、行为上产生一种区别感。并且，阶层意识逐步形成以后，会推动着这个阶层为了维护本阶层的利益，将本阶层的政治诉求输入到政治系统中以影响政治决策而进行的政治参与，从而力求维护本阶层的政治经济利益，参与政治体系内政治价值的重新分配。

本次调查中询问了以下问题：“同周围其他社会成员相比，您认为自己在下列三种社会阶梯上处在什么位置?”调查显示，新经济组织、新社会组织成员对经济地位自评得分为6.96，社会地位自评得分为7.12，政治地位自评得分为7.52。可见在阶层地位的自我评价方面，新经济组织、新社会组织成员大多认为自己处于社会的中上层。

另外，就三项平均得分而言，统计结果显示，民营科技企业的创业人员和技术人员自我评价的阶层地位最高，其次是自由职业人员，私营企业主自我评价的阶层地位最低。个体工商户与中介组织从业人员的地位评价比较接近。但是，多项研究也显示，以新经济组织、新社会组织成员为主体的新社会阶层目前远没有形成整体意义上的共同阶层意识。

表1　新经济组织、新社会组织成员地位比较

身份	经济地位自评（满分10分）	社会地位自评（满分10分）	政治地位自评（满分10分）	平均得分
民营科技企业的创业人员和技术人员	7.73	7.79	8.16	7.89
受聘于外资企业的管理技术人员	5.00	6.33	7.25	6.19
个体工商户	6.67	6.67	6.94	6.76
私营企业主	5.77	6.00	6.45	6.07
中介组织的从业人员	7.00	7.35	7.59	7.31
自由职业人员	7.66	7.56	7.86	7.69
总计	6.96	7.12	7.52	7.20

四、“两新”组织重点群体的政治参与

(一)“两新”组织重点群体的政治参与意向

政治参与是普通公民或公民团体试图影响政府人事构成和政府政策制定的各种行为，它是公民表达政治意愿、实现公民政治权利的重要手段。

本次调查中将政治参与意识操作化为“我了解我们社区发生的事情，所以我有权参与社区的事务”“如果有机会参加县长/区长的直接选举，我一定会积极参加投票”“如果有机会，我愿意参选人大代表”“如果有机会，我愿意成为政协委员”这四个题目，结果发现新经济组织、新社会组织成员具有很强烈的政治参与意识，这四个题目上满意和不满意的累积百分比都达到70%以上。

具体来说，就第一个表述，分别有47.2%、24.0%的被访者表示同意和非常同意，二者合计达到71.2%。就第二个表述，分别有50.8%、26.4%的被访者表示同意和非常同意，二者合计达到77.2%。就第三个表述，分别有49.4%、26.5%的被访者表示同意和非常同意，二者合计达到75.9%。就第四个表述，分别有46.7%、27.2%的被访者表示同意和非常同意，二者合计达到73.9%。

就中国当前政治参与的渠道的评价看，高达35.8%的被访新经济组织、新社会组织成员认为当前政治参与的渠道不畅通，45.3%的人认为参与渠道一般。“一般”的评价比较中性，但至少没有给予赞赏。其中，受聘于外资企业的管理技术人员认为不畅通的比例最高，达到了58.3%，其次是中介组织的从业人员认为不畅通的比例也达到了47.1%，再次是自由职业人员，占

44.8%的人认为不畅通。感觉参与渠道畅通的人群主要是个体工商户，私营企业主的态度主要集中在一般。

目前我国关于新经济组织、新社会组织政治参与的制度设计多带有宏观性，一些政治参与活动具有短期性、不确定性、偶然性，多流于形式而没能产生实效。从实际情况看，新经济组织、新社会组织政治参与的主要途径是担任人大代表和政协委员，但在人数和规模上都非常有限，很难真正体现民意。因此，必须在统战工作中建立新社会阶层的利益表达机制，拓宽政治参与渠道，并寻求新的渠道，不断扩大新社会阶层政治参与的方式和途径。

（二）“两新”组织重点群体的政治认同情况

调查结果显示，作为改革开放政策的积极实践者和最大的受益者之一，北京市新经济组织、新社会组织的绝大多数统战对象对党有着朴素的感情，衷心拥护党的路线、方针、政策。

如对“坚持中国共产党的领导对中华民族的发展和振兴非常重要”这一表述表示同意和非常同意的分别占了49%、33.5%，两项相加达82.5%。其中，个体工商户的认同度最高，高达94.8%的被访者同意这一表述，其次是私营企业主，认同度最低的是受聘于外资企业的管理技术人员，仅有50%的被访者对这一表述持认同态度。其他三个群体的认同度比较接近，均达到了80%。

社会公众对执政党执政理念、执政方式、执政领袖的认同和检视，最终也要以其执政绩效为决定性力量。就政党执政绩效与执政认同的关系，普遍认为二者之间呈正相关关系。

表2　关于“坚持中国共产党的领导对中华民族的发展和振兴非常重要”这一表述的相关调查数据

态度 身份	非常不同意	不同意	同意	非常同意
民营科技企业的创业人员和技术人员	6.0%	12.0%	48.0%	34.0%
受聘于外资企业的管理技术人员	16.7%	33.3%	41.7%	8.3%
个体工商户	5.3%		63.2%	31.6%
私营企业主	6.5%	6.5%	50.0%	37.1%
中介组织的从业人员	6.3%	12.5%	43.8%	37.5%
自由职业人员	2.8%	16.7%	47.2%	33.3%
合计	6.1%	11.4%	49.0%	33.5%

五、“两新”组织重点群体对统战工作的认知

(一)“两新”组织重点群体对统战工作的认知与评价

进入21世纪以来，集中在新经济组织、新社会组织中的新社会阶层的出现和发展引起了党和政府的高度重视，已将其列为统战工作的对象。但统战部门毕竟不是具体的经济主管部门或行政权力部门，对新社会阶层来说并没有严格意义上的约束力。

调查显示，知道统一战线是党的“三大法宝”之一占44.1%，相比来说，中介组织的从业人员最为了解，回答知道的比例高达61.1%；个体工商户了解程度最低，知道统一战线是党的“三大法宝”之一仅占了27.8%；私营企业主、民营科技企业的创业人员和技术人员、受聘于外资企业的管理技术人员、自由职业人员居中。

就新经济组织、新社会组织成员对统战工作的满意程度，被访者的回答集中在“非常满意和满意”这两个选项上，两者合计达到93.7%，但是，也有4.2%的新经济组织、新社会组织成员对统战部门开展的工作不满意，还有2.1%的被访者明确表示非常不满意。

而在对统战工作在社会未来发展作用的评价，高达51.9%的人对表示“不太清楚”，还有4.5%的明确表示当前和今后一个时期统一战线不再是党的重要法宝，只有43.6%的人认为当前和今后一个时期统一战线还应当是党的重要法宝。另外，相比而言，中介组织的从业人员对统战工作在未来社会发展中作用评价最好(58.3%)，而个体工商户对其评价较低(29.2%)。

表3　对统战部门组织活动的满意程度

内容	百分比(%)	有效百分比(%)
非常满意	2.0	10.4
满意	15.9	83.3
不满意	0.8	4.2
非常不满意	0.4	2.1
合计	19.1	100.0

(二)“两新”组织重点群体对统战部门的工作需求

在新经济组织、新社会组织中，开展统一战线工作需要广泛了解该群体成员的愿望和要求，唯此才能够使其开展的活动得到积极响应和支持。

就本单位统战部门组织的活动，新经济组织、新社会组织成员的回答主要集中在组织活动(能解决企业实际问题和法律知识的培训讲座、出游、健身

或各类比赛、户外拓展等)、学习培训(经营管理类知识等)这两个方面，分别有42.9%、20.8%的被访者选择。另外，还有10.4%的人表示希望组织联谊会，加强新经济组织、新社会组织成员之间的联系。

新经济组织、新社会组织成员希望加强与统战部门的联系。调查发现，对于新经济组织、新社会组织与统战部门的具体联系方式，非公经济人士第一位的选择是定期召开代表人士座谈会，有22.7%的被访者选择了该项；其次是举办代表人士培训班，选择人数占的16.7%；排在第三位的是由统战部在重点私营企业设立联络员或信息员；"建立统战部与民间行业商会、异地商会的联络机制"排在第四位，有12.2%的人选择；加强与私营企业党组织的联系，支持有条件的企业党委设立统战工作部门这种方式得到了11.7%的被访者的支持。另外，创办刊物或网站这一方式，形成统战部与私营企业家的信息互动机制，也得到了9.9%被访者的支持。

就统战部门为非公经济人士进行培训的方式，主要集中在实地考察或国外考察、成功的知名企业家现场授课、知名专家学者现场授课这三个方面，各有27.3%、21.7%、21.0%的人选择。就培训内容，主要集中在企业经营管理的最新知识(17.4%)、宏观经济形势和宏观调控政策(14.4%)、中国工商业发展的历史和中国商人的经营智慧(12.1%)、国家法律法规(11.9%)、国际投资和贸易方面的知识(11.1%)这五个方面。

就新社会组织成员而言，他们在选择与统战部门的具体联系方式上，除了"定期召开代表人士座谈会"这一选项与非公经济人士的选择排序相同，其他几项的排序都显示这一群体特有的需求。具体来看，22.2%的选择了"定期召开代表人士座谈会"。排在第二位的是"建立统战部与社会组织的联络机制"，有21.9%的被访者选择；"创办刊物或网站"，则位居第三位，有19.9%的被访者选择。另外，"举办代表人士培训班"排在了第四位，有17.4%的人选择；由统战部在重点社会组织设立联络员或信息员这一方式则排在了最后一位。

就统战部门为新社会组织成员进行培训的方式，也主要集中在实地考察或国外考察、知名专家学者现场授课、成功的知名企业家现场授课这三个方面，各有26.0%、22.1%、21.4%的人选择。就培训内容，主要集中在宏观社会形势、社会组织管理的最新知识、国家法律法规、参与政治和社会事务方面的知识这四个方面，凸显该群体职业的特点。

总之，新经济组织、新社会组织成员由于流动频繁、思想活跃、知识水平相对较高，在对之做统战工作的过程中且不可因循守旧，一味照搬以往的经验。

参考文献

[1]张家芳：《近年来新社会组织党的建设研究综述》，《宁夏党校学报》，2010年第2期。
[2]刘先传、张俊明主编：《北京统一战线工作手册》，北京：中央编译出版社，2007年。
[3]林尚立、肖存良等：《统一战线与中国发展》，上海：复旦大学出版社，2011年。
[4]中共中央宣传部舆情信息局编：《论构建社会主义和谐社会》，北京：学习出版社，2005年。
[5]许德明主编：《探索实践　破解难题——上海新经济组织和新社会组织工作调研文选(2005)》，上海：上海交通大学出版社，2006年。
[6]李君如：《社会主义和谐社会论》，北京：人民教育出版社，2005年。
[7]唐兴霖、周军：《“两新”组织的发展与规范——以上海为例》，《学习论坛》，2008年第1期。
[8]王世谊：《发达地区“两新组织”党建工作的调查与思考——以江苏省昆山市为例》，《中国党政干部论坛》，2007年第11期。
[9]束锦：《江苏省新社会组织党建工作问题及对策研究》，《探索》，2008年第2期。
[10]王辉：《“两新”组织党建工作：困境及路径》，《求实》，2010年第6期。
[11]何庆明：《构建新社会组织党建统筹发展新格局》，《中国民政》，2009年第3期。
[12]许德明：《“两新”组织党建概论》，上海：上海人民出版社，2007年。

（作者：楚国清　北京青年政治学院党委书记）

项目名称：首都大学生对“中国梦”认知情况调研
项目编号 ：13KDA027
项目负责人：陶世胆
项目信誉保证单位：《大学生》杂志社

首都大学生的“中国梦”认知情况调研

内容提要：本文通过问卷调查和深度访谈，重点分析了首都大学生对“中国梦”的认知状况，并在此基础上深入探讨了大学生个人梦与“中国梦”之间密切关系。最终我们认为，首都在校大学生作为当代大学生的典型代表，对“中国梦”有着深刻的认知，勇于担当、脚踏实地，能够自觉把个人梦融入到“中国梦”的大潮中，有充足的能力和信心担当起实现“中国梦”的历史重任。最后，就如何进一步提升大学生对“中国梦”的认同感、如何更好地将个人梦融入“中国梦”的历史大潮中，发挥自身应有的历史作用，提出了对策建议。

一、研究背景

2012 年 11 月 29 日，习近平总书记参观“复兴之路”展览时，第一次阐述“中国梦”的概念，“实现中华民族伟大复兴，就是中华民族近代以来最伟大的梦想”。作为青年一代中具有较高知识水平的群体，当代大学生对“中国梦”认知状况以及他们个人梦在多大程度上实现与“中国梦”的融合与统一，对“中国梦”的最终实现起着至关重要的作用。

本次调研于 2013 年年初以首都高校在校大学生为主要调查对象，共发放问卷 2200 份，回收问卷 2126 份，其中有效问卷 2070 份。参与调查问卷的院校共有 12 所，涵盖了文、理、工、农、林、商、师范、民族等不同类型的院校，涵盖面较广，具有代表性。在学历层次上，重点选取本科层次。参与本次调查的院校为北京林业大学、中国农业大学、北京化工大学、北京工业大学、北京工商大学、中央民族大学、首都师范大学、北京信息科技大学、北京邮电大学、华北电力大学、北京农业学院、北京劳动保障职业学院；受访者中男生为 1302 人，女生为 768 人；在年龄上，本次调研对象的年龄跨度在 16—28 岁之间，其中 19—23 岁之间的占到调查总人数的 95%，以 90 后在校大学生为主。为更加全面说明这一问题，课题组还采用了深度访谈方式并另外对浙江、广东、山西等地大学生进行了抽样调查。

二、首都大学生对“中国梦”认知状况

(一)关于对“中国梦”本质的理解

总体而言，首都青年大学生能够站在国家和民族的立场上来理解和认识“中国梦”的本质内涵。认为“中国梦”是要“实现中华民族的伟大复兴，使中国全面的崛起和繁荣”和“社会和谐，生活小康，每个人都能幸福生活”的在校大学生，占调查总人数的86.59%(前者占44.21%，后者占42.38%)，并且84.95%的大学生认为“中国梦”能够很好地“凝聚国民，增强国家向心力”。这说明大学生对“中国梦”的首要内涵和基本定位的理解比较到位，也反映了当代大学生较强的民族情怀与集体意识。

通过比较分析发现，大学生生源地对调查结果存在一定的影响，主要表现在两个方面：第一，在对“中国梦”是“实现中华民族的伟大复兴，使中国全面的崛起和繁荣”的认知上，来自中小城市或城镇的大学生选择的比例最高，达46.65%，明显高于来自一线城市大学生40.86%和来自二线城市大学生40.80%的比例。这说明来自中小城市或城镇的大学生对“中国梦”是中华民族伟大复兴和使中国全面崛起和繁荣的认可度最高。第二，在对“中国梦”是“生活小康，每个人都能幸福生活”的认知度上，来自农村地区的大学生最高，达46.50%；来自一线城市的大学生仅次于农村籍大学生，并且明显高于二线城市和中小城市或城镇籍大学生，这说明来自一线城市和农村的大学生对“每个人都能幸福生活”的期盼最为强烈。深入访谈后我们认为，这种状况与不同地区的经济和社会发展水平有一定的关系。随着经济社会不断发展，二线城市和中小城镇的教育、医疗等公共服务体系建设逐步完善起来，又没有一线城市那么大的竞争压力，也不像农村地区基础设施尚不健全，所以人们的生活舒适度和幸福感相对较高；农村地区发展水平相对落后，农村籍大学生对“小康生活”“幸福生活”的期盼也就更为强烈；一线城市籍大学生虽然物质生活条件比较优越，但在生活、工作等方面的竞争也更为激烈、压力更大，所以在幸福指数与幸福感上可能不会太高。

在对实现“中国梦”途径的认知上，绝大多数大学生把“以经济建设为中心，坚持改革开放”放在首位；92.2%的大学生认为实现“中国梦”必须坚持走中国特色社会主义道路，因为这是“适合现阶段的道路”，无须“另辟蹊径”。这不但充分反映了当代大学生对中国特色社会主义道路的坚决遵循，也进一步印证了当前全面深化改革措施深得人心，说明我们不但有道路自信、理论自信、制度自信的“战略定力”，而且也有自信的群众基础和坚强动力。

(二)关于实现“中国梦”的信心

有近六成的大学生认为“靠全国人民的努力一定能够实现”“中国梦”；大

约四成多的大学生认为它是一种美好的境界，“实现起来很困难”。对第二种认知，有两种可能性，一是认为“中国梦”只是单纯的理想蓝图，不可能实现，但并不排除其客观的历史作用；二是认为“中国梦”作为一种社会理想与目标，如果措施合理得当，全国人民齐心协力，是可以实现的，但对于实现梦想的道路上的困难和挑战，应该有全面的认识和充分的准备。将前一认知与后一认知的第二种可能性综合起来考察，说明当代大学生对实现“中国梦”的信心是较为乐观的。

在这一认知上也存在着较为明显的生源地差异。认为“中国梦”靠全国人民努力“一定能实现”的比例，最高的是来自中小城市或城镇的大学生，大约占66.12%；来自一线城市和二线城市的大学生分别占46.89%和55.56%。

(三)关于个人梦与“中国梦”的关系

在个人梦与“中国梦”关系的认知上，认为“我的个人梦是‘中国梦’的一部分”的学生最多，占39.57%；认为“‘中国梦’是我的个人梦实现的条件”，“‘中国梦’与我的个人梦相辅相成、相互促进”，“我的个人梦就是‘中国梦’”，分别占17.54%、16.51%和13.19%。上述数据表明，绝大多数大学生能够自觉把个人梦与“中国梦”联系起来，把个人的奋斗目标融入实现“中国梦”的大潮中，能够清晰到位地表述个人梦与“中国梦”之间的相互关系或关系的某一方面。

比较分析后发现，从学历上说，本科生关于二者关系的认知水平在科学性、全面性和深刻性都要高于专科生。从专业上说，理工科学生关于二者关系的认知的全面性要高于文科学生；但在认知的科学性上，文科学生高于理工科学生。从生源地上说，在认知的全面性上，一线城市籍大学生的水平明显低于其他地区大学生；中小城市或城镇籍大学生和农村籍大学生的认知水平相当。从性别上来看，男生和女生在对个人梦与“中国梦”关系的认知上，存在明显差异，突出表现在“没什么关系”和“‘中国梦’是我的个人梦实现的条件”上。具体而言，13.19%的大学生认为个人梦与“中国梦”“没什么关系”，而这一比例在男生、女生中的比例分别为15.20%和9.54%，也就是说女生比男生更倾向于认可个人梦与“中国梦”之间的密切关系；17.54%的大学生认为“‘中国梦’是我的个人梦实现的条件”，而这一比例在男生、女生中的比例分别是16.01%和19.68%，也就是说女生在“‘中国梦’是我的个人梦实现的条件”的认可度上高于男生。

三、“中国梦”与大学生个人梦的关系

(一)源与流的关系

1.“中国梦”是大学生个人梦之源

首先，“中国梦”赋予当代青年大学生伟大的历史责任。实现“中国梦”是

一项宏伟事业，与每一个中华儿女的命运息息相关，为之努力奋斗也是每一个中华儿女义不容辞的责任。其次，“中国梦”为大学生个人梦的实现提供了必要的前提条件。没有国家梦和民族梦的实现，人民的梦就会成为无源之水、无本之木；没有国家独立与富强、民族的解放与振兴，大学生个人梦想就没有现实的条件。近代以来的历史也不断地证明，只有首先实现国家梦、民族梦，才能为实现个人梦、实现每个人的解放和发展创造最基本的条件。最后，“中国梦”为大学生个人梦的实现提供了广阔的历史空间。“中国梦”是站在新的历史方位，对中国未来发展提出的目标，具有明显的中国特色和强烈的时代气息。

2. 大学生的梦是“中国梦”之流

首先，大学生个人梦是“中国梦”的重要组成部分。“中国梦”具有整体性，它是全国人民的共同梦想，是各个领域、各行各业人们梦想的总和。其次，当代大学生是实现“中国梦”的生力军。青年强则国强，青年立则国立。青年大学生是时代的先锋和未来的希望，在历史发展和变革中发挥着重要的作用。青年大学生作为中国未来的建设者，更是“中国梦”的实践者和成就者。最后，解决大学生寻梦之路上的问题是实现“中国梦”的必要条件。只有切实解决好大学生寻梦之路上遇到的困难和问题，帮助大学生更好地实现自己的个人梦，才能更广泛地凝聚起实现梦想的巨大力量，更好地实现“中国梦”。

从宏观上来说，当代大学生是中国特色社会主义事业的建设者和接班人，其能否担当起历史赋予的重任，直接影响着中国特色社会主义事业是否后继有人；其素质的优劣强弱，直接影响着中国特色社会主义建设的步伐和质量。从微观上来说，当代大学生在实现个人梦过程中面临着各种各样的问题和困难。如就业难的问题。俗话说“巧妇难为无米之炊”，而有“米”无“灶”，或“灶”不合适，也难成“炊”。如果大学生空学一身本领，而无用武之地，那么实现“中国梦”凝聚的力量，就不能最大限度地发挥大学生的主动性和创造性。再如心理问题。调查统计显示，对实现个人职业梦想，有54.13%的大学生选择了“有信心，但有很大心理压力”，6.19%的大学生选择了“一点信心都没有”。学校和社会能否对此高度重视并着力加以疏导和解决，这对能否充分挖掘大学生的正能量，使大学生实现个人价值和社会价值的最大化，进而更好地为实现“中国梦”服务至关重要。

(二)长期与阶段的关系

1.“中国梦”是大学生个人梦的终极目标

“中国梦”是一个长期的历史范畴，具有长期性，为大学生个人梦提供方向引领和价值评价。当一种梦想能够将整个民族的期盼与追求都凝聚起来的时候，这种梦想就有了共同愿景的深刻内涵，就有了动员全民族为之坚毅持守、慷慨趋赴的强大感召力。实现中华民族伟大复兴的"中国梦"，就是这样一种梦想。它是一代又一代中华儿女为之奋斗的伟大梦想、长远目标和共同愿望，其对大学生个人目标也具有引领发展方向的深远意义和巨大作用。

2. 大学生个人梦是"中国梦"的阶段目标

与"中国梦"相对，大学生个人梦具有阶段性的特征。从反映内容上说，大学生个人梦反映人生特殊时期的阶段性特征和阶段性追求；从表现形态上说，大学生个人梦是呈现出已经得到升华并将继续升华的阶段性状态。从整个社会的角度来说，一定时期的大学生个人梦反映和体现了这个时期的阶段性特征，而其阶段性特征对"中国梦"的实现具有双重影响：其进步的、先进的一面，会促进和推动"中国梦"的实现；而其落后的、腐朽的一面，以及现实困难和问题的方面，会阻碍"中国梦"的实现进程。当代大学生个人梦反映了当前时期的阶段性特征，不断发扬和借鉴这个时期进步的、先进的一面，并努力解决现阶段面临的现实困难和问题，无疑是在一定程度上为"中国梦"的实现扫除障碍，准备条件。

从大学生个体角度来说，无论是就业、恋爱，还是继续深造，大学生个人梦都只是人生中的阶段性目标，而且是处于其人生起步阶段的初级目标。这些梦想实现的状况，对其以后能否在新的起点上实现更大的发展，能否凝聚起最大的中国力量为实现"中国梦"而奋斗，至关重要。如果连就业等基本生存都成问题，那么为实现"中国梦"做出更大的贡献就更无从谈起。

(三)共性与个性的关系

1."中国梦"寓于大学生个人梦之中

首先，"中国梦"反映社会发展的普遍性。作为一个国家和民族在长期的历史时段内的奋斗目标，"中国梦"反映的是近代以来中国社会主要矛盾的普遍性问题，是从纵向历史脉络和横向社会领域中提炼出来的共性问题，这种普遍性的问题是绝对的、无条件的。其次，"中国梦"寓于大学生个人梦之中。"中国梦"自身不是一个具体化的形态，而是寓于大学生个人梦等具体梦想之中，通过一个个鲜活生动的具体的梦想得以体现。

2. 大学生个人梦及其实现受"中国梦"制约

首先，大学生个人梦反映社会群体的特殊性。作为一定时期内一个特定社会群体的奋斗目标，大学生个人梦反映的是该历史时期内大学生群体的个性特征，是该历史时期的特殊性问题，即个性问题，它是相对的，有条件的。其次，大学生个人梦及其实现受"中国梦"的制约。"中国梦"是对历史和现实的最精辟概括，是我国经济社会发展水平和未来发展目标的最集中体现。大学生个人梦的定位必然具有所处时代的特征，其实现也必须在中国特色社会主义现代化建设的大潮中进行，而不能脱离或超越当前这一历史阶段。

3. 大学生个人梦与“中国梦”相互交融

一方面，“中国梦”也是大学生的梦。因为“中国梦”的根本内涵是人民的梦，让每一个人都“共同享有人生出彩的机会，共同享有梦想成真的机会”，就是要包括当代大学生在内的中华儿女在中国能够实现自己的梦想。大学生通过努力实现梦想，不仅是大学生个人、也是“中国梦”追求的目标，在这个意义上说，“中国梦”也是大学生的个人梦。

另一方面，站在历史高度看，大学生个人梦也是“中国梦”。大学生的个人梦既体现了其对个人、社会的理想追求，又反映这个时代的共同特征和“中国梦”的目标要求。大学生对国家强盛和民族振兴的期盼，对幸福生活、社会和谐和社会公平正义等的期盼，同样是“中国梦”要实现的目标。在这个意义上说，大学生个人梦也是“中国梦”。

四、引导首都大学生实现"中国梦”的对策建议

(一)加强对首都大学生的爱国主义和“中国梦”宣传教育，增强首都大学生的爱国主义意识，进一步坚定理想信念

一是要用社会主义核心价值观为大学生铺垫好追梦基石，加强对首都大学生的爱国主义教育，增强大学生的爱国主义意识。在调查中我们发现，尽管绝大多数首都大学生对“中国梦”有着正确和理性的认识，但对“中国梦”认知存在的偏差情况仍然高于外地大学生。如，9.47%的首都大学生认为“中国梦”就是要“像美国一样称霸世界”，持有同样观点的外地大学生比例为2.95%；认为实现“中国梦”必须“另辟蹊径，探索出更适合中国现阶段的发展道路”，持有这种观点的首都大学生比例为5.87%，高于外地大学生3.41%的比例。数据显示，在实现“中国梦”的征途中，大学生的表现是多样的，因此不能采取不分对象，上下一样粗的宣传教育方式。十年树木，百年树人，用社会主义核心价值观教育引导大学生是潜移默化的过程，不是一蹴而就的事情。因此，应首先教育大学生对自己负责，学会正确面对人生的酸甜苦辣，不断完善自己的人生。在此基础上，教育大学生要为他人传递正能量。正能量就像一束束阳光，只有越来越多的人传递，这个社会才会没有阴影，充满阳光，这也是社会主义核心价值观和“中国梦”的重要方面。之后，对那些践行“中国梦”的核心骨干大学生，教育他们应对国家、民族负责。当代大学生要有家国情怀，准备扛起历史赋予的重任，立志为实现“两个百年”的奋斗目标做出贡献，为国家富强、民族复兴实现“中国梦”奋斗终生。最后，对那些骨干里的佼佼者，应该教育他们既要胸怀祖国，又要放眼世界，应为人类社会发展做贡献。习近平总书记说：“我们要实现的中国梦，不仅造福中国人民，而且造福世界各国人民。”习总书记的话向世界传递了实现文明复兴、建

设和谐世界的中国理念。中国要实现和平崛起，不但要为中国人民谋求幸福生活，更要推动人类社会进步，与世界分享。政府和社会尤其要全方位加强宣传，抢占新媒体舆论阵地，加强对微博、微信等新型媒体的建设、管理和使用，充分发挥其在“中国梦”宣传教育工作中的作用，增强大学生对“中国梦”的认同感，使他们深刻地认识到只有把人生理想融入国家和民族的事业中，才能最终成就一番事业，成为社会主义事业的建设者和接班人。

二是高校要充分发挥高校思想政治理论课的主渠道和主阵地作用，开展符合青少年个性特点的教育实践活动，在公共基础课中加大“中国梦”的内容比重，并根据自身的条件开设有关“中国梦”的选修课程，引导青少年领会和树立社会主义核心价值观，不断推进公民道德工程建设。

三是要树立和宣传当代首都大学生的先进典型，引导首都大学生在实现中华民族的伟大复兴中实现个人梦。如可以宣传首都大学生科研攻关、慈善公益、当兵习武、支援边疆和志愿者等先进典型，用榜样的力量在日常生活、学习中潜移默化影响大学生，把社会主义核心价值观转化为现实中活生生的具体形象。同学之间没有年龄差异，世界观、价值观差异不大，且长时间学习、生活在一起，彼此容易相互影响。借助主流学生的辐射带动作用，引导极少数学生，帮助他们准确把握“中国梦”的科学内涵，效果可能会优于由老师出面单纯以说教的方式强迫他们去认同。我们的实践也证明了这一点。由中宣部、教育部、共青团中央等部门共同指导，《大学生》杂志社和人民网联合主办的“中国大学生年度人物”评选活动，就是一个寻找身边的榜样，用榜样的力量鼓舞人、感染人的有益尝试。这个活动，自2005年启动以来，累计评选出了近百位大学生年度人物。这些大学生年度人物或追求知识、热爱科学、刻苦钻研；或勇于创造、乐于发明、创新创业；或关注社会、热心公益、甘于奉献；或身残志坚、不畏艰难、自强不息；或明礼诚信、孝老爱亲、见义勇为。他们用自己的拼搏和奋斗，生动诠释着社会主义核心价值观的基本内容，充分展现了青年学生健康向上、勇于担当的风采，感动了中国、温暖了人心，激发了社会正能量，为当代大学生树立起可亲可敬、科学可鉴的身边榜样，取得了很好的社会效果，也得到了高校师生的积极参与。

(二)加强政策引导积极创造条件，鼓励首都大学生通过个人努力实现个人梦想，为“中国梦”贡献力量

一是抓好首都大学生就业工作。通过深度访谈和问卷调查可以看出，尽管首都大学生的个人梦五花八门，但职业理想都是一项非常重要的内容。首都大学生的个人梦，心系千万个家庭的期望。因此政府各部门倾听大学生心声，解决大学生实际困难尤为重要。

二要引导学生按兴趣选择专业。通过对大学生实现个人职业梦想的信心交叉比较统计可以看出：对所学专业“很满意，是自己喜欢的”“完全根据高考分数报的”“被调剂的，但不喜欢”，与此对应的“信心十足”的比例分别为34.64%、16.20%、14.33%，呈递减趋势。说明大学生对所学专业越喜欢，其个人信心就越强；反之亦然。所以，要引导大学生在高考时按自己的兴趣选择专业。另外，在大学新生入学后，应增加专业选择的自由度。可以设立1—3个月的专业试读期等措施，允许学生在一定专业范围内自由流动。目前北京化工大学等一些院校已经允许学生入校后根据兴趣爱好等实施转专业学习，这就是一个很好的尝试。

三要营造公平的竞争环境。在实现个人梦想面临的最大障碍因素统计中，“社会环境”位列第一位，为37.67%。专科学生、女生、二线城市学生尤其突出，分别为38.01%、40.16%、42.76%。说明社会环境已经成为影响大学生实现个人梦想的重要因素。一方面，各高校要进行差异化指导，引导学生要提高适应能力；另一方面，政府劳动人事部门要营造公平的竞争环境，避免地域歧视、性别歧视、生理歧视。

四要加大心理指导。在大学生对实现个人梦想的信心差异统计中，“信心十足”的只有24.41%，超过六成的当代大学生“有信心实现个人理想，只是有很大的心理压力”。说明心理因素已成为制约个人梦想实现的主要因素。这个问题解决不好，不但会影响大学生个人梦想，还会影响“中国梦”的实现进程，切实解决高校大学生的心理压力问题也是迫在眉睫之事。尤其是针对女生歧视、本科学生好高骛远、农村城镇学生信心最弱等情况，要分别加以具体指导，坚持一把钥匙开一把锁，确保工作成效。学校教育指导部门更要转变工作思路，由重管理教育向管理教育与指导服务并重转变，加强对一线学生工作人员进行心理培训，提高心理工作的服务质量和水平。

五是要鼓励个人努力。本次调研中，超过七成的大学生认为，“勤奋程度”“个人天赋”和“机会运气”是实现个人梦想最重要的三个因素。在这三项因素中，外地大学生选择勤奋程度的比例要高于首都大学生，而首都大学生选择个人天赋和机会运气的比例则要高于外地大学生。就个人努力与个人成功的关系问题，85.79%的外地大学生认为，个人努力对个人成功“非常重要”，而持有同样观点的首都大学生比例为76.88%。与此相反，认为个人努力与个人成功“关系不大”或“没有影响”的首都大学生比例达到21.64%，是持有同样观点的外地大学生比例的2倍。

(三)加强中华传统文化的教育和继承，促进社会主义先进文化建设，巩固共同思想道德基础

一是政府相关部门要积极完善高校传统文化教育的制度建设，从政策层面凸显国民教育在文化传承创新中的基础性作用；二是高校要不断深化课程建设和改革力度。一方面创新“两课”教学内容和模式，把中华优秀传统文化融入其中，让思想政治理论课告别照本宣科式的灌输说教，营造生动、活泼的教学氛围，达到“润物无声”的教育效果；另一方面加强传统文化课程建设力度，开设传统文化必修课和选修课，培养他们学习传统文化的文化自觉性和主动性。

（作者：陶世昍 《大学生》杂志社主编）

经济·管理学科

项目名称：北京依靠创新转变经济发展方式的思路和对策研究
项目编号：11ZDA01
项目负责人：李　涛
项目信誉保证单位：中央财经大学

北京市依靠创新转变经济发展方式的思路与对策

内容提要：经过多年的建设，北京市经济社会发展已经取得了举世瞩目的成就。但是，需要清醒地看到，自然资源、环境因素对北京经济发展的制约作用日益明显，土地、劳动力等要素价格高企不下。这一切都表明，目前北京市已经进入了转变经济发展方式的关键时期。在这一时期，需要紧紧围绕“改善民生”这一主题，抓住产业结构优化调整这一抓手，依靠科技创新、文化创新双轮驱动，加快实现北京市经济发展方式的转变。

一、创新是北京市经济发展方式转变的根本驱动力

(一)经济发展方式的内涵

经济发展是指一个国家或地区按人口平均的实际福利增长的过程，它不仅是一国财富和经济的量的增加和扩张，更重要的是，还意味着质的方面的变化，包括社会经济结构的改善、居民生活水平的提高、文化程度的提高、分配的公平、充分就业、人均寿命的延长等。因而，经济发展总是伴随着经济结构、社会结构的优化、投入产出效益的提高以及社会生活质量的普遍改善等。经济发展可以理解为一定经济增长基础之上的社会经济全面提高和优化的过程。

需要强调指出的是，经济发展与我们常说的经济增长存在显著不同。经济增长往往是指一个国家或地区生产的产品和劳务数量的持续增加，也就是生产总值的持续增加的过程。从概念和内涵来看，经济增长侧重于反映以总量表示的财富的不断增加。而经济发展的内涵要广泛得多，经济发展总是伴随着经济结构、社会结构的优化、投入产出效益的提高以及社会生活质量的普遍改善等。也就是说，经济发展可以理解为经济增长基础上的社会经济全面提高和优化的过程。

经济发展方式转变是指经济发展应该从粗放型向集约型转变，从外延式增长向内涵式发展转变。粗放型的、外延式的经济发展方式一般意味着“重投

资、轻消费"以及"重增长、轻环境"，偏重以投资驱动经济发展、强调GDP的高增长率而忽视对自然环境的破坏。集约型、内涵式的发展方式则强调投资与消费并重、增长与环境相辅相成，即经济发展要以改善民生为宗旨。以改善民生和提高居民福利为出发点的经济发展方式要求实现以下两个目标：一是从主要依靠外需和投资拉动经济增长转向主要依靠内需和消费拉动经济增长，二是从资源高消耗的生产方式转向资源友好型的生产方式。

(二)北京市已进入创新驱动经济发展方式转变的新阶段

自新中国成立至今，北京大致经历了两次大的发展方式转变：第一次是20世纪50—70年代，完成了由消费城市向生产城市的转型，北京成为中国重要的工业基地和经济中心；第二次是20世纪80年代以来，北京进行了产业结构调整和城市功能定位的转换。从数据上看，1994年北京市实现了"三二一"的产业格局，2005年已基本达到发达国家水平。① 目前，北京市正在向中国特色世界城市的建设目标稳步迈进。② 不过我们还要看到，虽然北京市经济社会发展已经取得了极大的成就，但是还有一些困难和挑战需要我们去面对：

1. 自然资源、环境因素对北京经济发展的制约作用越来越明显

随着北京市经济发展，土地、水、能源等自然资源的供应日益紧张，日益增长的人口、汽车等对环境承载能力的要求也越来越严，这些都对北京目前的发展方式提出了挑战。可以预见，北京市未来仍然会吸引大量的外来人口，经济总量也还会继续扩张。北京市有限的土地、空间和自然资源，要承载这种扩张性的需要，必然面临严峻的挑战。

2. 北京市面临着城市间日益激烈的竞争

上海是我国最发达的工商城市和港口城市，科技、经济综合实力雄厚，科技产业化能力较强。依托于经济发达的长三角地区，上海一直以建成国际化大都市和世界城市为城市建设目标。特别是随着自由贸易区的建立，上海必然迎来新一轮的发展机遇。此外，香港、东京、首尔、新加坡等国内外城市也都在争夺亚太城市的制高点。因此，虽然北京城市发展基础扎实、实力雄厚，但在未来发展中仍面临着"突出重围"的巨大挑战。

3. 北京市企业运营的商务成本在不断增大

商务成本的上涨将会影响到企业的盈利能力，势必影响到北京未来的发展速度。近年来，北京市土地成本和劳动力成本上升较快，交易成本在不断上涨，已经出现了部分企业转移到商务成本较低的其他城市的现象，这需要引起我们的关注。

---

① 邢丽娟、张宗林、侯健：《北京市经济发展模式的探索——探寻资源纠纷与首都经济模式关系》，《中央财经大学学报》，2010年第9期。

② 汤一原、徐飞鹏、王皓：《郭金龙当选中共北京市委书记》，《北京日报》，2012年07月04日。

上面几个突出问题的存在，表明北京市的经济发展已经到了需要实现新突破的关键节点。北京市必须要以创新为根本驱动力，通过科技创新和文化创新双轮驱动，实现产业结构的优化升级，进而实现从“粗放型”发展到“集约型”发展、从“环境破坏型”发展到“环境友好型”发展、从“投资驱动型”发展到“消费拉动型”发展的转变。

(三)北京市具备创新驱动经济发展方式转变的条件

1. 从科技创新角度而言，北京市科技创新资源的密集程度在全国首屈一指

与全国其他省、自治区、直辖市相比，北京的创新资源目前占绝对优势。北京“万名就业人员中R&D(研究与开发)人员数”“R&D经费支出占地区生产总值的比重”“企业R&D人员占从业人员比重”等指标均遥遥领先于全国平均水平。北京市还聚集了180余家国家级重点实验室、工程实验室和工程(技术)研究中心等一批共性技术研发平台，占全国总量的30%以上。因此，北京市具备通过科技创新驱动经济发展方式转变的可行性。

2. 从文化创新的角度而言，北京市具有非常丰富的文化资源

首先，北京市具有丰富的历史文化资源。据统计，北京的古代文化遗存共有7309项之多，全面开发这些历史文化资源的现代价值，对实现北京文化产业大发展具有重要意义。其次，北京现有的文化机构、团体与设施也是其进行文化创新、发展文化产业极为重要的资源。北京云集了全国各文化行业系统中力量强、规模大、层次高的文化团体与设施。得天独厚的文化资源为北京文化创新和文化产业发展奠定了良好的基础。

3. 从政策环境角度而言，国家和北京市政府对创新工作一直高度重视

党中央、国务院和北京市委市政府历来重视北京市创新资源的培育，重视创新资源的转化。“中关村电子一条街”开科技成果转化风气之先，随后成立的中关村科技园区是我国第一个国家级高新技术产业开发区，也是第一个国家自主创新示范区，各种创新管理的政策在这里先试先行。因此，北京市完全具备在全国率先实现创新驱动经济发展方式转变的条件。

二、产业结构优化是实现经济发展方式转变的抓手

经济发展方式的转变是一个长期的过程，产业发展是经济发展的核心内容，产业结构优化则是经济发展方式转变的重要抓手和中心环节。经济发展中存在的不平衡、不协调、不可持续因素，往往是由于产业供给和社会需求结构脱节所造成，因此必须通过产业结构优化调整，推动供给与需求的匹配，进而推动经济发展方式的转变。产业结构优化，既包括技术的优化，即技术低端产业(劳动密集型、资源密集型)升级到技术高端产业(技术密集型、知识密集型、资本密集型)，也包括空间的优化，即在各区域合理配置产业、推动

区域间产业互补和融合、形成合理的产业梯次。

(一)优化产业结构需要扶持关键产业

北京市产业结构调整需要选择重点支持的关键产业，以推动产业结构的优化。应按照以下原则选择关键产业：(1)民生原则：关键产业应该有利于解决首都建设面临的突出问题，如出行难、看病难、就业难等民生问题，促进民生建设；(2)技术高端原则：关键产业应该符合技术发展方向，通过关键产业的确定实现产业的高端化；(3)可持续发展原则：根据北京的资源、环境状况，关键产业发展具有可持续性，避免以后代的利益为代价提高当前的经济发展水平和社会福利状况；(4)全局性原则：北京市关键产业的选择应该充分考虑北京在全国和区域分工中的位置，维护而不是弱化北京的全国政治和文化中心的地位。

(二)产业空间布局优化要注意完善区域内布局

在产业空间布局优化中，要特别注意完善区域内分工。按照现代区位理论，产业空间布局应遵循成本最低、市场份额最大和聚集效应的原则来实施。优化产业空间布局要求根据北京市每个区域的优势和劣势确定该区域应重点发展的产业，这些优势包括区域内分工、人才优势、技术优势、资源优势等。北京市已经提出"两轴两带多中心"的空间发展战略，并正在建设六大高端功能区，即中关村科技园区、北京商务中心区、奥林匹克中心区、金融街、北京经济技术开发区和临空经济区。从目前城市空间布局来看，北京城市功能的全面性基本实现，但是城市功能还没有完全体现出来。中心城区教育、医疗、就业等资源高度密集、甚至拥挤不堪，但郊区公共服务资源严重缺乏，出现"睡城"现象。此外，由于区域功能不完善，造成人口、货物潮汐式流动，对城市交通等基础设施压力极大。因此，必须要加快实现中心城区教育、医疗等优质资源向郊区扩散，节省时间和交通成本。要改善城市的产业空间布局，完善区域内部的产业分工，缓解经济发展对城市的道路、交通等公共设施和资源的压力。

(三)产业结构调整要注意避免两个误区

误区之一，过分强调产业高端化。进行产业结构调整，不能一味追求高端化、前沿化，而是要服务于改善民生这一根本目的，在民生需求的基础上求高端，才能实现科学发展。从这个角度上说，城市轨道交通设备制造业、高端医药医疗制造和环保产业等对推动北京市交通难、看病难与环境污染等问题的解决具有直接作用，可以作为未来重点扶持、优先发展的产业。

误区之二，产业布局忽视了与城市空间布局的对接。北京市目前的出行难问题，很大程度上是因为产业空间布局的不合理造成的。未来的产业规划必须要考虑主导产业与居民生活区的空间距离，防止经济发展的同时产生拥堵问题。通过合理的空间布局，有助于实现各区域平衡发展，也有利于合理配置城市交通、医疗和教育等公共资源，推动交通拥堵、看病难、上学难等问题的解决。

三、科技创新、文化创新双轮驱动经济发展方式转变

（一）科技创新是创新驱动的重要内容

科学技术是第一生产力。进入21世纪以来，随着科学技术的飞速发展及经济全球化背景下知识的迅速传播与应用，科技创新在经济社会发展中的作用日益重要，技术推动发展、创新推动发展已经成为不争的事实。世界各地都在实施各种类型的科技振兴计划，力图吸引创新人才，推动产业优化，提高综合竞争力。我国也在大力推进实施“科教兴国”战略，提高全民族的科技文化素质，增强国家的科技实力和实现生产力转化的能力。北京市作为我国科技资源最为丰富的地区，理应在科技创新推动发展方面做出表率。

（二）文化创新是创新驱动的重要内涵

创新的落脚点是改善民生，而改善民生既包括提高居民物质生活水平，也包括提高居民文化生活水平。通过文化创新，不仅可以为居民提供各种文化产品和文化服务，还可以陶冶情操，净化心灵，营造祥和的社会氛围。此外，文化产品和文化产业具有低能耗、低污染、高附加值等特点，符合北京市对未来产业发展方向的选择。因此，文化创新也应该成为创新驱动发展的重要内涵。

（三）科技创新和文化创新应相互支撑、共同发展

科技创新和文化创新不是孤立的。科技创新是文化发展的重要引擎，能够为文化创新提供新的技术手段，能够实现文化创新落地生根；文化创新能够为科技创新提供宽松的文化氛围，能够为科技创新赋予文化内涵，提高其增加值。纵观当今世界，科技与文化融合的态势日益凸显。因此，必须实现科技创新与文化创新互相协调、共同发展。北京作为我国科技资源和文化资源最为密集的地区，应率先实现文化创新与科技创新的融合，加快创新成果转化，加快实现经济发展方式的转变。

四、创新驱动发展方式转变的根本目的是改善民生

（一）发展的最终目的是改善民生

民生即人民生活，既包括人民群众的物质生活，也包括人民群众的精神文化生活；既包括民众对衣食住用行等生活资料的追求，也包括在生态和环境等方面更高的要求；既包括本代人的生活，也包括后代人的生活。经济发展与老百姓的切身利益密切相关，转变经济发展方式的最终目的正是为了改

善民生，提高居民的满意程度，营造和谐良好的社会环境。缺少了对民生的关怀，转变经济发展方式就变成无源之水、无本之木了。

（二）改善民生也是科技创新和文化创新的方向

改善民生是经济发展的最终目的，对科技创新和文化创新来说也是如此。只有以民生为导向的创新才能获得广阔的市场，创新成果才可以不断涌现。对于科技创新，一种普遍的误解是创新应该以科技为导向，以技术的先进性作为评价创新有效性的标准，即科技成果要"越先进越好"。当然，对一些基础性的学科研究成果而言，这个评价标准是合适的；但是，对于大多数科技创新而言，其最终目的就是实现商业化应用。因此，科技创新必须是符合老百姓需求的创新，必须能够实现民生的改善，否则就成为空中楼阁，造成人力、物力的浪费。对于文化创新，道理同样适用：只有文化创新的成果对老百姓来说是喜闻乐见的，这样的文化创新才能说是取得了真正的成功。

五、具体政策建议

根据以上分析，为了更好地实现创新驱动经济发展方式转变，我们提出以下政策建议：

（一）转变经济发展方式，首先需要转变发展观念，要以"改善民生"为主线统领全局

提高人民生活水平，改善民生既是转变经济发展方式的根本目的，也是拉动经济发展方式转变、扩大内需的强大动力。转变经济发展方式，应始终坚持以"改善民生"为立足点。经济社会发展的成果最终要体现在提高人民生活水平上，体现在满足人民物质文化精神需求上，体现在人的全面发展上。民生的持续改善不仅能够体现经济发展以人为本，而且能够作为最终需求有效促进经济发展方式的顺利转变。因此，创新必须以改善民生为根本目的，避免盲目追求国际前沿而忽视民生基础。只有立足于北京市的实际情况，从改善民生出发，创新才能切实转化为推动产业结构调整进而转变经济发展方式的强大动力，否则创新只能带来大量宝贵的公共资源的浪费。

（二）在增长的背景下进行产业结构优化与调整，是转变经济发展方式的重要抓手

首先，要在增量改革的原则下依靠产业结构调整来实现经济发展方式的转变。经济发展方式的转变是一个长期的过程。现阶段，经济增长仍然是经济发展的核心和关键，只有坚持以增量改革来持续做大做强经济基础，才能为转变经济发展方式提供更为从容的战略空间，减少各方面的阻力。

其次，产业发展是经济发展的核心内容，产业结构调整则是经济发展方式转变的重要抓手和中心环节。经济发展中存在的不平衡、不协调、不可持续因素，往往是由于产业供给和社会需求结构脱节所造成，因此必须通过产业结构调整，推动供给与需求的匹配，进而推动经济发展方式的转变。

再次，在确定与改善民生紧密相关的重点产业基础上，有针对性地制定相关产业的创新战略规划，大力推动包括技术创新、服务创新和管理创新在内的创新体系建设，是推动产业结构调整的可行路径。应从民生角度出发，大力发展与解决“出行难、教育难、看病难、养老难”等问题相关联的民生产业。提升居民幸福感，改善民生，是北京市建设中国特色世界城市的应有之义。应大力发展公共与轨道交通，改善教育资源分配，推进医疗卫生体制改革，建设面向老龄化社会的银色产业，同时，积极鼓励、引导和规范中小型居民服务类企业的发展，切实提高居民生活质量，通过实体经济的全面发展来解决民生问题，构建幸福北京。产业结构的顺利调整意味着经济发展方式的顺利转变，最终应表现为民生水平的不断提高。

最后，大力发展文化产业，弘扬北京精神。文化产业对资源环境要求较少，在资源和环境约束越来越紧而文化资源相对丰富的北京来说，发展文化产业具有明显的比较优势。发展文化产业，一方面可以引导社会文明，为人民群众提供喜闻乐见的精神食粮；另一方面也有利于推动实体经济发展，实现资源保护，推动发展方式的转变。

(三)提高服务能力，为技术创新、文化创新提供高效的政策服务

首先，充分发挥政府在自主创新中的推动作用，提供高质量、高效率的政府公共服务。围绕企业创新中的实际需求，改进政府工作，构建“四体联动”管理机制。四体联动的管理机制，具体是指行业协会和企业为主体，政府相关部门和高校、研究院校作为支撑的动态管理机制。政府制定各项优惠政策和“倾斜式”重点鼓励政策；制定需求引导政策；制定人才政策；制定信息技术政策。行业协会要定位于“联动政府、服务行业、自律自主”，要成为企业与高校、科研院所、政府的连接桥梁。同时，高校、科研院所作为企业科研的坚实基础，应加强沟通，合作研发，提高科技成果的转化率。同时与政府和协会合作，建立培训机构，加快新技术的掌握和应用。企业则在政府和协会的引导下，主动与高校和科研院所进行产学研合作，提升企业的自身竞争力，促进创新成果的涌现与创新成果的转化。

其次，利用中关村国家自主创新示范区这一平台，发挥政府在自主创新中的推动作用。中关村科技园区是国务院批准的、我国第一家国家级高新技术产业开发区。2009 年 3 月 13 日，国务院做出了关于建设中关村国家自主创新示范区的批复。[①] 国务院要求中关村国家自主创新示范区能够发挥创新资源

① 《国务院关于同意支持中关村科技园区建设国家自主创新示范区的批复》，中关村国家自主创新示范区，http：/www.zgc. gov. cn/sfqyzn/zywj/56263. htm.

优势，加快改革与发展，做强做大一批具有全球影响力的创新型企业，培育一批国际知名品牌，全面提高中关村科技园区自主创新和辐射带动能力，成为具有全球影响力的科技创新中心。为此，国家和北京市从政府采购、财政税收、人才政策等各个方面都给予了非常优厚的政策，搭建了很好的政策平台。因此，必须要充分使用好这一平台，将北京市雄厚的科研实力转化为现实生产力，以科技创新驱动经济发展方式逐步转变。

最后，构建多层次、高效率、包容性的金融体系，服务科技创新与文化创新。发达的金融业是世界城市的共有特征。北京必须高度重视金融创新，以高效的金融服务推动城市发展转型。科技型中小企业往往是科技创新与文化创新的来源，因此，北京市应针对创新型和高科技中小企业的特点，注重发挥民营资本和互联网金融在解决企业在融资过程中信息不对称程度高、信贷风险大等问题的独特优势，推动民间资本和互联网企业与传统银行业的深入合作，构建多层次、高效率、包容性的金融体系，为企业开展创新工作服务。

参考文献

[1] 韩霞：《高技术产业公共政策研究》，北京：社会科学文献出版社，2009 年。

[2] 洪银兴：《创新型经济：经济发展的新阶段》，北京：经济科学出版社，2010 年。

[3] 王铮等：《经济发展政策模拟分析的 CGE 技术》，北京：科学出版社，2010 年。

[4] 文魁等：《首都经济研究报告》，北京：首都经济贸易大学出版社，2002 年。

[5] 尹继佐主编：《世界城市与创新城市——西方国家的理论与实践》，上海：上海石化科学院出版社，2003 年。

[6] 于刃刚等：《主导产业论》，北京：人民出版社，2003 年。

[7] 曾路、孙永明编著：《产业技术路线图原理与制定》，广州：华南理工大学出版社，2007 年。

[8] 周伟林等编著：《城市经济学》，上海：复旦大学出版社，2004 年。

[9] 李涛：《政府管制、法治、银行发展与中小企业发展》，《经济学(季刊)》，2005 年第 4 期。

[10] 李涛、黄纯纯：《分权、地方公共支出和中国经济增长》，《中国人民大学学报》，2008 年第 3 期。

[11] 许政、陈钊、陆铭：《中国城市体系的“中心—外围模式”》，《世界经济》，2010 年第 7 期。

[12] 刘士林：《文化城市与中国城市发展方式转型及创新》，《上海交通大学学报(哲学社会科学版)》，2010 年第 3 期。

[13] 洪银兴：《苏南模式的演进及其对创新发展模式的启示》，《南京大学学报(哲学·人文科学·社会科学版)》，2007 年第 2 期。

[14] 杨卫泽：《政府公共管理与发展模式创新——以无锡 30 年政府管理职能转变为例》，

《南京大学学报(哲学·人文科学·社会科学版)》，2009年第5期。
[15] 杨家本、朱晓红、陈勇：《聚类分析及其在我国经济特区和沿海开放城市经济发展模式比较研究中的应用》，《清华大学学报(哲学社会科学版)》，1993年第1期。
[16] 杨颖、刘林青：《产业国际竞争力的客观维度与大城市经济发展模式》，《改革》，2008年第8期。

（作者：李　涛　中央财经大学教授）

项目名称：打造时尚之都——北京服装创意产业发展研究
项目编号：11ZDB13
项目负责人：宁　俊
项目信誉保证单位：北京服装学院

北京服装创意产业发展现状与对策研究

内容提要：从"创意及创意产业"的视角切入，采用系统研究法、实证研究法、逻辑研究等方法，提出服装创意产业的构成要素，揭示服装创意产业在北京建设时尚之都中的地位和作用；运用区域经济学、城市品牌以及产业经济学等相关理论，首次明确界定了服装创意产业的概念、服装创意产业的范畴，并在此基础上构建了服装创意产业价值链要素模型。深入调查采集并详细分析了北京服装创意产业的发展现状与存在的问题；建设性地提出北京建设和发展服装创意产业的路径与对策。为政府决策提供智力支持和推进服装品牌建设等目标。

一、服装创意产业的界定

(一)服装创意产业的概念

服装创意产业，是指在一定的服装产业链条中，依靠某些个人或团队的感悟、创造力与才华，利用创意、技术和知识产权，大幅提升服装产品附加值，实现利润和就业机会增长的业态总称。这一概念打破了传统服装产业以开发产品实际"功能效用"为主的格局，突出了产品本身所蕴含的文化理念对消费者的巨大影响。

随着社会生产力的发展，当人们的物质财富和生活水平达到一定程度之后，对产品的人文内涵和价值需求会迅速增大。其突出体现在，日常生活中几乎很难看到两个人穿一样的服装。这说明产品本身的功能效用在消费者心目中的地位下降，而产品所蕴含的文化理念在消费者心目中的地位上升，最终导致文化效用与功能效用在消费者对产品估值中所占的权重发生反转。有研究表明(奚恺元的实证研究)，在人均收入达到3000美元的地区，产品效用与价值的相关度下降到2%以下。

服装创意产业与传统服装产业最大的区别在于，服装创意产品以文化精神效用为主，实际功能效用为辅，而传统服装产业正好相反。创意为服装产品和服务提供了实用价值之外的文化附加值，最终提升了服装产品的经济价值。创意服装产品本身所蕴含的文化理念对消费者影响巨大，因此传统服装产业转型升级的一个方向是服装创意产业。

(二)服装创意产业的范畴

创意在服装产业链中主要体现在服装的设计和营销环节中，但创意本身的实现与形成需要依托服装的材料研发和生产运作环节，这其中包括对各种先进技术和知识产权的开发利用。

创意的基石是文化。按照创意性质和文化应用的区别以及产业活动顺序，我们可以把服装创意产业划分为如下三个环节：

1. 创意的产生

预测本土(海外)时尚与流行文化需求，并赋予产品相应文化理念和感染力的设计创新性服装创意产业。

这是服装产品所要表现的文化理念、生活方式、情感反应等内容的形成阶段。

在这个阶段，既有文化、艺术、美感、流行等精神层面的研究与创作，也有服装原材料的开发设计。其创作的主体是文化人士、艺术家、服装设计师、面辅料研发人员、市场调研和预测人员。

包括：设计元素研究、文化艺术研究、市场研究、织物设计、材料研发。

2. 创意的实现

依据独特的设计理念，选择先进新颖的材料和灵活敏捷的生产组织模式，把需要表达的文化意蕴、生活态度和价值观创造性地融入产品的生产性服装创意产业。这是服装产品作为文化载体的具体成型阶段，也是创意内容的物化过程。即进行服装的色彩、款式等创作，用现代工业的生产模式和分工协作，把前述的种种独特创意加工成型为可供消费的产品。

包括：色彩艺术、款式设计、工艺设计、生产与物流改进。

3. 创意的推广

通过恰当的渠道将产品所蕴含的文化内涵传播出去，从而给予产品或服务以文化想象力及体验价值的消费性服装创意产业。

这是通过各种营销手段和恰当的渠道把服装产品所蕴含的文化内涵传播出去，其最终目的是把文化内涵的载体——服装产品销售出去，将其转化为收入和利润，这是服装创意产业链条中“惊险的一跳”。由于服装创意产品更多的是直接作用于人的感情、心灵和精神，所以它的销售必须“以人为本”。服装创意的推广必须了解消费者真正需要的文化和精神诉求，才能激发和鼓动消费者的消费欲望，并使他们在消费中得到身心的愉悦和满足。

包括：时尚创意营销、品牌推广、形象识别、广告设计。

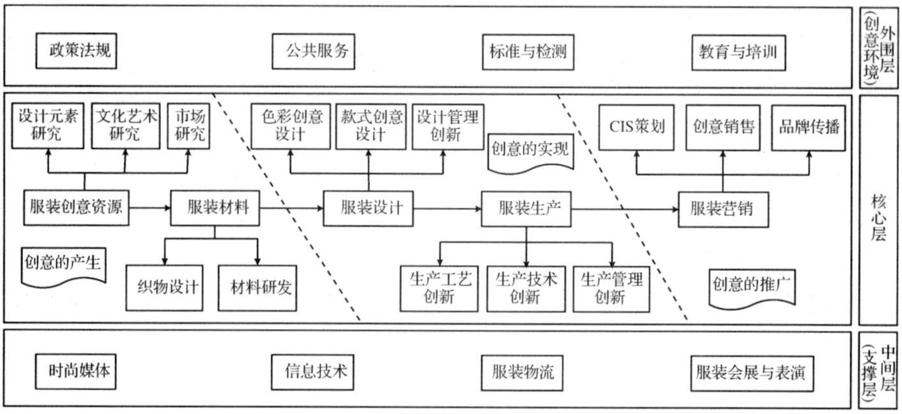

图 1　服装创意产业价值链构成示意图

在全球创意经济的时代，原创力就是生产力，提升中国服装产业的原创力，首先就必须从服装产业的起点——设计入手。其重点由传统的强调产品材料研发和产品的制造加工，转变为以服装创意的产生和推广为核心内容的新型模式。原材料的极大丰富和先进制造设备及工艺的快速普及，其在创意产业链条中的重要性相对下降，而创意的产生和推广环节对于产品附加值的提升意义重大。

(三)服装创意产业的业态特征

1. 服装创意产业的文化创意性

当今社会的发展方向是个性化和多元化。由于物质产品空前丰富、商品供应空前齐全，相当一部分民众因生存需要而购物的理由已经不复存在，取而代之的是人们对于更美好、更富有丰富内涵的、更富有个性特征的生活方式的追求。人们开始因为精神追求而购买、因为心灵向往而消费，或者因为渴求心理愉悦而购买。

在这样的社会背景下，主要用来满足人们对产品使用价值(防护御寒)追求的传统服装产业，在满足人们的心理需求、审美需求等精神追求方面就显得力不从心了。而服装创意产业，是把人类抽象思维和智慧结晶的创意作为其灵魂，把物质材料作为其精神内容载体的，能产生具有较高经济效益的精致产业。在服装创意产业的价值链中，其重要增值部分在创意所带来的原创性的知识含量中。这种创造产值的活动改变了“必须要有实体才能生产与制造”的概念，将一个抽象的、无形的“创意产生”当作产业价值链上的关键一环。

2. 服装创意产业的符号消费性

关于符号的消费性，最早可以追溯到美国制度经济学家鼻祖凡勃伦提出的“炫耀性消费”。这一概念最早在其 1899 年出版的《有闲阶级论》中首次被提出。炫耀性消费的用意主要不在于满足使用和生存的需要，也不仅仅在于享乐，而主要在于向人们炫耀自己的财力、地位和身份。符号消费与商品的符号属性是紧密联系的，商品不仅具有交换价值和使用价值，而且还具有符号价值。其目的在于示差，即通过其符号意义显示出其与其他商品的不同。

服装创意产业的符号价值和符号消费体现在两个层面：第一层是服装创意产品的独特性符号，即通过设计、造型、口号、品牌与形象等显示与其他服装产品的不同和其独特性。如香奈儿的套装、路易威登的箱包；第二层是服装创意产品本身的社会象征性，服装创意产品成为指代某种社会地位、生活品位和社会认同等的符号。如从 20 世纪 80 年代开始，嘻哈(Hip-Hop)等黑人文化迅速蔓延。耐克创造性地将篮球鞋与嘻哈时尚联系。使现代饶舌歌手把耐克“空军一号”视为经典嘻哈装扮，由于他们是嘻哈时尚的代表人物，所以许多嘻哈爱好者都会拥有一双“空军一号”。

3. 服装创意产业的“重虚轻实”性

在知识经济社会，服装产品竞争的实质是通过产品所倡导或体现的文化来影响或迎合公众的意识形态、价值观念、生活习惯等，从而使公众接受该服装产品。为了使服装产品所包含的文化个性、文化精神能在一定的消费区域和消费层次里增值、走俏、辐射，“服装创意”要根据客户需求而定，设计师要把握流行文化和时尚品位的脉搏，其产品要接受市场和消费者的检验。服装创意产品对消费者有两个不同层面的价值，分别是“实用性价值”和“心理价值”。“实用性价值”是指提升生活质量等实质的使用价值追求；而“心理价值”是改善自我评价的一种精神情感追求。消费者购买服装创意产品重视的是顶部的两层，即服装创意产品对提升生活质量和联系精神追求的作用，“创意产生”和“创意推广”这类较“虚”的业务活动对实现服装创意产品的价值极为关键，而生产这类较“实”的业务活动是相对次要的。换句话说，创意产业与传统服装产业相比具有“重虚轻实”特性。这是因为卓越的服装设计可以令消费者相信其生活表现能够得到提升，而出色的服装创意产品推广则令消费者联想起某种令人向往的生活品位或这是某种积极向上的精神，并在二者之间建立起深刻的联系。

4. 服装创意产业的边际效用递增性

边际效用理论认为，商品的价值量取决于边际效用量，即满足人的最后欲望的那一单位产品的效用。商品价值表示的是人对商品的心理感受而不是商品的真实性质，人的欲望以及对商品的估价决定商品价值。在人们更看重服装产品使用价值的年代，传统服装产品的消费，随着消费数量的增加，单位商品带给人们的满足程度即效用会逐步下降。而在国民收入大大提高的知识经济时代，在服装创意产业中，情况恰好相反。对消费者来说，以创意为重要构成要素和价值的服装创意产品，每一件的“精神存在物”即其意义都各

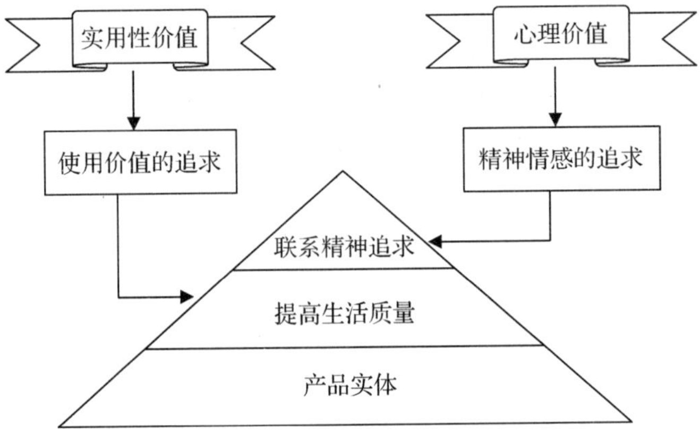

图 2　服装创意产业本质与消费者的消费心理

不相同。

5. 服装创意产业的需求不确定性

没有人能确定消费者如何评价新推出的创意性产品，新产品的推出就是将生产出的新产品摆在消费者面前。新产品可能会得到消费者的认可，带来比生产它们高得多的巨额财富，也可能会找不到认可它的买家。对服装创意产业来说，一款服装创意产品如果设计新颖、品位高雅、制作精美，广受市场欢迎，有可能为企业带来巨额的销售业绩，但如果设计走偏、寓意不当，即使其用料考究、工艺精湛，也可能会无人问津，连成本都无法收回。显然，服装创意产业比传统服装产业具有更大的利润弹性，其波动幅度也较大。这是由服装创意产业的需求不确定性决定的。

二、北京服装创意产业发展特点

北京服装创意产业的发展以文化创意产业为引导，全面提升服装创意水平，以企业设计研发基地和创意空间为平台，与其他文化创意产业形式充分融合，大力完善服装创意产业的影响要素，从而展现出鲜明的发展特色。

(一)设计研发基地带动服装创意产业发展

品牌是服装创意产业发展的基础之一，文化创意的融入大大提升了产品附加值，可以使服装品牌在高端市场的争夺中更具竞争力，对品牌拓展、传播和上游价值链的延伸都起到关键性的作用。北京的众多服装品牌已经开始走向了以服装创意产业为核心的品牌发展之路。通过逐步创新产业模式和商业模式，将创意贯穿整个服装业的产业链，将产业链的各个环节优秀资源联通，进而推动品牌和产业高端在市场上最终实现升级，时尚创意正成为北京服装品牌发展的助推器。

随着文化创意产业的发展和北京“时装之都”建设的逐步推进，国内外大量服装设计创意人才不断引进，服装品牌企业也逐渐加大对创意设计的投入，服装设计研发也在文化创意中不断提升。

（二）企业文化创意空间异彩纷呈

北京服装品牌企业普遍重视企业的文化建设和品牌内涵的挖掘，文化创意空间的建设异彩纷呈，不仅展示了各品牌的优秀设计，更是对生活方式、企业理念、设计表现的整体呈现，品牌形象不断得到提升。在爱慕时尚空间的文化空间里，我们可以身临其境的体验不同历史时期，中西方内衣文化所折射于生活中的不同感受和内衣发展呈现于各个时期的“不同使命”。白领在华贸、蓝色港湾和太古里的专卖店，把时尚与文化融为一体，使顾客在选购服装的同时，得到一种高雅的文化享受。依文企业总部大楼的各层均由设计师自主完成设计装饰，体现了浓厚的企业文化特有的风格。恺王公司位于北京经济技术开发区的国际研发中心即将竣工，其集研发设计、新品发布、品牌展示、高端制造、酒店会所等功能为一体，也将使企业的形象登上一个新的台阶。品牌形象的不断提升，也改变着人们对服装业的传统概念，树立了今天定位为创意产业的服装行业新形象。

（三）服装创意产业园区建设蓬勃发展

国际时装之都如纽约、巴黎的时装产业有清晰的布局，这顺应了专业化分工和协作的需要，顺应上下游产业链和买家与卖家采购与推广的需要。在服装创意产业的建设中，必须有生产加工、展览和贸易、艺术设计、品牌营销、时尚消费、时尚教育、模特经纪、时装摄影、咨询业相对集中的区域，从而形成一个以都市时尚经济、区域集群经济互动的巨大效应。

新兴时尚产业聚集地的兴起也带动了文化创意产业集聚区的快速发展。北京市在实施工业布局调整和推进文化创意产业发展的过程中，注重将二者紧密结合起来，专门出台了《利用工业资源，打造文化创意产业聚集区指导意见》，并实施了具体支持政策，起到了重要引导作用。北京服装纺织行业抓住这一机遇，积极打造具有服装产业特色的聚集区。服装创意产业基地有效形成了对市场、企业与创意力量的成长都有利的创意研发体系，有利于北京服装纺织产业结构的调整，也加强了对现有工业资源的保护、开发和利用，各具特色的服装创意产业聚集区，给古老的北京带来了五彩缤纷的艺术创意空间，这些艺术新地标也给北京城增加了新的文化内涵。除了对原有的工业资源的改造与重新规划之外，北京市相关政府机构还大力地推动了一些时尚创意产业基地的新建，恒基时尚发布中心和融合体育精神创意设计的李宁体育服装研发创意中心的落成，成为北京服装品牌企业发展、发布和推广交流的专业平台。被誉为中国北方重要面辅料基地的方仕国际轻纺城等的相继开业，充实和完善了服装产业链。

（四）着力培育服装创意产业各影响要素

如前所述，服装创意产业的制约或影响要素分成核心要素和外延要素。核心要素，指的是支撑服装创意企业发展的核心竞争力，具有排他性，包括人才要素、信息与知识要素、资金要素；外延要素，指的是服装创意企业发展的外部环境，对服装创意产业的发展起共性作用，包括配套设施要素、市场要素、政府要素、社会环境要素。北京服装创意产业的发展得益于北京市对服装创意产业各影响要素的大力培育。

几千年的岁月积淀，构筑了北京独特魅力的内涵。三十年的改革开放，又为北京服装产业营造了良好的国际化氛围，让北京服装产业在融会贯通中，增强了辐射四方的影响力，孕育出了崭新的富有生命力的“首都时装文化”。北京服装创意产业的发展依托于北京的丰富的文化资源、庞大的消费能力、雄厚的教育科研等，更为重要的是相关政府机构对服装创意产业的培育，通过培育北京本地服装品牌，进行北京服装品牌的整体推广，北京服装创意产业得到了大力发展。每年一度的“国际时装品牌推广周”活动，有北京十几家亿元商场作为商业协办，有多场品牌的专场发布，而借助中国国际服装服饰博览会这一专业平台，从 2009 年起，以北京重点服装品牌为主，北京服装纺织行业协会连续两年推出了“北京时装之都”主题展，在展会上整体亮相，共同打响北京服装区域品牌形象。“时尚北京”活动已成功地举办了六届，活动始终坚持为品牌企业搭建宣传推广平台、大力营造时尚氛围的宗旨，通过作品发布、文艺表演等多种表现形式的结合，展示北京服装创意的新风采、品牌企业的新形象。爱慕、李宁、雪莲等品牌先后承办并冠名。该活动已成为推动时尚创意文化产业发展，促进时装之都建设，建立产业特色品牌的创新平台。

三、北京服装创意产业发展存在的问题

（一）服装创意产业产生基础仍需整合提升

虽然北京在发展服装创意产业方面具有一定的先发优势，尤其是作为文化中心，其创意资源是其他地区无法比拟的，但从目前状况来看，对于相关资源的研究仍与世界时装之都存在着差距，在设计元素、文化艺术以及市场研究方面没有发挥地区人才优势，尤其是在新产品与流行趋势的结合上，由于缺乏对流行背后的经济、文化因素的深入认识，对流行趋势的形成、发展、判断欠缺全面认知，使得新产品与流行趋势不能完美融合。

应适应服装创意产业发展，呈现复合化、多元化。人才是服装创意产业发展的核心资源，但目前，目光多集中在设计师这一群体上。虽然创意是核心，创意的实现离不开设计师。但对北京服装创意产业来说，优秀的品牌管理人才、设计管理人才、文化管理人才、创意师、搭配师等人才的培养同样重要。应注重培养与产业需求、市场需求、企业需求相关的各类高端人才，

从而推动北京服装创意产业的发展。

(二)创意实现路径还较为薄弱

虽然时装之都的建设使北京本土的时装品牌通过创新和创意投入取得了良好的发展，但除了少数品牌之外，北京的本土服装品牌的影响力还无法与国际知名服装品牌媲美，这在一定程度上限制了北京作为时装之都的影响力。北京的本土服装品牌大多数是区域性品牌，还没有一个全国性品牌，这不能排除地域差异所造成的影响，但一些外国品牌却能突破这种地域的限制。

服装的研发和设计位于产业链条的高端。北京在历史的积淀和文化的底蕴方面具有突出的优势，可以成为设计师创造的源泉，但是，北京的这种优势并没有完全显现出来。同时，北京地区服装企业在产品系统性开发方面缺乏充分经验，致使新产品系列化水平不高，设计的延展价值无法充分实现。研发投入的转化率和研发流程的优化程度还有待进一步提升。

(三)创意推广力度有待加强

创意推广虽然依托各色推广活动，服装创意产业的整体氛围已初步形成，但依然存在不足之处，尤其是北京服装品牌的商业运作与营销水准依然存在上升空间。例如在创意品牌的宣传上，如何与媒体资源、新媒体技术相结合，充分调动媒体兴趣，吸引消费者注意力。对于宣传推广的复制行为也应引起重视，复制优秀的传播活动虽然能够方便品牌造势，但长此以往，品牌创新力下降，会对整个服装创意产业产生不良影响。

同时，服装传媒资源的利用率不高，目前，服装传媒资源主要分为面向行业内人士的专业资源平台及面向消费者的大众资源平台。在专业资源平台的建设上，服装传媒在国际流行时尚资讯的传递、中国服装行业或品牌的信息交流等方面发挥着重要作用。在大众资源平台的建设上，服装传媒主要的主要功能多为时尚资讯的介绍，而缺少对于消费的引导，大众消费群体的服装文化需求并没有得到完全的培育。

(四)服装创意产业平台建设亟待加强

虽然北京服装创意产业集聚区的发展虽然速度较快，规模也较大，但总体仍存在一些不足，首先是综合影响力不足，虽然包含服装设计、创意设计等设计、展览、商贸功能的集聚区占市级创意产业集聚区的近 1/4，但若从服装创意产业角度审视现有创意产业集聚区，无论是市级集聚区，还是区级集聚区，建设都还处于起步阶段，综合影响力不强，同时，创意链条未完整，一个完整的服装创意产业集聚区的发展主要有两种思路，一是应包括服装创意产业链条中的主要环节部分，二是集中资源优势，着重发展创意产业链条中的某一环节。北京现缺少一个具有代表性的、且具有完整创意产业链条的服装集聚区，另外，设计和综合服务等高端功能待推进。大多数服装服饰产业集聚区的主体功能还限于会展等基础功能，产业集聚区内的设计和综合服务等高端功能的发展还有待于推进。在设计环节上，大多数集聚区偏向将目光集中在知名设计师上，而缺少通过吸引各专业新兴人才提升集聚区多种高端功能。集聚区的人才集聚度低、专业单一化，使得集聚区的多种高端功能难以有效推进展示，而服装创意产业的产业延伸以及与其他产业的融合也无法快速实现。

四、对策建议

近年来，北京市委、市政府做出大力发展文化创意产业的战略决策，先后出台《促进文化创意产业发展的若干政策》，颁布《“十一五”期间北京文化创意产业发展规划》，并连续四年举办文化创意产业博览会，为北京服装创意产业的发展提供了良好的舆论氛围和政策环境。北京服装创意产业依托已有资源，发挥整体优势，一方面借助众多纺织院校、服装设计研发机构以及产学研合作等发展模式，通过引进各类优秀服装设计人才，不断推进创业资源研究，加速了创意设计在服装产业产品开发、技术升级、成果转化和推动企业转型中的积极作用；同时，各服装企业加大新型面料的研发及新技术的应用力度，并通过发布会和行业展会等推广手段和跨界融合的渠道进行品牌创新传播，极大推动服装创意实现的同时，提高了企业的竞争力和效益。

经过数十年的积累和发展，北京服装创意产业始终坚持以文化创意产业为引导，全面提升服装创意水平，以企业设计研发基地和创意空间为平台，与其他文化创意产业形式充分融合，大力完善服装创意产业的影响要素，从而展现出鲜明的发展特色。然而，随着文化创意产业的发展和北京“时装之都”建设的逐步推进，关于服装创意产业的基础理论研究薄弱、人才培养机制不完善、项目成果转化不足，以及推广力度和资源整合亟待加强仍然是制约北京服装创意产业发展的主要因素。

在经济全球化和城市差别化的背景下，北京如何才能建设成为第六大时尚之都等问题日益受到关注。为此，报告对巴黎、伦敦、米兰、纽约和东京这五大时装之都的服装创意产业的发展路径与特征，从人文地理因素、国家及城市背景、产业基本条件、城市人文基础和时尚文化、特色标志等方面进行共性解析，同时就不同城市各具特色的历史积淀、社会文化、产业政策等角度展开实证研究，据此总结出规律性结论，旨在为北京建设时尚之都提供重要的借鉴意义。

综合上述研究成果，课题组建设性地提出了北京服装创意产业“3 战略＋3 推进”的发展路径，即加强文化战略建设力度，提升产业发展环境；加强人才战略执行力度，集聚产业发展人力资本；实施品牌战略，提升产业竞争力的“3 战略”；推进产业园区建设，发挥集聚效应；推进公共服务平台，增强产业发展自生能力；推进知识产权保护，促进创意成果转化的“3 推进”。同时，重点建设好包括文化缔造项目、人才培养项目、品牌建设项目、产业园建设项目、公共服务平台项目、知识产权保护项目在内的六大类、26 个配套项目，对北京发展服装创意产业，并带动相关服务产业发展具有理论指导意义。

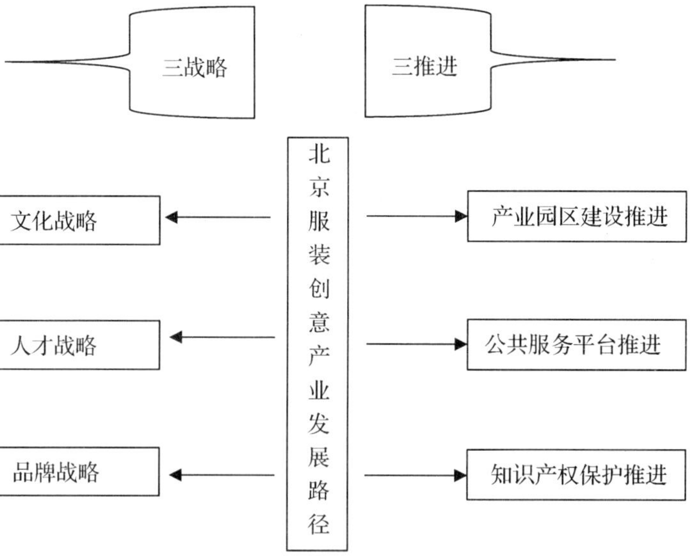

图 3　发展路径示意图

参考文献

[1]陈颖：《创意产业环境构成要素的研究》，《北方经济》，2009 年第 12 期。

[2]张科静、陈颖、高长春：《 基于价值链的创意城市竞争力指数评价指标体系研究》，《科学管理研究》，2009 年第 4 期。

[3]Shahid Yusuf，Kaoru Nabeshima：Creative Industries in East Asia，*Cities*，2005，22.

[4]杨冬梅、赵黎明、闫凌州：《创新型城市：概念模型与发展模式》，《 科学学与科学技术管理》，2006 年第 8 期。

[5]厉无畏、王慧敏：《创意产业新论》，上海：东方出版中心，2009 年。

[6]杨以雄、刘君、李春英：《服装创意产业园区规划与建设探析》，《纺织学报》，2010 年第 6 期。

[7]曾敏：《从时装创意产业的创造力浅谈时装设计教育若干问题》，《科技信息(科学教研)》，2008 年第 21 期。

[8]王克婴：《比较视域的国际创意城市发展模式研究》，《山东社会科学》，2010 年第 4 期。

[9]李明超：《创意城市与英国创意产业的兴起》，《公共管理学报》，2008 年第 4 期。

[10]陈旭、谭婧：《关于创意城市的研究综述》，《经济论坛》，2009 年第 5 期。

[11]高长春编著：《时尚产业经济学导论》，北京：经济管理出版社，2011 年。

[12][美]理查德·E. 凯夫斯著，孙绯等译：《创意产业经济学：艺术的商业之道》，北京：新华出版社，2004 年。

[13]高长春、唐左编著：《创意经济新思维》，北京：经济管理出版社，2011 年。

[14][英]约翰·霍金斯著，洪庆福、孙薇薇、刘茂玲译：《创意经济——如何点石成金》，上海：上海三联书店，2007 年。

[15][美]熊彼特著，孔伟艳、朱攀峰、娄季芳编译：《经济发展理论》，北京：北京出版社，2008年。
[16][美]罗布·奥斯汀、[美]德温著，刘春霞译：《艺术过程：管理者需要向艺术家学习的工作方法》，北京：中国人民大学出版社，2004年。
[17]金元浦：《当代世界创意产业的概念及其特征》，《电影艺术》，2006年第3期。
[18]姚东旭：《文化创意产业的界定及其意义》，《商业时代》，2007年第8期。
[19]张京成、刘光宇：《创意产业的特点及两种存在方式》，《北京社会科学》，2007年第4期。
[20]王发明：《创意产业园区可持续发展研究：基于集群效应的视角》，《经济问题探索》，2010年第3期。
[21]李红燕：《上海发展服装创意产业的现状与对策》，《丝绸》，2011年第8期。
[22]翁加坤、王红扬：《上海创意产业园区空间集聚特征研究》，《华中师范大学学报(自然科学版)》，2012年第6期。
[23]张书、侯月丽、张天龙：《文化创意产业园区服务评价指标体系研究》，《大众标准化》，2012年第8期。
[24]张弘：《南京第二代创意产业园区发展研究——以创意中央为例》，《经济研究导刊》，2011年第29期。
[25]易华、易小云、刘嫦娥：《世界城市创意产业园区发展动力机制理论研究述评》，《经济问题探索》，2012年第2期。
[26]李庆本、王曦、陈小龙：《文化创意产业"北京模式"与"昆士兰模式"比较研究》，《中国文化研究》，2012年第3期。
[27]宁俊：《2011年北京服装产业发展白皮书》，北京市经济和信息化委员会、北京服装纺织行业协会、北京服装学院，2012年。
[28]孔建华：《论首都文化——20年来北京文化发展战略的构建与演进》，《新视野》，2012年第4期。
[29]赵亦凡：《北京服装产业与创意产业发展探究》，《中外企业家》，2010年第12期。
[30]刘寿吉、戴伟辉、周缨：《创意产业的生态群落模式及专业性公共服务平台研究》，《科技进步与对策》，2009年第17期。
[31]吴园园：《北京实施文化总部经济战略三大释疑》，《北京商报》，2013年2月8日，A06版。
[32]吴国荣、王微、冷晨曦：《我国服装企业创新发展与创意产业链构建》，《企业经济》，2011年第7期。

（作者：宁　俊　北京服装学院教授
王革非　北京服装学院教授
姚　蕾　北京服装学院教授
席　阳　北京服装学院副教授
马迁利　北京服装学院讲师
陆亚新　北京服装学院讲师
穆雅萍　北京服装学院讲师）

项目名称：首都出版业公共服务体系建设研究
项目编号：09BfJG321
项目负责人：张养志
项目信誉保证单位：北京印刷学院

首都出版业公共服务体系建设研究

内容提要：出版业作为文化产业的有机组成部分，其发展程度直接影响着我国文化体制改革的成效。相对于出版产业转型而言，出版业公共服务体系研究一直是学术界很少关注的薄弱领域。对于首都出版业公共服务体系建设开展研究，需要做到实证性与学术性的结合。为此，在研究过程中，首先要建立符合首都出版业公共服务体系建设实际的理论分析架构，突出出版业的“准公共品”属性。其次要赋予出版业公共服务体系新的内涵，把出版业公共服务分为基本型和发展型进行分析，使现阶段出版业公共服务体系建设的定位与发展型阶段相适应。

公共服务的命题总是围绕政府职能转变寻找答案的。市场经济条件下出版业政府职能从公共管理到公共服务的转变，并非概念的标新立异，而是内涵和方式的深刻变化。对于首都出版业而言，内涵的变化是从政治为本的指令型、经济为本的控制管理型转向以人为本的公共服务型。方式的变化是重新界定政府、市场主体和社会的关系，整合三方的功能和资源，实现公共事务管理从单一管理主体运行到多元主体合作共治；是从效率、规则取向转向价值的取向，更加重视对全民公共文化需求和精神需求的满足。

经过改革开放后三十多年的发展，首都出版业已经呈现出“产业属性强、公共服务弱”的状况，这在很大程度上影响了出版业的可持续发展能力，与首都的功能定位不吻合，也无法满足居民随着生活水平提高所需要的多样化精神文化需求。鉴于此，在把首都出版业公共服务体系建设作为研究对象的时候，首先要弄清楚出版品的属性。出版品像一般物质产品一样，用于满足消费者的某种需求，具有有形的物理属性。生产这种产品和服务的企业就会依据“看不见的手”进行调节，遵循市场经济规律。然而，出版品又具有无形性，表现出一些与一般商品不同的奇异特性，这需要运用建立在知识产权保护基础上的价值体系去分析。当出版品凸显其无形性特征的时候，它便具有了公共物品属性，在消费上具有非竞争性、非排他性；在供给上表现为低效率性。出版品的公共品属性把产业转型期的政府职能提到了该文的研究视野中，并成为本研究的前提。其次要明晰出版业公共服务的内涵。它是指为全体国民普及文化知识，传播先进文化，提供精神产品，满足人民群众文化需求，保障人民群众文化权益而提供的各种公共服务的总称。[①]出版业公共服务依据发展层次不同分为基本公共服务和发展性公共服务两大部分。基本公共服务，是为了满足人民群众普及文化知识、传承民族文化、使不同地域的人民群众获得公平的发展权利而提供的公共服务。出版业基本公共服务源于一个民族国家的文化延续与继承，它与国家的主流意识形态、社会价值取向、国家文化安全等密切相关。而发展性公共服务，则是站在传播先进文化，打造国家文化创新力，提升国家文化竞争力的角度，以文化多元化和全球化发展为背景，根据国家社会经济发展阶段和科技水平，为实现文化与社会经济和谐发展而提供的公共服务。我们在研究过程中需要梳理、总结的正是首都出版业随着产业发展而建立的基本公共服务，而趋势性的分析和对策性的建议则是建立在发展性公共服务的视角上的。

没有理论指导的实践是缺乏说服力的。作为对首都出版业公共服务体系建设的专题研究，在内容框架的设计上追求系统性、理论性和实践性的统一，在对公共服务体系涉猎应用性专题进行分析之前，建立贯穿课题并指导应用分析的理论框架，对相关问题研究提供约束性支撑，在此基础上通过现状分析，提出对策建议。以下是课题研究所形成的主要观点。

一、以公共产品理论界定出版公共服务职能

福利经济学的公共产品理论认为，市场经济不能提供最优数量的公共产品，只有通过政府投资和举办有关事业才能提供社会需要的公共产品。要准确把握和分析这一论点，就需要明确公共产品的概念、需求和供给特性。从公共产品消费的非竞争性、非排他性和非抗拒性三种特征来看，公共产品的供给与消费与价格制度无关，因此市场机制无法调节供给和消费。公共物品的生产就自然而然地落到了政府肩上。由此我们可以认为，作为一种公共机构的政府，其主要职能就是“组织和执行公共产品的供给”。在政府职能转换的问题上，如果忽视政府作为“公共产品供给者”的基本属性，而只讲其他属性，我们的政府职能就总也不会得到根本性的改善。出版业所具有的产业和事业属性表明其公共服务职能更呈现多样性，即：确保出版产业的正确舆论导向；保持宏观经济稳定，为出版产业发展创造良好的环境；履行对出版业版权的保护；为企业和公众提供优质的信息服务。

① 江翠平：《出版业的公共服务诉求》，《出版发行研究》，2008年第10期。

二、深化对出版业公共服务体系的理论认识

"服务"是社会发展到一定程度才出现的，服务主体向服务对象提供的一种劳务活动或利益，这种劳务活动可以对作为服务对象的"其他经济单位的个人、商品或服务增加价值，并主要以活劳动形式表现的价值或使用价值"[①]。而且，"服务本身具有使用价值，由于它产生费用，也有交换价值"[②]。建设完善的出版业公共服务体系，首先必须对此在理论上形成共识。

(一)出版业公共服务体系建设与发展型阶段相适应

出版业公共服务体系，是服务型政府职能在出版业的具体表现，亦即政府为了满足人民群众普及文化知识、了解学习先进文化、享受文化娱乐、保障国民文化权益等需求，由政府机构、公共财政和公共出版机构提供公共服务产品为主，辅之以社会参与、其他社会资本和其他出版机构社会组织提供民间服务产品的完整体系。在该体系中，由政府机构、公共财政和公共出版机构提供的公共服务产品居于核心地位，并对由社会参与、其他社会资本和其他出版机构社会组织提供的民间服务产品具有指导和规范作用。

出版业的公共服务体系，是一个特殊的政府公共管理领域。出版业作为内容产业具有意识形态特性，担当着传播社会价值观、文化习俗以及科学技术的"准公共产品"功能。这种特殊性要求政府从维持国家和文化安全，保证出版业健康发展高度出发，通过充分利用各种手段，对出版产业进行宏观调控，而宏观调控的基础就是完备的政府公共服务体系。一个完善的出版业公共服务体系，应当包括公共出版政策法规体系、公共出版基础设施体系、公共出版生产供给体系、公共出版资金保障体系、公共出版人才保障体系、公共出版服务评估监督体系等内容。[③]政府对出版业履行公共管理职能，必须根据本国社会经济的发展阶段和水平，根据全体社会成员对出版业公共服务需求的层次，结合社会经济和文化的发展趋势，制定兼顾本国不同出版业公共服务需求层次，以及出版业公共服务发展转型的政策、法规等措施体系。此外，由于经济社会发展水平的差异，各国出版业公共管理的重点是有差别的，对于发展水平较低的国家，如何保障和发展出版业基本公共服务，是其出版业公共管理的重点。而对于发达国家而言，出版业公共管理的重点则主要集中在发展性公共服务领域。

---

① 黄建忠、刘莉主编：《国际服务贸易教程》，北京：对外经济贸易大学出版社，2008年版，第5页。

② 中共中央马克思、恩格斯、列宁、斯大林著作编译局译：《马克思恩格斯全集》第二十六卷(I)，北京：人民出版社，1972年版，第160页。

③ 吴淑芬、张养志：《出版产业发展过程中政府公共服务体系的职能研究》，《北京印刷学院学报》，2008年第1期。

发展型阶段是相对于生存型阶段而言的，反映了社会需求结构变化这样一个事实。在生存型阶段，社会需求结构的主要组成部分是基本生存需求；而在发展型阶段，发展型需求成为社会需求结构的主要组成部分，即个人在满足基本生存型需求之后，对个人发展产生的更高层次需求。对此，马克思的“需求层次论”、恩格斯的“需求层次论”和马斯洛的“需求层次论”均有所描述。出版是文化的重要组成部分。首都出版业经过30年的“事业单位，企业化运作”的体制改革，市场机制配置资源的水平不断提高，具有私人产品性质的出版品的供给能量随之释放，极大地改变了出版品的供给状况，从而使多数社会成员从衣、食、住、行等私人产品短缺的状态中解脱出来，能够追求自身发展更高层次的文化、精神需求。然而，随着我国社会经济发展从生存型向发展型的过渡，出版公共产品短缺的问题日益凸显。首都出版业已进入公共产品短缺时代，主要有三大特定的历史背景：(1)由生存型阶段进入发展型阶段，广大社会成员对自身发展的文化需求不断提高。尽管出版公共产品供给的绝对数量比过去有所增加，但与公共需求增长相比仍显得短缺；(2)改革开放以来，政府把主要精力放在为出版产品的供给创造环境上，相当多的公共资源被配置到私人产品的生产领域。这一状况没有随着形势的变化而调整到位；(3)包括政府在内的公共部门的改革相对滞后，公共服务体系的建立不够完善，公共产品的供给效率也不高。

(二)出版业公共服务体系建设的关键在政府转型

在发挥市场在资源配置中起决定性作用的大背景下，政府职能的本质是公共服务，通过良好的经济性、社会性、制度性公共服务创造良好的社会预期，更有利于建设新闻出版强国，实现产业的可持续发展。首先，要从主导经济增长转向提供经济性公共服务。市场经济条件下政府经济职能的本质是提供经济性公共服务，在完善市场经济体制的今天，政府应从直接干预微观经济中超脱出来，把提供经济性公共服务作为自己的主要职能，有利于做大做强出版产业，加快产业结构的战略性调整。改变政府主导型经济增长方式的时机已经成熟。一是市场在出版资源配置中的决定性作用要求改变政府主导型经济增长方式；二是民营出版和中小企业成为解决就业和稳定经济增长的主要力量，政府从直接参与投资建设中退出来不仅不会影响产业发展，还有利于培养经济增长的内生动力。在加强经济性公共服务职能的同时，强化政府的经济战略职能，尤其是要适应多元化的对外版权贸易格局，实施出版产业国际化战略。其次，强化政府的社会性公共服务职能。加快推进出版公益机构改革，提高公益机构的社会性和独立性。政府部门的主要责任是决策，负责公共服务政策的制定；公益机构的主要职责是生产和提供具体的公共服务。就是说，政府是公共服务的主导者，公益机构是公共服务政策的执行者。

决策与执行的适当分离，既是公共服务有效性的重要条件，也是公共治理结构的内在要求。只有这样，才能保证公共政策决策的公正性和科学性，才能提高公共服务供给的效率和水平。公益机构改革还要有利于构建社会监督体制。走向公民社会是一个大趋势，公民参与和社会监督是公民社会的基本特征，以公共利益为目标推动公益机构改革，需要以各类公益机构为主体，建立社会监督体系。最后，强化政府的制度性公共服务职能。从出版领域看，仍保留着计划经济时代以控制为主的制度，很难实现振兴出版产业、全面提高出版竞争力。出版制度定型和制度一致性的需求全面增大。经过三十多年的改革，尽管建立了市场经济体制，但市场经济体制尚不完善。未来在出版领域是政府主导下的市场，还是市场主导下的政府？都需要在完善公共服务体系建设中定型。尤其是，在过去的改革中还保留了多方面的“双轨制”，在相当多的领域仍存在体制外和体制内之分，造成了大量的不平等现象。这就对政府的制度性公共服务职能提出了全新的课题。

三、首都出版业公共服务体系建设的现状

首都出版业公共服务体系的建设，是我国出版业及其公共行政管理改革历程的一个缩影，也代表着我国出版业发展中的热点争论与未来趋势。从2003年开始试点以来，首都出版业公共服务体系在公共产品供给、法规制度、基础设施、人才培养、投融资体系、评价监督体系、绩效评估体系等方面做出了有益的尝试和探索，这为今后发展型出版业公共服务体系建设，乃至服务型政府，提供了积极的参考。就首都全民阅读工程而言，北京市新闻出版局与相关部门从2005年就开始顶层设计、系统规划，以主题阅读、读书示范、特色读书等活动主题和创新形式，倡导全民阅读理念，大力建设书香社会。在逐渐形成全民阅读长效机制的进程中，北京市新闻出版局开展了一系列措施：(1)开展主题阅读，建设思想政治宣传的新阵地。(2)创办读书示范活动，掀起全民阅读的新热潮。近年来，围绕全民阅读活动，北京市新闻出版局认真制订读书计划，以益民书屋为平台组织开展了一系列示范读书活动，努力激发首都市民的读书热情，潜移默化地培养市民的阅读兴趣和习惯，取得了良好的社会反响。北京阅读季就是北京市最有影响力的全民阅读品牌活动。内容包括“悦读好书，共享精品”大众有奖荐书活动、“品经典、承精神”机关干部读书活动、“书香家庭”评选活动、新媒体阅读活动、国际交流活动等推动全民阅读活动在各个阶层深入开展，积极营造“多读书、读好书、好读书”的良好社会氛围，充分发挥北京在全民阅读方面的示范引领作用。(3)举办特色读书文娱活动，多层次推广全民阅读。(4)建立长效机制，推进全民阅读持续发展。从“十二五”为全民阅读工程做出的新规划看，以推动儿童阅读

与青少年阅读、满足特殊群体阅读需求为重点，大力推广数字阅读，传播阅读理念，培养全民阅读习惯，提高全民阅读能力。重点开展儿童“阅读起跑线”和阅读援助活动，推动全民阅读示范基地建设。加强阅读研究与指导，逐步整合各地区、各部门的阅读活动资源，建立健全全民阅读活动组织机构。积极争取建立国家阅读基金，设立国家读书节，逐步建立全民阅读工程建设长效机制。①首都的全民阅读工程应该将这一目标纳入自身的建设实践中，与全国的全民阅读工程对接，努力提高出版公共服务的数字化、网络化水平，逐渐深化全民阅读活动在市民中的影响力，不断推进全民阅读的可持续发展。

四、重新界定出版业公共服务体系建设主体

对于出版业公共服务体系的建设主体，大多界定在政府职责上。然而随着公共服务总量和质量的提升，单靠政府的力量是难以为继的。国外出版事业和出版产业发展的成功经验业已表明，无论是出版事业还是出版产业的发展，都需要多元化的主体与之相适应。社会公众对文化需求的多样化是与出版主体结构多样化联系在一起的，而出版主体结构的多样化发展是衡量出版事业和出版产业发展成熟与否的标志，相应地出版业公共服务会因为出版主体多样化而有所区别。现阶段构建北京市出版业公共服务体系，需要一个主体结构多样化的竞争参与结构作为支撑，这就要求打破传统的政府提供出版业产品和服务供给的格局，在对出版事业和出版产业进行公益性和经营性的属性区分的基础上，针对社会公众基本公共服务需求和发展性服务需求，积极引入民间和社会资本，共同承担提供出版业公共服务，以满足社会公众不断增长的文化需求。首先，依据企业社会责任理论论证企业的主体功能；其次要把非政府组织(出版行业协会)、社区等纳入公共服务体系建设主体之列。

五、创新以需求为导向的出版应用型人才培养模式

首都出版业公共服务体系建设的关键是人。北京市出版业在全国处于领先发展水平，但是如果与世界出版业发达国家相比，在人才队伍建设上，还存在以下几个明显不足，如人才总量动态不足、人才结构不合理、人才管理机制不灵活。创新人才培养模式，加强队伍建设是公共服务体系建设的重要内容。为此，从出版人才的“多学科交叉知识背景、复合型岗位”的要求出发，研究创新人才培养模式的措施和路径，其中的关键是创新高校本科和研究生教育的课题体系和培养机制。教育系统论揭示，人才培养模式是一个系统工程。就需要关注的课程系统而言，应该包括结构、过程和环境三要素，每一

---

① 《新闻出版业“十二五”时期发展规划》，《中国新闻出版报》，2011年4月21日，第3版。

个要素都有自己的内容和不同的表现形态。

以需求为导向的应用型出版创新人才培养模式，要以能力培养为导向，构建满足相关课程教学规格、实现“结构、过程、环境”相互联系并集成一体的课程教学系统，提炼出该系统构建的一般方法，即：采用“双主互动、面向解决问题的”教学结构模式；采用“讲座→辅导→作业→项目”渐进式认知的教学过程模式；采用“课堂＋团队＋基地”三位一体、均衡发展的教学环境模式。高校在培养应用型人才的过程中，必须依据需求协同政府和行业资源，在指导思想上确定“以能力培养为核心，以素质教育为根本”的培养目标；建立以培养“会想、善做、懂表达”和“会做人、懂责任、求发展”的多元化目标为基础的课程教学系统。其特点体现在：教学系统结构“双主互动、教学相长、团队协同”；教学过程结构“面向问题、讲座引导、辅导配合、项目支撑”；教学环境结构“课堂教学、团队学习、网络传播、案例训练”。这种突出课程教学的根本目的，是培养学生发现问题、并能创新地给出问题的解决方案的能力，从而给社会带来正向价值。在设计课程教学目标内涵的时候，应包含使命、视野、过程(方法)、技能、思维、经验、知识等要素。使课程教学目标由单纯强调知识传授向知识与技能、过程与方法、情感与价值观等多元化目标发展，从强调能力培养向着能力与素质并重的更高层次发展。①

六、思考出版业公共服务投融资体系建设

出版业公共服务的投融资多采取依赖国家财政和市场化运作，但比例各不相同。但总体而言，将政府公共职能与市场机制有效均衡，促进公共出版资源优化配置，是发达国家出版业公共服务投融资制度的一个共同的特点和趋势。其目的就是，利用政府权威制度并运用财政对非营利性出版业的数量和质量进行决策，利用市场交换制度并运用社会资金来提高公共服务的供给效率。就首都出版业公共服务的市场性投融资体系而言，目前分为行业性投融资、金融战略合作性投融资安排、对新技术和产业升级的投融资安排、版权交易投融资体系。对于健全与完善首都出版业发展性公共服务投融资体系而言：(1)要充分发挥资本市场对出版企业并购重组的推动作用，在吸引战略投资者进入出版领域的同时，进一步支持出版企业通过发行股票、债券、可转换债等方式为并购重组融资；鼓励上市出版企业以股权、现金等为并购重组的支付手段，提高资本市场并购重组效率。(2)要加快投融资体制的改革，采取优惠政策吸引资本，改变过去过度依赖间接金融，将国有资本作为单一出资人体制的做法，扩大允许非公经济进入的领域，增加直接融资的品种和

① 张养志：《面向需求的出版专业学位研究生培养模式探索——以北京印刷学院研究生教育实践为例》，《科技与出版》，2013年第11期。

类型，创新和丰富出版业金融资本市场中的直接融资比重，形成以国有资本为主导的投融资主体、投融资方式多元化，投融资机制充分市场化的新型投融资体制。① (3)完善出版业投融资中介服务平台，推进对出版业的再担保政策。

七、建立出版业公共服务绩效评估体系

基于首都出版公共行政绩效评估中存在的问题，在相关学术分析的基础上，构建了首都出版业公共服务绩效评估体系的初步模型。首都出版业公共服务绩效评估应反映两重属性。就公益性属性而言，对其绩效评估应以落实出版业公共行政部门提供基本公共服务产品的职责为目标来设计评估模式和重点。就产业属性而言，对其绩效评估应以推动北京出版业市场化转制经营，维护市场竞争秩序，推动出版业技术进步等方面为重点。对于前者，按照出版公共行政部门绩效评估的共同价值取向，结合出版公共服务绩效评估体系构建过程，综合出版公共行政部门对人员和项目的绩效评估。在构建过程中要依次经过六个步骤：(1)科学界定指标体系框架。(2)了解社会公众需求，进一步提炼指标。(3)整合指标，设计问卷。(4)小范围问卷调查，再次筛选指标。(5)模拟分析，进行指标调整。(6)赋予指标权重，优化确定体系。立足出版公共行政部门提供公共服务实际，验证得到的指标体系，根据绩效评估设计的基本原则，进一步优化指标，以提高评估的准确度，并设立出指标相应的数据收集方法，以及评估责任单位，确定出最终的指标体系。当然，出版公共行政部门绩效评估是一个非常复杂的过程，一个有效的绩效评估体系需要精心设计，需要政府、社会组织、社会公众的共同参与，需要充分运用各种解决方法和手段去不断完善。

参考文献

[1] 乔东亮、陈勤、张养志：《首都出版业可持续发展模式研究》，北京：中国人民大学出版社，2007 年。

[2] 巫志南：《现代服务型公共文化体制创新研究》，《华中师范大学学报(人文社会科学版)》，2008 年第 4 期。

[3] 胡正荣：《21 世纪初我国大众传媒发展战略研究》，北京：中国广播电视出版社，2007 年。

[4] 宋敏：《西方国家公共服务市场化改革的成效及启示》，《经济纵横》，2007 年第 4 期。

[5] 张养志：《对政府职能的再认识》，《兰州商学院学报》，2004 年第 4 期。

---

① 殷爱平：《北京传统出版业在文化创意经济中的发展态势》，《北京社会科学》，2008 年第 2 期。

[6] 胡勤华：《新公共管理理论在政府部门绩效管理中的应用》，《当代经济（下半月）》，2008 年第 8 期。
[7] 于小千主编：《公共服务绩效考核理论探索与实践经验》，北京：北京理工大学出版社，2008 年。

（作者：张养志　北京印刷学院教授）

项目名称：北京大中型沼气工程运行效率评价研究
项目编号：10BaJG326
项目负责人：刘卫国
项目信誉保证单位：北京石油化工学院

北京大中型沼气工程运行效率研究

内容提要：北京市从“十一五”以来加大了建设大中型沼气工程的投入力度，在京郊农村兴建了一批大中型沼气工程，这些沼气工程已经成为全市可再生能源体系的重要组成部分。利用大中型沼气工程可以有效利用农作物秸秆、垃圾、粪便等有机废弃物来生产清洁能源，改善农村地区的能源结构，提升广大农民的生活质量；同时产生的沼渣、沼液可以作为优质有机肥料，促进循环农业的发展。

本研究旨在通过跟踪调研北京地区大中型沼气工程典型案例的运营情况，发现影响大中型沼气工程运营效率的主要因素及问题，并运用统计理论与方法对影响大中型沼气工程运营效率的因素进行定性与定量的分析和评价，为提高大中型沼气工程的运营效率提供必要的理论指导。

一、沼气工程发展概述

(一)国内沼气发展沿革

国内的沼气大体经历了以下三个发展阶段：

20世纪90年代以前为试验和起步阶段。20世纪70年代由于农村能源供需矛盾突出，掀起了沼气建设高潮，但由于技术不成熟，又没有专业施工队，主要靠行政命令推动，多数沼气池质量问题突出，使用寿命短。

20世纪90年代为技术突破和工艺完善阶段。经过多年的科研攻关和试验，我国沼气建设技术和工艺获得重大突破。同时，将农村沼气技术与农业生产技术结合起来，形成了以南方“猪—沼—果”(猪和沼气及果树等相结合)和北方“四位一体”(典型模式为猪—沼气—蔬菜—日光温室)为代表的农村户用沼气发展模式。同时，畜禽养殖场大中型沼气工程建设开始起步，先后建设了一批示范工程。

2001年以来为快速发展阶段。农村沼气建设数量不断扩大、投资结构不断优化、服务体系逐步健全、沼气功能进一步拓展、沼气产业迅速发展，进入建管并重、多元发展的新阶段，形成了农村户用沼气、养殖场大中型沼气工程、养殖小区和联户沼气工程、秸秆沼气集中供气工程、农村中小学校沼气工程等多种模式的建设格局；以沼气装备、沼气施工、沼气科技、沼气服务为主要内容的农村沼气产业化体系初步形成；秸秆沼气技术、沼气工程控制自动化、沼气发电、沼气工程清洁发展机制（CDM）项目等均取得重大突破。

（二）北京大中型沼气工程发展情况

20 世纪 80 年代北京地区农村主要使用的是小型沼气池，到 90 年代末才开始实施大中型沼气利用工程。1992 年中美合作在大兴区留民营建成了第一座大型沼气站，经过该沼气站的早期实践，为北京市后来的沼气工程建设、沼气发酵产物综合利用等提供了成功经验。进入“十一五”时期以来，在新农村建设和节能减排等政策的推动下，北京市充分发挥技术、人才、经济实力等方面的优势，加大了投入力度，相继在大兴、房山、平谷、顺义、通州、延庆等建成了近 100 个大中型沼气工程项目。北京市的产气量从 2003 年的 935.52 万立方米增加到 2010 年的 2308.62 万立方米，年均增速达到 13.8%。

二、北京大中型沼气工程案例调研

（一）调研的内容

根据大中型沼气工程运行效率的研究需要，本课题拟定的调研内容包括工程状况、技术工艺、运行管理、成本效益、综合利用五个方面。

工程状况的具体调查内容包括：沼气工程的投资总额、投资主体、建设时间、运行时间；技术工艺的具体调查内容包括：沼气工程的厌氧发酵工艺、加热方式及燃料种类、储气方式及容积、原料种类及设计进料量、设计产气量与实际产气量；运行管理的具体调查内容包括：沼气工程的运行管理方式、管理人员数量、管理人员学历结构；成本效益的具体调查内容包括：成本包括工资、原料费、燃料费、电费、办公费、设备维修保养费、折旧等；收益包括沼气的价格和收入、沼渣、沼液价格和收入；综合利用的具体调查内容包括：沼气的利用方式（如炊事、发电等），沼渣、沼液的利用情况等。

（二）实地调研的五个案例工程基本情况

鉴于北京市大兴区的农村沼气项目比较多，沼气分布比较广，沼气工程项目具有典型性，基本可以代表北京市目前沼气工程的运营情况。因此，课题组在大兴区能源办的大力支持下，选择大兴区留民营村沼气工程、后安定村沼气工程、牛坊村沼气工程、小谷店村沼气工程和佟营村沼气工程五个沼气工程项目进行实地调研。相关理论设计和实际运行数据见表 1。

表1　2011年五个沼气工程理论设计和实际运行数据

工程名称	数据	沼气收益（万元）	沼渣、沼液收益（万元）	建设规模（立方米）	投资额（万元）	运行费用（万元）
留民营村沼气工程	理论设计	82.5	456.3	1600	2047.9	91.7
	实际运行	42	8.9	1600	2047.9	109
后安定村沼气工程	理论设计	37.23	33.3	600	262	6.987
	实际运行	5.8	2.2	600	262	23.3
牛坊村沼气工程	理论设计	34.75	24.91	560	270	14.09
	实际运行	7.79	0.12	560	270	14.78
小谷店村沼气工程	理论设计	13.14	11.8	240	152	7.82
	实际运行	1.18	0.17	240	152	9.98
佟营村沼气工程	理论设计	13.25	11.8	200	170	6.63
	实际运行	0.7	0.15	200	170	6.36

(三)五个大中型沼气工程运行情况分析

通过对五个沼气工程在2011年的实际运行状况的数据与设计的理论数据进行比较，结果表明，五个大中型沼气工程的经济效益水平远没有达到当初理论设计时的标准，具体见表2。

表2　五个大中型沼气工程实际运行效率

工程名称	收益实现率(%)			单位收益运行成本(万元)	
	沼气	沼渣、沼液	总收益(万元)	实际	理论
留民营村沼气工程	50.9	2.0	9.4	2.14	0.17
后安定村沼气工程	15.6	6.6	11.3	2.91	0.10
牛坊村沼气工程	22.4	0.5	13.3	1.87	0.24
小谷店村沼气工程	9.0	1.4	5.4	7.39	0.31
佟营村沼气工程	5.3	1.3	3.4	7.48	0.26
平均值	20.64	2.36	8.56	4.358	0.216

五个沼气工程的实际总收益还达不到理论设计值的14%，即使是实际收益比率最高的牛坊村项目，其实际沼气和沼渣、沼液的总收益也仅仅是理论设计值的13.3%。实际收益比率最低的佟营村项目，其实际沼气和沼渣、沼液的总收益才达到理论值的3.4%。五个沼气工程的实际收益比率的平均值为8.56%，总收益率连10%都没有达到，这说明沼气工程实际运行中的总收益

相对理论设计时的总收益相差很多，总收益率处在一个很低的水平。

三、大中型沼气工程运行效率的定量分析

(一)定量分析方法的选择

定量方法是以数据为基础通过数学理论计算得出评价结果的方法，它不受个人主观经验的影响，具有一定的客观性，评价结果真实可靠。具有代表性的方法有 TOPSIS 法、成本效益法、DEA 数据包络分析法和主成分分析法。本文在研究其他学者的文献和学术资料的基础上，结合北京市十几个大中型沼气工程的实际情况，并且咨询了能源专家和政府相关主管部门，本着指标体系的低相关性、精练性原则，最终确定出三项投入指标和两项产出指标作为 DEA 模型的分析参数。投入指标包括：沼气工程建站规模、工程总投资、运行费用。输出指标包括：沼气收益和沼渣、沼液收益。

(二)DEA 数据包络分析模型的应用

1. 五个案例工程的基础数据

确定了 DEA 模型的参数之后，为了能够对北京市大中型沼气工程运行效率进行定量的分析研究，我们采集了五个典型沼气工程项目的理论设计数据和 2011 年实际运行数据，如表 3 所示。

表 3　2011 年五个大中型沼气工程的数据

工程名称	实际运行数据			理论设计数据		
	沼气收益（万元）	沼渣、沼液收益（万元）	运行费用（万元）	沼气收益（万元）	沼渣、沼液收益（万元）	运行费用（万元）
留民营村沼气工程	42	8.9	109	82.5	456.3	91.7
后安定村沼气工程	5.8	2.2	23.3	37.23	33.3	6.987
牛坊村沼气工程	7.79	0.12	14.78	34.75	24.91	14.09
小谷店村沼气工程	1.18	0.17	9.98	13.14	11.8	7.82
佟营村沼气工程	0.7	0.15	6.36	13.25	11.8	6.63

2. 五个工程的数据包络分析

DEA(数据包络分析)方法是解决多输入、多输出的决策单元之间相对有效性的评价方法。所采集的沼气工程指标中能够量化的数据包括建设规模、投资额、运行费用、沼气收益和沼液、沼渣收益五项。将其中的工程建设规模、工程总投资额、工程运行费用作为投入指标，将沼气收益和沼渣、沼液收益作为产出指标，建立一个关于大中型沼气工程运行效率的 DEA 模型，带入 DEA 计算模型(DEA－Solver－LV)求解后，得到每一个工程的效率指数及

其排名，如表 4 所示。

表 4　五个大中型沼气工程效率指数及排名

工程名称	实际运行		理论设计	
	效率指数	效率排名	效率指数	效率排名
留民营村沼气工程	0.396	4	1	1
后安定村沼气工程	0.156	6	1	1
牛坊村沼气工程	0.223	5	0.993	2
小谷店村沼气工程	0.077	7	0.855	3
佟营村沼气工程	0.053	8	1	1
平均值	0.181	—	0.970	—

由数据可以看出，理论设计的效率排名普遍趋近于 1，平均效率指数高达 0.970。其中留民营村沼气工程、后安定村沼气工程、佟营村沼气工程的效率指数为 1。这说明理论设计值的效率相对较高，几乎都达到了最大效率。在工程实际运行效率方面，五个工程的运行效率普遍低于理论设计效率。其中效率指数最高的为留民营村沼气工程，最低的是佟营村沼气工程。平均效率指数仅为 0.181。但沼气工程实际运行效率指数与建站规模成正比，大型沼气工程的效率指数普遍高于中型沼气工程的效率指数。

表 5　五个大中型沼气工程 DEA 模型评价结果分析表

工程名称	实际运行差额					理论设计数据				
	沼气收益（万元）	沼渣、沼液收益（万元）	建设规模（立方米）	投资额（万元）	运行费用（万元）	沼气收益（万元）	沼渣、沼液收益（万元）	建设规模（立方米）	投资额（万元）	运行费用（万元）
留民营村沼气工程	64	85.5	0	687.9	55.96	0	0	0	0	0
后安定村沼气工程	31.43	31.1	0	0	16.313	0	0	0	0	0
牛坊村沼气工程	27.217	31.196	0	0	6.934	0.257	6.383	0	0	6.248
小谷店村沼气工程	14.192	13.55	0	0	4.729	2.225	1.998	0	0	2.569
佟营村沼气工程	12.497	11.606	0	5.189	0	0	0	0	0	0

留民营村沼气工程的实际运行效率指数为0.396，若要达到最优效率，其沼气收益至少要再增加64万元，而沼渣、沼液的收益必须增加85.5万元，与此同时还要减少55.96万元的运行费用，投资额减少687.9万元。总体来说，留民营村沼气工程的沼气和沼渣、沼液收益偏低，投资额冗余，同时运行成本过高。

后安定村沼气工程的实际运行效率指数为0.156，为了达到最优运行效率，其沼气收益必须再增加31.43万元，而沼渣、沼液的收益必须增加31.1万元，与此同时还要减少16.313万元的运行费用。总体来说，后安定村沼气工程的沼气和沼渣、沼液收益偏低，同时运行成本相对较高。

牛坊村沼气工程的实际运行效率指数为0.223，为了达到最优运行效率，其沼气收益必须再增加27.217万元，而沼渣、沼液的收益必须增加31.196万元，与此同时还要减少6.934万元的运行费用。总体来说，牛坊村沼气工程的沼气和沼渣、沼液收益偏低，同时运行成本相对较高。

小谷店村沼气工程的实际运行效率指数为0.077，为了达到最优运行效率，其沼气收益必须再增加14.192万元，而沼渣、沼液的收益必须增加13.55万元，与此同时还要减少4.729万元的运行费用。总体来说，小谷店村沼气工程的沼气和沼渣、沼液收益偏低，同时运行成本相对较高。

佟营村沼气工程的实际运行的效率指数为0.053，为了达到最优运行效率，其沼气收益必须再增加12.497万元，而沼渣、沼液的收益必须增加11.606万元，与此同时还要减少5.189万元的投资费用。总体来说，佟营店村沼气工程的沼气和沼渣、沼液收益偏低，与留民营村沼气工程一样，都出现了投资额冗余的情况。

综上所述，从实际运行方面看，大中型沼气工程实际运行效率普遍低于理论设计效率。五个大中型沼气工程在沼气和沼渣、沼液收益方面均存在严重不足。除佟营村沼气工程由于冬季停工原因运行费用未超标外，其他四个沼气工程的运行费用普遍超标；且留民营村、佟营村沼气工程的投资额超标。

四、影响大中型沼气工程运行效率的因素分析

影响大中型沼气工程运行效率的诸多因素可以归纳为以下五个方面：经济因素、管理因素、技术因素、政策因素、社会因素。

（一）经济因素

DEA模型分析表明，建设规模，投资额，运行费用，沼气收益，沼渣、沼液收益五项指标是影响大中型沼气工程运行效率的重要经济因素。

经济因素从投入产出的角度决定着大中型沼气工程的运行效率。其中建设规模、投资额、运行费用是投入性因素；沼气收益，沼渣、沼液收益是产出性因素。

北京市的大中型沼气工程的投资资金主要来源于政府部门。大中型沼气工程的运营费用主要包括工程管理人员的工资、工程设备的维修费用、原材料(猪、牛、鸡等畜禽的粪便)采购的费用、发酵菌的培养、净化处理 H_2S 的药剂的费用、用于升温的燃煤费用和水电费等。大中型沼气工程的经济收益主要来源于沼气、沼渣和沼液的出售，其余的一小部分经济收益还包括畜禽养殖场因减少牲畜养殖过程中产生的粪便、污水等废弃物而得到的政府的环境补贴。沼气工程的收益主要用于弥补沼气工程运行过程中产生的费用。

五个大中型沼气工程的运行效率普遍不高，均处于亏损状态，其成本、收益情况如表 6 所示。

表 6　五个大中型沼气工程的利润表

工程名称	实际运行数据			
	沼气收入（万元）	沼渣、沼液收入（万元）	运行费用（万元）	利润（万元）
留民营村沼气工程	42	8.9	109	−58.1
后安定村沼气工程	5.8	2.2	23.3	−15.3
牛坊村沼气工程	7.79	0.12	14.78	−6.87
小谷店村沼气工程	1.18	0.17	9.98	−8.63
佟营村沼气工程	0.7	0.15	6.36	−5.51

造成这一现状的主要原因有以下两点：一是最为主要收益的沼渣、沼液的收入受无法深加工影响，基本无法获得收入，只能免费送给农民使用；二是沼气工程的运行成本居高不下，远超收益，工程处于亏损状态。低收益与高成本是大中型沼气工程的现实写照。

(二)管理因素

北京现有由政府财政资金投资建立的大中型沼气工程的管理模式是村委会管理模式。村委会是沼气工程的管理主体，村委会的上级是各个区县的能源办公室，受能源办的领导和监督。村委会负责沼气工程的日常运营管理，包括人员的管理、财务的收支管理。具体负责原材料的采购、员工的培训、员工的工资发放，等等。虽然村委会管理模式在收取沼气费用方面有一定的优势，但是由于缺乏激励机制，同时工作人员待遇较差，员工积极性普遍不高。

(三)技术因素

由于大中型沼气工程的原料普遍来自于大型的畜禽养殖场，包括，养猪场、养牛场、养鸡场等。根据原料的不同，技术工艺的选择也会有差异，综合了原料、温度、操作难度与占地面积等相关因素后，北京地区的大中型沼气工程一般选择 UASB 和 USR 两种。而技术工艺的选择和使用水平直接影响着大中型沼气工程的运行效率，目前存在的主要问题是技术设备选择不合理，设备运行不畅。

（四）政策因素

政府作为大中型沼气工程的出资人和建设者，作为沼气工程的最高管理者，必须发挥应有的管理职能，包括政策法规的规范作用、工作人员的培训、运营资金的支持力度和可再生能源利用的宣传力度。但实际运营中存在政策法规的规范作用和人员培训不够、缺乏后续资金的支持、政府的宣传力度不够等问题。

（五）社会因素

大中型沼气工程是以畜禽养殖场的废物垃圾为原料产生可再生能源沼气和有机肥料沼液和沼渣。不但解决了环境污染问题，还优化了北京地区的能源消费结构，产出的沼液和沼渣可以作为有机肥，为北京地区绿色农产品的升级提供了物质基础。总体看来沼气工程能够有效将传统的农业发展模式转变为生态农业的发展模式，但还存在有机肥市场的供给与需求不匹配，市场运作条件尚不完善；大中型沼气工程的原料来源单一，造成原料成本相对较高等不足。

五、研究结论与政策建议

（一）研究结论

本文以北京大中型沼气工程为研究对象，针对其在运行中的效率问题进行了定量和定性的分析，归纳出了影响大中型沼气工程运行效率的因素，同时揭示了运行效率不高的问题，并提出了相关建议和解决对策。具体结论如下：

1. 大中型沼气工程的经济效率不高

在运用 DEA 方法进行的定量分析中，针对五个典型沼气工程的经济效率状况，从三个投入和两个产出方面比较了其运行效率，并对比了理论设计值与实际运行效率的差异，发现沼渣、沼液的收益严重偏离预期效果，并且日常的运行成本也同样超出理论设计值，表明这两个方面是导致大中型沼气工程经济效率不高的主要原因。

2. 影响大中型沼气工程运行效率的主要影响因素

影响大中型沼气工程运行效率的五个主要影响因素，分别是经济因素、管理因素、技术因素、政策因素和社会因素。大中型沼气工程运行效率不高的主要问题是，工程的运行成本过高，而收益相对较少；管理模式不够完善，缺乏激励机制，管理规范度较低；技术工艺受限制，设备运行较差；政策宣传不到位，缺乏政府后续资金的支持；有机肥料的市场不够完善，供需不平衡。

(二)政策建议

通过前文对大中型沼气工程运行效率的定量与定性分析，我们清晰地认识到了其在运行管理过程中出现的问题，为了能够提高沼气工程的运行效率并解决发展过程中出现的问题，提出以下几点建议：

1. 培育消费市场、拓展沼气使用范围，提高工程的经济效率

目前北京市大中型沼气工程所产的沼气大部分作为农户的炊事能源，沼气用途相对单一，炊用为主。可以重点考虑取暖、发电等利用方式。沼渣、沼液可在农场和市政园林绿化领域拓展销售途径。通过多元化拓展产品用途，将会使产物的市场需求量大大增加，从而提高大中型沼气工程的收益。

2. 推行公司化管理模式

管理模式的市场化的方法是借鉴市场经济中的股份制公司的管理模式，将沼气工程的所有权和管理权分离。政府负责投入建设资金，沼气工程的建设竣工之后的所有权归村委会所有，然后村委会将沼气工程的管理权委托给第三方的工程管理公司，进行公司化经营管理。

3. 提高技术工艺设计与维护

沼气工程的技术条件是后期管理运行的基础，直接影响了正常运行的效率。沼气工程应在前期设计、工程建设过程中，组成专门的技术小组对所有的沼气发酵工艺进行筛选，调查和研究每个技术工艺的优缺点，从长远的角度来考虑，选择既高效又低成本的技术设备，减少设备的维修率，降低运营成本。

4. 加大政策支持力度

政府部门不但是沼气工程的建设者，更是可再生能源的倡导者，因此在建立沼气工程后，应该加强对沼气和沼渣、沼液方面的宣传，普及绿色能源的知识，让农民认识到沼气工程在可再生能源发展中的重要性。同时政府要加强运行资金的支持力度，保证沼气工程的持续运行。

5. 提高工程的社会效益

现阶段，大中型沼气工程的原料来源主要是畜禽养殖场的粪便垃圾，发酵原料相对单一。为了丰富沼气工程的发酵原料，降低原料采购成本，应该将厨余垃圾作为原料之一。同时为以沼渣、沼液为原料生产的有机肥料制定合理的价格政策，增强有机肥料的市场竞争力。

参考文献

[1] 王凯军、张国臣、贾晨夜、高志永：《我国农村生活污染现状与防治对策研究》，《2012中国环境科学学会学术年会论文集(第四卷)》，2012年。

[2] 刘英：《价值链管理视角下的沼气工程系统控制战略研究》，《沼气发展战略和对策研讨会论文集》，2010 年。

[3] 田芯：《大中型沼气工程的技术经济评价研究》，北京化工大学硕士学位论文，2008 年。

[4] 王宇欣、苏星、唐艳芬、邹永杰：《京郊农村大中型沼气工程发展现状分析与对策研究》，《农业工程学报》，2008 年第 10 期。

[5] 何荣玉：《北京大中型沼气工程冬季运行存在的问题及对策》，《可再生能源》，2011 年第 4 期。

[6] Shahnaz Amiri，Dag Henning，Björn G. Karlsson，Simulation and Introduction of a CHP Plant in a Swedish Biogas System，*Renewable Energy*，2013，49.

[7] Tim Patterson ，Sandra Esteves，Richard Dinsdale，Alan Guwy，Life Cycle Assessment of Biogas Infrastructure Options on a Regional Scale，*Bioresource Technology*，2011，102.

[8] Takashi Ohkubo，Yoshiaki Hideshima，Yukoh Shudo，Estimation of Hydrogen Output from a Full-scale Plant for Production of Hydrogen from Biogas，*International Journal of Hydrogen Energy*，2010，35.

（作者：刘卫国　北京石油化工学院副教授）

项目名称：北京建设世界城市背景下扩大来京留学生教育规模研究
项目编号：10BaJG334
项目负责人：魏　浩
项目信誉保证单位：北京师范大学

北京扩大来京留学生教育规模问题研究

内容提要：目前，国际留学生跨国流动的模式已经从“单向流动模式”转变为“双向流动模式”，即以前留学生主要从发展中国家流向发达国家、从次发达国家流向主要发达国家，现在国际留学生的流动主要表现为发达国家之间、发展中国家之间、发达国家与发展中国家之间的双向流动。发展中国家的留学生，当选择发展中国家作为目的国时，同时考虑教育因素和经济因素，当选择发达国家作为目的国时，主要考虑经济因素；发达国家的留学生，当选择发达国家作为目的国时，重点考虑教育因素，当选择发展中国家作为目的国时，也同时考虑教育因素和经济因素。借鉴美国、英国、澳大利亚、法国四个国家吸引留学生的经验，结合北京的实际情况，为了扩大来京留学生的教育规模，北京高校应该提高学术的国际影响力、提高教学的国际化水平、切实加强与国外高校的交流与合作、为来京留学生提供更多奖学金资助，北京政府应该加大北京高校在海外的宣传力度、完善来华留学生毕业之后的工作签证问题、完善来华留学生移民政策问题、增加对高校教育经费的投入。

一、问题的提出

2009 年 12 月，中共北京市委十届七次全会审时度势，提出要按照科学发展观的要求，瞄准建设国际城市的高端形态，从建设世界城市的高度，加快实施“人文北京、科技北京、绿色北京”发展战略，以更高标准推动首都经济社会又好又快发展。世界城市是指在全球政治、经济和文化等方面具有重要影响力的国际大都市的高端形态。自 20 世纪 80 年代以来，随着世界范围内城市竞争的日益加剧，建设世界城市已经成为全球化时代世界主要国家或地区获取更大发展空间的必然的战略选择。时代的发展要求将首都北京建设成国际一流水平的世界城市。

从世界城市的特征来看，世界城市是全球资本流、信息流、人才流、技术流和物流的集散中心，也是世界文明融合与交流的多元文化中心。从纽约、伦敦和东京等世界城市发展的国际经验来看，吸引大量海外留学生来本地学习是建设世界城市的关键因素之一。吸引留学生，不仅仅是教育问题，还涉及经济发展问题、城市地位及其国际影响力提升问题。就北京来说，吸引大量海外留学生来京学习，不仅可以直接加强北京与世界各国、世界各城市的交流，提升北京的国际影响力，通过让来京留学生直接了解中国、了解北京，了解中国的现实和北京的特色，让他们成为在他们祖国宣传北京、宣传中国的代言人，这是提升北京国际影响力更加有效、成本更低的途径，还可以吸引一大批具有世界眼光，通晓国际惯例与规则，熟练掌握外语，具备丰厚的基础知识、先进的专业知识和较强的创新能力及跨文化沟通能力的国际化人才，为北京地区经济发展集聚国际人才。

因此，北京政府应该以建设世界城市的总体目标为导向，建立和完善与首都经济发展相适应、与世界城市发展目标相匹配的扩大来京海外留学生教育规模战略，使北京成为中国、亚洲乃至世界的“留学天堂”“人才之都”，为建设世界城市、北京地区经济发展和结构优化提供坚实的国际人才和高端人才基础。

目前，北京市外国留学生占全国外国留学生总数的比例逐年小幅下降，增长速度也比全国的增长速度慢，要实现北京市高校发展外国留学生教育的中期目标，即到2020年北京市高校外国留学生人次达到全国总数的一半即25万人，平均年递增速度13.5％的目标，必须制定相应的战略，扩大北京市外国留学生教育规模。

二、国际留学生跨国流动的特点及影响因素

(一)留学生跨国流动模式日益表现为国际的“人才循环”

在过去的几十年里，包括留学生在内的国际人才流动模式主要表现为人才从发展中国家流向发达国家、从次要发达国家流向主要发达国家的“单向流动模式”，随着发展中国家在世界经济中地位的提升、各种制度的完善和规范、国际化程度的日益提高、与发达国家差距的缩小以及发展机会的增加等原因，留学生从发达国家向发展中国家流动的趋势越来越明显，与此同时，次要发达国家经济发展战略的转变和各种政策的实施，对留学生的吸引力也与日俱增，从而国际留学生流动的模式日益表现为留学生在发达国家和发展中国家之间、次发达国家与主要发达国家之间的“双向流动模式”。也就是说，国际留学生流动的模式已经从单方面的“人才外流”发展为国际的“人才循环”。可见，发展中国家从其他发展中国家、发达国家吸引人才是切实可行的。

(二)不同类型国家留学生的影响因素

根据1999—2008年期间全球48个国家和地区的统计数据，深入研究了不同类型国家吸引留学生的影响因素。研究结果发现：国家间的商品贸易会

显著促进留学生在国家间的流动；发展中国家的留学生，当选择发展中国家作为目的国时，同时考虑教育因素和经济因素，当选择发达国家作为目的国时，主要考虑经济因素；发达国家的留学生，当选择发达国家作为目的国时，重点考虑教育因素，当选择发展中国家作为目的国时，同时考虑教育因素和经济因素。对于发展中国家来说，扩大高等教育领域的师资规模，增加对高等教育的支出，有利于吸引国际留学生到本国来留学。

(三)影响国际留学生来京留学的因素

根据1990—2009年期间的统计数据对影响北京市留学生教育规模的因素进行了实证分析。分析结果表明：经济因素和教育因素是影响国际留学生到北京留学的重要因素，其中，经济发展程度提高、对外贸易规模扩大、政府教育支出增加等因素有利于扩大北京市留学生的教育规模，居民物价水平上涨、汇率升值等因素不利于北京市留学生教育规模的扩大，另外，国际留学生选择留学目的地具有一定的集群效应和群居效应。

另外，针对北京10所高校的在京留学生进行了问卷调研。调研结果发现：北京市的人文优势(包括地理位置、历史、法律制度、道德建设、市民素质、城市风貌等)，教育优势(包括对教育的重视程度、高校数量、教育设施、对教育的资金投入等)，高校优势(包括高校数量、高校知名度、特色专业、校园文化等)，特色优惠政策优势(包括录取条件、招生规模、奖学金制度、学费制度等)是吸引来京留学生的重要因素。

(四)北京留学生教育存在的问题

与世界著名大学相比，北京高校来华留学生规模较小，北京市普通高校留学生数占在校生(普通本、专科生和硕士、博士研究生)总数的比例均低于4.50%，而世界知名大学在校的外国留学生的比例却达到了15%以上；随着上海、天津、江苏等地留学生教育发展速度的加快，北京高校留学生教育的国内竞争优势在逐步缩小、在全国的领先地位受到动摇、面临的竞争日益加剧；北京来华留学生主要来源于亚洲地区，美洲、欧洲、非洲等地区的市场还需开拓；北京来华留学生培养层次不高，现有教育水平与国外需求有差距；高校观念落后，政府政策滞后，中外校际合作和交流项目有待于加强。

三、扩大来京留学生教育规模的政策建议

(一)提高北京高校学术的国际影响力

美国、英国、澳大利亚、法国四个国家吸引众多留学生的经验表明：一国所拥有的优质教育资源、世界一流大学数量是吸引大批国际留学生的重要因素。衡量一个国家大学教育水平的主要依据是该国高校的科研水平。与西方发达国家相比，北京高校亟须提升自身科研水平。北京高校要积极培育重大、高端科研成果，并实施科研成果国际化战略，鼓励各学科的学术成果与

国际接轨，鼓励学术成果在国际高端刊物上发表，鼓励广大学者参加各类重要的国际学术会议，并通过学术对话和学术论文将重要的研究成果推介到国际，支持国内优秀学者到国际学术组织和机构中担任重要学术职务，鼓励参与国际学术前沿课题，使北京高校的学术水平能够在国际上占有一席之地。

（二）提高北京高校教学的国际化水平

北京市高等教育的国际化程度直接限制了非语言学习类外国留学生的选择。因此，北京高校应该尽快提高教学的国际化水平，大幅度增加全英文授课的课程和专业，在巩固汉语、中医、历史、文化等传统特色专业优势的基础上，还要加大对经济、管理、国际关系等具有潜在优势的学科专业的培育和扶持，针对这些新兴专业，有条件的高校应该制定针对外国留学生的全英文授课的本科教学、硕士教学以及博士教学，逐步建立以留学生需求为导向的课程体系，使之成为吸引外国留学生特别是欧美等发达国家留学生的新增长点。强大的师资队伍是保证高校教学国际化水平的重要因素。因此，中国高校要大量引进海外留学人员、外籍教师来华工作，改变现有的师资结构，提高师资的国际化水平，建设全英文专业项目。

（三）加大北京高校在海外的宣传力度

近年来，每年都有几十个国家、数百个外国教育机构在中国多个城市举办巡回展，吸引了越来越多的中国学生出国留学。然而，目前北京高校的对外品牌意识淡薄、宣传渠道较少、影响面较小，除了校际之间的交流合作外，更多的外国学生没有便捷渠道了解北京的各大高校，直接影响了他们的选择。因此，北京政府和高校应该重视和加强留学生教育的宣传工作，建立向海外推广北京高等教育优质资源的整体宣传和策划机制，更新宣传手段，加大宣传力度，发展海外办学，在国外设立语言学校，并开办权威认证的中介机构，加强与国外政府、学校的合作，形成一套完整的海外发展体系，以专业化的运作机制推广北京教育。

（四）要切实加强北京高校与国外高校的交流与合作

政府和高校要改变以往的观念，切实加强与国外高校的交流、合作与合作办学，是扩大北京留学生规模的重要途径之一。不管是来北京学习的外国留学生，还是到国外学习的中国学生，不管是短期交换学习，还是长期攻读学位，他们的选择都与其就读的学校有紧密的联系，学校推荐的短期交流项目、联合培养项目，直接影响到学生的选择。因此，北京高校进一步加强与国外高校的国际交流与合作是促进北京市扩大留学生规模的必然要求，也是北京高校走向国际化的必然途径。国际交流与合作，要从表面化走向深入化，从小规模向大规模发展，从交流与合作向合作办学发展。

（五）为来京留学生提供更多奖学金资助

目前，中国政府对来京留京学生的奖学金资助主要以政府为主，而纵观西方发达国家，高校拥有完善的筹资模式，资金来源渠道多种多样，美国高校的资金来源主要有联邦政府、慈善组织以及校友等，其中校友捐助占据了这些资金的很大部分。因此，北京高校也需要学习西方发达国家，完善筹资模式，积极吸引民间资本注入大学，提高校友捐助率，拓展社会人士、社会组织捐助资金的渠道，从而使北京高校的资金来源更为充足和多样，从而为更多的来京留学生提供更为充足的奖学金资助等。另外，为了改变北京市现有的生源结构，北京市可以针对非洲、拉美、欧美等国家设立专项奖学金，这些专项奖学金设立以后，就应该在相应的国家积极进行宣传，从而吸引这些国家的学生到北京来留学。

(六)完善来华留学生毕业之后的工作签证问题

近年来，来京留学生规模不断扩大，很多留学生看重北京以及中国其他省市日益发展壮大的经济实力和巨大的潜在就业前景。但是，在促进毕业生留华工作方面，中国与欧美发达国家之间仍然有相当大的差距。对于在京留学生毕业后在华工作，北京市应该向国家申请特殊政策，以北京为试点，逐步放开来京留学生毕业之后的工作签证问题。北京市亟须借鉴西方发达国家的相关做法，顺应全球化的发展趋势，适当开放外国留学生在北京毕业工作的就业许可，建立相应的学生签证转换工作签证制度，为来京留学生提供具有一定时间期限(如半年、一年甚至更长)的毕业求职工作签证，允许部分优秀毕业生凭借雇主邀请而不需要离境直接申请工作签证，以吸引更多的优秀留学生来京学习和工作。

(七)完善来京留学生毕业之后的移民政策问题

在当今发达国家中，相当一部分国家在移民政策上都比较开放，这些国家在战略上都比较明确，接收国际移民是吸引国际人才、引进国际高端劳动力资源的重要策略。中国在移民政策上比较保守而严格，而西方发达国家对优秀人才则实行较为开放的移民政策，这也是美、英、法、澳等国家能够源源不断吸引众多国际留学生的重要原因之一。因此，北京市应该向国家申请特殊政策，以北京为试点，放宽来京留学生移民政策，结合北京市的实际情况和来京留学生的具体情况，借鉴美、英、法、澳等留学生输入大国的移民政策，修改《国籍法》(如允许双重国籍)，或者大幅降低获得中国“绿卡”的门槛，为来京留学生提高移民机会。

(八)增加对北京高校教育经费的投入

充足的经费是保证大学科研水平、教学水平的强有力保障。近年来，虽然北京市采取了一系列政策和措施，大幅度增加了财政性教育投入，推动了高等教育的快速发展，但是，投入不足仍然是制约北京高等教育进一步发展的瓶颈，亟须增加对高等教育的资金投入，建立完善的高等教育投入保障机制。目前，北京地区的高校分为市属高校和部属高校，部属高校在国际影响力、科研实力等方面遥遥领先，吸引留学生的质量比市属高校也要好很多，因此，北京市应该增加对北京地区部属高校的财政性投入，进一步巩固和提升部属高校的优势，增加对国际留学生的吸引力，提升来京留学生的质量，为北京建设世界城市、人才之都服务。

参考文献

[1]陈强、潘慧斌、郑惠强：《来华留学生教育发展刍议》，《中国高教研究》，2006年第8期。

[2]郭秀晶、周永源：《北京高校留学生教育发展状况问题与对策研究》，《北京教育(高教版)》，2009年第12期。

[3]刘平秀：《中国发展留学生教育存在的差距与对策》，《对外经贸实务》，2009年第7期。

[4]曲如晓、江铨：《来华留学生区域选择及其影响因素分析》，《高等教育研究》，2011年第3期。

[5]孙瑞：《试论北京留学生教育的未来发展趋势》，《黑龙江高教研究》，2009年第4期。

[6]魏浩、王宸、毛日昇：《国际间人才流动及其影响因素的实证分析》，《管理世界》，2012年第1期。

[7]魏浩：《关于北京建设世界城市与加快吸引国际人才的思考》，《经济界》，2012年第6期。

[8]魏浩、赵春明、申广祝：《全球人才跨国流动的动因、效应与中国的政策选择》，《世界经济与政治论坛》，2009年第6期。

[9]魏浩、籍颖、赵春明：《中国留学教育服务贸易发展现状及国际竞争力》，《国际经济合作》，2010年第1期。

[10]吴应辉：《北京市加快发展外国留学生教育的战略选择》，《中国高教研究》，2009年第3期。

[11]吴祖义、戴琪：《发展教育服务贸易的策略分析——以北京市为例》，《湖北民族学院学报(哲学社会科学版)》，2010年第1期。

（作者：魏　浩　北京师范大学副教授）

项目名称：北京市休闲农业提档升级的对策研究
项目编号：10AaJG349
项目负责人：范子文
项目信誉保证单位：北京市农村经济研究中心

基于北京的休闲农业升级研究

内容提要：在京津冀一体化的背景下，面对市民消费需求的提升和周边地区强有力的竞争，京郊休闲农业亟须转变发展方式，提档升级。本文认为，应遵循休闲农业发展规律，从北京郊区实际出发，把景观升级、产品升级、文化升级、规模升级、组织升级、营销升级作为近期发展京郊休闲农业的重点，争取有所突破。其中景观升级是前提，产品升级是核心，文化升级是灵魂，规模升级是基础，组织升级是保障，营销升级是统领。

休闲农业是贯穿农村第一、第二、第三产业，融合生产、生活和生态功能，紧密联结农业、农产品加工业、农村服务业的新型农村产业形态和新型消费业态。休闲农业是市场化的产物，也必将随着市场需求的发展而发展。在京津冀一体化的背景下，面对市民消费需求的提升和周边地区强有力的竞争，京郊休闲农业亟须转变发展方式，进行提档升级，实现由量的扩张向质的提高转变。

一、休闲农业提档升级的必要性

近年来，在政策引导、需求拉动、供给推动的合力作用下，北京郊区的休闲农业取得了长足发展，走在了全国的前列，对于促进农民就地就业，增加农民收入，提升城市居民的幸福指数，促进城乡交流等发挥了积极作用。休闲农业已经成为北京都市型现代农业的重要组成部分，旅游业发展的战略空间，美丽乡村建设的产业基础，农民就业增收的重要载体，统筹城乡发展的重要抓手。

2013 年，北京郊区共有市级民俗旅游村 207 个、市级民俗旅游户 9970 户，开展观光休闲服务的农业园有 1299 个，其中北京市观光农业示范园 95 个。从民俗旅游来看，2013 年乡村民俗旅游户共接待游客 1806.5 万人次，实现乡村民俗旅游总收入 10.20 亿元，同比分别增长 6.5%和 12.6%，收入增长的速度高于游客数量增长的速度，说明民俗旅游业的效益有了提高。从农业观光园来看，2013 年北京市观光休闲农业园区共接待游客 1944.4 万人次，总收入 27.36 亿元，同比分别增长 0.2%和 1.8%，同比增速都不大，说明观光休闲农业园区的发展出现了徘徊不前的局面，进入了停滞期。

但是，面对周边地区的激烈竞争和市民消费需求的提升，京郊休闲农业存在着诸多的不适应。从产业结构上看，存在着“小、散、低”的问题，互补性差，特色不明显；从区域布局上看，存在单打独斗的现象，难以实现规模效益；从项目建设上看，项目规划比较粗糙，文化内涵不突出，地域特色、文化特色缺乏，品位不高；从项目内容上看，参与性、体验性项目较少，难以满足游客对“娱”的需求，致使停留时间短，单体消费少；从旅游服务上看，还不够规范。为有效解决这些问题，在新的起点上实现更快更大的发展，北京休闲农业必须转变发展方式，走内生式发展道路，实现由量的扩张向质的提高转变，促进产业升级。

二、休闲农业提档升级的内容

遵循休闲农业发展规律，从北京郊区的实际出发，近期应把景观升级、产品升级、文化升级、规模升级、组织升级、营销升级作为重点，争取有所突破。其中景观升级是前提，产品升级是核心，文化升级是灵魂，规模升级是基础，组织升级是保障，营销升级是统领。

(一)景观升级

景观是重要的旅游吸引物。乡村景观是乡村旅游的载体，也是游憩功能实现的保障。乡村景观为乡村旅游提供必要的观赏和体验的环境，而乡村旅游则促成乡村景观向更好的一面发展。但是，乡村景观是比较脆弱的，乡村旅游的过度开发容易造成乡村环境超载，从而破坏乡村景观。为建设魅力乡村，改善休闲农业与乡村旅游环境，亟须从村落景观、廊道景观、农田景观建设入手，开展景观建设与培育，提升乡村景观。要学习欧洲经验，开展景观特征评价，编制乡村景观建设规划，制定技术规程，建立以农民为主体的乡村景观培育和管理体系。

(二)产品升级

休闲农业与乡村旅游产品是乡村旅游供给的核心，也是休闲农业提档升级的主要内容。要结合休闲农业市场需求研究的成果，以首都市民和旅游者需要为出发点，从“吃、住、行、游、购、娱”六个方面，改变产品设计，丰富产品内容，提升文化内涵，延伸休闲农业产业链，提高游客单体消费值。同时，要引进高端产品，优化休闲农业产品结构。具体措施：一是以增加体验性、参与性项目为重点，推进休闲农业园、民俗旅游村等传统产品的升级，延长游客逗留时间；二是以让游客住下来为重点，积极开发居住类、度假类休闲产品，巩固提升特色业态，发展乡村度假；三是以引导消费潮流为重点，培育时尚消费、高端消费新业态，适度开发乡村旅游高端产品，提高休闲农业产品附加值。

(三)文化升级

农业因创意而精彩，创意因与农业结合而丰富。实现休闲农业的文化升级，一是要挖掘和活化利用农业文化遗产，展示乡土文明，传承农耕文化；二是要积极发展创意农业，以产品创意、节庆创意、园区创意、产业创意、功能创意为载体，提高农业的文化附加值和休闲农业项目的吸引力；三是要开发利用农村民俗文化资源，逐步使京郊民俗文化成为休闲农业与乡村旅游项目的一大卖点与核心吸引物。

(四)规模升级

休闲农业与乡村旅游的“小、散、低”是一大诟病。休闲农业项目小且“单打独斗”，导致游客逗留时间短，单体消费能力低，难以形成规模优势。解决这一问题，需要从两个方面取得突破：一是提高休闲农业与乡村旅游龙头项目的单体规模，只有把“龙头”做大，使“龙头”舞起来，才能更好地带动“龙身”和“龙尾”；二是提高休闲农业与乡村旅游产业的集群规模，即通过政策引导和机制创新，实现休闲农业与乡村旅游相关业态的集群发展，以便在更大的空间内为游客提供“六要素”服务，而不局限在一个项目内解决所有问题。上述两个方面，都涉及生产力要素的配置和体制机制的创新。

(五)组织升级

产品的创新、规模的升级、管理的加强等都需要组织结构的调整和运行机制的完善。要通过优化配置乡村旅游资源，调整休闲农业与乡村旅游组织结构、体制机制和发展模式，促进休闲农业由个体经营向规模经营转变，由分散经营向集约经营转变，由独立经营向分工合作转变，由散状经营向乡村旅游带转变，形成以利益为纽带的产业共同体。

(六)营销升级

营销是联结需求与供给的关键环节，是实现休闲农业产品价值的重要手段。如果没有营销或者营销做得不好，即使休闲农业产品再好，也没有人了解，更没有旅游者前来消费与购买。但由于北京郊区休闲农业与乡村旅游项目的经营者多数是由农民，或者是从其他产业转行而来，他们的营销理念不新，营销手段不多，营销机制不活，营销经费不足，营销的针对性不强等，从而导致营销效果低于预期。要通过营销升级，提高乡村旅游资源的利用率和休闲农业项目的综合效益。为此，应实施整合营销战略，创新营销模式，通过采取“城乡社区，互动营销；虚拟社区，网络营销；舞台社区，节庆营销；主题社区，体验营销；掌上社区，微媒体营销；目的地社区，品牌营销”等措施，提高营销效果。

三、休闲农业提档升级的对策建议

为搞好京郊休闲农业的提档升级，促进休闲农业的持续、健康发展，结合本课题研究成果，提出如下对策建议：

（一）充分认识休闲农业在都市型现代农业中的主导地位

关于休闲农业在都市型现代农业中的地位，过去的提法是“休闲农业是北京都市型现代农业的组成部分”“休闲农业与乡村旅游是北京都市型现代农业的重要实现形式”等。但从休闲农业的发展趋势看，休闲农业是北京都市型现代农业的主体，是旅游业发展的战略空间，是促进农民就业增收的重要载体。从这个高度来认识休闲农业，有助于客观分析郊区都市型现代农业的现状，有助于判断都市型现代农业的未来发展方向，有助于提早研究推进休闲农业发展的政策措施，以便在未来的工作中少走弯路。

（二）实施“休闲农业与乡村旅游提档升级工程”

京郊休闲农业与乡村旅游已到了提档升级的新阶段。适应农业农村经济发展新变化，顺应城乡居民过上更好生活新期待，以促进郊区休闲农业与乡村旅游上档次、上规模、上水平为目标，以实现集群化、规模化、产业化、国际化发展为方向，以提高经济、社会、生态效益为核心，对郊区休闲农业与乡村旅游加强规划引导，完善基础设施，提高人员素质，创新开发模式，加快品牌培育，强化公共服务，推进规范性建设，提高组织化水平，达到“引进增量、盘活存量、提升质量、增加效益”，使“农业变快乐产业、农村变美丽家园、农民变富裕群体”，最终让消费者满意，让农民增收，让产业发展。

（三）推进资源整合与产业集聚，调整区域布局

通过机制创新，积极推进休闲农业与乡村旅游资源、项目、产业在空间上的相对集中。要经过一段时间的打造，形成近郊区以创意农业、体验农业（如市民农园）为主，远郊平原以休闲农庄、休闲农业园区为主，山区以沟域经济、乡村旅游带等主题性乡村旅游目的地为主的休闲农业与乡村旅游发展格局。

1. 推进休闲农业与乡村旅游的集群化发展

为解决“小散低”，有效衔接供需，形成规模优势，休闲农业与乡村旅游要走集群化、规模化、产业化发展之路。根据现有基础，资源优势和发展特点，近期应着重规划开发“一环、四带、六区、多节点”，其中“一环”是指六环路以内的地区，包括朝阳区、海淀区、丰台区，以及远郊平原区县六环路以内的地区；“四带”是指永定河带、潮白河带、通州大运河带、沙河—温榆河带；“六区”是指八达岭十三岭地区、慕田峪地区、云蒙山地区、金海湖地区、十渡地区、灵山百花山地区；“多节点”是指具备一定基础，开发潜力较大，但短期内难以形成较大规模的休闲农业与乡村旅游点。

2. 积极打造主题性乡村旅游带

环绕主要干道和沟域，通过资源整合和整体包装，将民俗旅游村、观光农业园与景区(景点)等串联起来，形成特色明显、资源互补、利益联结紧密、满足游客多元化需求的集群式乡村旅游目的地。同时，对基础条件较好、资源独特、有发展潜力的区域进行整体包装，通过资源整合和利益机制调整，建设观光休闲农业产业区。乡村旅游带和观光休闲农业区要以乡镇为单位打造，具备一定的规模，努力做到“五个突出”：即突出特色、突出整体的包装、突出环境改善与产业发展的融合、突出机制创新、突出农民参与且受益。

3. 促进乡村旅游重大项目落地

要结合沟域经济开发，引进、落实一批休闲农业与乡村旅游重大项目，推动乡村旅游产业聚集发展。要在生态涵养发展区积极发展生态休闲度假项目，构建高起点、高质量、国际一流的“生态休闲旅游度假区”。要搞好房车项目和汽车营地的功能配套，满足游客的多元化需求。大力推动旅游集散特色镇建设，完善旅游配套设施，增强接待能力，形成以小镇文化为核心的特色旅游产品。

(四)坚持发展与提升并重，优化产业结构

创新农业观光园、休闲农庄、农业示范园、民俗文化、农家乐、农事节庆等发展模式，使新颖性、趣味性、文化性、体验性进一步增强，内容更加丰富，特色更为明显。同时，积极发展休闲农业与乡村旅游新业态，打造高品位的乡村精致休闲产品，更好地满足游客的休闲需求。经过一个时期的努力，布局科学、结构合理、服务完善、特色明显、管理规范的休闲农业与乡村旅游产业带、产业群基本形成，产业结构明显优化，产业地位显著提升。

1. 改造传统业态

要以提档升级为目标，以完善基础设施、注入文化元素、规范服务方式为手段，对老化的休闲农业与乡村旅游经营场所进行改造提升。积极引导“农家乐”向具有地域特色的“京郊人家”和“山水人家”升级换代，提升乡村旅游的接待档次和整体品位。民俗旅游村要结合新农村社区、新民居建设，拉开档次，保留农村文化符号，以适应不同消费者的需要。观光农业园要完善功能分区，搞好标志标识系统建设，丰富游览体验内容，延长产业链条。全面提升农事节庆活动内涵，实现“以节会友、以节拓市、以节富民”。

2. 积极发展新业态

在继续发展乡村酒店、养生山吧、休闲农庄、生态渔家、山水人家、采摘篱园、民族风苑、国际驿站等业态的同时，鼓励各地根据资源、区位、市场条件，积极发展休闲农业与乡村旅游新业态。在怀柔、密云等生态涵养发展区，规划建设不同规模和标准的汽车营地，提供综合服务，满足游客的多元化需求。在房山、延庆、密云等具备条件的地区，可规划建设红酒庄园，为休闲度假游客提供独特的高端乡村旅游产品。支持发展“乡村非遗旅游”，传承北京地方乡土文化。要通过3～5年的努力，使新业态数量稳步增长，逐步成为郊区休闲农业与乡村旅游的主要业态。

3. 延伸农业产业链条

积极开发农业的生活性功能，把农业的传统行业与观光休闲结合起来，延长产业链，打造生产标准化、经营集约化、服务规范化、功能多样化的现代农业休闲产业。积极发展景观农业，改善乡村旅游环境。有针对性地对观光果园进行改造提升，完善功能配套，细化功能分区。特色养殖小区的开发，要引入观光休闲的理念。有条件的地方，要把农产品加工项目建设与旅游结合起来，打造具有观光、教育、科普功能的主题性农产品加工园区。大力发展创意农业，通过产品创意、园区创意、节庆创意、功能创意等形式，提高农业的可赏性、趣味性、参与性。

（五）强化品牌培育，促进产业升级

1. 休闲农业与乡村旅游的发展，要走品牌化之路

要建立休闲农业与乡村旅游产业标准，科学设计评价指标体系，提高市场准入门槛。要通过示范基地、示范村、示范点创建，打造一批有影响的休闲农业与乡村旅游知名品牌。鼓励休闲农业与乡村旅游企业，参与有关国际、国内标准体系的认证，争创名牌。要通过品牌培育，形成一批名牌，达到合理引领休闲消费热点，提升产业影响力、社会认知度和产品知名度的目的。

2. 搞好休闲农业与乡村旅游示范基地的创建工作

以自然生态、田园文化、农耕文明为基础，以诚信经营、提升内涵、保障质量为重点，着力创建一批优势产业突出、发展潜力大、带动能力强的休闲农业与乡村旅游示范基地。组织郊区区县，积极参与农业部和国家旅游局“全国休闲农业与乡村旅游示范县”的创建工作。同时，结合北京实际，开展“北京市休闲农业与乡村旅游示范乡镇”的创建工作。对于达到标准的，要授予相应牌匾。要通过创建工作，在郊区形成一批知名的休闲农业与乡村旅游集聚区。

3. 积极培育休闲农业与乡村旅游示范点

加快培育一批经营特色化、管理规范化、服务标准化的休闲农业与乡村旅游示范点，形成一批休闲农业特色品牌。要积极组织申报“全国休闲农业与乡村旅游示范点”。研究制定“北京市星级观光休闲农业园区”的评定标准，适时启动“北京市星级观光休闲农业园区”的评定工作。

4. 继续开展“北京最美的乡村”“北京市市级民俗旅游村”的评定工作

市有关部门要根据新形势、新情况，合理设计评定程序，研究完善评定标准，提高评定结果的社会认知度。“北京最美的乡村”“北京市市级民俗旅游村”的评定，要确保质量，控制数量。在此基础上，积极申报“中国最具魅力

休闲乡村”，扩大北京市民俗旅游村的知名度和影响力。

(六)有效整合节庆活动，加强宣传推介

加强对休闲农业与乡村旅游资源的宣传推介，有效衔接供需，是休闲农业与乡村旅游市场化的重要一环。要充分利用多种媒体，采取多种形式，切实搞好宣传推介工作。

1. 创新宣传形式

广泛运用互联网、报刊、电视、广播、车体广告等多种媒体和农业博览会、农产品展销会等大型会展，有计划、有重点地进行宣传推介。要精心策划举办各类农事节庆、节会活动，扩大对休闲农业与乡村旅游的宣传。充分发挥各级观光休闲农业与乡村旅游协会的作用，在市民与会员之间当好桥梁与纽带。

2. 整合农事节庆活动

加强对休闲农业与乡村旅游节庆活动的创意策划，使节庆活动的主题更加富有时代特色、形式和内容更加新颖、活动安排更加适合游客的体验感受。要树立全市一盘棋的理念，有效整合现有的农事节庆活动，发挥集聚和规模效应，提高知名度。在此框架下，各区县、乡镇要结合本地区的特色，依托自身的优势资源，积极开发个性化、差异化节庆活动，努力实现“一节一品”。通过扩大举办层次，提升节庆活动品质，塑造知名品牌，使节庆活动的影响力越来越大，辐射效应越来越强。

3. 鼓励中介公司和服务机构营销休闲农业与乡村旅游产品

增加北京休闲农业与乡村旅游线路推介专柜，实现产品营销的常态化。邀请旅行社踩线，设计并提供针对不同消费群体的乡村旅游团队活动。大力开展“旅游下乡”和“乡村旅游节庆进社区”系列活动，促进城乡互动。鼓励中介机构走进城市社区、单位及学校，宣传、营销休闲农业与乡村旅游产品；及时发布乡村自助游信息，为乡村旅游者提供便捷的预订服务。

(七)搞好人员培训，提高经营水平

提高休闲农业与乡村旅游从业人员的素质，是改善服务质量、规范服务行为的前提和保证。依托职业院校、行业协会和产业基地，分层、分类开展管理人员和服务人员培训，提高从业人员素质。围绕休闲农业与乡村旅游产业发展的现实需要，科学设置培训内容，创新培训机制，增强培训效果。要建立休闲农业与乡村旅游培训基地，由有旅游教育和培训资质的学校和培训单位承担教学和培训任务。市、区县两级都要开展多种形式的培训，培训经费列入同级财政预算。到 2020 年，实现乡村旅游从业人员全部持证上岗，并由旅游管理部门负责监督检查。

(八)加大投入力度，有效发挥财政资金的杠杆作用

市财政设立休闲农业与乡村旅游专项资金，用于支持休闲农业与乡村旅游的规划制订、基础设施建设、宣传推介和产业促进等工作。对于休闲农业重大项目、乡村旅游基础设施建设、信息网络建设等给予贷款贴息。对于评为“国家休闲农业与乡村旅游示范县(点)”、国家休闲农业与乡村旅游四星级及以上的单位、“中国最有魅力休闲乡村”，分别给予相应奖励。

市各有关职能部门应加大对休闲农业与乡村旅游在基础设施建设、产业结构调整、促进就业、人员培训等方面的资金投入。市支农资金、市旅游产业发展专项资金、沟域经济开发资金，要向休闲农业与乡村旅游倾斜。要将休闲农业与乡村旅游的公共基础设施建设，纳入当地基础设施建设计划。

北京郊区各区县政府要设立休闲农业与乡村旅游发展专项资金，主要用于休闲农业与乡村旅游的提档升级、重大项目的落实到位、新业态的发展和乡村旅游环境的建设等。

(九)创新投融资体制机制，加强金融信贷支持

鼓励金融机构为休闲农业与乡村旅游产业发展提供信贷支持，简化审批手续，适当扩大担保物范围，满足休闲农业与乡村旅游产业发展过程中的融资需求。积极利用村镇银行、农村资金互助社、小额贷款公司、商业银行和农村合作银行分支机构等多种融资渠道，为乡村旅游项目提供担保。拓展外商投资乡村旅游的领域，完善利用外资模式，以规模较大的乡村旅游项目为载体，争取国外金融机构提供中长期优惠贷款，通过转让项目特许经营权、抵押收费权等方式吸引外商投资。

认真落实国家有关兴办休闲农业与乡村旅游的税费优惠政策。妥善解决休闲农业与乡村旅游产业发展的用地问题，对其涉及的非农建设用地，在其选址符合土地利用总体规划的前提下，依法办理用地手续。鼓励各类经营主体通过对废弃园地、林地、荒地、荒山等进行开发整理，盘活集体存量土地发展休闲农业与乡村旅游项目。鼓励和支持各类资本以协作、参股、合作、独资、土地入股等多种形式参与建设。

(十)加强组织领导，充分发挥协会等中介组织的作用

各级政府要建立以农业、旅游部门牵头，相关部门参与的休闲农业与乡村旅游联席会议制度，专题研究，及时协调解决休闲农业与乡村旅游发展中的重大问题。郊区各区县结合当地实际，研究制订休闲农业与乡村旅游发展规划，并纳入本地经济社会发展总体规划。区县农业行政主管部门要安排专人从事休闲农业管理工作。要把休闲农业与乡村旅游产业发展纳入乡镇政府的考核内容。要加强政策研究工作，逐步把休闲农业与乡村旅游场所纳入政府采购体系。要加强对行业协会和中介服务组织的监督管理和政策支持，引导其为休闲农业与乡村旅游有序发展和规范经营搞好服务。

鼓励区县、乡镇一级建立休闲农业与乡村旅游行业协会，促进规范管理，增强行业自律。积极推广密云县集中洗涤床上用品的做法，积极搭建服务平台。有条件的村，要在自愿的基础上，把民俗旅游户组织起来，成立乡村旅游合作社。区县有关部门、乡镇政府要加强对区域内民俗旅游户和休闲农业与乡村旅游企业的公共服务工作。要积极搭建技术服务平台，引导教学科研单位创新、集成和推广休闲农业与乡村旅游技术成果，建立技术体系，增强技术支撑保障能力。

参考文献

[1] 范子文：《休闲农业提档升级的六个突破点》，《成果要报》，2014年第13期。

[2] 范子文：《关于休闲农业与乡村旅游发展的政策建议》，北京市农村工作委员会、北京市农村经济研究中心、北京观光休闲农业行业协会编：《北京市休闲农业与乡村旅游发展报告(2013)》，北京：中国农业科学技术出版社，2013年。

[3] 范子文：《"全产业链"发展休闲农业——以北京市蔡家洼村为例》，《北京农业》，2013年第11期(中旬刊)。

[4] 范子文：《京郊休闲农业提档升级的路径选择》，《北京农业职业学院学报》，2011年第4期。

[5] 樊忠涛：《产业集群理论指导下的乡村旅游产业升级研究》，《江西农业学报》，2012年第10期。

[6] 张强、魏福芹：《中国休闲农业的发展与探索——基于北京等都市地区先行案例的思考》，《经济与管理研究》，2008年第5期。

（作者：范子文　北京市农村经济研究中心高级经济师）

项目名称：北京市发展绿色建筑的经济激励政策与保障体系研究
项目编号：10BaJG368
项目负责人：刘玉明
项目信誉保证单位：北京交通大学

以绿色建筑规模化推进北京生态文明建设的激励政策与保障体系研究

内容提要：本文在对北京市绿色建筑发展的实践现状和保障体系现状进行介绍的基础上，分析了北京绿色建筑规模化发展与生态文明建设之间的关系，构建了北京市绿色建筑规模化的激励政策设计的总体思路与基本框架，设计了北京市绿色建筑规模化近期和远期的激励政策内容，从完善法律法规体系、完善责任目标考核体系、加快构建绿色建筑适宜性技术体系、完善全过程监管体系、建立建筑资源能源消耗核算定额和监测统计分析系统、完善市场服务体系六个方面提出了北京市绿色建筑规模化发展的保障措施。

一、引　言

“十二五”时期北京要全面实施“绿色北京”战略，其中，要通过大力推广绿色建筑等手段实现大幅度提高建筑节能水平。近年来，北京频频出现雾霾天气，对人民群众的生命健康造成严重影响，北京市政府面临越来越大的治理大气污染压力，而建筑在建设和使用环节消耗资源能源所排放的污染物是造成大气污染的重要来源之一。因此，加快绿色建筑规模化发展，将会对北京市生态文明建设、“绿色北京”建设具有重要意义。

二、北京市绿色建筑发展现状分析

(一)北京市绿色建筑发展的实践现状

2013 年北京市通过绿色建筑评价标识认证项目共 17 项，总建筑面积为 209 万平方米，其中公建项目为 9 项，住宅项目为 8 项；截止到 2013 年 12 月底，北京市累计通过绿色建筑评价标识认证项目为 59 项，总建筑面积约为 638 万平方米。目前，北京市通过绿色建筑评价标识项数在全国处于第 9 位。例如，位于北京市西长安街的凯晨世贸中心于 2013 年被评为国家绿色建筑三星级运行标识，该工程通过使用 10 余项绿色节能技术使节能率达到 62.30%，非传统水源利用率达到 16.87%，可再生资源利用率达到 11.66%，建筑内外环境满足人体舒适性要求。2013 年北京市政府公布了未来科技城、北京丽泽金融商务区(FBD)、北京科技商务区(TBD)、北京雁栖湖生态发展示范区等第一批 14 个绿色生态示范区项目。目前，北京市正从建设绿色生态示范区、建设绿色居住区、推进绿色基础设施建设、推动绿色生态镇(村)试点、推广绿色相关产业、加强绿色标识管理等方面全面推进绿色建筑发展。

(二)北京市绿色建筑发展的保障体系现状

目前，北京市政府相关部门从政策法规、体制机制、技术标准等方面制定了一系列全面发展绿色建筑的保障措施，具体如下：

1. 政策法规保障体系

目前，北京市已发布的发展绿色建筑相关政策法规如下：《北京市发展绿色建筑推动生态城市建设实施方案(京政办发〔2013〕25 号)》《北京市绿色建筑行动实施方案(京政办发〔2013〕32 号)》《北京市"十二五"时期民用建筑节能规划》《北京市实施〈中华人民共和国节约能源法〉办法》等。其中，《北京市绿色建筑行动实施方案》提出从切实抓好新建建筑节能工作、大力推进既有建筑节能综合改造、推进可再生能源在建筑中的规模化应用、加快绿色建筑相关技术研发推广、大力发展绿色建材等方面全面推进绿色建筑规模化发展。

2. 体制机制保障体系

目前，北京市为推动绿色建筑规模化发展建立的相关体制机制如下：(1)建立目标考核机制，强化责任落实，将全面发展绿色建筑纳入全市节能减排目标责任体系；(2)与北京市固定资产投资审批流程相衔接，将绿色建筑指标要求纳入基本建设流程，健全完善绿色建筑在项目立项、规划许可、土地出让、设计及施工管理、竣工验收、运营维护等全寿命周期的监管体系；(3)根据国家绿色建筑的相关奖励办法，制定了北京市关于绿色生态示范区和取得运行标识的绿色建筑的配套奖励政策，如《北京市绿色建筑行动实施方案》规定：市财政部门对达到国家或本市绿色建筑评价标准二、三星级的绿色建筑运行标识项目分别给予每平方米 22.5 元和 40 元的财政资金奖励。

3. 技术标准保障体系

目前，北京市为推动绿色建筑规模化发展建立的相关技术标准如下：(1)制定了绿色建筑相关技术标准，如发布了《绿色建筑评价标准》(DB11/T825－2011)、《绿色施工管理规程及图例》《绿色照明工程技术规程》(DBJ01－607－2001)、《村镇住宅太阳能采暖应用技术规程》等；(2)发布了《北京市绿色建筑适用技术推广目录(2012)》(京建发〔2013〕152 号)，该目录涵盖绿色建筑节地类、节能类、节水类、节材类、室内环境类、运营管理类 6 个领域的 84 项通用技术和 44 项具体应用技术。

三、北京绿色建筑规模化发展与生态文明建设关系分析

（一）绿色建筑规模化发展内涵与基本任务

1. 北京绿色建筑规模化发展内涵

绿色建筑规模化发展至少包含两个层面含义：第一层面含义是指新建绿色建筑占每年新建建筑面积和数量的百分比大幅增长，体现了绿色建筑规模化发展在“量”方面的要求；第二层面含义是指绿色建筑由低星级向高星级、由绿色单体建筑向绿色园区进而向绿色生态城区集群发展，体现了绿色建筑规模化发展在“质”方面的追求。

2. 北京绿色建筑规模化发展基本任务

根据《北京市发展绿色建筑推动生态城市建设实施方案》和《北京市绿色建筑行动实施方案》，北京绿色建筑规模化发展的基本任务包括：(1)自 2013 年 6 月 1 日始，新建项目执行绿色建筑标准，并基本达到绿色建筑等级评定一星级以上标准；(2)“十二五”期间，北京市累计完成新建绿色建筑不少于 3500 万平方米；(3)“十二五”期间，各区县至少创建 10 个绿色生态示范区和 10 个 5 万平方米以上的绿色居住区，其中，达到绿色建筑等级评定二星级及以上标准的建筑面积占总建筑面积的比例应达到 40%以上。上述基本要求中，(1)和(2)体现了北京绿色建筑规模化发展在“量”方面的要求，即所有新建建筑均要达到绿色建筑标准；(3)体现了北京绿色建筑规模化发展在“质”方面的追求，即要向高星级绿色建筑、绿色居住区和绿色生态城区方向发展。

（二）北京绿色建筑规模化发展与生态文明建设

1. 北京生态文明建设的内涵

生态文明是指人类在改造客观世界的同时改善和优化人与自然的关系，建设与自然和谐相处的经济社会运行机制，体现了人类在利用自然的同时，保护和尊重自然的文明理念。北京生态文明建设是指把资源节约型和环境友好型社会建设作为转变经济发展方式的重要着力点，持续推进大气治理，加强绿化建设和生态修复，加快形成绿色生产体系、绿色消费体系，大幅提高首都生态文明水平和可持续发展能力。因此，大力推动北京生态文明建设，创造一个健康的生态环境，使自然生态保持动态平衡和良性循环并与人们和谐相处，对北京而言，比以往任何时候都显得更加迫切，也是建设“绿色北京”的一项重要战略任务。

2. 北京绿色建筑规模化发展是生态文明建设的重要战略任务

建筑是人类对改造自然并影响自然的一项重要活动，同时建筑为人类活动提供了重要场所，建筑在建设和运行过程中消耗了全社会总资源能源中的很大部分。大力推动绿色建筑规模化发展，就是要减少建筑在建设和运行环节中对资源能源的消耗，减少大气污染和温室气体排放，建立建筑的绿色生

产体系和绿色消费体系。因此，北京绿色建筑规模化发展和生态文明建设从追求的发展目标上是基本一致的；同时，北京生态文明建设内涵和涉及面更广，追求的目标更多，绿色建筑规模化发展是北京市生态文明建设目标系统中的一个子目标；进一步说，北京生态文明建设目标为绿色建筑规模化发展提出了更高发展要求，具体体现在不仅包括绿色建筑发展在“量”上的要求，还体现绿色建筑发展在“质”上的追求；不仅要求绿色建筑在生产环节形成绿色体系，还要求绿色建筑在使用环节形成绿色消费体系。“十二五”时期及今后更长发展时期内，大力推动北京绿色建筑规模化发展是北京生态文明建设的一项重要战略任务。

四、北京市绿色建筑规模化的激励政策设计总体思路与框架

(一)激励政策设计总体思路

北京市鼓励绿色建筑规模化发展的激励政策体系设计的总体思路是：以“大棒政策”为主，辅以“胡萝卜政策”。即：首先，北京市未来所有新建建筑均要达到绿色建筑一星级标准，同时，政府相关部门要加强对绿色建筑开发建设、评价标识等过程监管，确保绿色建筑功能质量和规范绿色建筑评价标识，避免滥竽充数者扰乱绿色建筑市场秩序；其次，对高星级绿色建筑实施经济激励政策，目前重点对绿色建筑供给端(包括绿色建筑开发商等)实施激励，培养绿色建筑供给市场，发挥政府在推动绿色建筑发展方面的核心作用；最后，随着绿色建筑市场的逐步成熟，应逐步过渡到对高星级绿色建筑消费端(绿色建筑与设备的购买者与使用者)实施激励，培养绿色建筑需求市场，逐步发挥市场在推动绿色建筑发展方面的决定性作用，政府应将逐步降低对绿色建筑发展的扶持力度，同时加大对高资源能源消耗建筑的惩罚力度，从反向对绿色建筑发展进行激励。

(二)绿色建筑激励政策基本框架

绿色建筑激励政策体系的基本框架如下：①从激励主体、激励对象、激励模式、激励方法和激励强度五个方面设计绿色建筑激励政策内容；②区分绿色建筑不同发展阶段来设计绿色建筑政策内容，具体见图 1。

1. 绿色建筑发展的激励主体

在绿色建筑发展起步阶段，激励主体主要是政府；在绿色建筑全面发展阶段，激励主体主要是政府与市场并重；在绿色建筑发展成熟阶段，激励主体以市场为主，以政府为辅。

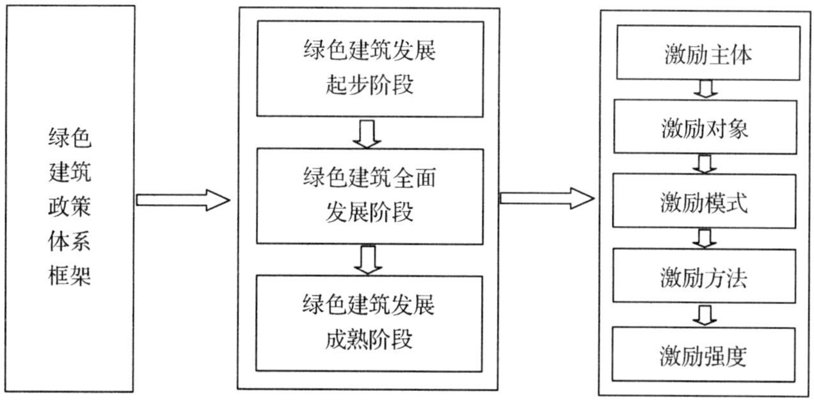

图 1　绿色建筑激励政策基本框架

2. 绿色建筑发展的激励对象

绿色建筑开发与运营涉及诸多相关利益主体，包括政府、房地产开发商、规划设计单位、施工单位、材料设备供应商、购买者与消费者、物业管理单位等，概括起来，各相关利益主体可以划分为政府、生产环节和消费环节，如图 2 所示，其中房地产开发商(建设单位)、绿色建筑购买者与绿色建筑使用者是核心激励对象。

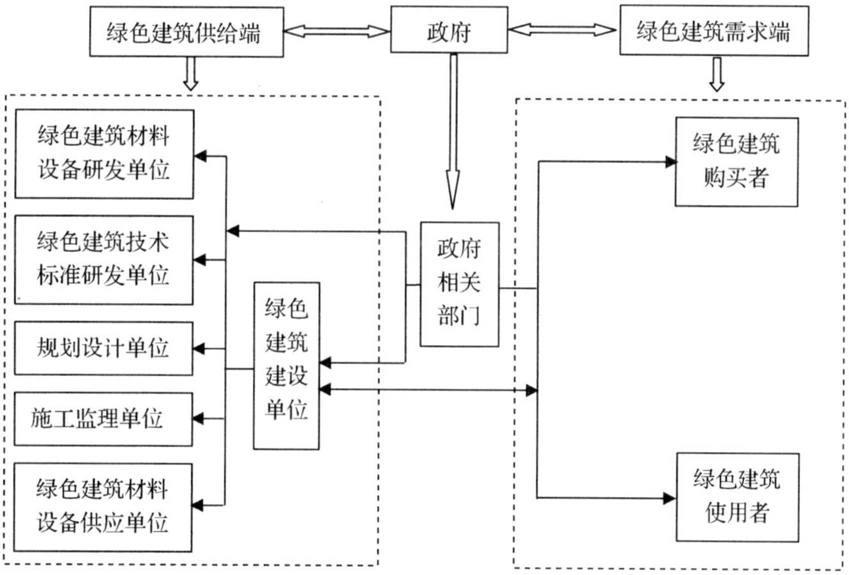

图 2　绿色建筑各利益相关主体关系示意图

3. 绿色建筑发展的激励模式

在绿色建筑发展的不同阶段，供给端和需求端对绿色建筑的需求和动机不同，激励政策对供给端和需求端的激励效果也会不同，因此，应根据绿色建筑发展不同阶段采取不同的经济激励模式，如图 3 所示。

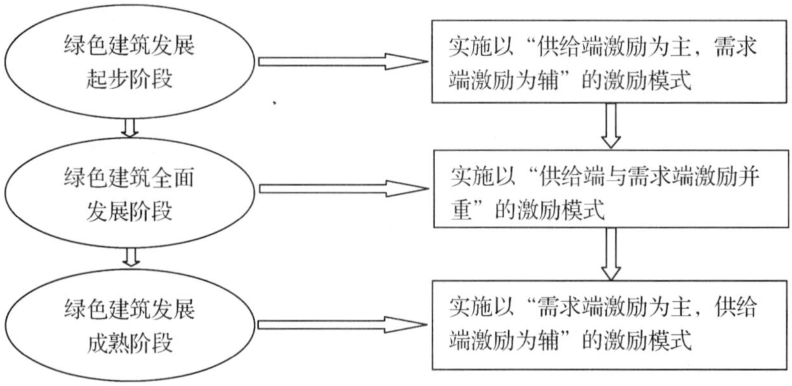

图 3　基于“三个阶段”的绿色建筑激励模式

4. 绿色建筑发展的激励方法

绿色建筑发展的激励方法包括财政补贴、税收优惠和信贷优惠等激励政策。财政补贴政策是指政府通过财政支出方式对投资者实施补贴，直接增加投资绿色建筑收入从而提高投资收益水平。税收优惠政策是指政府利用税收政策，减轻参与绿色建筑发展的投资者应履行的纳税义务，实现对绿色建筑发展给予间接补贴的经济激励活动，从而提高绿色建筑投资者的收益水平，实质就是减少纳税人税赋进而提高纳税人的收益水平。信贷优惠政策是指绿色建筑发展的利益相关方向银行申请贷款进行绿色建筑及其技术开发时，银行依据国家相关政策对其贷款给予优惠利率、优惠还款条件等，吸引社会各方投资绿色建筑，促进绿色建筑发展。

在绿色建筑发展的不同阶段，不同激励政策方法发挥作用的性质、方式和市场环境等不同，将会产生不同的激励效果。在绿色建筑发展的起步阶段，政府要更多地运用直接财政补贴政策，以信贷优惠政策和税收优惠政策为补充，以便调动社会各方参与绿色建筑发展的积极性；在绿色建筑全面发展阶段，政府要运用以信贷优惠政策为主，以财政直接补贴和税收优惠政策为补充，以便最大化地发挥财政资金吸引社会资金的杠杆效应；在绿色建筑发展的成熟阶段，要充分发挥税收优惠和信贷优惠政策的作用，最大限度地通过市场机制作用吸引社会资金投资绿色建筑。

5. 绿色建筑发展的激励强度

针对绿色建筑发展的不同阶段、不同地区以及不同星级、不同类型的绿色建筑，应实施不同的政策激励强度。另外，绿色建筑发展的政策激励强度应保证投资者能够获得行业基准收益率或弥补绿色建筑技术应用的增量成本。绿色建筑发展的政策激励强度具体内容如下：(1)绿色建筑发展起步阶段，政策激励强度最高；绿色建筑全面发展阶段，激励强度逐步下降；绿色建筑发展成熟阶段，激励强度最低；(2)城市核心区域政策激励强度最低，城市近郊区县政策激励强度较高，远郊区县政策激励强度最高；(3)三星级绿色建筑政策激励强度最高，二星级绿色建筑政策激励强度次之，一星级绿色建筑政策激励强度最低；(4)居住类绿色建筑政策激励强度应高于商业类绿色建筑政策激励强度。

五、北京市绿色建筑规模化的激励政策内容设计

(一)短期内的激励政策建议

当前，基于北京市的城市发展现状、住房消费理念以及房地产市场供求现状，绿色建筑在发展中存在供给动力不足、消费需求不旺的两难困境。在此背景下，可实施“低星级绿色建筑强制供给、高星级绿色建筑激励供给”相结合的激励政策模式，发挥行政机制和市场机制的联动效应，能加快形成北京市绿色建筑规模化供给的良好局面，为北京市生态文明建设、“绿色北京”建设做出积极贡献。

为此，短期内可采取如下对策措施：(1)在北京市有条件的区(县)开展强制性推广绿色建筑的试点工作，要求新建建筑至少达到绿色建筑一星级评价标识，其他区(县)至少要在政府投资建筑、保障房建设项目和大型公建项目全面推行绿色建筑标准；(2)从土地出让金或房地产销售环节的税费中，提取适当比例设立绿色建筑发展专项资金；(3)利用现有的墙改专项基金支持绿色建筑技术研发和高星级(如二星级、三星级)绿色建筑开发；(4)在建设项目的立项、规划、土地出让阶段将绿色建筑开发要求纳入项目批复的前置条件；(5)对建成后获得高星级评价标识的绿色建筑在土地出让金上给予适当的返还；(6)对高星级绿色建筑开发给予适当的财政、税收、信贷优惠政策；(7)利用信贷支持、财政补贴、专项资金等优惠政策大力支持绿色建筑共性和关键性技术研发；(8)在北京市新农村建设、家庭农场建设中积极推进绿色生态村镇、绿色农房的试点与示范项目。

(二)长期内的激励政策建议

北京市绿色建筑规模化发展最终要靠市场对绿色建筑的大量有效需求来拉动；同时绿色建筑节电、节水、节能等综合效益主要是通过运营期绿色消费来实现的。如果没有很好的绿色建筑消费激励政策引导，即便是绿色建筑也可能出现“绿色建筑不绿色”现象。

从长远看，应实施“强化需求激励、弱化供给激励”的绿色建筑消费激励政策，综合运用财税、金融、价格等经济手段，发挥市场配置绿色建筑供求的决定性作用，形成以市场有效需求拉动绿色建筑规模化发展的良性循环。

为此，主要对策建议如下：(1)北京市所有城镇的新建建筑全面推行绿色建筑标准，至少达到绿色建筑一星级评价标识；(2)在北京市新农村建设中积极推进绿色生态村镇、绿色农房的规模化发展，完善绿色生态村镇规划编制技术标准，完善村镇绿色建筑发展的技术标准体系和政策法规体系；(3)对北京市核心城区、近郊区县的三星级绿色建筑开发建设给予适当的财政、信贷和税收优惠政策；(4)对北京市远郊区县的二、三星级绿色建筑开发建设给予适当的财政、信贷和税收优惠政策；(5)对高星级绿色建筑购买和转让给予信贷和税收优惠政策；(6)对绿色建筑运营期内的资源能源消耗给予价格优惠政策；(7)对绿色建筑运营期内的房屋维修、设备更新给予财政、信贷和税收优惠政策。

六、北京市绿色建筑规模化发展的保障措施设计

(一)完善法律法规体系

为了提高推行绿色建筑发展的法律地位，“十二五”时期北京市应尽快完善绿色建筑发展的法律法规体系。具体内容如下：制定《北京市民用建筑节能条例》和《北京市公共机构节能条例》，修改完善《北京市节约能源法》，在这些法规中增加鼓励绿色建筑发展的相关政策内容；修订《北京市建筑节能管理规定》，进一步明确城乡既有建筑节能改造、可再生能源建筑应用、公共建筑节能运行监管、绿色建筑等内容。为了细化推行绿色建筑发展的具体办法和政策措施，应以相关法规为基本依据，制定《北京市鼓励发展绿色建筑的实施细则》《北京市鼓励绿色建筑发展的激励办法》《北京市绿色建筑评价标识管理办法》《北京市区县绿色建筑发展考核管理办法》《北京市建筑节能专项资金管理办法》等，修订《北京市新型墙体材料专项基金征收使用管理实施办法》，将绿色建筑发展纳入墙体材料专项基金使用范畴等。

(二)完善责任目标考核体系

“十二五”时期，北京市将建立“可量化、可监测、可考核”的建筑节能发展指标和建筑业施工能耗指标体系，完善建筑节能工作的责任目标考核制度。因此，应首先建立“十二五”时期北京市绿色建筑发展目标，把绿色建筑发展目标纳入北京市建筑节能目标总体规划中，综合考虑各区县经济发展水平、建筑存量及容量、节能潜力、自然条件等因素，将目标与任务分解到各区(县)政府，市政府在与区、县人民政府签订的建筑节能发展目标责任书中，明确绿色建筑的发展目标与任务相关内容，建立绿色建筑发展的责任目标体系，将绿色建筑发展的量化指标纳入区(县)政府节能目标责任考核指标体系，成为区(县)政府及其负责人绩效考核的重要指标，落实绿色建筑发展的目标责任制。

（三）加快构建绿色建筑适宜性技术体系

绿色建筑发展涉及节能、节地、节水、节材、保护环境等领域中的众多技术，绿色建筑应该是这些技术的优化集成，而不是简单堆砌。当前，在我国各地绿色建筑发展实践中，已出现不结合本地实际条件、技术成熟度和技术经济应用效果，盲目追求高新技术在绿色建筑中使用，结果造成绿色建筑的“高成本、低效益”现象，这对绿色建筑发展很不利。因此，“十二五”时期北京市应加强绿色建筑技术评价体系研究，尽快构建与北京地区自然、气候和经济发展水平相适应的绿色建筑适宜性技术体系，包括不同经济发展水平地区（核心城区、近郊区县、远郊区县）、不同气候区（西北部山区、东南部平原区）、不同建筑类型（居住建筑、公共建筑）的绿色建筑适宜性技术体系，为北京市绿色建筑规模化发展提供科学合理的技术路线，是非常必要且具有现实意义的。

（四）完善全过程监管体系

“十二五”时期，北京市应完善绿色建筑发展的全过程监管体系，主要内容包括：(1)城市规划管理部门在规划审查中增加对绿色建筑指标的规划审查，对达不到规划要求的不予以审批；(2)发展改革部门在新建项目立项审查中增加有关绿色建筑建设标准的审查内容，对达不到绿色建筑建设标准的不予审批、核准和备案；(3)国土管理部门要加强对土地出让环节的监管，对不符合绿色建筑规划许可条件要求的土地不予出让，对按照高标准建设绿色建筑的予以优先考虑；(4)施工图设计审查管理部门要在施工图设计审查中增加绿色建筑设计专项审查内容，未通过审查的不得颁发施工图审查合格证书；(5)建设主管部门应将绿色建筑项目前期审查结果纳入颁发施工许可证的条件之一，同时应建立绿色施工许可制度，对项目前期审查手续不全或不满足绿色建造要求的建筑，不予颁发施工许可证；(6)建设主管部门应加强对绿色建筑的施工监管和竣工验收监管，建立绿色建筑竣工验收与备案制度，对不按照绿色建筑标准建设或达不到绿色建筑验收标准的不予以通过验收和办理竣工验收备案；(7)建设主管部门应加强对绿色建筑评价标识工作的监管。获得绿色建筑设计标识的建设项目在竣工后一定时间，应委托具有相应资质的机构进行绿色建筑评价。

（五）建立建筑资源能源消耗核算定额和监测统计分析系统

“十二五”时期，北京市应加强对各类建筑运行的资源能源消耗统计与分析，尽快制定各类建筑运行的资源能源消耗定额，为北京市实施资源能源消费“超定额加价制度”奠定基础。另外，在北京市新建建筑和进行节能改造的既有建筑中加装各类资源能源消耗监测系统，并建立各类建筑运行的资源能源消费统计分析系统，形成“可监测、可量化、可核算”的各类建筑运行资源能源消费的监测统计分析体系，从而可以定量统计分析绿色建筑在运营期内资源能源消耗的实际数据，进而分析绿色建筑实际运行中产生的节约资源能源及减排污染物效果，为北京市今后实施“强化绿色建筑发展需求激励政策”提供数据基础。

(六)完善市场服务体系

“十二五”时期，北京市应大力开展绿色建筑适宜性技术标准规范研究，重点攻克建筑规划与设计、可再生能源建筑规模化应用、节水与水资源综合利用、环境质量控制等方面绿色技术，开展绿色建筑技术的集成示范，加快绿色建筑共性和关键技术研发，开发具有自主知识产权的关键技术、产品和设备，建立完整的绿色建筑发展技术支撑体系。同时，应充分发挥北京地区大专院校、科研单位、管理部门智力资源优势，支持和鼓励节能服务机构承接政府和企事业单位的绿色建筑政策研究、标准编制、科研攻关、策划咨询、设计施工、融资监理、检测认证、中介交易、能耗审计、运行管理等项目，力争“十二五”时期培育出一批技术实力强的建筑节能服务机构，使绿色建筑技术服务产业成为北京市的高端产业和软实力之一。

参考文献

[1] 北京市人民政府：《北京市国民经济和社会发展第十二个五年规划纲要》，北京市发展和改革委员会网站，http：//www.bjpc.gov.cn，2011 年。

[2] 北京市住房和城乡建设委员会、北京市发展和改革委员会：《北京市“十二五”时期民用建筑节能规划》，北京市住房和城乡建设委员会网站，http：//www.bjjs.gov.cn，2011 年。

[3] 北京市住房和城乡建设委员会：《北京建筑业发展白皮书(2014)》，北京市住房和城乡建设委员会网站，http：//www.bjjs.gov.cn，2014 年。

[4] 中国城市科学研究会主编：《中国绿色建筑(2014)》，北京：中国建筑工业出版社，2014 年。

[5] 北京市人民政府办公厅：《北京市人民政府办公厅绿色建筑推动生态城市建设实施方案的通知》，北京市住房和城乡建设委员会网站，http：//www.bjjs.gov.cn，2013 年。

[6] 北京市住房和城乡建设委员会：《北京市人民政府办公厅关于转发市住房城乡建设委等部门绿色建筑行动实施方案的通知》，北京市住房和城乡建设委员会网站，http：//www.bjjs.gov.cn，2013 年。

[7] 北京市住房和城乡建设委员会：《北京市实施〈中华人民共和国节约能源法〉办法》，北京市住房和城乡建设委员会网站，http：//www.bjjs.gov.cn，2011 年。

[8] 刘玉明：《北京市发展绿色建筑的保障体系建设研究》，《建筑经济》，2013 年第 5 期。

[9] 刘玉明：《北京市发展绿色建筑的激励政策研究》，《北京交通大学学报(社会科学版)》，2012 年第 2 期。

[10] 苏明、傅志华、牟岩：《支持节能的财政税收政策建议》，《经济研究参考》，2006 年

第 14 期。
[11] 武涌、刘长滨：《中国建筑节能经济激励政策研究》，北京：中国建筑工业出版社，2007 年。
[12] 刘玉明：《既有建筑节能改造的经济激励政策分析》，《北京交通大学学报(社科版)》，2010 年第 2 期。

（作者：刘玉明　北京交通大学副教授）

项目名称：北京市制造业供应网络演化的复杂适应系统仿真——以电动汽车为例
项目编号：10AbJG377
项目负责人：任海英
项目信誉保证单位：北京工业大学

北京市电动汽车供应网络演化的复杂适应系统仿真

内容提要： 北京市于2014年开始实施面向大众市场的新能源小客车管理办法。由于政策刚刚实施，需要深入分析和定量地预测政策对于电动汽车产业的推动效果，其中特别需要动态分析电动汽车供应网络中各主体的利益分配，才能逐步消除北京电动汽车发展的阻碍因素。本文把电动汽车的供应网络看作一个复杂适应系统(CAS)，在实际数据支撑下构建了北京电动汽车供应网络的CAS模型。通过对模型的演化仿真和政策模拟发现，北京目前的电动汽车市场潜力已接近产业化所需的成熟度，只要政府给予适当支持和推动，电动汽车很有希望进入主流市场。我们定量测算了政策支持力度和供应网络中各主体的利益分配，给电动汽车发展提出了具体的建议。

一、引　言

许多学者、汽车产业界人士乃至消费者已经认识到，在环境恶化和可持续发展大趋势的双重作用下，新能源汽车大规模产业化是必然趋势。2013年北京多次出现严重的雾霾天气使得北京推动电动汽车市场化得到更多的呼吁和关注。但是现实情况是北京电动汽车产业目前仍处于市场化初期，虽然克服重重阻力于2014年年初开始实施鼓励购买新能源小客车的政策，但各界对这些政策能否顺利实施还存有相当的疑虑。

电动汽车市场化的关键因素除了技术和价格之外，还与电动汽车供应网络配套(尤其是充电设施)和政策引导也密切相关。目前的电动汽车支持政策意图通过鼓励私人购买纯电动汽车，给个人、电力公司等相关主体以激励，并支持企业进行纯电动汽车的研发，以打开纯电动汽车私人市场，扩大销量，进而推进整个电动汽车供应网络的发展，反过来提高电动汽车的技术成熟度和配套设施，使其逐渐进入主流市场。这表明政府已经意识到供应网络协调发展对于电动汽车产业的重要性，但是具体何时开始大力推动、以何种力度、用哪些措施推动电动汽车的产业升级和供应链重构，光靠定性分析和简单推算是不够的。定量、动态地研究北京电动汽车供应网络对于推动电动汽车产业有着重要现实意义。

一些学者对我国汽车产业供应网络的现状和问题进行了实际的分析并提出建议。明平顺等人建议将发达国家供应链管理理念与我国汽车行业现状相结合，进行供应链的重组，以提升效益降低成本。① 王秀婷等认为：对于中国汽车制造业来说，低成本、高价值、快速响应的汽车供应链在激烈的市场竞争中是一个战略性的选择，并分析了汽车制造企业的供应链管理和优化问题。② 然而，在汽车供应链(网络)研究中，有关实际中的汽车供应网络的发展和演化规律的研究非常少，尤其是定量的演化模型更为罕见。

本文认为，电动汽车供应网络是一个由多个具有智慧和自身利益的主体组成的动态复杂系统，非常适合采用一种国际上新兴的复杂适应系统(CAS)理论来研究。据此我们应用CAS理论为北京电动汽车供应网络建立了一个多主体仿真模型，并通过多情景分析和政策模拟，为政府制定激励北京电动汽车产业发展的政策提出了具体的、可操作的建议。

二、北京电动汽车供应网络发展的因素分析

构建北京电动汽车供应网络的定量模型，首先要对影响电动汽车发展的各种因素进行定性分析。下面从环保、技术、经济、供应网络、消费者行为和政策几个方面进行分析。

(一)环保因素

电动汽车与传统燃料汽车相比不但在行驶过程中几乎可以做到零排放，而且从产品生命周期来说也更为环保，所以电动汽车是面向未来和可持续发展的运输工具。2013年北京多次出现严重的雾霾天气使得电动汽车得到更多的呼吁和关注，并可能是最终推动北京市出台鼓励电动汽车等新能源汽车进入私人汽车市场的决定因素。电动汽车在环境保护和可持续发展方面相对于传统汽车的优势是电动汽车产业化的主要推动力。

(二)技术因素

技术因素是北京乃至我国电动汽车发展的主要制约因素。电池续航里程短、充电时间长、电池寿命较短、电池性能的衰退问题等技术瓶颈尚未取得实质突破，这是电动汽车产业化主要的硬约束。而我国电动汽车技术水平与

① 明平顺、周欢庆：《汽车行业供应链发展动态》，《武汉理工大学学报(信息与管理工程版)》，2002年第2期。

② Wang Xiuting, Du Haibo, Li Qingmeng, Study on the Management and Integrated Optimization Strategy of Automobile Enterprises' supply Chain, 2011 *International Conference on Business Management and Electronic Information* (BMEI), Vol. 5, pp. 264—268.

国外有相当的差距，但也是我国和北京汽车企业实现技术跨越的一个契机。

(三)经济因素

电动汽车的经济性是其能否推广的重要因素之一。通过比亚迪、绅宝等品牌轿车的同等级电动汽车和燃油汽车的对比可以发现，电动汽车动力电池和动力系统成本较高，造成电动汽车价格显著高于类似配置的传统汽车。从用户的使用成本方面，电动汽车与传统汽车则互有长短，电动汽车在用户使用费用上也不占优势。因此，在当前的技术和经济条件下，如果不靠政府补贴，电动汽车的经济性与传统汽车相比仍处于劣势。但是随着电动汽车技术的发展和产业规模效益的逐渐显现，电动汽车的经济性会越来越突出。

(四)产业配套(供应网络)因素

电动汽车如果要与传统汽车竞争，不单单是汽车本身，产业配套因素也非常重要。与传统汽车完善的产业链相比，电动汽车的供应网络处于起步阶段。零件供应、销售渠道、汽车维修服务、金融服务、充电设施、电池回收网络等都需要新建。仔细分析这几个环节，现有的汽车4S店开展电动汽车的销售及其相关的金融服务比较容易，汽车维修和电池回收方面因为有传统汽车和电动自行车的发展经验，故而也不是很难调整，最大的难点是充电设施能否顺利发展并与电动汽车商业化互相促进，这也是后面定量仿真研究的重点。供应网络的不完善是电动汽车商业化必须面对的问题，但对于政府和汽车产业来说也是新的机遇，汽车产业可以借此重新打造新的竞争优势。但是政府在什么时机采用何种政策来扶持电动汽车供应网络的培育并不是显而易见的，既需要远见卓识，更需要细致和科学的定量分析。

(五)消费心理和消费习惯等因素

本研究考虑的消费者购车的心理因素主要有：消费者对电动汽车方便性、美观、多样性的考虑，固有消费习惯，新鲜感和公益心，以及从众等心理因素。方便性是电动汽车的一大弱点。在现有技术下，续航里程短和充电不便是电动汽车的主要缺点之一，使得电动汽车的方便性和使用半径都受到相当的局限。但是如果在办公楼、商场、风景区等场所建立适当数量的公共充电桩，就能提高电动汽车的使用半径和方便程度。消费习惯主要包括汽车的驾驶习惯和充电习惯等，这些固有的消费习惯应该会随着电动汽车整体性能、安全性的提高以及市场的逐渐普及而得到有效改变。美观和多样性是目前电动汽车的缺点，但如果电动汽车的市场销量能不断增大，那么就会有更多的车型、样式、配置和设计涌现出来，使得电动汽车的吸引力和竞争力不断提高。新鲜感和公益心是有利于电动汽车走入市场的消费者心理因素。在北京，由于空气污染问题日益受到重视，公益心的提高可能促使更多人愿意购买电动汽车。从众心理是消费者的模仿心理，主要受到产品口碑的显著影响。目前电动汽车处于几乎无口碑的阶段。

(六)政策因素

在技术和消费者需求都不甚明朗的市场化初期阶段，政府对电动汽车发展方面的政策支持显得格外重要。北京市政府对于电动汽车行业的支持和影响体现在电动汽车技术研发方面、公用电动汽车的推广方面和电动小客车的市场化方面，其中关键是市场化方面。目前影响北京电动汽车市场化的主要政策有：2013 年 9 月 13 日国家多部委联合发布的《关于继续开展新能源汽车推广应用工作的通知(财建〔2013〕551 号)》；2013 年 9 月出台的《北京市2013—2017 年清洁空气行动计划》；2013 年 11 月 28 日北京市小客车指标调控管理办公室公布的《〈北京市小客车数量调控暂行规定〉实施细则(2013 年修订)》；2014 年 1 月 28 日，北京市多部门联合发布的《北京市示范应用新能源小客车管理办法》。这些政策对电动汽车的市场化产生重要的影响。

总之，定性分析表明，电动汽车在技术性能和经济性方面已经具备了一定的竞争力，在环保和政府支持方面比传统汽车还有一定的优势；但技术还不够成熟，全寿命成本仍然偏高，配套设施不全，市场的认知度和消费者接受度还不够。2014 年北京的新政策为发展电动汽车和其他新能源汽车提供了有力的政策支持，但这些政策的具体效果如何，可能还需要进行定量研究和测算。另外，这些支持政策可能对电动汽车供应网络主体各方的经济利益都产生影响，如果有些主体的利益达不到预期设想，甚至有所减少，则这些主体可能成为反对未来政策执行的瓶颈乃至阻力，对整个电动汽车供应网络产生不利影响。所以也要用定量方法对各个利益主体的损益进行具体分析和测算。

三、北京市电动汽车供应网络复杂适应系统仿真系统的构建

(一)复杂适应系统理论和方法

解决北京市电动汽车这种既涉及宏观发展方向，又涉及各经济主体利益的问题，微观的供应链研究和宏观的产业链研究都有局限。而复杂适应系统为这类复杂问题提供了一个从微观个体行为到系统整体行为的统一的描述和分析框架。

复杂适应系统(Complex Adaptive System，CAS)最早是由遗传算法的发明者霍兰德教授等人在研究复杂系统时总结出来的概念，它强调自然界和人类社会的许多复杂现象都是由系统中大量自主的主体(agents)通过交互作用而涌现出来的。复杂适应系统理论的提出得到了学术界广泛的认可。Choi 等人首次提出将供应网络看作一个复杂适应系统。① Li 等人用复杂适应系统建立

① Y. T. Choi, K. J. Dooley and M. Rungtusanatham, Supply Networks and Complex Adaptive Systems: Control Versus Emergence, *Journal of Operations Management*, 2001, 19, pp. 351—366.

了一个理论的CASN，并以一个中国制造业供应网络为案例具体地验证了用复杂适应系统理论研究制造业供应网络的可行性。① 应用复杂适应系统理论研究供应链和供应网络是一个近年来新兴的研究方向。

我们把北京电动汽车供应网络看作一个复杂适应系统，因为这个供应网络中存在大量的、具有自身目标、自主性和适应性的主体。各主体通过复杂的交互作用和学习，能逐层涌现出北京电动汽车供应网络的发展脉络，我们通过对此系统进行分析、研究，从而对北京电动汽车如何顺利发展进行政策模拟。

(二)供应网络中各主体的构建

构建北京电动汽车供应网络中各类主体如下：

(1)电动汽车生产商主体：包括本地和外地的电动汽车厂商。本模型只用一个总的汽车生产商主体代表所有电动汽车生产商。这样做的优点是保持模型结构简单，缺点是忽略了厂家之间的个体差异。由于本模型重点研究电动汽车供应网络的经济效益随时间变化的规律而不是企业个体之间关系的细节，所以做出如此简化。

(2)动力电池生产商主体：包括本地和外地的动力电池厂商。虽然电池管理系统、其他汽车配件和系统总成的生产厂商也属于电动汽车供应网络，但它们与传统汽车的供应网络成员类似，因此仿真系统里只模拟电池生产商这个电动汽车特有的成员。模型中也用一个主体代表所有电池生产商。

(3)电动汽车经销商主体：用一个主体代表北京市场上的所有汽车经销商，包括新增电动汽车业务的传统汽车经销商和专营电动汽车的新的经销商。

(4)电力公司主体：用一个主体代表北京市电力公司，它负责为电动汽车建设充电设施、提供电力服务并收取电费。

(5)个人消费者主体：具有北京驾驶执照且具有购车资格和意愿的个人。由于本模型的重点是模拟供应网络经济性的演化，消费者的差异性至关重要，所以需要用大量差异化的消费者主体来模拟消费者行为。我们区分四类消费者主体：第1类是传统汽车消费者；第2类是决定选择电动汽车的消费者(但尚未摇号中签或购买)；第3类是已中签但尚在等待购买电动汽车的消费者；第4类是成功购买电动汽车的消费者。

(6)政府主体：代表北京政府主管汽车产业和交通的相关职能部门。本模型设立一个政府主体，其主要职责是制定电动汽车的鼓励政策，包括对电动汽车的限购数量、购车补贴、充电站建设、电费定价，以及对电动汽车研发的投入等。

---

① Li, G. et al. The Evolutionary Complexity of Complex Adaptive Supply Networks: A Simulation and Case Study, *Internatial Journal of Production Economics*, 2010, 124, pp. 310—330.

(三)主体行为和仿真系统的运行机制

北京电动汽车供应网络的仿真系统的总体运行流程主要分为以下几个阶段：

(1)每月，各主体按照下面顺序展开活动：

① 根据市场预测生成新的具有购车意愿的消费者主体及其购车决策的权重，新老消费者主体根据电动汽车相对于传统汽车的性能、价格和使用费用(油费、电费、更换电池组等)、使用方便程度(充电时间、充电设施数量、购车中签概率等)、美观和多样性、环保因素以及他人口碑等因素来选择是购买传统汽车还是电动汽车。然后两类消费者分别进行摇号(结果于上月末本月初公布)，选择电动汽车且通过摇号获得购车资格的主体随机选择本月、下个月或再下月购买电动汽车；传统汽车中签者从消费者主体集合中删去。

② 电动汽车经销商首先根据上月订单更新自己的库存。如果有购买电动车资格的消费者选择本月购车，则经销商更新销售数量、销售额和库存(假定不许缺货)，预测销量，如果库存低于最小库存(订货点)，则向电动汽车生产商下新车订单(设下月订单到达)。如果消费者不是本月购车，则其购车月数将减少1。

③ 电力公司给新买到电动汽车的消费者安装充电桩并收取安装费；新老电动汽车消费者按月给电力公司付充电费(包括家庭和公共充电费用)。

④ 电动汽车厂商首先根据上月电池订单更新本月生产电动汽车的数量(设一组电池装配一辆整车)，并按订单发货给北京市场上的电动汽车经销商，更新销售量、销售额、电动汽车库存，预测未来生产量，如果车辆库存低于自己的最小库存，则向电池生产商下电池订单并付款。

⑤ 电池生产商根据汽车生产厂的订单生产电池，并于下月初到达整车厂。然后更新自己的销售量、销售额和电池库存，如果电池库存小于最小库存，则按照自身生产能力和对未来电池需求的预测来生产新的电池。

(2)每到决策调整月(目前设为一个季度)，各主体按照下面顺序开展活动：

① 电力公司决定新建公共充电桩的地点和数量，如果建立充电站，则考虑充电站的地点和规模。

② 电动汽车生产商、经销商、电池生产商和电力公司分别进行经济核算，计算累计销售量、销售额和主要支出。

③ 电动汽车生产商、经销商和电池生产商分别根据需求变化调整生产和库存策略。

④ 电动汽车和电池生产商根据市场状况确定下一期电动汽车和电池的研发投入，这些研发投入大小影响着汽车的性能、外观等消费者决策因素。

⑤ 政府进行财务核算，并根据电动汽车产业发展状况和财务状况决定是否更改电动汽车相关政策，包括限购配额、购车优惠和政府研发投入。

(四)仿真系统的实现

我们在 NetLogo 多主体仿真平台上实现了北京电动汽车供应网络仿真系统。该仿真系统的输入、输出界面如图 1 所示。

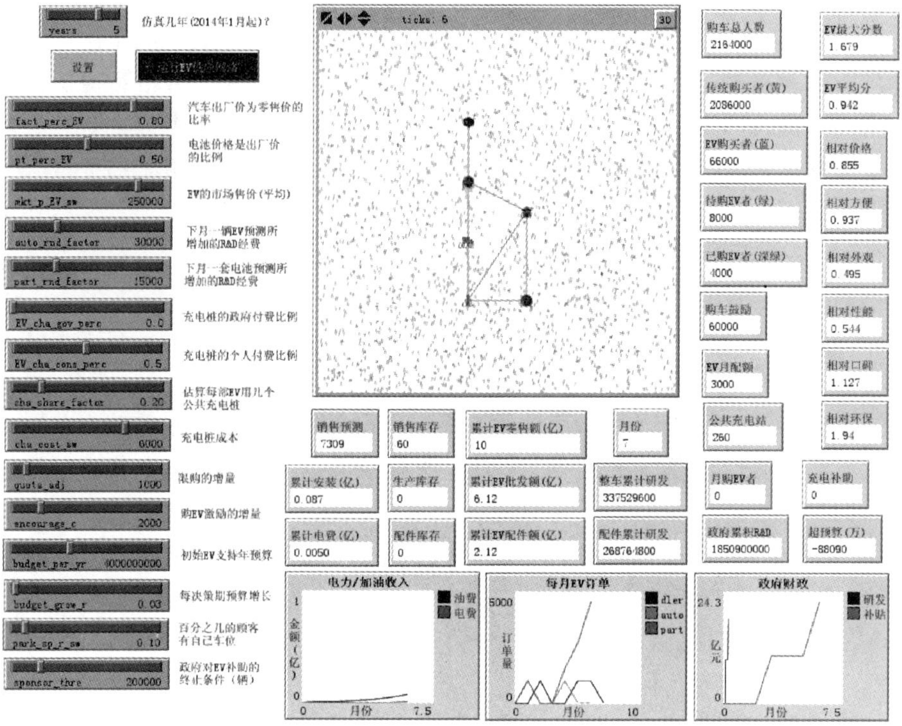

图 1　北京电动汽车供应网络仿真系统的输入、输出界面

图 1 中,左上角的两个灰色小方块是用户控制程序运行的模块,从左到右依次是“设置”(初始化)和“运行 EV 供应网络”(由“设置”上方的滑动条 years 控制仿真年数)模块。上方中部是主体活动界面,显示电池生产商、电动汽车生产商、电动汽车经销商、消费者主体、政府和电力公司和充电站等主体。输入、输出界面左边的滑动条是界面可控输入参数的设置区域,右侧的数据输出窗口动态地反映消费者购买电动汽车的数量和对电动汽车的评价等,下边的输出窗口和绘图用来动态地反映电力公司、电动汽车销售商、电动汽车生产商的运营和收益情况。右下角的输出窗口和绘图主要反映政府政策的投入和产出情况。

四、系统仿真运行和结果分析

(一)参数设置和情景设定

北京电动汽车供应网络仿真系统中有两类参数:一类是需要通过运行来

进行调试、不易获取数据的参数，另一类是需要搜索最好政策的参数。表 1 给出了这两类参数的设置和依据。

表 1　电动汽车供应网络仿真系统参数设置

模型参数	符号	基本情景	其他组合	取值依据
出厂价占零售价比例	cc	0.8	—	业界论坛
电池成本占整车比例	dc	0.5	—	参见文献[①]
电动汽车的市场平均价格	Ep_2	250000(元)	—	根据电动汽车网数据估算
整车生产商研发投入(预计卖 3 辆车的投入)	arf	30000(元)	—	根据国内汽车研发投入是收入的 5%左右估算
电池生产商研发投入(预计卖 3 个电池的投入)	brf	15000(元)	—	电池是高研发投入产业，研发可占收入 10%
充电桩的政府付费比例	g_{cr}	0.0	—	政府初始尽量不增加支出
充电桩的个人付费比例	S_{cr}	0.0	—	合理化建议(反复调试后)
估算购买一部电动汽车需要几个公共充电桩	$cdyz$	0.2	—	这实际是电力公司的优化问题，通过反复调试预测
充电桩生产和安装成本	C_c	6000(元)	—	根据收费价格 12000 元的一半估算
每个决策期月电动汽车限购量的增量	$xgzl$	2000(辆)	—	合理化建议(反复调试后)
每个决策期购买电动汽车补贴的增量	$btzl$	2000(元)	—	合理化建议(该参数不敏感)
初始时刻政府在支持电动汽车产业的年预算	$csys$	10(亿元)	40	后面专门做情景分析
每决策期预算增长百分比	$yszz$	3%	—	合理化建议(反复调试后)
北京多大比例消费者有自己车位	$gdcw$	10%	—	保守估计并通过调试认为合理
政府优惠政策到累计多少辆电动车后终止	$\overline{N_4}$	0	5，10，15	后面专门做情景分析

① 国务院发展研究中心产业经济研究部、中国汽车工程学会、大众汽车集团(中国)编著：《中国汽车产业发展报告(2012)》，北京：社会科学文献出版社，2012 年版，第 330 页。

表1中，我们已经根据程序反复验证和调试提出了一些如何促进电动汽车市场化的建议，如充电桩安装费的分摊比例，每决策期电动汽车限购量的增量以及政府支持电动汽车的专门预算增长比例等。我们在仿真中发现，政府初始的年预算(*csys*)和政府对多少量电动汽车进行优惠(即补贴数量$\overline{N_4}$)对产业走向影响较大。为此我们首先假定在基本情景下，政府用于电动汽车研发的一次性年投入为10亿元，而不对私人购车、充电设施和企业将来研发进行补贴等其他投入。我们还设置了其他七个情景，用来找到最佳的政策组合。这八个情景如表2所示。

表2 电动汽车供应网络仿真系统的情景设置*

情景	初始年预算(亿元)	补贴数量(万辆)	简单描述
基本情景	10	0	低初始投入，不干预
情景二	10	5	低初始投入，补贴早结束
情景三	10	10	低初始投入，补贴中结束
情景四	10	15	低初始投入，补贴晚结束
情景五	40	0	高初始投入，不补贴
情景六	40	5	高初始投入，补贴早结束
情景七	40	10	高初始投入，补贴中结束
情景八	40	15	高初始投入，补贴晚结束

*其余参数的设置同表1

(二)电动汽车供应网络的仿真结果情景分析

经过仿真运行，我们发现情景三、四、七、八显著优于其他情景。这几种政策组合与基本情景的主要运行结果对比如表3所示：

表3 关于电动汽车四种较好政策组合的比较(2014—2018年)

(货币单位：亿元)

设定/指标	基本情景	情景三	情景四	情景七	情景八
初始年预算	10	10	10	40	40
补贴数量(万辆)	0	10	15	10	15
累计购买数(辆)	56000	168000	147000	166000	173000
消费者相对评分	0.968	0.984	1.047	1.008	1.068
累计零售额	130.00	372.00	322.50	380.00	360.00
累计批发额	105.36	315.57	272.84	318.73	325.26
累计电池销售额	53.36	166.57	143.84	166.73	183.12

续表

设定/指标	基本情景	情景三	情景四	情景七	情景八
累计整车研发费用	17.64	33.50	30.45	32.71	34.50
累计电池研发费用	13.32	21.25	19.72	20.86	21.75
累计公共充电站数	1020	1380	1380	1540	1580
累计固定设施费用	3.46	9.39	8.19	9.62	9.15
累计总电费	0.81	1.72	1.45	1.74	1.72
累计节省燃油费	4.76	10.57	8.88	10.65	10.64
累计预算	5.00	50.00	50.00	200.00	200.00
累计实际支出	5.00	68.60	76.03	191.29	218.06
累计政府研发支出	5.00	11.96	13.69	131.77	148.40

从表 3 可以看出，在基本情景下，电动汽车的保有量不足，能源企业的动力不足，政府投入不足，这样的前景不能令人满意。而情景三与情景四、七、八相比，政府投入最少，效益比高投入方案也相差不大，因此我们建议将情景三作为最佳方案。

在情景三设定的政策组合基础上，我们给政府提出的具体建议是：政府在 2014 年年初制定每年 10 亿元的初始电动汽车专项预算，并以每季度 3%的速率增长，每半年考虑调整每期限购额。这些投入主要用于消费者购买电动汽车的补助，并且当每个摇号购买周期（两个月）限购量远不能满足需求时在原有配额基础上增加 2000 辆的限购量（占用传统汽车和电动汽车的总量 20000 辆），直到限购量上升到每期 10000 辆不再增加。在满足预算时可以将剩余经费其投入到支持企业进行电动汽车技术研发。这些鼓励措施到北京市场电动汽车累计销售量超过 10 万辆后结束。在这种政策下，预计到 2018 年年末，北京市电动汽车保有量有望超过 17 万辆。加上单位购置和用于公共事业的电动汽车，北京应能实现电动汽车市场化的目标。

当然，正如前面分析指出的那样，电动汽车产业的发展对传统产业产生了一定冲击。例如在情景三下，“累积节省燃油费”是石化企业的损失，估计为 5 年累计 10 亿元。我们建议政府通过适当形式对利益受损企业进行相应补偿，使得电动汽车供应网络更加顺利的发展。

五、结　论

本文首先对北京发展电动汽车产业的各种影响因素进行了定性分析，然后根据现有实际数据，在复杂适应系统理论框架下，构建了一个比较完整的北京市电动汽车供应网络多主体仿真系统，通过多情景分析，为北京实施私人电动汽车鼓励政策提供定量化的决策支持。

通过定量测算和政策模拟，我们认为北京目前的电动汽车市场潜力已到达产业化的前夕，只要政府给予适当支持和推动，电动汽车进入主流市场很有希望。当然，北京电动汽车的发展可能触及供应网络某些相关主体的利益。为此我们建议政府应给这些利益受到影响的主体以适当的补偿，使得各方都能积极参与到北京电动汽车的发展中。

参考文献

[1]中国汽车工程学会和北京汽车经济研究会组编，付于武主编:《中国战略性新兴产业研究与发展·新能源汽车》，北京：机械工业出版社，2013 年。

[2]中国汽车技术研究中心、日产(中国)投资有限公司、东风汽车有限公司编著:《中国新能源汽车产业发展报告(2013)》，北京：社会科学文献出版社，2013 年。

[3] Holland, J, Hidden Order: How Adaptation Builds Complexity. Reading, Massachusetts: Addison-Wesly, 1995.

(作者：任海英　北京工业大学副教授)

项目名称：基于低碳发展思路的北京信息化评价指标体系研究
项目编号：10BaJG384
项目负责人：杨一平
项目信誉保证单位：首都经济贸易大学

基于低碳发展思路的北京信息化评价指标体系研究

内容提要：为企业信息化进程的顺利发展提供理论指导和定量评价依据，研究从定量分析分析低碳发展因素与企业信息化发展两者之间的关系；介绍消除指标相关性和确立权重等验证指标的相关理论和方法；通过样本企业的数据调查和分析，验证指标的合理性，最终建立了面向低碳属性的企业信息化评价指标体系。建立符合低碳经济的北京企业信息化分级基准数据库。以及低碳理念与信息化关系的情况下，构建一个对企业信息化建设评估更全面、更客观并且可量化的理论模型，并通过实证分析对模型进行了检验。研究成果能为北京市企业信息化建设提供借鉴和参考。例如，企业在信息化建设过程中要考虑采取节能减排措施；在企业信息化水平评估时加入低碳发展水平指标，促进企业信息化向更高层级的水平发展。

一、引　言

目前国内外针对低碳与信息化相结合的研究多停留在概念探讨层面上，且以定性分析或针对局部因素定量分析的居多，缺乏系统性和完整性的实证研究。因此，从理论和方法上，本研究以一种低碳理论视角对企业信息化动态平衡模型进行优化，对信息化建设过程进行科学、客观、准确的评价。从而使北京的信息化建设产生最优效益。利用信息化带动传统产业改造。有效地降低能耗、提高效益，推动传统产业经济增长方式从粗放型向集约型的根本转变。

国内学者梁滨(2000)首次提出了企业信息化测评的指标体系，认为企业信息化体现在以下五个方面：生产过程信息化、流通过程信息化、管理信息化、组织结构信息化、生产要素信息化。杨一平(2009，2010)从企业信息化战略的角度出发，提出了企业信息化能力成熟度及其影响因素的模型体系(EICMM)，建立了多层次、多指标的企业信息化评价模型，并对企业信息化能力成熟度进行静态和动态评估，较完整地反映了企业信息化的能力水平。尤靖(2008)提出信息化促进节能减排是信息化与工业化融合的重要内容，也是推进北京市信息化工作、完成节能减排目标的有效手段。潘艳婷(2009)阐述了借助信息化手段推进碳减排工作的进行。在影响低碳经济发展各种因素和策略选择中，信息化的低碳产业价值，也就是利用信息化引导传统产业向低碳产业转型逐渐受到重视。Shimada 和 Gomi 等学者构建了一种描述城市尺度低碳经济长期发展情景的方法。气候集团介绍了低碳经济的概念。普雷斯科特(2007)指出，英国的实践证明经济增长和排放的减少是可以同时实现的；低碳社会、低碳经济等需要有更为可靠的可持续发展模式；国内学者对这一领域的研究开展还相对较少。为数不多的文献主要涉及国外发展低碳经济的经验，中国发展低碳经济的途径与潜力、机遇与挑战，低碳经济发展的社会经济与技术分析以及低碳经济的评价分析。

综合以上分析可以发现，将低碳经济与信息化发展相结合将是今后一个新的研究方向和研究重点。

二、研究成果的主要内容

信息化与低碳经济是现今社会极为关注的两个热门领域。信息作为当今这个时代引领社会发展的关键因素，它给社会带来的深刻变化无须赘言。鉴于信息化所带来的众所周知的重要作用，企业有必要对自身的信息化水平有清楚正确的认识。建立一套科学合理的信息化水平评价指标体系对主体正确认识自身信息化水平非常重要。构建适应低碳经济社会的、基于能力成熟度影响因素的企业信息化综合指数评价体系和动态平衡模型，以科学、客观、准确的评价促进信息化的发展，使企业在提高经济效益的同时，在低碳经济条件下信息化进程能够可持续发展，确保能源、环境、经济三者的和谐发展，使得北京企业的低碳信息化能力得以大幅提升。具体地可以分为以下四个方面：

(一)低碳影响因素与信息化水平相关性分析

研究成果是较系统地对企业低碳发展水平与企业信息化水平之间的关系进行定量分析，发现两者之间存在显著的正相关性。研究的内容包括：信息化过程的碳排放如何度量；信息化过程在低碳经济中的特点、作用；信息化在传统经济与低碳经济下的差异；企业低碳发展水平与企业信息化水平有很高的相关性，两者具有一定的相互促进作用。信息化低碳指标在一定阶段内会增加信息化成本。但是，这仅能证明在样本企业的信息化水平下，低碳指标与信息化成本之间的关系，并不能完全代表在企业信息化的整个生命周期中二者的关系。信息化的低碳要求并没有对企业信息化的进程产生负面的影响，而是在一定阶段内，与企业信息化水平的提高存在明显的正相关性。

1. 企业低碳发展水平的影响因素选取

研究拟选取了低碳发展水平因素作为数据收集和分析的依据。这些指标包括：能源产出强度指数、能源产出弹性指数、绿色能源使用比例、绿色节能设备比例、信息化设备有效使用率、低碳经济理念认知度、虚拟替代方案应用程度与员工受教育程度。

2. 低碳发展与信息化的关系实证分析

设计了一份制造企业低碳与信息化水平调查问卷。调查问卷的样本主体为全国范围内的制造企业，调查时间跨度为2009年至2010年。前期通过实地调研、电子邮件、电话专访以及专业数据调查公司等多种途径，一共向全国300家制造业企业发起调查，历时接近三个月的时间，最后一共回收106份问卷，然后在此基础上根据调查问卷问题的性质进行合理筛选，保留其中的72份合理样本作为本论文下面数据分析的对象。本文主要采用调查问卷中72个样本企业的2009年企业营业收入、2010年企业营业收入、2009年企业能源消费总量、2010年企业能源消费总量、绿色能源使用比例、绿色节能设备比例、信息化设备有效使用率、低碳经济理念认知度、虚拟替代方案应用程度、员工受教育程度以及企业信息化水平这几个数据项，进行实证分析。

3. 低碳发展水平与信息化水平相关性分析

对8个低碳发展水平影响因素的主成分分析结果如下。根据原始变量相关矩阵的数据以及KMO检验和Bartlett球形度检验可知，这8个变量适合进行主成分分析（KMO值为0.753，Bartlett球形检验值为331.746（$P<0.001$））。接着采用正交旋转法进行成分转换。8个低碳发展因素与两个主成分的关系如下：第一个主成分与能源产出弹性指数X2、绿色能源使用比例X3、绿色节能设备比例X4、能源产出强度指数X1有较大的相关关系，第二个主成分与员工受教育程度X8、虚拟替代方案应用程度X7、信息化设备有效使用率X5、低碳经济理念认知度X6有较大的相关关系。最后，以每个主成分所对应的初始特征值占所提取的两个主成分总的初始特征值之和的比例作为权重。分析可知，能源产出强度指数、绿色节能设备比例、信息化设备有效使用率、企业员工受教育程度这4个因素与企业信息化水平显著相关；企业能源产出弹性指数、企业绿色能源使用比例、低碳经济理念认知度、企业虚拟替代方案应用程度这4个因素与企业信息化水平没有显著相关性。

（二）以低碳理论调整企业信息化评价模型的指标体系，建立低碳经济的企业信息化能力成熟度模型

研究成果构建并证实了面向低碳经济的企业信息化能力成熟度评价指标体系，为更加科学合理地评价企业的信息化水平提供了依据。

1. 企业信息化和低碳发展水平的综合指标体系

对于需要体现低碳属性的企业信息化测度而言，添加适合具体的指标应用到已经相对成熟的企业信息化评价指标体系是相当关键的。因此，构建指标体系必须选取能够真实、客观体现企业信息化和低碳发展水平的综合指标体系。

本项目研究还是把发展水平、发展质量、发展能力和适宜度定为一级指标，参考国内主流的低碳指标体系，在相应的一级指标下设两至三个服务该指数的二级指标，如低碳适宜度等方面，以此反映行业和企业在碳强度优化等级体系中所突出的特点和优势。最后，在对应的二级指标下建立能够调查和量化分析的三级指标，如单位产值能耗率、绿色节能设备使用效率、信息化管理普及率、低碳理念认知度等，以三级层次架构的形式，构建碳强度优化测度模型的指标体系。打造以信息化驱动的三低三高(低能耗、低污染、低排放和高效能、高效率、高效益)的低碳信息化发展模式，推动能源高效利用。最后利用企业层面的数据，对该指标体系进行验证，以证明指标体系的合理性。

2. 企业信息化能力成熟度评价指标体系

企业信息化能力成熟度评价指标体系是企业信息化能力成熟度测度的标尺，是衡量企业信息化建设水平的重要工具。指标体系是为了完成一定研究目的而由若干个相互联系的指标组成的指标群。在众多低碳指标评价体系中，选取具有代表性和全面性，能与企业信息化评价指标体系互相补充、互相融合的指标作为参考，对企业信息化能力成熟度指标体系进行补充。主要从是否适宜、是否环境友好等角度，评估企业在信息化过程中的行为和反馈是否与低碳发展理念一致。在本项目中的指标体系中，低碳适宜度的指标可以使我们更加全面的分析企业的低碳信息化能力指数，对样本企业进行静态评估；另一方面，又可以参与样本企业低碳信息化能力成熟度的动态分级，更全面的地反映样本企业低碳信息化发展状况。

3. 指标体系验证

目前的指标验证，主要是注重两点：单个指标的代表意义和指标体系的内部结构。其实就是指标的代表性和全面性问题，但是代表性要求尽量减少指标的个数，代表性则要求尽量增加指标的个数，这是一个难以平衡的问题。为了验证本文的指标体系，我们选择利用聚类分析的思路将候选指标划分为若干类，再利用相关系数法等数理统计方法选择最具有代表性的指标，这样就能通过数据的验证得到比较合理的指标体系。

4. 建立低碳经济的企业信息化能力成熟度模型

在原有的企业信息化能力成熟度评价指标体系中的适宜度这个大类维度中增加了低碳适宜度这样的子指标群，最终得到面向低碳经济的企业信息化能力成熟度评价指标体系。并将企业信息化进行分级。在此基础上确定低碳企业信息化能力成熟度模型的结构框架和划分层次的内容。

(三)符合低碳经济的北京企业信息化分级基准数据库

以项目组原有的基准企业数据库为基础。以统一标准、统一规范为原则，构建三低三高(低能耗、低污染、低排放和高效能、高效率、高效益)为基本特征的低碳经济企业信息化分级基准数据库，使得每一成熟度层级都具有典型性和有效性。具体思路是：选取相关低碳水平因素和信息化水平因素进行聚类，将收集到的制造企业分成不同的类别，在每个类别中都将地点在北京的企业挑选出来分别组成相应的类别，建立基于低碳经济的北京企业信息化分级基准数据库。

(四)实例应用：面向低碳属性的信息化模糊实物期权模型

面向低碳属性的信息化模糊实物期权模型的研究成果是以面向低碳经济的企业信息化能力成熟度评价指标体系，提出在模糊环境下的实物期权评估模型用于分析企业信息化价值，发现企业在信息化建设过程中采取低碳措施尽管在一定阶段内会增加信息化成本，但也有可能增加信息化实物期权的价值。

1. 信息化模糊实物期权模型构建

信息化模糊实物期权模型是在 Black-Scholes 模型的基础上构建，并结合信息化实物期权的特殊性，建立企业信息化收益和信息化成本联合波动率为相同值的情况下得信息化评价模型。包括信息化评价基本模型、模糊环境下的模型构建、基于多维梯形向量的模型改进、低碳理念下信息化模糊实物期权模型检验及优化。

2. 结果分析

信息化低碳指标在一定阶段内会增加信息化成本。通过样本数据分析，单位产值能耗、绿色节能设备使用率、绿色节能设备使用率、低碳理念认知度和产品低碳适宜度与信息化的成本因子或多或少存在一定的正相关性。信息化低碳指标的引入，并不一定降低信息化实物期权的价值。相反地，较大比例样本的实物期权价值增加了。这表明，实物期权价值模型对于无形资产存在的估值全面性以及该模型的稳定性。因为企业的低碳指标表明了企业在低碳发展上所存在的潜力和实力，是可以增加企业价值的项目之一。

三、结　论

(一)研究所得出的结论性观点

该研究提出了一套面向低碳属性的企业信息化能力成熟度指标体系，分析和筛选影响企业信息化建设发展的因素指标，找出显著影响信息化发展水平的低碳因素指标；建立符合低碳经济的北京企业信息化分级基准数据库；构架面向低碳属性的信息化投资评价模型。

企业低碳发展水平与企业信息化水平存在显著正相关性。也就是说，样本企业在信息化低碳上的水平越高，对应的信息化水平指数(包括企业的信息化战略计划实施因子、信息化水平指数、信息化战略支持指数)就越高。这说明了信息化水平越高的企业，对于低碳的重视程度越高，从而低碳的对应指标的整体水平也就较高。从另一个角度上讲，信息化的低碳要求并没有对企业信息化的进程产生负面的影响，而是在一定阶段内，与企业信息化水平的提高存在明显的正相关性。其中，能源产出强度指数、绿色节能设备比例、信息化设备有效使用率、企业员工受教育程度这 4 个低碳发展因素与企业信息化水平显著相关。

对原有的企业信息化能力成熟度评价指标体系进行了改进，在“适宜度”这个大类维度中增加了“低碳适宜度”这样的子指标群，构建了面向低碳经济的企业信息化能力成熟度评价指标体系，并证实了该指标体系。

信息化低碳指标在一定阶段内会增加信息化成本。通过样本数据分析，单位产值能耗、绿色节能设备使用率、绿色节能设备使用率、低碳理念认知度和产品低碳适宜度与信息化的成本因子或多或少存在一定的正相关性。

针对信息化投资而言，信息化低碳指标的引入，并不一定降低信息化实物期权的价值。相反地，企业信息化实物期权的实物期权价值很可能增加。企业的低碳指标表明了企业在低碳发展上所存在的潜力和实力，是可以增加企业价值的项目之一。同时，低碳的要求，又使得在一定阶段内，企业的成本增加，从而又在该时间段内降低了企业的价值。所以，二者之间的影响是随着信息化发展而变化的，不存在单纯上的线性关系，只是在一定期间内表现出某种关系。

(二)建议性意见

在企业信息化建设过程中要考虑采取节能减排措施。具体来说，尽量采用绿色节能设备，充分利用和开发能源，提高能源利用率，尽量提高企业单位产出的能源消耗；尽量提高信息化设备的有效使用率；加强对企业员工的教育和培训，提高他们的知识文化水平。

在企业信息化水平评估时加入低碳发展水平指标，更加科学合理地评价企业的信息化水平，用于指导企业信息化水平的可持续发展。

建立和不断完善符合低碳经济的北京企业信息化分级基准数据库，采用定标比超的方法，通过横向和纵向比较，结合信息化评价的结果，找出企业在信息化建设的薄弱环节加以改进，促进企业信息化向更高层级的水平发展。

参考文献

[1]Hengwei Liu，Kelly Sims Gallagher，Catalyzing Strategic Transformation to a Low-carbon Economy：A CCS Roadmap for China，*Energy Policy*，2010，38.

[2]Tao Yu，China's Low Carbon Economicrise and Countermeasures of Research，2010 *Sec-*

ond International Seminar on Business and Information Management (ISBIM).

[3]KeiGomi, KoujiShimada, Yuzuru Matsuoka, A low-carbon Scenario Creation Method for a Local-scale Economy and Its Application in Kyoto City, *Energy Policy*, 2010, 38.

[4]马慧:《企业信息化能力成熟度关键模型研究》,《经济与管理研究》,2010 年第 1 期。

[5]马慧、杨一平:《质量评价与软件质量工程知识体系的研究》,北京:人民邮电出版社,2009 年。

[6]乔红:《基于企业信息化能力成熟度的 Black-Scholes 定价模型》,《北方经贸》,2010 年第 309 期。

(作者:杨一平　首都经济贸易大学教授)

项目名称：马克思主义视野中的刘易斯拐点：理论、历史与现实
项目编号：10BaJG388
项目负责人：朱安东
项目信誉保证单位：清华大学

马克思主义视野中的“刘易斯拐点”①

内容提要：本研究立足于中国的现实从马克思主义基本原理出发构建一个马克思主义的关于“刘易斯拐点”的理论，同时用这个理论来分析其他国家在经历这个拐点时的特点及其经验和教训，最后用这个理论架构和世界经验来分析中国经历“刘易斯拐点”对世界和中国的意义以及我国的应该采取的应对措施。

随着我国经济持续三十多年的高速发展，产业结构、收入分配格局、劳动力市场等发生巨大变化。近些年出现的“民工荒”现象，引发国内外理论界关于我国经济是否迎来刘易斯拐点的关注和讨论。值得注意的是，刘易斯拐点是特定经济制度、经济体制、经济发展水平和发展模式下的现象，刘易斯二元经济模型存在着严重的局限。马克思主义从资本积累与产业后备军的角度对相关问题进行了更为深刻的讨论，中国之所以出现“民工荒”和农民工工资较快上涨等貌似“刘易斯拐点”的现象是由我国的具体经济社会条件决定的。

一、刘易斯二元经济理论模型和“刘易斯拐点”

1954 年，美国经济学家威廉·阿瑟·刘易斯发表了《劳动无限供给条件下的经济发展》②一文，开创性地将对于发展中国家发展过程的研究纳入主流经济学的视野之内，提出了二元经济理论模型。之后，刘易斯又发表了《无限的

① 所谓“刘易斯拐点”，是指在二元经济中，随着工业部门的发展，农业部门中的剩余劳动力被逐渐吸纳，工业部门的劳动力从无限供给变为有限供给甚至短缺的现象。一旦到达这个拐点，劳动力市场的转折性变化将给工资、物价、利润和投资等带来深远影响，发展模式也出现深刻变化。

② W. A. Lewis, Economic Development with Unlimited Supplies of Labour, The Manchester School of Economic and Social Studies, May 1954.

劳动力：进一步的说明》[①]、《对无限的劳动力的反思》[②]和《再论二元经济》[③]等文章对其二元经济理论模型进行了补充和完善。

刘易斯认为，不发达经济由两个经济部门构成，即“资本主义”部门和“维持生计”部门，亦称为现代部门和传统部门[④]。前者使用再生产性资本，生产率高，后者不使用再生产性资本、边际劳动生产率低(甚至为0)，并向前者提供劳动力。

刘易斯将经济发展过程分为三个阶段：

第一个阶段，维持生计部门存在大量剩余劳动力，以至于劳动力的边际生产率很小甚至为零，当部分劳动力转移到现代部门时，农业产量不会减少。此时，农村劳动力的价格并不是边际劳动生产率，而是产量的平均。这个平均产量通常只够维持劳动力的最基本生活消费的需求，也就是最低工资。对于正在发展中的资本主义部门来说，它依靠于资本积累而扩大规模，需要大量的劳动力来满足生产。即便在工资不上涨的情况下，只要它付出的工资高于维持生计部门的最低工资，它就可以从传统部门获取看起来是无限供给的劳动力，直至传统部门中劳动力的边际生产率等于该部门的最低工资。

第二个阶段，随着资本主义部门继续扩大并雇佣更多的劳动力，传统部门中劳动力减少从而边际劳动生产率高于其最低工资并不断上涨。因为资本主义部门的工资仍然高于维持生计部门的工资，在资本主义部门工资不上涨的情况下它仍可以从维持生计部门获得所需的劳动力，直至传统部门劳动力的边际生产率和工资上涨到现代部门的工资水平。

第三个阶段，传统部门工资与现代部门工资达到相同水平，两个部门的劳动力都呈供不应求的态势，现代部门必须提高工资才能从传统部门吸引劳动力，从而带动传统部门边际劳动生产率和工资一起上涨，二元经济转变为一元经济。

---

① W. A. Lewis, Unlimited Labour: Further Notes, The Manchester School of Economic and Social Studies, June 1958.

② W. A. Lewis, “Reflections on Unlimited Labor.” in Luis DiMarco, ed., International Economics and Development: Essays in Honor of Raul Prebisch. 1972. New York: Academic Press, pp. 75—96.

③ W. A. Lewis, The Dual Economy Revisited, The Manchester School of Economic and Social Studies. September, 1979.

④ 刘易斯在《劳动无限供给条件下的经济发展》中用“资本主义”(capitalist)部门和“维持生计”(subsistence)部门区分不同的经济构成，在《对无限的劳动力的反思》中使用资本主义部门和非资本主义部门区分不同的经济构成，而在《再论二元经济中》则使用了现代部门和传统部门的用法。在后来者的论述中这两个部门被简化为工业部门和农业部门，虽然称呼各不一样，范畴也有所差异，但从意义上来看，几者并不差别，几乎可以相互替代。

“刘易斯拐点”[①]是其理论的核心概念。在这三个阶段中，存在两个转折点。刘易斯第一拐点出现在维持生计部门工资开始上涨时，也就是劳动力由无限供给向有限供给转变之时。刘易斯第二拐点出现在资本主义部门与维持生计部门工资相等，二者同时开始增长的时候，也就是二元经济彻底转变为一元经济之时。

刘易斯的二元经济理论模型直接影响了发展经济学的建立，很多学者在刘易斯的二元经济模型的基础上建立了改进模型，如费景汉、拉尼斯[②]和乔根森[③]。但这些改进往往只是对其个别假设的修改，总体上并未突破其基本理论框架。

二、刘易斯二元经济理论模型的缺陷

与新古典经济学不同，刘易斯继承了古典经济学关注经济发展和经济发展现实的传统，因而，其二元经济理论模型确实对于资本主义国家工业化过程有一定的解释力。但我们必须看到它也是存在着严重缺陷的。刘易斯模型描述的是劳动力由传统部门转移到现代部门的过程，这一过程同时也是工业化的过程。但我们注意到并不是所有的国家在工业化的过程中都出现了刘易斯拐点。刘易斯在讨论这一问题时，他仅仅关注于生产力这一问题，他在文章中只讨论了生产力发展的情况下在市场经济条件下资本主义国家的一般情况，而忽略了生产关系的不同，直接导致他忽视社会主义和资本主义在制度上的根本差异。简而言之，我们没有看到有人谈及传统社会主义国家的“刘易斯拐点”问题。刘易斯模型还忽视了政府在其中的作用。在他的理论中，整个过程是一个市场调节下自发的过程，但事实上，政府在各国的工业化过程中都是起过重要作用的，一个典型例子就是英国为了解决劳动力和原料供给的问题而推行的“圈地运动”。刘易斯模型还忽视了资本家与工人斗争这一影响工资的重要因素。从马克思主义的视角来看，该理论还存在着以下两个重要问题：

(一)掩盖了资本原始积累过程的实质

刘易斯拐点描述的是一个经济过程，但并没有描述全部过程，并且掩盖了现象背后的实质。根据刘易斯拐点理论，一个经济体发展过程中，首先是

---

① “刘易斯拐点”根据英文 Lewis Turning Point 翻译而来，亦翻译为“刘易斯转折点”。在中文文献中，二者时常混用，在本文中，亦根据参考文献的习惯混合使用，二者在意义上并无差别。

② [美]费景汉、[美]拉尼斯著，王月等译：《劳力剩余经济的发展》，北京：华夏出版社，1989年版。

③ Jorgenson, Dale. The Development of a Dual Economy. *The Economic Journal*, No. 282, 1961, pp. 309－334. Jorgenson, Dale. Surplus Agricultural Labour and the Development of a Dual Economy. *Oxford Economic Papers*, No. 3, 1967, pp. 288－312.

工业部门或资本主义部门的扩张，工业产值和部门就业人员比重不断提高，即整个经济社会的工业化；而只有工业化到达一定阶段之后，农业部门或非资本主义部门的技术条件、生产工具等才会改进，实现农业机械化、规模化经营，从而使整个经济的工业化得以完成。这种将社会经济的发展视为一种分部门按顺序发展而非整体逐渐发展的视角和假设是有问题的，使该理论忽视了农业部门生产方式发生的重大变化、忽视了刘易斯拐点现象背后的生产关系发生的本质变化。

实际经济发展过程中，不仅工业部门生产规模不断扩张、机器等先进生产工具不断被引进，在农业部门内部，也存在用资本代替劳动力即农业工业化的趋势，二者是共同进行的。在资本主义条件下，刘易斯及其追随者所忽视的农业部门生产方式的改变，对经济发展发生了重大深远影响，这也正是马克思在《资本论》中分析的资本原始积累过程。

作为资本主义生产前史的资本原始积累，实质上就是小商品生产者同其生产资料相分离的过程。资本主义生产关系在社会占据主导地位之前，存在着以劳动者私人占有生产资料、自己劳动生产商品的小商品生产者。而资本主义生产以商品生产者拥有大量资本和劳动力为前提，受资本追求最大限度利润的本性驱动，资本必然要求借助“原始”暴力手段，采取经济机制以外的手段为资本主义生产创造条件：一方面，剥夺小商品生产者的生产资料，使得分散的、少量的生产资料转化为集中的、数量较大的生产资料并集中到少数资本家手中；另一方面，造成大量自由劳动者，这些劳动者脱离生产资料而变得一无所有，必须依靠出卖自身劳动力与生产资料相结合而获得相当于劳动力价值的工资。而“对农业生产者即农民的土地的剥夺，形成全部过程的基础。”① 被剥夺土地的农民被迫成为雇佣工人，被当作无产者抛向劳动市场，为工业资本的发展提供大量劳动力；占有大量土地的资本家则成为农业资本家。这个过程在英国具有最为典型的形式，“征服、奴役、劫掠、杀戮，总之，暴力起着巨大的作用”②。随着社会发展水平的提高，人的文化和道德水平的提升，虽然这些暴力的手段可能有所收敛，资本的原始积累过程可能表现得更为温和、缓慢，但其将生产者和生产资料分离的本质是不会改变的。

(二)“绝对过剩人口”论调

刘易斯拐点理论认为，农业部门中的剩余劳动力是边际劳动生产率为零或接近于零的那部分人口，当这部分劳动力转移出去不会对本部门农业产量

---

① 中共中央马克思恩格斯列宁斯大林著作编译局：《马克思恩格斯文集》第五卷，北京：人民出版社，2009年版，第823页。

② 中共中央马克思恩格斯列宁斯大林著作编译局：《马克思恩格斯文集》第五卷，北京：人民出版社，2009年版，第821页。

造成影响。这种论述充斥着与马尔萨斯极其类似的“绝对过剩人口”论调。马尔萨斯认为，人口数量增加的速度快于生活资料增长的速度，因此，若干时间后，人口和生活资料之间的差额会变得极其巨大，因此社会上就不可避免地产生饥饿、贫困和失业等现象。根据刘易斯的论述，经济发展初始阶段，农业部门中对农业产量没有任何影响的劳动力也是绝对过剩的，因此称之为剩余劳动力。事实上，农业部门的所谓“剩余劳动力”恰恰正是资本主义生产关系渗透到农业部门中、农业生产方式改变，以及资本主义积累的一般规律在农业部门的表现。

资本主义条件下，随着资本积累的增长和资本有机构成不断提高，必然出现两种完全对立的趋势：一方面，资本对劳动力的相对需求日益减少，在某些部门甚至绝对地减少；另一方面，劳动力对资本的供给却在迅速增加。其结果就是不可避免地造成大量工人失业，造成资本主义制度下特有的相对过剩人口，即相对资本家生产剩余价值的需要而言成为过剩或多余的那部分人口。“资本主义积累不断地并且同它的能力和规模成比例地生产出相对的，即超过资本增值的平均需要的，因而是过剩的或追加的工人人口。”[①]

相对过剩人口的产生就是资本主义积累的绝对的、一般的规律。不仅在工业部门，在农业部门，资本主义积累的一般规律也同样发挥其作用，“人口不断地流往城市，农村人口由于租地集中、耕地变成牧场、采用机器等原因而不断地‘变得过剩’。”[②] 资本主义制度下，相对过剩人口具有三种形式：流动的形式、潜在的形式和停滞的形式。其中潜在的形式即农业中的过剩人口。“资本主义生产一旦占领农业，或者依照它占领农业的程度，对农业工人人口的需求就随着在农业中执行职能的资本的积累而绝对地减少”[③]，从而释放出大量农业相对过剩人口，即刘易斯拐点理论中的农村“剩余劳动力”。

可见，所谓农村“剩余劳动力”，实际上是资本主义积累的一般规律在农业部门中的表现。刘易斯拐点理论的“绝对过剩人口”论调的产生，也是由于其忽视农业部门生产关系层面发生的本质变化而导致的。

三、中国“刘易斯拐点”现象的一种解释

根据上文的分析，在资本主义条件下，理论上是不会存在“民工荒”并由此导致工人工资快速上涨现象的。但是，在中国这一现象却非常严重，其程

---

① 中共中央马克思恩格斯列宁斯大林著作编译局：《马克思恩格斯文集》第五卷，北京：人民出版社，2009年版，第726页。

② 中共中央马克思恩格斯列宁斯大林著作编译局：《马克思恩格斯文集》第五卷，北京：人民出版社，2009年版，第796页。

③ 中共中央马克思恩格斯列宁斯大林著作编译局：《马克思恩格斯文集》第五卷，北京：人民出版社，2009年版，第739—740页。

度甚至超过了日本、韩国等国家当年的水平。这只能到我国独特的经济社会制度和政策中去找原因。从一定意义上讲，这是中国特色社会主义制度优势所带来的。

首先，中国独特的经济社会制度保障了改革开放以来三十多年经济持续高速增长、工业部门就业快速增加，这是资本主义国家难以做到的。在 1992 年之前，我国采取的是计划经济或者有计划的商品经济，国家基本控制了经济的发展；之后，我们逐步建立起社会主义市场经济体制，国家除了通过财政、货币政策在宏观干预经济之外，还可以通过各种产业、贸易政策以及国有企业干预经济，有效地应对了各种冲击，保障了经济的相对平稳运行。这种相对平稳和高速发展的经济为投资创造了一个很好的环境，也为就业增长创造了一个很好的环境，全国就业人口数从 1978 年的 4.02 亿上升到了 2012 年的 7.67 亿，增加了 91%；第二产业就业人数从 1978 年的 6945 万人增加到了 2012 年的 2.32 亿，增长了 234%。在 2003 年东南沿海地区出现“民工荒”并且农民工工资较快上涨之后，如果是在资本主义国家，多半会出现资本“罢工”和经济危机，从而使劳动力市场重新回归到有利于资本积累的条件。但我国并未出现类似情况，政府一直把经济快速增长和保证就业作为自己的政策目标。

其次，中国政府十多年来发展战略的调整是出现“民工荒”和工资较快增长的重要原因。在改革开放之后的二十多年时间里，我们执行的是让一部分地区一部分人先富起来的政策，靠着低廉的劳动力成本、优质的劳动力资源和其他政策环境吸引了大量国内外投资并积极参与世界市场，取得了快速增长。但是这个战略也带来了一系列的问题，城乡之间、地区之间发展差距越来越大，类似于“三农”问题这样的问题和矛盾越来越多。这种局面促使中央采取了一系列新的发展战略和措施。为了解决地区差距的问题，从 2000 年开始，中央先后提出和实施了“西部大开发”“东北地区等老工业基地振兴战略”“中部崛起计划”等战略和计划，西部、东北和中部发展很快加速，逐步缩小与东部沿海地区的差距，对劳动力的需求也不断增加。与此同时，为了解决城乡差距和“三农”等问题，中央出台了一系列的惠农和支持农村发展的政策。2003 年国家全面推开农业税费改革，逐步降低农业税税率。2006 年全面取消农业税，对西部农村义务教育阶段学生全部免除学杂费。2007 年直接补贴种粮农民资金达到粮食风险基金的 50%以上，实行农村最低生活保障制度全面覆盖。2008 年农村义务教育全部实行“两免一补”，实现了新型农村合作医疗的全覆盖。2009 年加大对专业大户、家庭农场种粮补贴力度，推行农村新型社会养老保险试点等。农民的税费负担占农民人均纯收入的比重由 1994 年的

12.2%下降到2006年的0.3%。[1] 同时，国际市场上农产品价格上涨也带动了国内农产品价格的上升。市场和政策双重作用，大大提高了农民的收入。农村居民家庭平均每人纯收入由1995年的1577.74元增加到2010年的5919.01元，是2000年人均纯收入的2.5倍。[2] 城乡收入差距的缩小以及农村基础设施的改善，一定程度上减小了进城打工的吸引力，“民工荒”现象由此产生。而西部大开发等战略的实施又使得大量农民工可以不用长途跋涉到东部沿海地区去打工，从而“民工荒”现象逐步从东部向西部蔓延。

最后，中国特有的土地制度为中国快速经济发展以及“刘易斯拐点”现象出现奠定了基础。我国宪法第十条规定“农村和城市郊区的土地，除由法律规定属于国家所有的以外，属于集体所有；宅基地和自留地、自留山，也属于集体所有。”第八条规定“农村集体经济组织实行家庭承包经营为基础、统分结合的双层经营体制。”虽然这种制度和政策也带来了一些问题，近年来不断有人鼓吹集体土地私有化，但正是这种中国特有的公有制的土地制度给农民工提供了保障，缓解了农民“无产阶级化”的压力，使得农民工在20世纪八九十年代能够接受难以维持劳动力再生产的城市工资水平，为中国经济发展并参与世界市场的竞争提供了优质廉价的劳动力，保证了中国经济的高速发展。这种土地制度保障了每户农民都有土地，而且土地只能承包给别人，不可以转卖。虽然现实中有一些农民将之承包给其他人进行耕种，但大多数的农民仍然保持着青壮年时期在外打工，年纪大了回家种田的做法。因而中国的农民工很多不是纯粹的产业工人，而是有土地的半农半工。这样使得中国的农民工并不是单向的由农村流动到城市，而是可以进行双向流通。如果城市部门工资达不到他们的期待，他们可以随时回到土地上，并不会如同西方的无产阶级工人一样，别无选择，只能够与资本家进行艰苦的斗争以获得微薄的工资的增加。这为近年来我国“刘易斯拐点”现象的出现奠定了基础。

四、政策建议

(一)以积极的态度客观分析和认识相关现象

近年来“民工荒”和工资较快上涨的出现是我国经济长期快速发展的结果，这确实给我国经济发展带来了一些挑战，比如劳动力成本的上升给一些低端产业的生存带来了压力。但是，总体来说，我们应该以积极的心态看待这些现象，如果处理得当，这是一件对中国经济社会健康发展有益的事情。

---

① 孔祥智、何安华：《城乡统筹与农业增长方式转变：2001—2010年的中国农业政策》，《教学与研究》，2011年第2期。

② 中华人民共和国国家统计局编：《中国统计年鉴2011》，国家统计局网站，http://www.stats.gov.cn/tjsj/ndsj/2011/indexch.htm.

首先，中国目前并不存在绝对的劳动力短缺。从现有文献看，大家一致认为中国还存在着大量的“剩余劳动力”，总体而言，劳动力仍处于供过于求的状况，在“民工荒”这一现象的背后并不存在劳动力数量的绝对短缺。某些企业制造业工人的缺乏并不代表着中国总体剩余劳动力的缺乏。相关现象的出现也并未妨碍中国的工业化进程和经济社会的快速发展。我国第二产业的就业仍然在快速增加。从2003年“民工荒”出现以来，到2012年，全国总就业人口只增加了4%，但城镇就业人数从2.62亿增加到了3.71亿(上升了41%)，而第二产业就业人数从1.59亿增加到了2.32亿(上升了45%)，第二产业就业增加占到了城镇就业人数增加的67%。①

其次，我国“刘易斯拐点”现象的出现有利于缩小贫富差距和收入分配格局失衡的问题。因为农民工是整个城市部门中收入最低的群体，他们收入的较快增长，尤其是高于平均工资增长速度的情形下，可以有效缩小贫富分化，减少社会矛盾。

最后，工资的上涨有利于推动产业升级。多年来，我国许多企业处于产业链低端，附加值极低。随着工资的上涨，部分不能进行产业升级的企业可能会被淘汰，剩下的大部分企业必须引进新的技术、进行产业升级，从而获取更多的附加值。这对于中国整个经济的发展以及在国际分工中所处的位置的改善是有益的。

(二)正确地应对“刘易斯拐点”现象带来的挑战

首先，要坚持中国特色社会主义的基本经济制度。现在国内外有一批人在推动中国国有企业和土地的私有化，这将给中国带来灾难性的后果。中国的国有企业和土地的公有是我国经济社会健康发展的重要保障和核心竞争力的重要组成部分，中国改革开放以来所取得的伟大成就已经充分证明了这一点。反之，如果我们推动了这两个领域的私有化，中国的社会性质将会发生改变，且不说是否会导致社会动荡，单是从经济上可能出现的问题我们就难以承受。如果推行了土地私有化，比如会带来土地的大规模集中和大量失地农民的出现，这些农民失去了土地的保障，一旦在农村无法生活，必然会涌入城市，这虽然可能会解决“民工荒”的问题，但更可能出现的是城市部门难以吸纳这些人就业，他们很可能会聚集在城市周边形成贫民窟，印度、巴西以及墨西哥等国的教训值得我们高度重视。刘易斯拐点经历过程中，农民将被迫与其土地相分离，农民被无产阶级化；造成大量相对过剩人口，形成产业后备军，导致工人工资压低和相对贫困化，从而使收入分配差距进一步拉大，等等。毋庸讳言，由于市场经济体制的建立，资本主义经济全球化使中国也不可避免地被卷入资本主义世界体系之中，尤其是我国农村土地流转制

① 国家统计局编：《中国统计摘要(2013)》，北京：中国统计出版社，2013年版。

度的确立，为农民与土地的分离创造了条件，这些都应该引起我们的重视和警惕。

其次，要高度重视自主发展的问题。巴西、阿根廷等国在经历“刘易斯拐点”时陷入“中等收入陷阱”，其原因之一是此前的工业化过程中引入了太多的外国资本，发展的主导权不在自己手上。随着工人工资的上涨，外资逐步流出，转移到其他劳动力成本更低的国家，巴西、阿根廷等国很快出现了去工业化现象，陷入“中等国家陷阱”。而日本、韩国等国一直坚持把发展的主导权掌握在自己手中，即便引进外资，也是以外债为主。因此，这些国家在经历“刘易斯拐点”时，只要能说服国内资本留下来，就不会出现大规模的、能够影响工业化进程的资本外流，从而成功进入发达国家的行列。中国一定要高度重视这一问题，坚持自主发展。

最后，我们要坚持鼓励自主创新和产业升级的政策，给经济转型、产业升级创造一个良好的环境和氛围，为企业成功化解劳动力成本上升带来的压力创造条件。

参考文献

[1]中共中央马克思恩格斯列宁斯大林著作编译局：《马克思恩格斯文集》，北京：人民出版社，2009年。

[2][美]费景汉、[美]拉尼斯著，王月等译：《劳力剩余经济的发展》，北京：华夏出版社，1989年。

[3][美]阿瑟·刘易斯编著，施炜等译：《二元经济论》，北京：北京经济学院出版社，1989年。

（作者：朱安东　清华大学副教授
蔡万焕　清华大学讲师
孙思展　中央电视台机关党委宣传干事）

项目名称：北京市生活垃圾源头减量化对策研究
项目编号：11JGA005
项目负责人：李　颖
项目信誉保证单位：北京建筑大学

北京市生活垃圾源头减量化对策研究

内容提要： 本研究在对北京市商业销售场所、酒店、农贸市场、餐饮业等关于包装废物、一次性用品、净菜和餐厨垃圾等管理现状调研的基础上，对其存在的问题做了详细的分析，并提出了包装废物、一次性用品、净菜进城和餐厨垃圾的减量化管理对策，为北京市生活垃圾源头减量化对策制定提供借鉴作用。

一、北京市包装废物源头减量化

(一)包装物和包装废物减量化存在的问题

目前北京市的包装废物产生量已占全市生活垃圾总量的1/3。其主要原因在于：一是包装物的生命周期短，大部分包装物只用过一次就变成了废品或垃圾，导致资源严重浪费和废物运输及处理成本高。二是包装体积不断加大和包装材质多样导致包装废物产生量大、回收难度大、利用价值低。三是包装废物回收率低。我国一些包装法规中对包装废物虽然已做了一些资源回收利用的规定，但是法规中没有违背这些规定的处罚规定，致使包装废物回收率低。例如，我国2009年纸类包装废物回收率为15%，塑料包装废物回收率为9.6%，而美国回收率分别为55%和70%，英国回收率分别为78%和90%，德国回收率分别为71%和87%。[①②]

(二)北京市包装废物减量化对策建议

1. 使用绿色包装材料

首先，包装生产厂家要采用绿色包装材料，以便于包装废物的处理，降低包装废物对环境的污染。其次，提倡家电及电脑包装采用再生材料，食品和化妆品包装严禁使用木质和金属类材料。

---

① 吕庆华：《商品过度包装的危害及其防治》，《当代财经》，2006年第2期，第76页。

② 郝发义：《新西兰纸板回收率达到78%》，《印刷技术》，2009年第4期，第12页。

2. 严格限制过度包装和豪华包装，限制在包装内赠送礼品

提倡简朴包装和零包装，实现包装废物减量化，禁止在包装盒内附赠礼品，达到节约资源、减少包装废物产生量、减少污染的目的。对过度包装、豪华包装和在包装内赠送礼品的企业征收环境税，并予以一定数量的处罚，对简朴包装和零包装的企业给予一定的物质奖励和政策优惠，鼓励企业简朴包装和零包装。

3. 提倡裸机销售

提倡冰箱、电视、空调、洗衣机、台式电脑等送货上门的商品裸机销售，包装物由销售部门或商品厂家负责回收利用。对于电水壶、电吹风、电饭锅、电脑等不须送货上门的商品，可实行裸机和带包装物两种销售方式，同时制定包装物回收管理办法，减少包装废物的产生量，促进小家电商品无包装销售。

4. 对商品生产厂家征收包装税

制定对商品生产厂家征收包装税的标准和管理办法，减少包装废物产生量，采取经济手段强化商品生产者承担包装废物的处理责任，提高包装物循环利用率。对销售部门征收包装废物税，按照包装废物的重量和面积制定征收的标准，以及征收的具体办法和规定，推动生活垃圾从源头减量化。

5. 建立包装废物源头回收体系

对纳入国家强制回收名录的商品包装废物，生产者需组织回收，或交由有资质的回收公司进行回收；对其他包装废物，销售者需组织回收工作，或与生产者签订回收协议，由生产者负责其包装废物的回收工作。

6. 加强对包装物和包装废物的监督管理

首先，加大对包装物和包装废物的管理和监督力度，设立专线举报电话，方便群众举报，及时处理群众举报，对违反规定的包装物生产厂家和商品销售厂家采取罚款、令所销售产品下架、取消产品销售资格、吊销营业执照等措施。其次，电视、广播、互联网、报刊等媒体对厂家过度包装行为要进行报道，对商品过度包装的危害要进行宣传。

二、北京市一次性用品源头减量化

(一)一次性购物袋减量化

1. 一次性购物袋减量化存在的问题

自“限塑令”颁布至今，北京市除超市、商场等塑料袋收费之外，其他一些销售场所均没有得到更好的落实，特别是集市贸易、超市蔬菜区、商品批发市场等场所“限塑令”没有起到任何作用，这使得法律规定形如虚设，具体问题如下：

(1)执法人员执法力度较弱。调查显示，目前政府对“限塑令”的执行监管

力度较弱，只有经济管理行为，没有真正地从减少塑料袋使用量来提高市民的环保意识和节约社会资源的角度进行执法监督管理，即缺乏健全的管理体制和执行方式是导致“限塑令”执行效果不好的主要原因。

(2)塑料袋价格规范标准欠缺。目前，塑料袋还没有统一的定价机制，各商家都是自主定价。在人们还不可能完全离开塑料袋且市场上没有统一定价机制的情况下，必然会出现部分商家乱定价，借机提高塑料袋的价格，以牟取更多利润，致使“限塑令”在促进环保的政策目标下，无形中提高了政策成本。因此，有必要对塑料袋的定价机制进行完善。

(3)塑料袋对环境的污染宣传力度不够。塑料袋对环境的污染和对资源的消耗宣传力度不够，使得市民消费塑料袋的观念始终没有改观，没有带塑料袋的习惯和图方便不随身携带塑料袋的人数超过购物人数的70%，因此，加强塑料袋对环境污染的宣传，培养市民尽可能少用塑料袋将是今后工作的重点之一。

(4)替代品存在缺陷。无纺布尽管可以反复使用，但其耐久性和反复清洗给人们的使用也带来了不少麻烦，如有些无纺布袋子承受力弱，做工简陋，经常在使用中出现断裂或张开；无纺布袋子难以清洗干净，清洗时手感不好，清洗浪费水，导致市民对清洗无纺布袋子产生反感和厌恶，故使用无纺布袋的积极性和主动性不高，使用量不高。

(5)超薄塑料袋难以杜绝。超薄塑料袋目前在北京市各商业区域仍然在大量免费使用，尤其在人流众多的批发市场和集市贸易等地方占据约95%，且薄塑料袋的购买途径也未得到有效控制，甚至有些还可以通过公开的网络购置。

2. 一次性购物袋减量化对策制定

(1)制定“限塑令”实施的具体办法。在坚定不移地贯彻“限塑令”的精神下，要深入调研市场和市民的需求，要深入研究“限塑令”近几年没有有效执行的区域特点，广泛征求市民的意见或建议，制定具体的可实施的“限塑令”管理办法，为北京市“限塑令”的深入实施提供前提保障。

(2)研发新式替代产品。相关部门应结合无纺布袋承载物品的强度，深入开发既有一定耐受力，成本又较低的无纺布材料，并强化无纺布袋的加工工艺要求，保证提供给北京市民信得过的塑料袋替代产品，并尽快大量推广使用。

(3)建立监督检查一次性购物袋的管理机构。应该针对一次性购物袋消耗量大、“限塑令”执行难度大、实施管理可操作性困难、与市民生活息息相关的区域逐步建立“限塑令”实施监督检查管理机构，定期检查“限塑令”实施效果，分析“限塑令”实施中存在的问题，及时解决和应对各种“限塑令”实施过程中的障碍，为尽快扭转北京市一次性购物袋免费使用量大的区域的现实状况，初步降低北京市一次性购物袋使用频率，减少垃圾中的白色污染提供有力的支撑。

(4)开展减少一次性购物袋使用的宣传教育活动。结合北京市日常生活的需要，市民对一次性购物袋的限制使用和杜绝使用理解得不够清楚，导致一次性购物袋的限制使用出现重重障碍，因此，北京市应该加强减少、限制和禁止使用一次性购物袋的一切宣传活动，使市民从源头思想和意识方面能够积极配合。

(二)一次性餐具减量化

1. 一次性餐具减量化存在的问题

(1)使用量无减少趋势。从调查发现，北京大部分饭店、快餐店、早餐店、小型餐馆等部门的一次性餐具都在免费地大量使用，特别是在近郊区和路边的小饭店，店主为了避免洗刷碗和盘而经常使用套有塑料袋的餐具或一次性餐具，导致北京该类型饭店的一次性餐具使用量巨大。

(2)监督检查管理力度薄弱。北京市由于区域大，饭店和餐馆的经营网点多，导致其管理监督力度薄弱，特别是对于一次性餐具的监督检查更是微乎其微，致使市民长期以来普遍认为饭店和餐馆应该免费提供一次性餐具，市民对一次性餐具具有较好的接受程度。

(3)卫生标准不合格、引发疾病。北京市目前仍有大量不合格的环保餐盒，其内含有大量滑石粉和填充物，醋酸残渣超过国家标准，对人们身体健康具有极大威胁性。同时，也有少数用废塑料或废纸制作的一次性餐具，其危害程度更大。

(4)限制使用一次性餐具的宣传力度薄弱。北京市限制使用一次性餐具的宣传力度相当薄弱，既没有定期固定的宣传活动，也没有规范化的一次性餐具的宣传计划和宣传广告，使得市民对一次性餐具的危害认识和对一次性餐具使用后对环境影响的认识不足，欠缺环境责任感，导致一次性餐具的消耗量和废物的产生量持续较高。

(5)缺乏一次性餐具回收系统。目前北京市没有一次性餐具单独回收体系，一次性餐具或者随生活垃圾一起清运并填埋处理，或者随餐厨垃圾一起清运并分拣填埋处理，没有依据一次性餐具成分的不同所进行的单独规范性的管理，导致废弃的一次性餐具的资源性没能得到有效利用。

2. 一次性餐具减量化对策

(1)制定禁止免费提供一次性餐具使用的法规文件。制定相关法规文件，要求饭店、餐馆、路边摊等必须使用传统餐具或消毒餐具，禁止免费提供一次性餐具，包括筷子、餐盒、水杯、纸巾等。建立一次性餐具有偿使用制度，并对其明码标价。

(2)加强生产者责任制的执行力度。政府尽快制定一次性餐具生产者责任制相关的法律法规，一次性餐具的生产商、批发商和零售商应向其主管部门办理登记手续，各企业生产、销售数量须向其主管部门进行报备，其主管部门按照生产、销售数量对一次性餐具的生产商、批发商和零售商征收其废物处理税。

(3)加强一次性餐具监督管理的全过程。相关部门需对一次性餐具的生产、销售、使用进行全过程监督管理。市质检部门应建立一次性餐具的质量监督机制，对不符合卫生标准的企业按照相关法律进行罚款、整改、停产、吊销营业执照等处罚；市城管执法部门应加强餐饮场所免费提供一次性餐具的监督检查，对违反规定的给予严厉查处。

(4)发挥舆论监督作用。鼓励新闻媒体和“消费者协会”等民间团体发挥作用，对饭店、餐厅一次性餐具使用情况进行监督和实时报道，同时监督官方“以身作则”情况。

(5)加强一些特殊场所一次性餐具的强化管理。对北京市旅游景点、交通场所和相关部门等处的一次性餐具要加强强制管理措施，如车站、码头、机场以及国家旅游风景区、自然保护区内应该禁止使用一次性餐具，并分步扩大禁止使用一次性餐具的范围。对于上班族、上学族应进一步倡议自备餐具。

(三)酒店一次性用品减量化

1. 酒店一次性用品减量化存在的问题

(1)一次性用品的垃圾量大。北京市酒店一次性用品的消耗量较大，特别是“六小件”的浪费量极其惊人。如一块小香皂只使用不到1/3、开了瓶的沐浴液和洗发水还剩大半、小牙膏只使用一半、梳子等均被当作垃圾混合扔弃。

(2)一次性用品提供的内容有增无减。北京市酒店仍在为客人免费提供“六小件”，特别是一些高档酒店和旅游度假村的酒店提供的一次性用品已经超过10种。人们普遍认为酒店提供的免费一次性用品越多，其服务越好，对酒店服务的认可度越高，组织开会的单位和入住的人数也多，致使酒店的一次性用品提供的内容有增无减，资源浪费严重，垃圾量有增无减。

(3)垃圾分类管理意识淡薄。北京市酒店客房部的垃圾分类至今没有执行，没有一次性用品垃圾单独收集容器，更谈不上分类收集容器，而是将一次性用品垃圾与卫生间垃圾、客房内的其他垃圾一起混合收集，致使原本具有回收价值的一次性用品垃圾得不到回收。

(4)一次性用品减量化活动开展很少。调查发现，北京市酒店不重视一次性用品减量化活动，很少开展一次性用品减量化活动或宣传活动，以致一次性用品减量使用和一次性用品垃圾分类回收再利用几乎处于停止状态，这对酒店的低碳行为和绿色酒店的评定均起着消极的作用。

2. 酒店一次性用品减量化对策制定

(1)一次性用品按需按量收费。现阶段北京市酒店可借鉴国外发达城市酒店一次性用品收费政策，尽快采取有偿提供一次性用品的方式，即根据顾客的需要和需要量的多少进行有偿收费，收费标准可在房间内明码标价，以方便顾客购买。

(2)一次性用品必须分类收集。酒店应按照垃圾资源化的要求，将一次性用品垃圾分类收集、分类存放、分类运输，杜绝一次性用品垃圾与生活垃圾混合收集。

(3)建立企业回收和再利用机制。对一次性用品生产企业实行征税制，强迫一次性用品生产企业自身进行一次性用品垃圾的回收再利用，通过考核企业一次性用品垃圾回收再利用量对其进行税收优惠或减免。鼓励酒店自身对一次性用品垃圾进行再利用，如剩余的香皂可用来清洗面盆、浴缸和马桶；对完好无损的外包装物可收集起来再重新利用。

(4)建立酒店一次性用品环境保护政策。北京市应尽快制定和出台酒店一次性用品环境保护政策，使一次性用品采取有偿服务，达到降低其消耗量，减少环境污染，垃圾分类管理，提高其回收效率，形成企业良好的垃圾回收体系，节约社会资源。

三、北京市净菜进城管理

(一)净菜进城存在的问题

1. 市场蔬菜的净菜品质有待进一步提高

目前北京市进城关口没有净菜的检查机构，且市场管理部门不管蔬菜的品质如何都会收取同样的进门费、摊位费或卫生费，导致一些菜农通过减少净菜加工的劳动强度和劳动负担，降低菜价，满足消费者的需求，而对净菜的品质程度不加重视，市场蔬菜垃圾产生量加大。

2. 净菜品质较好的售菜场所售菜受阻

目前北京市蔬菜早市的净菜品质较低，蔬菜垃圾产生量是其他售菜场所垃圾量的1—2倍，但由于早市摊位费较低，蔬菜价格低，市民到早市购菜的几率很高，使得净菜品质较高的售菜场所售菜受阻。

3.“农超对接”超市带叶蔬菜品质不高

2010年，北京市6家大型连锁超市与全国110家农业合作组织建立了合作关系，以低于城市社区菜市场10%—15%的蔬菜价格销售[①]，但是超市蔬菜品质不是很高，特别是带叶蔬菜，蔬菜垃圾的产生量不容忽视。

4. 没有净菜上市相关的法律法规

虽然北京市一直在大力推动“净菜进城”“净菜上市”，但是并没有出台关

---

① 卢彦：《便民利民，促进发展，打造服务全国、辐射世界的国际商贸中心——北京市商务委员会主任卢彦在2011年全市商务工作会议上的报告(节选)》，《时代经贸》，2011年2月(上旬刊)。

于净菜的具体管理方法，没有建立净菜进城的监管体系，毛菜进城轻而易举，没有菜农销售净菜的优惠政策，没有体现出销售净菜的优势，这使得净菜进城不能规范化管理，经营净菜类的企业没有切实的优惠保障。

(二)净菜进城管理具体实施办法

1. 六环的收费站设置“净菜”检查制度

目前，北京市蔬菜以由外省运输进京为主，建议在运输蔬菜车辆进京前对其进行检查，检查地点为各进京高速(共十条：京张高速、京承高速、京沈高速、京津塘高速、京开高速、京石高速、京平高速、京蓟高速、京通快速、京哈高速)的收费站，最终实现北京市六环内“净菜”全部覆盖。

2. 提高北京市城区内农贸市场垃圾清运费用

目前，北京市郊区和城内售菜主要场所(如早市和农贸市场)蔬菜的净菜品质和价格相差不大，可以采用经济制约手段，提高城区内农贸市场垃圾清运费用，以此强化蔬菜的品质，实现城区内农贸市场蔬菜垃圾减量化的效果。但是农贸市场垃圾清运费用价格调整不宜过大，避免监督管理措施不到位，垃圾乱扔乱丢的现象发生。

3. 强化“农超对接”模式的普及率

北京市现阶段应该总结已有超市的“农超对接”方式的经验和模式，在保证蔬菜价格和净菜品质的前提下，进一步大力普及各类超市的“农超对接”方式，发挥超市购物的优势，使居民从以农贸市场购买蔬菜为主转向以超市购买蔬菜为主，从而减少蔬菜垃圾的产生量。

4. 强化农贸市场“净菜优先”发展模式

北京市农贸市场应建立净菜专卖区，凡是在净菜专卖区售菜的商户，优先安排进入市场，优先安排摊位，并建立市场的监督检查机构和市民的监督举报机制，保证净菜专卖区的净菜品质。对于非净菜专卖区可采用加收市场卫生保洁费，缩减摊位占地等向有利于净菜专卖区过渡的措施执行，逐步实现农贸市场“净菜优先”发展模式，减少蔬菜垃圾的产生量。

5. 深入开展“净菜”的价格攻坚战

要想加快北京市净菜的推广力度，“净菜”的价格高低势必成为居民购置蔬菜导向的关键点。超市“净菜”的价格攻坚战必须尤为重要，超市在净菜进货方式、进货渠道和“农超对接”等方面应该挖掘潜能，力争降低超市净菜的价格，使超市净菜走进北京市千家万户。

四、北京市餐厨垃圾减量化

(一)餐厨垃圾管理存在的问题

1. 餐厨垃圾源头管理较差

根据调查，北京市 2009 年城区内饭店总量为 58000 家，这些饭店每天的垃圾产生量约为1700吨，其中餐厨垃圾约为1200吨，干垃圾(其他垃圾)约有500吨①。与此同时，北京市餐厨垃圾源头管理较差，没有源头餐厨垃圾减量化的具体实施办法，导致餐厨垃圾源头减量化效果几乎为零。此外，由于源头缺乏有效的餐厨垃圾管理和监控措施，导致餐厨垃圾从产生源流失严重，大量餐厨垃圾被不法分子收购用于提炼地沟油和做饲料，严重危及人民群众的健康。

2. 餐厨垃圾混合收集现象普遍

调查发现，大多数餐馆直接将餐厨垃圾和产生的诸如一次性筷子、一次性餐纸等其他垃圾一起收集，导致后续的餐厨垃圾资源化预处理负担沉重。有的食堂或餐馆的餐厨垃圾随生活垃圾一并收集。

3. 餐厨垃圾收费制度执行不到位

北京市餐厨垃圾自1999年起实行收费制度，但实际上餐厨垃圾收费政策并没有较好实施，仍然处于免费收集状态。免费收集的原因主要一是防止现阶段垃圾的乱排乱扔，即防止由于收费引起的餐厨垃圾混入生活垃圾收集点、排入路面的雨水管道和下水管道，造成严重的城市水患和市容环境的污染等二次污染现象；二是北京市现阶段处于餐厨垃圾规范化管理的过渡阶段，若马上实施餐厨垃圾收费制，很多餐馆对此会很难接受，可能会出现严重大量餐厨垃圾流失现象，餐厨垃圾危害社会现象会越演越烈。因此，北京市餐厨垃圾采用何种方式收费和何时实现收费已成为餐厨垃圾管理的重要问题之一。

4. 餐厨垃圾运输能力亏空较大

2010年北京市专业餐厨垃圾收运车不到100辆，这对于北京市餐厨垃圾产生量来说是远远不足，缺乏专业的餐厨垃圾收集队伍及收集运输设施也是造成北京市餐厨垃圾流失和餐厨垃圾与生活垃圾混合收运的一个重要原因。

(二)餐厨垃圾源头减量化对策制定

1. 将源头减量管理纳入到北京市餐厨垃圾管理办法中

在北京市餐厨垃圾收集运输处理管理办法(2009年修订)及其他的相关文件中几乎未涉及餐厨垃圾源头减量化管理和其具体实施办法的任何内容，因此，建议北京市相关部门对于餐厨垃圾源头减量化管理的内容应该予以制定并提出具体的实施办法，同时指定具体的监管部门进行监管。

2. 制定餐厨垃圾源头减量化管理内容

建议在制定餐厨垃圾减量化管理中涵盖饭店、餐馆等餐饮部门为减少餐厨垃圾的产生量而采取的具体内容和实施办法，如增收餐厨垃圾处理费、提高打包餐具的收费标准、增设绿色就餐提示、增设餐饮部门餐厨垃圾源头管

① 刘晓英等:《北京市餐厨垃圾产生状况及厌氧发酵产气潜力分析》,《可再生能源》,2009年第4期。

理责任制、建立奖励或表彰和处罚制度、对餐厨垃圾源头减量化无行动的餐饮部门应该予以处罚，屡教不改的应该吊销执照等。

3. 强化餐厨垃圾源头减量化管理的监督管理机构

现阶段北京市餐厨垃圾源头减量化管理重在监督管理。建议北京市餐饮业管理和监管部门要通力合作，分清职责，加强管理，特别是监督管理和处罚管理，以保证北京市餐厨垃圾管理办法得以执行，避免以往所制定的制度形如虚设或实施中无部门具体负责实施的现象重现。

4. 制定餐厨垃圾分类标准

餐厨垃圾分类直接关系后续餐厨垃圾处理的成本和处理工艺、处理效果、再生产品质量等一系列的问题。建议北京市出台餐饮业垃圾的分类标准，并建议餐饮业垃圾应分为餐厨垃圾、废一次性餐具和其他垃圾三类。餐厨垃圾包括剩饭剩菜和厨余垃圾等；废一次性餐具包括一次性筷子、废餐巾纸、废纸类的一次性水杯、废一次性餐饮盒等；其他垃圾指除上述垃圾之外的所有垃圾。

5. 深化餐厨垃圾的收集运输管理

结合北京市餐厨垃圾的产生量和分布区域，建立餐厨垃圾收集运输的特许专业队伍，规范餐厨垃圾的收集运输，从管理层面上强化和规范餐厨垃圾的收集运输，为保证减少餐厨垃圾的流失和餐厨垃圾处理厂的有效运行，减少餐厨垃圾对人类和环境的威胁都会起到积极的推动作用。

6. 落实餐厨垃圾收费制度

落实实施北京市餐厨垃圾的收费是本市餐厨垃圾主管部门尽快要解决的关键问题，这为餐厨垃圾源头减量管理、收集运输和处理都起到至关重要的作用。

参考文献

[1] 吕庆华：《商品过度包装的危害及其防治》，《当代财经》，2006 年第 2 期。

[2] 郝发义：《新西兰纸板回收率达到 78%》，《印刷技术》，2009 年第 4 期。

[3] 卢彦：《便民利民，促进发展，打造服务全国、辐射世界的国际商贸中心——北京市商务委员会主任卢彦在 2011 年全市商务工作会议上的报告(节选)》，《时代经贸》，2011 年 2 月(上旬刊)。

[4] 刘晓英等：《北京市餐厨垃圾产生状况及厌氧发酵产气潜力分析》，《可再生能源》，2009 年第 4 期。

（作者：李　颖　北京建筑大学副教授）

项目名称：生态经济结构视角下北京产业升级与区域产业协调发展研究
项目编号：11JGA011
项目负责人：邹昭晞
项目信誉保证单位：首都经济贸易大学

生态经济结构视角下北京市产业升级与协调发展研究

内容提要：本课题从新产业培育与产业结构升级、产业链低端走向高端、北京市各产业之间的协调发展、北京市各区县各产业之间协同发展、京津冀都市圈各产业协同发展5个方面运用实证研究手段分析了北京市产业升级与协调发展的现状；在此基础上，提出北京市产业升级与协调发展的对策建议：北京产业发展定位——以世界城市为坐标系定位发展，在更高层次上参与全球分工；主要发展方向——调整北京市三次产业发展定位，从“优化一产、做强二产、做大三产”调整为“做优一产、做高二产、做强三产”，继续坚持推动产业融合协调发展，构建首都现代产业体系；主要发展途径——强化创新驱动、推进产业融合、优化空间布局等。

本课题负责人2009年提出“生态经济结构”概念。这里的“生态经济结构”不是环保的概念，而是指任何一个国家或地区的经济发展都应遵循大自然的生态规律，大小企业共生、集聚和分散共存，“高端”与“低端”同在，不可能简化为一种形态。这一概念的提出，是基于对传统产业升级理论进行延展和修正的思考，也赋予本课题的主题——北京市产业升级与协调发展研究一个新的视角。

产业升级与协调发展是产业经济学中一个涉及面非常宽泛的范畴，总结前人的研究，为本课题的研究提供了如下思路：

产业升级包括两个层面：一是产业结构升级；二是产业内升级，即有学者称为“升向高端产业或产业链高端”。Humplrey和Schmitz(2002)提出在全球价值链背景下产业升级有四种方式：技术升级、产品升级、功能升级和价值链间升级，其中前三种方式可看作产业内升级，价值链间升级即产业结构升级。

产业协调发展也包括两个层面：一是区域内各产业之间的协调发展，包括三次产业间和三次产业内各细分产业(或功能)之间的协调发展；二是区域间各产业之间的协调发展，对本课题来说，包括北京市各区县各产业之间协同发展(涉及空间布局)，也包括京津冀都市圈各产业协同发展。

一、北京市产业升级与协调发展的现状

(一)新产业培育与产业结构升级

从新产业培育与产业结构升级角度考察，改革开放以来，特别是中国加入 WTO 以来，北京市产业升级取得显著成效。

(1)北京市三次产业中第三产业的比重。北京市三次产业间产业结构高度化程度大大高于全国平均水平，也显著地高于上海、深圳、天津等经济社会发展水平相当的国内大城市，已经超前地达到发达国家的较高水平。

(2)北京市第一产业在全国率先实现了城郊农业向都市农业转变。

(3)制造业成功地完成了现代制造业与冶金、石化为主体的基础制造业的更迭交替，现代制造业和高技术产业成为北京制造业的主导产业。

(4)第三产业中现代服务业和生产性服务业发展迅猛，均以高于第三产业和北京市地区生产总值的发展速度发展，北京市第三产业内部升级明显。

(5)依据 2005—2011 年统计数据，采用投入产出分析(产业感应度系数、影响力系数)、技术进步率、比较优势(区位商等)、产业规模、增长速度等多种分析方法和指标，运用因子分析方法对制造业细分产业进行分析和评价，清晰地看到交通运输设备制造业、通信设备计算机及其他电子设备制造业、金属冶炼及压延加工业、工艺品及其他制造业、石油加工炼焦及核燃料加工业等典型产业的优势的变化过程。至 2011 年北京制造业优势产业为工艺品及其他制造业、交通运输设备制造业、石油加工炼焦及核燃料加工业、通用专用设备制造业、造纸印刷及文教体育用品制造业，电气机械及器材制造业。

(6)用同样的方法对第三产业细分产业进行分析和评价，清晰地看到金融业、租赁和商务服务业、科学研究技术服务和地质勘查业、交通运输仓储和邮政业、房地产业、信息传输计算机服务和软件业等典型产业的优势的变化过程。至 2011 年北京第三产业优势产业为金融业、租赁和商务服务业、批发和零售业、科学研究技术服务和地质勘查业、居民服务和其他服务业、交通运输仓储和邮政业。

(二)产业链低端走向高端

从产业链低端向高端升级考察，第一产业内部升级成效显著，而北京制造业和第三产业仍旧停留在产业链低端。

(1)与制造业和第三产业相比较，北京市第一产业内部升级成效显著，北京农业的生产力水平和现代化程度位居我国前列，因而有些业内人士对于北京市农业功能的定位，在生产、生活、生态三大功能的基础上，又增加了第四个功能，即“示范”功能。

(2)北京市制造业劳动生产率虽然在全国处于较高水平，但与世界各国相比较，仍然处于很低水平，北京市制造业资产生产率则是在全国处于最低水平，且与平均水平相差甚远。反映北京市制造业仍旧停留在产业链低端。北京市制造业国有资产比重过大，可能是北京市制造业效率低下的主要原因。

(3)北京市第三产业劳动生产率明显低于全国平均水平，大大低于上海和天津。而从动态发展角度进行全要素生产率的比较，北京全要素生产率状况比各年劳动生产率情况好得多，但作为北京第三产业领军产业金融业，其北京市全要素生产率远低于全国平均水平，说明北京金融业的创新能力和技术进步存在较大差距。

(三)北京市各产业之间的协调发展

从北京市各产业之间的协调发展考察，北京产业协调发展取得一定成效，但仍有较多问题需要关注。

(1)北京市三次产业结构升级具有显著的独特性，其缘由可能与北京经济发展的历史沿革、首都功能定位、国际大都市三次产业结构变化一般趋势等因素有关，但是，从北京城乡一体的市情、第一产业与第二产业日益凸显的新功能、北京市第三产业呈现出“比重高、水平低”的外延式发展态势三个角度进行分析，北京市三次产业结构合理化的方向应该特别着重于三次产业结构之间和三次产业内部的协调发展，而不是一味地追求第三产业比重无限制地攀升。

(2)北京市第一产业中城乡农业的单一功能(生产)已经转向都市农业的多种功能(生产、生活、生态)。在北京市农业生态服务价值评价监测体系中，农业生态环境服务价值占有绝对优势。农业生态服务价值的提出为北京农业升级提出了明确的方向，而三种价值的协调发展也日益被关注。农业在不断提升重要的生态价值的同时，也同样要提升生产和生活价值。此外，随着城乡一体化的进程，北京农村农业发展中越来越多地融入二产和三产，三次产业协调融合发展成为农业发展的主要形态。北京市农村内部三次产业协调、融合发展对于提高农业整体生产效率作用十分明显。

(3)北京市现代制造业与高技术产业成为主导产业的同时，北京都市制造业却没有呈现出发达国家和世界城市都市制造业的发展态势。从生产效率考察，北京市都市制造业整体也没有从低端走向高端。反映出北京市都市制造业还停留在传统制造业的水平之上，尚未能像意大利和伦敦、巴黎、东京、纽约等城市那样，通过科技创新和文化创意赋予都市制造业以高附加值。都市制造业与现代制造业协同发展应成为北京制造业关注的问题。

(4)在北京市第三产业四大支柱产业中，文化创意产业与生产性服务业(金融业、流通服务业和信息服务业)共同发展，《中共北京市委关于制定北京市国民经济和社会发展第十二个五年规划的建议》也明确提出，要发展生产性服务业，强化文化创意产业的支柱地位，都显示出北京市第三产业产业协调发展的独特亮点。

（四）北京市各区县各产业之间协同发展

从北京市各区县各产业之间协同发展角度考察，北京市已经形成了“产业集聚、层次错落、分区域功能定位”的格局，体现出产业“集聚”与“分散”协调发展的生态经济结构特征。

（1）北京农业已经或即将形成“五个农业圈层”和“八大产业带（群）”空间发展格局。在五个农业圈中，城市发展新区（即平原区圈层）的农业、牧业、渔业、农林牧渔服务业均位居前列；籽种产业、设施农业、农业观光园也均处于领先地位；设施农业中蔬菜产量、花卉苗木收入、瓜果产量、水果产量均为第一。因而，城市发展新区是北京农业生产的主力军，生态涵养发展区则在林业和民俗旅游方面位居前列，是北京农业生态与环境价值的主要创造区域。八大产业带（群）包括生态粮经产业、设施农业、籽种产业、果品花卉产业、畜牧产业、水产业、加工农业和农业旅游产业八个产业。八大产业带（群）的构建涉及城市发展新区和生态涵养发展区主要区县。

（2）北京市制造业空间布局从1991年开发区的建设开始起步，经过20年的发展，已经形成了三个层次板块和六大国家级新型工业化产业示范基地。三个层次板块包括国家级与市级两个层次的开发区和农民就业产业基地；六大国家级新型工业化产业示范基地包括：电子信息——北京中关村科技园区、石油化工（石化新材料）——北京房山区、汽车产业——北京顺义区、装备制造（轨道交通装备）——北京丰台区、软件和信息服务——北京中关村科技园区海淀园①、军民结合——北京大兴区。六大产业基地的建立与发展，显现出北京市制造业开始向战略性新兴产业方向发展的态势。

（3）北京市生产性服务业空间布局已经形成四大高端产业功能区：北京金融街、北京CBD（商务中心区）、北京奥林匹克中心区、北京临空经济区。“十二五”期间，北京市规划从产业融合角度将制造业与服务业统筹规划，提出构建“两城两带、六高四新”的创新和产业发展空间新格局，“两城”指中关村科学城和未来科技城，“两带”指北部研发服务和高技术产业带、南部高技术制造业和战略性新兴产业发展带；“六高”即要提升“十一五”期间的六个高端产业功能区（前述四个加中关村科技园与亦庄开发区），“四新”即要培育四个高

① 在北京市“十一五”规划中，六大高端产业功能区二产与三产的划分界线是很分明的，随着产业融合的进展，六大高端产业功能区原来两个以制造业为主的开发区——中关村科技园区、北京经济技术开发区都赋予了二产与三产融合的新功能。软件和信息服务——北京中关村科技园区海淀园应属于服务业的产业基地，这是二产与三产深度融合的结果。为了展示北京市国家级新型工业化产业示范基地全貌，我们只有将其放在这里。事实上，这部分资料的信息来源是《北京市工业开发区年报（2012）》，该年报也可能是基于同样的原因将这部分材料放在《工业开发区年报》中。

端产业新区：通州高端商务服务区、新首钢高端产业综合服务区、丽泽金融商务区，怀柔文化科技高端产业新区。这一战略定位体现了第二产业和第三产业产业深度融合的大趋势。此外，北京市分四批批复了30个北京市文化创意产业集聚区，涵盖了文化创意产业全部13个门类，也遍及北京市全部区县。

(4)运用G指数测算北京市三次产业和第三产业细分产业在各区县的区位商与集中度，得出如下结论：

首先，北京市三次产业之间集中度差距显著：第一产业集中度最高，且2005—2011年集中度变化不明显；第二产业集中度明显低于第一产业，但呈现不断上升的趋势；第三产业集中度最低，表现为先降后升的趋势。第一产业延庆县区位商最高，说明延庆县在第一产业具有比较优势，但顺义区增加值最大，说明顺义区在第一产业具有绝对优势；第二产业北京经济技术开发区区位商和增加值都最大，说明其在第二产业既具有比较优势，又具有绝对优势。第三产业东城区区位商最高，说明东城区在第三产业具有比较优势，但朝阳区增加值最大，说明朝阳区在第三产业具有绝对优势。

其次，第三产业中交通运输仓储和邮政业、信息传输计算机服务和软件业、金融业、租赁和商务服务业四个细分产业集中度位居前列，近年来集中度呈现出上升的态势；且在这四个细分产业中，顺义区(在交通运输仓储和邮政业)、海淀区(在信息传输计算机服务和软件业)、西城区(在金融业)、朝阳区(在租赁和商务服务业)区位商最高，且增加值最大，说明这四个区县分别在相应的四个细分产业中既具有比较优势，又具有绝对优势，反映了北京临空经济区、北京中关村科技园区、北京金融街、北京CBD分别对于提高交通运输仓储业、信息传输计算机服务和软件业、金融业、租赁和商务服务业的集中度作用显著。而教育产业、批发与零售业、住宿和餐饮业、房地产业、科学研究技术服务和地质勘查业、水利环境和公共设施管理业、卫生社会保障和社会福利业、文化体育和娱乐业、居民服务和其他服务业、公共管理和社会组织业等产业集中度相对较低，且区位商较高的区县(大多为远郊区县)与该产业增加值最高的区县(大多为城市核心区与城市功能拓展区)不重合，即具有比较优势的区县不具备绝对优势。特别值得关注的是与文化创意产业相关产业大都集中度比较低，在这些产业中虽然海淀区具有绝对优势，但几个远郊区县具有相对比较优势，而文化创意产业集聚区高度集中的朝阳区在这些产业中均不具备比较优势和绝对优势。

(五)京津冀都市圈各产业协同发展

从京津冀都市圈各产业协同发展角度考察，京津冀三地产业合作协同发展空间广阔，有关规划可作为京津冀三地产业规划的重要参考。

(1)第一产业不论是总量还是增长速度考察，河北始终具有绝对优势。第二产业虽然从总量考察河北省具有优势，但天津增长速度高于河北，北京无论从总量还是增长速度都低于天津和河北。第三产业则无论从总量还是增长速度考察，北京均具有绝对优势。对京津冀第三产业细分产业增加值进行比较，北京在金融业、房地产业、批发和零售业、住宿和餐饮业的增加值均高于天津和河北，具有绝对优势；北京在交通运输仓储和邮政业的增加值高于天津，且具有良好的发展态势；在其他产业中，包括信息服务业、商务服务业、文化体育娱乐业、科学研究、教育等，北京都显示出相对于天津和河北明显的优势。《京津冀都市圈区域规划》对京津冀三地未来发展方向的定位与上述分析十分吻合，尽管该规划方案上报国务院后至今尚未获批，仍然可作为京津冀三地产业规划的重要参考。

(2)考察京津冀三地工业细分产业工业总产值，得出如下结论：

首先，交通运输设备制造业、通信设备计算机及其他电子设备制造业、石油加工炼焦及核燃料加工业、黑色金属冶炼及压延加工业四大产业是京津冀都市圈的优势产业。

其次，北京制造业升级明显优于天津和河北。

最后，在京津冀都市圈制造业具有优势的几大产业中，在汽车及装备制造业、电子信息产业的区域协调发展中北京处于中心与引领地位，而在原油加工业的发展中，京津冀实力相当，乙烯制造业北京与天津实力相当，在原油加工与乙烯制造产业协调发展中，北京处于与津冀共同协同发展地位；在钢铁制造业中，由于首钢的搬迁，唐山已成为京津冀三地最大的钢铁基地，北京在钢铁制造业中不再具有优势。

二、北京市产业升级与协调发展的对策建议

(一)北京产业发展定位

以世界城市为坐标系定位发展，在更高层次上参与全球分工。

(二)主要发展方向

调整北京市三次产业发展定位，从“优化一产、做强二产、做大三产”调整为“做优一产、做高二产、做强三产”，继续坚持推动产业融合协调发展，构建首都现代产业体系。

1. 推进都市型现代农业发展

(1)优化都市型现代农业发展，推进菜篮子工程建设。以开发农业的生产、生活、生态等多种功能为着力点，完善都市型现代农业的实现形式，提高农业综合生产能力、应急保障能力、生态修复能力和社会服务能力。进一步强化都市型现代农业在世界城市建设中的独特地位和功能价值，为健康北京人提供营养保障和绿色环境。

(2)优化农业产业结构。深化农业结构战略性调整，积极培育壮大新型特

色主导产业。稳步发展设施农业，科学发展健康养殖业，办好世界种子大会，打造北京“种业之都”，做优花卉果品园林业、做强农产品加工业。

(3)促进农业生产经营的专业化、标准化、规模化和集约化。注重用高新技术和先进适用技术提升传统产业，加大节能减排力度，提升循环经济水平，引导企业从能源消耗型向节能环保型转化。引导企业逐步实现由数量增长型向质量效益提高型提升。促进农业生产经营的专业化、标准化、规模化和集约化，提升农业附加值。

(4)促进城乡资源的优化组合，推进产业融合发展，带动农业产业升级。推动城市核心区优势资源向郊区流动，推动现代制造业项目向东部发展带聚集，推动现代服务业项目向南部地区和生态涵养发展区延伸，实施中心城与郊区的产业对接行动，将郊区一批有资源优势的产业聚集区纳入中关村、CBD等功能区，以城市战略性新型产业带动农村产业升级，进入高端化产业领域。

(5)发展和完善第一产业新功能。建立健全与生态服务价值评价挂钩的农业生态补偿机制；加快北京三个农业圈区域(城市功能拓展区、城市发展新区、生态涵养发展区)农业观光园、民俗旅游等旅游业发展。

2. 提升高技术和现代制造业发展水平

(1)坚持高端发展方向。着力发展高端现代制造业，改造提升传统制造业。延伸制造业产业链，促进工业化与信息化融合发展，增强产业配套能力和集群发展水平。提升电子信息、汽车、装备制造、医药等产业发展水平，促进研发、制造、总部一体化发展。

(2)大力发展战略性新兴产业，带动产业持续升级和竞争力提升。瞄准国际前沿技术和产业发展趋势，把发展战略性新兴产业作为产业结构优化升级的突破口。依托首都科技资源优势和产业基础，积极发展新一代信息技术、生物医药、新能源、节能环保、新能源汽车、新材料、高端装备制造和航空航天等产业，加强产业关键核心技术和前沿技术研发，以关键技术研发和装备研制带动重点领域突破，以重大工程建设和应用培育市场需求，努力使战略性新兴产业成为先导性、支柱性产业，形成若干战略性新兴产业集群，培育一批年销售收入超过500亿的大型企业，涌现出一大批创新能力强的中小企业。

3. 加快服务业调整升级和经济发展方式的转变

(1)促进经济结构由服务业主导向生产性服务业主导升级。围绕拓展提升城市服务功能，促进金融服务、信息服务、科技服务、商务服务、流通服务等生产性服务业加快发展，建设具有国际影响力的金融中心城市，打造服务区域、服务全国、辐射世界的生产性服务业中心城市。

(2)进一步强化文化创意产业的支柱地位。积极推进文化与科技、资本及其他产业的融合发展，落实大旅游发展理念，将旅游业发展成为重要的支柱产业，打造国际一流旅游城市。吸引国内外大型旅游会展总部或分支机构落户北京，引导形成旅游会展总部经济聚集区。吸引民营经济、国际资本参与重大旅游项目开发，促进旅游企业集团化、规模化、品牌化、国际化发展，打造具有国际竞争力的北京旅游品牌。开发高端旅游产品，建设一批带动性强的旅游项目。加快重点旅游项目建设。

(3)促进生活性服务业与生产性服务业协调发展。生活性服务业要适应人们生活质量提高和日益多样化的新需求，大力发展健康、养老等新兴生活服务业。按照“安全便利、资源节约、行为规范、环境友好”原则，促进生活性服务业与生产性服务业协调发展。加快发展现代粮食流通产业，保障首都粮食安全。

(4)进一步推进第三产业发展方式转变。以调整升级为基础，尽快提升服务业创新能力和生产效率，实现从产业链低端走向高端的升级。

(三)主要发展途径

1. 强化创新驱动

要加快实施科技创新、文化创新“双轮驱动”战略，坚持高端引领、创新驱动、绿色发展，不断创新发展理念、发展模式，把推动发展的动力加快转移到更多依靠科技进步、劳动者素质提高和管理创新上来。加强创新能力建设，提升自主创新水平，增强经济长期竞争力。深入推进节能减排，提升生态文明水平，走绿色低碳、生态友好发展之路。更加注重扩大内需，特别是增强消费拉动作用，持续推进产业优化升级，增强经济发展的协调性、稳定性和可持续性。

2. 推进产业融合

(1)强化产业融合意识。要充分认识到产业融合不仅可以促进传统产业的创新，而且有助于推进产业结构的优化，同时在不同的产业领域内产业融合以不同方式演进，最后将促成整个产业结构高度化、合理化，并构架出融合性的产业新体系。

(2)选准产业融合的路径。例如，高新技术向其他产业的渗透融合，产业之间的延伸融合，产业内部的重组融合。

(3)抓住产业的融合创意。许多发达国家通过创意涌现了一系列新的产品、营销和服务，吸引了全世界的眼球。国内也同样如此，如动漫产业、时尚设计、创意产品、创意服务等，不仅提升了传统产业能级，而且直接推动了产业的新发展。

(4)提供产业融合的支撑。第一要有眼光，对产业融合可能产生的新产业、新技术等要具有战略眼光，更需要有前瞻性的把握；第二要有勇气，产业融合的任何新成果都将对现有体制、机制带来新挑战，对于现有的管理模式和管理规章带来了新的挑战，这就要求能够及时调整方针和政策，适应融合发展趋势的需要；第三要有压力，产业融合是未来发展的趋势，也蕴含着许多新的机遇和新的增长点，需要企业和政府自我加压去寻求，也需要增强时不我待的紧迫感。

3. 优化空间布局

坚持分区域功能定位发展，把优化区域功能配置、完善空间布局形态作为北京产业升级与协调发展的重要支撑，切实提高城乡一体化和区域协调发展水平。

(1)丰富提升“五个农业圈层”内涵，集中打造“八大产业带(群)”，加快形成都市型现代农业体系格局。

(2)继续提升制造业三个层次板块和六大国家级新型工业化产业示范基地产业集聚功能，促进北京市制造业工业化与信息化融合发展，增强产业配套能力。

(3)不断完善6个高端产业功能区与30个文化创意产业集聚区，培育4个高端产业新区，打造“两城两带”新格局。促进第三产业协调发展，促进第三产业与第二产业融合协调发展。

(4)推进京津冀都市圈协同发展。促进京津冀三地三次产业分工与协调发展，完善三个产业发展核心带和四大发展区。

参考文献

[1]邱灵、方创琳：《北京市生产性服务业空间集聚综合测度》，《地理研究》，2013年第1期。

[2]沈孟康：《因子分析法对区域战略性新兴产业选择的实证研究》，《企业经济》，2012年第9期。

[3]杨仁发、刘纯彬：《生产性服务业与制造业融合背景的产业升级》，《改革》，2011年第1期。

[4]杨以文、郑江淮、黄永春：《生产性服务业与战略性新兴产业协调发展》，《当代经济科学》，2012年第11期。

[5]朱立志：《对新时期我国生态农业建设的思考》，《中国科学院院刊》，2013年第3期。

[6]黄斌：《北京文化创意产业空间演化研究》，北京大学博士学位论文，2012年。

[7]中华人民共和国国家统计局：《中国统计年鉴》，北京：中国统计出版社，2003—2012年。

[8]北京市统计局：《北京统计年鉴》，北京：中国统计出版社，2005—2012年。

[9]天津市统计局：《天津统计年鉴》，北京：中国统计出版社，2012年。

[10]河北省人民政府：《河北统计年鉴》，北京：中国统计出版社，2012年。

[11]上海市统计局：《上海统计年鉴》，北京：中国统计出版社，2012年。

[12] 深圳市统计局：《深圳统计年鉴》，北京：中国统计出版社，2012年。

[13]广州市统计局、国家统计局广州调查队：《广州统计年鉴》，北京：中国统计出版社，2012年。

[14] 邢战坤、陆绍奎：《大连统计年鉴》，北京：中国统计出版社，2012年。

[15] 杭州市统计局、国家统计局杭州调查队、杭州市社会经济调查局：《杭州统计年鉴》，北京：中国统计出版社，2012年。

[16]北京市统计局、国家统计局北京调查总队：《北京区域统计年鉴》，北京：同心出版社，2005—2012年。

[17]北京市统计局：《北京投入产出表》，2000—2010年。

[18]北京市统计局：《北京市都市型现代农业生态服务价值监测报告》，2006—2011年。

[19]北京市经济信息化委、北京市统计局、北京市开发区协会、北京国际工程咨询公司：《北京市工业开发区年报》，2011年。

[20]中国汽车技术研究中心、中国汽车工业协会：《中国汽车工业年鉴》，北京：中国汽车工业年鉴社，2000—2012年。

[21]《北京市国民经济和社会发展第十二个五年规划纲要》，首都之窗，http：//zhengwu. beijing. gov. cn/ghxx/sewgh/t 1176552. htm.

[22]《北京市“十二五”时期文化创意产业发展规划》。

[23]北京市发展和改革委员会：《北京市“十二五”时期生产性服务业发展规划》，首都之窗，http：//zhengwu. beijing. gov. cn/ghxx/sewgh/t 1217610. htm.

[24]北京市人民政府：《北京市“十二五”时期城乡经济社会一体化发展规划》，《北京市人民政府公报》，2012年第1期。

（作者：邹昭晞　首都经济贸易大学教授）

项目名称：北京市突发食品安全事件应急管理研究
项目编号：11JGB037
项目负责人：何维达
项目信誉保证单位：北京科技大学

北京市突发食品安全事件应急管理研究

内容提要：近年来食品安全事件频发，2008年的三鹿奶粉事件举国震惊，2011年席卷全国的地沟油事件，2013年肯德基冰块细菌严重超标等多起食品安全事件，已严重威胁到人们的身体健康和生命安全。这些重大食品安全事件中很多都遍布全国或是涉及北京市，而且食品的流动性较大，如果出现问题，涉及范围较为广泛；即使有些问题没有涉及北京市，但事件的发生也为北京食品安全问题敲响了警钟。北京是我国的首都，是全国的政治中心、文化中心，因此北京市的食品安全问题显得尤为重要。本文研究了北京市食品安全的主要问题、北京市食品安全应急预警体系和突发食品安全事件应急管理体系的构建，最后提出政策建议。

一、问题的提出

食品安全是1974年由联合国粮农组织提出的，之后不少学者分别从不同角度对这一问题展开研究，如W. E. L Spiess(2006)介绍了亚洲、非洲、欧洲、澳洲及美洲的食品安全问题，以及不同国家引发食源性疾病的比例。Albert Chambers(2006)介绍了重视农产品食品安全的原因和加拿大保障食品安全的方法途径。从食品供应链的角度，美国农学家Kinsey指出，食品安全问题涉及食品从生产、加工到销售的整个食物供给链，并分析了其影响因素。在食品安全监管体系方面，国外学者主要从食品安全监控体系的构成、运行机制和可能的失效三方面进行研究。例如，著名学者Whitehead(1995)对影响食品安全监控体系有效性的重要因素进行了研究。DeWaal. C(2003)针对食品安全监控体系的监管主体主要从消费者的角度展开研究，他指出：建立单一的食品安全管理部门，能够促使资源优化配置，而且会带来合理的食品安全监管体系，而食品安全监管体系的透明性直接决定了其发挥作用的效果。A. Regattierietc(2007)提出建立食品可追溯体系的必要性，该系统的实现离不开条形码和RFID(Radio Frequency Identification，无线射频识别技术)等先进信息技术的支持。在食品安全危机处理机制研究方面，国外主要集中在标准、检测等具体技术问题和食品安全管理体系的一般探讨，针对食品安全的危机处理机制及危机预警机制的研究较少。另外，美国、欧盟、日本等发达国家和地区都建立了食品安全预警机制，这些都值得我们学习和借鉴。

二、基于北京市消费者视角的食品安全问题分析

目前，北京市消费者到底对食品安全关注度如何？都关注什么问题？对此我们设计了问卷进行调研。本次调查共发放问卷500份，回收问卷489份，其中有效问卷442份。本次调查采取随机发放调查的形式，受访者年龄集中在20—50岁，调查地点有北京市区的高校、超市、企业等。

(一)消费者对食品安全问题的关注情况

1. 消费者对食品安全的关注度比较高

调查显示，60.2%的消费者对食品安全问题十分关注，38.5%的消费者对食品安全问题有一定的关注，仅有1.4%的消费者不关注食品安全问题。随着近年来消费者生活水平的提高，我国消费者食品安全意识显著提高，购买食品观念发生重大转变，由原来的“价格优先”转向“质量与价格并重”。而随着近几年频频爆发的各种食品安全事件，更使得消费者对食品安全问题尤为关注。

同时，文化水平越高的消费者对食品安全问题的关注度也相对越高。从年龄分布上看，20—30岁青年的关注度较低，在50%以下；30—50岁的消费者对食品安全的关注度最高，接近80%。由于30岁以上的消费者一般都有了自己的家庭或者是自己购买食品，尤其是家里有老人和孩子的消费者，对食品安全的问题显然会更加关注。30岁以下的年轻人，由于多数处于求学或是刚刚上班阶段，基本上就是在学校和单位食堂吃饭，再者由于年轻人生活经验较少，对食品安全的关注就显得稍有不足。

下面图1、表1和表2分别反映了消费者群体对食品安全的关注度，以及不同年龄、不同学历群体对食品安全的关注度。

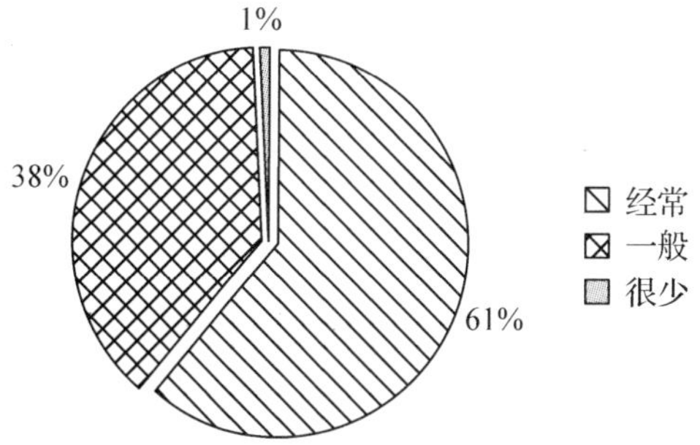

图1 食品安全关注度

表1　基于年龄分布的食品安全问题关注度

关注度 \ 年龄	20—30岁	30—40岁	40—50岁	50岁以上
一般	50.80%	20.80%	20%	45.40%
经常	49.20%	76.20%	80%	54.60%
很少	0	3%	0	0

表2　基于学历分布的食品安全问题关注度

关注度 \ 学历	高中及以下	大学	硕士及以上
经常	50%	56.70%	65.30%
一般	50%	42.30%	32.70%
很少	0	1%	2%

2. 消费者对食品安全问题的关注点

最近几年食品安全事件影响最为严重的是2008年年初的三聚氰胺事件，以及苏丹红事件、染色馒头、瘦肉精和地沟油等事件。消费者对于这些事件无不有所耳闻，媒体对各种食品安全事件的频繁披露促使消费者提高了食品安全意识，同时也给消费者带来了一定的心理恐慌，使得消费者对食品安全忧心忡忡，这不仅给食品行业带来巨大的影响，也给社会健康运行带来了负面影响。

通过问卷发现，约有半数的人特别担心牛奶、蔬菜是否违规使用农药、食品添加剂，以及食品使用地沟油等问题；而对于一些小作坊生产的劣质食品、注水猪肉以及受污染水产品等问题的担忧相对较少。其原因不外乎以下几个方面：一是这些食品安全问题在当前的日常生活中出现比较频繁或是影响范围较大。二是这些问题和我们的日常生活联系更加紧密，如牛奶是婴幼儿必不可少的主要食品，直接影响孩子的健康，不容忽视；食用油是我们做菜的基本原料，如其不合格将直接危害着每一个人的身体健康。三是食品缺乏可辨识性，例如，对于注水猪肉和受污染水产品等，消费者一般难以识别。对于诸如地沟油、有毒奶粉、添加剂等需要专业检验检疫机构才能识别，这使得消费者在食品安全性的辨别上存在着难度，所以消费者也会对此类问题更加担忧，见图2、图3。

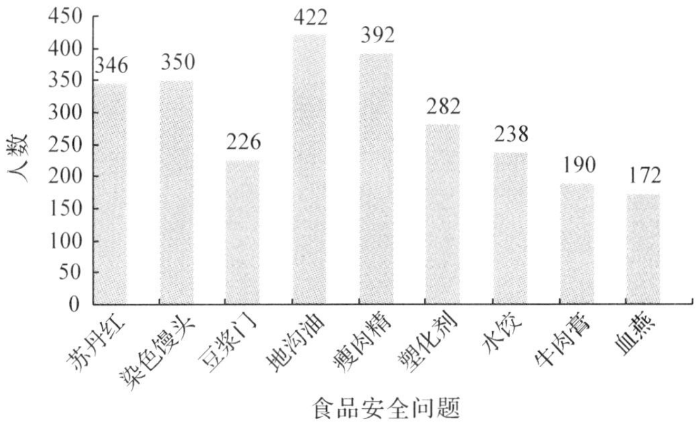

图2　消费者了解的食品安全事件

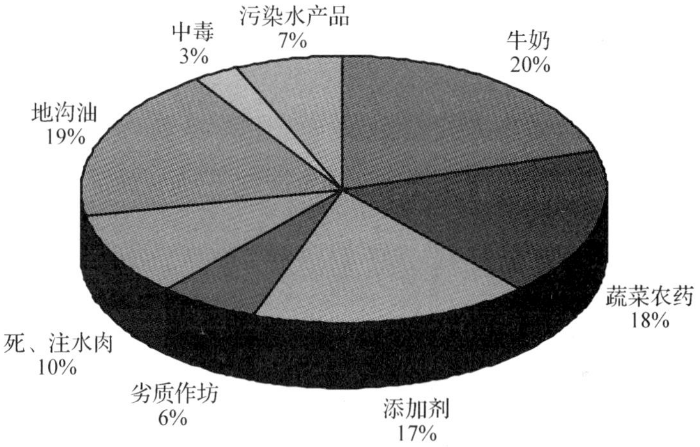

图3　消费者最为关心和担忧的食品问题

(二)消费者对食品安全基本信息认知情况分析

1. 基本信息的关注度

虽然消费者对于食品安全的关注度总体较高，但是对于食品安全的相关知识以及相关法律法规等却不是很熟悉。

对于食品安全的一些基本信息(如生产日期等)，消费者在购买时关注度会比较高，但也有25%左右的消费者在购买产品时不去辨识这些基本信息。

因此，在一些食品基本信息上，消费者还仍需提高关注意识。对于一些基本常识的认知辨识意识提高，可以在很大程度上避免过期食品、不适宜自身食用或是不健康的食品带来的安全隐患。图4反映了消费者是否辨别商品信息的比例。

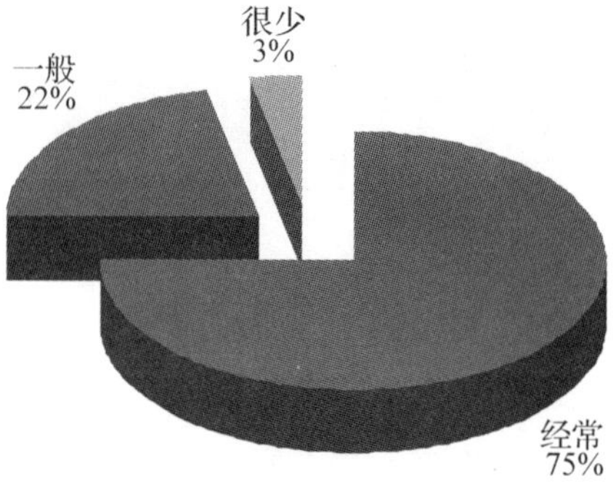

图 4　消费者是否辨识商品的基本信息

2. 安全标识的认知度

虽然消费者对于食品安全的关注度和基本信息的了解程度总体较高，但是对于食品安全的一些相关知识，比如是否含有农药残留、是否含有抗生素和激素等知识的相关熟悉度一般较低。

本研究就一些食品质量安全标志(QS)、绿色食品标志、中国有机食品标志、ISO9001 质量认证体系、HACCP 认证体系、食品法典委员会、食品安全管理体系等标识是否能够辨识等对消费者进行了调查。结果如图 5 所示，消费者对这些标识的认知度总体并不高，其中对质量安全标志、绿色食品标志和 ISO9001 质量认证体系的认知度相对较高，分别为 62.4%、75.6% 和 79.2%，对其余标志的认知度基本都在 35%以下。

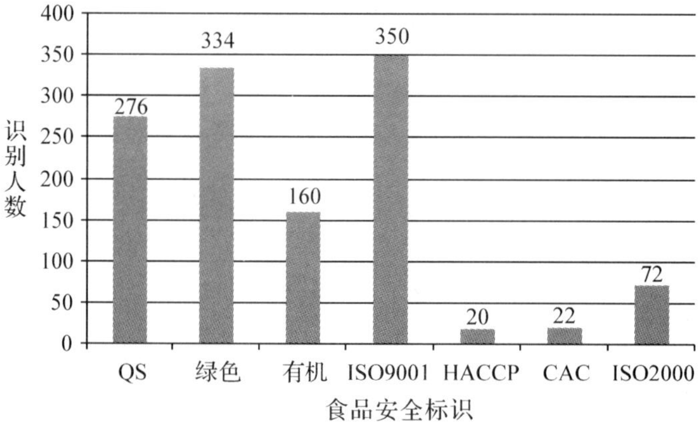

图 5　食品安全标识的认知情况

其中 HACCP 认证体系是国际上公认的控制食品安全最有效的管理体系。但在调查中发现了解这个体系的消费者仅占 4.5%，是所有标识中认知度最低的。可见，对于 HACCP 认证体系以及其他的食品安全基本标识的宣传和普及工作仍有待加强。HACCP 认证体系只有被消费者熟知和认可，才能发挥其应有的作用，增强消费者的辨识能力，有效降低购买不合格产品的概率。

3．法律法规的了解

调查中，我们也就食品安全的相关法律法规对消费者进行了调查。调查结果显示，消费者对于食品安全相关法律规则的了解程度偏低，仅有4％的受访者了解相关法律法规，近50％的消费者基本不了解任何食品法律和法规（见图6）。从年龄分布来看，20—30岁的年轻人对于食品安全的法律法规不了解程度最高，达到62％，而其他消费者对于食品安全法律法规了解程度则随年龄递增，但也仅限于了解。总体来说民众对于食品安全的法律意识还比较欠缺，尤其是年轻人的法律安全意识较差。因此，有必要对民众进行基本食品安全和法律法规的普及和宣传，尤其要做好青年学生食品安全法律意识的教育和普及。

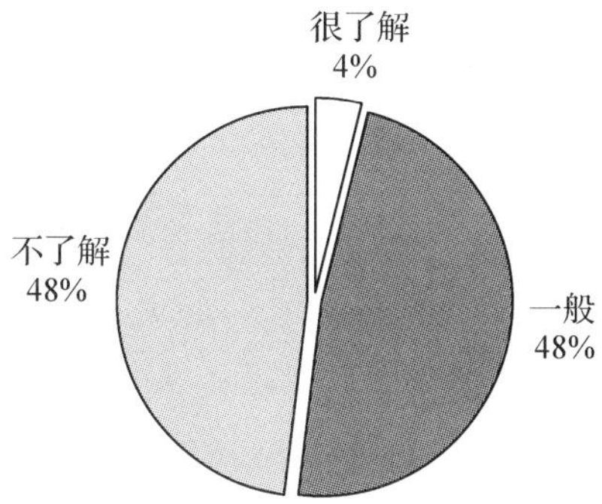

图6　食品安全相关法律的了解程度

（三）品牌意识以及国内外产品的选择倾向分析

“买食品你会在意品牌效应吗？”58％的受访者表示，会选择那些品牌知名度比较高的食品，认为知名品牌的产品相对来说在质量和安全方面可信度更高一些。尤其是一些年轻的妈妈，买东西一般是看品牌，“贵一点无所谓，只要安全就好。”

那么，面对食品安全问题消费者如何处理？遇到食品安全问题，会选择什么样的解决方式？约63％的消费者选择找经销商解决。调查表明，经销商承载着消费者购买商品后售后服务的重任，就消费者而言，最直接的方式就是找经销商进行沟通解决问题，因此，经销商进货应严把质量关，把不合格产品流入市场的可能性降到最低；再者经销商也要对所销售食品做到定期的清理排查检验，及时把过期变质以及不适宜销售的产品下架，降低消费者购买到此类产品的可能性，保障消费者的利益。此外，经销商的态度以及处理问题方式，直接影响企业的品牌信赖度，生产企业也应注重与经销商之间的沟通，共同为消费者提供更好的服务。67％的消费者视情况而定，如果问题严重就寻求解决，不严重就算了；也有21％的消费者选择忍气吞声自认倒霉。

仅有15%的消费者选择找消协或是有关部门解决。可见，消费维权中类似的“怕麻烦”者不在少数，不少消费者顾虑维权的金额较小，担心程序复杂，收集证据需要花费时间和精力，而主动放弃维权。从实际情况看，面对问题食品，消费者维权意识较此前已经普遍增强，很多人都能理直气壮地提出索赔的要求。但是一些厂家会采取“一推二躲三不管”的拖延战术，就是不做正面回应，时间一长，消费者也只能自认倒霉，事情最终不了了之。正是消费者的这种做法放纵了不法投机商贩的行为，使其越来越胆大妄为，从而变向助长了不安全食品事件的发生。因此，相关部门应该通过教育、宣传，引导消费者提高自我保护意识；强化对普通消费者维权行为的支持，让千千万万的消费者都参与监管，参与维权，切实维护自身的合法权益不受侵害；树立起《食品安全法》等法规的权威，不给不法商贩可乘之机，这才是最有效、最经济的监管方式。

至于如何采取有效措施减少食品安全事件的发生，受访的消费者也提出了各种各样的建议。近一半的人认为监管部门应严格检疫，把控好质量关，从源头切断不合格食品的生产销售渠道；也有30%的受访者认为要加大处罚力度，降低食品安全事件发生的频率和概率。

厂商应该在“严格食品检验检测”“通过国家有关食品认证”和“开展诚信经营及行业自律”三个方面做出努力，其中严格食品检验检测是消费者认为厂商必须做的，这也体现了在当前食品安全事件高发的背景下，消费者希望有合格消费品的基本要求。

通过前面的分析，我们可以总结如下几点：第一，消费者对食品安全关注度较高，但是对食品安全知识的了解和运用程度有待加强；第二，不同年龄的人和不同学历的人对食品安全看法和认知度存在一定的差异；第三，消费者更多的担心是对与日常饮食密切相关的食品行业，并且对于食品生产源头尤为担忧，认为更多的隐患和原因都在于食品的源头。因此，针对食品的源头要严格把控。第四，消费者期待相关职能部门能够加强检验检测，强化监管力度，有效控制食品安全问题的发生。

三、北京市突发食品安全事件应急预警体系构建

解决食品安全问题，除了提高消费者食品安全意识，加强对食品生产、流通和销售环节的监管之外，还需要未雨绸缪，加强预警体系的构建。我们认为，食品安全预警系统需要具备如下功能(如图7所示)：

同时，还需要建立相关预警指标体系。建立科学合理的预警指标体系，需要遵循如下原则：一是科学性原则，就是要坚持辩证唯物主义、与时俱进、科学发展的观点，确立食品安全预警指标体系。二是全面性与重要性相结合。预警指标体系应是全面的、客观的、准确的。三是定量指标与定性指标相结合。

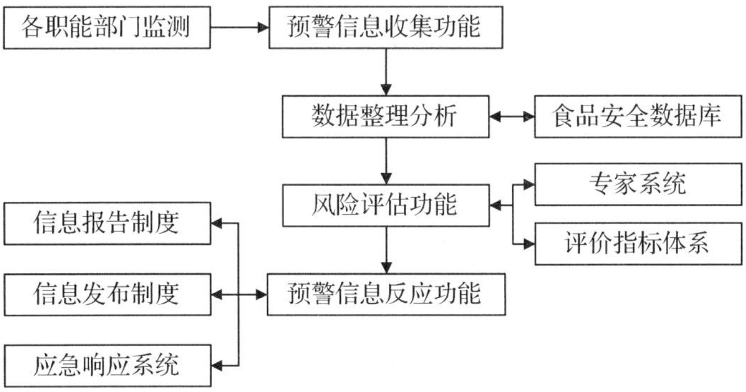

图 7　食品安全预警的功能组件

根据前人的研究，我们认为食品安全预警体系应该包括如下指标(见表3)：

表 3　食品安全预警指标体系

目标层	准则层	方案层	说明
食品生产流通安全	上游供应链安全水平	原材料抽检合格率	定量
		供应过程复杂度	定量与定性，供应商的层级与网络关系
	加工制造安全水平	加工人员安全操作达标率	定量
		设备安全达标率	定量
		食品安全监管水平	定量与定性
	物流环节安全水平	食品安全包装达标率	定量
		物流过程复杂度	定量与定性，物流过程的空间与时间复杂程度
	销售环节安全水平	食品安全监管水平	定量与定性
		虚假营销比重	定量
食品消费安全	消费环节安全水平	消费者食品安全认知程度	定性与定量，如对食品安全标识的认知
		消费者食品安全教育程度	定性与定量
	食品安全宣传危机	媒体报道失真程度	定性与定量

续表

目标层	准则层	方案层	说明
食品安全宏观环境	公共管理	法律体系完善程度	定性
		标准体系完善程度	定性
		相关部门协调与配合程度	定性
		检测机构建设水平	定性
		市场监管水平	定性
	标识管理	标识审核完善程度	定性
		追溯体系覆盖范围	定性与定量

食品安全预警流程(见图8)包括：通过食品安全监管职能部门收集相关监测信息，然后针对相关监测信息及时组织相关评估机构进行评估分析，提出相关预警建议，经专家评议后，决定是否发布预警信息。决定发布后立即启动食品安全预警系统应急预案，报告政府相关部门。待预警事项被控制后，可视情况解除预警。

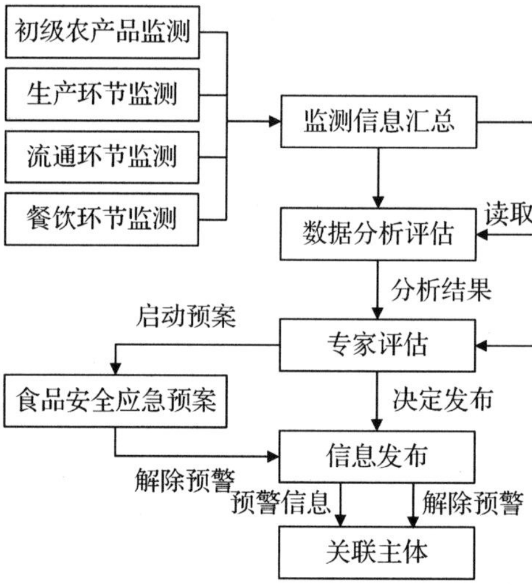

图8　食品安全预警系统流程

四、北京市突发食品安全事件应急管理体系分析

我们认为，北京市突发食品安全事件应急管理体系可以考虑建立“三维结构”。在三维结构中，时间维属于导向性质的维度，它覆盖了突发食品安全事件应急管理的生命周期全过程，即日常预防、应急准备、应急响应和应急恢复。在食品安全事件应急管理系统模型中，功能维是应急管理过程中涉及的

基础性要素，为整个应急管理系统提供基础性的保障。功能维由组织指挥系统、应急预案系统、资源保障系统和决策辅助系统组成。知识维是指为完成上述各阶段和建设四个基础子系统所必需的理论知识和专门技术。应急管理是典型的跨层次、跨部门和综合性很强的问题。

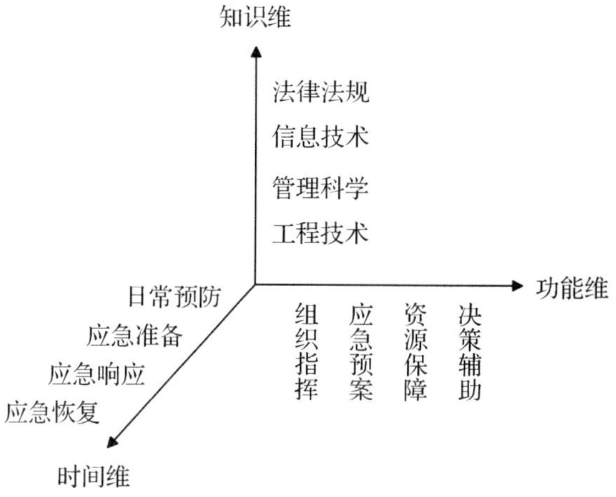

图9　突发食品安全事件应急管理三维结构

为了便于研究和系统的建设，本文以功能维为主线，构建了面向功能的应急管理系统，即系统分为组织指挥系统、应急预案系统、资源保障系统和决策辅助系统，而时间维和知识维贯穿于系统分析与建设的全过程(见图10)。

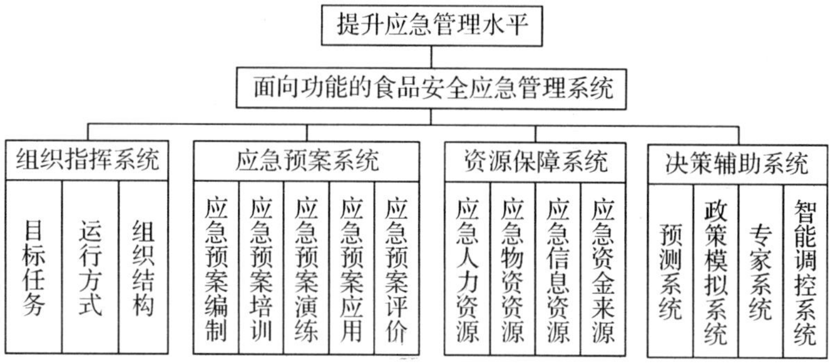

图10　面向功能的食品安全应急管理构架

食品安全应急管理系统四个子系统相互关联，遵从系统性和统一性的原则，使突发事件产生的消极影响和灾害降至最低。由于各子系统分别承担不同的功能，这就要求各子系统在组成和结构上要适合功能的要求，并遵循一定的原则和规范，而且还需要在与其他系统协同和共享的基础上对整个系统起到有效的支持作用。

五、北京市突发食品安全事件的政策建议

通过前面的分析，我们认为应该采取如下措施：

1. 完善应急预警及应急处置机制

保证食品质量与安全，食品安全预警的重要性显得尤为重要。有效的预警能够降低食品安全事件发生的风险，并能够提早预防减少损失。因此，北京市应完善预警应急反应机制、构建“多层级监控、多模块结合”的食品安全预警体系。

2. 完善北京市对食品安全问题的监管

第一，明确各监管部门的职责范围。要通过地方立法进一步优化、整合执法资源。要针对北京建设世界城市的食品安全治理法制需求，对安全风险高的大型活动食品安全保障职责进行专门规定，把监管权力的“分权”和“集权”有机统合，更好地兼顾常态与非常态的食品监管工作。

第二，进一步廓清分段监管的理念。北京市监管职责划分上还沿用了“多段论”的模式，将职责细分为农业、园林、质监、工商、卫生、城管等多个部门，给执法资源的整合带来诸多不便。应在制度设计中辩证处理“总”和“分”的关系，既突出分段监管的专业化优势，又有利于整合执法资源，提高整体防控水平。

3. 增加食品信息透明度，强化食品信息化建设

第一，要完善信息发布制度，建立统一的食品安全信息管理和综合服务平台，实现监管信息的互联互通和资源共享，做好抗击食品安全危机的工作；第二，要加快建设完善的食品安全信息网，完整地公开静态信息，及时地更新动态信息，提供便捷的查询食品安全信息的手段；第三，要充分发挥媒体的作用，调动媒体的监督职能，正确引导舆论，营造理性的舆论氛围，服务改革发展稳定的大局。

4. 完善食品安全可追溯体系的建设

食品链从农业投入品、初级农产品、食品原辅料、加工、销售经过多个环节，也涉及多个监管部门，这样就会存在食品安全信息不能很好沟通、传递与链接的问题。而食品质量安全追溯系统提供了“从农田到餐桌”的追溯模式，包括生产、加工、流通、消费等供应链环节消费者关心的公共追溯要素，建立食品安全信息数据库，一旦发现问题，能够根据溯源进行有效的控制和召回，从源头上保障消费者的合法权益。

5. 政府监管部门要加强同科研院所合作

我国现有食品安全问题的相关研究还不成熟，而北京市具有得天独厚的科技资源优势，应利用这个优势加强同科院院校的合作，尤其是在食品安全管理系统重大课题攻关、食品安全风险分析、风险评估、风险预警等方面，

为食品安全的监管与应急管理提供理论支撑。

6. 强化监管力度，注重源头监管

重视排查食品安全隐患，切实加强重点监管。如，消费者最担心的食品安全问题主要在蔬菜的农药残留问题和食品过度使用添加剂。各监管部门应采取有效措施，对蔬菜农药残留、过度使用食品添加剂等，进行专项整治；对流动摊点、个体食杂店和生产加工等单位和环节，要加强监管。要严把源头监管这一关。

7. 强化生产经营者的"第一责任人"意识

一方面，企业应从源头起，做到透明、放心、严格自律。另一方面，政府还应以各种鼓励性措施来激励企业积极承担社会责任，并积极培育相关非政府组织和中介机构，积极参与和加强国际合作。同时，要加强对北京市食品生产经营者的教育和培训，不断增强他们的法律意识、安全意识，自觉遵守食品安全的各项规章制度。

8. 加强食品安全宣传教育，加强政府在食品安全危机中的大众心理引导

消费者是推动食品安全风险管理的另外一支力量。社会公众掌握了相关的食品安全基本知识，通过在消费环节中的正确操作，可以相应减少食品安全风险。加强食品安全教育，加强食品安全知识的宣传，特别是食品的标准数据、食品的检测结果数据，都要及时向社会公布，丰富公众的预防知识。同时，需要进一步提高消费者自我保护能力，增强维权意识加强食品安全法律法规的宣传，使更多的消费者能够用法律来维护自己的权益。

参考文献

[1]韩传峰、王兴广、孔静静：《非常规突发事件应急决策系统动态作用机理》，《软科学》，2009 年第 8 期。

[2]张喜才、张利庠：《食品安全危机管理机制构建与对策研究》，《生态经济》，2010 年第 7 期。

[3]薛澜、钟开斌：《突发公共事件分类、分级与分期：应急体制的管理基础》，《中国行政管理》，2005 年第 2 期。

[4]万鹏飞、于秀明：《北京市应急管理体制的现状与对策分析》，《公共管理评论》，2006 年第 1 期。

[5]林星亮、曾艳红：《加强生产源头管理确保农产品质量安全》，《广东农业科学》，2006 年第 2 期。

[6]顾林生、杨化、刘静坤：《国外食品安全危机管理法律体系的比较与借鉴》，《中国公共安全·学术卷》，2005 年第 1 期。

[7]左睿：《如何建立和实施食品安全应急准备响应机制》，《世界标准化与质量管理》，2006 年第 6 期。

[8]赵季秋：《影响食品安全的原因分析》，《中国食物与营养》，2011 年第 12 期。

[9]《国务院关于加强食品安全工作的决定》，中华人民共和国中央人民政府网站，http：//www. gov. cn/zwgk/2012－07/03/content _ 2175891. htm.

[10]胡楠、高观、姚战琪等：《中国食品业与食品安全问题研究》，北京：中国轻工业出版社，2008 年。

[11]欧阳海燕：《2009～2010 年度中国平安小康指数：69.4——中国人安全感大调查》，《小康》，2010 年第 7 期。

[12]车全忠、王静凯、任旭、孟月：《北京市食品安全监管体系建设模式探讨》，《中国卫生监督杂志》，2012 年第 4 期。

[13]张博源、孟雨：《北京市食品安全监管法制环境的检讨与反思》，《求实》，2011 年第 1 期。

[14]葛晓雯：《北京市食品冷链与信息追溯体系现状研究》，《物流技术》，2012 年第 1 期。

[15]门玉峰：《北京市食品安全预警体系构建研究》，《对外经贸》，2012 年第 6 期。

[16]《北京市食品安全条例》，中华人民共和国中央人民政府网站，http：//www. gov. cn/ziliao/flfg/2007－12/26/content _ 843878. htm.

[17]《北京市卫生局关于印发〈京市食品安全企业标准备案办法(试行)〉的通知》。

[18]Albert Chambers，*Canadian Approach to On-farm Food Safety*，South Korea：International Federation of Agricultural Producers 37th World Farmer's Congress，2006.

[19]Peter Raspor，Total Food Chain Safety：How Good Practices Can Contribute? *Food Science& Technology*，2008，19.

[20]Leon G. M. Gorris，Food Safety Objective：An Integral Part of Food Chain Management，*Food Control*，2005，16.

[21]Robert D. Weaver，Taeho Kim，Contracting for Quality in Supply Chains，Paper Presented at the 78th EAAE Seminar and NJF Seminar，Economics of Contracts in Agriculture and the Food Supply Chain，*Copenhagen*，2001，6.

[22]Caroline Smith de Waal，Safe Food from a Consumer Perspective，*Food Control*，2003，2，14.

[23]Adrie J，Food Safety and Transparency in Food Chains and Networks：Relationships and Challenges，*Food Control*，2005，16.

（作者：何维达　北京科技大学教授
梁智昊　中国电子科技集团公司电子科学研究院博士）

项目名称：京津区域金融一体化发展研究
项目编号：11JGB075
项目负责人：谢太峰
项目信誉保证单位：首都经济贸易大学

京津区域金融一体化发展研究

内容提要：京津冀经济一体化战略提出10年来，京津的金融发展非但未走上一体化轨道，反而呈现出日益激烈的竞争态势。本课题首先梳理了金融中心建设的相关理论，为京津金融一体化发展提供理论基础；然后以这些理论为指导对京津经济金融发展状况进行分析，为京津金融一体化发展战略提供现实依据；在此基础上，站在京津区域经济一体化的高度，多维度探讨京津金融一体化发展的必然性，并从总体上研究京津金融一体化发展战略及其具体路径；最后在明确京津金融一体化制约因素的基础上，提出推进京津金融一体化的政策建议。

一、金融中心建设的相关理论

(一)金融资源的集聚和辐射理论

1. 金融地理理论

金融地理学研究主要包括以下层面：(1)不同金融机构区位研究。不同金融机构具有不同的区位特征。(2)金融机构空间系统研究。金融机构空间系统侧重于金融机构之间空间关系的研究。(3)金融机构与区域关系研究。该层面主要研究金融机构发展与环境的关系问题。(4)金融地理与外部影响因素研究。对这一领域的研究主要集中在政府调节法规变化、技术变化以及经济全球化对金融业的影响。

2. 金融集聚理论和金融辐射理论

在金融集聚和辐射领域研究中，将佩鲁克斯(Perroux)关于“增长极”的理论和思想引入到区域金融发展中，可以解释区域金融聚集的形成与发展。利用鲍尔温(Baldwin)、马丁斯(Martin)和奥塔维诺(Ottaviano)提出的LS模型，通过资本的溢出效应，可以分析得出，金融资源集中于核心区，可以对核心区产生增长效应，而这种效应反过来又促进金融资源在核心集聚。在LS模型的基础上，借助托宾q值，通过缪尔达尔的循环累积因果理论，可以从数理基础角度有力分析金融集聚效应和辐射效应。

(二)金融发展与区域经济增长

1. 金融发展与区域经济增长的理论分析

传统的需求跟随型理论认为，金融业的发展是经济增长的结果，相对于经济增长，金融业处于一种需求跟随的地位，即经济增长带动市场规模的扩大和金融资产的增加，从而促进金融业的发展(Patrick，1966)。与之相反，金融压抑论的观点认为，对于欠发达国家和地区，实际利率和实际汇率的金融自由化是促进经济增长的重要条件，而长期被压制的利率和汇率水平，阻碍了这些地区的金融自由化，进而抑制了当地经济增长。就金融发展与经济增长的关系，综合的观点认为金融发展与区域经济增长互为因果关系(Patrick，1966)。

2. 金融发展与区域经济发展的作用机制

区域金融理论将区域与金融作为一个有机整体来观察，分析其产生、发展、运动的规律。区域经济有其特殊的运动规律，在金融发展理论一般性规则的指导下，形成了区域金融的作用机制与运动方式。(1)金融发展促进区域经济增长。主要表现在：金融发展有利于增加区域资本的投入、有利于改善区域资本的配置效率、有利于提高要素生产效率、有利于促进区域经济分工与合作。(2)区域经济增长促进区域金融发展。主要表现在：区域经济的运行状况决定区域金融运营状况及其效率；区域创新环境影响区域金融资源配置的效率；市场化进程的区域差异影响金融资源的跨区流动。

(三)金融中心的内涵与形成条件

1. 金融中心的定义与内涵

关于金融中心的内涵研究，学者们视角不一。最早系统研究金融中心的应当是美国麻省理工学院教授 Kinderberg(1974)，他从功能角度给出金融中心定义。[①] 不同于 Kinderberg，Thomas Gehrig(1998)认为应该从“地理”意义出发鉴定金融中心，并指出，随着计算机和通信技术的发展，计算机网络已经可以提高 Kinderberg 所描述的金融中心所具备的功能。[②] David J.，Porteous(1993)认为，区别一般金融部门与特殊金融部门在空间上的集聚是非常重要的。[③] 我国香港学者饶余庆(1997)将金融中心定义为：银行与其他金融机构高度集中，各类金融市场能够自由生存和发展，金融活动与交易较任何其他

---

① C. P. Kindleberger，The Formation of Financial Centers：A Study in Comparative Economic History，*Princeton Studies in International Fiancé* No. 36，1974：2.

② Gehrig T. *Gities and the Geography of Financial Centers*，Cambridge：Cambridge University Press，2000.

③ Porteous D J，M SAKURAGAWA，Monitoring Versus Diversification，Mimeo：Yale University，1993.

地方更能有效率进行的都市。[①] 综合以上国内外不同学者对金融中心定义与内涵的界定，我们给出关于金融中心的如下定义：金融中心是指金融业高度发达、金融机构集聚、金融服务功能齐全，具有较好的金融广度、较强的区域辐射能力和较高的信息交流能力的城市或地域核心区域。

2. 金融中心形成应具备的条件

一般的观点认为，金融中心的形成需要以下条件：(1)核心条件。包括金融机构集中、本币币值稳定且可自由兑换、健全的金融市场与体制等。(2)补充条件。包括优越的地理与时区位置、良好的金融基础设施、充足的金融人才资源等。(3)提升条件。包括所在地及周边地区经济持续增长、金融创新引发的金融变革、所在地及周边区域稳定的政治局面等。

二、京津金融业发展现状及比较分析

(一)京津金融发展现状

1. 京津金融机构发展现状

(1)北京市金融机构发展现状

①北京市银行业金融机构发展现状。2012 年，北京市银行业金融机构的资产规模达到 131436 亿元，同比增长 17.2%；资产质量不断提高，不良贷款率比 2011 年年末下降 0.1%。法人金融机构数量同比增长 14.5%。

②北京市证券业机构发展现状。2012 年年末，北京市法人证券公司数量同上年持平；各地方证券公司在北京的营业部比上年增加了 4 家；中外合资基金公司比上年增加 2 家；期货公司营业部比上年增加 9 家。2012 年年末，北京市上市公司比上年增加 23 家，总数位居全国第二；总市值同比增长 3.8%。

③北京市保险业机构发展现状。2012 年年末，北京市保险公司总资产 3608.7 亿元，同比增长 15.2%。全年实现保费收入居全国第五位，其中财产险保费收入同比增长 14.8%，人身险保费收入同比增长 11.5%。

(2)天津市金融机构发展现状

①天津市银行业金融机构发展现状。2012 年年末，天津市银行业金融机构资产总额 3.5 万亿元，同比增长 24.9%；负债总额 3.4 万亿元，同比增长 25.1%。

②天津市证券业机构发展现状。截至 2012 年年末天津市共有法人证券公司 1 家，证券分公司 2 家，证券营业部 105 家；证券投资咨询公司 2 家，资信评级公司 1 家；基金管理公司 1 家；期货公司 6 家，期货营业部 21 家；上市公司 38 家。

---

① 饶余庆：《香港——金融中心》，香港：商务印书馆(香港)有限公司，1997 年版。

③天津市保险业机构发展现状。2012年全市保险市场共有总、分公司53家。截至2012年年末，天津市保险公司总资产为880.7亿元，同比增长19.6%。

2. 京津金融市场发展现状

(1)北京金融市场发展现状

①银行信贷市场发展情况。2012年年末，北京金融机构本外币存款同比增长13.1%；本外币贷款同比增长8.9%。

②证券市场发展现状。2012年年末，北京市上市公司比上年增加23家，总数位居全国第二；总市值同比增长3.8%。全年通过A股市场筹资总额同比下降46.4%。

③保险市场发展现状。2012年北京市实现保费收入居全国第五位；保险密度比上年增加144元/人，保险深度比上年上升0.1个百分点。

(2)天津市金融市场发展现状

①银行信贷市场发展现状。截至2012年年末，天津银行业本外币各项存款余额达到20293.8亿元；同期本外币各项贷款余额18396.8亿元，同比增长15.5%。

②证券市场发展现状。2012年天津国内A股市场筹资37.4亿元，债券筹资612.5亿元。

③保险市场发展现状。2012年天津保险费收入238.2亿元，各类赔款给付81亿元，保险密度1685.3元/人，保险深度1.8%。

(二)北京、天津金融发展的比较分析

1. 京津银行业发展现状对比

(1)银行业规模对比。见表1：

表1　2012年北京市、天津市银行业机构发展比较

机构类别	营业网点							
	机构个数		从业人数		资产总额(亿元)		法人机构	
	京	津	京	津	京	津	京	津
大型商业银行	1720	1148	49439	27138	60911	10407.4	0	0
政策性银行及国家开发银行	17	13	757	459	12534	2344.8	0	0
股份制商业银行	424	291	17272	9955	27735	10463.5	0	1
城市商业银行	227	274	10713	6391	15055	4641.5	1	1
农村合作机构	693	588	7032	7570	4251	2707.2	1	2
财务公司	38	3	1558	91	4790	153.8	38	3

续表

机构类别	营业网点							
	机构个数		从业人数		资产总额(亿元)		法人机构	
	京	津	京	津	京	津	京	津
信托公司	3	2	341	257	72	47.4	3	2
邮政储蓄	537	415	2023	2396	1550	791.3	0	0
外资金融机构	100	24	4819	1956	3140	901.1	9	3
新型农村金融机构	6	7	470	391	89	102.2	9	7
其他	10	3	2085	413	1312	2554.6	10	3
合计	3775	2768	96509	57017	131439	35114.8	71	22

数据来源：北京市、天津市金融统计年鉴

(2)银行业金融机构存贷款对比。如表2所示：

表2 2012年北京市、天津市金融机构存贷款情况

项目	北京	天津
金融机构各项存款余额(亿元)	84837.3	20293.8
其中：储蓄存款	22298.6	7135.4
储蓄存款占比	0.2628	0.35161
单位存款	51580.8	12110.8
单位存款占比	0.6080	0.5968
金融机构各项贷款余额(亿元)	43189.5	18396.8
其中：短期	12808.1	5126.8
短期占比	0.2966	0.2787
中长期	26333.5	10700.3
中长期占比	0.6097	0.5816
票据融资	1145.8	825
票据融资占比	0.0265	0.0448

数据来源：北京市、天津市金融统计年鉴

(3)存贷差比较。见表3：

表3　2007—2012年北京市、天津市金融机构存贷差　(单位：亿元)

城市＼年份	2007	2008	2009	2010	2011	2012
北京	17841.9	20909.0	25907.2	30105.0	35341.4	41647.8
天津	1698.3	2265.1	2734.9	2725.2	1662.2	1897.0

数据来源：北京市、天津市金融统计年鉴

2. 京津证券业发展现状对比

关于京津证券业发展状况，上文已有叙述，此处不再赘述。

3. 京津保险业发展现状对比

通过表4可以看出京津保险业的差别。

表4　2012年北京市、天津市保险业发展对比

项目	北京	天津
总部设在辖内的保险公司数(家)	50	5
其中：财产险经营主体(家)	13	2
寿险经营主体(家)	27	3
保险公司分支机构(家)	91	53
其中：财产险公司分支机构(家)	37	24
寿险公司分支机构(家)	54	29
保费收入(中外资，亿元)	923	238.2
保险密度(元/人)	4269	1685.3
保险深度(%)	5	1.8

数据来源：北京市、天津市金融统计年鉴

由以上对比可知，京津地区银行、证券、保险业发展存在较大差异。由于北京所具有的总部优势，使得国内外许多金融机构纷纷在京设立经营机构。相比之下，天津金融业发展较为滞后。北京无论是在银行业资产总额、银行业服务密度，还是在股票市场、债券市场融资额以及保险业发展的各个方面均处于领先地位。

三、金融一体化：京津金融业发展的必然趋势

(一)京津金融一体化的必要性

1. 京津经济发展的客观要求

(1)区域经济一体化要求金融一体化的理论分析。经济学家戈德史密斯在

考察了金融结构与金融发展这两者和经济增长的关系后得出结论：大多数国家的经济发展与金融发展之间存在着大致平衡的关系。区域金融一体化内含于区域经济一体化的形成过程中，不同的区域经济一体化方式为区域金融一体化提供了截然不同的发展条件和发展空间；区域金融一体化过程中推动了区域金融的发展，区域金融水平的提高又为区域经济一体化和区域经济的发展提供了内生力量。[①]

(2)不同视角下京津金融一体化的分析。从北京视角来看，北京地区的发展转型需要周边地区的支持。就天津视角而言，天津第二产业占比较大，实体经济较强，金融发展相对滞后，也需要通过京津金融一体化，借助北京金融的辐射作用进一步促进实体经济的发展。

2. 共同打造国际金融中心的需要

2008 年 4 月 30 日，中共北京市委北京市人民政府《关于促进首都金融业发展的意见》明确提出首都金融业的发展目标是将北京建设成为具有国际影响力的金融中心城市。近年来，天津也明确提出了建设北方金融中心的宏伟目标。临近的两个特大城市同时去构建区域金融中心，不仅会面临政策冲突，发展路径相悖，还可能因区域内部的恶性金融竞争而导致“两败俱伤”的结果。因此，京津两地有必要打破行政区划的藩篱，推行金融一体化，以便形成金融合力，共同打造本区域的国际金融中心。

(二)京津金融一体化的可行性

1. 政策指导的优势

国家“十二五”规划纲要明确提出要推进京津冀区域经济一体化发展、打造首都经济圈，这标志着首都经济圈的发展正式上升为国家战略，也为京津金融一体化提供了国家层面的政策依据。

2. 人才储备和金融文化沉淀优势

京津都是人才的摇篮。京津完备的教育体系给本地区提供了大批高质量的金融人才，同时两地区的金融人才交流也因为地区优势而十分便利。

京津两地都有深厚的金融文化的历史和现实积淀。北京具有悠久的金融历史和丰厚的金融文化传统；北京天然而成的金融监督与管理中心、金融信息中心和金融人才集聚中心，自然衍生出独特的首都金融文化。天津在新中国成立前就是北方著名的金融中心，具有深厚的金融文化基础。京津地理上的近距离使得两地在金融文化上具有“近亲性”，这种“近亲性”使得两地金融业的融合发展具有了金融文化的基础。

3. 金融业发展基础优势

一方面，两地金融业的实力越雄厚，金融一体化后的协同效应就越大；

---

① 支大林、于尚艳：《区域金融理论与实证研究》，北京：商务印书馆，2008 年版。

另一方面，两地金融发展的差异也为两地之间金融的渗透、辐射和互补提供了可能。

4. 地理优势

北京和天津近在咫尺的地理位置和同城化趋势，使得两地金融业的协同和一体化发展具有了最为便利的地理条件。

(三)京津金融业一体化发展的预期效应分析

本课题采用北京天津两地区的金融发展和经济增长数据，运用数量经济学方法，在单整和协整的基础上，进行 Granger 因果检验，来分析京津金融一体化的预期效应。为研究金融发展与经济增长之间的关系，本课题采用1978 年以来代表金融发展程度和经济增长程度的两组数据。金融发展指标采用由美国经济学家雷蒙德·W. 戈德史密斯提出的金融相关率(FIR)，本课题具体采用年度地区金融机构人民币各项贷款余额与地区生产总值(GDP)的比值。经济增长指标采用了最能充分反应一国或地区综合经济发展能力的指标GDP。基于一定假设条件，经过实证分析，可以得出如下结论：第一，对北京而言，金融发展对经济增长具有重要的推动作用，金融发展是经济增长的原因。第二，对天津而言，经济增长对金融发展具有明显的推动作用，经济增长是金融发展的原因。第三，如果将北京和天津作为一个整体来分析，则北京的金融发展优势与天津的实体经济优势则可实现优势互补，进而达到金融发展与经济增长相互推动、相互促进的目的。因此，为了实现京津地区经济与金融互动的良性循环，实现 1+1>2 的效果，京津经济金融一体化势在必行。

四、京津金融一体化发展战略

(一)京津金融一体化发展的基本原则

1. 坚持以北京为中心、天津为辐射的原则

北京和天津都提出了建设金融中心的目标，但在世界范围内，在相距 100 公里的地理区域同时建设两个金融中心绝无先例。我们认为，应当从京津经济金融实际出发，在金融业发展和金融中心建设上坚持以北京为主、天津为辅的原则，即京津两地应共同重点打造北京的金融中心，而将天津作为北京金融中心的辐射区。

2. 坚持政府在金融一体化发展过程中主导作用的原则

金融一体化必然会涉及京津经济利益的调整，加之中国区域金融一体化和金融中心建设主要应当采取政府推动模式，因此，要实现京津金融一体化，客观上要求坚持政府的主导作用。无论中央政府还是京津地方政府都应采取措施积极推进京津金融一体化进程。

3. 坚持市场机制在金融一体化发展过程中基础作用的原则

在京津金融一体化的过程中，要多发挥市场机制的作用，并且将市场机制调节与政府主导相结合。“看不见的手”潜移默化，“看得见的手”精心调控，更有利于使北京与天津在合作中突破各种壁垒，成为区域性金融中心。

(二)京津金融一体化发展的战略目标

1. 总体战略目标——“三步走”发展战略

(1)区域性国际金融中心——京津金融一体化发展的最终目标。我们认为，将京津两地金融一体化发展的战略目标定位为在京津地区打造区域性国际金融中心，是最适当的。一方面，将京津定位为国内金融中心缺乏前瞻性，不利于两地的未来发展；另一方面，若将京津定位在全球性国际金融中心，则可望而不可即。从现实来看，京津两地具备了建设区域性国际金融中心的基础：京津具备特殊的区位优势及良好的地理条件；京津具备了向区域性国际金融中心迈进的经济基础；京津已经成为国内最大的资金集散地；京津已经具备了建设区域性国际金融中心的政策优势，借助这种区域内的整体政策优势，京津地区建设区域性国际金融中心的战略目标一定能够实现。

(2)京津金融一体化发展的“三步走”战略。我们认为，京津金融一体化应当采取“三步走”战略，沿着“完成两地资源整合，完善北京作为主中心的功能——天津通过扩展业务，辅助北京成为全国金融中心——实现京津向发达的区域性国际金融中心转变”这一路径稳步向前推进。

①完成两地资源整合，完善北京作为主中心的功能。北京要大力发展总部金融，构筑服务、辐射全国并且链接世界的金融组织体系。同时，可以把一些后台运营中心放到天津发展。

②天津通过扩展业务，辅助北京成为全国金融中心。相比北京，天津在金融市场建设方面走得较远。按照国务院批复的《天津滨海新区综合配套改革试验总体方案》，天津滨海新区将重点推进六项金融改革创新，其中之一就是设立全国场外交易市场，即OTC市场。为了共同打造本区域的金融中心，两地尤其是天津应当摒弃狭隘的地方思维，探讨两地交易市场的联合与合作，甚至可以探讨将天津OTC市场与北京新三板市场合并的可能性。

③实现京津向发达的区域性国际金融中心的转变。“三步走”战略的第三步是在不断向周边国家和地区辐射的基础上，实现本地区金融中心向发达的区域性国际金融中心的转变。

2. 北京的发展战略——总部金融

(1)巩固金融决策管理中心的地位。首先，北京集中了几乎所有对金融市场发展有直接影响的决策和监管机构，拥有大量的金融机构总部，天然成为国内的金融决策和金融管理中心。其次，北京拥有大量的中央企业总部和相关管理机构，因此北京还要发挥央企总部对天津的影响力。再次，北京要加大力度吸引外资金融机构总部进入，借助外资银行的国际影响力，实现首都金融业与国际市场的接轨。

(2)强化金融信息中心的职能。北京处在国内的信息心脏带，是国内最主要的信息源，应进一步强化其金融信息中心的功能。

(3)大力发展总部经济。总部经济与总部金融可以相互促进。大力发展总部经济可以为北京发展总部金融奠定更为雄厚的实体经济基础。

3. 天津的发展战略——产业金融

(1)走“产业金融＋金融后台”的发展路线。天津应依托其庞大的产业基础优势，确立打好“区域性金融中心后援基地”与“天津产业金融中心”双王牌的思路。发展金融后台也需要金融创新，天津可以抓住滨海新区建设的机会，提倡“坚持后台、探索前台”和“金融、科技、产业融合”的发展思路。

(2)继续推进天津滨海新区创新发展。天津要利用滨海新区“试验田”的制度优势，积极进行自主金融创新。当金融创新在天津滨海新区发展成熟时，又可以通过北京的众多金融企业总部在整个区域甚至全国范围内推广和实施。

(3)积极开展离岸金融中心的建设。滨海新区目前是继深圳和上海后我国第三个政策上允许开办离岸金融业务的地区，国家政策的大力扶持使得滨海新区获得了离岸金融市场建设的空前有利环境。京津都应充分利用天津港保税区建设离岸金融中心的契机，作为京津经济联合发展的一个切入点、结合部。

五、京津金融一体化发展路径

(一)加快京津金融机构的集聚与辐射——形成以北京为中心的金融机构聚集高地

1. 银行机构的集聚与辐射

第一，加快银行业国际化步伐，提升北京金融中心的国际地位。建设北京金融中心不仅要吸引跨国银行来京设立分支机构，更重要的是要同步培养自己的跨国银行。我们认为，补足资本后的我国大型银行已具备参与国际竞争的基础，因此应当推进国际化的进程。

第二，提升银行机构市场化步伐，鼓励京津银行业的改革创新。市场化的发展路径既表现在应给予京津银行业充分的金融创新空间，也包括银行业公司治理的逐渐市场化。

第三，推进混业经营战略的实施，提升北京银行业向天津的辐射影响力。混业经营是国际银行业发展的最终模式。京津地区的银行业在国际化、市场化发展目标引导下，也应当采取混业经营的发展路径。

2. 证券机构的集聚与辐射

第一，实施政策支持下的市场化战略，促进北京带动天津证券业发展。

明确的市场化发展战略是北京证券市场建设的首要问题。虽然现有的交易所布局不可能改变，但是金融市场发展的多元化和不断创新的金融产品需求，使得北京可以走创新拓展的路子，建立主板市场外的多层次资本市场，并以此带动天津证券业的发展。

第二，提升证券机构实力战略，进一步增强北京证券业辐射力。无论是从国际比较还是从国内比较，北京证券机构的资本量都比较低，而无论是融资融券还是投行业务，均要以雄厚的资本金做后盾，因此，扩充资本是目前北京证券机构提升实力的当务之急。

第三，大力促进金融创新，积极扩大集聚效应。现代社会需求的个性化和多层次特征日益明显，如何根据客户的多元化需求，创新证券期货产品和服务，是证券业长期面临的问题。

第四，加强证券业企业管理，提高运营效率。如何建立以客户为中心的管理、服务体系，如何严格控制成本，如何建立科学和透明的决策机制和绩效考评制度，这些都是证券业企业需要不断改进的根本问题。

第五，实施京津两地多种证券市场中介机构协同发展的措施。证券业也应包括更为广泛的证券服务机构。在京津金融一体化建设中，要大力发展多种证券服务机构，这样才能构建更为和谐的证券市场金融生态，从而推动金融一体化进程。

3. 保险机构的集聚与辐射

第一，健全京津地区保险产业网络，确立完善的保险产业分工格局。保险产业的纵向分工体现在直接保险公司、再保险公司和保险中介公司的分工关系上。一个健全发达的保险产业体系应当拥有相当数量的、比例协调、密切协作的上述各类机构，形成一个高度分工协作的保险产业网络。

第二，持续进行保险人才储备是基本措施。目前北京金融圈中保险行业存在很大的高级人才缺口，因此，要从现在开始着手为保险业储备人才，以满足保险产业体系对人才的需求。

第三，完善和加强信息平台的建设。保险信息平台应该包括由京津保险产业网络中的各类企业和教育培训机构以及保监局、保险业协会、统计局等建立的信息发布网络；信息内容应包括保险机构信息、保险经营数据、风险损失数据、人才供需信息等各种权威信息。

(二)加快京津金融市场的一体化发展——形成以北京为中心向天津辐射的区域金融市场

1. 促进京津地区金融市场资金流动

具体说，可以通过以下几条渠道引导京津资金的流动：①京津互设金融分支机构，引导资金跨区流动。②京津银行积极开展异地贷款等各类资产业务合作。③构建京津统一金融支付结算体系，中间业务方面展开同城清算合作。④进行利率市场化改革试点，吸引北京资金向天津集聚。⑤发行天津地方政府债券，吸引北京资金到天津参与开发建设。

2. 京津共同建设互补区域金融中心

(1)京津共建后台业务中心——天津滨海新区。为此，两地应共同协商，解决有关基础设施的合作，以实现金融数据、信息资料的跨地区流动和结算，进而促进金融业合理布局和提高金融机构运营效率。

(2)京津共建场外交易中心和产权交易中心。北京产权交易所已形成完善的服务体系、规范的交易制度和科学的操作流程。天津股权交易所也为中小企业、科技成长型企业提供了直接融资渠道。在北京产权交易中心和天津场外交易中心发展到一定阶段，可以开展积极合作，尽快促成两个市场产品之间相互挂牌，逐步推进双方在金融市场上的一体化。

(3)京津共建北方基金中心，加强投资基金的合作。北京发展股权投资具有良好的经济基础，天津则在建立股权投资基金中心的竞争中占得先机。从天津来看，与北京合作将会有更多资金进入天津，推动私募股权基金的发展；就北京而言，则可借助天津的优惠政策，弥补其创新受限这一短板。此外，天津需要更新改造大批量的传统工业，并加快培育以高新技术为主导的新兴产业体系，而北京每年都有大批科研成果需要产业化，因此在产业投资基金方面，京津两地也具有广阔的合作空间。两地完全可以充分发挥各自的金融优势，取长补短，合力打造北方基金中心。

(4)京津共建天津离岸金融市场。2011 年《天津北方国际航运中心核心功能区建设方案》获得国务院批复后，天津离岸金融业的发展值得期待。北京应充分利用天津建设离岸金融中心的契机，作为京津金融联合发展的一个切入点、结合部，通过双方的金融合作，积极参与和支持天津离岸金融中心建设。

六、京津金融一体化发展的制约因素及相关建议

(一)京津金融一体化的制约因素

1. 宏观制约因素

(1)行政地域因素。由于分属不同的行政区，京津两地虽不乏区域金融一体化的愿望，但跨区合作与一体化发展仅停留在意向上，少有实质性进展。即使在实施区域经济合作的过程中，往往也多从本地方利益考虑问题，这使得京津金融一体化不可避免地面临本位主义和地方保护主义的障碍。此外，由于建设“金融中心”可以为所在行政区域带来显著的经济拉动作用，所以“金融中心”这一称号的光环也使得地区之间竞争的动机大于合作。

(2)政策规划因素。定位问题一直是困扰着北京金融业发展的一个重要问题。2008 年 4 月，北京市才明确提出将北京建设成为具有国际影响力的金融中心城市。但是，北京明确提出建设金融中心口号以后，北京和天津的金融

发展战略没有体现出明显的差异性和互补性。两城市都在打造区域金融中心，都想争夺金融主导权和控制权。显然，如果没有更高层次的政策设计和战略规划，两个相邻城市之间对于“金融中心”地位的争夺有可能导致金融竞争大于金融合作，地区间的内耗推高成本。

(3)基础设施和环境因素。行政区域政绩考核制度和缺乏总体规划导致两区域市场之间欠缺一体化运行的最基本条件和金融生态环境，具体体现在支付系统不完善、监管未达一体化标准、要素流动不自由、金融信息共享机制缺失，等等。

2. 微观制约因素

(1)业务竞争内耗。由于区域金融分割，行政管理分散，北京和天津两地的金融竞争大于金融合作。这一现状对于行业和企业带来的最重要影响就是内部消耗，从而严重制约着京津金融的一体化发展。

(2)服务缺乏创新。目前的金融产品和金融服务并不足以对金融一体化进行支持。京津在金融市场方面缺乏合作，缺少创新金融服务，缺少区域金融服务链。京津地区金融资源尤其是资金分布不平衡问题，区域资金回报率和成本差异较大问题等，都需要创新来解决。

(二)推进京津金融一体化发展的建议

1. 创建品牌，明确定位

由于京津地理位置靠近，应当对建设金融中心进行统筹规划，明确各自的定位，形成合力，共创品牌。京津通盘规划后，应根据北京和天津的经济金融资源状况及其发展需要，按照“互补共赢、互惠互利”的原则，实施对区域资源的整合和优化配置，以充分发挥区域金融资源整体优势。相关职能部门应当出台关于京津一体化模式的明确文件，将北京和天津作为一个整体提出明确的统一规划，明确北京建立国家金融中心，对周边地区的经济金融进行辐射、提携。天津作为北京金融中心的辐射地区，把天津的沿海腹地优势、北京的决策优势联系起来，形成区域金融相互交融，达到区域优势资源共享和经济金融一体化发展目的。

2. 转变职能，统筹策划

(1)建立协调机制，改变考核标准。为推进京津金融一体化，需要更高层次的顶层设计的干预。应当由中央政府牵头，设定一系列的协调机制，促成分工不同、各有侧重、优势互补的多层次金融合作格局。按照实际情况建立的协调机制，应当包括领导、组织、执行、督察、考评、奖惩等方面要素，从而保证制度的建立与运行。

(2)坚持市场主导，促进市场完善。要形成以北京为金融中心，天津为运作后台的京津金融一体化发展模式，还需要建立健全的、能够满足不同类型企业金融需求的、多层次的金融市场体系。政府应当引导拓展金融市场，完善市场融资功能，建立统一的区域性金融市场。在京津地区整体金融市场功能设计的基础上，根据两地的不同战略定位，在功能的地域分布上，除了全国性多层次资本市场体系中的非上市公众公司股权交易市场和投资基金市场落户天津滨海新区以外，其他市场落户北京，形成合理分工、协调发展的局面。

3. 制定政策，改善生态

推进京津区域金融一体化发展，需要按照“优势互补、互惠互利”的原则，制定一系列配套的有层次、有针对性和有适用性的政策进行引导。有层次是要体现京津战略定位的差异；有针对性是指政策要能够整合区域金融资源，完善金融服务体系和功能，实施区域金融一体化战略；有适用性是指相关政策要能够促进金融资源优化配置，提高金融资源整体优势和服务水平，以区域金融一体化促进区域经济一体化。此外，区域金融一体化的顺利实施，还需要为区域金融发展营造良好区域金融生态环境，使金融机构能够以市场为导向自主发展、自主创新。为此，既要加强区域金融监管，抑制金融风险，又要确保资金流、人才流、信息流的通畅。政府还应加强诚信道德教育，建立区域信用激励机制，为跨地区金融合作、实施金融区域一体化提供良好的信用环境。

（作者：谢太峰　首都经济贸易大学教授）

项目名称：首都经济圈经济发展水平及地区差异变化的仿真研究——基于财政支出政策效应空间差异性分析
项目编号：11JGB076
项目负责人：马立平
项目信誉保证单位：首都经济贸易大学

首都经济圈经济发展水平差异与财政空间效应的定量分析

内容提要： 财政政策是宏观经济调控的一种重要经济手段，可以有效改善地区间区域经济的空间结构，协调地区区域经济的和谐发展。本文在对首都经济圈各地区经济发展的差异进行分析的基础上，从财政支出的角度，对财政政策效果的空间效应进行了探索，希望为科学制定首都经济圈的发展战略提供定量的依据。

一、研究背景与分析范围

（一）研究背景

首都经济圈中各地区之间的经济发展水平差异的扩大，不仅会影响社会发展的稳定，也会影响到地区的可持续发展。由于财政政策是宏观经济调控的一种重要经济手段，可以有效改善地区间区域经济的空间结构，协调地区区域经济的和谐发展，因此，本研究从财政政策角度出发，分析财政支出与地区间经济发展之间的关系，希望对财政政策效果的空间效应进行有益的探索，探讨缩小首都经济圈各地区间经济发展差异过程中的相关问题。

（二）文献综述

国外关于都市经济圈的研究可追溯到戈特曼对美国东北海岸到弗吉尼亚州之间城市密集区域的研究，研究结果表明区域发展对美国经济发展起到了极其重要的作用。而在国内1983年于洪俊首次在《城市地理概论》中将都市圈的思想引进至国内，之后，崔功豪利用该理论对我国长江中下游城市聚集带做了研究，并成为后来长三角经济圈发展的雏形。回顾以往国内外学者的研究成果，可以得到的普遍观点是：在都市圈的发展中，应以中心城为核心，吸引辐射邻近区域，促进城市地区之间的相互联系与协调发展，从地理邻近的优势出发，加强城市之间的联系，合理分配资源，促进都市圈内区域经济、社会与环境共同可持续的一体化发展。

在财政政策的区域效应的研究方面，Wagner(1931)主张政府应充分利用财政政策再分配工具的功能，调节社会初次分配，重视不同区域经济发展水平的差异性，利用财政政策来调节干预市场的行为。Garrison 等(1979)在区域凯恩斯模型体系下，分析了货币政策和财政政策的区域效应。Hall(1980)认为短期内的财政支出对缩小经济发展水平的差异具有更强的影响效果。Faig(1991)认为有效地利用财政政策工具能对缩小区域经济发展水平的差异起到极大的促进作用；Tian(1999)证实了政府对不同区域施行的倾斜政策是地区间经济发展水平差距不断扩大的一个主要原因。Shan(2002)通过建立包含衡量地区间差异的指标和财政支出等变量的向量自回归模型，发现对于缩小地区间经济发展差异影响最大的是财政支出。

尽管我国区域发展差距问题十分突出，但国内学者关于财政政策区域效应的研究主要出现在近十年。史永东(1999)认为我国财政政策对宏观经济的调控效果有一定的稳定作用并拉动了中西部欠发达地区的经济增长；刘玉等(2003)认为当前政府财政转移支付存在一定量上的不足，但其能对缩小地区间经济发展的差异发挥一定的积极作用。马拴友和于红霞(2003)认为政府的转移支付没有起到拉近地区间经济发展差距的效果，更多的是因为财政转移支付倾向于流向经济发达的东部地区。张晶(2006)在区域模型基础上，对我国货币和财政政策在东、中、西三大区域上的效应进行实证分析，表明我国货币和财政政策确实存在区域不对称效应。陈安平(2007)通过 VAR 模型，分析出我国东、北部沿海，长江、黄河中游和西南地区的经济增长溢出效应比较明显，得出我国财政政策对区域经济发展的作用比货币政策更大的结论。靳春平(2007)认为地区间的财政政策对经济增长的效应空间上存在明显差异。刘凤伟(2007)认为合理的财政支出可以在短期内缩小政府间财力差距，在长期内能够通过影响各区域的公共支出水平缩小地区经济发展水平的差距。

国内的大多数研究都是分析东、中、西部财政政策对经济增长的影响，研究范围覆盖广，但不够深入。本研究仅针对北京市周边省市地区进行研究，试图深入分析首都经济圈的经济发展差异及地区间的财政政策支出效应，为制定更有效的财政政策提供依据。

(三)首都经济圈的界定

首都经济圈是指与首都具有较为紧密的社会、经济联系的区域空间。“首都经济圈”范围究竟有多大？对于这一区域的界定，本研究以空间相互作用理论为基础理论，选取距离、人流、物流、信息流、经济流等为标准，计算了首都经济圈各地区的交流强度、断裂强度、引力强度和场强强度等数值，再从北京发展的角度出发，以首都北京为核心，综合考虑了前人的观点并特别考虑了地理空间的因素、经济联系紧密程度、人口流动方向等多种因素最终确定了研究范围不仅限于周边城市形成的都市圈，而是包括北京、天津、河北、山西、内蒙古等省、直辖市、自治区。

二、首都经济圈内区域经济发展差异分析

(一)GDP 及人均 GDP 差异

我国 2011 年的国内生产总值达到 472881.6 亿元，首都经济圈内五省区市地区生产总值 77672.4 亿元，占比 16.43%。从图 1 中可以看出，各地区的地区生产总值都呈现出逐年不断增加的趋势。此期间历年河北省的 GDP 都为最高，北京市次之。内蒙古自治区的 GDP 自 2004 年开始，逐渐超过天津市，并于 2006 年超过山西省，此后一直处于五省区市中第三的位置。山西省 GDP 与天津市 GDP 是五个省市中最为接近的两个地区，2009 年之前，山西省的 GDP 排名第四，2009 年之后被天津市超越，排名第五。

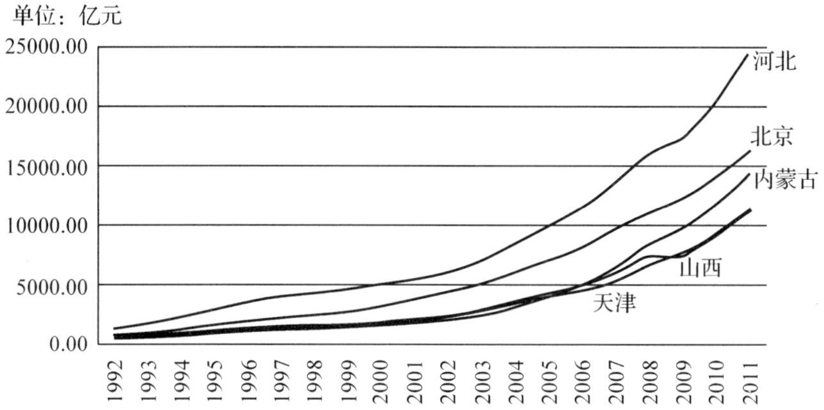

图 1　1992—2011 年五省区市 GDP 变动图

资料来源：《2012 中国统计年鉴》

进一步地将各省市按照 2011 年人均 GDP 总值的大小进行分组画图，可以从图 2 中看出地区经济发展呈现出不平衡的现象，在首都经济圈的各省市中，人均地区生产总值呈现出北京市经济最为发达，其次是作为直辖市的天津市人均 GDP 明显高于其他省市，再次是山西省、河北省，最后是经济较不发达的内蒙古自治区。

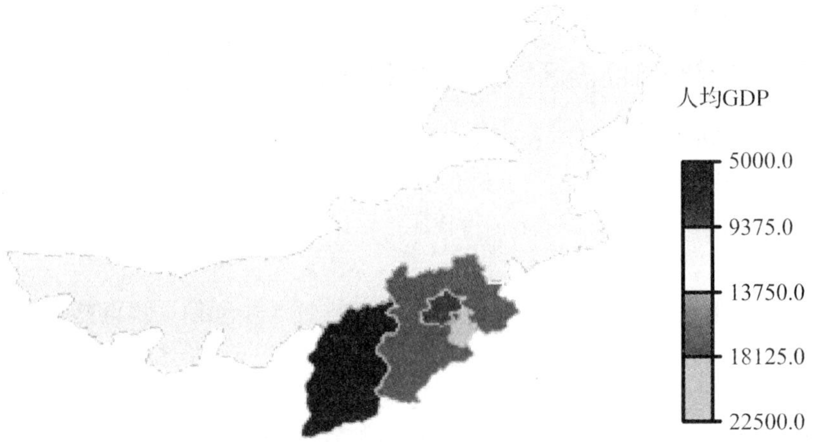

图 2　首都经济圈人均 GDP 分布图

为深入揭示经济发展的区域差异和区域内差异及其变化，本研究选用并计算了人均 GDP 泰尔指数。2001—2011 年首都经济圈及各省市内地级市间的泰尔系数绘制成图 3。

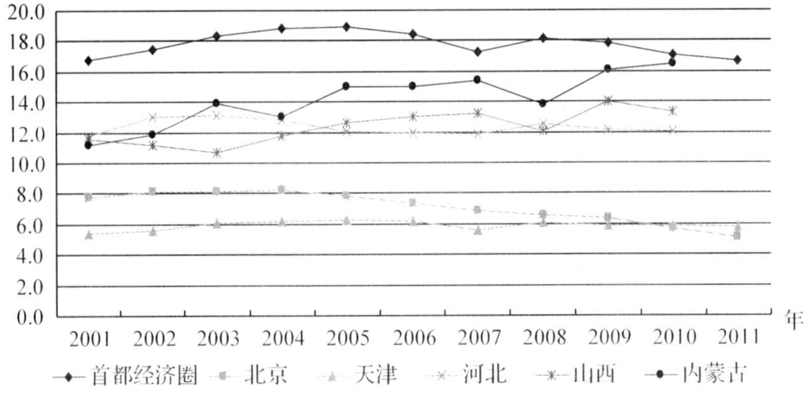

图 3　首都经济圈及各地级市间的人均 GDP 泰尔指数

从人均 GDP 的泰尔指数图(图 3)可以看出首都经济圈在经济发展呈现出逐年上升趋势的同时，首都经济圈及各地区经济发展差异没有出现明显的趋于收敛的特征。若不及时协调区域内各地区发展水平，做到以强扶弱，以快带慢，鼓励经济发展快的地区支援经济发展较为落后的地区，只能拉大区域间的经济发展差异，造成恶性循环。

首都经济圈的区域差异不仅存在于各省市之间，也存在于各省市内部。泰尔指数图还显示出近年来北京、天津各区的人均 GDP 差异呈现逐年缩小的趋势，山西和河北下降趋势不明显，内蒙古的人均 GDP 泰尔指数却存在上升的态势。

(二)产业结构差异

从图4中可以看出除北京市的产业结构是明显的“三、二、一”之外，其余四省市自治区皆为“二、三、一”结构。北京市与其余四省市自治区的产业结构分布有着质的差别，而且第三产业所占比重远远超过其余两大产业。从五个省市自治区产业结构布局的整体看来，第二产业和第三产业的比重占据了绝大部分，是推动五省区市经济发展的动力，第一产业在五个省市自治区中已经退出了主导地位。

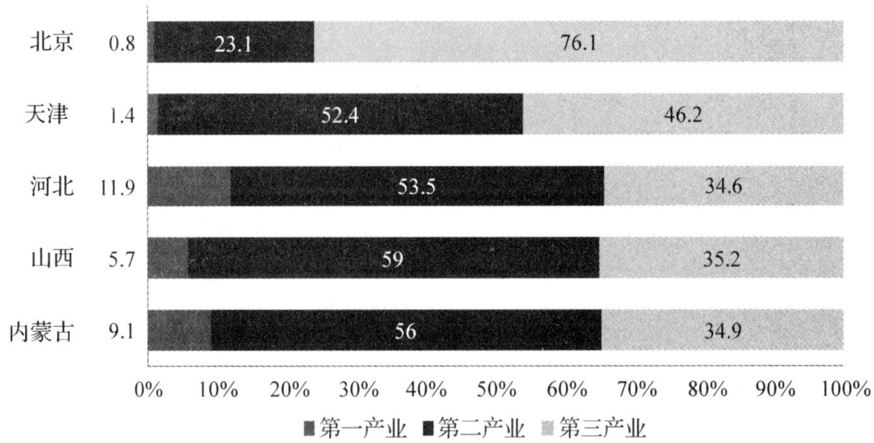

图4　2011年五省区市三大产业结构图[①]

(三)财政支出差异

从统计数据看，2011年首都经济圈中各地区的财政收入与财政支出存在明显的地区差异，具体差异如下图5和图6所示：

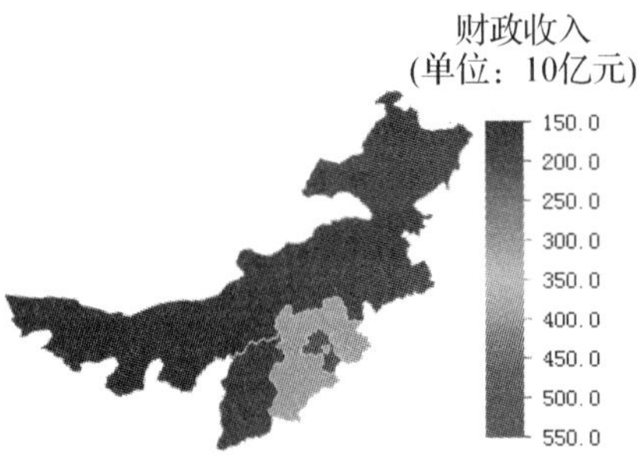

图5　首都经济圈财政收入分布图

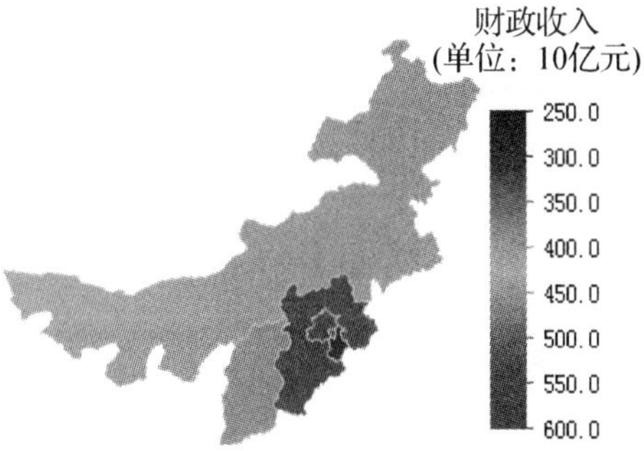

图6　首都经济圈财政支出分布图

① 资料来源：《2012北京统计年鉴》《2012天津统计年鉴》《2012河北统计年鉴》《2012山西统计年鉴》《2012内蒙古统计年鉴》。

从图5、图6可以看出，北京作为首都经济圈的核心财政收入与支出都处于最高水平，而与北京相邻的天津市的财政收支水平则处于最低；河北和内蒙古的财政收入均处于中低水平，但财政支出却处于较高水平。结合经济发展水平的现状，一定程度上反映出财政支出对于河北和内蒙古经济发展的促进作用还有较大提升空间。

为此，我们有必要进一步分析并采取措施提升财政支出对区域间经济发展的促进作用，从而使首都经济圈的经济发展差距能得到缩小。

三、财政支出效应的空间相关与聚集特点分析

由于实际经济活动中，首都经济圈中各地区的经济发展过程不是相互独立的，因此在衡量首都经济圈各地区经济发展水平受到财政政策的影响程度时，需要考虑到首都经济圈中各地区空间自相关性及各地区之间相互影响的溢出效应。为此，本项研究从空间自相关性的角度出发，在考虑首都经济圈各地区间的地理邻近性质的基础上，考察首都经济圈中各地区的经济发展受财政政策影响的程度大小。又由于中央财政对各地方的转移支付在区域间经济发展过程中具有较强的空间溢出效应，因此分析财政政策对首都经济圈发展的区域效应时，采用了空间计量模型。

(一)变量解释

财政支出空间效应的空间相关分析所采用的指标及指标解释见表1：

表1　对首都经济圈各地区经济发展产生影响的财政变量

	变量名	符号	单位	定义与度量	预期
被解释变量	人均GDP	RGDP	元/人	各地区经济水平，取对数，考察经济增长的弹性变化。	—
解释变量	中央一般投资依赖度	RELY	%	各地区固定资产投资来源于中央预算内占本地固资投资总额比重，考察中央一般投资的经济效应。	负向
	地方财政资源丰裕度	FISC	%	居民人均享有财政资源来自于本地财政支出比重。	正向
	地方财政自给度	OWN	%	地方财政收入与支出之比，反映地方政府财政能力。	正向
	地方财政供养人口数	SUP	人	一单位的地方财政本级收入供养的百万人口数，反映地方政府财政责任的大小。	负向
	地方人均中央转移支付	RTR	元/人	中央财政转移支付的各省人均拥有量，取对数，考察人均转移支付的弹性变化。	正向

(二)中央财政支出空间效应

为了进行空间自相关分析，本文首先绘制了 2011 年全国 31 个省市自治区的人均 GDP 及主要财政变量的 Moran's I 空间相关系数散点图如下：

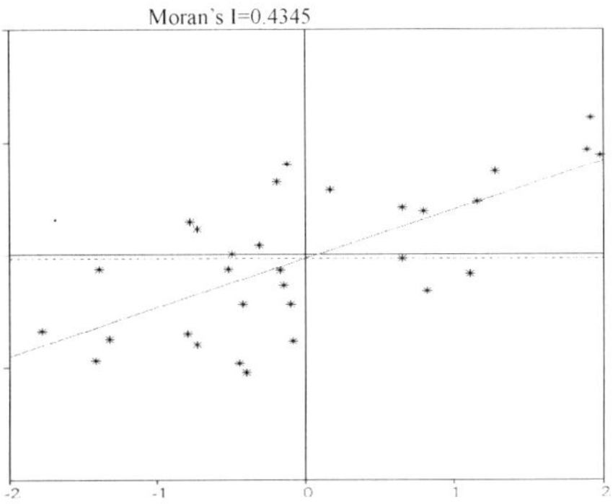

图 7　人均 GDP

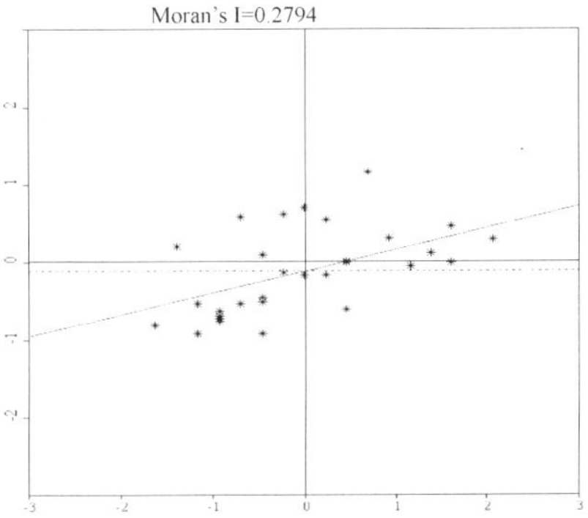

图 8　财政资源丰裕度

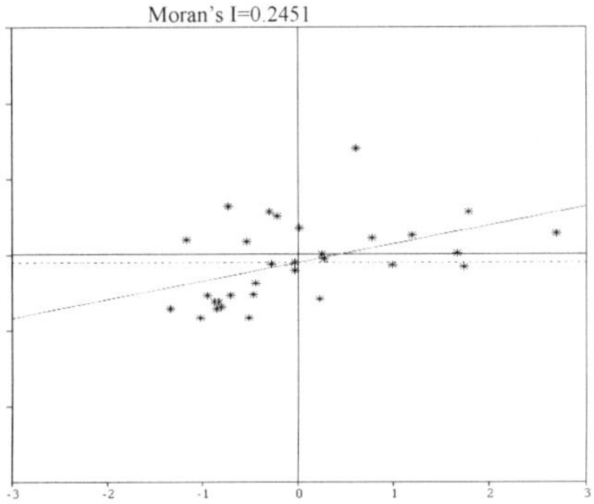

图 9　人均地方财政支出

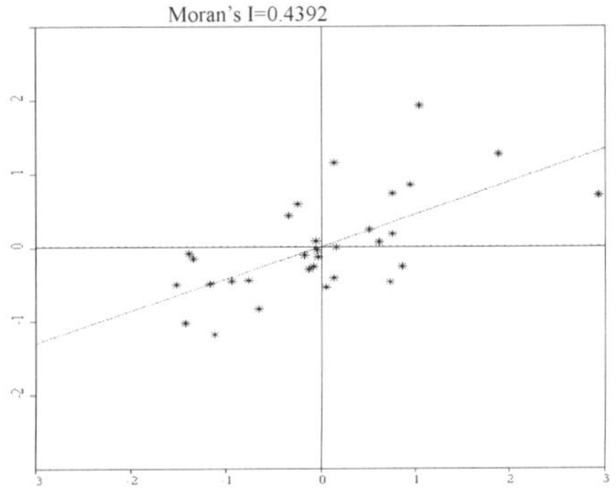

图 10　中央固资投资

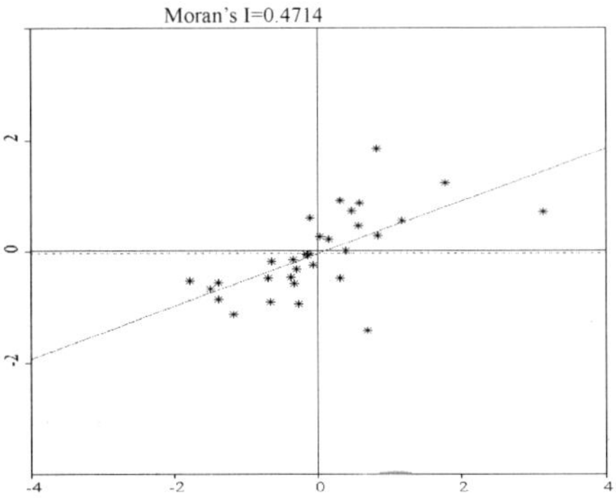

图 11　地方人均转移支付

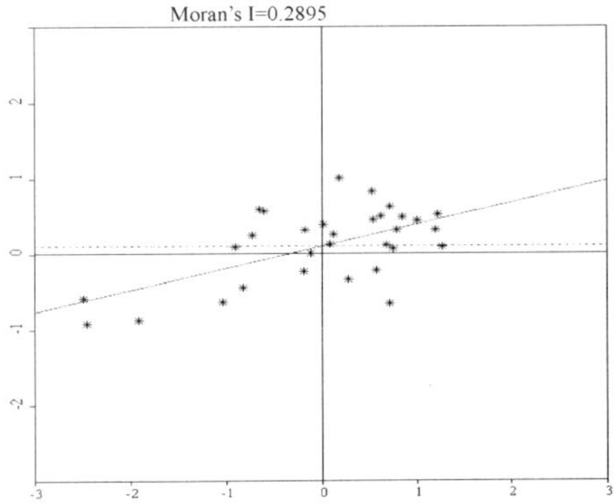

图 12　财政供养人数

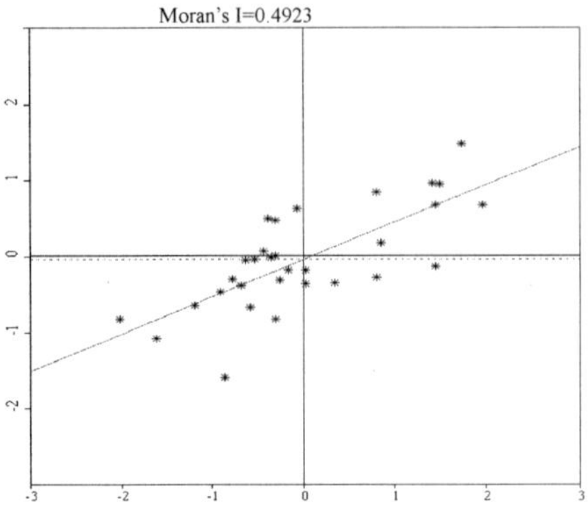

图 13　地方财政供给率

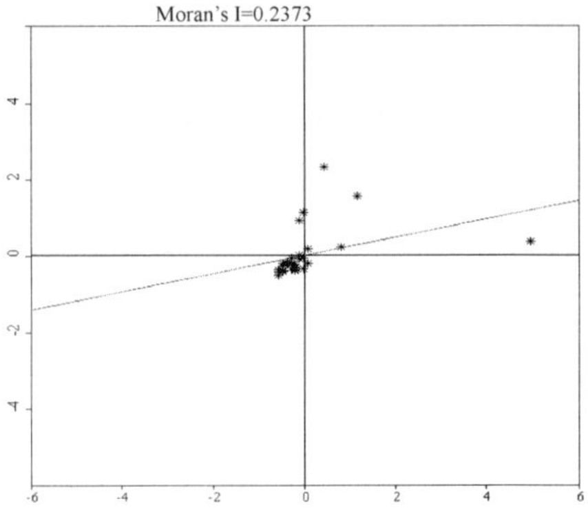

图 14　地方对中央投资依赖

图 7—图 14 显示出了各主要经济变量的邻近集聚模式。2011 年的财政变量 Moran's I 散点图显示出各地区大部分集中在第一象限和第三象限，各地区在经济发展水平上以及中央财政政策的调控能力方面存在着空间上的集群效应。将首都经济圈各地区经济发展水平的聚集情况进行整理(见表 2)，可以明显看出财政变量在空间上呈现聚集效应。

表 2　首都经济圈主要经济变量的 Moran's I 散点分布

象限	人均 GDP	中央投资依赖度	地方人均转移支付	中央投资在地方固定资产投资中的比重
第一象限 HH 型	河北、天津、北京	北京、天津	内蒙古	无
第二象限 LH 型	无	河北	无	无
第三象限 LL 型	山西	山西	河北、北京、山西	内蒙古、河北、北京、山西、天津
第四象限 HL 型	内蒙古	无	天津	无
跨象限	无	内蒙古	无	无

进一步地计算首都经济圈的各财政变量的 Moran's I 指数及伴随概率见表 3，表中各地区经济变量的 Moran's I 统计值的伴随概率均小于 5%的计算结果，提供了各地区经济发展在空间上具有全局自相关的显著证据，通过计算结果也可以看出，首都经济圈的全局自相关性相比全国范围而言更显著，也就是说，首都经济圈中利用财政政策达到缩小区域间经济发展差距的效果应更有效。

表 3　首都经济圈各经济变量全局空间自相关 Moran's I 指数及伴随概率

	LRGDP	FISC	LRFR	LRPE	LPFI	LRTR	LSUP	OWN	RELY
Moran's I	0.5552	0.5436	0.5588	0.5471	0.4911	0.530	0.4702	0.622	0.2248
伴随概率	0.001	0.001	0.001	0.002	0.001	0.001	0.001	0.001	0.021

由以上分析可知，首都经济圈各地区的经济水平、中央财政支出水平都存在空间之间的相关性，存在一定程度的空间聚集效应。

此外，计算了首都经济圈中各地区经济发展水平的局域空间自相关性LISA(Local Indicators of Spatial Association)显著性水平计算值并绘制 LISA 集聚图如图 15—图 20 所示。图 15、图 17、图 19 分别描绘了 2011 年首都经济圈各地区三个经济及财政变量的局域空间自相关性的显著性水平。图 16、图 18、图 20 则分别描绘了三个经济及财政变量的局域空间自相关性的 LISA 集聚特点。在对人均 GDP 对数的局域空间自相关性的检验中(图 15)，河北省通过了 5%的显著性水平检验，并呈现 LH 型集聚特征(图 16)，说明河北省在首都经济圈中与其他各地区存在着较高的局域空间自相关性，而且河北省人均 GDP 处于首都经济圈中较低水平，被首都经济圈其余地区较高水平的人均 GDP 所包围，因此，利用财政支出在首都经济圈中拉近河北省与其他地区间的经济发展水平具有一定效果。

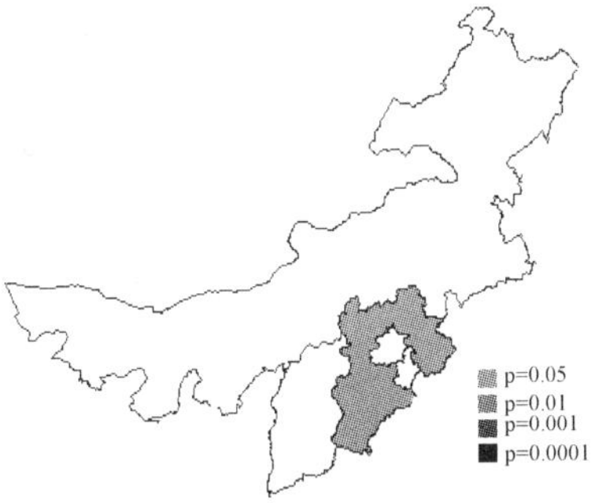

图 15　2011 年首都经济圈各地区人均 GDP 对数的局域空间自相关 LISA 显著性水平

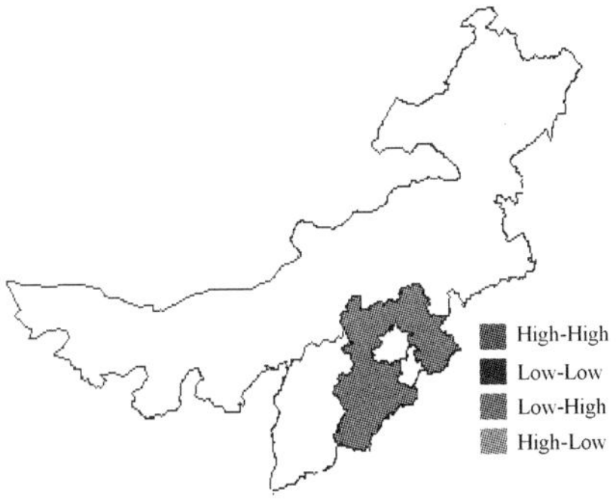

图 16 2011 年首都经济圈各地区人均 GDP 对数的局域空间自相关 LISA 集聚图

在中央投资依赖度的局域空间自相关性检验中(图 17)，河北省也通过了 5%水平的显著性检验，表现出 HL 型集聚特征(图 18)。因此，通过人均 GDP 与中央投资依赖度的集聚特征可以看出，河北省在首都经济圈中经济发展水平较低，需要较大程度的依赖中央投资来发展本省经济，因此，需要更进一步研究如何合理利用财政支出，达到拉近首都经济圈中各地区的经济发展水平。

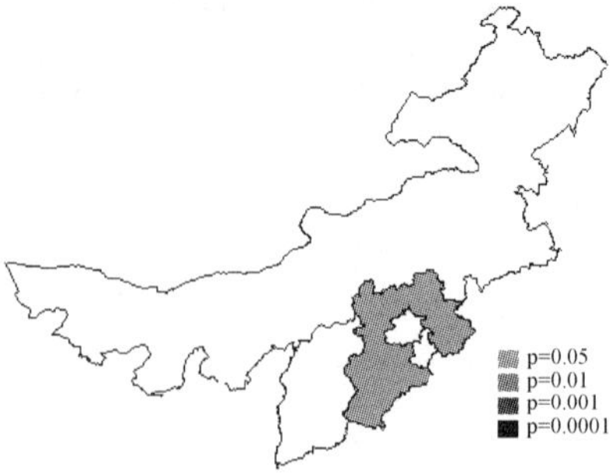

图 17　2011 年首都经济圈各地区中央投资依赖度对数的局域空间自相关 LISA 显著性水平

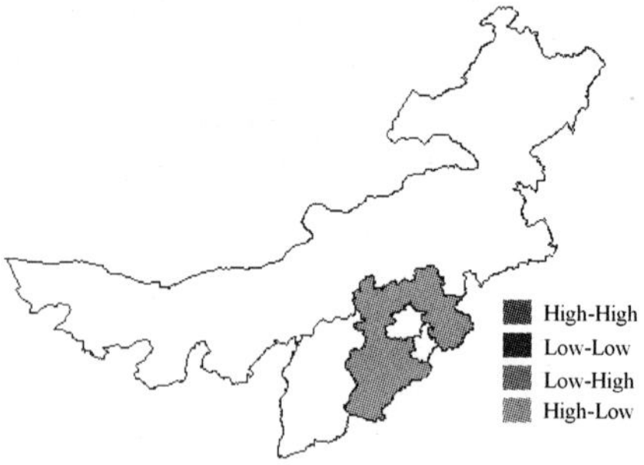

图 18　2008 年我国 31 个省地区地方投资对中央投资依赖度的局域空间自相关 LISA 集聚图

在对中央固定资产投资比重的局域空间自相关性的检验中(图 19)，北京和天津通过了 5%的显著性水平的检验，而河北省则通过了 1%的显著性水平检验，北京、天津和河北省均具有 LL 型的集聚特征(图 20)，可见中央固定资产的投资比重在首都经济圈的各地区中投资水平还比较低，因此适当加大首都经济圈中中央投资的比重，有助于拉近首都经济圈中各地区经济水平的差异程度。

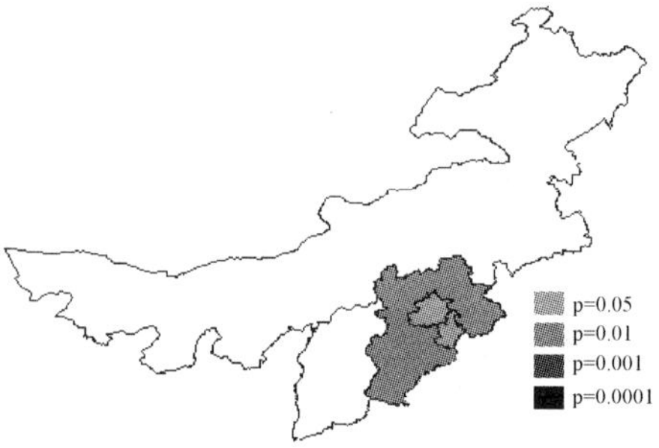

图 19　2011 年首都经济圈各地区中央投资比重的局域空间自相关 LISA 显著性水平

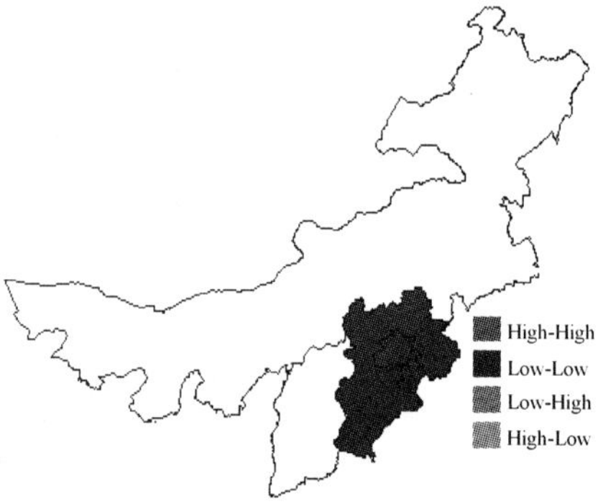

图 20　2011 年首都经济圈各地区中央投资比重的局域空间自相关 LISA 集聚图

通过以上分析可以看出，首都经济圈中各地区的经济发展水平处于不均衡的状态，经济发展水平(人均 GDP)程度较低的地区为河北省，而中央财政支出的调控区域也表现出相同的空间集聚效应，因此，对于河北省而言中央依赖度呈现出较高的水平，这也基本符合中央政府利用财政支出来均衡各地区经济发展水平的政府职能。

四、财政支出效果分析

经济理论关于中央投资与经济增长的模型 $y = f(k, g_s, g_c) = Ak^{1-\alpha-\beta}g_s{}^{\alpha}g_c{}^{\beta}$ 的假设条件是各地区的相互独立性，但经过本文之前进行的研究与检验，首都经济圈中各地区具有空间的相关性，因此首都经济圈各地区之间的相关性是不能被忽视的，而这种内生的空间相关性因素对地区间的经济增长和中央财政支出政策的传导效果都会产生一定的影响，并最终影响中央财政政策对缩小地区间经济发展水平差异的效果。为此本文将空间相关性加入至经济增长的理论模型 $y = f(k, g, w) = Ak^{1-\alpha-\beta}g^{\alpha}w^{\rho}$ ，其中 w 表示空间相关性，ρ 表示空间相关性的弹性系数，g 代表中央一般支出。首先将上述理论模型化为双线性形式，建立双对数线性区域经济增长模型：$\ln y = a + \alpha \ln g + \rho \ln w$ 。

根据上文分析结果可将中央财政支出政策与经济增长的回归方程设定为：

$$y_i = \beta_0 + \beta_1 D_i + \beta_2 X_i + \rho \sum_j W_{ij} X_j + \varepsilon$$

其中，y_i 为被解释变量，表示各地区经济发展水平；控制变量 D_i 表示影响各地区经济发展的因素；解释变量 X_i 表示各地区拥有的中央财政投入，而解释变量 X_j 则表示相邻地区拥有中央财政投入状况；W_{ij} 为空间权重矩阵，相邻地区的中央财政投入对本地区经济发展水平的影响程度反映为系数 ρ。在利用实证数据进行空间计量分析时，将被解释变量 y 用人均 GDP 来代表，以自然对数形式 lnRGDP 表示；解释变量 X_i 用来反映中央财政支出政策的指标，包括变量为：中央固定资产依赖度(RELY)及地方人均转移支付(RTR)的对数形式；控制变量 D_i 是影响各地区经济发展的政策变量，主要包括：地方财政资源丰裕度(FISC)，地区财政自给率(OWN)和地区财政负担人口数(SUP)。由此建立空间滞后模型(SLM)为：

$$\ln RGDP_i = \beta_0 + \beta_1 RELY_i + \beta_2 \ln RTR_i + \beta_3 FISC_i + \beta_4 OWN_i + \beta_5 \ln SUP_i + \rho \sum_j W_{ij} \ln RGDP_j + \varepsilon_i$$

从上式可以看出，各地区 j 获得的来自中央财政支出可以通过影响该地区的经济增长，而进一步将该影响“溢出”至相邻的地区 i 影响相邻地区的经济发展水平，即上式中的系数 ρ 反映了相邻地区经济发展水平的相互影响力。

如果空间自相关性由经济系统以外的因素决定，则可将空间模型设定为空间误差模型(SEM)，模型如下：

$$\ln RGDP_i = \beta_0 + \beta_1 RELY_i + \beta_2 \ln RTR_i + \beta_3 FISC_i + \beta_4 OWN + \beta_5 \ln SUP + \lambda \sum_j W_{ij} \ln \varepsilon_i + \mu_i$$

式中 i 为首都经济圈中各地区($i = 1,2,3,4,5$)，ε 为随机误差，W_{ij} 为空间权重。在全国范围内建立 SLM 和 SEM 的估计结果见表 4：

表 4　全国范围内考虑空间因素的 SLM 和 SEM 估计结果

模型	SLM 模型			SEM 模型		
	回归系数 β	t 统计量	伴随概率 p 值	回归系数 β	t 统计量	伴随概率 p 值
C	6.687714***	10.67393	0.0000000	7.071395***	11.17306	0.0000000
LRTR	0.3262434***	4.648591	0.0000033	0.3012601***	4.062955	0.0000485
OWN	2.272125***	11.93696	0.0000000	2.206333***	10.82384	0.0000000
ρ	0.016928	1.021385	0.3070721			
λ				0.324653*	1.466487	0.0942516
统计检验						
R^2	0.842037			0.849227		
LogL	10.9091			11.297664		
AIC	−13.8182			−16.5953		
SC	−8.08227			−12.293366		
空间依赖性检验						
	自由度	统计值	伴随概率	自由度	统计值	伴随概率
LR	1	1.031149	0.3098890	1	1.808258	0.0987174

说明：***、**、*分别代表变量的回归系数通过了 1%、5%、10%显著性水平下的检验。

从表 4 的计算结果可以发现，考虑了空间效应以后，SEM 模型可以有效地消除空间自相关性和空间误差的影响，这是由于 SEM 模型充分考虑了首都经济圈中各地区之间经济增长的相互影响，即某一地区的经济增长不仅只影响本地，还会溢出到相邻的地区，从而影响相邻地区的经济增长。

最后，建立首都经济圈各地区经济发展与财政政策之间的空间计量模型，结果见表 5：

表 5　首都经济圈中考虑空间因素的 SLM 和 SEM 估计结果

模型	SLM 模型			SEM 模型		
	回归系数 β	t 统计量	伴随概率 p 值	回归系数 β	t 统计量	伴随概率 p 值
C	−0.003167	−0.185904	0.8525203	0.000161	0.023959	0.9808854
LRTR	1.250194***	80.47723	0.0000000	1.234325	124.4378***	0.0000000
OWN	2.123539***	10.36659	0.0000000	2.4177	22.04055***	0.0000000
ρ	0.003617	0.497192	0.6190537			
λ				−0.953544	−4.074623***	0.0000461
统计检验						
R^2	0.999648			0.999773		
LogL	36.2534			40.484663		
AIC	−64.5068			−74.9693		
SC	−58.7709			−70.667365		
空间依赖性检验						
	自由度	统计值	伴随概率	自由度	统计值	伴随概率
LR	1	0.2463437	0.6196615	1	8.708864	0.0031667

说明：***、**、*分别代表变量的回归系数通过了 1%、5%、10%显著性水平下的检验。

表 5 的回归结果可以看出，首都经济圈中各地区依赖中央政府的转移支出受到地区空间效应的影响而有所削弱，而更依赖于各地区自给的财政支出，地区财政自给率(OWN)的回归系数通过了 1%显著性水平下的统计检验且系数为正，说明地区财政的自给率的提高有利于经济的发展，在其他条件不变的情况下，地区财政的自给率每提高 1 个百分点，人均产出就会提高 2.42 个百分点。中央政府的人均转移支付(LRTR)的回归系数也通过了 1%显著性水平下的统计检验，在其他条件不变的情况下，中央政府的转移支付每增加 1 个百分点，人均产出就会提高 $e^{1.23}$ 个百分点。

由此可见，首都经济圈中各地区经济发展具有一定的空间自相关关系，首都经济圈中各地区间的财政支出与经济发展之间是存在空间联系的，客观上具有一定的空间溢出效应。

从空间误差模型的分析中可以看出，受到首都经济圈中各地区间的空间效应，地方经济的发展更依赖于地区自身的财政支出，是地方经济建设的主要力量。在其他条件不变的情况下，地区财政的自给率每提高 1 个百分点，人均产出就会提高 2.42 个百分点，地区财政的自给率的提高有利于经济的发展。在其他条件不变的情况下，中央政府的转移支付每增加 1 个百分点，人均产出就会提高 $e^{1.23}$ 个百分点，中央政府的转移支付越高越有利于经济的增长。而对于中央政府的转移支付，地区经济发展也会受到一定的影响，但影响效果会受到空间效应的影响。

参考文献

[1] Wagner, Are Consumers Ricardian? Evidence for United States, Journal of Political Economy, 1931.

[2] Hall, Efficient Taxation in a Stylized Model, *International Economic Review*, 1980.

[3] Faig, Government Spending in a Growing Economy. *Economics*, 1991.

[4] Tian X, Market Orientation and Regional Economic Disparities in China, *Post Communist*, 1999, 11.

[5] Shan J. A Macroeconomic Model of Income Difference in China. *International Economic Journal*, 2002, 16.

[6] Garrison C. B and H. S Chang, The Effect of Monetary and Fiscal Policies on Regional Business Cycles, *Regional Science Review*, 1979, 4.

[7] 崔功豪、武进:《中国城市边缘区空间结构特征及其发展——以南京等城市为例》,《地理学报》, 1990 年第 4 期。

[8] 马拴友、于红霞:《转移支付与地区经济收敛》,《经济研究》, 2003 年第 3 期。

[9] 张晶:《我国货币财政政策存在区域效应的实证分析》,《 数量经济技术经济研究》, 2006 年第 8 期。

[10] 陈安平:《我国财政货币政策的区域差异效应研究》,《 数量经济技术经济研究》, 2007 年第 6 期。

[11] 陈安平:《我国区域经济的溢出效应研究》,《经济科学》, 2007 年第 2 期。

[12] 史永东:《中国转轨时期财政政策效应的实证分析》,《经济研究》, 1999 年第 2 期。

[13] 刘玉、刘毅:《区域政策的调控效应分析——以我国财政转移支付制度为例》,《地理研究》, 2003 年第 2 期。

[14] 靳春平:《财政政策效应的空间差异性与地区经济增长》,《管理世界》, 2007 年第 7 期。

[15] 刘凤伟:《财政转移支付与缩小地区差距》,《 华东经济管理》, 2007 年第 7 期。

(作者：马立平　首都经济贸易大学教授)

项目名称："政务微博"在北京创新社会管理中的运用研究
项目编号：11JGB082
项目负责人：张　玲
项目信誉保证单位：中共北京市委党校

北京市政务微博发展的对策建议

内容提要： 微博作为新兴媒体平台，正在快速发展成为民间舆论场，并改变了我国长期以来由官方主导的信息传播格局。微博为政府的社会治理既带来了机遇也带来了挑战。2011年作为中国的政务微博元年，各级政府机构和官员积极开设政务微博进行网络问政，北京市政务微博也得到较快的发展。作为一个新兴事物，政务微博的应用还处于探索阶段，不可避免地存在一些问题。为使北京市政务微博进一步满足公众对信息服务和微博问政的需要，以及在重大突发事件中的舆论引导作用，本文分别对机构政务微博和官员政务微博提出运营和管理等方面的建议。

信息技术的飞速发展，尤其是近几年Web2.0技术带来的"自媒体"的兴起，正在迅速改变长期以来由官方主导的信息传播格局。当前微博平台信息先发后审、意见领袖引导舆论的状况，使得虚拟社会对现实社会影响巨大。

习近平总书记在2014年2月28日中央网络安全和信息化第一次会议中指出："做好网上舆论工作是一项长期任务，要创新改进网上宣传，运用网络传播规律，弘扬主旋律，激发正能量，大力培育和践行社会主义核心价值观，把握好网上舆论引导的时、度、效，使网络空间清朗起来。"

为应对新兴媒体平台对政府社会治理带来的挑战，政府必须在这个平台发声，传递正能量。政府和官员如何在微博平台上发挥舆论引导作用，调动公众参与社会治理的积极性，提高行政服务水平，是当前亟须解决的新课题。

一、开设政务微博的重要性

党的十八大提出，当前，世情、国情、党情继续发生深刻变化，我们面临的发展机遇和风险挑战前所未有。微博作为新兴的媒体平台，一方面正在成为民众对公共事务及公共话题发表意见和建议的公共平台；另一方面也正在成为流言和谣言肆意传播的场所。因此迫切需要各级党和政府开设政务微博，把握机遇，迎接挑战。

(一)微博平台带来的改变

微博平台为政府的社会治理带来机遇的同时也带来了挑战，并导致社会治理模式发生了根本性变革。

1. 微博平台带来的机遇

微博平台带来的机遇包括：为公众的政治参与提供了重要平台，包括使民众在一定程度上拥有议程设置权，从而推动政府决策的科学化；拓宽了政府与民众的沟通渠道，进而推动政府决策的民主化；提高了民众反腐败的能力，推进阳光政府的建设；提高了政府行政的异地监督，促进政府行政的法制化；提高了民众的社会行动能力，提升了政府的公共服务水平等。

2. 微博平台带来的挑战

微博平台带来的挑战包括：信息先发后审，冲击政府的突发事件控制信息力；意见领袖引导舆论，挑战主流媒体；多元化的声音，消解政府的主流价值观传播；负面信息常态化，折损政府的形象；舆论动员能量大，影响现实的行政、司法活动；流言和谣言泛滥，危害社会稳定等。

3. 社会治理模式发生根本转变

以微博为代表的自媒体，改变了我国长期以来由传统媒体掌控的信息传播格局。由于传统媒体与自媒体在信息管理、技术手段以及用户人群等方面的不同，当前在我国出现了两个舆论场：一个是官方舆论场，一个是民间舆论场。民间舆论场对传统媒体的官方舆论场形成巨大挑战，不断解构由政府主导的议程设置。民间舆论场的出现，导致传统社会建立在信息资源垄断基础上的社会治理模式发生了从“全景监狱”到“共景监狱”的根本性转换，即当前政府管理者在信息资源把控方面的优势已经不复存在，并且转变至被围观的状况，这意味着政府今后将面临不断被质疑，并要求及时回应的社会治理环境。

(二)开设政务微博的必要性

政务微博，主要是指党政机构或官员因公共事务而开设的微博。政务微博，从本质上讲是利用新的信息化手段、借助新媒体武装和优化政府、为人民服务的特殊平台，以更加及时有效的指导科学发展，推进政府工作、提升政府绩效。它也是现代网络和服务型政府、阳光政府、责任政府、诚信政府的有机完美结合。[①] 开设政务微博的必要性有：

一是体现了党坚持走群众路线的决心。各级党委开设的政务微博，为民众创造了一个新的诉求平台，在网络世界里加强了与群众的沟通和交流。通过政务微博倾听民意，借助互联网保障中国公民的知情权、参与权、表达权

---

① 董立人：《发挥政务微博在创新社会管理中的作用》，《思想政治工作研究》，2011 年第 11 期。

和监督权。

二是有利于促进政府执政理念的转变。社交媒体的出现，使得政府继续保持过去的执政理念已经很难提供公关服务创新。① 各级政府开设政务微博，有利于公开政务，转变政风，改变官僚作风，构建公民参政议政、科学民主决策和管理的社会模式，是政府从单向政策信息发布向政府和民意双向互动的转变。

三是改变微博平台舆论引导的弱势局面。通过大数据技术对新浪平台有影响力的意见领袖和官员微博的活跃粉丝分析显示，粉丝平均年龄为30岁左右。这些活跃粉丝关注的媒体机构排名中，有三家境外媒体排在我国主流官方媒体前面。在党和政府的舆论引导力受到空前挑战时，如果党和政府不能主动运用或放弃微博，就等于主动放弃重要的舆论场。

四是提升政府服务质量。当今世界发达国家正在倡导的"政府2.0"，要求在线网络平台的发展能有效地促进政府与公民之间的互动，社交媒体被认为满足这一要求。② 在传统的政府管理模式下，政府的行政业务流程流转于政府的内部机构，外部监督机制和行政问责机制存在着运行障碍。政务微博的应用，大大增加了各种政务的透明度和依法行政的严谨性，有助于提高政府的服务质量。

（三）政务微博在新时期的重要作用

开设政务微博，是化挑战为机遇的重要举措。政务微博的主要作用如下：

第一，突发事件的舆论引导。目前，只要有突发事件发生，一些网民在网络舆论中总是将其和"政治"联系起来进行评论，任何社会问题在突发事件网络舆论中都有可能演变成政治问题。当一些不利于政府的信息在微博平台上以病毒方式进行传播时，如果政府不能及时发声，澄清事实，微博中的网民就极易被一些伪造的内容所操纵。过激舆论一旦形成规模，就很容易出现群体极化现象，最后形成极端的观点。③ 如果政府部门能够利用政务微博及时、主动介入公众突发事件，公开信息，发出权威声音，便可扼杀谣言，抢占舆论引导权。

第二，与公众互动沟通。在传统媒体条件下，政府只能利用媒体发出信息，而不能及时反馈民众的声音。微博的互动功能，为政务微博开辟了一个

---

① J. Ignacio Criado, Rodrigo Sandoval-Almazan , J. Ramon Gil-Garcia, Government Innovation through Social Media, *Government Information*, Quarterly30, 2013, pp. 319—326.

② Gohar Feroz Khan, Ho Young Yoon, Jiyoung Kim and Han Woo Park, From E-government to Social Government: Twitter Use by Korea's Central Government, *Online Information Review*. Vol. 38 No. 1, 2014.

③ [美]凯斯·桑斯坦著，黄维明译：《网络共和国：网络社会中的民主问题》，上海：上海人民出版社，2003年版。

下情上达的直通车，可使民众与各级政府直接沟通对话。政府通过政务微博为百姓提供更加便捷的咨询服务，而百姓也可借助于政务微博更方便地参与社会治理活动，提高政府的行政效率。

第三，动态信息服务。利用微博工具便于短信息、实时动态信息发布的特性，政务微博可以及时提供一些关系到民众生活服务的动态信息，诸如最新政策、交通路况等变化的信息，以弥补政府网站变动信息推送不足的缺陷。

第四，地方宣传。政务微博对于宣传地方的文化、旅游、经济等内容也是一个非常便利的工具。微博作为全球开放的信息平台，地方政府可借助于政务微博，利用极低的成本，将地方的文化旅游等资源宣传到世界各地，其宣传效率是地方媒体宣传难以达到的。

第五，社会热点问题的舆论引导。从现行网络行为来看，大多数网民通过意见领袖获取信息，并在评论中对其感兴趣的话题加以反馈，从而形成微博平台上的舆论走向。官员微博也具有成为意见领袖的潜质。官员凭借其对政策的理解比较透、把握比较准、有一定的前瞻性和指导性及预见性等优势，通过其微博为公众解读政策，分析利弊，指点迷津，有助于消除公众对政府机构的误解甚至曲解，可以引导网络舆论的正确走向。

二、北京市政务微博的现状及问题

北京市政务微博从 2010 年北京市公安局的“平安北京”开始起步，经过 2011 年 11 月北京政务微博群“北京发布”在新浪微博平台上线，到 2013 年 8 月 20 日已经有 71 个单位和 6 位北京市政府部门新闻发言人入驻“北京微博发布厅”，并分别在新浪网、人民网和腾讯网开设了政务微博，总粉丝量达到 5109 万。这些单位和新闻发言人共发布信息 23 万多条，解决网民提出问题五千多件。①

(一)北京市政务微博的特点

根据 2012 年上半年对北京市 376 家政务微博的数据监测和研究分析，得出北京市政务微博的运营特点如下：

其一，信息发布活跃度较高。一些机构积极发布网民欢迎的服务信息，信息发布内容较丰富，网民关注度较高。有些机构通过开展丰富多彩的活动吸引网民，“接地气”的宣传方式受到网民认可。

其二，重视与网民的互动交流。超过三分之一的政务微博可在 10 分钟内回复网民问题，并且其中大部分回复使用文明用语；有些机构通过微博平台积极解决百姓反映的问题，解决问题质量较高。

---

① 《北京市政府微博群“北京微博发布厅”上线运行》，人民网，http：//media. people. com. cn/n/2013/0823/c40606－22667870. html.

其三，突发事件及时进行舆论引导。例如，在“7·21”突发灾情下政务微博群联手发力，发布权威信息；“枪击外国人”“北京地铁4号线动物园站电梯逆行伤人”等突发事件中及时进行舆论引导；及时采取措施化解微博平台上诸如“医保歧视”“鲁迅故居拆迁”“法官作秀”等舆情。

(二)北京市政务微博存在的问题

伴随着北京市政务微博的迅猛发展，也暴露出一些影响网络问政有效发挥作用的问题和发展瓶颈。尽管目前一些政务微博的粉丝数较高，但其活跃粉丝一直不多，转发数和评论数也不高。

1. 机构政务微博存在的问题

机构微博在前台显示出来的主要问题有：一是管理方面，如发展不平衡，一些机构开通不规范、定位不清，机构间缺乏有效支持。二是舆情和突发事件应对方面，如有的机构舆情反映不够快、突发事件不发声以及回应不科学。三是信息发布方面，如很多机构将政务微博作为广播站运营、内容空泛，缺乏公众需要的服务信息。一些机构信息发布频率不固定、语言不够亲和。四是互动方面，如与网民互动不够积极、回应内容和时间不规范、服务咨询不能全部回复。

机构微博后台运营面临的困难包括：领导认识不足、定位不清；网民认同感不够；突发事件应对限于审批环节速度受限；信息发布压力大；负面信息应对乏力；硬件支持不到位；解决跨部门的网民问题难；网络舆情监控手段较单一；管理制度和机制不完善等。

2. 官员微博存在的问题

党和政府官员在微博平台上存在缺席现象。有的官员由于不会使用微博而无法通过微博发声；有的官员因为看到有关微博负面信息的报道，产生排斥和抵触心理不敢上微博；有的官员上微博后，因为害怕言论不当被网民“拍砖”而只看不说；有的官员因为自身原因惧怕网民的“人肉”搜索或者担心受到“网上上访”的纠缠而没有实名开微博，等等。

官员微博舆论影响力也亟待提高。一些实名开微博的官员尚未适应网络话语体系，不能有效发挥舆论引导作用；有的迫于上级任务开微博，只做表面文章，“空壳微博”现象较严重。目前，在微博平台上有影响力的官员寥寥无几。

三、政务微博发展建议

要提高政务微博的存在感和认同感，在突发事件发生时真正发挥舆论引导作用，必须全面提高政务微博的质量。只有对政务微博在规范设立、绩效评定、监督机制、日常维护、沟通技巧等方面加强指导和管理，才能将其真正打造成为社会治理的全新平台。

(一)机构政务微博的发展建议

机构政务微博必须遵循网络传播规律，正确定位，才能真正发挥作用。否则，不仅难以发挥舆论引导作用，有的甚至引发舆情。机构政务微博的发展建议如下：

1. 做好开通政务微博的准备

首先应提高领导认识，政务微博作为机构的窗口，必须引起机构负责人的足够认识，才能保证人力物力到位，以确保政务微博的良性运转。

其次要根据机构性质明确定位。媒体宣传机构、市区县机构以及职能机构的政务微博定位要有所不同，媒体宣传机构更加侧重于意识形态等方面的宣传；市区县机构除了进行区域宣传外，重点是进行微博问政，通过协调指挥各部门，着力解决群众的现实问题；职能机构重点是为百姓答疑解惑，发布动态服务信息。

再次要规范认证名称。政务微博名应该使用机构名称，并在主页介绍机构的工作职责、联系方式等，以方便百姓查找。

最后要加强建章立制工作。对信息发布内容、发布前的审核、百姓咨询的回复、投诉举报的处置程序、突发事件的应对机制、考核办法等建立相应的规章制度，以确保政务微博的可靠运行。

2. 建立舆情监测与突发事件的应对机制

建立舆情监控机制。大型机构或有条件的机构可考虑采用大数据技术或聘请专业公司对微博平台出现的舆情进行监控分析，以便及时发现社会问题；没有条件的机构，可利用各机构间形成的微博群矩阵，通过各政务微博管理员对大V用户进行关注，一旦发现舆情及时上报微博群，利用信息共享机制，提高舆情发现的速度。

建立舆情处理以及突发事件的应对机制。舆情应对越快越好，突发事件最好控制在30分钟以内。因此必须建立一套完整的舆情以及突发事件应对的组织机构，一把手作为主要负责人，还要有熟悉网络运行规律和话语体现的网络发言人、相关业务人员和熟悉法律业务的人员。

3. 确定信息发布模式

信息内容发布的基本准则是不得发布任何违反国家法律法规的言论，并且不能公私不分。

首先要确定信息发布的内容。根据机构职能定位信息栏目，如媒体宣传机构以吸引活跃粉丝为目的设计栏目和内容；市区县以扩大地方宣传为目的设计栏目，如区域旅游景观、文化历史、当地特产等；职能机构则以动态服务信息为主。

其次要避免为凑数而发微博。对于职能机构，有则发，没有甚至可以几天不发任何信息，不可用类似心灵鸡汤、天气预报等信息凑数。对粉丝的垃圾信息轰炸只能事与愿违。

再次要利用多媒体形式增加宣传效果。可充分利用图片、视频、长微博等多媒体信息增强信息的效果。

最后尽量在微博用户活跃时间段发信息。微博用户晚上最活跃，上午其次，下午稍少。周末和节假日的下午和晚上活跃度有所提升。信息发布选择在网民活跃的时间段，可提高传播效果。

4. 开展与公众的真诚互动

政务微博的互动准则应该遵循充分发挥服务功能、形成真诚平等的沟通风格，建立网上实时互动和线下解决问题相结合的模式，并建立回应管理制度。

对于网民的服务咨询，要根据公众的分类将办事事项分门别类整理出来，并建立咨询数据库，以确保百姓的常见问题能够立即回复。例如，对于给自己办理身份证和为他人办理身份证需要提供的资料是不一样的，建立数据库时，要为两种情况提供相应的答案。对于百姓复杂的咨询问题也要限时回答，最好不超过 2 天，并且在收到咨询信息时，先告知咨询人答复时间。

建立政务微博群矩阵的投诉处理机制，以确保网民的投诉能够得到及时有效的处理。为网民提供一个专用于投诉的政务微博账号，如“问政银川”是银川市政府专用于百姓投诉举报的账号，由市委督查室在市委的直接领导下，负责督办群众反映问题的解决情况。市区县用一个专用的政务微博账号受理投诉举报，这样，既便于百姓找到受理机构，又便于政府统一协调各机构，提高投诉的解决效率，并且也有利于政府对各机构的工作考核。

5. 加强政务微博的培育

加强政务微博横向和纵向的互动合作和政务微博群的联动管理，促进政务微博与政府网站的协同配合以及与微博平台运营机构的合作。通过开展活动，如有奖问答、不文明行为举报等活动吸引粉丝，促使百姓积极参与社会治理。注意与意见领袖线上线下的沟通，通过他们的正面转发提高政府的舆论引导力。利用专用的微访谈账号扩大政务微博的影响力。加强后台运营管理人员的经验交流。积极与传统媒体和网络媒体协作配合。

6. 建立科学的考核评估机制

对政务微博建立科学的考核机制，以提高其管理运营人员的工作积极性和责任感。根据机构的定位确定不同的考核标准，如媒体宣传机构以活跃度作为主要评价指标；市区县则以解决百姓问题、咨询服务、区域宣传的信息发布活跃度等作为主要评价指标；职能机构则以百姓的信息服务和回应百姓的质量作为考核指标。不能简单通过粉丝数、信息发布数和转发评论数等作为主要评价指标。

(二)官员微博的发展建议

官员微博作为机构微博的补充，可以弥补机构微博在参与社会热点问题讨论时的不便。运营好官员微博，将对微博平台上的舆论引导起到至关重要的作用。建议如下：

1. 规范微博名称，确保账号安全

实名认证的各级官员要用自己真实的姓名，在认证部分应注明当前的职位，职位调整要及时更改。最好标注自己的电子邮件地址，便于网民联系。要注意微博账号的安全，密码设置最好超过12位，并且设置不允许自动登录。密码要妥善保管，以防他人盗用发表不当言论造成舆论风波。

2. 明确信息定位，话题接近民生

应根据自己的职业特点明确定位信息内容。要突出服务，重点为群众答疑解惑。最好能结合自己所属所熟悉的职责领域，发表有深度的见解。尽量避免空洞的政治宣传话语，话题多与民生问题高度接轨，尤其要体现对弱势人群的关怀。可通过发起社会公益类活动扩大影响力。

3. 语言真诚朴实，引领微博健康风气

语言风格或活泼生动，或幽默诙谐，或睿智有理，也不一定要追求时髦的网络语言，但必须以坦诚、平等的态度发言。既要避免装腔作势的官话、套话，又要避免发布与其身份、核心价值观以及公权职能相冲突的个性化观点。不能通过不当的营销为自己“买粉”，更不能“骗粉”，以免由此引发舆情。要引领微博平台的健康风气。

4. 积极参与核心问题的讨论，对突发事件联动发声

积极参与社会核心问题的讨论并进行舆论引导。讨论时应注意不能漠视基本的社会常识、道德底线和国家法律法规。在与大多数网民意见不发生激烈冲突的基础上，发出健康向上的声音，而不是简单冲动的声音。对于突发事件，官员可凭借自己拥有的第一手材料，及时主动提供权威信息，弥补政府机构信息发布滞后的缺陷。通过官员相互之间转发、评论等形式的联动补台，扩大舆论传播范围。

5. 主动与群众沟通，努力与意见领袖形成良性互动

要充分利用微博平台与群众对话沟通，着力采取措施解决群众提出的问题。对微博平台上一些负面信息要根据自己掌握的材料及时回应。对网民过激言论要宽容大度。

根据格兰诺维特的“弱联系的强度”理论，意见领袖作为与官员的“弱联系”关系，更有利于官员信息的传播范围。因此要努力与意见领袖建立互粉关系，争取得到意见领袖对自己信息的正面转发和评论，从而扩大传播效果。积极与意见领袖进行互动沟通，听取他们一些有益的建议，对他们提出的意见要求同存异，避免发生正面冲突。

6. 加强学习培训，将官员微博影响力纳入考核机制

要有针对性地对各级官员举办专题培训班，帮助他们了解微博平台面临的挑战、掌握网络传播规律、灵活运用微博技术，以扩大官员微博的影响力。避免采取“一刀切”的办法，让尚未掌握微博舆论传播规律的官员草率开微博。职位越高的官员，舆论引导效果会越好。因此，应鼓励职务高的官员实名开微博，并配置相应的团队协助。建议将官员微博平台影响力适当纳入干部考核机制，以提高官员开通微博、用好微博的积极性。

（作者：张　玲　中共北京市委党校副教授）

项目名称：基于产业升级视角的北京市汽车产业竞争能力研究
项目编号：11JGB086
项目负责人：王保林
项目信誉保证单位：中国人民大学

从我国自主品牌汽车的境遇看北京汽车产业提升竞争力

内容提要： 我国自主品牌乘用车的基本特征是：产品集中于技术含量和附加价值较低的微型车和小型车市场，中、大型车数量很少；在各种车型中均处于较低端市场的位置，只能以低价销售；企业和品牌数量众多，单一品牌的销量低，难以获得规模经济。北汽为了摆脱自主品牌乘用车的困境，从一开始就提出“高举高打”战略，从中高端汽车入手打造自主品牌的基本思路。但从北汽的自主品牌中高级乘用车“绅宝”上市后，销量一路走低，“高举高打”战略并未成功。导致自主品牌乘用车生产企业困境的主要原因是企业的设计和制造的技术水平低、产品质量和安全性差。北汽必须形成自己的企业核心能力，才有可能在竞争日益激烈的汽车市场上占有一席之地。

本文的研究对象为北京的“自主品牌汽车产业”。所谓自主品牌(Self-owned Brand)，是指我国企业拥有自主知识产权的品牌。自主品牌强调自主，强调产权的自我拥有、自我控制和自我决策，同时能对品牌所产生的经济利益进行自主支配和决策。与自主品牌相对应的概念是“外国品牌”或“外资品牌”。近年来，自主品牌又被称为“中国品牌”。

汽车产业是一个很大的概念，从细分产业来说，既包括整车制造，也包括汽车零部件生产；即使从整车制造来看，也包括了载货车、客车、乘用车、特种车、改装车等。其中，乘用车产业不仅构成了汽车产业的主要组成部分，而且代表了汽车产业的发展水平。所以，本文中的“汽车产业”是指乘用车组装企业的总和。

北京市的乘用车组装企业包括一个集团三家公司。北京汽车集团有限公司(以下简称“北汽”)是北京市唯一一家生产乘用车产品的企业，其旗下有北京现代、北京奔驰、北汽股份三家乘用车生产企业。北京现代和北京奔驰两家公司生产的是外国品牌的产品，不是本文的研究范畴。本文的研究对象就是北汽股份生产的乘用车产品。

一、北汽自主品牌汽车的现状介绍

(一)北汽发展历程

北汽是中国五大汽车集团之一，主要从事整车制造、零部件制造、汽车服务贸易、研发、教育和投融资等业务。北汽有着悠久的历史，其前身可追溯到1958年成立的“北京汽车制造厂”。早在20世纪50年代后期，北汽就开始了“井冈山”轿车的研制和生产，是国内生产乘用车最早的企业，但乘用车的生产没有持续下来。改革开放前，北汽一直从事越野车的生产，且规模较小。北汽先后自主研制、生产了北京牌BJ210、BJ212等系列越野车，北京牌勇士系列军用越野车，北京牌BJ130、BJ122系列轻型载货汽车，以及欧曼重卡、欧V大客车等著名品牌产品，合资生产了“北京Jeep”切诺基、现代品牌、奔驰品牌产品。

2013年，北汽实现整车销量216.4万辆。最新一期美国《财富》杂志公布了“2013年全球500强企业”名单，北汽以销售收入333.75亿美元、利润10.74亿美元排名第336位。

(二)北汽发展自主品牌汽车的基本思路

在我国所有乘用车生产企业中，北汽集团自主品牌乘用车的起步最晚。2009年1月16日，北汽乘用车事业部成立，自主品牌乘用车整车体系正式开始运作，之后北汽先后推出了E系列、北汽威望等低端的A级车产品。

2010年9月28日，承担着自主品牌乘用车发展重任的北汽股份正式成立。从公司成立之日起，北汽就提出“高举高打”战略，从中高端汽车入手打造自主品牌，是北汽发展自主品牌汽车的基本思路。

过去十几年，我国的自主品牌大多是从低端起步，通过低水平的模仿和低廉的价格，占据了外资品牌无暇顾及的低档车市场，获得了一定的市场空间。但当合资品牌价格区下沉时，自主品牌的发展空间被大幅度压缩，低价格的优势难以发挥作用。认识到了自主品牌的尴尬处境，北汽试图通过实施“高举高打”战略，走出一条发展自主品牌的新路。

高端化意味着要有高技术、高品质和高端品牌。作为高端化发展战略的起点，首先要解决企业的高端技术来源问题。为此，北汽采取了开放式技术获取模式，利用次贷危机后发达国家汽车行业遭受重创的机遇，开展海外并购，收购了瑞典萨博汽车的萨博9－5车型和部分萨博9－3车型的知识产权，此外还收购了萨博两个系列的涡轮增压发动机、变速箱的技术所有权以及部分生产制造模具。

自2009年收购萨博相关知识产权以来，北汽一方面加快萨博整车与核心动力总成的技术转化和应用工作，另一方面全面推进自主品牌乘用车的研发和制造体系建设。其中北京汽车自主品牌高端基地，是为消化吸收萨博技术、打造北京汽车自主品牌的重要项目。北汽自主品牌高端基地的总体规划是：项目建设以“欧洲技术，高端品牌；中国成本，精益生产；一次规划，分步实施”为理念，按照国内一流、国际先进的标准进行设计和建设，充分体现科技化、智能化、精益化的制造理念。整个项目分两个阶段进行建设，一期形成15万辆生产能力，二期工程计划于“十二五”末完工，再增加15万辆的产能。北京汽车自主品牌高端基地先期投产绅宝D系列、B40V，规划投产车型有：绅宝A系列、绅宝C系列、绅宝K系列、B90W等。

(三)北汽自主品牌汽车的发展现状

尽管北汽的自主品牌乘用车起步较晚，但发展十分迅速。2013年5月11日，北汽旗下首款B级乘用车绅宝D70正式上市，标志着北汽成为一家拥有自主品牌中高级汽车的企业。目前，北汽自主品牌乘用车已经形成三大子品牌：“威旺”定位于微车市场，“北京”牌E系列车型定位于中低端车型市场，“绅宝”定位为中高端市场。

北汽自主品牌乘用车的产品主要包括四类：一是越野车，主要生产基地在河北黄骅；二是微型车“威旺”和定位于中低端市场的“北京”E系列，生产基地在株洲和广州；三是基于萨博整车技术的中高端轿车“绅宝”，生产据点在北京；四是新能源汽车，生产据点也在北京。

目前来看，越野汽车市场很小，不足以成为支撑北汽自主品牌发展的主要产品；新能源汽车大规模进入实用阶段还有很长的路要走，近期难以有实质性突破。因此，在北汽生产的所有乘用车中，近期内有可能在市场上占据一席之地的车型还是“北京”和“绅宝”。

由于北汽的乘用车上市较晚，缺乏足够的数据，难以同其他自主品牌和合资品牌的产品进行对比。另一方面，我国的自主品牌乘用车已有十几年历史，其他自主品牌的竞争力现状对于北汽有很好的借鉴意义。因此，以下首先分析我国自主品牌乘用车竞争力的现状、差距和困境，然后提炼出对于北汽的几点启示。

二、我国自主品牌乘用车的差距与困境

从1997年奇瑞公司成立开始，我国乘用车自主品牌已经走过了17年的发展道路。

(一)改革开放以后我国自主品牌乘用车的发展历程回顾

改革开放初期，我国的乘用车产业走的是以中外合资为主的发展道路。为了解决汽车产业发展遇到的资金和技术瓶颈，防止乘用车的重复生产，迅速缩短与发达国家汽车产业的差距，我国政府制定了“高起点、大批量、专业化”的汽车产业发展原则。在这一原则的指导下，中央政府严格控制乘用车生

产企业的数量，将乘用车生产的资格限定为八家企业，被批准的乘用车生产企业纷纷走上合资之路。虽然在这一阶段汽车产量增长很快，但合资企业仅仅生产合资外方在国外已开发的成熟车型，几乎没有在华进行独立的研发活动，关键技术仍然掌握在外方手中。

认识到了合资为主的发展道路的弊端后，我国政府对乘用车产业的准入政策进行了调整，放开了对于民族资本的进入限制，我国乘用车产业进入了合资企业和自主品牌共同发展的阶段。1997 年奇瑞公司成立，此后华晨、吉利、长城、力帆、江淮、比亚迪等也相继成为我国自主乘用车品牌的新生力量。同时，由于政府放宽了对外资企业进入的限制，更多的外资企业投资于中国的汽车产业，乘用车产业组织的特点从少数合资为主的寡头垄断转变为合资企业群雄争霸，自主品牌企业“与狼共舞”。

在我国的汽车企业中，真正具有资金和技术实力的是一汽、东风、上汽等走合资路线的大型国有企业。但对于这些汽车产业的“国家队”而言，生产外资品牌乘用车省力、风险小且利润丰厚，没有开发和生产自主品牌产品的动力和压力。为了促进自主品牌的发展，我国政府开始向大型国有汽车生产企业集团施加压力，要求这些“国家队”积极发展自主品牌乘用车。与此同时，政府也要求合资企业开发自主品牌乘用车，试图通过这一办法将合资企业的技术引入到自主品牌的开发中。在这一背景下，又催生了两类自主品牌乘用车的出现，一是大型国有企业独立开发的自主品牌，如一汽“奔腾”、东风“风神”、广汽“传祺”、北汽“绅宝”等；二是合资企业在华独立开发的自主品牌，如广汽本田“理念”、通用五菱“宝骏”、东风日产“启辰”、东风本田“思铭”等。

(二)自主品牌乘用车的困境与挑战

1997 年以后，我国自主品牌乘用车经历了快速成长阶段，在汽车市场中占有了一席之地。特别是 2009 年出台的“汽车下乡”政策，对于购买 1.3 升及以下排量微型客车给予政府补贴，极大地刺激了以小、微汽车为主的自主品牌乘用车的市场需求，使得自主品牌乘用车的市场占有率提高到 46%，几乎占到半壁江山。但是，随着 2009 年年底“汽车下乡”政策的结束，自主品牌乘用车的市场占有率开始下滑，2011 年为 42.2%，2012 年下降到 41.9%[①]，再次回到了 2006 年的水平(见表 1)。

---

① 资料来源：中国汽车工业信息网数据。

表1　自主品牌乘用车的占有率及产值、利润占比　　(单位:%)

年份	市场占有率	产值占比	利润占比
2005	44.6	24.8	23.1
2006	41.9	23.4	18.6
2007	41.3	24.6	18.2
2008	41.0	22.1	18.5
2009	46.0	25.6	10.1
2010	45.9	21.6	9.4
2011	42.2	19.0	4.7

资料来源：王军雷、康凯：《我国自主品牌乘用车竞争力现状分析和展望》，《汽车工业研究》，2012年第10期，第10页。

表1反映了自主品牌乘用车的基本情况。从市场占有率指标看，2005年以后自主品牌乘用车基本维持在40%以上的较高水平；但从其他经济指标来看，自主品牌乘用车的境地十分尴尬。2011年自主品牌乘用车产值仅占全部乘用车的19.0%，利润仅为4.7%。自主品牌乘用车40%以上的产销量只带来了20%以下的产值和不足5%的利润，其原因在于自主品牌乘用车主要以小型车为主，价格和利润率均较低。

表2　自主品牌与外资品牌乘用车市场占有率比较　　(单位:%)

年份	微型车		小型车		紧凑型车		中型车		SUV		中大型车	
	自主(14)	外资(2)	自主(14)	外资(15)	自主(22)	外资(17)	自主(13)	外资(20)	自主(18)	外资(10)	自主(0)	外资(6)
2009	83.32	16.68	49.06	50.94	15.32	84.68	13.58	86.42	37.69	62.31	0.00	100.00
2010	84.52	15.48	43.04	56.96	19.86	80.14	14.00	86.00	49.04	50.96	0.00	100.00
2011	82.92	17.08	32.55	67.45	20.21	79.79	10.24	89.76	36.46	63.54	0.00	100.00
2012	78.00	22.00	31.79	68.21	19.27	80.73	7.96	92.04	37.82	62.18	0.00	100.00

数据来源：新浪汽车—销量数据库 http://data.auto.sina.com.cn/xlsjk/

注：括号中数字为品牌数量

从表2的分车型的市场占有率数据可以看出，自主品牌乘用车主要集中在微型车(A00级车)市场，小型车(A0级车)和SUV(多功能运动车)市场占有率也超过了30%，但在价格较高的紧凑型车(A级车)和中型车(B级车)市场的占有率则低于20%，在价格最高的中大型车(C级车)领域几乎没有自主品牌。

表 3　2012 年自主品牌与外资品牌乘用车的价格比较　（单位：万元）

	小型车			紧凑型车			中型车			SUV		
	最低价	最高价	平均价	最低价	最高价	平均价	最低价	最高价	平均价	最低价	最高价	平均价
自主品牌	5.13	6.38	5.75	7.43	10.28	8.85	12.19	18.52	15.36	9.3	12.43	10.86
外资品牌	7.81	11.41	9.61	11.16	15.12	13.14	18.61	28.05	23.33	25.68	36.18	30.93
价差	−2.68	−5.03	−3.86	−3.74	−4.84	−4.29	−6.42	−9.53	−7.98	−16.39	−23.75	−20.07
自主/外资	65.68%	55.92%	59.83%	66.58%	67.99%	67.35%	65.50%	66.02%	65.84%	36.21%	34.36%	35.11%

数据来源：网易汽车 http：//product. auto. 163. com/cartype/mini/

注：平均价为所有该车型自主品牌乘用车的平均价格

表 3 是自主品牌与外资品牌乘用车的价格比较。从表中的数据来看，自主品牌乘用车的价格均大大低于外资品牌。从平均价格来看，自主品牌小型车、紧凑型车和中型车的价格均为同档次外资品牌产品的 59%—68%，SUV 的平均价格仅为外资品牌的 35.11%。

综合上述分析可以发现，我国自主品牌乘用车的基本特征是：(1)产品集中于技术含量和附加价值较低的微型车和小型车市场，中、大型车数量很少；(2)在各种车型中均处于较低端市场的位置，只能以低价销售；(3)企业和品牌数量众多，单一品牌的销量低，难以获得规模经济。这些特征很好地解释了表 1 中产值、利润与市场份额不相匹配的原因。市场份额下降、盈利能力严重不足，正是我国自主品牌乘用车企业面临的最大困境。

(三)自主品牌乘用车困境的原因分析

自主品牌乘用车生产企业的困境来源于企业的品牌知名度低、产品的功能及质量差。表 4 为中国汽车技术研究中心进行碰撞试验得出的汽车安全性等级评价数据，星级越高说明安全性越好。

表 4　C—NCAP(新车碰撞测试)安全水平星级测定结果

	2 星级	3 星级	4 星级	5 星级	5+星级
自主品牌	6	15	7	4	
德系品牌			2	9	
美系品牌	1		1	5	
日系品牌		1	8	11	2
韩系品牌		3	3		
自主品牌占比	85.71%	75.00%	30.43%	12.90%	0%

数据来源：C—NCAP 官方网站 http：//www.c—ncap.org.cn/C—NCAP/index.htm

从表 4 的数据来看，自主品牌乘用车多集中在安全性等级较低的 2、3 星级中，在 4、5 星级比重很低，更没有一个品牌进入 5+星级，与外资品牌相比差距很大。

表 5 和表 6 为 J. D. Power 公司公布的中国汽车质量和魅力评价的数据。从表 5 的数据可以看出，除动力及变速系统外，自主品牌的质量远远低于合资企业。动力及变速系统得分相对较高的原因是，一些自主品牌乘用车使用了外资企业生产的动力及变速系统。

表 5　J. D. Power2011 年中国乘用车质量评价数据

	动力及变速系统质量	车身和内装质量	零配件质量	整体质量
自主品牌	2.80	2.60	2.40	2.73
德系品牌	3.57	3.14	3.29	3.14
美系品牌	2.25	3.13	3.00	3.00
日系品牌	4.28	4.00	4.06	4.39
韩系品牌	2.80	3.20	3.60	3.00

数据来源：J. D. Power 官网 http：//china.jdpower.com/

表 6　J. D. Power2011 年中国乘用车魅力评价数据

	性能	舒适度	配件	款式	魅力平均分
自主品牌	2.38	2.50	2.56	2.53	2.50
德系品牌	3.68	3.63	3.53	3.53	3.68
美系品牌	3.64	3.73	4.00	4.18	3.73
日系品牌	3.17	3.00	3.00	3.00	3.04
韩系品牌	4.36	4.18	4.18	4.00	4.18

数据来源：J. D. Power 官网 http：//china.jdpower.com/

表6的数据反映了乘用车的设计和制造的技术和质量水平，从该数据可以看出，在性能、舒适度、配件、款式四个方面，自主品牌均低于合资品牌。

自主品牌乘用车生产企业为了降低价格，就必须降低成本，其主要手段之一就是使用价格低、质量较差的零部件和原材料，同时在设计上减少与性能和驾驶乐趣相关的一些功能；其结果进一步降低了乘用车的性能和质量，导致低价格—低性能、低质量—低品牌声誉—需求不足—更低价格的恶性循环。

自主品牌的危机才刚刚开始。在不久的将来，我国的汽车需求将从购买第一辆车为主的新增需求过渡到换车为主的需求。观察我国的换车需求可以发现：第一辆车购买自主品牌乘用车的消费者，在换车时仍然选择自主品牌的情况十分少见；我们更难找到第一辆车购买合资品牌乘用车的消费者，在换车时改为购买自主品牌的实例。如果自主品牌乘用车仅仅成为低收入消费者购买的第一辆车，那么随着我国的汽车市场进入成熟化阶段，自主品牌乘用车将失去存在的根基，这是更为令人担忧的问题。

三、北汽"高举高打"的困境和摆脱困境的出路

(一)从绅宝D70的销售业绩看北汽"高举高打"的局限性

正因为看到了自主品牌的困境，北汽试图走出一条从中高端乘用车入手的"高举高打"发展之路。2013年5月，载负着北汽人自主品牌希望和梦想的第一款中高端乘用车——绅宝D70上市。绅宝D70上市以来销量情况如表7所示。从表中数据来看，绅宝D70上市后的11个月销量共计10923台，每月不足1000台，在国内B级车市场销量排名在25名。而2013年合资品牌B级车中销量最大的帕萨特的年销量高达22.73万台，即使是排在第四位的广汽本田雅阁的年销量也达到11.89万台。

表7　绅宝D70上市以来市场销量情况

时间	销量(台)
2013.05	517
2013.06	1001
2013.07	1000
2013.08	1000
2013.09	1051
2013.10	1057
2013.11	1243
2013.12	3142
2014.01	307
2014.02	301
2014.03	304

资料来源：全国乘用车市场信息联席会公布市场动态信息

绅宝D70没有成为中高端乘用车的一匹黑马，“高举高打”战略没有取得成功。其实，北汽并非第一个采取“高举高打”战略的自主品牌企业。早在几年以前，一些企业就已察觉到自主品牌的危机，开始进入价格较高的中型车、SUV，甚至大型乘用车的生产，试图通过产品结构的调整增强盈利能力，但其结果同样差强人意。因为即使在价格较高的乘用车领域，自主品牌仍然只能以低价格销售，越是高端的乘用车，自主品牌与合资品牌的价格差距越大。在中型车市场，自主品牌的价格为合资品牌的2/3，而在SUV市场，自主品牌的价格仅为合资品牌的1/3，尽管如此，其销量仍然大大低于合资品牌产品。

自主品牌企业充分意识到，技术和品牌影响力是两个短板。为了解决两个短板，自主品牌企业进行了种种尝试和努力，一个做法就是购买国外的技术和品牌，代表性的企业是南京汽车和上海汽车。2005年，南京汽车公司收购了英国MG罗孚汽车公司及其发动机生产分部，MG成为南京汽车公司的自主品牌。2007年4月，上海汽车集团有限公司全面收购了南京汽车集团，MG品牌成为上汽的自主品牌。2006年，上汽还购买了英国罗孚的技术，在此基础上推出了荣威汽车。然而，无论是南汽的国外技术和品牌收购，还是上汽的海外技术购买，都没有产生促进汽车销量的效果。“拿来主义”不是提升自主品牌竞争能力的灵丹妙药。北汽重蹈了南汽和上汽之后辙，绅宝D70的销售业绩不佳，并不令人意外。

我国的汽车市场已全面开放，自主品牌必须与全球最强大的外资品牌正面竞争。自主品牌可以买到的，是在与这些最强大的外资品牌的竞争中已经失败了的企业的品牌和技术，自主品牌利用这些陈旧的技术与外资品牌正面竞争，其结果可想而知。

消费者必将选择性价比最高的产品。消费者需要的是性能卓越、质量上乘、价格低廉的好车，他们不会盲目相信“国际品牌”“国外技术”的神话。品牌的知名度和美誉度源自企业的技术水平和产品质量。即使购买和使用了国际著名品牌，如果不能提升企业的技术实力和制造质量，其结果必然是使国际著名品牌变成了“MADE IN CHINA”，不仅不能提高自主品牌的影响力，反而降低了花费巨款购买的国际著名品牌和国外技术的身价。

(二)“练内功”才是北汽发展自主品牌的唯一出路

导致自主品牌乘用车生产企业盈利能力低的主要原因是企业的设计和制造的技术水平低、产品质量和安全性差。“买品牌”是可以的，与国外企业合作，利用国外的资源也是有效地提升企业品牌形象的方法之一。但是，外部能力能否转化为企业自身能力是关键。技术和品牌是可以买到的，但企业的技术能力买不来。北汽必须形成自己的企业核心能力，才有可能在竞争日益激烈的汽车市场上占有一席之地。北汽的自主品牌乘用车要想摆脱困境，必须从企业内部入手，通过"练内功"解决如上短板问题。

所谓"练内功"，是指既不靠政府政策，也不靠盲目购买，将企业的全部注意力集中到如何做好产品上。日本的汽车生产企业通过自身努力赶超了欧美发达国家的汽车企业；韩国的现代汽车通过练内功迅速崛起，成为了使欧、美、日的世界著名汽车生产企业感到害怕的竞争对手。对于日韩汽车生产企业的做法，我国的自主品牌乘用车生产企业并不陌生，但一直没有真正用心去学、去做。我国的企业擅长模仿别人的产品，但并不擅长模仿别人的做法。"练内功"需要企业将长远的视野和内部不间断的努力结合起来，需要每一个管理者和员工的不懈努力，其过程艰辛而漫长。

制造业企业要想获得成功，就必须把产品做好，而无其他捷径。要想"将产品做好"，企业的高层决策者首先必须将质量看作企业生命，坚持不懈地狠抓设计和制造质量；同时，要充分发挥全体员工的聪明才智和力量。日本企业的经验证明，充分发挥员工力量，是提升企业质量水平、降低生产成本的重要手段。北汽有必要谦虚地向以丰田为首的日本汽车企业学习。

北汽股份是北汽集团的子公司，而北汽集团同时还与德国奔驰公司和韩国现代公司合资生产汽车。合资企业的员工中，有一大批北汽集团派遣的管理者和技术人员。这些员工在合资企业中已经学到了外资企业的技术和管理经验。北汽集团通过将在合资企业工作的员工与北汽股份的员工进行交流，也是提高北汽股份员工水平的有效手段。

参考文献

[1][日]藤本隆宏著，许经明、李兆华等译：《能力构筑竞争：日本汽车产业为何强盛》，北京：中信出版社，2007年。

[2] 王保林：《中国汽车产业的竞争力分析》，《管理世界》，2009年第5期。

[3] 王军雷、康凯：《我国自主品牌乘用车竞争力现状分析和展望》，《汽车工业研究》，2012年第10期。

[4] 中国汽车技术研究中心、中国汽车工业协会：《中国汽车工业年鉴》，北京：中国汽车工业年鉴社，2008—2013年。

[5] 新浪汽车销量数据库，http：//data. auto. sina. com. cn/xlsjk.

[6] 中国汽车工业信息网，http：//www. autoinfo. gov. cn.

[7]中国汽车工业信息网，http：//www. autoinfo. gov. cn.

（作者：王保林　中国人民大学教授）

项目名称：北京市知识产权质押融资模式运行中的问题及其对策研究
项目编号：11JGB090
项目负责人：刘红霞
项目信誉保证单位：中央财经大学

北京市知识产权质押融资模式运行中政府的风险防范对策研究

内容提要：在北京市知识产权质押融资模式运行中，政府发挥了重要的支持作用。但是，要规避模式运行中企业、银行、中介机构和担保机构等各利益主体的风险，还需充分发挥政府的监督职能。论文以层次分析法构建了政府对知识产权质押融资风险监测模型，旨在完善政府对知识产权质押融资的风险监控机制。论文建议通过拓展政府的多元化支持途径、加强相关法规建设等手段来防范各利益主体面临的风险，确保知识产权质押融资业务的健康发展。

一、问题提出

知识产权质押融资是利用知识产权作为融资担保以获得融资贷款的一种方式，它为中小企业的融资难题提供了一种解锁途径。知识产权质押融资是知识资本化的最重要表现(Hanel，2006)。通过有效开展知识产权质押融资业务，借助资源再分配手段，可实现企业价值创造的目标(Andersen & Konzelmann，2008)。在实践中，据统计，美国科技型中小企业利用知识产权质押获得的资金占据了动产担保获得资金的60%；日本科技型中小企业利用知识产权质押取得的资金约占动产担保取得资金的50%。[①] 2012年，我国的专利、商标、版权全年分别实现质押融资金额141亿元、214.6亿元、27.51亿元(崔静思，2013)[②]。可见，知识产权质押融资已成为企业融资的一种重要方式。我国在科教兴国和知识产权战略的大背景下，开展知识产权质押融资已引起政府部门重视。2010年8月，财政部等六部委联合下发《关于加强知识产权质押融资与评估管理支持中小企业发展的通知》，旨在推进知识产权质押融

---

① 陈娜：《企业知识产权质押融资问题的经验分析》，天津财经大学硕士论文，2012年。

② 崔静思：《我国知识产权质押融资规模进一步扩大》，国家知识产权局网站，http://www.sipo.gov.cn./mtjj/2013/201303/t20130329_789506.html.

资工作，完善知识产权质押评估管理体系，支持中小企业创新发展。

随着知识产权质押融资业务在全国各地的深入开展，银行、政府机关、中介服务机构等知识产权质押融资参与主体的角色定位也产生了一定的差异，从而呈现了不同的知识产权质押融资模式，如北京模式、浦东模式、武汉模式等(周丽，2009)。事实上，在知识产权质押融资模式运行中存在着企业、银行、政府、中介机构、担保公司等利益主体，它们之间有着内在的运行机理，也面临着不同的风险。针对质押融资模式运行中各利益主体风险研究，早期有代表性的学术文献(Hodgman，1960)通过分析银行和企业之间因对专利权价值认可不对称，而致使企业实际获得的贷款金额少于其需求数量的现象，研究证明有效的质押活动能够(部分)平衡质押价值与项目回报的关系，解决企业和银行间存在的价值评估不对称所引起的问题。我国学者大多针对企业、银行、中介机构及担保公司之间的关系进行研究认为知识产权质押融资具有信息不对称风险、估价失误风险、欺诈风险、知识产权变现难的风险、知识产权保值难的风险、知识产权质押贷款操作中的法律风险等(彭湘杰，2007；耿明英，2008；张伯友，2009)。

在知识产权质押融资各利益主体关系研究中，政府的角色地位凸显其重要性。从国外成功经验看，知识产权质押融资的健康发展离不开政府的大力推进和积极作用(李鹃和王霄艳，2011)。在实践操作中，基于政府的作用与功能可将知识产权质押融资模式分为三类，即政府主导型模式、政府推动型模式、政府鼓励下的市场化模式等(章洁倩，2011)。陈江华(2010)认为知识产权质押融资的桎梏之一是知识产权质押贷款法律法规不完善。那么，知识产权质押融资过程中政府与其他各利益主体的制度安排应如何设计呢？美国政府一般不参与项目融资，而是由美国中小企业管理局(SBA)授权民间担保机构为企业提供知识产权质押融资担保。韩国政府则直接参与扶持知识产权质押融资业务开展，由政府出面设立国家银行、创投基金、投资公司、技术保证基金等金融机构，这些机构将知识产权评估机构和技术保证基金联合在一起，专门为中小企业提供融资服务。目前在北京市知识产权质押融资模式(以下简称“北京模式”)中，在北京市开展过程中，北京市政府对知识产权质押融资业务开展发挥了重要的支持作用，主要体现在：一是为知识产权质押融资提供政策保证和大环境的支持。比如，北京市政府与科技部、国家知识产权局联合建立了中国技术交易所，旨在其发挥知识产权交易平台的作用，为北京市知识产权质押融资模式运行提供交易和处置渠道，进一步促进知识产权的流通和变现。二是协调银行、中介机构、担保公司等利益主体，积极推进知识产权质押融资业务。比如，北京市科委积极促成交通银行北京分行于2006年10月在全国率先开展“知识产权质押贷款”专项金融服务，针对质押融资过程中可能存在的风险问题，北京科委首先引入了平安保险等保险公司，设置了律师职业责任险和评估师责任险等险种，用以规避质押融资的估值及法律风险；制度设计引入担保公司，先由担保公司预支资金，先期向银行偿还贷款，旨在规避银行的坏账风险。三是实施专项资金支持及奖励措施。比如，北京市科委2008年特别设立资金规模为1000万元的专项资金，对企业进行资金补贴(李希义和朱颖，2010)。[①] 针对北京模式有研究(乔生和班小辉，2009；工信部中小企业司，2010)认为，政府在质押融资模式运行中对符合一定条件的企业在知识产权质押贷款中给予一定的贴息支持，却忽视了风险监督问题，建议政府应建立知识产权质押物动态价值评估机制，完善多方参与的质押融资风险分担机制，充分发挥政府在知识产权质押融资过程中的监督作用。换言之，在知识产权质押融资过程中，政府部门不应简单地将自己定位在“推动者”的角色上，应当充分借鉴西方政府在“监管者”这个角色上的作用(刘振刚，2010)。

综上所述，知识产权质押融资是金融创新的重要形式，国内外相关研究及实践围绕这一核心问题展开，尤其对如何发挥政府的作用，有效平衡各方利益主体的收益与风险更是见仁见智。本文将以北京模式为例，探讨北京模式中政府风险监测机制，从而为知识产权质押融资领域的实践活动提供理论依据。

二、北京模式运行中各利益主体的风险表现

北京模式是在政府的引导、协调和推动下，在银行、中介服务机构等相关利益主体的共同配合下，形成的市场主导型的知识产权质押融资模式(周砚，2011)，如图1所示。该模式显示，中小企业向银行提出知识产权质押贷款申请，资产评估机构和律师事务所协助银行共同实施贷前的评估与审查工作，资产评估机构对知识产权评估负责并承担估值过高的风险，律师事务所对知识产权的法律状况进行审查并承担法律风险，形成贷前调查报告；同时引入担保机构对中小企业知识产权质押提供担保，即担保公司通过审查贷前调查报告和企业的信用情况确定是否提供担保，并在银行的要求下提供全额连带责任担保；银行根据知识产权评估等情况向企业发放贷款，如果企业到期不能偿还贷款，则先由担保公司代偿，然后再由资产评估公司、律师事务所、担保公司一起通过知识产权交易中心对知识产权进行处置，以弥补担保公司的损失。

---

① 李希义、朱颖：《北京市知识产权质押贷款的措施和经验》，《中国科技投资》，2010年第1期。

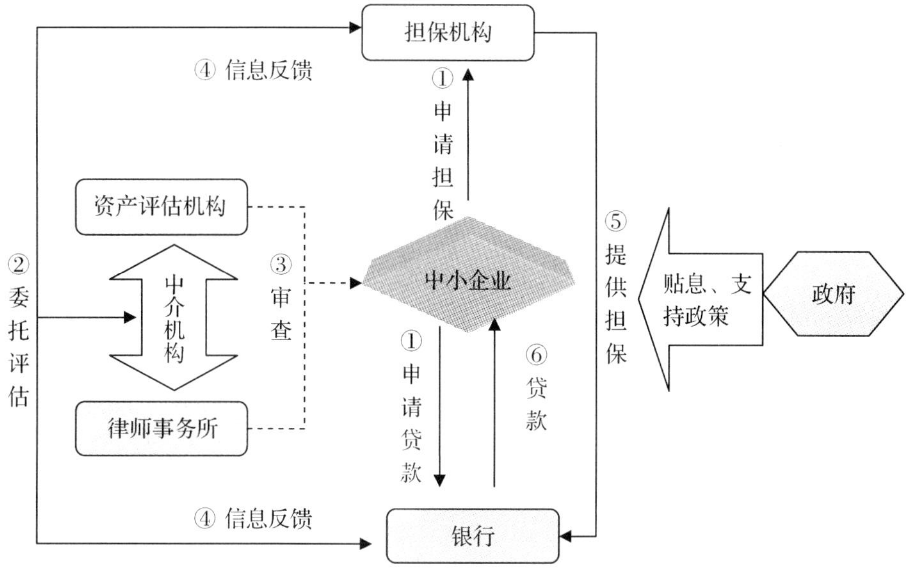

图 1　北京市知识产权质押融资模式

在北京模式中，政府针对不同知识产权质押品种向中小企业补贴贷款利息，这在一定程度上促进了中小企业质押融资业务的顺利开展。但是也应看到，由于银行、中介机构和担保机构分别是融资贷款的发放者、评估价值和产权证明的提供者以及担保方，在质押融资模式运行中，银行、中介机构、担保公司等利益主体也面临巨大的风险。

(一)企业与银行面临的风险

在北京模式中，中小企业利用自身拥有的专利权、商标权等知识产权向银行提出质押贷款，获得发展资金则是其解决融资困境的必然道路。但由于信息不对称，银行难以建立起对中小企业的信任，无法放心将款项贷出。企业与银行面临的风险主要表现为：

1. 中小企业的道德风险

在知识产权质押融资申请阶段，中小企业为了提高获得知识产权融资的可能性以及融资额度，有动机选择性地向其他机构提供对自己有利的信息或者提供虚假信息，使得中介机构的判断偏离真实情况，诱使贷款人签订不利的借款合同，从而增加其到期无法正常还款以及知识产权变现价值无法完全弥补贷款的可能性，银行可能因此承受无法正常收回款项的风险。此外，在资金使用阶段，中小企业可能存在隐瞒经营及赢利方面的事实以获取更高经济利益的动机，从而将贷款挪用于高风险的投资项目。

2. 银行的坏账风险

银行在知识产权质押融资过程中承担的是资金提供者的身份，面临的最重要的风险就是无法按期收回款项、产生坏账的风险。中小企业由于规模有限，承担风险的能力也有较大的不足，很容易受到各种内外部因素影响而产生较大的波动。因此，即使银行在放贷初期对中小企业的审查结果表明坏账风险是很低的，但是仍然很难避免由于经济环境和中小企业经营状况等的变化导致的中小企业无法偿还款项的风险。

(二)中介机构面临的风险

资产评估机构和律师事务所利用自身的专业优势对质押物进行评估及审查，一方面为银行、担保机构等提供专业性的咨询意见，也为中小企业融资提供新的契机。当然，在此过程中也可获取一定的中介费用。比如，交通银行推出的展业通产品中介费在12%—13%。但是，中介机构取得收益是需要以承担一定的风险为前提的，即资产评估公司需要对评估价值过高带来的损失由承担责任，律师事务所需要对由于知识产权的法律风险产生的损失承担责任。因此，中介机构面临的风险表现为：

1. 估值风险

由于受知识产权自身非物质性、时间性、唯一性、地域性等因素影响，难以准确计量知识产权质押物真实的内在价值。此外，知识产权的易贬值性，且其价值受时间和地域范围等限制，从而使其在变现时价值较评估时的价值有大幅度的降低(马传福，2011)。可见，评估机构可能面临的诉讼和赔偿风险均来自于参与主体的利益受到损害，而该损害主要产生于估计价值与实际变现价值相差甚远。该价值偏差既有可能来自估计价值的不准确，也可能来自实际价值的变动，无论在哪种情况下评估机构都有可能被要求承担相应责任。

2. 法律风险

知识产权质押贷款中的法律风险是在贷款期间足以导致质押物的价值减少、消失、转移，或者担保权无法实现的法律事实。在实践中，律师事务所的法律风险往往表现为处置知识产权时由于法律问题而导致知识产权贬值或不能处置。

(三)担保机构面临的风险

在严重的信息不对称的情况下，由于中小企业缺乏有价值的实物抵押品，银行不愿贸然贷款给中小企业，还需要有资质的担保机构为其提供担保，以增加中小企业还款的保障力度。可见，担保机构是一个处于连接银行、中小企业的贷款链条上的重要机构，它的介入增加了中小企业获得贷款的机会，也为担保机构创造了大量的业务收入。目前在北京市知识产权质押融资模式中，保费率一般在3%—4%。但是，高收入是以高风险为代价的，担保机构面临的风险主要表现为：

1. 代偿风险

在北京模式中，担保机构的主要作用就是在中小企业自身条件稍有欠缺的情况下，为中小企业能够取得贷款提供担保，因而当贷款企业没有能力偿还贷款时，担保机构作为担保方需要先行向银行偿还贷款，这就构成了担保机构的代偿风险。

2. 变现风险

在中小企业不能履行债务，担保机构发生代偿之后，通过对抵押物、质押物和反担保物进行处置后尚不能完全补偿担保机构的代偿额度从而产生变现风险。该风险产生原因可能是担保机构对质押物或反担保质押物的价值估算不当，也可能因我国知识产权交易市场机制不完善、处置变现过程复杂等因素造成。

3. 流动性风险

质押贷款到期时如果中小企业发生财务困难无法偿还贷款，将由担保机构先行偿付银行贷款，如果担保机构没有充足的流动资金，也没有完善的资金补充机制，就无法及时偿还银行贷款，进而被银行评为负面的信用评级，失去和银行合作的机会，失去担保业务的资格从而产生流动性风险。

三、以层次分析法构建政府对知识产权质押融资风险监测模型

层次分析法(AHP)用来解决复杂的多重标准问题，包括主观评价标准和客观评价标准(Saaty，1980)。主要根据多层次评价指标体系的特点，采用了分层处理的方法，并将主观赋值与客观赋值相结合。对于目标层以及准则层、子准则层采用主观赋值，对于指标层采用客观赋值。主观赋值是根据评价者或评价领域专家的经验判断确定，与评价指标的实际观察值无关。鉴于目标层与准则层计算原理相同，本文仅以准则层为例进行模型构建分析。

(一)基于各利益主体面临的风险构建风险识别指标体系

在决策分析过程中，通常需要在专家评估的基础上确定各个指标对于上一层次目标影响的程度，并在评估的基础上确定各个指标对上一层次目标影响程度的大小。虽然各个指标对上一层次目标的影响是客观存在的，但要求专家同时评估各个指标对上一层次目标的影响程度却存在很大困难。因此，我们构建的风险指标体系如表 1 所示：

表1 知识产权质押融资风险监测模型指标

目标层	准则层	子准则层	指标层
知识产权质押融资风险 U	企业道德风险 U_1	提供虚假信息风险 U_{11}	企业员工高等学历占比 U_{111}
			财务主管人员专业资格数量及等级 U_{112}
			所有者和管理者学历 U_{113}
			企业在行业的排名、市场份额 U_{114}
			经第三方证明或提供的资料占比 U_{115}
		不按预定目的使用资金风险 U_{12}	所有者和管理者是否存在不良资信记录 U_{121}
	银行坏账风险 U_2	审查与审批风险 U_{21}	审查人员从业年限 U_{211}
			参与审批的人员存在审查失败记录的占比 U_{212}
		独立性风险 U_{22}	单笔业务利率与同类业务利率的浮动比例 U_{221}
	评估机构估值风险 U_3	专业胜任能力风险 U_{31}	参与该项目的具有注册评估师资格的人数比例 U_{311}
			知识产权评估业务的平均年限 U_{312}
		独立性风险 U_{32}	客户依赖度 U_{321}
		质押率风险 U_{33}	质押率 U_{331}
		替代性风险 U_{34}	知识产权有效年限 U_{341}
	律师事务所法律风险 U_4	专业胜任能力风险 U_{41}	参与该项目的具有相关法律业务资格的人数比例 U_{411}
		独立性风险 U_{42}	知识产权法律业务的平均年限 U_{412}
		不稳定性风险 U_{43}	客户依赖度 U_{421}
			知识产权历史侵权诉讼率 U_{431}
			被撤销或宣告无效的比率 U_{432}
			知识产权有效年限 U_{433}
	担保机构风险 U_5	代偿风险 U_{51}	高学历员工占比 U_{511}
			具有从业经验人员占比 U_{512}
		变现风险 U_{52}	质押物占比 U_{521}
		流动性风险 U_{53}	担保放大倍数 U_{531}
			担保准备金的提取 U_{532}
			代偿支付保障率 U_{533}
			客户集中度 U_{534}
			承保比例 U_{535}

(二)构建准则层模糊综合评判模型

1. 构建AHP子准则层判断矩阵

$$P_{ij}=\begin{pmatrix} p_{11} & \cdots & p_{1n} \\ \vdots & \ddots & \vdots \\ p_{n1} & \cdots & p_{nn} \end{pmatrix}, \quad i, j=1, 2, \cdots, n$$

(1)计算每个判断矩阵每行所有元素的几何平均值。

由公式：$\omega_i=\sqrt[n]{\prod_{i=1}^{n} p_{ij}}$，　$i, j=1, 2, \cdots, n$

可以得到，$\omega=\{\omega_1\omega_2\cdots\omega_n\}^T$

(2)对ω_i进行归一化处理。

由公式：$\omega_i{}^*=\dfrac{\omega_i}{\sum_{j=1}^{n}\omega_j}$，$i=1, 2, \cdots n$，可以得到$\omega^*=\{\omega_1{}^*, \omega_2{}^*, \cdots, \omega_n{}^*\}^T$，$\omega^*$即为所求特征向量的近似值，也是各因素的相对权重。

我们假定U_{ijk}对评语集V的隶属向量R_{ijk}为：$R_{ijk}=(P_{ijk1}, P_{ijk2}, P_{ijk3}, P_{ijk4}, P_{ijk5})$，其中$P_{ijkh}=\dfrac{V_{ijkh}}{n}$，$h=1, 2, 3, 4, 5$；$n$为参评人数，$V_{ijkh}$是参评人数中认为$U_{ijk}$属于$V_h$等级的人数。

则

$$R_{ij}=\{R_{ij1}, R_{ij2}, \cdots, R_{ijk}\}^T=\begin{pmatrix} P_{ij11} & \cdots & P_{ij15} \\ \vdots & \ddots & \vdots \\ P_{ijk1} & \cdots & P_{ijk5} \end{pmatrix}$$

$$B_{ij}=A_{ij}\circ R_{ij}=(\lambda_{ij1}, \lambda_{ij2}, \cdots, \lambda_{ijk})\circ\begin{pmatrix} P_{ij11} & \cdots & P_{ij15} \\ \vdots & \ddots & \vdots \\ P_{ijk1} & \cdots & P_{ijk5} \end{pmatrix}$$

其中“。”是模糊矩阵合成算子符号，其代表的意义是将A_{ij}中第一行的各元素与R_{ij}中第一列的各元素之间进行两两比较，在两元素之间先取最小值，然后在一组最小值中取最大值，并以此类推求得A_{ij}第一行各元素与R_{ij}其他各列的各元素的比较结果。后文中“。”的意义与此相同。B_{ij}经过归一化算后记为$B_{ij}{}^*$，$B_{ij}{}^*$即为U_{ij}对V的隶属向量。其中$\omega^*=\{\omega_1^*, \omega_2^*, \cdots, \omega_n^*\}^T$即为特征向量$\lambda_{ijk}$的近似值。

2. 确定子准则层权重并进行准则层模糊综合评判

由每个子准则层判断矩阵对应的$\omega^*=\{\omega_1^*, \omega_2^*, \cdots, \omega_n^*\}^T$构成一个新的矩阵，对该矩阵的每行所有元素求几何平均值，并进行归一化处理，可得子准则层权重向量A_{ij}，然后由公式$B_i=A_{ij}\circ R_{ij}$，并对B_i进行归一化处理后可以得到B_i^*，B_i^*就是知识产权质押融资准则层风险U_i的最终监测结果。按照最大隶属原则，在最终监测结果中，主观概率P数字最大者所对应的评语等级即为知识产权质押融资准则层风险 U_i 所处的风险等级。例如，主观概率 P 数字最大者对应的评语等级若为“良”，表明知识产权质押融资准则层风险 U_i 较低；主观概率 P 数字最大者对应的评语等级若为“可”，表明知识产权质押融资准则层风险 U_i 较高。

四、研究结论与建议

知识产权质押融资是一个复杂的系统工程，涉及多方利益关系的合作，如贷款企业与中介机构、担保机构、商业银行、政府的利益关系等(杨松堂，2007)。只有通过多方主体共同努力，打破中小企业知识产权质押融资过程中的种种桎梏，才能推进这项业务健康、快速的发展，从而发挥这项业务的真正作用，为中小企业发展腾飞注入支持力量。在知识产权质押融资过程中，各方利益主体面临着道德风险、估值风险、法律风险、坏账风险、变现风险、代偿风险、流动性风险等，需要政府充分发挥其监督职能予以规避。从理论上讲，政府机构必须加快职能转换，搭建以政府支持和监督为支撑体系的知识产权质押融资模式，逐步建立和形成以市场为依托的新机制。本文提出如下建议：

(一)拓展政府的多元化支持途径

政府部门提供的多元化政策支持，将会对中小企业知识产权质押融资起到巨大的推动作用。具体建议如下：(1)以政府补贴降低中小企业融资成本。实践证明，在推动知识产权质押融资工作发展较快的北京、上海、广东等均有政府贷款贴息、风险补偿、担保基金等政策措施，其他没有政策支持的省市知识产权质押融资则相对滞后(何志敏，2010)。因此，政府应加大财政补贴，一方面进行贴息，保障银行的利息收入；另一方面进行中介费用补贴，从根本上降低知识产权质押融资的成本。(2)以设立风险补偿基金方式实施的支持政策可提高担保机构的抗风险能力。在实施过程中，政府可以建立财政有限补偿机制，在每年的财政预算中安排一部分资金来设立代偿损失专项资金，对政策性的投保机构发生的代偿风险可以进行一定程度的弥补；政府还可以对一些满足有关条件的担保机构提供税收优惠政策，可以加速担保机构的内部积累速度。(3)加强对知识产权交易平台的支持和引导，完善知识产权交易制度，完善各种行之有效的知识产权交易模式和机制。具体而言，一是要制定和完善知识产权交易平台建设的制度和交易规则，强化对知识产权交易平台运作的考核和监管；二是加强对知识产权交易平台实施项目的信息反馈与交流，建立有效的可行的跟踪机制；三是要建立和健全企业知识产权交易市场内部组织，使企业主体能够自由选择进入不同类型的市场；四是提高对知识产权交易平台市场宣传力度，强化对知识产权交易平台建设人才的培养，让更多的相关人员获悉和了解知识产权交易平台信息，促使更多的知识产权信息在交易平台被广泛利用。

(二)完善对知识产权质押融资的风险监控机制

政府应借助风险监测模型的应用，加强对知识产权质押融资过程的风险管理，建立健全知识产权风险防范体系。具体建议如下：(1)建立知识产权出质期间的风险防控体系。需要建立一个对质押的知识产权的价值、权属进行持续监督的机制，从外部源头上避免中介机构、担保机构等利益主体承担不必要的估值风险和变现价值和估值风险。首先，应加速全国性的知识产权动态数据库的建立，实现信息互通与共享，使质权人借助该数据库对出质的知识产权价值变动情况得到实时信息并实现有效监督的目的。其次，完善出质人保护机制，使出质人在履行通知义务的前提下，利用出质的知识产权(包括许可他人使用)进行生产并取得最大化的利益，保证出质企业的正常运行与健康发展。再次，完善质权人保护机制，当出现可能导致知识产权价值降低的种种情形时，质权人有权要求增加担保，或通过协议提前清偿等。(2)通畅中小企业的信息沟通渠道。针对因中小企业信用观念淡漠、财务制度不健全等因素造成商业银行、担保机构等与企业信息不对称而形成的知识产权抵押融资的信息揭示风险问题(刘沛佩，2011；Berger，2006)，政府应构建知识产权动态数据库，实现资源共享，使质权人借助于知识产权动态数据库，密切关注市场环境的变化，及时获取可能预示知识产权价值或者法律状态变动的信息，并结合中小企业资产状况、盈利能力的变化情况对知识产权价值变化进行预测，从而及时采取措施应对知识产权质押融资风险。

(三)加强相关法规制度建设

政府部门应全面完善中小企业知识产权质押融资过程中的相关立法和制度，包括知识产权权利保护相关立法和制度，也包括质押融资业务中有关权利和义务界定、质押物评估制度等方面的法律和制度建设。充分发挥政府的统筹作用，通过相关政策和立法的出台来规范知识产权以及质押融资业务，使得中小企业知识产权质押融资业务中各利益主体的权利义务和收益对等。

参考文献

[1]周丽：《我国知识产权质押融资典型模式之比较分析——基于法律社会学的分析视野》，《电子知识产权》，2009年第11期。

[2]张伯友：《知识产权质押融资的风险分解与分步控制》，《知识产权》，2009年第2期。

[3]耿明英：《银行知识产权质押贷款风险及其控制模式创新》，《财会通讯(理财版)》，2008年第11期。

[4]彭湘杰：《知识产权质押融资理论发展、实践与借鉴》，《中国金融》，2007年第5期。

[5]李鹏、王霄艳：《论政府在知识产权担保融资中的作用》，《哈尔滨师范大学社会科学学报》，2011年第5期。

[6]章洁倩：《我国知识产权质押融资模式多元化的思考》，《武汉金融》，2011年第4期。

[7]陈江华:《知识产权质押融资及其政策表现》,《改革》,2010 年第 12 期。

[8]刘振刚:《政府在知识产权质押贷款中怎样定位?》,《科学咨询(决策管理)》,2010 年第 2 期。

[9]周砚:《加强知识产权评估应用　推进首都知识产权质押贷款发展》,《中国资产评估》,2011 年第 3 期。

[10]杨松堂:《知识产权质押融资中的资产评估》,《中国金融》,2007 年第 5 期。

[11]何志敏:《关于加强知识产权质押融资的建议》,《中国科技产业》,2010 年第 1 期。

[12]刘沛佩:《谁来为知识产权质押融资的"阵痛"买单——兼论知识产权质押融资的多方参与制度构建》,《科学学研究》,2011 年第 4 期。

[13]Hanel, P. Intellectual Property Rights Business Management Practices: A survey of the Literature, *Technovation*, 2006, 26.

[14]Andersen, B; Konzelmann, S. In Search of a Useful Theory of The Productive Potential of Intellectual Property Rights, *Research Policy*, 2008, 37.

[15]Hodgman, D. R., 1960, Credit Risk and Credit Rationing, *Quarterly Journal of Economics*, 75.

[16] Berger, A. N., Espinosa, M., Frame, W. S. & Miller, N. H. Why do Borrowers Pledge Collateral New Empirical Evidence on the Role of Asymmetric Information, FRB of Atlanta Working Paper, 2006. 29a.

(作者:刘红霞　中央财经大学教授)

项目名称：人口老龄化与北京世界城市可持续发展问题研究
项目编号：11JGC130
项目负责人：刘亚娜
项目信誉保证单位：首都师范大学

人口老龄化与世界城市可持续发展

内容提要： 时代的发展要求将首都北京建设成国际一流水平的世界城市。人口老龄化的客观存在，对北京建设世界城市提出了诸多课题。基于构建生态和谐、可持续发展、宜居城市的理念，以人口老龄化问题为线索，立足于城市可持续发展的问题框架，对北京如何构建较为全面的老年人的保障与社会服务体系进行初步理论探索，提出以政府为主导，全社会共同参与，大力发展全系统的老年人乐居、乐养、乐活的社会服务体系，从宏观、中观、微观等各层面开展有针对性的具体工作：研究制定适当的人口政策，加强人口管理；积极推进社会养老保障体系完善；调整产业结构，加强老年产业化建设，并加强国际合作；鼓励老年人积极参与城市及社区建设；改进城市老年人居住环境；完善老年人社区服务；鼓励、扶持、推进NGO组织进入老年服务；加强老年人法律援助与权益保障；发展老年社会工作体系；率先推进老年人长期照护保障及服务体系等问题。

一、人口老龄化与北京世界城市可持续发展的战略抉择

（一）世界城市内涵及北京建设世界城市目标的提出

自20世纪80年代以来，随着世界范围内城市竞争的日益加剧，城市已经成为国家和地区经济社会发展的引擎和主要动力，建设世界城市已经成为全球化时代世界主要国家或地区获取更大发展空间的必然战略选择。世界城市是国际城市的高端形态，是指在全球政治、经济、文化、社会等方面具有最高影响力的城市，不仅规模较大且城市现代化和国际化职能效应都达到"极强"或"较强"程度，在全球经济中具有重要地位和作用的国际性城市。世界城市在世界城市体系中相互关联、互为依存。

北京将（成为）世界城市确定为努力目标，经过了长时间的研究和酝酿，北京市规划委员会制定的《北京市城市总体规划（2004—2020年）》中确定城市发展的目标为：国家首都、国际城市、文化名城、宜居城市。

(二)可持续发展对世界城市的意义

可持续发展是以保护自然资源环境为基础，以激励经济发展为条件，以改善和提高人类生活质量为目标的发展理论和战略。它是一种新的发展观、道德观和文明观。[1] 包含三个基本原则：公平性原则(Fairness)，可持续性原则(Sustainability)，共同性原则(Common)。可持续发展作为经济、环境、社会三方面的优化集成，体现为经济配置上的效率、生态规模上的足够、社会分配上的公平同时起作用。可持续发展作为一个新兴的研究领域，涉及多学科和众多领域，需要解决的问题艰深复杂。由于城市化的重要性，在很大程度上，中国的可持续发展主要是城市的可持续发展。城市以人口集中、财富聚集、运行高效以及环境污染、社会问题突出等特点，成为地方可持续发展中最具综合性的区域。联合国环境与发展大会秘书长莫里斯(Maurice Strong)指出：城市是全球可持续发展成功与否的关键。[2] 贯彻和落实可持续发展战略关键在城市可持续发展战略的选择。

作为首都，北京的发展不能套用其他城市的模式，如何推进实现首都北京建设世界城市的战略目标，给经济、政治、文化、社会等诸多领域提出了新的艰巨的挑战。人们对于城市发展方向的关注，也开始从对于经济增长、物质的丰富程度的追求，转向对于良好的生活环境、独特的城市文化的创造和对丰富的精神生活的追求等方面。北京建设世界城市当然不会仅仅停留在宏观理论层面，更要切实关注城市建设的各个微观层面。

(三)北京发展世界城市遭遇人口老龄化

人口老龄化亦称人口老化，是指老年人口数占总人口的比例随时间的推移而不断上升的动态变化，特别是指在年龄结构类型已属于老年的人口中，老年人口数的比重持续上升的过程。与全国水平相比，北京的人口发展也有着不同于全国的趋势和特征。北京市人口老龄化的特点表现为：老年人口数量大，增长快；人口老龄化速度快，老年人口高龄化趋势明显；老年人口地区分布不平衡，人口老龄化地区差异明显；女性老年人口多于男性，城乡性别比差异大；总人口抚养比下降，人口结构处于经济社会发展的“人口红利期”。

人口老龄化对城市可持续发展而言，是一把双刃剑，可能起到促进作用也可能是阻碍影响。从可持续发展理论看，一定程度的人口老龄化不仅是不可避免的，而且是实现适度人口目标所必需的。老龄化的不同阶段对社会、经济发展的影响是不同的。人口老龄化问题，不是简单地就人口论人口，作

---

① 何爱平、任保平主编：《人口、资源与环境经济学》，北京：科学出版社，2010年版，第292—294页。

② 郑锋：《可持续城市：理论与实践》，北京：人民出版社，2005年版，第1页。

为社会经济发展的主体因素，人口与经济、社会、资源、环境等子系统之间相互影响。通过研究，可以把握影响城市发展的各种风险要素及其规律，为科学地制定城市发展规划提供科学依据。另一方面，大城市的人口发展具有复杂性，在我国二元社会经济体制尚未完全解体，外来人口的城市就业和社会保障仍存在一定限制的情况下，我们所面对的实际上是一个“半封闭、半开放”的城市系统。研究人口老龄化与城市发展的问题，可以满足城市人口科学管理的需要。再者，前瞻性地分析人口老龄化与其城市发展的关系，对其他地区具有重要的参考和借鉴意义。可以通过系统的观点和方法来研究，分析人口老龄化发展存在的问题，并通过横向比较，考察人口老龄化与经济、社会、资源和环境各系统相互协调与和谐发展方面的问题。

二、人口老龄化背景下北京世界城市可持续发展的问题框架

美国战略与国际研究中心专家 P. S. 黑威特先生在中国老龄委员会的讲演时说：“人口老龄化将重塑 21 世纪的世界”。意思是说，全球人口老龄化的快速发展趋势，将影响世界的方方面面。其“重塑”的范围及可塑的程度是个新课题。它将涉及政治、经济、社会、环境、文化、伦理各个领域，必须引起各国政府、社会组织及公众给予广泛的关注和不懈的努力，才能够监测、协调、平衡、创新、有效地解决老年社会带来的各种问题。

从本质上讲，中国乃至全球人口结构的老化在相当长的时期内都是不可逆转的，我们无法从根本上扭转人口老龄化的趋势，而只能在适应它的前提下，合理规避其给经济社会发展带来的各种风险，这无疑使制度与政策调节成为必须。[①]

世界城市建设中为应对人口老龄化所带来的挑战，首先可以从老龄者角度入手为政策选择提供建议思路。即以北京市政府为核心的公共部门在一定的历史条件下，为了解决世界城市在发展中所面临的人口老龄化带来的一系列社会问题，满足社会需求，制定并实施的一系列行为准则或行为规范。同时，北京作为历史名城、皇朝古都，它独有的政治文化、社会环境深刻地影响到它的公共政策生态。世界城市理论及实践的发展要求政府关注城市本土特色，聚焦核心问题，科学决策。

（一）适度调整相关人口政策

北京建设世界城市首先要面临和解决的问题是如何在人口承载力的合理范围内谋求人口发展，科学制定人口发展规划，通过城郊的协调发展来合理调配人口的空间布局，制定人口安全预案等，提出规避和应对人口风险，提高系统弹性的对策建议。一方面，有针对性地完善相关人口管理及服务政策。

---

① 彭希哲、胡湛：《公共政策视角下的中国人口老龄化》，《中国社会科学》，2011 年第 3 期。

另一方面，完善流动人口管理，合理有序地引进劳动力资源，对人口迁移和流动积极引导、合理控制；由首都封闭式管理向区域一体化管理转变；对外来人口提供市民化服务，由重管理轻服务向管理与服务并重转变。

(二)建设老龄者宜居的世界城市

宜居，是城市建设的重要理念和基础条件，宜居城市其本质意义在于确立人的全面发展在城市规划、建设、管理中的核心地位，“以人为本”的宜居城市建设需要面向和重视社会群体，体现对社会各种群体的宽容和尊重。人口老龄化时代，城市应具有平安、文明、健康、快乐、幸福、富裕、绿色、发展、便利、民主、智能、创新和国际化等特点，这些都对宜居城市建设提出了新要求。要实现老有所居、老有所乐、老有所求、老有所养等价值，有必要探讨城市老龄者公共服务的跟进、老年人居住政策以及环境的协调发展。

1. 宏观层面：老龄者宜居的城市大环境建设

第一，老年人生活便利的宜居城市。城市基础设施是为市民生活、工作、学习以及娱乐等所必需的基础条件。建设宜居城市必须完善城市基础设施。出行便捷，保障老年人便利、安全的城市交通。生活便利，城市配套有适合老年人特点和需求的商业服务，包括良好便利的购物场所及环境，丰富的老年用品等。

第二，老年人安全保障的安居城市。公共安全度是宜居城市建设的前提条件。没有安全保障，百姓无法安居乐业，宜居就是空洞的。公共安全主要是指城市抵御自然灾害如地震、洪水、暴雨、瘟疫、防御和处理人为灾害如大暴乱、恐怖袭击、突发公共事件等各种不同安全问题，确保城市居民生命和财产安全的能力。良好的城市治安，防止老年人受到伤害。完备的城市防灾减灾能力——需加强立法，保障防灾减灾工作有序管理和依法行政；增加资金投入，加强防灾减灾基础设施建设；以网格化系统为支撑在社区加强防灾减灾能力建设；加大防灾减灾宣传、演练与培训，进一步拓宽灾害预警信息渠道；建设城市应急避难场所。健全的老年人预警机制——对居住在养老院、敬老院的老年人健康状况实施监控和卫生干预，防止在老年人集中的地区中疾病相互传播，造成群体感染，严重者甚至造成群体伤亡；完善老年急救服务设施，提供具有针对性的老年急救服务。

第三，老年人娱乐休闲的逸居城市。协调的城市人文、自然景观，体现人文关怀、包容性和老年社会的和谐。适宜的城市老年人休闲娱乐、体育、文化软硬件设施；丰富老年文化教育活动，提高老年人的生活质量。

第四，老年人医疗完备的康居城市。加快老年病医院建设。普通医院开展针对老年人的特殊服务项目。养老机构加强医疗服务。社区服务加强老年医疗服务。完善殡葬设施及服务。

第五，老年人居住舒适的乐居城市。兴建大规模功能完善的老年公寓。

扩大建设养老福利机构。改造旧住房，将空置房适量转为养老机构。开发银发住宅以适应养老需求。推动和扶持老年人家庭无障碍改造。

2. 中观层面：和谐老龄社区建设

社区作为老年人的基本生活和活动空间，越来越得到了人们的重视。社区老年医疗服务逐步完善：开展社区老年人医疗保健服务；开展老年人疾病的预防工作的宣传；对于长期患病的和卧床不起的老年人，提供上门服务和护理工作；建立老年人健康评估系统，定期对老年人的健康情况进行检查，并建立健康档案保存。社区工作加强老年人的心理干预机制，关注老年人的精神健康。社区文体服务较为丰富。社区便利、福利服务逐步完善。社区法律援助服务跟进。社区老年人自主建设活跃。借鉴国内外典型经验，要形成社区老年服务理念，构建以提供家庭帮助为主的综合老年服务体系；发挥政府主导作用，加大政府投入，完善社区老年基础设施建设；多渠道筹措资金是社区养老服务获得发展的物质保障。

3. 微观层面：尊老敬老的厚德风尚

人口老龄化对传统文化造成冲击。从全社会的角度来说，要引导公众正确认识老龄化社会，传承和发扬中华民族尊老敬老的传统美德，引导全社会都从积极的方面看待老年人，树立老龄化社会的正面形象。运用多种宣传手段，宣传敬老、尊老、爱老的精神理念。树立各类老龄工作典型，运用他们的示范作用推动全社会老龄意识和尊老助老行动。从家庭责任的角度来说，家庭要为老年人提供养老场所；家庭成员为其提供照护服务，当无法承担时就要寻求外界社区或机构的照护服务，提供相应的养老照料费用；精神赡养问题直接影响着老年人的生活质量和代际关系，要关注老年人的心理健康，践行孝文化。从个人角度来说，为弘扬尊老、敬老、爱老、助老、孝老的传统美德。

(三)完善老龄者社会保障体系

人口老龄化对社会保障体制形成压力，老年社会保障在整个社会保障体系中处于最重要的地位。从全社会范围内看，老年社会保障关系到的人口、资金和管理的范围及覆盖规模都是最大的，是民生事业的重点之所在，也是应对中国人口老龄化挑战的一项治本措施。一个健全完善的老年社会保障体系不仅直接关系老年人，特别是贫困老年人的基本生存状况，其运作与分配过程中所产生的问题还会直接影响社会制度的公平与公正。

1. 北京养老保险方面

加快社会保险立法，通过立法加强社会保险的强制作用，实现应保尽保；因地制宜，适时适当延长退休年龄；扩大资金来源，确保贮备充沛；降低缴费率，扩大缴费面。

2. 北京老年医疗保险方面

健全养老医疗资金筹措、储备与管理；完善老年人的疾病防控体系；健全社区老年医疗服务体系；改善老年医疗服务机构设施，完善其服务功能。①

3. 北京老龄者长期照护保障及服务体系方面

老龄者长期照护需求日益增大；老年人对照料的需求与家庭实际供给之间存在巨大差距，长期照护供给问题凸显，家庭看护供给困难；家庭佣工在功能上存在缺陷；医院医疗资源紧张；老年护理院供给不足；福利设施覆盖面小；社区服务捉襟见肘。对应老龄者的长期照护问题，必须采取社会化的方式，建立起一定的制度体系，来保障每一个老龄者公平地长期照护需求。北京开展老龄者长期照护保障体系建设的必要性在于：促进社会经济的和谐发展；促进老龄者的自立生活；体现老年利用者本位的价值观念；政府职能转变的需要。长期照护服务供给设计：老龄者长期照护服务的供给主体，可由行政机关、社会福利法人、民间企业、医疗法人、NPO 法人等共同参与、适当分担，通过多样化服务机构间的良性竞争，提高整体服务质量。服务内容设计方面，尽可能地简化，并侧重于对中度以上要长期照护者提供保障。长期照护的目的在于，对不能进行自立生活的老人提供各种援助，对要长期照护程度低的老人努力帮助他们恢复健康以实现自立生活。

4. 失独老人长期照护方面

失独者承担着日益严重的老无所养风险，对失独家庭的救助帮扶存在空白。需要推动社会福利政策与制度的改进，建立针对失独群体的专门社会救助制度，失独者多元化救助关怀支持体系，以社区服务为依托，重建失独家庭的精神家园。引导全社会重视失独问题，利用相关的专门网站与新媒介来宣传呼吁社会大众对失独家庭的认识与了解。探讨进行我国养老服务机构改革，可以尝试建立专门的失独家庭养老院或者活动中心，对这一特殊群体进行特殊关照。

5. 空巢老人长期照护方面

空巢老人由于经济压力、患病压力、精神压力等问题，在长期照护方面问题日益凸显。建立以社区为依托完善空巢老人长期照护机制：针对空巢老人开展社区医疗卫生服务，在社区老年活动室建立心灵驿站，建立社区志愿者服务队，开展帮扶空巢老人的活动。

6. 北京老年人社会救助与社会津贴方面

推进北京老年人社会救助建设法制进程；重视老年救助制度、完善社会救助体系设计；加强财政投入力度、建立稳定的社会救助财政制度；动员社

---

① 《关于构建北京老年医疗服务体系的提案》，中国人民政治协商会议北京市委员会网站，http：//www. bjzx. gov. cn/meet2010/ta/tt _ 05. html.

会力量、拓宽对老人救助渠道；尝试先行建立老年人医疗救助体系。完善北京老年人津贴制度：加大力度，全面普及城乡统一的养老福利津贴制度；积极推广高龄津贴制度，尝试累进高龄津贴；整合老年津贴制度与低保制度的政策衔接。

7. 北京老年人法律援助与权益保障方面

加快北京市法律援助法制化建设进程，推动老年人法律援助规范化；健全首都法律援助维权机构网络，使老年人法律援助有可靠的组织保证；建立强化资金保障机制，使老年人法律援助有坚实的物质基础。

北京老年人就业保障方面：北京定位学习型城市，加强终身学习教育的理念；培训老年技术者；强制退休与弹性退休的选择；制定对于就业老年人和其所在企业的优惠政策；为老年人就业提供信息和发展平台。

(四)积极推进社会组织开展老年服务

社会组织对世界城市的发展是不可或缺的。在纽约、伦敦和东京，都有不少有世界影响力的社会组织在全球范围内发挥着作用。在老年服务方面，政府与社会组织开展合作空间巨大。社会组织的弹性化形态和灵活的应变能力，能够针对养老服务的需求，在组织形式、服务方式上做出快速调整；满足老人服务内容多元化的需求，为老年人提供内容丰富的养老服务。志愿性组织、基金会等其志愿性服务成为补充政府公共服务不足的有效形式；实现自助服务，组织成员之间通过互帮互助，达到自我服务的目的。应推进北京社会组织发展，健全为老服务体系；弘扬尊老敬老文化，积极营造社会组织发展的良好舆论环境；政府加大推进向社会组织购买公共服务的政策与举措。

(五)发展北京老年社会工作

老年社会工作，作为社会工作实务体系中的一个重要分支和内容，是科学地整合社会老年学和社会工作的理论知识，运用社会工作的价值观、方法和技巧，积极地网罗各种可能的社会资源，以推行与老年人相关的社会政策，或帮助解决老年人日常生活中的各种问题，满足其需求的实践过程。针对不同老年个人和群体，适合老年人身心特点和自身要求的工作方法主要有个案工作方法、小组工作方法和社区工作方法。发展和推动北京老年人社会工作事业，完善居家养老服务体系、机构照顾服务体系及深化部署各类养老机构的管理和发展，真正实现“老有所养、老有所医、老有所教、老有所为、老有所学、老有所乐”的终极目标，需要政府、社会、个人共同的支持和努力。规范老年社会工作政策法规，实现老年社会工作健康发展；有效利用北京老年社会工作学科优势，促进老年社会工作专业化发展；加快老年社会工作人才建设，推进专业老年社会工作队伍专业化发展。

(六)社会工作与临终关怀服务

将社会工作与临终关怀服务结合起来；多渠道筹措资金 ，设立临终关怀基金会；开展死亡教育，加大宣传力度；确立标准化作业，争取相关的政策和法律支持。

(七)开发和建设北京老龄产业

老龄化的背景催生老年产业的发展，人口老龄化的快速发展和结构变化预示着老龄产业有巨大的发展空间，解决北京老年产品及服务的供需矛盾方面存在巨大商机，北京家庭结构功能的变化要求社会发展老年产业，老年收入水平的提高，储备了老年产业的消费能力。北京市已初步形成社会化和市场化相结合的老年服务体系，正逐步推进地区老龄产业的发展。但综观当前北京整体老年产业发展，仍然存在一些突出的问题：老年产业总体发展不足难以满足市场需求，老年产业产品及服务层次低，规模小，存在发展不平衡的状况，老年产业相关政策缺失，市场发展不健全。北京老龄产业发展推进策略：从政府角度来看，建立健全相关法律法规体系，落实老年产业优惠政策，保护老龄企业利益；发挥政府机构的监管作用，保证老龄产业及其老年服务业依法规范发展，保障老年人消费权益；落实北京各项老年产业优惠政策，拉动老龄消费。从机会的角度来看，调整产业结构，加强国际合作。从需求条件来讲，加大培育老年市场，引导老年消费。从战略角度来看，着力培养老龄产业人才，强化服务意识。从生产要素来看，全面开放养老服务市场，鼓励企业、社会、个人兴办养老产业，实现生产要素的全面整合。从相关及支持产业来看，优化产业结构，强化其他相关产业对老龄产业的支持。

(八)世界城市建设中人口老龄化问题应对的国际借鉴

纽约、伦敦、东京被公认为是世界城市，且三个城市皆已进入了老龄社会，在应对人口老龄化的举措方面可以为北京提供参考借鉴。纽约推行“老年友好城市”计划，包括老人友好商业，老人友好学校，老人生活环境改善区。[①]启示在于：发挥政府在发展老年友好城市的主导作用，满足老年人对社会尊重和认可的需要，加强整合社会资源。伦敦完善老年人社会医疗救助制度。充分发挥社区卫生服务机构的作用，优化医院资源的配置方式，鼓励社会参与老年人社会医疗救助，建立养老服务评估监管机构。东京开辟老年人再就业市场。成立“银色人才中心”，设立老年职业介绍所，雇佣政策和雇佣保险。启示在于：依托北京城市社区建设，建立“社区银色人才服务中心”，根据老年人多层次的需求，开发适合老年人的职业，建立完善老年人的政策法规，保障老年人再就业。

老龄化过程可以是成长和继续贡献的日子和机会，关键在于我们能否提供一个对老人友善的生活环境或社区。老人不是问题，歧视和对老人有偏见

① 周效政、李大玖等：《从“引发困扰”到“银发产业”》，经济参考网，http：//jjckb.xinhuanet.com/2012－10/30/content _ 409057. html.

及对老龄化过程的误解确是现时社会的大问题。我们盼望老人社会政策和服务系统能够继续进行创新的尝试，将老年服务及保障体系的健全做出与时俱进的转型和改革。在经济快速增长的同时，人口老龄化时代老年人面临的一系列无法回避的物质、生存和发展问题，对这些问题的社会回应，以及对问题本身和现有问题的社会评判，是值得反思和研究的重要课题。北京在建设世界城市的背景下，应积极应对人口老龄化挑战：完善养老保障体制，建立普及城乡的为老服务体系；了解老年人的生活需求，打造宜居的社会养老环境。依托社区平台，政府和各类慈善组织提供多层次的养老社会服务；通过各种税收等优惠政策，引导和鼓励社会发展老龄产业、创建养老服务机构等。

参考文献

[1]Jean-Marc Burniaux, Romain Duval, Florence Jaumotte. Coping with Ageing: A Dynamic Approach to Quantify the Impact of Alternative Policy Options on Future Labour Supply in OECD Countries. *Ideas*, 2004.

[2]Wolfgang Lutz, Warren Sanderson, Sergei Scherboy. The coming acceleration of global population ageing. *Nature*, 2008.

[3]Xie An, China Population Ageing: the Current Situation, Prospect and Characteristics. *Statistical Research*, 2004, 8.

[4][法]阿尔弗雷德·索维：《人口通论》，北京：商务印书馆，1993 年。

[5][英]安东尼·吉登斯著，周红云译：《失控的世界》，南昌：江西人民出版社，2001 年。

[6]郭爱妹、张戌凡：《城乡空巢老年人的生存状态与社会保障研究》，中山：中山大学出版社，2011 年。

[7]郭培章、孙广宣、孙桢等：《中国城市可持续发展研究》，北京：经济科学出版社，2004 年。

[8]蒋志学：《人口与可持续发展》，北京：中国环境科学出版社，2000 年。

[9]吕学静：《基于社交网络的北京市城市老年人服务体系研究》，北京：首都经济贸易大学出版社，2012 年。

[10]梅陈玉婵、齐铱、徐玲等：《老年学理论与实践》，北京：社会科学文献出版社，2004 年。

[11]仝利民：《老年社会工作》，上海：华东理工大学出版社，2006 年。

[12]屠启宇、金芳等：《金字塔尖的城市：国际大都市发展报告》，上海：上海人民出版社，2008 年。

[13]王伟中、郭日生、黄晶：《国际可持续发展战略比较研究》，北京：商务印书馆，2001 年。

[14][美]詹姆斯·H. 舒尔茨著，裴晓梅等译：《老龄化经济学》(第七版)，北京：社科文献出版社，2010 年。

[15]张明、朱爱华、徐成华：《城市老年人社会服务体系研究》，北京：科学出版社，2012 年。

[16]张志铭、谢鸿飞、柳志伟、渠涛:《世界城市的法治化治理——以纽约市和东京市为参照系》，上海：上海人民出版社，2005 年。
[17]郑功成:《中国社会保障改革与发展战略(救助与福利卷)》，北京：人民出版社，2011 年。
[18][法]格扎维埃·范登·布朗德、周愚:《欧洲老龄化问题对策述评——迈向积极的老年人口就业政策》，《经济社会体制比较》，2007 年第 1 期。

(作者：刘亚娜　首都师范大学副教授)

项目名称：北京人均GDP超过1万美元后经济社会发展趋势研究
项目编号：12JGB031
项目负责人：李　纲
项目信誉保证单位：北京市统计局

北京人均GDP超过1万美元后经济社会发展趋势研究

内容提要：2012年北京人均GDP达到13857美元，根据世界银行最新划分标准，北京经济已迈入高收入的门槛。在这个新的起点上，本文通过回顾改革开放以来北京经济社会发展的不同阶段，总结国外发达城市和国家人均GDP超过1万美元后在经济增长、产业结构、消费投资、科技创新、人口就业、居民收入、医疗保障等领域的经济社会发展历程，结合十八届三中全会通过的全面改革决定，提出北京人均GDP超过1万美元后，主要经济、社会发展领域的变动趋势，并提出相关政策建议，以更好地促进北京转变经济发展方式，在全国城市发展中当好标杆和火炬手。

一、北京人均GDP超过1万美元后经济社会发展趋势

(一)经济增速适度回落

近年来北京主动调结构转方式，经济增速有所放缓。随着人均GDP水平的提高，北京“十二五”期间潜在经济增速降至7.5%左右，经济增长在未来一段时间内将表现出增速放缓、转型调整的态势。

从潜在经济增速来看，2006—2012年，北京潜在经济增速已连续七年下降，2012年降至7.9%，是改革开放以来的最低点(见图1)，未来北京潜在经济增速将进一步下滑至7.5%。潜在经济增速下降的一个重要原因是北京三次产业结构占比到了一个相对稳定和固化的阶段，经济增长更多的依靠三次产业内部向高端化演进推动，而这是一个缓慢的过程，也将降低北京潜在经济增速。由于实际经济增速围绕潜在增速上下波动，后者下降必将使前者随之回落，所以未来北京经济增速会回落至[7%，8%]。

本文将人均GDP美元值进行因素分解，利用北京市2000—2012年人均GDP(美元值)、常住人口数等数据，分别建立ARMA模型、曲线模拟模型和灰色模型GM(1，1)，并采用组合预测方法，结果显示，未来五年中，北京常住人口保持较低的增长速度，年均增长66万，到2017年将达到2400万左

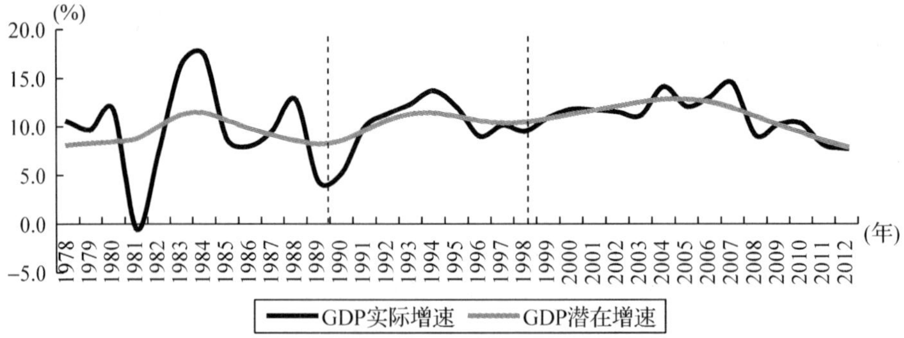

图1　1978—2012年北京GDP实际增速及潜在增速

右；人均GDP增速年均名义增速为8.7%，低于“十一五”时期2.7个百分点，2017年人均GDP有望达到2万美元左右(见表1)。

表1　2013—2017年北京市常住人口及人均GDP美元预测值

年份	常住人口(万人)		人均GDP(美元)	
	区间	均值	区间	均值
2013	[2089，2161]	2125	[14335，15010]	14673
2014	[2160，2243]	2201	[15533，16458]	15996
2015	[2231，2434]	2300	[16832，17979]	17406
2016	[2305，2392]	2349	[18239，19573]	18906
2017	[2381，2421]	2401	[19764，21239]	20502

(二)产业结构“提二进三”，产业融合更具深度，民生环保地位凸显

1. 产业结构“提二进三”

从纽约、东京、伦敦、香港、新加坡等国际发达城市发展历程来看，经济增长趋势性变化和产业结构调整紧密相关。随着人均GDP的增长，第二产业占比下降，第三产业占比上升是一个大趋势。但2008年金融危机后，一些国家和城市由于过早的“去工业化”，导致产业空心化严重，对外部冲击的抵抗力较弱，严重影响了经济的发展。而制造业由于技术创新活跃度高于服务业，以制造业为主的产业结构能够更好地支撑经济较快发展，因此制造业实力雄厚的国家和城市经济很快走出低谷。当前，北京经济所处的阶段特征决定了既要保持较快的经济增速，又要发展高端产业，促进经济转型。只有在发展高端制造业的基础上推进现代生产性服务业，才能使经济在“稳增长”的前提下实现转型发展。

2. 二、三产业深度融合

产业融合的实质就是产业价值链的分解和整合。随着高端制造业逐渐发展成熟，专业化程度不断提高，不少新的业务开始慢慢独立出来形成新的生产性服务业，价值链开始重新整合，价值增值环节重新分布，形成了新的附加价值曲线，即"微笑曲线"[①]。

产业要深度融合发展，必须有新的载体。从国外发达城市的发展历程来看，作为知识密集型产业的主力军——文化创意产业，凭借以文化为核心，以创新为手段，以迎合大众对精神文化产品的消费需求为目的，成为产业融合代表性产业。北京文化创意产业近几年发展较快，2011年文化创意产业增加值占GDP的比重达到12.2%。但从内部构成来看，超过一半为软件、网络及计算机服务，文化艺术、设计服务和旅游、休闲娱乐等行业占比不足5%，结构较为单一。

3. 民生、环保产业是城市经济重要组成部分

从纽约、伦敦等国际大都市经济增长和产业结构演变的关系来看，民生环保等领域不仅是政府投入的重点，是改善民生、保护环境的前提条件，同时也是城市经济的重要组成部分和拉动经济增长的重要动力。如纽约在人均GDP突破1万美元时(1977年)，教育业、卫生业占GDP的比重分别为1%、4.3%，到2010年二者的占比分别达到1.8%和7.8%[②]，对经济增长的贡献率到2010年分别达到2.4%和9.4%[③]。公共和废物管理业2010年占比达到2.6%，对经济增长的贡献率为3.0%。以上三个产业对经济增长的合计贡献率达到14.8%，即纽约从1997年到2010年经济增量中将近15%是由民生环保类产业带动的。伦敦在2009年仅污水和废物处理行业占GDP比重就达到0.55%，而北京2011年水利、环境和公共设施管理行业占GDP比重仅为0.5%，比2000年还下降0.2个百分点。2000年以来，教育业，卫生、社会保障和社会福利业，水利、环境和公共设施管理业三者合计对经济增长的贡献率仅为6.3%，远远低于纽约、伦敦等发达城市水平。

(三)投资准入不断放宽，居民消费占比不断提升

1. 提高居民消费占比是实施扩大内需战略的必由之路

从东京、香港、新加坡的发展历程来看，更具持续性的居民消费在消费总量中始终占有支配地位。如东京、香港和新加坡在人均GDP突破1万美元时，居民消费占比分别是政府消费的4.9倍、7.9倍和4.4倍，而北京在2010年人均GDP突破1万美元时，居民消费占比仅是政府消费的1.5倍(见

---

① 微笑曲线即指在产业链中，产品的附加值更多地体现在设计和销售两端，中间环节的制造附加值最低，形成两端高，中间低的微笑嘴型曲线。

② 美国统计局在1997年之后将原来的SIC方法(国际标准产业分类)改为NAICS(北美产业分类)，原来的卫生业改为卫生与社会救助业。

③ 因美国统计局在1997年之后将原来的SIC方法(国际标准产业分类)改为NAICS(北美产业分类)，此处基期为1997年。

图2)。从2000—2011年，北京居民消费占GDP的比重下降了2.6个百分点，同期政府消费上升了7.6个百分点。当前，北京消费占比虽然已经超过投资，但更多的是由政府消费带动。居民消费长期乏力，已成为影响北京实施扩大内需战略的一个主要障碍。

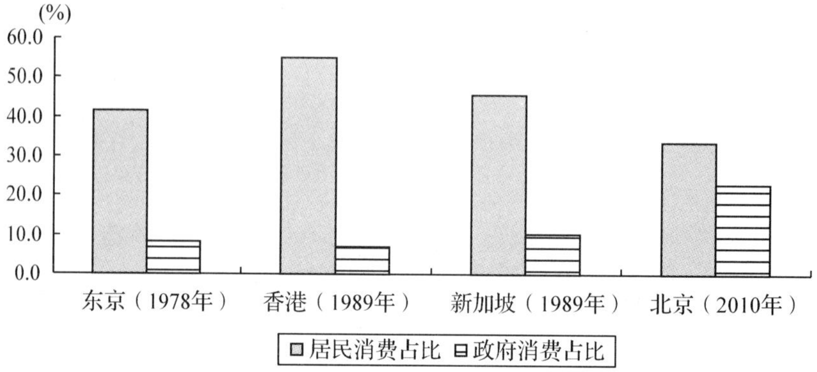

图2 人均GDP突破1万美元时居民消费和政府消费占比

2. 居民消费趋于享受型和发展型

北京随着经济社会发展，居民收入水平提高，生存型资料的潜在消费逐渐降低，享受型和发展型资料的消费趋于增强。

食品消费中绿色食品和保健食品消费将呈上升趋势。目前，全球有机食品市场正在以年均20%—30%的速度增长，随着生活质量的提高和保健意识的增强，北京居民食品消费支出也将更多地向有机绿色食品和保健品倾斜。

信息类用品和服务消费仍将保持较快增长。2011年城镇居民家庭每百户拥有手机215部、计算机104部，近10年翻了一番。今后，居民在消费时更加追求产品的功能，产品功能的结构升级将成为新的热点和主线。网络消费成为日常消费的重要方式，在线订购、在线支付，将极大地改变居民的生活方式和消费方式。

旅游消费呈蓬勃的发展趋势。2011年来京旅游者人数为21404.4万人次，比2004年翻了一番，国内旅游收入为2864.3亿元。未来，各旅游景点营运能力的提高和旅游服务质量的改善，交通基础设施不断完善，居民对旅游文化消费热情的日益高涨，尤其是文化旅游、生态旅游、农业旅游必将保持持续增长势头。

3. 民间投资活跃是推动经济繁荣的持续动力

从东京、香港、新加坡的发展历程来看，在人均GDP突破1万美元时，投资占GDP的比重都在20%以上(见图3)，到2010年前后，投资占比也都在16%以上(见图4)，投资始终是经济的重要组成部分。

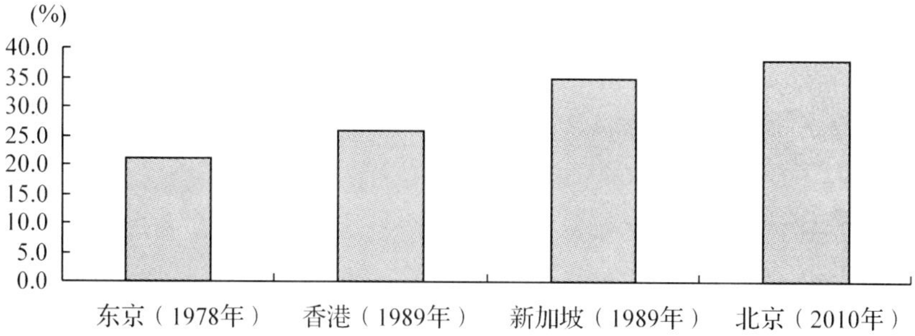

图3　东京、香港、新加坡和北京人均GDP突破1万美元时投资占比

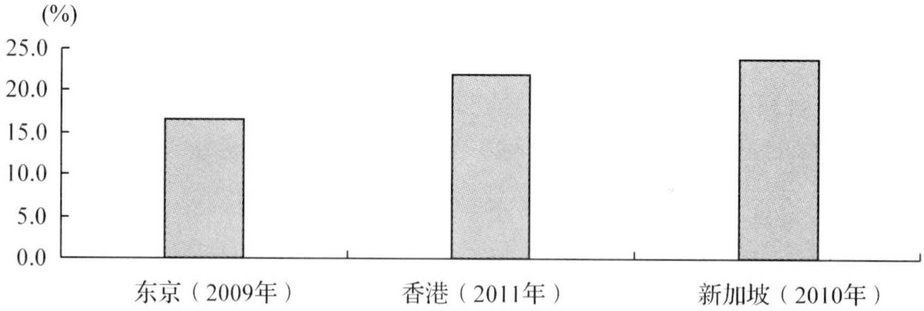

图4　2009年后东京、香港、新加坡投资占GDP的比重

2006年至今，北京消费占比超过投资，但到2011年，投资占GDP的比重为36.6%，对经济增长的贡献率达到29.5%，即这一阶段北京经济增量中约1/3是仍是由投资拉动的。与东京、中国香港、新加坡不同的是，北京民间投资增速慢，在投资总量中占比较低。2012年1—10月，民间投资增长4.8%，比国有及国有控股投资增速低11个百分点，占全社会固定资产投资的比重为32.2%，仅为国有及国有控股投资的61%。而东京、中国香港在1980年和1991年，即人均GDP突破1万美元后，民间投资分别是国有投资的3.5倍和7.7倍，民间投资活跃是推动这些城市经济繁荣的重要动力。

（四）科技创新发展趋势

1. 创新型城市建设将不断强化

2008年，北京市统计局、国家统计局北京调查总队建立了北京市创新型城市监测指标体系，以2020年为目标值对北京市创新型城市建设的进程进行监测，并以此测算创新型城市的实现程度。2011年，北京创新型城市对于2020年目标值的实现程度为79.9%。从创新环境、创新资源、创新能力和创新产出四个领域的结果来看，北京市创新型城市发展中创新环境、创新资源和创新产出三个领域实现程度较好，分别为86.3%、91.3%和83.0%；创新能力实现程度最低仅为59%（见图5）。

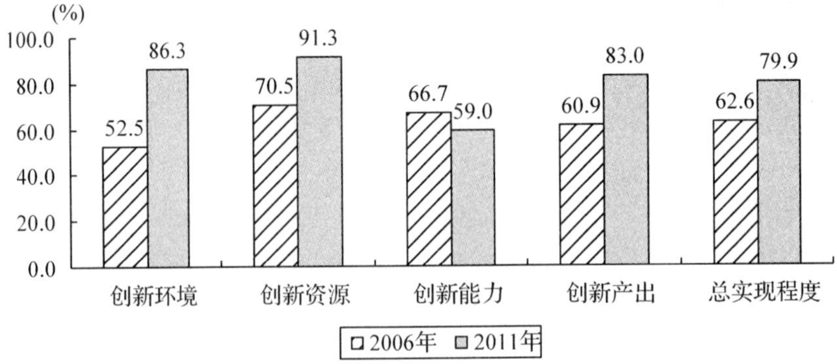

图 5　2006 年和 2011 年北京创新型城市实现程度

2. 企业创新绩效逐步提高

(1)企业研发经费支出稳步增长。企业研发经费支出是反映企业研发投入力度及科技创新水平的核心指标。2000 年以来，该指标总体保持稳步增长态势，预计“十二五”期间，该指标将继续保持稳步增长态势，2015 年将达到 614 亿元，超出“十二五”规划目标 164 亿元，年均增速高达 15.5%(见图 6)。

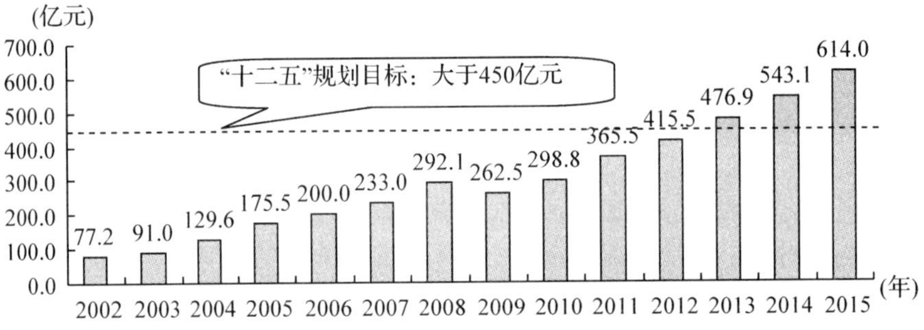

图 6　北京市企业研发经费支出总额

(2)工业企业新产品销售收入比重逐步提高。新产品销售收入占产品销售收入的比重是衡量企业新产品开发力度及科技成果转化应用水平的重要指标。2011 年，北京市工业企业新产品销售收入占产品销售收入的比重为 22.1%。自 2000 年以来呈现先降后升再降再升的波浪形特征，变化幅度较大，预计到 2015 年，该指标将达到 30%左右(见图 7)。

(3)企业创新地位将会增强。由图 8 可以看出，2002 年以来，企业研发经费支出占全社会的比重总体呈现先升后降再平稳发展的走势，2011 年仅为 39%，历史最高水平也未超过 50%。而首都北京高校、科研机构云集的特殊性，也使得北京的企业研发经费支出比重比同期科研机构所占比重低 7.4 个百分点，也比全国平均水平低 36.7 个百分点。预计“十二五”时期，该指标仍将保持平稳发展态势，并将维持在 40%左右的水平。

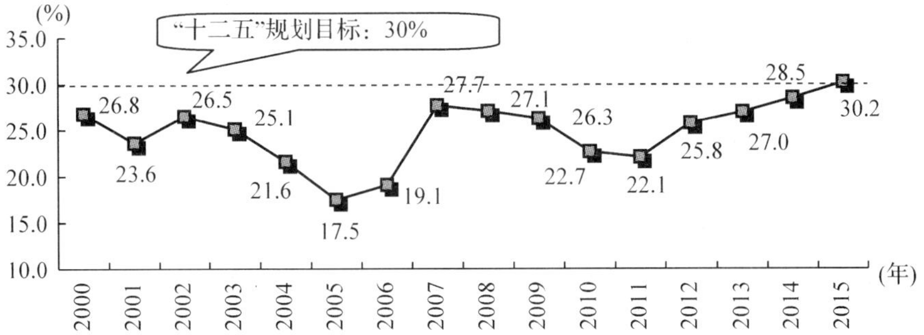

图7　北京市工业企业新产品销售收入占产品销售收入的比重

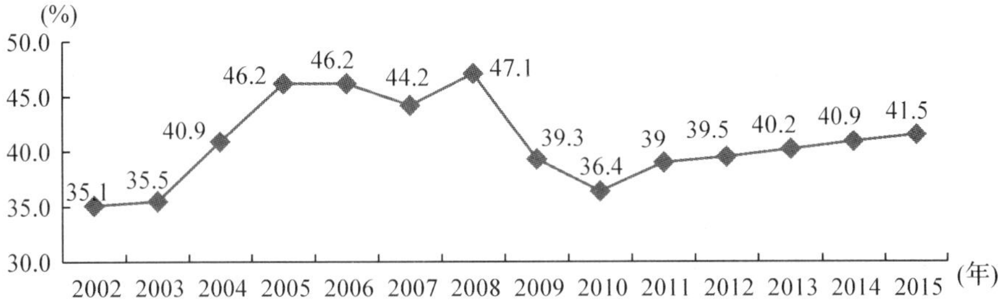

图8　北京市企业研发经费支出占全社会的比重

(五)人口发展趋势

1. 外来人口主导人口增长

就外来人口所占比重而言，2000年到2011年，北京市外来人口占常住人口的比重逐年递增。由此可以看出，在总人口持续增长的态势下，外来人口增长速度远远超过户籍人口的增长速度。外来人口的大量增加，已经成为北京市常住人口增长的主导因素。这一方面反映了北京经济、社会的发展为外来人口提供了更多的就业和发展机会，是城市竞争力和吸引力增强的体现；但另一方面，2018.6万的人口总量提前十年突破了《北京城市总体规划(2004—2020)》的规划目标，北京市人口、经济、社会的可持续发展任重而道远。

2. 人口郊区化"势不可挡"

北京市人口郊区化已经初见端倪，郊区人口稳步增长。从城郊人口总量增长速度来看，2005年以来，北京市城八区常住人口增长缓慢，年均增长率3.9%，郊区常住人口稳步增长，年均增长率5.7%。城郊区常住人口比由2005年的1.63下降至1.47。由此可见，郊区常住人口还有很大的增长潜力和发展空间。

外来人口在郊区聚集特征趋于明显。2005年以来，北京市郊区外来人口在总外来人口中占比逐年增长，截至2011年，占比达到38.91%。由于北京区域发展不均衡，郊区以便利的交通和较低的生活成本吸引了大量的外来人员聚集，引发了诸如天通苑小区等“睡城”的兴起，也引发了城市道路交通拥挤、“城中村”等一系列问题的加剧。

3. 老龄化趋势有所放缓，人口红利期仍将延续

人口老龄化来势凶猛，“未富先老”“未备先老”形势严峻。1995 年，北京市 65 岁及以上老年人比重达到 7.8%，说明北京已进入老龄化社会，而当时北京市人均 GDP 还不到 2000 美元。2010 年北京市人均 GDP 突破 1 万美元，此时 65 岁以上老年人占比达到 8.7%。大量外来人口的涌入，对北京人口老龄化进程起到了延缓作用。

北京“人口红利期”仍将延续发展。近年来，北京市常住人口的年龄结构逐步呈现出“两头小、中间大”的橄榄形特点。2010 年，常住人口中仅 20—29 岁这一年龄层占比就达到 25.6%，其中外来人口 267.5 万人，占 20—29 岁常住人口的 53.3%。这表明北京市劳动力资源丰富，伴随外来人口的不断流入，这种结构仍将继续持续一段时期。

(六)收入分配发展趋势

1. 收入增速与 GDP 同步协调增长

从发达城市和国家在人均 GDP 超过 1 万美元后的发展来看，居民收入与 GDP 增长协调一致是普遍规律，且长期来看，居民收入要快于 GDP 增速。北京的人均 GDP 从 8000 美元进入 10000 美元用了三年左右时间，三年间 GDP 平均增速为 11.2%，城镇、农村居民收入平均增速均为 9.3%；GDP 与城镇居民收入增幅的方差为 1.4。居民收入与 GDP 增长的差异不断缩小，协调性不断增强。

2. 收入差距有望率先缩小

当前，北京收入分配差距相对稳定，收入分配格局发生了一些积极变化，正是调整收入分配格局的好时机。通过对现有分配格局的分析以及对国际发达城市的发展历程进行总结可以发现，当人均 GDP 超过 1 万美元之后，收入分配格局将呈现劳动者报酬比重提高、再分配的效率性和有效性增强、居民消费占比提高，这将是北京未来收入分配发展的趋势。

从长期走势看，居民收入差距在短期和长期都不可能以一种恒定的状态存在，其变化与政府的政策措施密切相关。伴随我国一系列促进居民收入稳定增长政策的不断落实和推进，作为首善之区北京的居民收入差距已呈现缩小态势。但缩小态势是否稳固，仍取决于经济发展方式转变效果，产业结构的调整升级进度。

3. 产业结构升级与居民收入的互促关系增强

从国际发达城市的发展历程来看，产业结构升级与收入差距有较强的互动性。随着北京制造业不断向高端化演进，通过人力资本的渐进积累，将不

断提高产业工人的收入水平。同时，以高端制造业为依托，推进生产性服务业的发展，又可以满足高级技术和管理人员的高收入需求。因此，北京随着产业结构的优化，行业间收入差距扩大的趋势有望扭转，居民收入和产业升级有望相互促进，协调发展。

4. 收入结构更加合理

从北京目前水平以及国际发达国家居民收入结构的变化趋势来看，未来居民收入中工资性收入比重的主体地位将不容动摇，但比重有下降空间；而转移性收入比重会随着社会保障体系的不断完善而稳步上升，充分发挥体现收入分配公正公平、维护社会稳定的作用；财产性收入比重会随着市场经济体制的成熟，投资产品和形式多样化而平稳增长，但变化速度不会太快。

（七）医疗卫生发展趋势

1. 居民医疗消费比重降低、政府医疗投入提高

随着宏观经济水平的不断发展，居民家庭医疗保健消费支出比重将有所下降后基本稳定。除美国以外，其余发达国家的居民家庭医疗保健消费支出均不超过10%。而我国居民的恩格尔系数和医疗保健支出比重仍然较高。

从投入结构来看，政府医疗投入比重以及政府卫生支出占政府总支出比例也将进一步提高。即使是市场经济国家，政府在医疗投入方面的力度也是逐步增强的，政策也更倾斜体现在健康方面；而相对而言，非政府医疗投入也即社会和个人的医疗投入则呈现下降态势，居民和社会的负担有所减轻。目前，英国和日本的政府医疗卫生投入比重已达到八成，且稳定性最高，新加坡的政府投入占到四成，美国也达到了五成以上，而我国政府医疗卫生投入比重则刚刚超过一半，北京的政府医疗卫生投入比重也仅为三成。因此，政府医疗投入还有较大发展空间。

2. 吸纳各方经验，扩展“全民医保”的改革思路

从医保制度模式来看，当前世界各国医疗保障面临的主要问题是如何整合社会资源，以维持医疗保障制度的可持续发展。2009年和2010年，中美这两个社会制度和经济发展水平迥异的大国，在医疗体制改革上分别提出了各自的政策。两国的医改都着眼于扩大医疗保险覆盖面，都采取了扩大政府投入和从政策层面遏制医疗成本过快上涨的措施。但改革切入点不同，美国的高成本反映在商业医保费用的快速上升，所以由政府出面提供一套医疗保险计划，实现全国保险交换。中国的高成本则表现为虚高药价，所以政府将花大力气建立健全公共卫生服务体系和基本药物制度。

中国应吸取最早提出全民医保的英国和以个人保健储蓄型经济效率高著称的新加坡等国家医疗保障制度的先进经验。一方面，我国的医疗改革应着眼于提高医疗服务运行效率和服务质量，通过将医疗服务提供者和购买者相分离，引入内部市场机制，推动医疗保障效率和服务质量的改善。另一方面，

将个人保健储蓄和社会多层次的医疗保险计划有机地结合起来，借助个人、家庭、用人单位、社会、政府等各方面力量共同承担医疗风险，以保证人民的健康。

二、对策建议

(一)做强高端制造业

高端制造业既属于产业高端领域，也是避免经济失速和产业断层，实现生产性服务业转型升级和避免收入差距扩大的重要依托。政府要继续出台“做强二产”的具体政策，避免产业发展空心化和过度服务化。

北京发展高端制造业，要充分自身发挥人才集聚、科研院所众多、金融业发达的优势，紧紧抓住国家发展战略性新兴产业的机遇，以两城两带中的南部高技术制造业和战略性新兴产业发展带为载体，把北京建成高端制造业的研发中心。同时，在高端制造业基础上推进生产性服务业的发展，提高产业融合的深度，使之成为北京在向世界城市迈进过程中的后发优势，实现跨越式发展。

发展高端制造业，还要避免产业的单一化。政策要向电子信息、新能源、新材料和生物医药等其他领域倾斜，使产业结构从一支独大变为多点支撑，增强高端制造业的整体实力和对经济增长的持续推动力。

(二)激活民间投资

投资是拉动北京经济增长的重要力量，而经济的可持续增长，不仅需要政府投资带动，更取决于民间投资的活跃与否。只有民间投资活跃，经济才能由外部刺激增长转为内生自发性增长，才能持续平稳发展。具体地说，北京可引导民间投资更多地进入以下四个领域：

1. 高端产业

北京产业演化的趋势是制造业和服务业同时向高端迈进。这种演化需要大量资本的投入，仅靠政府的力量是远远不够的。引导民间投资流向高端产业，既可以缓解政府财政压力，又可以推进产业升级。

2. 垄断行业

一些传统的垄断行业，如石化、电信、电力、铁路等在产权、运营、架构等方面还有很大的提升潜力。放宽行业准入条件，引导民间资本进入这些垄断行业，既可以减少提高行业效益，又能减少因民间资本炒作引发的资产泡沫。

3. 政策性住房

2010 年，北京确立了未来五年将建设收购政策性住房 100 万套，并对 10 万户住房困难户发放租金补贴的目标。这些支出如果全部由政府财政承担，将形成沉重的财政支出包袱。因此，必须加大民间投资建设政策性住房的力度，消除资金不足的瓶颈和障碍。

4. 基础设施建设

城市基础设施建设，如交通、排水、供电、垃圾污水处理、城市绿化等在需要大量资金的同时，部分行业也可以带来长期稳定的收入，是潜力巨大的投资市场。民间资本流向这些行业，可以成为城市建设重要的推进器。

(三)提高科技创新效率

北京科技创新在保持数量增长的前提下，要进一步优化投入结构，提高投入产出效率，使企业成为创新的主体。具体而言，可以采取以下措施：

1. 优化科技资源配置机制和投入结构

从北京R&D投入结构来看，2011年，北京科研院所和高校以58.6%继续占据创新的主导地位，企业主体仅占39%。因此，发挥北京公共科技资源密集的优势，提高企业特别是中小微型企业创新的积极性是当务之急。

2. 完善科研活动国际合作平台

与发达国家相比，北京的国际专利申请状况仍有一定差距，应不断完善科研活动国际合作平台，提升科研成果国际影响力。

3. 推进科技产业高端集聚发展

以关键技术突破为切入点，推动新一代信息技术研发和产业化，创新生物医药产业研发和生产，实现现代制造业关键装备自主化；加强现代服务业技术集成创新，推动科技成果高效转化；推动农业先导技术与集成技术科技示范，促进农业产业链升级和产业融合；充分发挥科技发展对产业发展的内源驱动性作用，促进发展方式转变和产业结构优化升级。

(四)率先实现收入倍增，缩小收入分配差距

工资性收入是北京城乡居民的主体，在初次分配环节，可以通过制定行业工资指导政策、设定最低工资标准、建立工资集体协商机制以及实行工资增长与消费价格指数挂钩、与企业效益挂钩制度等，保证劳动者报酬占比维持在相对合理的水平上，在动态变化上稳中有升，使劳动者享有应得的经济发展成果。

2010年，北京居民缴纳社会保障缴款为1011.2亿元，大于同期获得的社会保险福利199.3亿元，这是导致居民在再分配阶段可支配收入没有增加的重要原因。因此，政府要加大“五险一金”的转移支付力度，以及对贫困家庭的扶持力度，通过社会财富再分配，扩大居民收入占总收入的比重。

在提高居民收入的同时，还要着力保护和提高低收入群体的收入水平，做到“提低、扩中、调高、打非、保困”，逐步扩大中等收入群体的比重，形成高收入者和低收入者占少数、中等收入者占多数的“橄榄形”收入分配的格局，缩小收入差距。

(五)政府在医疗卫生投入中承担更重要的责任

从发达国家在医疗保障改革实践的经验来看，市场参与是提高医疗保障制度运行效率和服务质量的充分条件但并非充要条件。一方面，市场经济条件下，市场参与已成为医疗保障制度改革的全球性共识。对此我们应在基本医疗保险制度建设完善过程中给予充分重视，将市场参与和我国制度建设实际相结合，发挥政府和市场的各自优势，推动基本医疗保险制度健康运行。另一方面，世界各国实践也充分证明，只要医疗服务机构走向全面市场化，医疗卫生服务体系的布局及服务目标偏离的问题就不可避免，而医疗机构的竞争也无法保证医疗服务价格的降低。在此前提下，政府要提高执政能力，注重协调、可持续的补贴和购买服务，才能既保证医疗卫生服务体系的健康发展，又不增加政府的财政负担。

(六)内外兼修，合理促进人口分布

1. 内修：优化产业结构，完善新城职能

“六普”数据显示，北京外来人口整体就业层次相对较低，外来就业人口行业排名前两位的依然是传统服务业和传统第二产业。未来北京要控制人口增长，就必须加快转变经济发展方式、调整产业结构，不断吸引高素质人才来京就业，从源头上减少低端行业对劳动力数量的需求和依赖。另一方面，北京应充分利用城市郊区化带来的机遇，引导人口和产业同步向郊区迁移。

2. 外修：启动“大北京”战略

地区发展不平衡是导致人口向特大城市聚集的最根本原因。根据国外发展经验，调控城市人口一般从城市自身调控、农村开发和发展中小城市三个层面综合进行。如法国在全国范围内确定了八个平衡性大城市来分解巴黎地区的人口压力。调控北京人口应积极争取中央的支持，制定“大北京”的规划，在北京周边采用城市群布局，将这些城市纳入北京的联动发展范畴，要在京津冀范围内，特别是环首都的广大地区，合理规划各城市功能定位，进一步优化产业布局，积极引导人口合理分布。

参考文献

[1] 夏沁芳、朱燕南：《国际大都市产业结构演变规律及启示》，《中国统计》，2010 年第 3 期。

[2] 陈宝森、王荣军、罗振兴：《当代美国经济》，北京：社会科学文献出版社，2011 年。

[3] 褚劲风、崔元琪、马吴斌：《后工业化时期伦敦创意产业的发展》，《世界地理研究》，2007 年第 3 期。

[4] 盛垒：《创意产业：21 世纪新的经济增长点》，《市场研究》，2006 年第 1 期。

[5] 巴曙松：《民间投资越放开，经济增长越协调》，《企业研究》，2010 年第 8 期。

[6] 冯丽梅：《扩大民间投资，促进经济增长》，《当代经济》，2009 年第 24 期。

[7] 刘强：《美国居民收入分配状况与政策启示》，《经济研究参考》，2005 年第 29 期。

[8] 郭光磊：《新型城市化发展路径比较研究》，郭光磊主编：《城乡统筹发展的改革思维——北京市农村经济研究中心 2011 年研究报告》，北京：中国农业出版社，2012 年。

[9] 李丛、张健明、李慧娟：《北京、上海、广州城镇居民基本医疗保险政策比较分析》，《劳动保障世界(理论版)》，2011 年第 8 期。

[10] 程杰、赵文：《人口老龄化进程中的医疗卫生支出：WHO 成员国的经验分析》，《中国卫生政策研究》，2010 年第 4 期。

[11] 杨红燕：《世界各国主要医疗保障模式比较分析》，《医学与哲学》，2002 年第 5 期。

[12] 段成荣编著：《人口迁移研究原理与方法》，重庆：重庆出版社，1998 年。

[13] 首都经济贸易大学人口经济研究所：《北京与国际大都市人口发展比较研究》，北京市第六次全国人口普查领导小组办公室、北京市统计局、国家统计局北京调查总队编：《北京市第六次全国人口普查课题汇编》，北京：中国统计出版社，2012 年。

（作者：李　纲　国家统计局北京调查总队高级统计师
潘建民　北京市统计局高级统计师
于秀琴　北京市统计局高级统计师
李　萍　国家统计局北京调查总队高级统计师
丁文斌　国家统计局北京调查总队高级统计师
刘立功　国家统计局北京调查总队统计师
谢　黎　国家统计局北京调查总队统计师
黄思宁　北京市统计局统计师
黄　毅　北京市统计局高级统计师
刘陆芳　北京市统计局统计师）

项目名称：北京市低收入群体现状及社会救助研究
项目编号：12JGC079
项目负责人：张晓静
项目信誉保证单位：对外经济贸易大学

北京市低收入群体现状及社会救助研究

内容提要：本课题以北京市低收入群体为研究对象，以1986—2011年北京市城镇住户调查数据为样本，利用国际上通用的马丁·雷布林法测算北京市低收入群体的收入标准和规模，并对北京市低收入群体的现状及变动趋势进行深入分析研究。通过拟合近年来城市居民收入Lorenz曲线，揭示了低收入规模变动是经济增长因素与不平等因素相互权衡的结果。北京市经济增长的涓滴效应对城市扶贫的效果不明显，甚至在很多年份经济增长在很大程度上不是亲贫的而是亲富的，低收入群体在经济增长中不能够获得更多的好处。现行的瞄准式扶贫所起的效果并不显著，现行的社会保障制度与社会救助制度依然存有一定的问题，需要加以完善。

一、问题的提出

近年来，北京市城镇低收入群体规模逐年增大，低收入人群收入增长缓慢，相对贫困程度日渐加深。随着城市生活成本的快速增长，北京市城镇低收入群体的生存和发展更加困难，低收入问题已经成为制约北京市经济社会发展的突出问题。本课题从北京市低收入群体变动趋势、收入群体分布情况、北京市经济增长对于减缓贫困的作用等方面进行了研究。

二、低收入群体的识别：贫困线的确定

“贫困识别”是研究低收入群体的首要问题。判断一个人是否贫困通常会先确定一个标准，低于这个标准的人被认为是贫困人群，所谓的标准也就是贫困线，因此可以看出贫困线的确定问题成为识别贫困的一个关键。只有客观地确定贫困线，才有可能准确地识别贫困，才能为进一步分析贫困加总与分解打下基础。

(一)确定食品贫困线

计算食品贫困线的第一步是选择适当的营养指标。热量标准只是一个基

本标准，仅根据这一标准不足以确定食品贫困线。能够提供每日热量需求2100卡的“菜篮子”为数甚多，但是，其中有许多是不可接受的，因为它与普遍能够接受的饮食结构相差太大。因而除了满足热量需求以外，用以测算食品贫困线的“菜篮子”还应该满足以下条件：应当符合当地的饮食结构；在成本收益方面应是合理的；在实际应用中生活必需品的清单是通过对低收入户的实际调查获得的，即先寻找一个贫困子群体作为参考，再根据有关因素换算出贫困线。当选定了“菜篮子”，根据当年该商品的价格水平，计算消费这些商品的总支出，就得到了当年的食品贫困线。

（二）确定一般贫困线

建立一个数学模型如下：

$$Y_i^F/Y_i^T=\alpha+\beta\lg(Y_i^T/Z_j^F)+\gamma\lg(N_i)+\varepsilon_i$$

其中，下标 i 代表家庭；Y_i^F 和 Y_i^T 分别代表第 i 家庭食品开支和总开支；Z_j^F 代表 j 地区的食品贫困线；N_i 代表家庭 i 的人口数目。对上述模型进行估计获得参数后，能够计算出较低和较高的贫困线。

较低贫困线是指食品贫困线加上总开支等于食品贫困线的家庭而被迫放弃非食品开支的量。具体分析见图1。

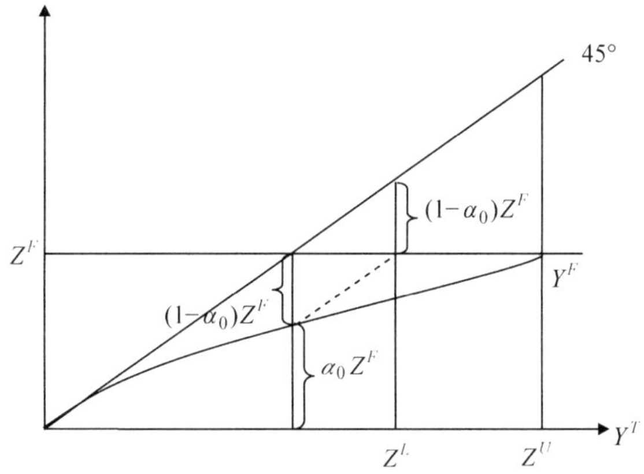

图1 马丁·雷布林法图解

图1纵轴代表食品开支，横轴代表总开支；曲线 Y^F 是通过估计得到的食品开支曲线；纵轴上 Z^F 表示食品贫困线。根据食品开支曲线，当总开支额等于食品贫困线 Z^F 时，食品开支占总开支的比例为 α_0，在这里 $\alpha_0=\alpha+\gamma\lg(N)$，剩余的比例$(1-\alpha_0)$用于非食品的开支。因而，$(1-\alpha_0)Z^F$ 是总开支等于食品贫困线的贫困家庭被迫放弃的必需的非食品方面的开支。因此，较低的贫困线就等于食品贫困线（Z^F）加上必需的非食品方面的开支（$(1-\alpha_0)Z^F$）。如果 $Y_i^T=Z_j^F$，总开支中食品支出所占的份额为 α_0。因而，较低的贫困线 Z^L 的公式为：

$$Z^L = Z^F(2-\alpha_0)$$

较高的贫困线是食品方面的开支等于食品贫困线 Z^F 的家庭的总开支数量(见图 1)。其公式表示为：$Z^U = Z_j^F/(Y_i^F/Y_i^T)^*$，在这里$(Y_i^F/Y_i^T)^*$表示为当食品开支等于食品贫困线时的食品支出在总支出中所占的份额。因而，方程能够被重新写为：$(Y_i^F/Y_i^T)=\alpha_0+\beta\lg(Y_i^T/Y_i^F)^*$

$\lg(Y_i^F/Y_i^T)\approx(Y_i^F/Y_i^T)-1$，较高贫困线 Z^U 能够近似等于：$Z^U = Z^F(\alpha_0+\beta)/(1+\beta)$，其中，$\beta$ 为食品开支曲线的斜率。

(三)实证分析

根据马丁•雷布林的方法，利用北京市住户调查数据对 1986—2011 年的贫困线进行估计，得到了北京市的食品贫困线、较低贫困线和较高贫困线。

表 1　1986—2011 年北京市城市贫困线　　(单位：元)

年份	食品贫困线	较低贫困线	较高贫困线
1986	350	465	538
1992	967	1272	1515
1996	2091	2678	3223
2000	2069	2760	3499
2004	2226	3394	5292
2008	3312	5049	7873
2011	4461	6802	10605

三、低收入群体的加总：贫困规模的确定

贫困的加总问题实际上就是贫困测度问题，关键是选取什么指标作为贫困加总的工具。1976 年，Sen 在《Econometrica》上发表了一篇重要的文章，采用了一种公理化方法，对贫困评价指数进行研究，开拓了贫困指数研究的新方法和新思路。① 同时一些学者沿着 Sen 的思路继续拓展了其他公理性标准，逐渐形成一个判定测定贫困指标优劣的公理性标准体系。

(一)贫困加总指标及其评价结果

可以把贫困测度指标分成三大类，一是通过贫困人口数来衡量贫困，如贫困总人口数、贫困发生率；二是通过贫困人口的收入水平来衡量贫困，如收入缺口、收入平均缺口和收入缺口率；三是通过综合贫困人口数量与贫困人口收入水平来衡量贫困，如 Sen 指数、FGT 指数，处于贫困状态的人越多，

---

① Amartya Sen, Poverty: An Ordinal Approach to Measurement, *Econometrica*, 1976, 2.

收入水平越低说明社会贫困程度越深。通过对上述测度贫困指标的评价，我们可以得到以下基本结论，如表 2 所示：

表 2　贫困加总指标及其评价结果

测度指数	单调性	转移性	转移敏感性	子集单调性
贫困发生率	不满足	不满足	不满足	不满足
收入缺口率	满足	不满足	不满足	满足
Sen 指数	满足	满足	不满足	满足
FGT 指数	$\alpha>0$ 满足	$\alpha>1$ 满足	$\alpha>1$ 满足	$\alpha>0$ 满足

在利用贫困指标测度贫困时，应该考虑到各种测度指标所反映的经济含义，同时也要考虑到各种指标的局限性。只有这样才能够说明现实问题。另外需要说明的是，就本质而言，贫困的度量属于对复杂社会现象的测量。由于社会现象自身的高度复杂性及不确定性，在社会科学领域，任何一种科学度量体系都必须有其赖以支撑的基本框架，这个基本框架实际上就是对应于特定对象而建立的一个理论解释系统。关于贫困度量的公理化方法为贫困度量指数的构建提出了一个统一的理论框架，使贫困的度量建立在对概念和理论清楚表述并深刻理解的基础之上。

(二)实证分析

本部分应用北京市住户调查数据，并结合上文计算的城市贫困线(本文按照较高贫困线计算)对北京市城市贫困程度进行加总(反映贫困程度的指标选取 FGT 一阶 PG 指数和二阶 SPG 指数)。

表 3　北京市城市贫困规模程度　　(单位：%)

年份	贫困发生率	PG	SPG
1986	1.72	0.12	0.01
1992	17.17	2.63	0.71
1996	8.80	1.25	0.29
2000	2.50	0.28	0.04
2004	6.99	1.37	0.43
2008	7.31	1.46	0.46
2011	7.26	1.45	0.46

从反映贫困规模程度来看，20 世纪 80 年代中期以来，北京市城市贫困规模出现了几次变动：第一个阶段是从 1986—1992 年，贫困规模都有显著的上

升；第二个阶段是1992—2001年，北京市城市贫困规模持续下降；第三个阶段是从2001—2011年，北京市城市贫困发生率持续性上升。

四、低收入群体的分解：反贫困效果的衡量

通过Lorenz曲线建立分析贫困规模、不平等与经济增长关系的模型。Lorenz曲线的弯曲程度以及相对位置可以确定静态条件下三者之间关系模型。通过两个时点的Lorenz曲线对比可以建立动态条件下三者之间关系模型，不论是静态模型还是动态模型都需要建立在Lorenz曲线的基础上。目前，拟合Lorenz曲线有两种模型，一种是GQ模型的Lorenz曲线，一种是β模型的Lorenz曲线，较常用的是GQ模型的Lorenz曲线。

(一)基于GQ模型的Lorenz曲线

GQ模型可写成：

$$L(1-L)=a(p^2-L)+bL(p-1)+c(p-L)$$

L表示收入累积比例，p表示人口累积比例。上式可以利用普通最小二乘法(OLS)进行估计。可以得到L(p)的一般方程：

$$L(p)=-\frac{1}{2}[bp+e+(mp^2+np+e^2)^{1/2}]$$

其中，$e=-(1+a+b+c)$，$m=b^2-4a$，$n=2be-4c$，同时可以计算出Lorenz曲线的一阶和二阶导数，L关于p的导数是：

$$L'(p)=-\frac{b}{2}-\frac{(2mp+n)(mp^2+np+e^2)^{-1/2}}{4}$$

$$L''(p)=\frac{r^2(mp^2+np+e^2)^{-3/2}}{8}$$

其中，$r=(n^2-4me^2)^{1/2}$。

(二)贫困规模变动的静态弹性模型

贫困规模受收入增长因素和收入分配因素的影响，收入增加有助于减少贫困规模而收入不平等扩大则会加剧贫困规模。引入贫困指数的收入弹性、分布弹性及收入与分布弹性的边际替代率(MPRS)的概念，用以研究贫困程度对于经济增长和收入分布变化的敏感程度。贫困的收入(分布)弹性表明收入水平(收入不平等程度)变动一个百分点时贫困指数的变化程度，而两者的边际替代率则表明收入不平等增长1%引起的贫困恶化需要多大幅度收入水平的提高来弥补。

在考察贫困规模的收入增长弹性时，假设不平等程度不变。用η_α来代表贫困收入增长弹性，当α取0，1，2时，分别表示贫困发生率的收入增长弹性、贫困距指数的收入增长弹性以及加权贫困距指数的收入增长弹性。具体形式为：

$$\eta_0=-zf(z)/H$$

$$\eta_1 = 1 - H/PG$$

$$\eta_2 = 2(1 - PG/SPG)$$

在计算贫困发生率的收入增长弹性 η_0 时，必须估计出在贫困线附近的收入密度函数 $f(z)$，而该密度函数可以通过拟合的 Lorenz 曲线得到。

$$f(z) = 1/[\mu L''(H)]$$

$L''(H)$ 是拟合得到的 Lorenz 曲线在贫困线附近的二阶导数，μ 是平均收入水平。在考察贫困规模的收入不平等弹性时，假设收入平均水平不变。用 λ_α 来代表贫困收入不平等弹性，当 α 取 0，1，2 时，分别表示贫困发生率的收入不平等弹性、贫困距指数的收入不平等弹性以及加权贫困距指数的收入不平等弹性。具体形式为：

$$\lambda_0 = (1 - z/\mu)/(HL''(H))$$

$$\lambda_1 = 1 + (\mu/z - 1)H/PG$$

$$\lambda_2 = 2[1 + (\mu/z - 1)PG/SPG]$$

当明确了贫困规模的收入增长弹性以及贫困规模变动的收入不平等弹性之后，二者在影响贫困规模的相互权衡作用可以用边际替代率来衡量：

$$MPRS = -\lambda_\alpha/\eta_\alpha$$

$MPRS$ 表示收入不平等弹性与收入增长弹性的边际替代率，表明收入不平等变动一个百分点引起的贫困规模的变动需要多大幅度收入水平的增长来弥补。

（三）贫困规模变动的动态分解模型

在考察同一条 Lorenz 曲线自身体现出来的收入增长与收入不平等弹性之后，有必要考察在不同的两条 Lorenz 曲线之间所体现出的收入增长与收入不平等之间的相互权衡。依据分析框也可以把两个时期贫困规模变动分解为两个部分：收入增长变动因素和收入分配变动因素。

$$P_1 - P_0 = P(\mu_1, L_1) - P(\mu_0, L_0)$$

这样，贫困的整体变动就由平均收入 μ 的变动和收入分配状况 L 的变动决定。为了确定每一种变动对贫困整体变化的影响，需要计算“中间的”或“假想的”贫困水平：$P_{10} = P(\mu_1, L_0)$ 和 $P_{01} = P(\mu_0, L_1)$。这两个变量不是历史观察值，P_{10} 表示平均收入从 μ_0 变为 μ_1 而收入分配状况不变时的贫困规模；P_{01} 则表示收入分配状况的 Lorenz 曲线从 L_0 变为 L_1 而平均收入不变时的贫困规模。利用这些“中间的”的贫困水平，贫困的整体变动可以有几种分解方法，在这里选用 Kakwani 的分解方法。

$$P_1 - P_0 = [(P_{10} - P_0) + (P_1 - P_{01})]/2 + [(P_1 - P_{10}) + (P_{01} - P_0)]/2$$

利用这个分解，我们可以得到：一个代表保持基期收入不平等状况不变的情况下平均收入变动对贫困规模的影响，另一个代表保持报告期收入分配状况不变的情况下平均收入变动对贫困规模的影响。用同样的方法可以得到两种收入分配状况影响的平均值。这种平均法的好处是，不仅不受计算方法与计算顺序的影响，而且是总变动中没有剩余项或未被解释的。

(四)亲贫困增长指数的构造

为了估测收入增长是否是亲贫困的增长，收入增长的变动能在多大程度上影响贫困程度的变动，需要进一步研究贫困程度动态弹性以及弹性的分解，同时构造亲贫困增长指数来判断收入增长的性质。

由上文可知，1 期和 2 期的贫困程度变动可以分解为收入增长部分以及收入不平等部分，即 $\Delta P = \Delta G + \Delta I$ ，设这两个时期平均收入最低的五分之一的家庭的收入增长率为 g_{12} %，贫困变动弹性可以定义为：$\delta = \Delta P / g_{12}$

贫困变动弹性表示 1%的收入增长率引起的贫困程度比例的变化。同理贫困变动弹性增长部分与不平等部分可以分别定义为：$\delta_G = \Delta G / g_{12}$ ，$\delta_I = \Delta I / g_{12}$ ，因而可以得到：

$$\delta = \delta_G + \delta_I$$

上式表示为贫困变动弹性为贫困变动增长弹性与贫困变动不平等弹性之和。δ_G 总是负的，表示收入增长在不平等状况不变的情况下必然减少贫困。δ_I 可以为负、零或正。当 δ_I 为负，收入增长引起收入分布向有利于贫困群体的方向变化，是绝对利贫困的。当 δ_I 为零，收入增长没有改变不平等状况，收入增长对每一个人都是有利的。当 δ_I 为正，不平等状况的变化有利于富裕人口并对贫困减少有负面作用。我们现在定义亲贫困增长指数：

$$\varphi = \delta / \delta_G = (\delta_G + \delta_I) / \delta_G = 1 + \delta_I / \delta_G$$

若 $\delta_I < 0$，则 $\varphi > 1$，收入增长提高的收入水平并且改善了收入分布，此时的增长是亲贫困的增长。若 $\delta_I = 0$，则 $\varphi = 1$，收入增长提高了所有人的收入水平且不改变不均等状况。若 $\delta_I > 0$，$|\delta_G| < |\delta_I|$ ，则 $\varphi < 0$，收入增长会增加贫困，此时的增长是亲富的增长。根据 φ 的大小可以对收入增长的性质进行更细的划分：

- $\varphi < 0$，增长是亲富的增长
- $0 < \varphi \leqslant 0.33$ ，增长是较弱亲贫的增长
- $0.33 < \varphi \leqslant 0.66$ ，增长是中度亲贫的增长
- $0.66 < \varphi < 1.00$ ，增长是较强亲贫的增长
- $\varphi \geqslant 1.00$ ，增长是高度亲贫的增长

(五)实证结果与分析

1. 城市居民收入的 Lorenz 曲线

进行贫困分解分析关键是要先拟合出 Lorenz 曲线。当拟合出 Lorenz 曲线后，就可以利用不同的收入均值和 Lorenz 曲线来进行贫困的分解。根据上述的 GQ 模型，并利用北京市城市居民住户调查数据，拟合得到了相应年份的 Lorenz 曲线，其回归结果如表 4 所示：

表 4　拟合北京市城市居民 Lorenz 曲线

年份	参数	估计值	标准差	T 值	调整的 R^2	F 值
1986	a	0.936	0.001	800.05	1	23962593
	b	−1.684	0.003	−519.34		
	c	0.263	0.004	68.67		
1992	a	0.926	0.001	1342.21	1	71789946
	b	−1.776	0.001	−1243.16		
	c	0.132	0.002	85.81		
1996	a	0.898	0.001	755.697	1	23177540
	b	−1.744	0.002	−721.983		
	c	0.119	0.002	51.713		
2000	a	0.942	0.001	1641.077	1	71056679
	b	−1.717	0.001	−1215.62		
	c	0.171	0.001	116.464		
2004	a	0.947	0.001	1090.769	1	30202898
	b	−1.721	0.002	−807.057		
	c	0.167	0.002	75.301		
2008	a	0.99	0.001	907.1	1	19105789
	b	−1.769	0.002	−738.537		
	c	0.149	0.003	54.927		
2011	a	1.01	0.001	934.226	1	14379686
	b	−1.724	0.002	−705.667		
	c	0.13	0.002	55.792		

依据 Lorenz 曲线的基本公式，确定了 a、b、c 的取值也就相应确定了该年份的 Lorenz 曲线。从回归的结果可以看出：各年份的拟合得 Lorenz 曲线拟合度高，拟合效果良好。

2. 城市贫困规模静态弹性分析

利用贫困规模静态弹性模型，可以把北京市每一年份的 Lorenz 曲线所体现的贫困规模进行静态点弹性分解，结果如表 5 所示：

表 5 城市贫困变动的静态弹性分析

年份	$E_{H\mu}$	E_{HL}	MPRS	$E_{PG\mu}$	E_{PGL}	MPRS	$E_{SPG\mu}$	E_{SPGL}	MPRS
1986	−24.22	23.26	0.96	−13.06	14.50	1.11	−16.92	20.17	1.19
1992	−4.55	1.87	0.41	−5.54	3.68	0.67	−5.45	5.06	0.93
1996	−5.31	3.78	0.71	−5.48	5.62	1.03	−7.05	8.45	1.20
2000	−4.51	3.51	0.78	−6.06	6.50	1.07	−6.49	8.61	1.33
2004	−4.39	5.58	1.27	−3.96	7.31	1.84	−4.67	10.48	2.24
2008	−11.17	15.75	1.41	−7.81	13.42	1.72	−10.94	20.24	1.85
2011	−4.30	5.68	1.32	−4.12	7.76	1.89	−4.39	10.44	2.38

表 5 给出了贫困规模的收入增长弹性和收入分配弹性，以 2011 年为例，在现有的收入分布的基础上，人均收入每提高 1 个百分点，贫困发生率将下降 4.3%。当现有的收入水平不变，衡量收入不平等的基尼系数每提高 1 个百分点，贫困发生率将增加 5.68%。边际替代率(MPRS)为 1.32，表明基尼系数增加 1 个百分点引起的贫困发生率的增加，收入水平增加 1.32 个百分点才能够补偿。

从表 5 还可以看出，随着 FGT 指数参数的增加，当分别以贫困距指数 PG、加权贫困距指数 SPG 衡量贫困程度时，收入水平弹性和收入分布弹性一般会有所增加，同时边际替代率(MPRS)也越来越大。这说明，当 FGT 指数的参数为 0 时(以贫困发生率 H 衡量贫困程度)，收入的增加对于降低贫困程度起到较大的作用。而当参数为 1 或者 2 时，收入分配差距的扩大需要更大的收入水平的提高来补偿，为减缓贫困增加了难度。

从时序上看，北京市城市贫困的收入水平弹性、收入分配弹性以及边际替代率也呈现出了规律性变动。以 1986 年贫困发生率指数为例，贫困发生率的收入水平弹性与收入分配弹性分别高达−24.22 与 23.26，收入水平或收入分配每变动 1 个百分点，贫困发生率都会有 20 多个百分点的变动。1986 年贫困发生率指数、贫困距指数与加权贫困距指数的边际替代率分别为 0.96、1.11 和 1.19，基本在 1 附近波动，相差幅度不大。这说明，在 20 世纪 80 年代中期，北京市的城市贫困是普遍意义上的贫困，当收入或消费水平稍有变动，都会对贫困发生率有较大的影响，可以说，在该时期减缓贫困相对比较容易。

而到 20 世纪 90 年代初期，各种贫困指数的收入水平弹性、收入分配弹性均有较大幅度的回落。以 1992 年贫困发生率指数为例，贫困发生率的收入水平弹性与收入分配弹性分别下降到−4.55 和 1.87。该年贫困发生率指数、贫困距指数与加权贫困距指数的边际替代率分别为 0.41、0.67 和 0.93，都小于1，收入差距扩大导致的贫困程度恶化只需要较小的收入水平增长来补偿。这说明，在该时期，扶贫政策的着力点应放在提高居民收入水平上，收入水平的提高可以在很大程度上减缓贫困。1992年以来，贫困发生率、贫困距指数与加权贫困距指数的边际替代率呈现出了上升的势头，贫困指数的收入分配弹性已经超过收入水平增长弹性，因而到2011年，扶贫政策的着力点应放在缩小居民收入差距上，收入差距的缩小可以在很大程度上减缓贫困。

3. 城市贫困规模动态弹性分析

当确定了某一年份的Lorenz曲线，利用不同收入均值和分布下的贫困指数很容易进行动态贫困分解。下面利用Kakwani的分解方法，并结合北京市城市贫困规模变动的阶段对FGT的各阶指数进行分解。具体结果如表6所示：

表6　北京市城市贫困规模变动的动态分解　　（单位：%）

时　期	ΔH	收入增长	收入不平等	ΔPG	收入增长	收入不平等	ΔSPG	收入增长	收入不平等
1986—1992	15.45	−37.00	52.46	2.50	−15.27	17.77	0.69	−6.82	7.51
1992—2001	−15.18	−54.01	38.83	−2.35	−22.78	20.43	−0.65	−11.88	11.23
2001—2011	5.01	−8.24	13.24	1.09	−2.00	3.09	0.37	−0.71	1.08

依据对北京市城市贫困程度变动进行进一步的动态弹性分解，通过计算得到的结果如表7。

从表7可知，在三个贫困衡量指标中，贫困发生率对应的贫困弹性最高，分解后利用所有三个贫困衡量指数所得到的贫困变动弹性是一致的。1986年以来北京市城市贫困变动弹性呈现出了阶段性变动特征，1986—1992年和2001—2011年贫困程度随着收入水平的增加而更加恶化；1992—2001年贫困程度随着收入水平的增加而有所降低；而到2001—2011年贫困程度随着收入水平的增加而又急剧恶化。1986—1992年和2001—2011年的贫困变动弹性似乎给人一种印象，收入水平增长越快贫困发生率反而越来越高。但对贫困变动弹性进行分解来看，可以拨开这一层迷雾，收入增长始终是起着减缓贫困的作用。在上述三个阶段，北京市城市最贫困的五分之一家庭的收入水平每增加1%，分别导致贫困发生率下降0.363%、0.214%和0.398%。导致收入水平增长与贫困发生率提高并存的主要原因在于收入不平等对于贫困变动弹性的影响。从表7可以看到北京市城市最贫困的五分之一家庭的收入水平每增加1%，分别导致贫困变动弹性不平等部分增大0.514%、0.154%和0.639%，始终起着扩大贫困发生率的作用。当贫困变动弹性增长部分超过贫困变动弹性不平等部分时，收入增长就起到减缓贫困的作用，1992—2001年阶段就是如此。当贫困变动弹性不平等部分超过贫困变动弹性增长部分时，收入增长就表现为恶化贫困的作用，1986—1992年和2001—2011年这两个阶段就是如此。

最后看计算出的亲贫困增长指数，以贫困发生率为例，在1986—1992年和2001—2011年这两个阶段亲贫困增长指数分别为−0.418和−0.607，是亲富的增长。1992—2001年这个阶段亲贫困增长指数为0.281，是较弱的亲贫困增长。可以看出北京市城市贫困居民从城市经济增长中获得的收益远小于富裕居民从城市经济增长中获得的收益，这是近些年北京市城市贫困程度恶化的主要原因。

表7 北京市城市贫困规模动态弹性分解及亲贫困增长

年份	贫困变动弹性	贫困变动弹性增长部分	贫困变动弹性不平等部分	亲贫困增长指数
A 贫困发生率(H)				
1986−1992	0.151	−0.363	0.514	−0.418
1992—2001	−0.060	−0.214	0.154	0.281
2001−2011	0.241	−0.398	0.639	−0.607
B 贫困距指数(PG)				
1986—1992	0.024	−0.150	0.174	−0.164
1992—2001	−0.009	−0.090	0.081	0.103
2001—2011	0.052	−0.097	0.149	−0.545
C 加权贫困距指数(SPG)				
1986—1992	0.007	−0.067	0.074	−0.101
1992—2001	−0.002	−0.047	0.045	0.055
2001—2011	0.018	−0.034	0.052	−0.521

五、瞄准式扶贫及其效果评价

瞄准式扶贫主要是通过对贫困人口帮助的方式来减缓贫困，其目的在于帮助社会中的贫困群体，使他们的生活能够达到社会最基本的生存水平。所说的瞄准有两层含义：一是对社会救助对象的认定，确保政策认定的救助对象也是社会所公认的保障对象；二是对社会救助对象的实际救助效果，确保实际作用的对象与政策预想的对象一致，并达到预想的救助效果。因而本文分析瞄准式扶贫的效果，主要从再分配中居民转移收入的角度予以考察。

本课题把家庭人均收入按其来源分解成为四个部分：转移前收入、公共转移收入、私人转移收入和社会转移收入。其中，转移前收入包括工薪收入、经营净收入和财产性收入，转移前收入体现了家庭或个人抵御风险的能力。通过比较转移前后的贫困指数的变动，则能够考察各项转移收入对贫困规模变动的影响，进而能够考察现有的社会保障体系在反贫困方面的政策效果。按照反贫困效果由高到低排序，公共转移的反贫困效果排在第一位，远远大于私人收入转移和社会收入转移的作用。私人收入转移和社会收入转移在减贫效果上所发挥的作用较小，可以看出，在目前阶段贫困者不能依靠自身的社会资本以及政府和社会组织的临时救助来实现缓解贫困。

从公共转移收入内部来看，养老金和离退休金收入在政府公共转移中减缓贫困的作用最大，如果没有养老金的情况下，不管是贫困发生率指数还是各种贫困深度指数都有较大幅度的增长。失业保险这种手段扶贫的作用非常有限，如果没有失业保险，贫困发生率指数会上升，但上升的幅度不到10%。城市居民最低生活保障制度所瞄准的对象是家庭人均收入低于当地最低生活保障标准的贫困人口，是城市居民生活的“最后一道安全网”。政府通过最低生活保障制度这种手段起到了一定程度的扶贫作用。如果没有最低生活保障制度，贫困发生率指数都会有较大幅度的上升。

六、北京市社会救助体系的构建

通过对北京市低收入群体变动趋势及政府在城市反贫困方面政策效果的分析，可以看出要从根本上减缓城市贫困，必须从两方面着手：一方面要让更多的贫困群体从经济增长中受益，使经济增长成为亲贫困的经济增长；另一方面要积极构建和谐有效的社会安全网。

在亲贫困增长方面，一是推动高就业的经济增长，是否就业对于城市居民致贫有着决定意义上的作用，而只有当具有较为充足的就业位置时，解决贫困群体的就业问题才有基础，要积极促进第三产业与劳动密集型企业的发展。二是要推动公平的经济增长，要大力发展教育增强人力资本，打破垄断特权实现资源的自由流动，抑制非正常收入，在促进经济增长的同时必须缩小居民之间的收入差距。

在构建和谐有效的社会安全网方面，目标是要编织和谐有效的社会安全网，使每一群体都能被这个安全网所覆盖。一是设立专门的贫困监测组织机构，将贫困监测系统纳入社会保障制度。二是完善贫困监测系统，为贫困区域、贫困家庭和贫困人口建立动态档案，跟踪个体的脱贫境况，评估政策与措施对不同区域、不同群体的有效性。三是进一步完善现有社会保障体系，积极拓展融资渠道，适时调整最低生活保障标准，进一步完善失业保险制度，完善住房、医疗、教育等社会救济制度。

参考文献

[1][印度]阿马蒂亚·森著，王宇、王文玉译：《贫困与饥荒》，北京：商务印书馆，2001年。
[2]池振合、杨宜勇：《贫困线研究综述》，《经济理论与经济管理》，2012年第7期。
[3]都阳、Albert Park：《中国的城市贫困：社会救助及其效应》，《经济研究》，2007年第12期。
[4]李实、[日]佐藤宏主编：《经济转型的代价——中国城市失业、贫困、收入差距的经验分析》，北京：中国财政经济出版社，2004年。
[5]刘扬、纪宏等：《中国居民收入分配问题研究——以北京市为例的考察》，北京：首都经济贸易大学出版社，2007年。
[6]刘扬、赵春雨、邹伟：《我国城镇低收入群体问题研究——基于北京市城镇住户调查数据的思考》，《经济学动态》，2010年第1期。
[7]A. B. Atkinson，On the Measurement of Poverty. *Econometria*，1987，Vol. 55，No. 4.
[8]Martin，Ravallion，Poverty comparisons，Harwood Academic Publishers GmbH，1994.

（作者：张晓静　对外经济贸易大学副研究员）

法学学科

项目名称：中外公众参与城市治理法律保障机制比较研究
项目编号：09AbFX067
项目负责人：张　莉
项目信誉保证单位：中国政法大学

中外公众参与城市治理法律保障机制比较研究

内容提要： 现代城市功能的转变要求城市管理者承认公众的城市主体地位，接受公众参与下的多主体城市治理新格局。中外城市公众参与的实践表明，广泛、有效、有深度的公众参与离不开法律制度，特别是程序法律制度的保障，但法律制度并不能决定公众参与的一切。我国在加强公众参与城市治理制度建设的同时，仍需要改善政治社会环境、提高公民素养。

改革开放以来，我国的城市化进程不断加快，城市的发展影响甚至决定着国家的未来。处于转型时期的中国城市，已不再仅仅是提高民众生活品质的物质之所，更肩负着培养具有主体意识和公共意识的现代公民的使命。多年来，我国城市范围内的公众参与如火如荼地展开，在取得成绩的同时也暴露出一些问题，需要在中外比较的视角下及时地梳理和总结。

一、中外公众参与城市治理逻辑基础比较

公众参与城市治理不是简单的规则设计问题，而是艰难的价值选择过程。如果说公众参与在欧美国家蓬勃发展与其从代议制民主向多元民主发展、公共权力运行从“统治”逻辑到“治理”逻辑转化有关，在我国，除了基于宪法赋予公民的参与权外，公众参与还受到政治哲学层面责任(accountability)与回应性(responsiveness)原理的启发，希望通过汲取分散在社会中的“共同智慧”来提高决策的民主性与科学性。

民主与治理是西方公众参与的两大理论基石。自20世纪50年代起，西方学者开始对以选举为核心的代议制民主进行评判性反思，认为其周期性的选举只能保护力量强大的少数人，令个人在国家政治生活中变成“被动公民”。他们除了通过“回头投票”把糟糕的领导者选下台外，缺乏对政治生活的全过程参与。于是，出现了体现主体多元性的参与式民主和以过程为导向的协商民主。

除了民主理论外，治理理论也为公众参与提供了理论依据。该理论主张通过“多中心协调”来拓展城市管理思路。随着现代城市内社会群体的分殊加剧及信息科技手段的迅猛发展，城市对公共事务的最佳管理方式已不再是集中式，而是分散式、多元化甚至是网络型的。这就要求在国家、地方政府、非政府组织及个人之间开展多层次、多角度的利益协调，进行协商与对话。这种由各级政府、社会组织和个人共同参与城市事务管理的方式就是“城市治理”。治理的实质就是建立在市场原则、公共利益和相互认同之上的合作，其管理机制主要依靠的不是政府的权威，而是合作网络的权威，其权力向度是多元的、相互的，而不是单一的和自上而下的。

在我国，公众参与城市治理是历史发展的必然产物，是转型时期的现实选择。改革开放三十年导致利益主体多元化，而权利时代的到来唤醒着公众的主体意识觉醒。他们为了守护自己辛勤劳动换来的房产和良好居住环境，时常以个体或集体的形式开展维权行动。这在某种程度上开启了我国公众参与城市治理的进程。公众参与城市治理是中国实现“共享式增长”①的现实需要。共享式增长以机会平等为核心，强调通过机会平等缩小结果的不平等。为了切实解决我国经济发展中出现的社会问题，为了给经济长远发展奠定坚实的社会基础，我国需要在构成中国经济引擎的城市开展公众参与，未雨绸缪地解决一些社会问题。

在我国，人民主权是基本政治原则，政府的权力来源于人民，人民有权依法广泛参与国家事务和社会事务的管理。新世纪以来，我国高度重视民主政治建设，“公众参与”一词高频率地出现在政府工作报告、官员讲话和法律文件中。作为一种行政过程中的利益表达机制，公众参与既有利于民众意愿的表达，也有助于调和社会矛盾，与政府执政为民的理念、构建和谐社会的历史目标相契合。公众参与可以增强决策的民主性与科学性。现代城市治理是一项复杂的系统工程，需要包括国家、地方政府、企事业单位和公民社会等诸多力量的相互协调和通力合作。在充分吸收专家意见，倾听公众心声、接受他们来自生活体验的理性建议后做出的决策，不仅更容易为民众所接受，而且大大降低了未来实施中的阻力。

二、我国公众参与城市治理实践及制度现状评析

在我国，民众自下而上的参与需求和执政党、政府对公众参与自上而下

① 林毅夫、庄巨忠等编：《以共享式增长促进社会和谐》，北京：中国计划出版社，2008年版，第5页。

的鼓励构成了公众参与城市治理的双动力机制。[①] 十几年来，全国各地进行了许多公众参与城市治理的有益尝试，如深圳在城市规划领域开展全过程公众参与，北京、南京等城市通过社会评议推进法治政府建设，沈阳、厦门等城市在环境保护领域开展公众参与个案尝试，西安、福州等城市在古城、古建筑保护领域接纳公众参与地方制度建设，温岭、兰州等城市在社区治理领域开展公众参与实践，深圳、广州、武汉等城市通过有奖举报吸引公众参与城市交通整治，等等。在肯定成绩的同时，我们也要认识到，由于历史、观念和制度等方面的原因，我国城市范围内的公众参与仍存在如下几点不足：

首先，公众参与法规体系尚不完备。我国《宪法》第二条确立了人民管理国家事务的原则，但公众参与城市治理的权利仍需予以规范、细化和保障。因基础不同，不同领域的公众参与制度化建设的步伐也不尽相同。在地方行政立法、城市规划和环境保护方面，存在着《立法法》《环境影响评价法》《城乡规划法》《规章制定程序条例》《规划环境影响评价条例》《环境影响评价公众参与暂行办法》等上下衔接的法律、法规和规章；在城市预算、社会救助和社区管理等新兴领域，公众参与则更多依靠法规、规章和政策文件。即便是在公众参与制度供给量较大的行政立法、环境保护领域，也以宣示性、重复性的规定居多，强制性、操作性的规定相对较少。由此导致现有的公众参与多依赖于城市主政者的价值取向、开明程度和执政水平，而非依法推进。

其次，参与各方信息不对称，难以开展深度、有效的对话与协商。获取信息是参与的前提。以目前广泛采用的听证会为例，由于利益受影响者通常居于信息占有的弱势地位，听证会通常效果不彰，有流于形式之嫌。听证会尚且如此，以其他一些非正式形式进行的公众参与就更难以做到决策者与公众之间的“武器平等”。

再次，参与主体多样性和组织化程度尚显不足。我国目前的公众参与以“专家参与为主、利害关系人参与为辅”“以个体参与为主、以组织参与为辅”。多数城市的决策仍是政府主导下少数专家封闭式研讨、论证的结果，公众通常较少参与，有时甚至在决策最终形成时仍毫不知情。参与主体组织化严重不足造成了公众参与的无序、公众利益的分散和公众力量的弱化。

最后，公众参与的保障制度仍有欠缺。表现为如下几个方面：(1)程序组织者多为决策者自身，缺乏独立性和公正性；(2)参与形式以听证为主，缺乏灵活应用的空间；(3)参与过程透明度差，方式以单方陈述为主，缺乏辩论与说理；(4)参与规则设计不合理，参与程度、参与标准和参与的具体步骤规定不明确，缺乏可操作性；(5)参与时机滞后，未能在提出动议或草拟方案的过

---

① 王锡锌主编：《行政过程中公众参与的制度与实践》，北京：中国法制出版社，2008年版，第1页。

程中吸纳民意；(6)缺乏意见反馈和事后监督机制，令民众产生“说了也白说，还不如不说”的印象；(7)在参与法律效力认定、权利救济手段和法律责任追究等方面存在一定的立法空白。

上述因素导致目前的公众参与“形式大于实质”，不仅影响了决策的质量，还消减了公众参与的热情，未来需要在取法他国成功经验的基础上因地制宜地加以改进。

三、域外经验启示

“他山之石，可以攻玉”。中国与外国虽然因经济社会发展阶段、历史文化传统不同而面临不同的政治、经济、社会难题，但在发展参与式民主、推进共同治理方面有着相似的需求。半个世纪以来，欧美国家在环境保护、城市规划、社区治理和地方预算等方面进行了一些有意义的尝试，有如下几点经验可资我们借鉴：

首先，西方国家的公众参与法律制度是社会矛盾积蓄到一定程度、寻求制度化解决的产物。欧美国家的历史经验告诉我们，当社会矛盾无法在既有法律制度框架内得到有效疏导时，英明的统治者就要未雨绸缪，通过法律制度的革新与完善来尽早化解这些矛盾。

其次，公众参与存在类型化变迁过程，经历了从“权益防御型”+“利益代表型”到“意见听取型”，再到“过程取向型”的三个发展阶段①。在全能政府模式下，国家是公共利益的唯一界定者。在这种建立在个人与国家二元对立假设基础之上的“国家中心模式”时代，存在着“权益防御型”和“利益代表型”两种参与类型。为了维护受损的利益或者为了在决策中尽早表达意愿，公众会以个体或集体的形式发出自己的声音，但这种声音对行政机关不具有拘束力，它们依然自行作成和实施决定。随着国家职能范围的收缩，社会成员被按照市场客户需求和过程取向吸纳到行政决定过程中。“公开征询意见程序”正是这种市场中心模式下公众参与的典型制度实例。它不以决策的直接和间接利害关系人为限，向所有参与市场的人开放，以行政机关制作决策原案为始点，以公众对该原案提出意见为中间环节，以行政机关在决策之时考虑这些意见并说明考虑结果为终点。由于并未否定公与私、国家与市场之间的二元对立，从公众参与类型进化角度看，公开征询意见程序的创新意义并不重大。21世纪前后，在西方出现了“过程取向型”公众参与模式。这种模式既不同于以公共行政具有公共性为理论假设的“权益防御型”和“利益代表型”参与，也不同于怀疑乃至否定公共行政具有公共性从而委诸作为私人领域的市场的“市场中心模式”，它主张公共性要在行政机关与社会各类行为者之间的咨询与协商过

① 参见课题国别报告：《日本之公众参与——从国家、市场以及社会的关系来考察》。

程中生成。由于将个人与国家之间的关系从二元对立转换为三元互动共生，处于个人与国家之间的市场和市民社会便获得了成长空间。

再次，城市范围内的公众参与离不开国家层面的顶层设计。在美国、巴西等联邦制国家，城市公众参与的蓬勃发展离不开宪法对联邦、州、市自治地位的认可。即便是在实行单一制的法国、意大利等国家，城市公众参与也绝非“自主天地”，地方政府在制定相关制度和开展参与实践时，要考虑国家层面的原则和部署。因为事关公民基本权利，公众参与的原则和制度首先由国家法律做出规定。地方无权削减国家法律确定的公众参与标准，但被允许甚至是被鼓励制定旨在增进公众参与的地方规范。作为西方法律传统的重要组成部分，权利救济被视为保障公众参与权的最后武器。国外正反两方面的实例告诉我们，当公众参与权受到践踏时，国家有责任提供简便易行的救济渠道。而当成文规范规定得不甚明了时，法官对成文法和行政实践的能动解释将直接关系公众参与原则与规则的应用效果。

最后，从程序规范的角度构建公众参与的具体制度。公众参与作为一个民主运行机制和公共治理方式改革问题，离不开法律规范对知情权、结社权、救济权等权利的实体调整，但更依赖于切实可行的程序设计。自 20 世纪 70 年代以来，欧美国家通过一系列公众参与立法使民众对公共事务的一般性关切转化为一种受法律保障的程序性权利。国外经验在以下几方面给我们较大启发：(1)由独立的第三方担任公众参与程序的组织者，有利于增强制度的外观公正性；(2)公众参与形式不可单一，可以在实用主义指导下建立多种形式综合运用机制；(3)参与的有效性取决于参与的时间节点，在条件允许的情况下，应当鼓励尽早和持续的参与；(4)为了激发民众参与热情，必须建立意见反馈及公示制度。

四、加强公众参与城市治理法律保障机制的对策建言

在当今中国，日益复杂和无比繁重的城市管理职责早已超出了政府的承受能力，缺少社会力量参与的决策体制也给执行造成了诸多困难。为了实现真正意义上的公众参与，必须在增强各方主体参与意识的同时，进一步健全相关制度。

(一)参与认识要深化，参与热情要激发

国外经验表明，法律并非公众参与的决定性要素，而在众多可能影响公众参与效果的因素中，认识和观念问题不容忽视。在公众参与问题上，西方国家也经历了从拒绝到接受的发展过程。在很长一段时间内，政府官员都是以公众参与会增加决策成本、贻误决策良机为由排斥公众参与。如今，他们从众多失败案例中汲取教训，能够正确对待公众参与成本与行政效率问题。其实，公众参与的成本计算与利益考量的时间维度有关。从短期看，公众参

与会让决策者和参与者都付出较高的经济成本和时间成本，但如果将观察的着眼点放在程序所能增加的长远利益上，一时的参与成本可能相对于长远的决策质量和顺畅的实施过程来说微不足道。

我国当下需要营造有利于公众参与的社会氛围，需要决策者和参与者共同转变观念，正确对待公众参与问题。一方面，政府需要加深对公众参与城市治理必要性和历史必然性的认识，从保障公民权利的角度，发自内心地接受公众参与。政府不仅要接受公众参与，更应当保证和促进公众参与。政府要为那些不善于维权、不长于表达的当事人提供发表不同意见的机会，要特别努力地去接近那些难以接近的团体和平常不积极参与社区事务的人群。

另一方面，公众也要正确认识、合理运用公众参与。公众要意识到自己才是城市的主人，要增强自身的主人翁责任感，有意识地关心公共事务、思考社会问题，要将来源于生活的知识用演绎的方式上升为有预见性的公共利益目标。如果说在早期的“权益防御型参与”和“利益代表型参与”中，公众参与公共事务还是为了维护一己私利，在“过程取向型公众参与”中，公众的参与就要突破“私益”境界，使自己成为“公益”的共同界定人和捍卫者。原先那些作为个人只关心“我”、作为团体成员只关心“我们”的公民，必须超越“我”和“我们”，担负起维护“公共利益”的重担，这种公共性要求他们对外国人及穷人等“他们”或“她们”富有同情心与责任感。而这一点单靠法律制度建设是无法实现的，需要在经济、社会发展水平提高的同时，加强公民美德教育，使每一个公民都认清公民身份的本质，使自己成为一个人格上自主、理性上成熟的个体。

域外经验告诉我们，为了促进公众参与的发展，需要营造出一片“社会沃土”。城市管理者应该明白，热心公民不会从天而降，公民参与的积极性也并非取之不竭，公民的参与热情如同脆弱的嫩芽，需要悉心呵护。这种呵护体现在资金和技术方面的扶持。为了推进城市范围内各领域的公众参与，国外政府十分重视社区建设。按照他们的理论，公众参与有维度之分，既有公民之间的横向参与，也有公民和政府之间的纵向参与，而有效地纵向参与建立在成熟的横向参与基础之上。① 既然公众参与是未来社会治理不可逆转的趋势，为了降低公众参与的成本、加快公众参与的进程，就需要城市公权机关适当“后撤”，为公众发现、发展和利用当地社会力量进行横向参与创造条件。鉴于目前我国民众在整体上尚缺乏参与意识、参与能力也有待提高，推进公众参与最切实可行的办法可能就是以城市社区为单位，以问题为导向，加强公众参与社区公共事务的组织创新和制度创新。另外，在一些关系民众生活的微观政策领域，有必要倡导公众参与层次的“升级换代”，从目前的“无参

---

① 参见课题国别报告：《地方政治进程中的参与式民主：以荷兰乌得勒支市为例》。

与”或“象征性参与”逐步过渡到“实质性参与”。[①]

(二)实现广泛、有效、有深度参与的制度建设建言

法律虽然不是万能的，但在现代社会离开法律是万万不能的。因此，我国的公众参与需要纳入法制化轨道。无论是地方的成功经验，还是学术界、实务界和广大民众在公众参与方面的共识和吁求，都需要以适当的方式转化为法律规范，以便更好地指导和约束公众参与实践。针对我国当前城市公众参与存在的问题，我们建议做出如下几点改进：

1. 完善信息公开制度

有效、深度的公众参与必须以参与各方信息对称为前提。我国未来要强化行政决策者的信息公开义务，明确其必须事前向公众公开的信息范围。这包括与决策相关的事项和与公众参与组织相关的事项两大类。与决策相关的事项不限于决策方案本身，还包括关于决策的目的和合法性、必要性、可行性的说明，以及决策涉及的主要问题。而与公众参与组织相关的信息，主要包括公众提交意见的方式、途径、起止时间和接收公众意见的部门、人员和联系方式等。

2. 加强专家独立性、放松参与主体组织化限制

我国目前的公众参与主要采用专家咨询的形式，而被决策部门自行遴选的专家往往基于自身利益的考量而迎合受邀部门的意见。因此，未来需要建立独立专家咨询制度。另外，为了使政府能够更好地面对原子化的社会公众，需要允许能够凝聚和提炼不同阶层利益诉求的协会、团体的存在。

3. 在可能的限度内实现尽早参与和全过程参与

公众参与的时机选择，不仅关系公众参与的效果，还关系政府与公众之间的信任建立。从我国目前的做法看，大多数参与局限在立法和决策的制定阶段，至于议题的提出、方案的拟定、决策的执行和评估等均缺乏公众参与。未来，在一些涉及公民基本权益保障的事项上，应当将公众参与的时间适当提前，而在那些纯粹技术性的决策事项中，可以维持现有的做法。但无论怎样，决策执行和评估阶段的公众参与都要加强。

4. 建立独立的参与组织人制度

公众参与的组织者因有权确定参与的时间、地点、人物、程序和时间分配并负责笔录撰写而直接关系到参与的质量和过程的公正性。为了克服当下决策机关“既当裁判员又当运动员”的程序公正性缺陷，未来可以效仿欧陆做

---

① Sherry Arnstein：*A ladder of citizen participation*，*Journal of American Planning Association*，1969，pp. 216—224. 该理论的中文介绍，参见蔡定剑主编：《公众参与：风险社会的制度建设》，北京：法律出版社，2009年版，第12—19页。

法,[①] 由独立的第三方负责公众参与的组织工作。

5. 建立多种参与形式综合运用机制

公众参与很难通过某一种形式实现，在正式程序之外，要给非正式程序预留空间。[②] 我国在未来改进公众参与制度时，必须摒弃那种“言公众参与则必称听证会”的单一思维方式，在丰富参与形式之余，赋予参与活动的组织者根据具体项目性质、影响范围、参与者利害关系承担和参与所欲实现的目的等因素综合选定公众参与形式的自由空间。

6. 健全公众意见反馈制度

如何对待公众提出的意见是公众参与制度的核心问题。如果公众意见对最终的结果毫无影响力，公众参与的持续性就难以为继。为此，除了要求公众参与的组织者及时整理并对外公布公众意见外，还应当要求决策机关履行回应公众意见的义务。它们应当以理由说明的形式对收集到的公众意见做出明确而具体的回应。[③]

7. 加强公众参与绩效评估

公众参与的实际开展情况如何、效果如何是公众参与的绩效问题，它发挥着激发或消解公众参与热情的作用。我国目前主要采用的公众参与组织者自行评价的做法违反“任何人不得做自己案件的法官”的法律伦理。未来在进行制度设计时，可以借鉴欧陆聘请独立专业人士或诉诸国家独立行政机构撰写的公众参与评估报告的做法。为了防止“人情报告”的出现，还要加强对这些个人和机构职业操守的约束。

8. 完善司法救济制度

“有权利就要有救济”。在未来的制度改革中，不仅需要明确权益受到损害的公众参与者的诉讼资格，还要放宽对其他参与者提起诉讼的限制。在城市规划、环境保护等领域，可以考虑引入公益诉讼制度，让以维护公共利益为成立宗旨的协会团体能够更好地发挥作用。

五、结　语

经过中外制度与实践的深入研究和分析对比，我们发现公众参与中的“参与”并不是目的，核心的问题是参与的效果。目前，我国要特别警惕实用主义、工具主义的公众参与，将公众参与单纯视为改善行政关系、提高行政效率、实现社会和谐的权宜之计。其实，公众参与城市治理承载着官民地位平

---

① 张莉:《法国大型工程项目中的公众讨论程序》,《团结》, 2009 年第 4 期, 第 36—46 页。

② 蔡定剑:《民主是一种现代生活》, 北京: 社会科学文献出版社, 2010 年版, 第 200 页。

③ 王万华:《完善政府决策中的公众参与机制的几点思考》,“公众参与法律问题国际研讨会”会议论文。

等、宽容与多元主义、公民理性和话语伦理等丰富内容。既然公众参与的广泛性和多样性是有效公众参与的前提，既然公众参与具有明显的示范效应，那么，我们在设计公众参与制度和具体组织公众参与活动的过程中就要拿出最大的“诚意”，不要将公众参与停留在技术、方法层面，而应使其服务于“增强民众权利、实现良好治理”的终极目标。古人曾经教导我们，“轻诺必寡信、多易必多难”。在公众参与问题上，我们要谨防重蹈价格听证之覆辙，以免造成民众对公众参与的“二次排斥”。

（作者：张　莉　中国政法大学教授）

项目名称：集体劳动争议处理法律制度研究
项目编号：11FXB017
项目负责人：姜　颖
项目信誉保证单位：中国劳动关系学院

我国集体劳动争议处理的现状、问题及解决思路

内容提要：从实证调查的情况来看，中国集体劳动争议具有如下突出特点：当事人的争议以权利争议为主，但利益争议案件增长迅速；由劳动关系领域的经济纠纷转化为社会治安事件，甚至群体性事件的现象突出；因企业兼并、重组、关闭而引发的集体劳动争议日益增多；集体劳动争议对经济发展、社会和谐稳定产生了重大影响。中国现行劳动争议处理法律已基本为集体权利争议的有效处理提供了具有操作性的制度，但处理集体利益争议的制度仅具有一个框架，为了完善集体劳动争议处理，有必要在制度上区分利益争议和权利争议；完善代表人参与劳动争议处理的制度；建立“协调处理”的集体利益争议处理制度；强化工会对劳动者利益的代表功能。

一、我国劳动争议案件的基本面

(一)我国劳动争议案件的总体特点

1. 劳动争议总量稳中有升

近年来随着中国经济的发展、劳动法律的完善以及劳动者权利意识的日益增强，劳动争议案件的数量处于上升态势，从 2007 年的 50 万件飚升至 2008 年的 69.3 万件，虽然随后几年劳动争议数量有所下降，但 2012 年、2013 年又有所回升。[①] 因此，从长远发展来看，我国劳动争议案件总量还有进一步上升的趋势。

2. 集体劳动争议的案件数量下降，但涉及劳动者的人数在上升，规模在扩大

“集体争议，又称多人争议或群体性争议，是指多个(或者部分)职工当事人基于共同理由与用人单位发生的劳动争议。”[②]在我国“10 人以上的劳动争议

---

① 数据来源：人力资源和社会保障部《人力资源和社会保障事业发展统计公报》(2007—2013)。
② 王全兴：《劳动法》，北京：法律出版社，2008 年版，第 422 页。

称之为集体劳动争议，50 人以上的劳动争议则称之为重大集体劳动争议。”①按照上述统计口径，从 2008 年开始至 2012 年，集体劳动争议的案件数量并没有增加，甚至还有减少的趋势，但涉及劳动者的人数却在增加。每起集体劳动争议的平均人数从 2008 年至 2012 年分别为 22.86 人、21.42 人、23.56 人、25 人、31.3 人。从人数来看，集体劳动争议的规模出现扩大趋势。另外，从整个劳动争议案件的情况来看，集体劳动争议占案件比例小，但人数占案件比例大。从人数比例来看，从 2008 年至 2012 年集体劳动争议所涉及的人数分别占劳动争议劳动者人数的 52.2%、29.5%、26.0%、22.5%、26.3%；但集体劳动争议案件从 2008 年至 2012 年依次仅占案件总数的 2.28%、2.05%、1.5%、1.19%、1.16%。所以，解决好该 2%左右的案件，就可以解决 25%左右的劳动争议。②

3. 劳动争议调解在劳动争议处理中发挥越来越大的作用

比较上述五年的数据，可以看出案件总量在增长，但是仲裁机关受理的案件数量却没有多大变化。劳动争议调解程序解决了日益增多的案件。其案件数量，从 2008 年的 23.7 万件，增长到 2012 年的 76.2 万件，经调解解决案件的总量翻了三倍多，调解在整个劳动争议处理体系中发挥着日益重要的作用。

(二)我国集体劳动争议的突出特点

如上所述，集体劳动争议在中国劳动争议中扮演了日益重要的角色，处理好集体劳动争议对于整个社会和经济都具有越来越重要的意义。除了上述特征外，集体劳动争议还具有如下特点：

1. 当事人的诉求以权利争议为主，但利益争议案件增长迅速

从目前来看，重大集体劳动争议的内容主要以权利争议为主，劳动者的主张主要表现为确认劳动关系争议、支付工资和经济补偿金、解除劳动合同以及缴纳社会保险费等这些可以依法裁决的争议。但是随着经济形势的变化，以增加工资、改善劳动条件等为主要诉求的利益争议也逐渐增加。

2. 由劳动关系领域的经济纠纷转化为社会治安事件，甚至群体性事件的现象突出

由于集体劳动争议参与者众多，在争议发生后，许多参与者抱有事情闹得越大越容易解决的心理，“大闹多得，小闹少得，不闹不得”似乎已经成为部分劳动者解决劳动争议的基本“经验”。甚至在个别地区出现了包工头组织

① “上半年全国劳动争议仲裁机构立案 4860 件”，http：//www.eeo.com.cn/2010/1022/183431.shtml。

② 数据来源：人力资源和社会保障部 2008 年度—2012 年度《人力资源和社会保障事业发展统计公报》。

劳动者上街、堵路的现象。这种心态和经验往往促使劳动关系领域的经济纠纷转化为社会治安事件或者群体性事件。

3. 因企业兼并、重组、关闭而引发的集体劳动争议日益增多

随着企业的转型升级和改革的进一步深入，特别是市场在资源配置中作用的日益发挥和市场竞争的日益激烈，企业的兼并重组成为我国市场经济生活中日益普遍的现象。由于企业兼并、重组和关闭往往会涉及特定企业中大部分劳动者的利益，所以因企业兼并、重组以及关闭而引发的集体劳动争议日益多发。

4. 集体劳动争议对经济发展、社会和谐稳定产生了重大影响

在集体劳动争议频发的情况下，由于目前处理集体劳动争议的制度不完善，参与集体劳动争议的各方主体的法律观念不强，往往导致集体劳动争议久拖不决，集体劳动争议往往因得不到及时妥善处理而转化为治安事件、群体性事件甚至政治事件，对社会经济的和谐发展产生了非常不利的影响。

二、我国集体劳动争议处理的现行法律制度设计

我国目前并没有统一的以处理当事人一方人数众多的劳动争议案件为对象的法律，但是这并不意味着我国没有任何处理上述集体劳动争议的规范。相反，上述一方当事人人数众多的劳动争议作为一种社会现象，通过类型化整理和理论归入，其解决也在很大程度上纳入到了我国现行法律的框架下。

(一)集体权利争议依据《中华人民共和国劳动争议调解仲裁法》处理

劳动者一方人数众多，以实现法律规定、集体合同规定或者劳动合同约定的权利和义务为内容的争议，也即集体权利争议。由于一方面《劳动争议调解仲裁法》第二条将权利争议纳入到自己的调整范围，另一方面，其也为权利争议的解决设计了完整的程序，所以通过《劳动争议调解仲裁法》解决集体权利争议没有理论和实践上的障碍。集体权利争议和普通权利争议最大的区别在于争议中劳动者一方的人数众多，但这并不影响《劳动争议调解仲裁法》对其适用。相反，《劳动争议调解仲裁法》第七条已经为这种争议的解决保留了必要的通道，也就是代表人制度。2012 年修订通过的《中华人民共和国民事诉讼法》进一步为代表人参与争议解决做出了具有操作性的规定。据此，对集体权利争议，劳动者一方有共同请求的，可以推选代表参与争议的解决；[①] 劳动者一方没有共同请求，但诉讼请求是同一种类、在起诉时人数尚未确定的，人民法院可以发出公告，说明案件情况和诉讼请求，通知权利人在一定期间向人民法院登记。代表人的诉讼行为对其所代表的当事人发生效力。[②] 因此，

---

① 参见《中华人民共和国劳动争议调解仲裁法》第七条。

② 参见《中华人民共和国民事诉讼法》第五十四条。

我国现行的程序法已基本为集体权利争议的有效处理提供了具有操作性的框架，但要进一步完善代表人制度、简化程序和缩短处理时间以及时处理集体权利争议。

(二)签订集体合同、订立企业规章的争议之解决

相对于集体性个别劳动争议，在中国法中，因签订集体合同而发生的集体争议解决的程序相对不完善。这是因为签订集体合同、订立企业规章的争议不能纳入到现行《劳动争议调解仲裁法》的框架下。从形式上看，是因为《劳动争议调解仲裁法》第二条并没有把上述争议纳入其所调整的范围。但更深层次的原因在于上述签订集体合同，制定企业规章的争议在根本上属于一种利益争议而不是权利争议。所谓权利争议是指"两个权利主体针对法律关系的争议。"[①]是"因实现劳动法、集体合同和劳动合同所规定的权利和义务所发生的争议。"[②]权利争议最大的特点是"在发生权利争议时，已经存在确定的法律框架，(争议的解决)涉及该框架的运用和解释。"[③]与此不同，利益争议，也称规则争议，"涉及参与者自己制定规范，但不能达成合意从而发生的争议。"[④]在其他市场经济国家，利益争议的解决不属于劳动法院管辖，涉及企业组织法(Betriebsverfassung)事务的，通过和解处(Einigungsstellen)解决；涉及达成集体合同的，通过调解处(Schlichtungsstellen)来解决。在我国，学者们也认为，"利益争议一般不是通过调解、仲裁和诉讼程序解决。"[⑤]正是这种深层原因导致《劳动争议调解仲裁法》没有将上述争议纳入调整范围之内。

但是这并非意味着中国法律没有关于解决签订集体合同、制定企业规章争议的任何规定。1995 年的《劳动法》第 84 条第 1 款已经为上述问题的解决提供了基本框架："因签订集体合同发生争议，当事人协商解决不成的，当地人民政府劳动行政部门可以组织有关各方协调处理。"《集体合同规定》第七章对上述规则做了进一步的细化。总结这些规定，可以发现其基本思路如下：其一，集体利益争议处理可以通过协商和协调来处理，但不可通过司法或者准司法途径来依法裁决。其二，利益争议处理以劳动行政主管部门为主导，采取三方参与原则。其三，利益争议协调原则上依申请进行，但也可以依职权展开。其四，利益争议协调采取属地管辖原则；其五，《协调处理协议书》对双方具有约束力。

---

① Horst Tilch, Frank Arloth, Deutsches Rechts-Lexikon, Band3, 3. Auflage, Verlag C. H. Beck, 2001, S3502.

② 王全兴：《劳动法》，北京：法律出版社，2008 年版，第 422 页。

③ Preis, Arbeitsrecht, Kollektivarbeitsrecht, 2Auflage, Verlag Dr. Otto Schmidt, 2009, S810, S407.

④ 王全兴：《劳动法》，北京：法律出版社，2008 年版，第 422 页。

⑤ 王全兴：《劳动法》，北京：法律出版社，2008 年版，第 422 页。

三、实践中集体劳动争议处理的不同做法

近年来随着集体劳动争议的频发，各级各地政府、劳动行政主管部门以及工会等组织都在积极探索处理集体劳动争议的思路和方法，形成了各具特色的集体劳动争议处理实践。

(一)党政牵头齐抓共管的模式

这种模式一般由政府牵头，成立统一的“劳动社会保障突发事件应急处置领导指挥机构”，以当地政府副职作为总指挥，由人力资源社会保障行政部门、信访部门、政法委等积极参与，其他部门如公安、司法、建委、工会、村委会等积极配合。

这种模式的基本特点在于：其一，将集体劳动争议案件定义为突发公共事件，一般启动这种程序的人数条件较高，例如浙江义乌要求启动人数达到100人。其二，参与部门较多，各部门之间有着明确的分工，各部门的协调依赖于当地政府的能力。其三，以平息事件为目的，并不针对重大集体劳动争议设计法治框架中的程序，事件的解决有一事一处理的特点。

上述模式最大的优点在于能够在多部门参与下迅速而全面地解决有关事件，但存在的问题是：其一，它是以维稳的方式来解决劳动纠纷，然而重大集体劳动争议作为一种经济纠纷并不都是社会维稳事件；其二，由于以维稳的方式处理劳动纠纷，所以该机制启动的条件较高，并不适合于所有的重大集体劳动争议；其三，该机制成本较高，需要太多的部门和人力物力参与；其四，该机制不具有常态性，它是一种应急模式，而在法治的框架下，我们应该设计一种常态的，能够解决劳动者和用人单位之间集体劳动争议的途径，避免将经济纠纷上升为维稳事件，甚至政治事件。

(二)劳动监察为主的模式

在此种模式下，发生集体劳动争议，先由劳动监察部门到场，第一时间介入，固定有关事实和证据。如果企业存在违法行为，则进行处罚，同时引导企业与劳动者开展集体协商，引导员工合法争取自己的权益。在双方无法达成协议时，由劳动监察部门从中调解，如调解失败，则启动劳动争议处理的联动机制。在个别地方还存在由劳动监察部门做出行政裁决的情况。

以劳动监察为主的模式具有快捷、高效的特点，而且劳动监察可以尽早发现并主动介入劳动争议，能够较早、较快的解决争议。该解决模式存在的问题在于：其一，该模式主要适合于解决处于萌芽阶段的争议，一旦集体劳动争议真正爆发，劳动者群体和用人单位发生对抗，则行政权力力量非常难以解决争议。其二，该模式容易将劳动者和用人单位的矛盾转化为劳动者和政府的矛盾，导致将劳动纠纷最终转化给治安事件或维稳事件。其三，劳动监察部门争议处理权限的缺失。劳动监察部门的职责主要在于查处劳动违法

行为，其并不应对当事人之间的劳动纠纷直接进行处理。按照《劳动保障监察条例》第二十一条的规定，“对应当通过劳动争议处理程序解决的事项或者已经按照劳动争议处理程序申请调解、仲裁或者已经提起诉讼的事项，劳动保障行政部门应当告知投诉人依照劳动争议处理或者诉讼的程序办理。”

（三）以仲裁机构解决为主的模式

在这种模式中，发生劳动争议后，以劳动仲裁院院长为主组织有关人员前往发生争议的用人单位进行争议处理。首先对劳动争议进行调解，调解失败后引导当事人进入劳动争议仲裁程序。这种仲裁机构解决为主的模式由于仲裁院身份比较中立，办案人员专业水平较高，因此对集体劳动争议的解决具有一定的积极意义。

但是这种模式也存在一定的法律障碍。按照《劳动争议调解仲裁法》的制度设计，劳动争议仲裁以当事人提起申请为前提，当事人没有申请，则仲裁无法依法主动介入。从对浙江东阳的调研来看，在这种仲裁院主动介入的模式中，仲裁院的身份其实已经不是仲裁院，而是一个以仲裁院及其人员为主组成的处理集体劳动争议案件的临时机构。由于仲裁是劳动争议处理的必须环节，集体劳动争议的处理往往最终会走向仲裁，这种仲裁在劳动争议处理中的特别地位，导致仲裁院工作人员以临时争议处理小组人员的身份出现解决纠纷时，他们的意见对双方都有很大的参考价值，因此有助于问题的解决。这种以仲裁为主的模式严格意义上来讲，是一种以仲裁院工作人员为主组成争议处理临时小组的模式，并不是传统的仲裁模式。

（四）以三方机制为主的模式

这种模式是在发生劳动争议时，由工会、企业联合会以及劳动行政主管部门组成专门机构来协调处理劳动争议。这种机制从表面上看符合劳动争议解决的三方原则，但它却是实践中比较难以发挥作用的一种模式。其根本原因在于工会和企联或者工商联的代表性问题。首先，并不是所有企业都加入企业联合会或者工商联；其次，在三方机制为主的解决模式中，中国现有三方机制主要是所谓的大三方机制，其组织是非常设机构，人员不固定，职能虚化，难以坐实，因此在实际中也难以发挥作用。

（五）第三方介入的模式

在这种模式中，当发生重大集体劳动争议时，由非政府、非工会、非企业联合会和各方都没有利害关系但是各方都比较信任的第三方介入来调解和协调各方利益。比较典型的实例是南海本田事件。南海本田事件中最终通过一个学者和一个行业协会负责人的介入而得到较好的解决。

四、完善集体劳动争议处理的基本思路

(一)区分利益争议和权利争议

不论立足于中国现有的立法，还是从理论上的妥当性出发，在集体劳动争议处理的制度设计上，我们都应当严格遵循区分集体利益争议和集体权利争议的思路。1994年颁布的《中华人民共和国劳动法》第十章，分别规定了因签订集体合同引发的利益争议的处理机制和其他权利争议的处理机制。因签订集体合同而引发的争议，根据该法第八十四条第一款，“当事人协商解决不成的，当地人民政府劳动行政部门可以组织有关各方协调处理。”而其他争议，可以通过劳动争议协商、调解、仲裁和诉讼来解决。2007年颁布的《中华人民共和国劳动争议调解仲裁法》在本质上延续了上述思路，仅调整了因个别劳动关系而引发的权利争议的处理问题。这种法律上的制度设计有其理论和实践上的合理性。集体权利争议涉及权利的救济和实现，可以通过诉讼和仲裁等依法裁决；而集体利益争议在本质上涉及自治的当事人对利益分配和规则形成的分歧，这种利益分配的进行无法最终通过国家立法的手段来完成，进而也无法通过国家裁判的形式来解决纠纷。从其他发达市场经济国家的经验来看，这种争议的解决最终依赖于当事人达成合意。因此，集体利益争议的解决和集体权利争议的解决应当分别进行制度设计。

(二)完善代表人参与劳动争议处理的制度

集体权利争议劳动者一方的当事人人数众多。如果让全体当事人都参与到庭审过程中，则不仅浪费成本，效率低下，而且可能有许多劳动者根本没有时间、精力、能力参与到庭审中来。为此，《劳动争议调解仲裁法》第七条规定了选任代表人参加争议处理的制度。《劳动人事争议仲裁办案规则》第六、七条进一步明确了代表人的人数和代表人行为对所代表人的效力及其限制。但实践中出现的问题是：其一，如何选任代表人，没有明确的程序和规范；其二，集体劳动争议中，当事人为了避免打击报复不愿担任代表人。此外，在引入代表人制度之后，未参加争议处理的人能否主张享争议处理调解书或者裁决文书中的权利，也是非常值得关注的问题。因此，代表人制度的完善，主要应围绕代表人的选任、代表人的保护制度以及未参加争议处理的人可否主张代表人争议处理结果而展开。

1. 代表人的选任制度

根据我国法律的规定，代表人由发生争议的劳动者在其间推选三至五名。推选原则由当事人通过自主选举完成，如果当事人无法完成推选的，争议处理机构可以与其协商选定代表人。推选出的代表既是当事人，又是争议处理的代表人，其利益与主张应当和他所代表的当事人一致。在此基础上，当事人应当签订书面文件，确认代表人的主张、代表人的权限并承诺自己对代表

人在权限范围内的行为承担法律后果。

2. 代表人的保护制度

代表人的保护主要涉及代表人的解雇保护、工作岗位保护、工作条件保护和劳动报酬保护等方面。我国目前法律中并没有代表人保护的规定。从长远来看，应该通过立法引入代表人的保护制度。但在目前无立法的前提下，为了解决此问题可以结合《工会法》的规定来实现对代表人的保护。《工会法》第五十二条规定了工会工作人员的保护制度，"违反本法规定，有下列情形之一的，由劳动行政部门责令恢复其工作，并补发被解除劳动合同期间应得的报酬，或者责令给予本人年收入二倍的赔偿：(一)职工因参加工会活动而被解除劳动合同的；(二)工会工作人员因履行本法规定的职责而被解除劳动合同的。"在此，我们可以采取两种方法：其一，将代表职工利益参加劳动争议处理的代表的活动解释为《工会法》意义上的"参加工会活动"；其二，在代表推选时，引导职工选任工会工作人员作为代表。从而依据《工会法》第五十二条的扩张解释，完成对职工代表的法律保护。

3. 争议处理结果的适用制度

集体劳动争议中，由于劳动者一方人数众多，而且许多劳动者可能因为工作地点变化等原因而没有参与到集体劳动争议处理中。为了避免未参加争议处理的劳动者再次聚集，引起群体性事件，可以引入《民事诉讼法》人数不确定的代表人诉讼制度。在发生集体劳动争议时，劳动争议处理机构可以发出公告，说明案件情况和诉讼请求，通知权利人在一定期间向争议处理机构登记。向争议处理机构登记的权利人可以推选代表人进行诉讼；推选不出代表人的，争议处理机构可以与参加登记的权利人商定代表人。争议处理机构做出的判决、裁定，对参加登记的全体权利人发生效力。未参加登记的权利人在诉讼时效期间提起争议处理申请的，适用该裁决、判决、裁定。

(三)建构"协调处理"的集体利益争议处理制度

就国外经验来看，发达国家集体劳动权多有宪法层面的保障，完整的"劳动三权"使劳方有能力与资方形成"力的对抗"，其集体劳动争议解决的模式多为"劳资自治"模式，政府在其中仅有补充性介入，其介入的手段多样，主要包括调停、调解、仲裁等。出于劳动权与公共利益的权衡，罢工的正当性受到法律规制，对于特定行业的集体争议行动，法律或者要求在集体合同中订有"必要服务条款"，或者规定了不同形式的"冷静期"。

考虑到我国集体劳动权的现行法律框架，采取"政府主导社会协同，调解优先，将仲裁作为最后争议解决手段"可以作为我国解决集体利益争议的设计思路。就争议解决主体来看，有必要设立专门的"利益争议调处委员会"，委员会有中央与地方之争，分别管辖不同类型的案件。就争议解决手段来看，可考虑设立两类手段：一类是调解，一类是仲裁，将国外采用的调停人制度并入大的调解机制，在调解和仲裁的各个阶段，积极促进集体协商。在现行法律框架下，依据我国《立法法》可以通过修订《劳动争议仲裁规则》、制定政府部门规章以及与最高司法机关协调制定司法解释等途径来落实。长期目标是可以通过修改现行法律或者进行《集体合同法》立法等工作来完成。

(四)强化工会对劳动者利益的代表功能

如上所述，集体利益争议的解决最终依赖于当事人达成合意。这种合意的达成一方面以劳动者一方组织起来，有足以信任并可靠的利益代表者为前提，只有具有该前提时，用人单位才可能与劳动者一方展开协商。另一方面，这种合意的达成，以劳动者一方组织起来，有足够的力量为必要。单个的劳动者永远无法与用人单位就利益分配达成有利于劳动者的合意。而劳动者组织起来的基本形式就是建立工会。所以，在集体劳动争议日益增多的情况下，为了维护劳动者的利益，保持社会经济的良性发展，必须强化工会对劳动者利益代表的功能。

（作者：姜　颖　中国劳动关系学院教授
杨　欣　中国劳动关系学院副教授
沈建峰　中国劳动关系学院副教授）

教育学学科

项目名称：建设世界城市背景下首都90后大学生消费观研究
项目编号：10AbJY072
项目负责人：刁志萍
项目信誉保证单位：北京交通大学

首都90后大学生消费观研究

内容提要：调查数据显示，首都90后大学生消费观其主流是积极向上的：消费金额适中；消费结构基本合理；“实用、求异”成为90后大学生消费心理的主要特征。与此同时，“由贫穷与富裕的对立、由生存需求的满足与发展、享乐需求满足的对立、由理性认知与感性冲动并存、由适度节俭的认同与自我为中心的超前消费的渴望、由从众实用与个性前卫并存”带来的五大矛盾冲突日渐凸显。在此基础上提出了90后大学生建构幸福消费观的主要思路。

一、消费价值观的理论研究

大学生消费，是普遍性与特殊性的统一，是指普通高等院校的本、专科学生为满足自身物质生活和精神生活的需要而进行的物质产品和精神产品的消耗活动，是全体大学生共有的行为。同时也是一种集经济、心理、文化与社会现象于一身的综合现象。

大学生消费观是指大学生对消费及其相关问题的基本看法和基本态度，是大学生对消费内容、消费目标、消费方式等涉及整个消费活动诸因素的一种价值取向，是社会意识的重要内容之一，也是个体价值体系的重要组成部分，亦可称为消费价值观。消费价值观具有时代性、民族性、交融性和层次性等主要特征。

发展是当今时代和当代中国的主题，消费是人类赖以生存发展的基础。大到人类整体的进步发展，小到人类个体的衣食住行，社会和生活的方方面面都与消费密切相关，消费日益凸显其在社会发展中相对独立的地位与作用。

从社会发展的角度来看，生产、分配、交换、消费系社会生产过程中相互联系、相互依赖、互为因果的四环节。消费既是终点又是起点。特别是随着科技的进步和物质生产进入后工业时代，经济与生产越来越依赖于消费，消费已成为一个国家能否实现经济社会可持续发展至关重要的环节，成为社会进步的重要标志。

从人的全面发展的角度来看，人们的消费过程就是在生产活动基础上对人的自我创造目的的实现。消费过程实现了主体的自我创造和自我实现。同时，消费为人的素质的提高提供了手段支持和动力支持。人们通过物质消费活动改善和提高自己的生理素质，通过精神消费活动改善和提高自己的心理和社会素质。作为社会现象的消费活动是“人的本质”的体现，只有在劳动中肯定了自己，而且人的劳动产品在满足他人的消费过程中又肯定了他人，这时的消费活动才真正实现了“人的本质”，这时的消费才成为人的本质的组成部分，成为一个自我完成、自我成就的过程，成为人的全面自由发展的基础。

从高等教育的根本使命培养合格人才来看，大学生消费价值观既是社会生活变迁的一面镜子，也是大学生内心世界的反映。

20 世纪 70 年代，生产力水平低下，物质产品短缺，大学生的主流消费价值观是“勤俭节约”，是一种只注重单纯满足生存需要的消费价值观。

20 世纪 80 年代，伴随着改革开放，大学生自我意识得到极大提高，他们在获取知识、开阔视野、增长见识、扩大交往等方面的精神消费的愿望明显增长，改变了过去单一注重物质消费而忽视精神文化消费的消费价值观。

20 世纪 90 年代，伴随着社会主义市场经济体制的建立和迅速推进，国际交往的进一步深入，西方的生活方式和价值观通过传媒对大学生消费观念的影响越来越大，大学生的消费支出呈现多元化的趋势，消费项目开始向多元化和高层次发展，不仅讲求实际和实惠，而且凸显出张扬个性和追求时尚的趋势。实现了从只注重单纯满足生存需要的消费价值观，向把物质实用性和审美融为一体的消费价值观的转变。

进入 21 世纪，大学生的消费价值观受其全球化的影响，自我意识、独立意识和对自身利益、权利的关心日益增强，享受生活成为指导其消费的全新观念；他们追求时尚、前卫和新潮，借此表现出独有的个性，自我能力和价值。

90 后大学生是目前我国高校大学生的主力群体，在一定意义上说，90 后大学生的消费价值观是否正确，不仅成为其人生幸福观的重要载体，而且成为其是否成才的重要标志。

二、建设世界城市背景下首都 90 后大学生消费观现状调查与多维审视

本次调查发放问卷 2000 份，回收有效问卷 1910 份，回收有效率为 95.5%。调查问卷以 1990 年 1 月 1 日后出生、在首都北京就读的全日制在校大学生为主要调查对象；调查内容主要包括：第一，受调查者的基本情况；第二，90 后大学生消费观现状，包括消费金额与消费结构、消费理念、消费

心理，等等；第三，大学生对于消费与北京建设世界城市的关系的认知。最后，运用SPSS13.0社会学统计软件进行数据处理。

(一)首都90后大学生消费观问卷调查基本结论

1. 首都90后大学生消费观的主流是积极向上的

第一，消费金额适中。首都90后大学生51.90%平均每月花费金额在1500元以下。

第二，消费结构基本合理。

以满足包括饮食、服装、交通、通信等在内的基本需求的消费，比例与金额成正比。有超过30.04%的学生年花费在5000元以上；17.44%的学生年花费在3000—5000元。

以满足包括购书、参加培训、社团活动等在内的发展需求的消费，以满足包括交往娱乐、健身美容、旅游等在内的享受需求的花费，比例与花费金额均成反比。35.08%的学生，满足发展需求年花费在500元以下，所占比例最高；其次为26.05%的学生花费在1000元以下。

在满足衣食基本生存需求基础上，以电脑、手机等为主的电子产品上升为大学生消费品新宠。98%的学生拥有电脑，100%拥有手机；有94.8%的学生表示拥有两件以上的电子产品，有32.8%的学生表示拥有四件以上。

以满足发展需求、享受需求的消费与满足基本需求的消费并存。首都90后大学生拥有驾照的比例高达60%以上。在过去的一年中，参加过各类培训的比例高达85.5%。

大学生的享受需求主要表现为旅游和人情消费。家庭所在地为大城市的学生，每年平均1—2次旅游，花费在5000元左右。1/3左右大学生有过出国旅游的经历。人情消费，主要表现在同学过生日、老乡聚会、社团聚会，等等。聚会时AA制消费形式占主导。聚会频率基本在两周一次。

第三，消费观念上理论认知与社会主流消费价值观基本一致。

消费观念是指人们对待其可支配收入的指导思想和态度以及对商品价值追求的取向，是消费者主体在进行或准备进行消费活动时对消费对象、消费行为方式、消费过程、消费趋势的总体认识评价与价值判断。

中国人消费观念的演变历程，经历了“着眼于物美价廉，经久耐用”的理性消费时代，到“以喜欢和不喜欢为主要判断标准”的感觉消费时代，再到“以满意不满意为主要判断标准”的感性消费时代。

在消费观念上，总体说，90后大学生处于“感觉消费时代”。52.12%基本认同“勤俭节约消费理念”；79.24%最为认同“量入为出消费理念”；63.67%最为反对“过度消费入不敷出消费理念”；17.12%基本不认同“奢侈消费追求享受消费理念”；69.41%完全同意“节俭是一种美德”。

第四，“实用、求异”成为90后大学生消费心理的主流。

“从众、炫耀、攀比、求异、实用”是典型的消费心理特征的概括。90后大学生对此的认同度呈现出两大特点：

一是与社会主流消费价值观中消费心理的契合度很高。55.72%完全不认同“炫耀消费心理”；64.61%完全不认同“攀比消费心理”。

二是“实用、从众”成为90后大学生消费心理的主流，与近年来人们对90后特点的概括呈现出一定的差异性。

“个性张扬”成为整个社会对90后最具共识的标签，但在消费心理方面，“从众”成为90后大学生典型特征。突出表现为：从广告之众，从网评之众，从群体之众。

2. 首都90后大学生消费价值观凸显五大矛盾冲突

第一，消费现状中，由富裕与贫穷的对立引发的矛盾冲突。

月平均消费在500元以下的首都大学生占到13.50%；与之相反，月平均消费2000元以上的学生所占比例为4.00%。90后大学生中呈现出的“贫富两极差距”，通过“官二代”“富二代”等不同人际交往群的选择，对大学生人格形成、心理健康具有一定的影响。

经济上富裕的同学，在一定程度上，成为具有号召力的“领导”，往往使他们产生一种错觉，以为是自己能力高、人缘好的缘故，忽略了自身能力的提升与发展。

经济上比较拮据的同学，心理上容易产生阴影，性格上往往呈现出自卑、不自信、敏感、仇恨等特征，生活中不愿意参加集体活动，离群索居。

第二，消费结构中，由生存需求的满足与发展、享乐需求满足的对立冲突引发的矛盾冲突。

其一，物质消费与精神消费的不和谐。主要表现为以消费活动本身替代生存的目的、为消费而消费的符号性消费，人成为物质消费的“奴隶”的趋势日益凸显。

其二，消费与自然关系的不和谐。82.09%的90后大学生在购买、更新电子产品时，其产品是否构成对环境的污染尚未成为他们的考虑因素。

电子产品更新时，56.78%的同学选择不会因为电子产品对环境的破坏而放弃。生活中与大自然不和谐的现象比比皆是，诸如浪费粮食，大量使用一次性产品，只喝瓶装水，等等。

其三，与他人和社会关系的不和谐。人际交往中的“高消费”。个别“大款”学生，生日聚会KTV包场、高档饭店包间，一次聚会花费在千元以上。

日常消费中拥有“大品牌、高价格”消费品。从品牌来看，手机、笔记本电脑分别有69.16%和55.30%的大学生为国外知名品牌。从价格来看，有31.5%的大学生手机价格在3000元以上；21%的大学生笔记本电脑价格在7000元以上。

大张旗鼓地炫耀享乐需求的满足。部分家庭条件极为优越的大学生，经常在网上“晒”幸福：暑假我去哪里旅游了、限量版耐克篮球鞋、生日礼物——LV 包包，等等。这种炫耀性消费，是孩子享受、父母买单的错位消费，其实质是人的主体性丧失的一种表现。

第三，消费行为中，由“知道”与“做到”的严重背离带来的矛盾冲突。

有 69.41％的大学生完全赞同“节俭是一种美德”，与此同时，17.99％的大学生在“商品打折时狂买无用的东西”。部分学生明知“兼职打工是改变自己经济状况的首选途径”“非常愿意通过打工赚钱补贴家用甚至养活自己”，实际上从未有过走出校园兼职打工的经历。对“进入大学后，有过打工挣钱的经历吗?”的回答，15.56％“有过”；84.44％“没有”。90 后大学生消费行为中理论认知与实际情况凸显出不一致性，90 后大学生消费心理的不健康、消费行为的不科学，等等，反映出 90 后大学生消费价值观的不成熟。

第四，消费理念中，由适度节俭的高度认同与自我为中心的超前消费的强烈渴望带来的矛盾冲突。

根据以往世界城市的特点来看，消费中心是世界城市的应有体现，北京也不例外。调查数据显示：83.09％赞成“适度消费”应成为首都北京作为世界城市背景下的消费中心首要的消费理念。

适度消费的基本含义是指，在不严重破坏环境、不侵犯其他人和子孙后代基本生存权利的前提下，根据自然和社会经济条件的许可程度，来安排自己消费活动的消费观。一般来说，适度消费有两个标准：宏观上，与国情国力相适应、与生产力发展水平相适应，与自然资源相适应；微观上，与个人的收入水平相适应。具体对于大学生而言，其消费是否适度，主要是看其是否超出了家庭的承受能力，是否超出了大学生实际的生理和其他基本需要。

购买日用品或娱乐消费，35.36％同学首先想到的是“该花就花”；85.74％赞同“能挣会花才是现代人”。对于“有钱就拥有了一切”，2.85％完全同意，15.38％基本同意。大学生花费已占到一般家庭的 50％左右。

第五，消费心理中，由从众实用与个性前卫并存带来的矛盾冲突。

75.37％的 90 后大学生都崇尚实用消费。与此同时，也希望个性张扬，拥有具有“新、特、奇”特点的消费品，诸如限量版消费品、公认的奢侈品，等等。

(二)首都 90 后大学生由消费观矛盾冲突引发的非理性消费的具体表现

1. 消费内容庸俗化

突出表现在 90 后大学生中存在的“颜色消费”，例如，以烟酒为代表的白色消费，甚至还有少数大学生，涉及“以赌博、吸毒为代表的黑色消费”“以购买淫秽书刊、网上传播色情信息、进行色情交易等为代表的黄色消费”“以求神拜佛、看相算命等为代表的灰色消费”，等等。

2. 消费方式碎片化

互联网一方面通过发达的资讯，空间上极大地提升了大学生消费的选择度；时间上使消费方式变得更加方便快捷；另一方面，其副作用也日渐凸显。“发泄式购物”“打折季购物”“网瘾式购物”频频出现，有些学生已经呈现出一种病态。

3. 消费心态极端个性化

(1)炫耀消费。非名牌服装不穿，非独立宿舍不住，非限量版的手机不用，不惜一切代价拥有某种高端产品，千方百计获得明星签名……以此显示我的身份、地位和个性。一旦达到“人无我有、人有我强、人强我奇”的境界，那将是人生之大幸。社会上一些人“不求最好、但求最贵”的思想在90后大学生中亦有显现。

(2)虚荣消费，即超过自身消费能力的消费。在90后大学生中往往表现为过度人情消费。以金钱的多少衡量友谊的深厚、交情的深浅、关系的远近；尤其在大学生恋人之间，其表现更加严重。

4. 消费心理阴暗化

(1)自卑。总是感觉自己不如别人，表层感受是别人看不起自己，而深层的理解则是自己看不起自己，是缺乏自信心的表现。

(2)嫉妒。通过自己与他人进行比较，而产生的一种消极心态。当看到与自己在一起的同学穿名牌，用名牌时，便产生嫉妒心理。

(3)敌视。这是一种比较严重的心理障碍，这种人总是以仇视的目光对待周围的人，穿上了名牌，他们就看不起没名牌的同学；而没名牌时，就会看不起有名牌的同学；久而久之，这种心理也会在其他事情上反映出来。

5. 人生目标物质化

61.45%选择比尔·盖茨为“最崇拜的人物”；只有3.3%选择郭明义为“最崇拜的人”。54.49%赞同“有钱就拥有了一切”。比尔·盖茨以绝对第一的比例，成为首都90后大学生最崇拜的对象，在整个社会金钱化日趋凸显的背景下，大学校园已不再是“象牙塔”，大学生对金钱、成功的渴望已成为90后大学生的主要价值取向，他们以比尔·盖茨为崇拜对象，试图通过“世界首富”这一称号，表明一个人的真正成功与成才；一个人似乎只要有了钱，一切问题都可以迎刃而解。

(三)首都90后大学生“冲突消费观”形成因素的多维审视

1. 改革开放、社会转型与90后大学生冲突消费观的形成

在消费价值观领域，中国人实现了从计划经济时期以“温饱、节俭；实用、积蓄”为主要特征的消费，到市场经济时期以“享受、奢侈、时尚、直至消费主义的兴起”为主要特征的转化。

特别是进入21世纪之后，在全面建成小康社会的背景下，贫富差距在社

会转型过程中急剧凸显。大学校园是社会的缩影。富二代大学生的“炫富、时尚、前卫、新潮”与贫困大学生的“窘迫、OUT、忧郁、自卑”在消费观领域形成鲜明对照。

2. 科学技术飞速发展与 90 后大学生冲突消费观的形成

科学技术推动了消费领域的拓宽，消费方式的多元，消费观念的更新，成就了大学生在消费领域的网络化、超前化、快速流变性、时尚化等特征的凸显。与此同时，科技乐观主义带来的消费过度的负面影响也不容忽视。90 后大学生“物质消费与精神消费、理性认知与感性冲动、适度消费与炫耀消费、实用消费品与前卫时尚消费品”间的冲突，已见端倪。

3. 中国传统消费观与西方消费主义思潮的并存，引发了 90 后大学生消费观的多元并存及至矛盾冲突

消费主义自 20 世纪 80 年代开始，在我国悄然兴起。在物质消费中，对物质财富的占有欲极度膨胀，享乐主义、物质主义成为全部生活的轴心，往往表现为过度消费、奢侈消费、炫耀消费以及超前消费，等等。在精神消费中，往往表现为对感官文化的过度痴迷。

“花明天的钱，做今天的事”“不求最好、但求最贵”受到 90 后大学生的热捧，以“我消费，我存在”作为生活方式的标签，即是消费主义对 90 后大学生影响的突出表现。

4. 日益恶化的消费生态与 90 后大学生冲突消费观的形成

以广告为代表的大众媒介的诱导对大学生消费价值观的消极作用最为突出。

“告诉我你消费什么，我就可以告诉你是谁”。在这个话语系统中，物已不仅仅是自然的存在，更是一个社会的存在，是一个把人们区分开来的重要标尺，诱导大学生过分重视和追求附加在商品之上的享受、情感、品质等象征意义，使“享受、功利、自我”等成为 90 后大学生消费价值观的标签。

三、首都 90 后大学生冲突消费观的引导与救赎

消费是人的永恒的活动，消费活动的实质即是人的存在方式。在消费过程中，人的消费不仅要满足个体的正当、真实的需求，还必须与社会发展相一致，既不破坏自然环境，又不损害他人利益，这样的消费才会给人带来真正的幸福和快乐。

“适度、和谐、理性”应成为 90 后大学生幸福消费观凸显的基本理念。

1. 解放发展生产力，实现幸福消费观建构的物质救赎

社会生产力的高度发展是幸福消费观建构的必要前提。通过解放生产力、发展生产力，拓宽消费领域，开拓新型消费产品，为满足人民群众不断增长的物质和文化需求提供尽可能大的空间和可能，这是克服由贫富差距带来的

消费两极分化冲突、实现幸福消费观建构“物质救赎”的根本路径。

2. 加强大学生思想政治教育，实现幸福消费观建构的“精神救赎”

(1)幸福消费观教育理应成为高校思想政治理论课教学中的基本内容。

高等学校思想政治理论课是实现大学生思想政治教育目标的主渠道、主战场、主阵地，理论上说，高校可以借助思想政治教育的平台、相关制度的出台，使之成为90后大学生构建消费价值观的有效路径。然而，现实情况并不理想，幸福消费观教育在主渠道、主战场、主阵地中鲜有体现，处于“无声、无影、无形”状态，似乎已成为高校思想政治教育的荒芜之地。

(2)高校思想政治理论课对大学生进行幸福消费观教育实施方案。

基于“系统性、时效性、可行性”基本思路，“高校思想政治理论课幸福消费观教育具体实施方案”建议如下：

表　高校思想政治理论课幸福消费观教育具体实施方案

课程名称	实施方式
思想道德修养与法律基础	生存体验：一天中如何挣到100元钱。
中国近现代史纲要	演讲： 以讲故事或演讲的形式，介绍中国共产党人在不同时期对消费与幸福关系的认识。
马克思主义基本原理概论	讨论课： 从马克思劳动异化学说，反思90后大学生在消费观领域中存在的“异化消费现象”。
毛泽东思想和中国特色社会主义理论体系概论	讨论课： “消费”在中国社会发展中的作用，如何完成“从依赖出口到依靠消费”的转型？ 社会调查： 大学生一年花费在家庭消费中所占比例；制订“大学消费计划书”。

(3)完善相关制度与政策，提高大学生自主意识与自立自强能力。

第一，每年大学新生入学教育时增加“自立、自强”教育专题。与之配套，学校应设立相关兼职岗位。

第二，每年寒暑假之前，学校出面组织召开“大学生兼职专场招聘会”，为大学生开辟兼职绿色通道，克服目前大学生社会实践的弊端。

第三，鼓励大学生自主创业。允许学生开办餐饮店、复印店、洗衣店等投资少、见效快、风险低的小企业。

3. 提升内在素质与优化外在环境

(1)提高自身素质：90后大学生建构幸福消费观的根本前提。

智商、情商、财商并列为现代社会三大不可缺少的素质。自从1977年恢复高考以来，我国高等教育中，对大学生智商、情商的培养其成效是显而易见。但对“财商”的培养，客观地说，实在不尽如人意。课题组建议：

通过开设“消费经济学”“消费常识”等消费教育课程、使学生了解消费观念、消费方式、消费技能等，提高90后大学生判断消费品价值的能力。

举办专题讲座，使学生了解有关消费者权益保障的政策法规、基本的金融知识和工具，理财的方法和窍门，等等，提高90后大学生的自主消费的能力。

通过多种多样有益的消费教育活动，如模拟证券交易、跳蚤市场、生存体验、爱心基金会等形式，在现实生活中体现“适度、和谐、理性”等消费理念。

(2)优化消费生态：90后大学生建构幸福消费观的外在条件。

消费生态主要包括社会消费环境、网络消费环境、大学校园以及家庭。在可行性的前提下，我们更应关注家庭消费理念、消费习惯、消费结构等对大学生幸福消费观建构的影响，应充分发挥家长在提高90后大学生“财商”中的作用。课题组建议：

第一，家长应就家庭经济情况客观、全面、及时地与孩子沟通，并制订大学期间可行的消费计划，突显适度消费。

第二，家长应随时掌握孩子的消费情况，根据具体情况适当调整消费计划，真正起到监管作用。这是大学生能否做到理性消费非常重要的一环。

第三，寒暑假期间，通过“消费日记”，家长应要求孩子就本学期消费基本情况进行总结，一方面适当调整消费计划，另一方面，就孩子的消费情况是否合适进行相应的奖励或惩罚；同时，要求孩子参与家庭经济生活，掌管家庭一定阶段、一定范围的财政大权，安排家庭生活各项支出，突显和谐消费。

参考文献

[1] 中共中央马克思恩格斯列宁斯大林著作编译局译：《马克思恩格斯全集》(第一卷)，北京：人民出版社，2009年。
[2] 中共中央马克思恩格斯列宁斯大林著作编译局译：《马克思恩格斯全集》(第四十二卷)，北京：人民出版社，1995年。
[3] 刘晓君：《全球化过程中的消费主义评说》，《青年研究》，1998年第6期。
[4] [美]埃利希·弗洛姆：《健全的社会》，北京：中国文联出版公司，1988年。
[5] 袁贵仁：《马克思的人学思想》，北京：北京师范大学出版社，1996年。

[6] [美]赫伯特·马尔库塞著，张峰、吕世平译：《单向度的人——发达工业社会意识形态研究》，重庆：重庆出版社，1988 年。
[7] [法]让·波德里亚著，刘成富、全志钢译：《消费社会》，南京：南京大学出版社，2001 年。

（作者：刁志萍　北京交通大学教授）

项目名称：U-S协作对北京中小学教师专业发展影响力的研究
项目编号：10BaJY066
项目负责人：朱晓宏
项目信誉保证单位：首都师范大学

U-S协作对北京中小学教师专业发展影响力研究

内容提要： U-S协作即大学与中小学合作，共同促进教师专业发展，这已经成为一个国际教师教育改革的大趋势，在我国教育界也已经达成了广泛的共识，并涌出大学与中小学的不同合作样式。在大学与中小学的合作过程中，大学究竟能够给予中小学教师什么？这不仅是一个实践问题，更是一个理论问题。从中小学教师的职业生存现状看，他们当中的很多人在离开大学校园的同时也在一定程度上远离了大学的学术生活。因此，大学与中小学合作必须建立在回归大学精神的基础上，重构中小学教师回归大学精神的学习和生活方式。

大学与中小学合作（U-S协作）旨在通过合作促进教师专业发展，改进中小学教育教学实践，这已经成为国际教师教育改革的共识。在大学与中小学的合作过程中，大学究竟能够给予中小学教师什么？这不仅是一个实践问题，更是一个理论问题。本研究以在职教师教育培养为切入点，重新调整U-S协作的内容与方式。以教师教育课程建设为载体，重构中小学教师回归大学精神的学习和生活方式。

一、反思在职教师专业发展的困境

目前，无论是高等师范院校里实施的教育专业硕士学位教育，还是各地教师进修学校和教研部门指导下在职教师专业培训，高等院校相当多地迷恋于通过更新教师的教学方法来提升其专业水平。这种过于“重方法轻理论”的教师教育或教师培训并没有从根本上使教师摆脱“技术工”的生存状态，反而使在职教师专业发展陷入某种困境。

（一）高等师范院校在职教育硕士课程存在的问题：专业性质的缺失

培养面向中小学教师的在职教育专业硕士，这或许是高等师范院校对于在职中小学教师专业发展的集中影响方式。从教育硕士专业学位（EDM）的特点看，它具有鲜明的职业性和实践性特征，与教育学硕士学位相比，它是一种具有特定专业取向的学位。但是，现行的面向在职教育硕士课程设置中存在的问题主要表现为专业性质缺失，这就在一定程度上造成师范大学对于教师专业可持续发展影响力的不足。

具体而言，EDM是一种职业性学位，在我国也被称为“专业学位”，而教育学硕士学位则是一种学术性学位，也被称为“科学学位”。两者虽然在学位层次上相同，但是，在培养目标、培养方式及学位论文的要求方面都有所不同。教育硕士作为一种专业性学位，其培养目标主要是提升在职中小学的教学与管理人员的专业水平，也就是提高他们运用所学理论知识解决教育实践问题的能力。其培养方式主要以课程(公共课和专业课)学习为主，同时也要求撰写学位论文，但必须结合本专业的实践来撰写，这种论文属于应用性学位论文；教育学硕士作为一种学术性学位，着眼于培养从事教育理论研究的专门人才，其培养方式以研究性学习为主，最后以研究论文为主要成果，其学位论文强调学术性和理论性，这类论文属于学术型学位论文。

(二)教师的职业境遇：困惑与迷茫

1. 传统工作习惯束缚教师理解新课程

教师在长期的职业生活中形成了一套教学工作规范，并内化为一种工作习惯。教师已经习惯了传统的常规课程，它们强调行为目标、完成任务的时间、序列化学习、正面强化、直接教学、成绩测试、技能和知识的掌握等。一些教师可能陶醉于各自阅历所具有的习惯中。习惯成自然，习惯对教师行为的无意识影响是如此深刻。教师的习俗知识中对于什么是好的教学有着自己的理解。但是，习俗状态的教学观与新课程的教育观存在差异。教师的工作经验中蕴含着沉淀下来的历史，如果他们仅凭原有经验来做事就暗含着“抵制之意愿”。于是，教师群体中出现“抵制理论”的倾向。

2. 怀旧情结影响教师认同新课程

对于正在实施的课程改革来说，障碍之一还可能是教师对过去课程内容和教学方式的怀旧之情。怀旧诉诸的情感是过去带来的而现在再也无法获得的欢乐。轻视现状是怀旧的基本特点。怀旧是对过去生活的理想化，它存在于时间之外，凝固在不变的完美之中。在怀旧情绪中，教师希望强调原有的知识体系。教师的教龄越长，经验越丰富，这种怀旧情绪可能表现得越强烈。

3. 职业生存压力影响教师走进新课程

教师虽然被新理念所吸引，然而他是根据自己原有的观念与经验，理解与运用所接受的理论的，以致他们所理解与运用的教育概念、观念、命题、口号，同向他们传授的理论，往往不是一回事，甚至大相径庭，而他们自己却浑然不觉。[1] 这表明教师"信奉的理论"和"使用的理论"之间是有差异的。这样的教学改革势必影响学生的学习效果。当然，其中的原因可能很复杂，比如评价的理念和方法等。任何改革总是存在失败的风险，教师必须面对一个严峻的现实，即其工作业绩可能受到影响。这无形中加剧了其职业生存的危机感，改革的热情也逐渐消退。

4. 尊重权威的传统影响教师的理论判断力

由于教师对理论的权威崇拜，使得他们对专家的权威性观点很信服。除少数教师外，多数教师尽管不理解专家的观点，但很少提出批判。媒体关于课程改革的宣传，以及各级教研活动的导向都可能引起相当一部分教师用专家的观点来重新构建对课堂教学的理解。但是，教师面对专家出现观点分歧的时候，他们确实感到无所适从。对于教师来说，只了解一项课程改革的特征就已经很困难了，更不用说要弄明白某一学科课程改革前后的区别与联系了。

二、师范大学的专业影响力：构建实践取向的教师教育理论

U-S 协作的有效抓手是大学为中小学培养在职教育专业硕士，实现在职教师专业水平的有效提升。但是，现行的教育专业硕士培养过程中忽视了一个重要的事实，即教育硕士的专业性质就是要充分显现教育实践的特征，这就要认识到教育实践逻辑不同于教育理论的逻辑，并在此基础上克服教育理论与教育实践之间的张力。为此，我们必须立足于教育实践逻辑的特殊性，深刻理解教育理论与教育实践的关系，在 U-S 协作基础上，充分发挥师范大学的专业影响力，构建实践取向的教师教育理论。

(一)认识教育实践的逻辑，确立教育硕士课程建设的实践取向

我国学者自 20 世纪 90 年代开始关注教育实践与教育理论之间的逻辑差异，其中也不乏真知灼见。陈桂生教授就曾提醒我们关注教育理论与教育实践之间的逻辑鸿沟[2]。在此基础上，石中英教授把各种教育实践共同分享和遵守的一般形式、结构或内在法则称为"教育实践的逻辑"，并且认为，这种教育实践的逻辑既非一种纯粹观念的存在，也非一种纯粹实体的存在，而是一种介于二者之间或兼容主观性与客观性的文化的存在。[3]由此可见，这种实践的逻辑包括思想、信念、言语、表情、行为等，它从整体上支配着一个教师的教育实践活动。上述这些研究成果使我们看到了"教育实践"的特殊性质，也构成了我们理解教育硕士学位专业性质的思想资源。与此同时，大学的任

① 陈桂生：《教育学的建构》，长沙：湖南教育出版社，1998 年版，第 93 页。

② 陈桂生：《"教育学视界"辨析》，上海：华东师范大学出版社，1997 年版，第 463—464 页。

③ 石中英：《论教育实践的逻辑》，《教育研究》，2006 年第 1 期，第 3—9 页。

课教师也要树立一种实践意识，因为教学环节是实践取向课程得以实现的重要保证。

(二)加强大学教师的实践意识，提升教师教育课程的实践品质

面对具体、复杂的而且不确定的实践情境，作为理论研究者的大学教师，必须充分地尊重其内在的实践逻辑，并以此为依据重新设计并组织教学内容。这样的课堂才能够关注到中小学教师的实践感与实践意识。对于任何专题的讲授，只有大学教师对教育理论逻辑与教育实践逻辑有着清醒的理解，其所讲的内容才能得到教育硕士生的欢迎，教育硕士生也可能体会到理论学习的收获。这也要求从事教育硕士学位课程教学的大学教师深入实践现场，并能够对教育理论联系实际或指导实践有一个新的理解。

总之，随着教育硕士学位(EDM)培养规模的不断扩大，如何切实提高其教育质量，有效促进教师专业发展和基础教育改革，这是值得我们深思的问题。针对教育硕士学位(EDM)的专业性质，只有确立实践取向的课程建设理念，才能真正提高教育硕士的理论水平和解决实际教育、教学问题的能力，进而推动“专业学位”的可持续发展。当然，这里涉及的仅是教育硕士(EDM)课程建设中的一些基础性问题。教育硕士课程建设是一项系统性长期性的宏大工程，有待于继续深入探讨与此相关的大量问题。

三、大学与中小学合作，提升教师专业能力

近些来，在大学与中小学的合作方面，尽管实践取向已经成为我们的共识，合作的形式也在不断丰富，但是，合作的深度相当有限。为此，本研究借助于首都师范大学教育学院“教师发展学校”项目已经提供的U-S合作平台与研究基础，通过开设在职教育硕士试点班的形式尝试大学与中小学的深度合作，探索大学促进中小学教师专业发展的新形式。

(一)师范大学确立教师教育学科的专业影响力

随着教育专业硕士学位的设置，一门新兴的学科——教师教育学科应运而生。教师教育是教人成为教师的学科，其根本意义是教人学会怎样“教人成人”，教师教育正是在此与其他教育学科有所区分；基础教育的教师面对的是儿童青少年，而教师教育面对的是成年人，这一特点也决定了教师教育可以作为专业教育而拥有自己独立的学科领域；教师教育学科以其自身原理的发现组织各学科交集中的内容开拓自身发展的领域。因此，教师教育学科能否成立的关键就在于能否获得成为教师的原理，首都师范大学教师发展学校项目建设团队近十年来致力于建设教师教育的原理与实践建构。由这一原理产生出相应的培养模式、教育内容、课程设置、教学设计、实践环节、测量与评价等以及由它们而构成的教师教育体系。

(二)师范大学影响教师教育的根本走向：从知识到意识

目前，从北京市在职教师的主体构成上看，他们多是具有一定教育实践经历的在职教师。通过本科阶段所接受的大学教育，他们已经具备了比较完整的学科知识，基础教育实践的巨大变革也正促使他们重新寻找专业发展的定位。因此，在职阶段的教师教育，必须重视教师已有的观念、经验、知识和技能对于他们专业发展的影响。应该承认，教育实践已经在一定程度上唤醒教师的专业自主意识，教师不再是等待被“填充”的知识或思想容器，也不再是传递知识的“熟练技工”。所以，无论是大学进行的教育硕士专业学位教育，还是各地教师进修学校、教研部门组织的在职教师培训，必须重视教师如何在教育实践情境中从知识传递到教育意识的自觉。因此，我们必须放弃教师教育中原有的“控制—技术”色彩，从教育实践与教师专业自主意识的关系出发，重新理解教师专业发展的核心内涵，并以此开辟在职教师专业发展和教师教育的理论视域。

(三)“没有原理真可怕”——一位中学物理教师的觉悟

这里有一位教中学物理的教师，她曾参与在职教育硕士试点班教师教育课程学习，并且，在三年的在职研究生学习过程中，她与其导师始终保持良好的合作关系。下面是她的专业成长自述①。

首先，我重新思考我的学科，问自己学科的内涵本质是什么，知识体系包含什么，每一课、每一节、每一个概念它的物理意义是什么，每一个内容真的引起了学生内心的什么。为什么要去想这个问题。其实，这一切问题是为了让我们真正成为一个教师。不是说当了十几年的老师，教的学生考出一个高分，就由此判断我是一个好教师了。教师靠什么让学生考出高分呢，我真正能理解我的学科掌握我的学科吗，所以，宁老师提倡的方式是以内涵拥有的方式掌握教师所教的学科。

其次，我要重新思考我的学生，学生的素质到底应该体现在什么方面呢？学生的问题根源到底在什么地方？是不是只是培养知识体系就够呢？事实上应该培养的是他(她)的科学素养。问题的根源在什么地方？他(她)选了正确答案就是真的明白了吗？通过与学生个体对话，我作为一个老师能不能知道这句话他(她)即使是答对了就是明白了吗？你再问一问他(她)，下一段他(她)可能就暴露了他(她)本身的不明白。教师靠什么来把握？只能靠自身专业素养来把握。

进一步的思考，物理问题怎么能等价成一个数学应用题？正如我曾经当学生的时候对物理的一个理解。那么问题的根源怎么获得？我们可以通过分

---

① 摘自首都师范大学教育学院2008级教育硕士试点班研究生廖军玲(北京丰台二中物理教师)的在“U-S合作：京沪圆桌会议”(2013年)的大会发言，选入本报告时略做适当删节。

析学生、教师的自我分析、学生的自我分析以及我们之间的交流来获得。然后也要让我的学生自己思考，你知道了什么，你答对了你得有个反应，你答错了也得有个反应。你答对了你是怎么想的这事就对了，是不是这中间还有你不明白的地方。例如，你答对了某个答题很好，你得到了这6分(一道选择题6分)，但是，你知道这6分里还有什么是你不知道的。

由此可见，教育理论学习有效地提升了教师的专业素养，真实地解决她实际面临的教学问题。当然，教师的理论自觉也非一日之功，需要一个契机来实现转型。回顾这位教师的专业成长过程，她在学位论文选题确定后，通过与导师的深度交流逐步增强了教的理论自觉与有效教学的行动能力。

四、结论：中学教师要拥有大学意识与理论自觉

回顾课题组三年来走过的研究历程，尝试突破现有U-S协作模式，通过系统的教师教育加强大学对中小学教师专业发展的深度影响力。本研究始终把培养中小学教师的理论自觉作为U-S协作的最终诉求，即培养教师专业自主发展的原动力。并借此展望中学教师尤其是高中教师的发展前景，高中教师的专业发展视域中应该内在地拥有大学意识与理论自觉。

(一)中学教师要具备大学意识

在本课题实施过程中，我们始终秉承首都师范大学"教师发展学校"首倡导者们提出的理念——"文化互动成为其工作哲学之一"[①]。在大学教师与中学教师合作的过程中，我们努力寻求大学文化与中学文化的真正对话。没有中学的实践土壤，大学与中学合作推进教师专业就可能失去根基；没有大学的学术文化，教师专业发展就可能失去理论上的支持与帮助。因此，我们试图以唤醒中学教师回归大学文化来切实推动教师专业发展。中学教师在这一过程中表达对教育问题的独特理解，这就需要一种学术勇气。中学教师一旦具有学术品质，教育实践就成为一种理智的事业。

(二)高中教师要拥有专业信念与理论自觉

长期以来，中学教师习惯于将自己的角色作用定位为传授知识，并逐渐丧失了对于本学科原初性知识的追问。他们倾向于关注教的形式，即"如何教"，而对教学的内容"是什么"缺乏深入地研究，这在一定程度上导致其专业成长中的"内涵性缺失"。从传统眼光来看，中学教师一向是理论的消费者或旁观者。如果说我们在夏丏尊先生那里看到了他的理论自觉态度，也许可以唤醒中学教师对实践和理论的重新理解。近代以来，科技理性逐渐主导着人类文明的样式，人们在观念上倾向于依赖科技、信任专家，并寄希望于专家

---

① 王长纯、宁虹、丁邦平：《建设教育发展服务区　探索教育发展新模式》，《教育研究》，2001年第1期，第35—40页。

解决实践中遇到的各种问题。这就导致实践堕落为技术，而人作为实践者则完全失去了自己的责任心与反思能力。广大中学教师也正是在这个的背景下沦为教育理论的旁观者，逐渐丧失了实践者的理论自觉意识。

（三）契机：教师实现自我更新的可能性

对于已经具有学士学位的中学教师来说，有机会重返大学攻读教育硕士专业学位，这其中蕴含着其专业发展的契机。契机是一种新的可能性，它隐蔽在将来中，但又已经突入当前之中。如果一位教师真正抓住这样一种可能性，那么，他的世界就借此获得了一个全新的形态，其世界的自行开启之发生仿佛也得到了一个新的推动力。而对于教师而言，一种对其日常职业生活的全新思考只能以一种全新的态度为依据。当然，对教师来说，一种处境是否被衡量为可能的契机，他的"决心"或许能显示出一个行动开端的基本情调。这里的决心是透过一种觉醒情调而成为可能的。在教师的觉醒情调中，他获得了一种"诞生"的体验，即从一种允诺生命的隐蔽状态中感受到自己，亦即感受到他的向世界开放的可能之所在。对一个特定的决定来说，有一个"时机成熟"的时刻，但教师也可能"错失良机"。这就决定了他在此处境中到底能够如何行动。

总之，教师专业发展的成功与否取决于他自己，而问题的关键是，教师如何理解自己的责任，并赋予其作为此在的基本状态。由此引出的关键所在是，教师个人对其生活的自身负责的持续状况的形成。一旦教师能够形成理论自觉，他就能够以反思态度去扩展其思想方式与行动类型，并能够超越日常经验视域的局限，真正理解教育的本质。只有通过这个途径，广大教师方可从经验世界通达理论世界，进而实现真正的专业发展。

参考文献

[1]陈桂生：《"教育学视界"辨析》，上海：华东师范大学出版社，1997年。
[2]陈桂生：《教育学的建构》，长沙：湖南教育出版社，1998年。
[3]陈桂生：《教育学辨》，福州：福建教育出版社，1998年。
[4]陈友松主编：《当代西方教育哲学》，北京：教育科学出版社，1982年。
[5]宁虹、王志江：《重新理解教育》，北京：教育科学出版社，2010年。
[6]宁虹：《教育研究导论》，北京：北京师范大学出版社，2010年。
[7]石中英：《知识转型与教育改革》，北京：教育科学出版社，2001年。
[8]夏丏尊：《夏丏尊教育名篇》，北京：教育科学出版社，2007年。
[9]孙维刚：《孙维刚谈全班55%怎样考上北大考上清华》，长春：北方妇女儿童出版社，1999年。
[10]张能为：《理解的实践——伽达默尔实践哲学研究》，北京：人民出版社，2002年。
[11][法]布迪厄著，蒋梓骅译：《实践感》，南京：译林出版社，2003年。
[12][美]约翰·杜威著，傅统先译：《确定性的寻求——关于知行关系的研究》，上海：人

民出版社，2004 年。
[13] [美]约翰·杜威著，王承绪译：《民主主义与教育》，北京：人民教育出版社，2001 年。
[14] [英]卡尔著，温明丽译：《新教育学》，台北："国立"台湾师范大学书苑，1996 年。
[15] [捷]夸美纽斯著，傅任敢译：《大教学论》，北京：人民教育出版社，1984 年。
[16] [瑞士]让·皮亚杰著，傅统先译：《教育科学与儿童心理学》，北京：文化教育出版社，1981 年。
[17] [意]亚米契斯著，夏丏尊译：《爱的教育》，上海：华东师范大学出版社，1995 年。
[18]蔡春、易凌云：《论教师的生活体验写作与教师专业发展》，《教育研究》，2006 年第 9 期。
[19]宁虹：《实践—意义取向的教师专业发展》，《教育研究》，2005 年第 8 期。
[20]王长纯：《教师发展学校之工作哲学》，《北京大学教育评论》，2005 年第 3 期。
[21]杨启亮：《在职教师继续教育的价值取向》，《教育研究》，2000 年第 3 期。
[22]石中英：《论教育实践的逻辑》，《教育研究》，2006 年第 1 期。
[23]朱晓宏：《论哲学之思与教师专业发展》，《教育研究》，2007 年第 10 期。

（作者：朱晓宏　首都师范大学教授）

社会学学科

项目名称：北京社区公共服务建设研究
项目编号：11ZDA08
项目负责人：黄恒学
项目信誉保证单位：北京大学

社区公共服务建设要注重发挥政府和市场的共同作用

内容提要：社区公共服务建设是社会建设的重要内容，完善、提升社区公共服务建设需要充分发挥政府和市场的双重作用和合力，既不能越位，也不能错位，更不能缺位。本研究基于社区公共服务建设和全面深化改革的时代背景，从政府和市场的角色定位、服务体系构建和实践探索三个维度，分析探讨政府和市场在社区公共服务建设中的作用，并提出分类构建、分别提供、及时全面响应等发挥政府和市场作用的具体路径。

党的十八大报告明确提出："经济体制改革的核心问题是处理好政府和市场的关系，必须更加尊重市场规律，更好发挥政府作用"。党的十八届三中全会通过的《中共中央关于全面深化改革若干重大问题的决定》强调，经济体制改革是全面深化改革的重点，核心问题是处理好政府和市场的关系，使市场在资源配置中起"决定性"作用。这是我党在重要文件中首次明确市场将在资源配置中起"决定性"作用。推进社区公共服务建设的核心在于改革，改革的关键在于充分发挥政府和市场的共同作用。

一、边界界定：社区公共服务建设中政府和市场的角色定位

社区是现代社会的基本单元，是社会成员获得公共服务的重要场所。社区公共服务建设是社会建设的重要基础和主要任务之一，对于加强社会管理、提升城市管理水平发挥着举足轻重的作用。

社区公共服务属于既包括公共产品，又包括准公共产品。社区公共服务包括社区基本公共服务和非基本公共服务两种类型。社区基本公共服务是具有公共性、基础性和均等性的公共产品，所以，政府应是社区基本公共服务的主要供给者，财政投入是社区基本公共服务最主要的资金来源。一些社区非基本公共服务非公共产品的性质，其供给既要发挥政府的引导作用，又需要利用市场机制，实行市场化运作，由市场根据居民需求来提供。

我们认为，社区居民的公共服务需求决定了社区公共服务供给类型、供给内容和供给方式。提升社区公共服务能力，需要在明确社区居民的服务需求的基础上，建立以政府为主导、以市场为基础的多元化协同发展的社区公共服务供给格局。

第一，明确社区居民服务需求。根据社区居民的三重角色(社会角色、社区角色、个体角色)，将社区居民服务需求划分为社会性公共服务需求、社区性共同性服务需求和家庭个人的个性化服务需求。根据社区居民服务需求的属性和特点，把社区服务划分为三大类型：以“社会共识”确定基本公共服务类型；以“社区共识”确定非基本公共服务类型；以“个人偏好”确定非公共服务类型。

第二，建立社区公共服务供给“二元结构”体系。社区居民服务需求分为社区基本功公共服务类、社区非基本公共服务类和社区非公共服务类三大类型，根据不同的社区居民的需求类型，明确社区服务责任主体。其中，社区公共服务包括由政府主导的社区基本公共服务和由社区自主提供的社区非基本公共服务两类，由此构成了社区公共服务“二元结构”体系。

二、体系构建：分类构建、分别提供、及时响应

一是分类构建。将整个社区公共服务体系划分为基本公共服务和非基本公共服务两大类型，将所有社区公共服务项目分别归入这两大类型中来，形成基本公共服务项目和非基本公共服务项目两大序列。除此之外，社区服务中还包括社区非公共服务。与此相对应，居民对社区服务的需求也分为社区基本公共服务需求、社区非基本公共服务需求和社区非公共服务需求，以基本公共服务项目满足居民的基本公共服务需求，以非基本公共服务项目满足居民的非基本公共服务需求，以非公共服务项目满足居民的个性化非公共服务需求，以达到最大限度满足居民日益增长的物质文化需求的目标。

二是分别提供。根据“分类构建、分别提供”原则，对社区基本公共服务项目采取规范化、标准化建设模式，实现均等化提供；对社区非基本公共服务项目则应充分发挥社区自治功能，由社区根据居民需求自主提供；对社区非公共服务采取市场化改革模式，实行差异化提供。

三是明确责任主体。将提供社区基本公共服务的责任主体明确落实在政府身上，由政府直接提供或间接提供(即通过购买基本公共服务方式或其他符合有关规定的方式来提供)，将提供社区非基本公共服务的责任主体明确落实在居民个人身上，实行市场化运作，政府发挥引导作用，由市场根据居民需求来提供。

四是分类评估，分别问责。构建社区公共服务绩效评估“二元体系”，对社区基本公共服务和非基本公共服务分别设计不同的绩效评估指标体系，分

别进行评估。以居民对社区基本公共服务和社区非基本公共服务的满意度评价为基础，在统一框架下构建社区公共服务问责制和监管体系，且公共服务问责制和监管体系要覆盖公共服务提供和供给的全过程。

五是及时响应。社区规范化和标准化建设是一个持续发展、不断改进提升的过程，需要通过智慧社区等建设对已经建立的社区居民需求回应机制进行充实和提升，以更高标准、更高要求构建全方位、智慧型社区居民需求——回应机制，利用物联网、云计算、移动互联网、信息智能终端等新一代信息技术，不断创新社区服务方式，同时继续发挥传统社区服务方式的积极作用，通过全面提升社区公共服务规范化和标准化建设水平，实现对社区居民服务需求的全方位回应和各类社区服务的智能化提供，逐步形成全方位、智慧型社区居民服务新格局。通过准确把握信息化条件下北京社区服务发展趋势和发展规律构建的全方位、智慧型社区居民服务需求——响应机制基本框架可以为进一步推进社区基础设施现代化、政府服务协同化、社区管理智能化、公共服务网络化、居民生活便利化、社区服务集成化。

三、北京探索：北京市推进社区公共服务建设的主要做法

北京市是我国较早开展社区服务的城市之一，在社区建设和公共服务方面一直走在全国前列。改革开放三十多年来，北京市在探索社区建设和社区服务过程中不断改革创新，取得了显著成效，形成了符合时代发展要求、具有中国特色和首都特色的社区公共服务建设模式。近年来，北京市围绕改善民生、构建和谐、创新体制，在更宽视野、更高层次上推进和提升社会公共建设质量和水平，在社区公共建设方面取得了明显成效，为推动全国社区公共服务建设发挥了重要的示范作用。

(一)社区公共服务建设已成为北京建设世界城市的重要内容

北京奥运会的成功申办和举办，极大地提升了北京市的现代化国际大都市城市形象，人文北京、科技北京、绿色北京的“新北京”展现在世人面前。在新的历史起点上推进首都发展，加强首都社会建设是必然选择，也是必然要求。北京建设世界城市对政府和市民提出了更高要求，对城市公共管理和公共服务提出了更高要求。新的社会历史条件，赋予了北京市社区公共服务建设研究更加丰富的意义和内涵。社区公共服务作为政府公共服务的重要组成部分，已成为北京建设世界城市的重要内容和重要着力点，也是北京建设世界城市的重要标志。

(二)成立市级社会工作领导机构和小组，负责统筹协调全市社会建设工作

2007 年 12 月，北京市在全国率先成立市委社会工委、市社会办，作为市级社会建设工作机构，负责统筹协调全市社会建设工作。2008 年 9 月，在成功举办奥运会之际，市委、市政府成立由主要领导同志牵头，市委、市政府

38个部门为成员单位的“北京市社会建设工作领导小组”，加强对全市社会建设工作的组织领导。此后，这项工作继续向区县层面推进和深化，形成了市区(县)统一协调、相互配合的工作机制。同时，北京市面向社区、社会组织和新经济组织建立了社会建设信息直报点，为加强工作平台和工作网络建设提供了组织保障。

(三)持续推动社会建设和社区公共服务改革创新

从2009年起，北京市按照“一分、三定、两目标”的总体思路，通过试点和推广，不断加强社区规范化建设。2010年8月，北京市发布《北京市社区基本公共服务指导目录(试行)》，为社区居民享受政府基本公共服务提供了“基本菜单”，进一步充实了社区公共服务的实质内容①。2011年6月，中共北京市委在《关于加强和创新社会管理全面推进社会建设的意见》中，提出了今后五年的发展目标和工作格局，建立现代社区治理机构和新型社区服务管理体系。同年8月，北京市提出2012年社区建设工作的要点是深入关于《关于全面加强城乡社区居民委员会建设工作的意见》，全市社区建设工作要以建设干净、规范、服务、安全、健康、文化“六型社区”为重点，加强城乡一体化社区建设，全面推进城乡和谐社区建设。2013年北京市社会建设工作要点是：以保障和改善民生为重点，以社会体制改革为动力，以街道(乡镇)社会服务管理创新为着力点，以网格化社会服务管理体系建设为突破口，以社会服务管理精细化为落脚点，进一步推动社会服务管理创新。

(四)探索符合区情，具有时代特征的社会服务管理模式

北京市东城区的“网格化社会服务于管理模式”和西城区“全响应社会服务管理模式”，是北京市在探索社区公共服务建设道路的积极而有益的探索，引起了社会广泛的关注和认同。北京市东城区“网格化社会服务管理模式”是根据属地管理、地理布局等原则，将管辖地域划分成若干网格状的单元，由专职的工作人员对社区实施24小时动态、全方位管理，把服务民生、排忧解难落到实处，实现社会管理和服务的精细化。“全响应社会服务管理模式”是西城区在社会管理网格化的基础上，结合区域特点创建的社会服务管理新模式。其实质是对公众服务需求全面感知、快速传达、积极响应，目标是通过信息化手段，实现社会服务管理的全覆盖、全感知、全时空、全参与、全联动，形成“党委领导、政府负责、社会协同、公众参与”的社会管理格局，提升社会服务管理能力和水平。

(五)充分发挥社区组织和市场的力量，促进社区公共服务管理创新

近年来，北京市鼓励发挥社区自治的功能，实现政府行政功能与社区自

---

① “1060”工程已经被纳入《北京市“十二五”时期社会建设规划纲要》，成为新时期北京社区公共服务建设的重要内容。

治功能优势互补。同时，开展政府向社会组织购买服务，支持社会组织承接政府职能转移，大力推进社区公共服务民营化，形成了具有一定地方特色的社区公共服务民营化模式。从 2010 年起，北京市政府将向社会组织购买公共服务纳入制度轨道，由财政通过社会建设专项基金拨款，向社会征集年度政府购买社会公共服务项目，并发布政府购买社会组织服务项目指南，鼓励符合条件的社会组织申报项目。

当前，北京市在社区公共服务建设方面取得了重大成就的同时，也面临着一些新情况、新问题、新机遇和新挑战。完善、提升社区公共服务建设需要充分发挥政府和市场的双重作用和合力，既不能越位，也不能错位，更不能缺位。加强社区公共服务建设，需要进一步发挥市场的作用，更多依靠市场的资源配置和自我调节作用。进一步推动社区公共服务建设，需要处理好社区基本公共服务、社区非基本公共服务与社区非公共服务之间的关系，明确政府、市场和居民在社区建设中的定位，准确划分各类社区服务主体提供社区服务的责任。一要着眼于转变政府职能，提升政府的社区基本公共服务供给能力；二要着眼于处理好政府和市场的关系，在政府的引导下，将部分社区非基本公共服务交由市场来承担；三是将社区非公共服务完全交给市场，充分发挥市场机制的作用。

（作者：黄恒学　北京大学教授
梁鸿飞　北京大学副教授
徐淑华　北京大学博士研究生）

项目名称：白发浪潮第一波——北京城乡首批独生子女家庭风险及制度规避研究
项目编号：10AbSH080
项目负责人：尹志刚
项目信誉保证单位：中共北京市委党校

应对“白发浪潮”第一波的养老对策、模型与制度建构

内容提要： 本文提出应对我国“白发浪潮”的养老系统对策，即家庭养老社会化，社会养老家庭化，养老市场层次化，养老方式细分化，服务项目规范化，连锁经营规模化，中介服务社会化，风险责任明确化，资源发掘统筹化。尝试建构应对老龄社会风险的养老模型。国家、市场、家庭、社区、企业、人口和计划生育、社会七个层面的养老制度。

应对中国面临的以首批独生子女父母为波峰的白发浪潮这一史无前例的人口老龄化风险，需要进行社会系统的顶层设计。要设计养老战略——居家养老为基础、社区养老为过渡、机构养老为托底。激励生活自理及自理出现轻微障碍的老人实现居家养老，半自理老人选择社区托老，自理出现严重障碍的老人转到社会机构养老。支撑居家养老的社区为老服务组织、社区托老和养老组织、社区医疗组织等，都要实现连锁经营管理、规模效益。社会机构养老要根据收养老人的不同状况，实现分类专业化。整个养老政策和事业要进行服务链、产业链的整合和制度创新。

一、养老系统对策

应对中国老龄社会风险的系统对策包括：家庭养老社会化、社会养老家庭化、养老市场层次化、养老方式细分化、服务项目规范化、连锁经营规模化、中介服务社会化、风险责任明确化、资源发掘统筹化。

(一)家庭养老社会化

1. 支撑居家养老的社区服务

(1)廉价且周到的社区生活服务。中、高龄老年人的增多带来社区上门服务内容的不断增加，包括送餐、送菜、送粮、送奶、送报、送水等各种上门购物服务；打扫卫生、理发、洗澡、修脚等各种上门生活照料服务；维修水电气暖设施、家电等各种上门修理服务等。大多数老人家庭经济不宽裕，服

务收费必须便宜。不具备廉价且周到的社区服务，将导致居家养老难以维继。

(2)廉价且周到的社区医疗卫生服务。社区医疗站(中心)是承担这些服务的主要机构。其功能包括：上门看病、送药打针、家庭病房巡诊、疾病预防和治疗、健康保健指导、心理咨询、疾病及残疾康复训练等。

(3)丰富健康的老年文体活动服务。需要健康有益的内容，组织和参与活动的领袖、骨干和积极分子，活动的规范，提高水平的业务指导等。其中，需要政府和社会提供必要的活动经费、场地和器械等。

(4)老年人心理健康和精神慰藉服务。包括学习老年心理健康知识，参加各种健康有益的集体活动，进行心理交流或倾诉，遇到障碍时得到心理咨询和调试，子女及社区人员的心理关怀和慰藉等。

2. 支撑居家养老的社区服务的项目

(1)社区老年人就餐项目。该项目包括以下具体措施：

①“老年人餐桌”。要扩大服务人群，照顾到特殊老年群体，尤其是残障老人的就餐。

②单位食堂向老年居民开放。该项目需要政府制定相关政策并设立专项补贴资金。

③周边餐饮店为老人送餐。依据餐饮店为老人提供配餐送餐的人数、餐数，减免税收，并悬挂为老年人服务的门店匾牌。

④厂商深度参与老年人就餐。利用政策与税收的导向，统筹建立联营的经济型餐饮连锁店。政府相关机构要与各街道、社区通力合作，统筹安排用房，设立专项补贴资金，明确餐饮公司的准入、退出、服务评价、奖励与惩罚等措施，规范经营机制，明确结算补贴办法，确保服务商的积极性与服务质量。

(2)社区医疗保健服务项目。搭建各类医院诊治，社区卫生站治疗、预防与康复，两大医疗体系分工明确、互通互补、有效整合资源的制度格局。就社区卫生站(中心)而言，搭建全科医生常规坐诊、大医院专科医生定期“专科门诊”的制度；有条件的社区卫生站要配备康复保健医师，制订老年人身心保健计划，保证老年人的医疗、保健、康复等日常需求尽可能在社区卫生站(中心)得到满足。

该项目包括以下具体措施：

①建立社区卫生站的支持网络。发挥综合医院与专科医院对社区卫生站的支撑作用，承担卫生站的人员培训、专业指导和专科医生轮流坐诊等功能。

②创建社区卫生站联营机制和服务平台。从药品、医疗器械的统一采购、仓储和配备，人员配备和培训，财务及法律支援等方面，对卫生站给予全方位的服务支撑，以降低服务成本、规范服务标准、提升服务质量。

③搭建“社区草根组织”支持网络。对行动不便的老人，政府要借助“社区

草根组织”提供接送老人到卫生站与医院就诊的服务；对个别情况特殊的高龄或残障老人，提供人性化的上门服务。

(3)邻里“老人互助小组”项目。在提倡子女尽孝、鼓励家庭成员尽责的同时，充分发掘社区潜在的人力资源优势，建立老人之间“互养、共养”的社区居家养老新模式。该项目包括以下具体措施：

①扶持各种老年互助小组。民政部门、街道和社区要大力发掘、组织本社区退休的老年人发挥余热、余力。以楼门、邻里为基础，组建医疗保健、修理、日常探视、代为购物、出行帮扶、心理咨询等各种互助小组，实现低龄老人为高龄老人服务的循环机制。

②安装互助门铃。推进老年人家家户户安装互助门铃，方便互助小组为老年人，尤其是残障或高龄老人提供及时服务。

③鼓励老年人发挥余热。如建立服务信用积分，激励老年人积极参与“互养、共养”，确保老人互助小组的可持续发展。邻近楼门、社区可以探索实现资源共享，互帮互助，共建和谐家园的新型社区为老服务模式。

(4)老年文体健身项目。鼓励社区的横向联动与合作，整合并用好社区活动经费，培育并壮大老年文体组织，配置所需的硬件与软件，开放公园等公共健身场所，为老年人的文体健身提供方便。在草根文体组织和专业健身机构之间建立长期的业务联系，聘请具有专业执教资格的教练指导老年人健身。

(5)家政服务规范化项目。从整个养老模式的结构功能看，为居家养老提供良好的家政服务，主要是保证老年人能聘用到合格的小时工和保姆。该项目包括以下具体措施：

①规范家政服务人员培训。家政服务人员上岗前，要接受政府规定的职业培训，特别是照顾老年人需要的生活、护理、康复及基础医疗保健知识和技能的培训。家政服务人员在上岗前须取得职业技能证书，否则不能上岗。

②建立家政服务人员的信息与信用档案。为老人购买家政服务提供有效的信息，帮助他们聘到合适的人员。

③规范家政服务市场。规范聘用合同、家政服务项目、服务标准及收费标准等，保护双方的权利，降低双方的风险。

(6)子女敬老项目。养老要立足家庭。政府应当大力宣扬尊老爱老的先进典型，提倡子女对老年人的经济支持、生活照料、精神慰藉等全面赡养，激励儿女将赡养父母作为自己的责任与义务。

(二)社会养老家庭化

社会养老机构主要承接生活自理出现严重障碍的老年人。社会养老机构要倡导养老服务家庭化的理念，并贯穿到服务的各个环节和全过程。

1. 居住空间家庭化

房间和庭院设计要家庭化，有独立卧室和卫生间，有散步、聊天的场所等。

2. 环境布置家庭化

房屋装修和布置要体现家庭化，可以让老人把自己常用的家具、物件带到房间，以感受家庭的温暖。

3. 交流沟通亲情化

老人之间要加强交流沟通，并设计一种场景，使得交流要体现兄弟姐妹般的亲情。

4. 人员服务子女化

住在养老机构的老人期待子女的探望和照料。服务人员要扮演子女的角色，用子女似的态度和服务使老人体验到家庭的温馨。

(三)养老市场层次化

1. 社区托老所的功能和保障条件

(1)社区托老所的功能。社区托老所是公益性、成本收费的照料机构，承担生活自理出现轻微障碍老人的日间照料，是一种由分散居家养老向社会机构集中养老过渡的方式。托老所的硬件条件包括：老年人日间休息室、日间活动室、洗澡间、带多个抽水马桶的卫生间。软件条件主要包括：完善的服务项目和标准、合理且低廉的收费、一批高素质的社区托老服务社会工作者等。

(2)整合社区资源，降低居家养老和社区托老的成本，提高服务水平。托老所要挖掘并整合社区各种资源，降低成本。托老所不用设专门的卫生室，可以把托老所建在社区卫生站(中心)附近，由站(中心)的医护人员承担医疗服务。不必建食堂，可由周边符合条件的餐厅承担送餐服务。托老所建在社区活动中心附近，也不需要建专门的活动室。

(3)居家养老和社区托老的保障条件。政府要为社区提供必要的房屋、经费、设施、组织管理及服务人员(特别是社会工作者)。为满足不断增加的居家养老和社区托老的需要，政府相关部门要在调查研究的基础上，从长计议，加强规划、统一设计、加大投入，为居家养老和社区托老创造条件。

2. 老年公寓的功能和保障条件

从养老模式的结构功能上看，老年公寓是收住经济富裕的不同自理能力老年人的机构。入住者需要享受项目齐全和高水平的养老服务，需要护理及服务人员具有较高的专业知识和技能。因而，老年公寓的运作可以采取市场化的方式。

3. 养老院的功能和保障条件

在整个养老模式中，养老院的功能是收住生活自理出现轻度或中度障碍老人的机构。从目前老人对养老方式的选择看，生活自理的老人多数选择居家养老。当自理能力出现轻微障碍时，多数选择寄宿养老院。要根据这部分老人的数量、年龄和生活自理能力的变化，建设适合不同服务水平和收费标准及空间布局的养老院。

4. 护理院的功能和保障条件

在整个养老模式中，护理院的功能是收养生活不能自理老年人的场所。要根据这部分老年人的数量和不同支付能力，建立不同层次的护理院。

鉴于护理院收住的是不能自理的老年人，护理人员和收养人员的比例较低，即一个人员护理的老人不可能太多。同时，护理这类老人需要专门的知识和技能及较强的体力和精力支出。即使是按成本计算，护理院的收费也会较高，家境不宽裕的老人难以入住。要降低入住门槛，需要对经济困难的老人实施费用减免。

(四)养老方式细分化

由于老年人的生活自理状况不同、经济收入不同、个人兴趣爱好不同，所以社会养老要分层、分类设计。养老机构的分层和分类化设计必须考虑三个重要变量：其一是家庭经济的贫困和富裕程度，其二是住房的狭窄和宽裕程度，其三是老年人的养老观念和生活方式差异。

1. 经济困难且住房狭窄家庭的养老方式

经济困难且住房狭窄家庭老人的养老方式可供选择的空间不大。由于条件的局限，聘小时工、保姆居家养老和住老年公寓这三种方式，都是他们难以选择的。如图1所示。

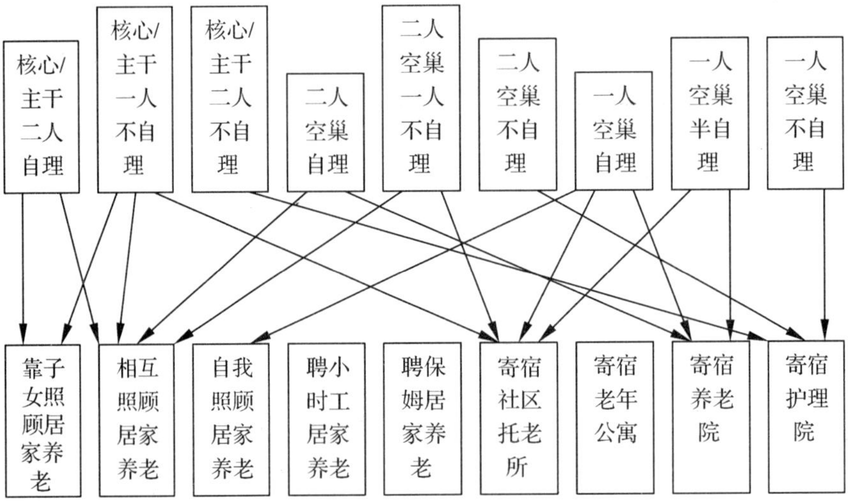

图1　经济困难和住房狭窄老人家庭的养老模式

2. 经济富裕、住房宽裕家庭的养老方式

经济富裕和住房宽裕家庭的老人可供选择的养老方式较多。当他们生活自理时，最佳的养老方式是聘用小时工、保姆居家养老。当出现轻微自理障碍、半自理或不自理时，合理的养老方式包括聘用保姆居家养老、住老年公寓等。如图 2 所示。

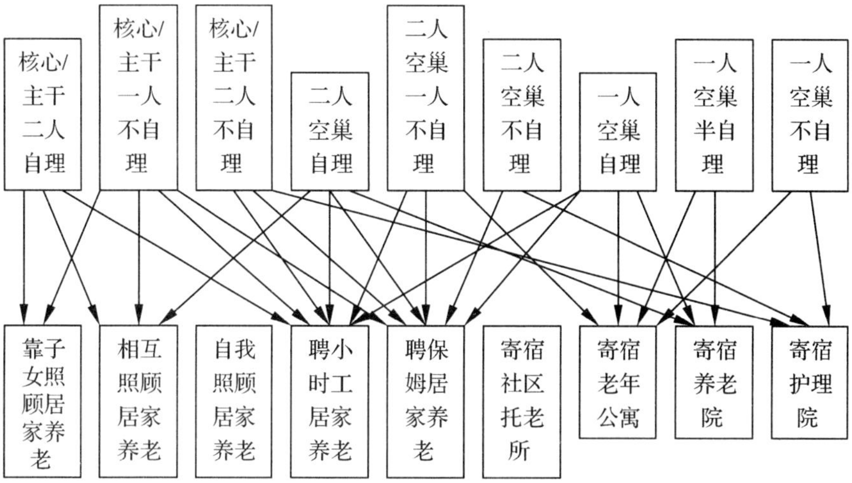

图 2　经济富裕和住房宽裕老人家庭的养老模式

(五)服务项目规范化

社会养老市场要赢得老年顾客的信赖，必须规范服务项目、服务标准、服务收费，以及违约赔偿标准。在规范服务项目时，要区分一般项目和特殊项目的服务和收费标准。

(六)连锁经营规模化

要把各种养老机构进行分类，把同类的养老机构进行连锁经营，以实现规模效益，这是降低服务成本、提高服务质量的重要途径。比如，实现社区托老所连锁经营，数十家甚至上百家托老所的物资采购、设备维修、物业服务等实现规模经营，可以大大降低成本。此外，连锁经营还有利于服务项目的规范化。

(七)中介服务社会化

中介服务社会化是把不同类型和层次养老机构的服务需求委托给中介机构提供，如人员培训、会计和法律事务代理等。这同样有利于降低服务成本、提高服务质量。

(八)风险责任明确化

由于老年人的身心较为脆弱，导致养老的各种具体行动都潜伏着难以预测的风险。要列出组织和个体与老人发生互动行为可能发生各种风险的时空点，并与相关行为主体签订风险责任书，以明确各方的责任。

(九)资源发掘统筹化

统筹发掘养老服务资源，主要有家庭、市场及服务商、社会组织(含社工)、社区(含志愿者和居民)和政府掌握的各种资源，并探索建立整合资源的机制。

1. 家庭资源的发掘和统筹

家庭作为首属群体，其成员的货币、劳务和爱心的相互支持是养老的根本资源。要从法律和道德上宣传、倡导夫妻互助、子女孝敬父母，以及其他家庭成员对老人的照顾护理。同时，要支持社会组织和社会工作者开展家庭照料护理知识和技能的培训。

2. 市场和服务厂商资源的发掘和统筹

建立以 96156 呼叫系统为纽带的为老服务市场网络，通过专业连锁的形式，整合资源，规范各种相同的服务，提高质量，降低成本。通过政策引导，使个体商家加入品牌服务厂商。市场和厂商服务资源的发掘和整合，可以为老年家庭提供更好、更多、更便宜的服务。

3. 社会组织资源的发掘和统筹

大力扶持为老服务社会组织。政府立项和委托为老服务社会组织承接，并进行业务指导、执行过程和结果的监管。社会组织通过建立网络支撑，整合资源，培训专业社工，指导社区志愿者，提升他们为老服务的知识和技能，动员更广泛的资源、特别是人力资源参与为老服务，实现自助和互助。

4. 社区资源的发掘和统筹

(1)社区生产和传递的养老服务。整合社区日常养老服务项目，把有共同需求的多个社区的养老经费和其他资源整合起来，购买项目服务。整合社区助老服务组(通过网络连锁支撑)，发挥社区空间临近、服务时间成本低、沟通情感、增强归属等特点，把各楼门、院的有服务能力的居民通过志愿者的形式组织起来，提供培训、服务工具和器材等支撑，为周边有需求的老人提供服务。

(2)社区草根组织生产和传递的养老服务。建立各类社区草根组织的联系网络和服务枢纽组织，为分散的养老服务和活动小组提供项目、器材设备、人员培训、活动组织等服务支撑。

(3)社区邻里互助生产和传递的养老服务。参见本文“邻里‘老人互助小组’项目”。

5. 政府资源的发掘和统筹

(1)立项购买服务。通过立项购买与养老相关的公共服务和公益服务，委托社会组织承接项目。

(2)建立并扶持各种中介服务、联合服务的枢纽型社会组织。通过各种网络化服务，把分散的个体、互助小组、托老所、社区服务站、社区卫生站(中心)、服务厂商等资源整合起来，规模经营、规范服务，提升质量、降低成本，实现经济和社会效益双提升。

(3)建立各种养老服务的支撑平台。社会组织的信息交流平台;社会组织的服务材料、工具、器械、设备的购置、租赁使用、物业、财务会计、法律等中介服务等平台。通过枢纽型服务平台的建设,促进中小社会组织的发展,搭建养老服务的生产及传递链条,创造联合、合作、共享、共赢的社会大平台。

(4)养老公共资源及项目的规划和建设。民生养老公共服务均等化的一个制度性前提,是政府不能把公共服务项目及资源再划拨给某些单位,否则,公共资源势必蜕化为单位资源,社会公众无法共享。

二、养老流程模型建构

建构首批独生子女父母家庭养老模型,是要把老人在不同情境下对养老方式的合理选择加以结构化。老年人生活自理程度不同,是影响其选择不同养老方式的最重要变量。随着年事增高、生理器官老化,老年人从有劳动能力一步步发展到无劳动能力、生活自理、自理出现轻微障碍、半自理,直至不自理。大多数经济不富裕、住房不宽裕老年人的养老方式选择,会呈现从居家养老到社区托老,再到养老院、护理院的层层漏斗状。图 3 描述了依据老年人生活自理水平设计的养老流程图。

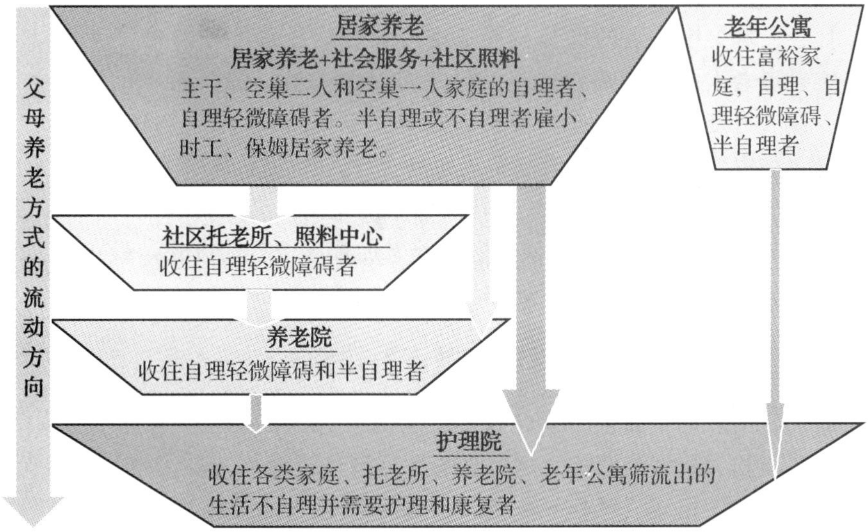

图 3　应对“白发浪潮”的养老模型——首批独生子女父母养老流程图

养老流程图显示,要尽可能发挥居家养老有利于整合各种社会养老资源的特有优势,使生活自理、轻微不自理乃至半自理老人的养老时光尽可能消化在各种居家养老方式中,以避免社会机构集中养老带来的巨大资源投入的负担。要积极发展社区托老所、照料中心,把它作为从居家分散养老向社会集中养老的过渡方式。而社会养老主要收养生活不自理的老人。在老龄人口高峰期,养老院、老年公寓等社会养老机构都要增加护理功能,甚至都要转变为护理院。这样，才能最大限度地降低(无法根本避免)我国大规模急速老龄化的养老风险。

建构养老模型，着眼于发掘及整合不同养老方式及各种养老资源的综合效益，积极应对人口老龄化的“白发浪潮”。

老年人获得的各种养老方式需要货币支撑，或者说可以通过货币置换。关键是居家养老加社区照顾可以使老人更有效的使用自己的各种货币资源。比如，可以使用原有住房，不需要政府和社会建造大量社会养老机构。可以通过社区各种老年组织，得到老年人的相互关照和邻里的照顾。可以在社区医疗卫生站(所)得到全科医生对老年常见病、多发病的治疗和康复，还可以通过社区家庭病房，得到便利的治疗和康复。这些都可以大大节省货币资源。

在人力资源上，居家养老加社区照顾可以通过夫妻相互照顾、自我照顾，或依靠子女、邻里、社区志愿者等，提供日常照料。在精神和心理关爱方面，居家养老加社区照顾可以获得子女、其他家人亲属及社区邻里及朋友的日常交流和照料。

居家养老加社区照顾是发掘和整合现有各种养老资源的最佳方式，它可以大大节省货币资源，提供便利的日常照顾和医疗服务，大大节约货币和时间等成本，体现以人为本的人性关爱。

社会机构集中养老的优势是服务的专业化、经营的规模化，也是应对生活不能自理老人养老的最终选择。但是它需要大量资源投入，包括资金、设施和专业人力资源。如果把生活自理的老人集中到社会机构去养老，不仅隔绝了老人与家庭和社区的血肉联系，而且会导致大量家庭和社区资源闲置。

特别需要指出的，我国大规模扑面而至的老龄社会面临的最大风险，是各种养老资源的严重匮乏。如何依托居家养老加社区服务的方式，最大限度地发掘和整合现有养老资源，是我国应对老龄社会的养老战略的不可替代之选。

三、应对老龄社会风险的制度体系建构

应对我国以首批独生子女父母养老为先导的老龄社会风险，必须从宏观上构建各项相关制度的框架。从广义的社会制度视角构建养老风险规避制度，主要涉及国家、市场、社区、家庭、企业或行业、人口计生、社会等层面的制度体系。

(一)国家层面的制度

即广义的社会保障制度，包括社会保险、社会救助和福利制度。社会保险是对各种职业有收入群体的强制性的制度，有职业的老年人退休后可以获得国家提供的养老保险金、医疗保险金；社会福利是对所有社会成员的保障制度，无职业和收入的老年人可以获得普适性的福利；社会救助是选择性的对社会弱势群体的扶持制度，主要是最低生活保障制度。通过这三种制度，

可以使所有的老年人获得基本的生活、住房和医疗保障。

(二)市场层面的制度

主要是商业保险。商业保险是社会保障制度的重要补充，是对基本保险之外的重大人寿和财产保险，老年人根据自己可能遇到的风险，通过市场途径向保险公司购买，以避免因重大意外风险导致的生活困境。

(三)社区层面的制度

社区层面的制度包括社区福利、社区服务和社区照顾。总体上看，社区福利、社区服务和社区照顾是综合性的救助和照顾，具有全体社区成员共同参与、相互帮助的功能，特别是照顾和关爱方面的互助功能，具有增进社区成员的认同感和凝聚力的社会作用。

(四)家庭层面的制度

家庭成员生活全方位的综合性、自助性、互助性制度，是任何社会和商业保险无法替代的制度。

(五)企业或行业层面的制度

企业及行业年金制，是企业根据利润和职工贡献为职工提供的补充保险或年金，是养老保障制度资金的重要补充。

(六)人口和计划生育政策及制度

人口和计划生育是应对由我国独生子女政策导致的家庭风险的保障政策或制度。从现实可行性上看，应包括创建独生子女父母护理保险和独生子女死亡伤残基金等政策，并由各项政策逐步向制度过渡。同时，作为应对特殊时段的独生子女家庭风险规避政策，也为我国应对未来少子高龄社会的普适性制度奠定基础。

(七)社会层面的综合性制度

在综合发挥上述制度功能的基础上，应当设计实施应对我国急速老龄化的综合性社会工程——全民，特别是老年人的健康工程，根本目标是采取各种措施以降低生活不能自理老年人的数量、比例及卧床时间。老年人不自理人口的减少，将从根本上缓解养老风险。

政府和社会要把规避独生子女家庭风险的各项制度建设有机整合起来，并与整个社会养老工程的设计和建设紧密结合起来，从而有效降低大规模扑面而至白发浪潮的老龄社会风险。

总之，我国扑面而至的"白发浪潮"，将给政府和社会带来始料不及的巨大风险，每个老年家庭也将面诸多不测风云。应对这些风险的各种资源，特别是人力资源又极为度匮乏。政府和全社会尽最大的努力，也只是降低风险，不可能完全规避风险。本文的初衷就是调查摸清数据，科学建构养老模型，为应对老龄社会风险提出预案和对策。

（作者：尹志刚　中共北京市委党校教授）

项目名称：家庭视角下北京市残疾人服务需求研究
项目编号：12SHC022
项目负责人：尹 银
项目信誉保证单位：中央财经大学

“以家庭为中心”的北京市残疾人服务需求与应对

内容提要：本研究主要采用2009年北京市残疾人服务需求调查数据，以“家庭”的视角研究残疾人的服务需求，研究发现：家庭对残疾人的致残是负有一定责任的；现阶段北京市残疾人的服务模式需求还是以居家服务为主；残疾使家庭在各方面都产生了负担；残疾人的需求往往是立足于家庭户特征和家庭现实困难提出来的；家庭特征等家庭因素对残疾人的服务模式和内容选择产生了重要影响。因此，提出了应对措施：以家庭为单位普及残疾预防知识；维护残疾人在家庭中的尊严与权利；对残疾人照料者全面支持；多标识、家庭化的政策视角；加强社区服务；健全社会保障制度；建立老残一体的托养机构。

残疾不仅是社会少数群体的特殊体验，而且是大众的普同风险，它既是整个社会需要面对的现象，也是每个人、每个家庭可能面临的情况。世界上没有完全健康的人，残疾只是会在不同的时间表现的程度不同[①]。因此，我们每个人都应积极应对残疾，关心残疾人就是关心我们自己、我们的家人。

具体到中国，全国两次残疾人抽样调查数据显示，我国的残疾人数量近年来激增，分布在7000多万家庭户中，涉及家庭范围广泛。1987年第一次全国残疾人抽样调查的结果显示，我国残疾人的总数大概有5164万人，占全国总人口的4.9%，有残疾人的家庭户占全国总户数的18.11%。而20年后，据第二次全国残疾人抽样调查的数据显示，截至2006年4月1日，全国各类残疾人为8296万人，占全国人口的6.34%，涉及2.6亿家庭人口，有残疾人的家庭户的人口数占全国总人口的19.98%。残疾人的分布涉及家庭范围广泛，全国有残疾人的家庭户共7050万户，占全国家庭总户数的17.80%；其

① Jaspers K. Nietzsche, *An Introduction to the Understanding of His Philosophical Activity Henry Regnery*, Chicago, 1966, pp. 53—59.

中有 2 个以上残疾人的家庭户 876 万户，占残疾人家庭户的 12.43%。相比于第一次全国残疾人抽样调查，中国残疾人的发展趋势是数量激增，涉及的家庭也越来越多。因此，残疾人的事情已经不仅是残疾人个人的问题，而是涉及 7000 多万家庭及关乎整个社会的大事情。因此，考量残疾人的需求，不仅需要关注残疾人个人，而且应当将残疾人放在整个家庭中考虑。

本研究立足残疾人的家庭视角，考察残疾人的服务需求，主要是指服务模式、服务内容等具体项目。具体来讲，服务模式主要包括居家服务、社区服务、机构托养。"居家服务"是指服务人员入户实行"一对一"服务的模式；"社区服务"是指残疾人离开家庭但不出社区而由社区提供所需服务的模式，这个概念可以推广至农村，即由村提供给需要帮助的村民；"机构托养"是指残疾人在专门托养服务机构中由专业人员为残疾人提供所需服务的模式。通过对服务模式和服务内容的研究，可以了解现阶段北京市残疾人的服务需求，从而有重点、有针对性地制定相应的服务政策。具体的服务内容包括经济支持、生活照料、医疗康复、精神慰藉等各个方面。

一、研究框架

本研究的核心内容是残疾人的服务需求，但是研究特点在于加入了"家庭"视角，包括家庭和残疾人的相互影响及构建家庭视角的残疾人服务对策

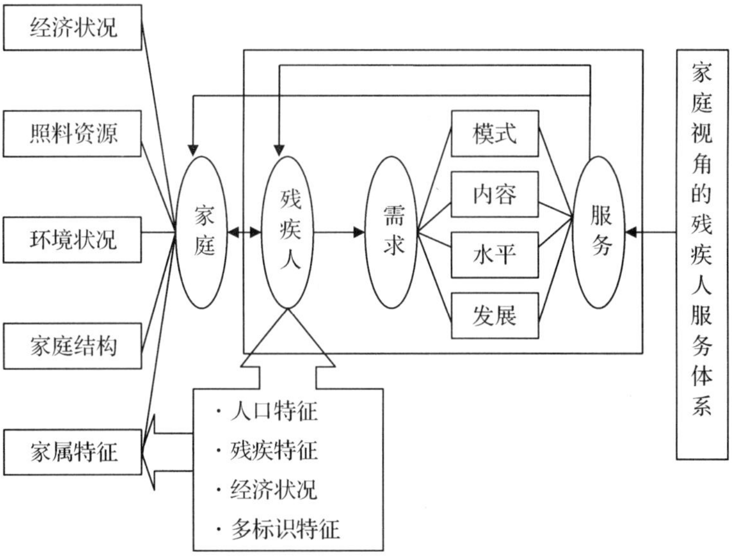

图　研究框架

(见图)。研究框架从左至右的流程解释为：残疾人的家庭(包括：经济状况、照料资源、环境状况、家庭结构、家属特征等)对残疾人的状况和需求产生影响，而家庭在残疾人致残过程中要承担一定责任，而残疾对家庭产生了负担；

残疾人产生的需求包括需求模式、内容、水平、发展等各个方面，因此，为残疾人提供的服务也应对应这些方面。最后，构建以家庭为视角的残疾人对策和服务体系，既应该有对残疾人的支持，亦应当有对残疾人家庭的支持，只有这样，才能形成有利于满足残疾人服务需求的良性循环，真正从根源上解除残疾人的困境。

二、数据与方法

(一)数据

本研究使用的数据主要有两个来源，一是2009年北京市残疾人服务需求调查数据，主要用于定量分析，二是访谈数据(资料)。

2009年北京市残疾人服务需求调查采用简单随机、等距抽样方法，多阶段抽样，共在北京市抽取了1205名持证的残疾人，其中1198名残疾人有服务需求，本研究的服务需求分析也是基于这1198名残疾人的情况。考虑到不同类型残疾人的服务需求不同，调查的残疾类型主要包括：智力、精神、肢体、视力残疾和多重残疾，并且以重度残疾人为主。重度残疾人包括：视力残疾中的一级盲、二级盲；听力残疾中的一级；言语残疾中的一级；肢体残疾中的一级；智力残疾中的一、二级；精神残疾中的一级(灵活就业除外)①；多重残疾人以残疾程度最严重的残疾类型为准。为了兼顾城乡差别，残疾人农业和非农业户籍人口比例与北京市第二次残疾人抽样调查保持一致，大致为3∶7。

由于定量数据资料存在一定的局限性，需要进行更深度的挖掘，以探求不同特征的家庭对残疾人需求的影响，于是进行了深度访谈补充论证(见下表)，访谈内容主要包括：残疾人个人状况、家庭状况、残疾生命史、残疾人需求、家庭服务需求、家庭压力和照料者体验、家庭关系与家庭支持政府、社会和社区支持，等等。

表　访谈资料介绍

数量	家庭户特征
15户	老年残疾户
30户	重度残疾户 一户多残户 老残一体户
15户	单残户 单亲残疾户 准老年残疾户

① 本《标准》根据中国残疾人联合会制定的《残疾人实用评定标准(试用)》进行划分；残疾类别、等级以《中华人民共和国残疾人证》的认定为准。

(二)方法

本研究广泛利用多学科的研究方法，以人口学、老年学、社会保障为基础，采用实证分析和理论分析相结合、定量分析与定性分析相结合的方法，以实证、定量分析方法为主，所用分析软件为 SPSS20.0。

三、北京市残疾人的服务需求

(一)残疾人服务需求的基本状况

在被调查的 1198 名残疾人中，残疾人的基本状况以男性偏多，以中年人、城市户口为主，表现为未婚率和文化程度低。残疾状况中主要以重度残疾人为主，四级的轻残者比例很低，致残原因以后天为主，但是自理能力还可以，大多数不需要全天候照顾。但是收入水平低、就业率低、贫困率高，缺乏收入来源，社会保障状况欠佳，超过 1/3 的残疾人没有任何固定性救助。一半以上的残疾人和配偶同住，照料资源也主要是配偶，而在家庭户类型上，以重残户为主。而在家庭和社区环境上，不到一成的残疾人家庭和社区均已进行无障碍改造，生活服务设施和康复服务设施安装率在有的社区接近两成。

在服务模式上，残疾人最希望的还是居家助残服务模式，主要原因是家人能够提供照料和不用离开家，而对居家助残服务内容的选择上，家政服务、医疗康复、照护者支持、个人照料等是选择人数最多的；首选机构托养服务的残疾人占有服务需求残疾人的比例不到两成，其中选择专门的残疾人托养机构的占 80%以上，选择城区托养服务机构的较高，主要原因依次是需要专业服务、家人不具备照料条件以及增加社会交往等，离家较近、费用不太高、公办或政府监管是残疾人对托养服务机构的三大愿望；首选社区照料服务的残疾人最低，占有服务需求残疾人的 17.61%，主要原因依次是缓解家人负担、离家较近和增加社会交往，希望社区照料服务提供的项目依次是康复训练、临时照看、文化娱乐、外出参观等，希望社区照料服务点设立地点依次是社区活动中心、温馨家园、职业康复站。北京市残疾人目前生活中最大的困难是经济负担太重，残疾人对"迫切需要政府提供的支持和帮助"的要求是提高经济待遇。

(二)残疾人致残原因中的家庭因素

通过对深度访谈的案例分析发现，在残疾人的各种致残原因中，家庭对残疾人的致残是负有一定责任的。残疾发生在人的生命历程的各个阶段，残疾人由于家庭致残，因此，家庭也要为照料残疾人承担相应的义务。在笔者的访谈中，很多残疾人的家长都曾懊悔，因为自己的愚昧和无知造成了孩子的终身残疾，自己也为此背上了沉重的负担，所以照料好残疾人也是自己的责任。同时，也说明了对家庭支持的必要性，无论从残疾预防教育还是经济、照料、精神支持方面，对家庭的有效支持都能够减少致残概率；对于获得性残疾来说，重点则在于对非传染性疾病进行控制，减少意外伤害的发生，从而减少因病致残和因伤致残。不同人群的残疾发生水平和致残原因都不尽相同，因而不同时期、不同人群的防控重点也应该是不同的，单就年龄层次来说，应以预防儿童残疾为重点。儿童应重点加强意外伤害和传染性疾病致残的防控；职业人口应重点防治职业性残疾和精神残疾，减少因工致残；老年人则要重点防治非传染性疾病致残，[①] 同时提供经济支持，通过雇佣护工等形式为老年人提供照料，预防残疾发生。

(三)残疾人的家庭负担

残疾对家庭收入、亲属工作机会、亲属心理、照料、医疗等都产生了负担和影响：

首先，残疾对家庭收入的影响方面，在残疾人的年龄、性别、城乡、工作、残疾类型、生活自理能力方面对家庭收入有显著影响。视力、智力残疾人，相比精神残疾人，家庭收入显著较高；能够自己穿脱衣裤的残疾人，家庭收入也较高；但是，残疾等级并没有对家庭收入产生显著影响。在家庭因素中，不同家庭户类型的家庭收入也不尽相同，老残一体户、老年残疾户这种多标识残疾户的收入较低；社区环境对残疾人的家庭收入也有显著影响，社区已进行无障碍改造、有生活服务设施和康复服务设施的社区，居住其中的残疾人收入较高。

其次，残疾对家属工作机会的影响方面，残疾人的残疾类型、生活自理能力有显著影响，残疾等级则没有显著影响。残疾人家庭中，为了照顾视力残疾人而放弃了工作机会的比照顾精神残疾人的显著少，其他残疾类型与精神残疾没有显著区别。能够穿脱衣裤、如厕的残疾人，家庭照顾其放弃工作机会的较多，而能够翻身的则相反。社区同时有生活服务设施和康复服务设施的残疾人，亲属为照顾残疾人放弃工作机会的也较少，这说明社区服务在一定程度上替代了家庭服务。

最后，通过对残疾人及其家庭的深度访谈和质性分析，可以发现残疾对家庭医疗、照料、心理都产生负担，主要表现在：(1)老残一体户的家庭，主要是老年人照顾残疾人，老年母亲是残疾人最重要的照料资源，老年人的养老需求退居到残疾人的助残需求之后。家属的心理压力巨大，主要总担心自己重病之时或百年之后，残疾的儿女还能否有人照料。(2)重度精神残疾人家庭，往往需要全天候的照料，他们的家属为此没有任何“自由”而言，与残疾人“捆绑”着生活在一起，照料和经济的双重压力，使他们身心疲惫，心理压力尤其巨大。(3)残疾人的家属，往往是与残疾人血缘关系越近的人，照料他

---

① 崔斌、陈功、郑晓瑛：《中国残疾人口致残原因分析》，《人口与发展》，2009 年第 5 期，第 51—56 页。

们越多，心理压力也越大，也就是说，残疾人父母、子女往往是心理负担最大者，而兄弟姐妹的心理负担不及前者。(4)由于中国医疗保险往往与就业联系在一起，没有就业也就没有保险，所以导致家庭其他成员有医疗保险，而急需医疗保险的残疾人却没有，残疾人家庭中一个人占用绝大多数医疗资源，将导致其他成员无资源可用，这就给家庭带来很大的医疗负担。

(四)服务需求模式中的家庭因素

家庭特征、照料资源、家庭及社区环境等家庭因素对残疾人的服务模式选择产生了重要影响。残疾人丰富的家庭资源和东方文化特有的家庭传统，给予残疾人经济支持、精神慰藉和生活照料等多方面的支持，残疾人多选择居家服务而不是机构托养服务，对社区服务享受的也较少，存在正式服务和非正式服务的替代效应。不同照料资源的影响也较显著，由子女/孙子女和配偶照料的残疾人选择机构托养服务的较少，由父母/祖父母和兄弟姐妹照料的残疾人选择的服务模式没有显著差异。父母/祖父母和兄弟姐妹对于残疾人来说，并不是稳定的照料资源，因为父母/祖父母年龄越来越大，一般会在残疾人前面去世，而兄弟姐妹在血缘关系上毕竟又远了一步。在家庭和社区等居住环境方面，无障碍改造状况和社区服务设施建设状况对残疾人服务模式的选择影响不大，而对社区服务选择影响较大，社区服务设施状况越好，残疾人越乐于享受社区服务。在访谈中，残疾人更是对现在的社区服务设施建设大为赞赏，但是这些社区服务还有缺乏人性化的地方，同时社区服务还需要家庭人员陪伴。

家庭收入对残疾人的服务模式和享受的社区服务都没有显著影响，但是对于选择入住的托养机构有显著影响，家庭收入越高的残疾人，选择城市托养机构的越多，而家庭规模对其却没有显著影响。当今选择入住托养机构以城市居多，选择在城市的托养机构有利于家属探望和精神慰藉，但是往往收费也较贵，这对残疾人家庭尤其是低收入家庭造成很大压力，同时也说明选择城市托养机构的大多数是残疾人家庭中收入较高的，这对低收入家庭来说是一种挑战，也说明发展社区照料的重要性。一户多残户和照料资源主要为子女/孙子女选择专门托养机构的较多，社区服务设施建设状况也对其有显著影响，而随着老龄化社会的到来，无论残疾人还是其父母，预期寿命都会增长，照料资源主要是父母/祖父母的残疾人选择城市托养机构的较多，也增大了对城市机构托养的需求。

(五)居家服务需求内容中的家庭因素

家庭特征、照料资源等家庭因素对残疾人的服务内容选择产生了重要影响。在经济支持需求方面，收入越低的家庭、重残户和老残一体户、由兄弟姐妹照料的残疾人，其需求显著高。残疾人家庭往往处于经济与照料、医疗康复的两难境地，尤其是男性照料者，有限的收入雇人照料残疾人，经济就成了问题。在生活照料方面，由兄弟姐妹照料的残疾人需求显著多。在家政服务方面，家庭规模越大的残疾人，对家政服务需求越少，因为家庭人手越多，家政服务往往可以自己解决；一户多残户、老残一体户对家政服务的需求显著多，家中的行动不便者多，相应的需求也多。在文化娱乐需求方面，家庭收入越高，残疾人的文化娱乐需求越大，因为残疾人的文化娱乐是以经济条件做基础的；另外，由兄弟姐妹照料的残疾人对文化娱乐需求较高。在对残疾人的质性分析中发现，残疾人是很需要精神慰藉的，无论家庭还是社会，如果能够对残疾人给予更多的关心和爱护，残疾人的症状会有显著缓解。而残疾人的医疗康复方面，老残一体户需求较少，这种特困户还没有医疗康复需求，需要特别救助，另外，由父母/祖父母照料的残疾人医疗康复需求也较高，这说明家庭照料资源的重要性，同时也从侧面说明残疾人的医疗康复意识不强或者康复资源不足，对家庭照料产生了依赖，只有照料资源不稳定时才有显著高的康复意识。

四、“以家庭为中心”的北京市残疾人服务应对

在为残疾人提供照料服务的同时，也要把家庭作为照料的对象，这一思想在很多国家和地区已经落实到照料服务和研究之中，未来北京市的政策选择也要以家庭为视角应对：

(一)残疾预防：以家庭为单位普及残疾预防知识

加强预防干预、减少残疾发生，是降低出生人口残疾率的有效途径，是提高人民总体生活水平的必要措施。残疾预防干预体现了人道主义精神，是社会文明进步的重要方面。同时具有最大的成本效果，许多先天性残疾，康复花钱多，需长期康复治疗和训练，且效果不理想。要从源头上遏制残疾，首先就是要优生优育。优生优育的途径很多，比如：杜绝或最低限度地减少有遗传性疾病的夫妇生育和近亲结婚、孕期保健、围产期保健。这些知识需要进一步通过《婚姻法》的实施、甚至残疾人立法，以及计划生育政策和优生优育知识的普及去逐步实现。所以说，对家庭的残疾预防教育也是防止残疾发生的重要方法，对残疾人及其家庭的支持，应该从预防残疾做起。

(二)权益维护：体现残疾人在家庭中的尊严与权利

一些残疾人，他们因为残障标识的存在，思维或者行动不及健全人，不仅在社会中可能受到不公平待遇，即使在他们的家庭中，也可能会被歧视或者虐待，特别是一些老年残疾人、女性残疾人，是其中最可能遭受尊严和权利践踏的群体。因此，为了满足他们的需求，应当主要从家庭入手，通过对家庭成员的教育引导，必要时借助妇联、残联等机构的力量，使残疾人在长居的家庭环境中获得尊重。同时，推动残疾人结婚、婚姻保障，要建立专门的残疾人婚介所或网站，推动残疾人的结婚，加强对残疾人婚姻的保护。

(三)对残疾人照料者全面支持

加强家庭成员培训。对待残疾人照料者，培训他们履行居家服务技能，形成居家照料的基础，组织相同残疾类型的家庭，给予他们定期培训和交流。特别是对于照料残疾人的非父母、子女、配偶等直系亲属照料残疾人的，给予更多支持。

支持残疾人家庭就业。对于残疾人的家庭照料者，因为照料残疾人失业的，给予补助，并给予心理辅导。从支持残疾人就业到支持残疾人家庭就业，如新建彩票投注站、邮亭，应优先安置符合要求的残疾人家庭经营。

(四)多标识、家庭化的政策视角

现阶段，北京市残疾人的服务需求内容集中在经济支持、生活照料、精神慰藉、医疗康复等多个方面，受家庭特征影响显著，这也是今后助残服务需要注意的方面。特别是重残户最需要经济支持；一户多残户、单亲残疾户、单残户应在生活照料方面给予倾斜；而老残一体户、老年残疾户等多标识弱势残疾人家庭更是具有全方位的需求，这些都是今后助残政策的发展方向，争取做到全覆盖、无盲点。当残疾人有多个弱势标识时，其带来的需求也相应增加，这就需要在原有的基础上增加补助，满足多重需求。

(五)加强社区服务

社区服务及康复设施、无障碍设施改造增加了家庭资源，对残疾人的服务模式和服务内容产生重要影响，应该得到更进一步的重视和发展：继续加强社区设施的改造，加强人性化设计，让各种类型残疾人都能自由独立参加社区服务，实现完全无障碍设计，减少社区服务家庭人员的陪伴；加强社区照料服务。残联招募的志愿者及工作人员，特别是残疾人协管员，以社区为单位，实行网格化的管理和服务，定期上门，推动喘息服务及成人日间照料，给予残疾人服务。重视社区康复服务，在社区层面主要进行康复工作者的招募和培训，康复服务的持续跟踪，并在康复过程中，要将残疾人的家属纳入其中，加大照料者的康复技能培训。

(六)健全社会保障制度，政策具有一定的灵活性

在残疾人这个群体中，往往存在着一种“劣势积累”或“恶性循环”，因此，扩大残疾人社会保障覆盖面，建立完善的残疾人转移支付制度，并逐步提高其保障水平，使残疾人得到应有的平等机会和地位，同时，针对不同层次的残疾人给予不同的扶持力度，是现阶段残疾人社会保障建设的重要任务，在困难群体中，优先照顾残疾人，尤其是老残一体等多标识困难残疾人家庭，逐步将残疾人医疗康复费用纳入城镇职工基本医疗保险报销范围等政策。

(七)建立老残一体的托养机构

现阶段北京市残疾人的服务模式需求还是以居家服务为主，这也是今后助残服务发展的主要方向。《中共中央国务院关于促进残疾人事业发展的意

见》明确提出要“建立健全以专业机构为骨干、社区为基础、家庭邻里为依托，以生活照料、医疗卫生、康复、社会保障、教育、就业、文化体育、维权为主要内容的残疾人服务体系”。但是，三种服务模式需求又各有侧重，在把握居家服务这个主要模式的基础上，还要兼顾其他两种服务模式，针对居家服务，应主要体现其便利性、基础性；针对社区服务，应侧重于服务的综合性、辅助性；而对于机构托养服务，更重要的应是注重其专业性、全托性，针对残疾人不同家庭状况发展不同服务模式。

参考文献

[1]Jaspers K. Nietzsche, An Introduction to the Understanding of His Philosophical Activity Henry Regnery, Chicago, 1966.

[2]Smits S. J, The Reactions of Self and Others to the Obviousness and Severity of Physical Disability, Rehabilitation Counseling Bulletin, 1965, 1.

[3]崔斌、陈功、郑晓瑛：《中国残疾人口致残原因分析》，《人口与发展》，2009 年第 5 期。

（作者：尹　银　中央财经大学副教授）

历史学学科

项目名称：北京历史文化遗产保护与传承研究
项目编号：11ZDA07
项目负责人：金良浚
项目信誉保证单位：北京城市发展研究院

北京历史文化遗产保护与传承

内容提要：本研究着重关注北京历史文化遗产的保护与传承工作，为此，首先阐述了区域历史文化遗产的空间分布，其次归纳分析了遗产保护存在的问题，并在此基础上提出了遗产保护与传承的目标、趋势与思路，最后提出了遗产保护与传承的对策措施，以期实现北京历史文化遗产的全面保护和有效传承。

一、历史文化遗产保护与传承的意义

(一)弘扬文化传统

保护文化遗产，保持民族文化的传承，是连接民族情感纽带、增进民族团结和维护国家统一及社会稳定的重要文化基础，也是维护世界文化多样性和创造性、促进人类共同发展的前提。

(二)展现文化魅力

保护文化遗产，能够展示中国普通老百姓的生活世界、人生愿望和审美情趣，能够展示中国文化的内在精神和独特光彩以及它所呈现的人类共同价值，这样就展示出了一种活的文化。

(三)推动文化发展

文化遗产事业是建设中国特色社会主义文化事业的重要组成部分，保护好文化遗产，是新时期对文化遗产事业的要求，也是推动文化发展、增强中华文化国际影响力的重要基础。

(四)促进文化交流

以历史文化遗产为载体，开展对外文化交流，是对外文化宣传的一项重要职责，也是促进中外文化交流的一项任务。

二、北京历史文化遗产的空间分布

(一)核心区的历史文化遗产

核心区是指明清时期北京城护城河及遗址以内(含护城河及遗址)的旧城区域，也就是北京现在的“首都功能核心区”，包括东城区和西城区。

该区域内的历史文化遗产主要包括33片历史文化保护区，2处世界文化遗产，61处全国重点文物保护单位，150处市级文物保护单位，136处区级文物保护单位，658处挂牌保护院落，1处地下埋藏文物区，以及45处优秀近现代建筑。

(二)外围区的历史文化遗产

外围区是指旧城以外的区域，涵盖现有的“城市功能拓展区”“城市发展新区”和“生态涵养发展区”。

该区域内的历史文化遗产主要包括10片历史文化保护区，4处世界文化遗产，1个中国历史文化名镇，4个中国历史文化名村，38处全国重点文物保护单位，105处市级文物保护单位，521处区级文物保护单位，55处地下埋藏文物区，26处优秀近现代建筑。

三、北京历史文化遗产保护与传承存在的问题

(一)文物占用问题突出

北京市文物建筑不合理占用问题十分突出，现有法律又没有明确的腾退或整治要求，致使文物腾退成为制约北京文物保护的瓶颈。同时由于被占用单位的不合理使用，导致古建筑损坏严重。

(二)遗产保护政策法规有缺失

北京市诸多针对文化遗产保护的文件多停留在政策性层面，以“办法”“通知”等形式出现，严格意义上的法律法规较少。遗产保护专项法规、技术规范、管理制度缺失也较多。

(三)遗产地超负荷利用

目前，北京部分遗产地超负荷利用，遗产被简单地作为旅游经济产品对待，过分强调旅游经济功能，将遗产视为创收的经济实体，导致遗产地及周围地区开发强度过大，破坏了遗产地原有的环境和风貌。

(四)遗产保护人才缺乏

北京市在物质文化遗产保护方面缺乏足够的专业技术、理论和管理人才，成为制约文化遗产保护事业科学发展的一个瓶颈。与此同时，从事非物质文化遗产保护工作的管理和研究人员更少。

(五)遗产保护技术较落后

北京文化遗产保护的科技水平相对落后，主要表现在缺乏遗产保护专业

技术人才，缺乏理论研究支持、先进的实验设备和手段，缺乏系统的科技战略研究，缺乏综合性保护和跨学科支撑等。

(六)承受自然灾害的威胁

长期以来，北京的文化遗产都面临着暴雨、地震、雷电、滑坡、泥石流等自然灾害的威胁。

四、北京历史文化遗产保护与传承的目标和趋势

(一)北京历史文化遗产保护与传承的目标

1. 将北京建设成为遗产保护与传承示范区

北京是国内文化遗产最丰富的城市，围绕北京建设“中国特色世界城市”的战略目标，传承中华文化，将首都建设成为历史文化遗产保护传承示范区。

2. 将北京旧城建成国际一流文化中心区

将旧城区打造成北京最重要的“文化名片”，以世界城市的高标准进行文化建设，发展文化创意产业，努力将旧城区建设成为世界一流的文化主中心区和核心区。

3. 建设国际文化之都

结合文化遗产保护新要求，积极推进文化体制机制改革，创新文化制度，使首都文化焕发出生机与活力，促使历史文化资源的鲜明特色和突出亮点得以展示，古都北京的历史风貌和独特魅力得到充分展现，最终将北京建设成为独具魅力的国际文化大都市。

4. 形成完善的文化遗产保护体系

形成完备的文化遗产保护内容体系和公众参与体系，文化遗产保护管理的机制体制和法规政策体系得到进一步健全，文化遗产保护的资金支持体系更加完善。

(二)北京历史文化遗产保护与传承的趋势

1. 从保护遗产本体向保护遗产本体与环境发展

自 20 世纪 80 年代初期开始，随着北京文化遗产保护观念的转变，市委、市政府高度重视文化遗产保护工作，不仅注重对文化遗产本体的保护，而且逐渐开始加强对文化遗产周边环境及其缓冲区的治理与保护。

2. 从保护“古代文物”向保护“当代遗产”发展

21 世纪之前，北京对于文化遗产的保护主要以封建社会的物质遗留为核心，同时辅以近代的重要史迹及代表性建筑，保护的覆盖面过于狭窄。进入 21 世纪以来，一批具有代表性的 20 世纪遗产、当代遗产被列为各级文物保护单位、重点保护对象，得到了有效保护。

3. 从保护“点”“片”文化遗产到保护“线性文化遗产”和名城整体保护发展

进入 21 世纪以来，北京文化遗产保护的视野已经从单体文物或古建筑

群、历史文化街区、村镇，扩大到空间范围更加广阔的历史名城保护。近年来还加强了对线性文化遗产的保护力度。

4. 从保护宫殿、寺庙、纪念性建筑向保护民间文化遗产发展

北京在文化遗产保护中，以往更多地关注宫殿、寺庙、纪念性建筑等历史建筑。随着保护理念的转变和保护实践的深入开展，作为北京文化多样性重要表现形式的民间文化遗产开始进入保护的视野。

5. 从只重视保护物质形态遗产向保护非物质文化遗产发展

近年来，北京在强化物质文化遗产保护的同时，也开始加大对非物质文化遗产的保护力度，先后公布了三批市级非物质文化遗产名录，各区县也分批次公布了辖区范围内的区县级非物质文化遗产名录。

五、北京历史文化遗产保护与传承的思路

(一)整合遗产资源，打造古都品牌

1. 建设具有国际影响力的旧城与保护示范区

在北京历史文化遗产保护与传承过程中，应凝聚北京旧城的遗产资源优势，注重打造古都品牌，建设具有国际影响力的旧城与保护示范区，使之成为推进北京全国文化中心建设的动力。

2. 突显“文化之都”与推进“宜居城市”建设

北京作为国际文化之都，鲜明文化特征是北京城市价值的体现，要在保护中弘扬，留住北京的“命脉”，使北京的历史文化积淀再现时代人文之光。

宜居城市是首都发展的目标，要坚持“渐进式、有机更新”的保护改造思路，加强对具有历史价值的胡同、四合院的保护和修缮，制定科学合理的房屋保护修缮标准，逐步改造危房，提高居民的居住条件和生活质量。

(二)从“功能城市”走向“文化城市”

1. 从提升经济竞争力走向强化文化竞争力

鲜明的文化个性是北京文化魅力所在，也是北京文化生命力和竞争力之所在。保护北京传统文化和文化遗产，发掘和彰显北京的文化特色和个性，是增强北京吸引力、凝聚力和竞争力的有效途径。

2. 从单纯保护传统文化走向多方位引领文化创新

城市文化不仅需要积淀，还需要振兴和创新，文化创新的高度也往往取决于对文化遗产发掘的深度。北京城市文化的发展，不仅要有对文化遗产的保护和传承，还要在此基础上开拓和创造新的城市文化。

(三)推进历史文化名城空间继承性发展

1. 重视文化遗产空间要素的系统保护

以“一轴一线一带多片”空间格局为文化遗产保护的重点，形成“点—线—面”三级保护体系，并强调北京历史文化遗产在空间、时间和文化要素上

协同。

2. 构建"两线三城"的名城保护格局

以北京旧城"两线"(南北中轴线和东西朝阜线)、"三城"(皇城、内城和外城)为核心,形成交相辉映、彼此衬托的名城保护格局。

3. 推行旧城功能与人口疏解战略

要推行旧城功能疏解战略,加快专业非首都核心职能。通过调整中心城原来部分职能,积极引导人口向边缘集团和新城转移。

4. 实施历史街区功能转换

要积极实施历史文化街区保护战略、文化兴街战略以及和谐惠民战略,打造文化创意集群,发展文化生态,组织多样化文化链,推动历史街区功能转换。

(四)建立文化遗产开发利用的战略体系

1. 传承与发展北京老字号

要看到老字号品牌巨大的经济价值,还要看到其所蕴含的社会人文价值。加强老字号重点街区的保护,着手制定保护老字号的地方法规。

2. 开展旧城产业发展区域评价

根据旧城的资源分布,划分为产业发展区、居住生活协调区、严格保护区。定位区域价值,指导、定位各区域的产业发展,并根据每个街区的资源和产业特点,以打造优势产业和特色产业为核心,按照"区域定位,域内分工"的原则,将旧城内各部分组合成一个有机整体。

六、北京历史文化遗产保护与传承的对策措施

(一)理顺历史文化遗产保护的体制机制

1. 创新文化遗产保护管理体制

结合北京文化遗产保护的新要求、新特点,参考现实中保护管理体制存在的问题,积极探索具有北京特色且具有示范和普适价值的保护管理新体制。

2. 政府主导,创新遗产保护方式

(1)发挥名城保护委员会的综合平台优势。以北京历史文化名城保护委员会建立为契机,提高历史文化遗产保护工作的统筹层次,形成市和区县两级相对统一的遗产保护工作体制机制。

(2)建立旧城直管公房上市交易平台。政府部门应在直管公房交易过户手续办理方面应积极开创新局面,建议参照两种交易方式:一是产权单位与承租人解除租赁关系,补偿安置承租人后出售房屋;二是社会购买人直接与承租人协商,负责妥善安置承租人,再与产权人签订公房补偿协议后购买房屋。

(3)借助政府力量解决遗产占用问题。应进一步完善法规,积极争取中央有关部门支持,通过高层面的协调来研究腾退方案。

(4)完善重大项目储备带动机制。政府相关部门应进一步优化遗产保护环境，完善重大项目储备机制，不断研究和提出新的遗产保护实施计划，形成动态的项目储备。同时，建立保护规划、城市规划、土地利用规划与重大项目实施的衔接配套机制。

3. 建立遗产保护长效机制

(1)积极探索多元化保护机制。北京历史文化遗产保护应建立政府主导、专家指导、公共参与的多元化保护机制。

(2)加快完善听证与评议制度。在北京文化遗产保护利用过程中，要加快完善相关听证、评议制度，增加保护利用听证内容，扩大听证范围，畅通广大居民及学术界表达意见的渠道。

(3)建立相关企业参与制度。企业保护文化遗产是政府和社会保护行为的有效补充，可以使企业在遗产保护中收获自己的公共形象价值及品牌效应。因此，企业在北京文化遗产保护方面，应当承担起自己的责任，打造出勇于承担公共资源保护的企业文化。

4. 形成遗产保护合力

(1)促进民间文化遗产保护机构的分工合作。政府应当从微观管理中抽离出来，将精力集中于宏观管理。对于社会化的事务，应放权于社会，鼓励和扶植一批民间社团组织，形成文化遗产保护的互补格局。

(2)开展文化遗产保护教育活动。鼓励北京各类学校将文化遗产教育列入教学计划，设置相关课程。最大限度地发挥现有文博馆和遗产地的教育宣传作用，以其作为课堂教学的教辅场所。

(二)健全历史文化遗产保护资金保障体系

1. 加大遗产保护资金投入力度

(1)确保公共财政对文化遗产保护的支持。文化遗产保护事业接受市场调节的空间十分有限，公共财政投入仍然是文化遗产保护重要的资金来源。要保证它们能够随着经济发展而发展，依靠政府通过利税等分配，以财政拨款的形式给予有力支持。

(2)调整旧城保护改造资金平衡机制。第一，北京历史文化遗产保护修缮资金应改区级平衡为市级平衡，在更大的财政空间内运作。第二，房屋保护修缮项目的资金平衡，可以不实行就地平衡和当期平衡，可以采取多种方式灵活平衡保护资金。第三，东西城应充分整合区内资源，在区内统一规划保护改造资金，适当向南城倾斜。同时，旧城保护和改造工作应统一规划，将联席会议、利益相关者参与等制度引入区间资金利用工作。

(3)建立多元化遗产保护资金投入机制。第一，发挥税收的积极作用。在提供文化遗产保护的资金上，税收在“开源”和“节流”两个方面产生作用：一是通过差别税收政策为文化遗产单位提供税收减免；二是通过税收优惠政策吸引社会资金。第二，发行文化遗产彩票。这是一种比较新颖的筹措保护资金的方法，也是一种更永久性的资金保障形式。第三，鼓励民间力量以非营利基金会形式介入。非营利基金会可以最大限度地吸纳政府、企业多方面的资金投入，并将与文化遗产事业相关或不相关的个人、团体的各类资金集中起来。

2. 建立遗产保护专项基金

(1)设立历史风貌保护与房屋修缮专项基金。建立历史风貌保护和房屋修缮专项基金，以政府财政的制度化投入为主，鼓励企业、组织、团体、个人，以合作投资、建设投入、无偿捐赠等方式参与。

(2)设立文化创意支持专项基金。通过设立文化创意专项基金，积极推进特色文化产业集聚区建设，实现文化创意企业与股权投资基金产业对接。以此为政策契机，在市区内建立一至两家文化创意产业基金，利用社会资金以及非银行的资本市场直接融资。同时，以银行业关注文化创意投资为契机，加快北京文化创意产业金融服务中心建设，推进"以文化带金融，以金融促文化"的政银合作模式。

(3)设立工业遗产保护专项基金。针对北京市工业遗产保护的现实要求，应与市场经济相适应、相配合，调动各产业主管部门和社会各界的积极性，以政府资金投入为主的工业遗产保护专项基金。

(4)设立世界文化遗产保护专项基金。北京市每年拿出一定比例的财政收入注入，同时广开资金筹集渠道，吸纳社会、企业和涉外资金。

(5)建立传统中轴线保护专项基金。项基金建立应以政府为主导，并采取相应措施积极吸纳企业、社会团体、个人、国际组织等投入资金。对于基金的使用，前期主要用于中轴线区域的环境整治、居民疏解、风貌保护、文保腾退等，后期主要用于该区域的日常维护和管理支出、预防性保护等工作。

(三) 健全历史文化遗产保护法规与监管体系

1. 完善遗产保护与管理的法律法规

(1)建立专项遗产保护法律法规。第一，应制定北京优秀近现代建筑保护法规；第二，尽快制定工业遗产保护与开发利用的法规；第三，对名人故居、会馆、王府等，应制定专门的保护法规。

(2)细化遗产法律保护的条款内容。在保护主体方面，确立单位和个人的法律主体资格，明确保护主体的权利和义务。在保护客体方面，确立文化遗产的客体地位，明确文化遗产的内涵和外延。在保护权利方面，设定公民文化遗产权利。

(3)建立完备的法律责任制度。文化遗产保护具体责任制度包括民事责任制度、刑事责任制度和行政责任制度。应不断强化这三方面的责任要求，进而形成完备的法律责任制度体系。

2. 建立专门的遗产保护执法制度

(1)构建遗产保护执法巡查制度。依据属地管理的原则，构建北京历史文化遗产保护执法巡查制度，通常分为两个层级：市级文物行政主管部门为全市遗产保护行政执法巡查的职能部门，各区县要建立遗产保护行政执法巡查小组。

(2)提高遗产保护巡查执法意识。要进一步提高对遗产保护执法巡查工作重要性的认识，充分认识当前遗产保护执法工作的严峻形势，进一步增强遗产保护工作的责任感和紧迫感，牢固树立和谐执法意识。

(3)加强遗产保护执法信息化和应急化管理。文化遗产保护应努力实现遗产保护执法的信息化管理，建立信息共享平台。同时，积极探索和尝试建立遗产保护执法应急化管理机制，加紧编制应急管理预案。

3. 建立遗产保护监督、监管机制

(1)设立文化遗产保护督察机构。要在严格遵守现有遗产保护制度的基础上，进一步完善遗产保护执法监督体制，建立遗产保护督察工作制度，设立市一级的遗产保护督察机构，并明确其主要职责。

(2)建立遗产保护督察特派员制度。在机关、事业单位、社会团体和社区中聘请部分人员担任文化遗产保护督察员，建立遗产保护督察特派员制度，协助市一级遗产保护督察机构监督遗产保护利用和管理情况。

(四)提升历史文化遗产保护技术水平

1. 全面应对遗产本体风化与腐蚀问题

(1)开展遗产本体腐蚀损失调查工作。调查工作要以信息化技术为手段，通过收集数据、分析原因、量化指标，测算腐蚀损失率，摸清北京不同环境区域、不同材料质地的文化遗产保存现状及腐蚀情况，以便实现从抢救性保护向预防性保护模式转变。

(2)全方位开展微气候干预活动。要因地制宜，具体问题具体分析，全方位开展微气候干预遗产保护工作，有效防止文物古迹遭到气候环境的破坏，从而达到保护文化遗产的目的。

(3)科学技术支撑促多学科综合研究。推进文化遗产保护的科技化、规范化和理论化，加强多学科的交叉综合研究。学习和引进国外先进的文化遗产保护理念和技术，建立符合北京文化遗产保护需求的综合实验室。

2. 利用技术手段解决遗产保护与民生改善的矛盾

(1)旧城四合院修缮采用建筑节能技术。由于传统居住建筑的墙体一般较薄，修缮改造时，可以考虑在墙体内增加保温隔热层，提高墙体的保温隔热性能。

(2)利用先进科技改善居民室内环境。在民居室内设计中要全面融入现代科技手段，达到既保护建筑本体，又改善居民居住环境的目的。在室内采光设计方面，对于无法正常采光的较黑暗房间，可采用上面开天窗等方式解决采光问题。

(3)以绿色低碳设计改善户外环境。应统筹协调历史文化街区清洁能源改造、环卫设施改造、架空线入地、胡同外立面整修等各类市政改造和环境整治工程，做到统一规划设计，统一实施。

(4)市政环境改善引入新工艺。旧城市政改善的原则是保护历史街区风貌，并通过采用新技术、新材料、新工艺等把现代化城市基础设施引入区内。

(五)完善历史文化遗产保护人才支撑体系

1. 培养遗产保护的专门人才

(1)实施专门人才培养战略。通过实施科技创新人才战略，培养能够适应文化遗产保护事业发展需要、结构合理、内外互补的专业人才队伍。

(2)重视高素质遗产保护人才培养。在基础研究、前沿技术研究、战略高科技研究和社会公益研究领域，强调项目、基地与人才建设的结合。应充分发挥优势互补作用，构建以行业主管部门为主体，高等院校、科研机构、遗产地、博物馆相结合的文化遗产保护人才培训网络。

(3)高等院校设立文化遗产保护专业。应抓住教育资源优势，积极支持相关高等院校设置文化遗产保护专业，根据文化遗产保护的时代任务和实际人才需求，重视文化遗产保护专业的课程设计，重视研究能力与实践技能的培养。

(4)开展文化遗产保护职业教育。应设立注重文化遗产科技保护和修复的职业学校和专业，形成目前急需的文化遗产保护技能型人才的培养机制。

2. 培养和重视高素质技术工匠

要在人格权和待遇上改变遗产保护技术工人的境遇，这样就会有更多的人进入并热爱这一行业，从而涌现既有渊博理论知识又有丰富技能的人才。

合理培训传统建筑技术工匠。首先，可以通过师傅带徒弟的形式，使传统建筑工艺在建筑修缮、重建等项目中发挥作用。其次，要重视传统技艺与现代技术的结合，提高传统建筑工匠的技术水平。

3. 扩大非物质文化遗产传承人队伍

(1)促进代表性与一般性传承人的融合。要将代表性传承人的示范活动与一般性传承人的普遍行为有机地结合起来，重视打造一般性传承人，使其具有文化创新力，掌握自主知识产权，了解文化规律与市场规律，懂文化、精策划，善于将文化资源与市场进行有效对接。

(2)发扬“师承制”传承非物质文化遗产。在非物质文化遗产保护领域，师承制这一人才培养方式不失为一种有效途径。在现代经济社会发展的条件下继承和发展师承制，必须要深入探索和建立更加具有针对性的鼓励方式和制度保证。

(3)良性互动培养遗产传承“接班人”。在北京非物质文化遗产保护与传承中，既要重视专门传承者的积极性，也要鼓励广大人民群众积极参与到非物质文化遗产的传承中，使专门传承者与广大人民群众进行良性的传承互动，形成一个完善的传承主体结构。

(作者：金良浚　北京城市发展研究院教授)

项目名称：1949年以来北京城区寺观变迁研究
项目编号：09AaLS044
项目负责人：陈晓苏
项目信誉保证单位：北京市文物局

1949年以来北京城区寺观变迁研究

内容提要：《1949年以来北京城区寺观变迁研究》以北京市文物局图书资料中心所藏的四批文物普查档案，即1951年的《北京市古代建筑调查档案》、1958年的《北京市第一次文物普查档案》、1984年的《北京市第二次文物普查档案》，以及1997年《北京市第三次文物普查档案》为基础资料，对1949年以来的北京城区寺观在建筑格局、附属文物、存废迁移、使用功能等四个主要方面的变化进行研究，梳理北京旧城内寺观的变迁沿革，以档案资料揭示北京旧城寺观发展变化的历史，接续1949年至今半个多世纪以来北京城四区内寺观发展变迁中的资料空白，可以为北京城市发展史、北京宗教史等相关学科研究提供宝贵的资料，也可以从一个侧面反映出大规模的城市建设对历史文化名城保护的影响，为协调城市建设与文物保护之间的矛盾提供借鉴。

一、新中国成立后北京市城区寺观变迁总述

（一）北京城区寺观的地理分布特点及历史文化特征

北京是一座人类历史文化悠久的城市，五六十万年前在北京这块土地上就有人类活动留下的遗迹。在三千多年前的西周时期，在今天北京房山区曾经伫立过燕国的都城。之后的汉唐时期，北京曾是封建帝国的东北军事重镇。随后的辽金元明清，北京一步步从一个辽金半壁江山的陪都，上升为元明清统一的、多民族封建国家的首都。城市的中心，也逐步地由今北京的西南部向东北方迁移，最后的元大都、明清北京城奠定了今天北京城的格局。在历史上北京城的演变发展进程中，留下的历史印记，形成了今天北京城的历史地理和人文特点。

伴随着北京城市的发展，与城市文明、市民社会息息相关的宗教文化也同时产生和发展。北京地区的佛教起于南北朝，兴于隋唐，大盛于辽，元明清亦有发展。在隋唐五代时期，燕地佛教日益兴盛。唐代初年，出现了义净等高僧；燕地开始普遍建造寺院，著名的有白带山云居寺、幽州悯忠寺等。

云居寺石经已有一千多年历史，给北京的社会文化带来了绵延不绝的影响。契丹笃信佛教，据宋人洪皓《松漠纪闻》记载，辽燕京的大寺院“三十有六”，至于小的庵院、佛舍难以数计。由于佛教信徒众多，辽代燕京地区出现了许多佛教邑会组织，其中最常见的是“千人邑”。辽南京城区有悯忠寺(今法源寺)、昊天寺、竹林寺、归义寺、仙露寺、天王寺(今天宁寺)等著名寺院，还有著名道观天长观、龙兴观、元宫等。远近郊区也是名刹遍布，主要有延寿寺、兴国寺、妙应寺、慧聚寺、阳台山清水院等。流行于中亚地区的伊斯兰教在辽代已传入燕京，牛街清真寺即建于辽统和中期。

金朝寺院分官办寺院和私办佛寺。官办寺院多为由金朝廷支持或依据“诏令”开办的寺院。其中有大圣安寺、大觉寺、弘法寺等。金中都的名僧、朝官等也自办了一批佛寺。其中有报恩寺、奉福寺、福圣寺、资福寺等。道教在金中都也得到了发展，天长观、玉虚观被重修，又修建了玄真观等。金朝是全真教创立并得以发展时期，全真教首领之一王处一就曾在金中都天长观居住。

元朝宗教信仰呈多元化。元朝势力最雄厚的宗教派别首推佛教，在元大都传播的佛教宗派中有藏传佛教、禅宗、律宗、头陀等。藏传佛教修建的著名寺宇有大圣寿万安寺(今白塔寺)、大天寿万宁寺、大崇恩福元寺、大承华普庆寺、大永福寺等，禅宗教派著名寺院有庆寿寺、竹林寺、开泰寺、三学寺等。其势力仅次于佛教的宗教派别当属道教，元大都的道教宗派有全真教、真大教、太一教、正一教等。全真教丘处机修建了天长观，正一教新建了东岳仁圣宫，太一教创建了太一广福万寿宫。基督教和伊斯兰教在元大都也较为盛行，同时，萨满教、景教在大都也得以传播。

明清时期，北京的佛道寺观也有着长足的发展，这也可以从课题所依存的四批文物普查档案中反映出来。在经过整理的四批共计853处城区寺观文物普查档案中，除却记载不详的，98%以上是始建于明清或经明清重修存留下来的寺观，可见儒释道作为传统社会中的三种主要信仰，与国家政权的关系十分紧密。是皇权利用其统治国家、巩固政权的意识形态力量。从宗教史的角度看，北京的佛寺道观是随着北京的城市地位的不断提升，而有着一个不断发展繁盛的过程，这不论从数量上，还是从佛道寺观的规模等级上看，都是可以印证的。

辽南京城、金中都城位于元明清北京城区的西南方，所以佛道寺观集中于宣武区(今西城区)一带，那里佛道寺观历史悠久，如唐代的悯忠寺、辽代的天宁寺，等等。元明清随着都城城址向辽南京、金中都的东北方向迁移，在元大都、明清北京城城内，今东西两城逐渐兴建发展了许多寺观，尤其是皇家敕赐的大寺。概括起来说东西两城是拱卫皇城的东西两臂，临近皇城的区位优势，使得东西二城的达官显贵聚集，皇家御赐的寺观也比较集中。如位于西城的元代喇嘛教皇家庙宇大圣寿万安寺、明代英宗宠信的大太监王振的家庙位于东城的智化寺、清代雍正帝的潜邸位于东城的雍和宫，还有毗邻宫城的、属于“故宫外八庙”的宣仁庙、昭显庙、凝和庙、福佑寺，分别祭祀云、雨、风、雷四神。这样的例子比比皆是。普查档案中东城区内有三处仓神庙，位于东城区的东部靠近城墙沿线，这也应是京杭大运河北上入京，漕粮物资运抵京城仓储密集的地方。现在仍留有地名的如海运仓、禄米仓、北新仓、南新仓，于是祭祀仓神的庙宇应运而生，这在其他三城区则完全没有。

由于西城的什刹海地区从元代起就是大都城内运河漕运的终点，曾有“舳舻蔽水”的繁盛景象，人口稠密，商旅云集。尤其是湖的东岸和北岸，商肆庙宇，鳞次栉比。明清该地区的寺庙也远超十座。据乾隆时地图，环湖及附近不下二三十座庙宇。清咸丰二年所立碑文“什刹海以环海有丛林十故名”，点明什刹海的得名，十刹即：观音寺、普济寺(俗称高庙)、三圣庵、汇通祠、法通寺、净业寺、广化寺、火德真君庙、大慈恩寺、小慈恩寺，实际什刹海周边的寺观远不止此，所以环什刹海星罗棋布的寺观最为集中。在城内拥有这样一片水域，环湖景色秀美，古刹林立，人文荟萃，与其自然和历史地理环境是分不开的。这是西城区独有的历史地理和文化特征。

在北京三千多年的建城史中，崇文区域(今东城区)长期处于城市的郊野。直至明嘉靖三十二年修筑外城后，才开始成为外城东部的一部分，所以，崇文区的寺观创建时间一般都在明末和清代。由于北京城东南部的崇文区正位于京杭大运河北端通惠河入京的要津，崇文门税关量曾为京都九门之首。基于漕运商贸的繁荣，在崇文门外人口逐渐繁盛，人的精神文化需求的寺观也逐步设立。由于明清时期聚居在崇文门外的多是社会底层的贩夫走卒，小生意人、小手艺人，所以民间信仰的寺庙居多，完全没有皇家御赐的大寺。

宣武区在北京的城四区中应该是历史最悠久、文化底蕴最深厚的区域。它既是北京城的起源地，又是北京最早建都的地方，历史文化积淀极为深厚。一千多年前的辽南京，城内就是寺庙林立，以唐代的悯忠寺最为著名。金中都继承辽南京的城垣，城内寺庙过百座，圣安寺、崇效寺等保存至今。而辽南京、金中都都建在这里。元代大都西南的寺庙更多达两百多座，大部分是辽金遗留下来的。明代宣南的慈仁寺(今报国寺)、长椿寺、善果寺等都是当年的名刹。清代北京外城西部的寺庙还有300余座，分布于宣南的街巷胡同之间。清顺治元年十月，清廷提出“京都兵民分城居住”，“凡汉官及商民人等，尽徙南城居住”。清初的旗、民分治政策，使得进京官员、应试举子在京期间只能居住外城，宣南成为汉族士大夫的汇集之所，也是全国举子们三年一聚的地方。这里城市边沿的郊野风光、古寺名刹的清幽雅致，成为文官、士人郊游宴饮、诗赋唱和的最佳去处，这在清代文人的诗文集中屡屡被提到，有：长椿寺、善果寺、报国寺、崇效寺、法源寺，以及广安门外的天宁寺、白云观等。宣武区寺庙文化的文人特色是其格外突出的特点。

通过对我中心馆藏四批寺观档案进行梳理分析，结合相关文献，可以归纳出北京城区寺观具有以下历史文化特征及分布特点：

一是寺观的历史悠久，现存寺观建筑虽多经明清重修或重建，但始建年代久远。总览北京城区的寺观，早至北魏、下迄明清，均有寺观遗存。城市发展历史较早的宣武区位于北京市城区西南部，周初蓟城城址就在今宣武区广安门一带，金中都城大部分亦在今宣武区西半部。宣武区的寺观有始建于北魏的天宁寺、唐代的法源寺、辽金的牛街礼拜寺、金代的大圣安寺、元代的龙泉寺等。东城和西城是元明清三代都城的主城区，修建有大量寺观建筑。这些寺观的建造历史悠久，经历代传承至今，浓缩了城市发展演进的历史。

二是城区寺观数量众多。据不完全统计，我中心馆藏 1951 年的古寺观档案，即在新中国成立初期，城区寺观仍有 846 所，经过整理，四次普查档案汇合在一起，共计存有城区寺观 853 处。如果按照 1958 年普查档案中普查全市古寺观 2497 座计，城区寺观 853 处约占全市总数的 34％。

三是寺观的主尊类型多样。寺观类型不仅有佛寺，还有道观和清真寺。其中佛寺数量较大，其次是道教宫观也占有较大比例，同时还有少量的清真寺。与皇家敕建的宏大庙宇相对应，民间信仰的庙宇数量众多，如关帝庙、娘娘庙、火神庙、土地庙、观音庙，等等，与百姓生活息息相关。在东城区还有三处仓神庙，位于东部沿城门附近，那里曾有海运仓、禄米仓、北新仓、南新仓，其中南新仓的仓房至今仍在。还有很多民间庙宇是佛道共祀的。如东城的白衣庵，既供奉关帝，也祭拜观音。

四是寺观的规模和等级，与创办人的身份地位相关，反映了不同社会阶层的信仰和价值取向。敕建寺观规模较大，反映皇家对寺观的态度和祈望；宦官的特殊身份使其与寺观有着特殊的情感联系，甚至是寄托了他们对人生归宿的祈愿，依着与皇家的特殊关系，其捐建的寺庙有些规模也是可观的；而关帝庙、娘娘庙、观音庵等小型民间寺观多为下层民众自发修建，寄托着百姓的生活理想；而都城隍庙、土地庙、灶君庙、药王庙则与民间风俗信仰有关，这些寺庙往往规模较小，多为独门小院，甚至仅有一间殿堂。

五是寺观具有的地域文化特色。北京城区的寺观与城市区域文化特色密切相连。例如宣武区的寺观就是宣南文化的重要载体，与士人文化紧密联系，清代以后宣武区的寺观多与文人的活动有关，因此报国寺、崇效寺、长椿寺等寺观留下了很多文人墨客的游览遗迹和文化遗存。东、西城区则因地近皇城，又是元明清北京的核心城区，有很多皇家的重要寺庙。修建寺观的目的是为了满足统治集团和皇亲国戚的信仰祈福需要。如属于“故宫外八庙”的宣仁庙、昭显庙、凝和庙、福佑寺，分别祭祀云、雨、风、雷四神，它们和真武庙、万寿兴隆寺、普度寺、静默寺统称“故宫外八庙”，是农业社会统治阶层祈愿风调雨顺、五谷丰登，从而达到天下太平、皇权永固的心理追求。西城区还有一个特殊的地理环境——什刹海地区，得天独厚的地理环境使得环湖寺庙众多，人文荟萃。而崇文区则是靠近京杭大运河上岸陆路运输线，经崇文门进城，在崇文门外聚居了商贾、船夫、手艺人等各色人等，所以民间信仰的寺观建立，满足了城市平民百姓的信仰需要。

六是寺观与民众经济生活的联系。寺观作为传统社会中十分重要的公共信仰空间，始终在社会中担负着十分重要的作用，这种作用不仅体现在政治教化方面，而且渗透到民众生活的各个方面。寺院经济在魏晋南北朝就已经作为社会经济的重要组成部分而存在了。在城市中，宗教寺庙举办的较大型宗教活动，如法会、宗教节日庆典等，往往成为经济活动的舞台。宗教搭台、经济唱戏的情况在古代就已存在。“庙会”是中国传统的市集形式之一。“京师隆福寺，每月九日，百货云集，谓之庙会。”

据《日下旧闻考》的考证，由明朝太监和官员出资、舍地或撰碑的寺庙道观构成街区的另一图景，如为太监王成住宅的承恩寺、景泰五年太监阮通修建的永丰观、由太监阎兴撰碑的慧照寺、通政司陈恭撰碑的福安寺等。韩书瑞认为明代宫廷成员积极参与寺庙道观建设的原因，一是皇帝的倡导，二来为上层透过建设寺庙作为中介，参与了北京的城市生活提供便利，因此皇室、宦官与宫中的妇女等都曾是寺庙的赞助者。同明朝宫廷成员赞助寺庙相比，清代寺庙与地域环境及周边行业有一定联系。如建在仓库周边的火神庙、仓神庙等，即有需要祈求火神、仓神庇护的意味。而寺庙立碑者的行业特征明显，一般为街区附近的店铺商户，如东门仓关帝庙万古流芳碑，由永顺烟铺、恒兴当行、东胜碳厂等商铺立碑。如果将上述寺庙道观认定为街区集中点和认同标志可能有些牵强，但从行业与寺庙的关系来看，是行业、商业势力在内城街区的渗透，而这种联系的建立可被视为行业自身确认在街区地位的一种表现。

寺观庙宇还通过介入京城民间岁时风俗，促进了宗教文化与世俗文化、市民文化的融合。以庙宇为场所的集市贸易、游乐、停宿、旅居，促进了京城的民间经济活动。同时，一些宗教节日也通过信众的参与和加入的经济文化活动，融入市民的生活中，以主动的姿态与城市生活互动，保持其鲜活的生命力。寺观是形成历史街区文化的重要内容之一，因此重要历史街区内寺观的变迁发展，可以看作是北京历史名城寺观变迁发展的缩影，下面以前门地区寺观为例，以管窥北京城寺观的变迁发展。

前门地区的寺观变迁发展，主要是与前门地区的商业发展息息相关。清代，北京城的商业中心由元明时代的钟鼓楼区域转移到了正阳门外。据余棨昌于《故都变迁记略》中作注云：“《人海记》记载：明永乐初，北京四门、钟鼓楼等处各盖铺房、店房召民居住，召商居货，总谓之廊房。……今正阳门外廊房胡同犹仍此名。”它说明，“廊房”只出现在商肆集中的地方，而“廊房”自钟鼓楼迁到正阳门外，恰好说明北京城的商业中心，在元代至清代期间发生了转移。[①] 以正阳门为中心，北到长安街，南到天桥附近的大前门地区是一个集中的商业区域。自明代开始，围绕着天桥这一带便形成了熙攘的商业街市，进入清代，这里依然经常往来着流动的摊贩，售卖各种日用杂货，而尤以旧货、估衣为多，所谓“天桥南北，地最宏敞，贾人趁墟之货，每日云集”[②]。说明它是一个有着一定历史的旧货商业区，其发展的历程就是商业向街巷伸展的过程。

与前门地区的商业文化相对应，前门地区的寺观分布也受其影响，带有浓厚的商业色彩：如，大栅栏一带多店铺，粮食店街的火神庙即为六必居等数家铺商合建。前门传统街区从明清至今共出现的大大小小的宗教建筑中，较著名的有铁山寺、崇祯观等十余处，据 1951 年寺观调查档案记载，铁山寺除自住外，全部出租。1958 年档案记载，由红旗印刷装备厂使用。据当地居住的老人回忆，1999 年扩路的时候毁掉了古树，铁山寺的东西配楼是近两年才拆掉的。前门地区现存的寺观仅有灵应三官庙、关帝庙、乾泰寺、福德禅林、观音阁和柳祖祠。但均因年久失修，变成了市民居住的大杂院。这些宗教建筑都是小型的寺庙和宗祠，避开热闹的街市，穿插在居住区的街巷胡同当中，属于该地区居民们建造的民间宗教建筑，这些庙宇和住区居民的日常生活、情感需求都密切联系在一起。

正阳门下的观音庙和关帝庙，就是前门历史文化街区寺观的典型代表。观音庙和关帝庙位于正阳门瓮城之内、正阳门城楼之下的门洞东西两旁，东为观音庙，建于明代崇祯年间。西为关帝庙，建于明代万历年间。明清时，北京内城九门，除德胜门、安定门供奉真武大帝外，其余各门均供奉关帝，但唯以正阳门的关帝庙规模最大、香火最盛。

究其原因，概因正阳门关帝庙地处国门，位置显赫。明清朝廷每年都有祭祀活动，外国使节朝谒出来，都要到此祭祀。皇帝除在祭天坛、先农坛路过正阳门必驻足关帝庙上香祭祀外，每年农历五月十三日民间传说的关老爷磨刀日，朝廷也必派大员前去祭祀这位汉前将军。国家遭遇巨大灾难时，也要在此庙举行祭祀仪式。清代每逢旧历初一与十五，各开放一天，据清《帝京岁时纪胜》云：每年“除夕开正阳内门，由内城居人瞻拜；狂子及开西门，城外居人瞻拜。”

关帝庙位于正阳门外，紧靠城门洞西侧。明、清两代，本在瓮城之内，民国二年(1913 年)瓮城拆除后，原来封闭的瓮城变成了开阔的场地，关帝庙

① 余棨昌等：《故都变迁记略》，北京：北京燕山出版社，2000 年版，卷九，外城二。
② (清)震钧：《天咫偶闻》，北京：北京古籍出版社，1982 年版，卷 6，外城东。

和观音庙露出。20世纪60年代，在城市拓宽道路时，关帝庙和观音庙均被拆除。

关帝庙前立有明万历董其昌书的《汉前将军关侯正阳门庙碑》及清康熙沈荃撰并书的《正阳门关帝庙碑》，上面记载了我国源远流长的关帝文化，以及与京城正阳门的关系。两块石碑随着庙的拆除而辗转流落到了丰台地区。据媒体报道，在北京市丰台区南苑乡槐房村村民宋振启在拆建小房地基时被发现。[①] 据村里老年人回忆，在20世纪60年代市区领导机关动员各公社、大队进城拆城墙，把城砖运回修建集体房屋，槐房大队在前门拆运城砖时，也拉回一些条石，并把两块石碑顺便拉回村。用城砖、条石修了水渠，建了房屋，石碑就扔在村边空地上。经本村文物爱好者于嘉毅多次看碑文，确认石碑中有一通为明朝正阳门关帝庙碑。1987年元宵节时，本村文学爱好者宋振启找人用吊链装卸、四轮马车把两块石碑拉回家埋在院墙下，后来他在上面搭建了小房。这两座石碑从前门运到槐房40年左右，在地下埋了20年，直至2008年6月拆建小房，两座石碑才重见天日。这个例子反映了京城众多寺观的附属文物，在1949年之后的半个世纪中，随着城市建设和发展，随着寺观的消失而流离失所，最终迁移损毁的命运历程。

通过对前门传统文化街区寺观变迁史的考察我们可以看到，在狭窄的、空间多变幻的传统商业街市中映射出来的是慢节奏的、稳定的、和谐的人文情趣和生活氛围。随着历史文化街区中的寺观在城市发展和现代文明演进的过程中，逐渐失去了旧有的功能，并被现代文明所逐渐瓦解侵蚀，老北京城历史文化的韵味和色彩逐渐淡化，甚至于丢失。那高高城楼下的香火萦绕，那市民祈福纳祥的精神居所，以及红墙黄瓦旁的青砖灰瓦，只能留存在人们的记忆之中了。

以上归纳的北京寺观的地理文化特征，反映了北京悠久的历史传承、区域地理环境，以及作为元明清三代帝都所积淀形成的独特文化生态的面貌，是祖先留给我们的珍贵文化遗产，我们应该认真地对待。

（二）1949年以来北京市城区寺观变迁的特点

北京市文物局图书资料中心收藏的新中国成立后北京市城区寺观档案，其中1951年涉及寺观846所，1958年有678所，1984年有94所，1997年有216所（限于调查范围的局限性，以上统计数字并不是当时所存寺观的全部）。通过对这四批档案的考察，仍然可以发现新中国成立后北京市城区寺观变迁具有以下共性特点：

一是新中国成立后多数寺观的功能逐渐发生变化，不再作为宗教活动场

① 黎政祥：《北京丰台发现正阳门瓮城关帝庙两座石碑》，中国广播网，http://www.cnr.cn/2004news/society/200806/t20080627_504996308.html.

所，并且逐渐被居民、工厂、学校、机关、军队等占用，成为生活、生产和办公用房。据1951年1月5日《内五分局管内机关团体学校占用庙宇统计表》记载，绒线胡同98号清真寺由穆林小学占用，马神庙2号马神庙由木业公会、电业公会、大车手车公会占用，西半壁街22号吕祖阁由水利部占用，普渡寺前巷6号普渡寺由三轮车工人合作社占用，北池子甲25号云神庙由内五分局交通三分队、纠察三区队、北池子小学占用，嵩祝寺9号嵩祝寺由公安二师四团二营六连、清管局材料库占用，北长街95号福佑寺由军械部、西北班禅办事处占用，银闸胡同真武庙由内五分局占用(北京市档案馆藏《市府调查机关、学校、部队占用寺庙的会、转发中央文物局清保存满汉文石碑的通知和本区复函》，档案号：45—4—41)。造成这种情况的原因是由于当时“房荒严重，不可能做到禁止机关学校住用庙宇”[①]。据普查档案统计，1949年以后，只有少数寺观仍有宗教活动或作为博物馆对社会开放，大部分中小型寺观被用作民居，也有很多寺观被工厂、学校、机关等使用。而被各类机关和部门占用后的寺观没有得到很好的保护，而是根据发展的需要逐渐地拆改，最终改变了古寺观原有的建筑格局。例如，京城著名的报国寺，根据1951年8月7日的档案，当时由财政部干部训练班保管，“山门殿作办公室，正殿作仓库，配殿作缝袋室，后殿作干部训练班。1953年4月15日，粮食部及旁门院内翻盖平房四间。7月27日，房管局拟建平房五间。8月7日，房管局为粮食部私自拆改建。8月15日，粮食部声明后院北瓦房后，建北瓦房半间，供作卫生间。”

又如西城区的白塔寺，1949年以后，白塔寺的东西配殿划归西城区房管局管理，中轴线上的一、二、三殿及塔院由市民政局民族事务科喇嘛寺庙管理组管理，1964年至1965年，白塔寺由民政局移交给中国佛协，仅仅一年多，1965年7月又由中国佛协交市文化局文物工作队。一、二、三殿由文化局转交西城区文教局，作为校外儿童活动站用。1966年至1969年，校外活动站停止活动，一、二、三殿拨给西城区查抄办公室作为仓库，塔院成为丰盛绝缘材料厂堆放器材。1969年，西城区副食管理处将白塔寺的山门和钟鼓楼拆除，1970年9月，市规划局批准在白塔寺山门旧址上，修建西城区副食商场。(见《妙应寺白塔史料》，北京燕山出版社，1996年版)直到1980年春，成立北京市白塔寺文物保管所，至此白塔寺回到了文物部门，作为对外开放的博物馆面向社会开放。而山门、钟鼓楼和西路的方丈院仍被西城副食商场和居民占用，直到21世纪初，才拆除西城副食商场，恢复了白塔寺的山门和钟鼓楼；搬迁了居民，收回了西路的方丈院。

如今存留的寺观，只有不多的仍作为佛教活动场所，如法源寺、雍和宫、

---

① 《北京市人民政府文教委员会座谈会纪录(一九五一年)》。

广济寺、广化寺等；有些开辟为博物馆，如白塔寺、长椿寺、东岳庙、智化寺等；有些设为公园或风景名胜区，如宣武区的万寿西宫，现为万寿公园；很多寺观处于居民杂居状态，如西城区的万寿兴隆寺；有些作为私人承包经营场所，如嵩祝寺及智珠寺；多数为单位占用，如拈花寺，被人民大学印刷厂占用，目前正在腾退；或者为学校占据或改建为青少活动场所，如崇效寺被白纸坊小学占用，永佑庙被府右街小学和国务院老干部局管理使用。以上种种情况，在四批文物普查档案中都有反映并带有普遍性。

二是寺观数量呈逐年减少趋势。从四批文物普查档案反映的情况看，以60年代中期的"文化大革命"划线，可以分成两个时段特点：新中国成立初期由于当时特殊的历史背景，有宗教活动的寺观越来越少，损毁的寺观得不到及时修缮，为了适应新的建筑功能需要，许多寺观逐渐被占用、改建，随着城市建设的进程，有的寺观甚至被彻底拆除。例如，西城区双塔寺为金代著名古刹，于1955年4月因拓宽西长安街道路，双塔被拆除。反映在文物档案中，只有1951年调查的档案对双塔寺有记载，其他年份均无调查档案。这一时期的特点是因大量寺观被占用、寺观使用功能的改变，导致了寺观建筑的改建、格局被破坏。第二个时段，改革开放后，随着经济建设的突飞猛进，北京的城市建设也进入了快车道。平安大街和两广大街改造就使沿街大批寺观被整体或部分拆除；北京先后推出了危旧房改造等一系列城市建设政策，使城区内胡同四合院成片消失，取而代之的是新建住宅小区拔地而起。如东城区的东直门内小区、交道口东小区。西城区的金融街建设，使位于阜成门以南、复兴门以北、太平桥大街以西的整片胡同以及杂处其中的寺观彻底消失。新中国成立后，古寺观存在的历史土壤和客观需要已不复存在，抽离了精神内核的古寺观只能挪作他用，或改建或拆建，所以北京城区的寺观总数只能是逐年递减。

三是部分寺观建筑格局被改变。除了一些较大寺观的建筑格局得以保留外，很多小规模寺观逐渐被改建，甚至被整体拆除。新中国成立后，一些机关学校利用寺庙改造房屋时，事先不征得文物部门的同意，乱加修整，失去了原来制式；有的在文物部门修缮后，住用的单位和居民又破坏了其建筑格局①。大量散落在城区街道胡同中的较小寺观，由于被居民或工厂、单位占用，为了满足生活、生产需要，改建、增建就不可避免。再加上建筑本身的质量较差，又年久失修，原建筑逐渐损毁，代之以新建筑的建造，寺观的建筑格局逐渐被改造，失去原有的寺观面貌和格局已是十分普遍的现象，这些在四批普查档案中，都可以明显看出。特别是改革开放以后，随着城市改造步伐的加快，许多小型寺观被整体拆除。

① 《北京市人民政府文教委员会座谈会纪录(一九五一年)》。

四是寺观的附属文物快速流失。所谓“皮之不存，毛将焉附”，新中国成立初期，由于认识问题，有关部门对宗教文物的不合理处理方式，造成了寺观中的文物快速消失。如1952年，北京市文物组对北京市房地产管理局接管庙产中存有的佛像、铁鼎、钟磬及其他供器等文物给出了如下的处理意见：东单区小黄庄1号财神像3个，泥制粗糙，同意废除；东单区南夹道11号所存关帝等3个泥像，制作粗糙，无保存价值，同意废除；西四区新街口西大街甲29号龙王庙泥像3个，制作粗糙，同意拆除；西黄城根19号观音堂的泥韦陀像及后院泥神像同意拆除；宫门口西岔21号小土地庙内有大小泥像及木像无保存价值，同意拆除；西琉璃厂132号地藏庵泥制佛像同意废除；崇文区下头条14号关帝庙内泥人、泥马同意拆除；缨子胡同3号泥制白衣大士骑虎像及弥勒像制作粗糙，无保存价值，同意拆除；育婴堂1号至2号，该处有泥像3个，制作粗糙，无保存价值，同意拆除；小土地庙木像制作粗糙，同意拆除；弥勒庵2号泥娘娘像制造粗糙，同意拆除；广安门大街363号清泰寺小学达摩像、关帝等泥像无保存价值，同意拆除(北京市档案馆藏《市文物组、市房地产管理局关于房管局所管庙产中文物鉴定问题的来往函及调查报告》，档案号：11—1—188)。

1958年下半年，在“左”的思潮影响下，要求文物部门要“厚今薄古，古为今用”，以这种思想指导文物工作。随后，全国迅速兴起的“大跃进”“人民公社”“大炼钢铁”的群众运动，给文物保护事业以巨大冲击。要求文物部门支持街道办工厂，腾出寺庙，清理庙内佛像及文物；要求支援工业化建设、土法炼钢，为“工业抗旱”献出佛像或金属文物，寺观中的大量文物被处理。① 如在1961年，有21件，估计10吨以上原在广化寺内保存的佛像等文物被用于支援工业生产②。同时，寺观中的文物有的被文物商店、国家外贸部门收购，有的流向废品收购站、炼铜厂等。③ 从四批档案中关于寺观中所存文物的变化可以看出，新中国成立后北京城区的绝大多数寺观由于不再有宗教活动，寺观中的文物逐渐流散到社会，到20世纪80年代，除个别有宗教活动或公布为文物保护单位并对社会开放的寺观，绝大多数寺观中的文物已流失殆尽。仅有少量文物被挪移到其他寺观集中保护。例如，存在于1958年档案中的1980年8月的补记可知，西城区玉钵真武庙的玉钵于1980年5月运至法源寺内保存。宣武区长椿寺的渗金多宝塔先后移至五塔寺、万寿寺。另有相当一部分寺观的碑刻被集中保存于五塔寺，即由今北京石刻博物馆收藏。

---

① 北京市地方志编纂委员会编：《北京志·文物卷·文物志》，北京：北京出版社，2006年版，第651页。

② 见《北京市文物工作队1961年工作总结》。

③ 《北京市文物管理处革命委员会关于到各炼铜厂、废品收购站拣选处理铜质文物问题的请示(一九七〇年九月)》。

五是寺观周边的环境随着城市改造发生巨大变迁，甚至胡同街巷的地名都彻底改变。在四批普查档案中，有相当寺观的地址发生了改变，有的寺观甚至由于周围居民区的拆迁改造使得街道的走向发生变化，寺观相对于街巷的位置也发生变化。一些遗存的寺观与周边的现代化楼宇景观不相协调。例如，位于宣武区的辽代天宁寺中精美的辽塔，是辽南京现存唯一的大型地面建筑，塔高57.8米在当时应是地标性建筑，但是今天它的旁边伫立着180米高的北京第二热电厂的烟囱，在烟囱的衬托参照下，天宁寺塔顿失威严，形成极不协调的画面，也使历史文物成了“盆景”，没有了历史文物的存在氛围环境。

二、从社会历史发展看北京城区古寺观变迁的原因

(一)新中国成立初期对于寺观的占用及管理

在新中国成立之初，“为保护并合理使用本市寺庙”，北京市人民政府制定并发布了《北京市人民政府关于寺庙管理暂行办法》([51]府秘张字第240号令)，于1951年8月31日生效，《办法》指出：“1. 凡已无僧尼道士居住或自愿交政府接管者，由市公逆产清管局管理之；2. 凡有僧尼道士居住者，由市民政局管理之；3. 其已指定专作佛教事业使用者，得在市人民政府领导下，另定管理办法；4. 具有重大历史文化价值者，由市民政局或文教局或交由中央文化部文物局管理之。”“其寺庙附属之房地产，应随所属寺庙按前项1、2、3、4、款分别管理之。”“住庙僧尼道士对于寺庙须负责保护，不得破坏、变卖、典当、抵押或转移。”“郊区在土地改革期间已经处理之寺庙，不再变更。”“凡需用寺庙之有僧尼道士居住者，应征得住庙僧尼道士同意并经市民政局批准。如该寺庙系具有重大文物价值者，并应征得中央文化部文物局之同意。”“凡使用寺庙者，对于庙内佛像、经卷、文物、法物应妥加保护，不得毁损。”“寺庙房屋之修缮，凡僧尼道士自用或出租者，由僧尼道士负责，机关、部队、学校等使用者，由使用单位负责。”从以上内容看出，新中国成立初期，北京市人民政府针对全市寺庙的保护和合理使用有针对性地制定了具体措施。这在一定程度上保护了寺庙的建筑与附属文物。

但这一条例对于寺观的所属权并未能统一，只是沿袭了旧的管理方式。这也为之后的寺观发展变迁留下了隐患。从出台政策的背景来看，新中国刚刚成立，百废待兴，对于寺观的管理也没有统一起来，而是按照不同情况分属不同的部门，有市公逆产清管局，有市民政局，有市民政局或文教局或交由中央文化部文物局管理，还有的寺观要在市人民政府领导下，另定管理办法。此外，寺内的文物及寺观的修缮也制定了负责措施，这说明寺观文物的毁损与寺观建筑维修的情况比较严峻。尽管政府部门制定了相关措施，但是现实中政令的执行并不一定得当，比如被军队占用的寺观可能就未必执行市

政部门制定的保护措施，甚至连政府部门的调查都不能实现。在 1950 年 5 月 6 日对法源寺进行调查的档案记录，该寺部分军用，不准调查。在 1951 年 7 月 28 日的宣武区的元代名刹龙泉寺的调查档案中记录，尽管调查人员进行交涉，占用龙泉寺的驻军单位仍不允许调查者观看和绘图。寺观在这样的管理之下的保护状况如何，是无从检查，也不受政府法令约束的。

(二)1958 年前后对寺观的大量拆改与重点保护

北京的各佛道寺观，在民国时期主要是以出租土地收取地租为主要经济来源。北京的潭柘寺曾拥有 360 个庄园，柏林寺也有土地几千亩。规模较大的寺观还靠固定施主的“布施”、中小寺观则靠“停灵办事”等项收入为生。新中国成立之后，时代的变化，使得过去寺观的收入方式受到影响。为了解决僧众、道士等的生计问题，党和人民政府协助僧道组成互助小组，利用寺观房屋办起了麻袋厂、印刷厂、绣花社、缝纫社等，安置不愿还俗又要自食其力的僧众、道士，这样使许多寺观逐渐演变成街道工厂。1954 年，北京市寺庙管理小组正式成立，设在广济寺。1956 年年底，北京市城近郊各庙观都走上了互助合作的集体化道路。

到了 1958 年，北京市为了生产建设，先后拆除了市内多处寺庙，例如，京城著名的报国寺，根据 1951 年 8 月 7 日的档案，当时由财政部干部训练班保管，山门殿用作办公室，正殿用作仓库，配殿用作缝袋室，后殿用作干部训练班。1953 年 4 月 15 日粮食部及旁门院内翻盖平房四间。7 月 27 日房管局拟建平房五间。8 月 7 日房管局为粮食部私自拆改建。8 月 15 日粮食部声明在后院北瓦房后，再建瓦房半间，用作卫生间。又如西城区的白塔寺，1969 年，西城区副食管理处将山门和钟、鼓楼拆除，1970 年 9 月，市规划局批准拆除白塔寺山门，在其旧址上修建西城区副食商场。

据北京市文物事业管理局编纂的《1949—1978 北京文物博物馆事业纪事》中记录，1958 年，北京市文化局文物调查组先后于 2 月 10 日同意“北京市特种工艺工业公司所属的北京第二地毯厂租用夕照寺庙内三层正殿”，3 月 8 日“同意北京市搪瓷厂使用慈寿寺前、后殿”，3 月 26 日“同意北京市公私合营果脯厂拆除大钟寺西旁门及边墙，作为走车门，拆除院内两边木旗杆。大殿内的明代木雕十八罗汉不得拆除”，3 月 27 日“同意北京市第二毛毯厂使用夕照寺中殿，但殿内佛像不得损毁”，同日“同意东单房地产管理处拆除东岳庙的两根木旗杆”，4 月 1 日“同意拆除极乐寺前殿泥质四大天王和弥勒佛。正殿木质佛像为明代雕刻，不得拆除，可移地保管。古建筑内不得安装重型机器”，同日“同意北京市第五棉织生产合作社拆除普贤殿大殿内的泥佛像”。4 月 9 日“同意北京市房管局拆除永内大街观音寺内的泥塑佛像”，4 月 29 日同意“八里庄小学使用摩诃庵的东西配殿，但佛像要迁至大殿保存，案内大雄宝殿不得使用”，并同意“羊坊乡使用药王庙”，7 月 14 日先后同意“大石桥小学、东大桥小学因利用寺庙，拆除26座佛像”，7月23日“同意拆除万寿寺石碑及观音庵等寺庙中的9座佛像，同意拆除法华寺、天宁寺内佛像”。但同时也有对有重要文物价值的寺观进行的保护措施，如：1958年2月10日“不同意宣武区拆除白纸坊崇效寺无梁殿。该庙系唐代古建，有较高的文物价值。应由宣武区房地产管理局设法加固。”

1958年北京市政府相关部门出台了关于寺观等房产已交房地产管理局的政策，1958年12月11日的《北京市人民委员会宗教事务处、北京市房地产管理局关于教会、寺庙房屋移交房地产管理局经租有关定租及人员安置问题的会议记录》中第4条规定：“原各教会房屋、土地已支援工业、教育事业用的，统由各教会查对清楚造册移交房管局按公产管理；至过去所有欠租亦并移房管局处理。”这一政策使得各类寺观都收归北京市房地产管理局所有，与宗教部门关系逐渐疏远。寺观的管理和变迁的趋势，也就更主要受政府的政策走向和行政管理部门的决定影响和制约。

但同时，一批重要的寺观文物建筑得到了有效保护。1957年，经北京市人民政府批准公布了北京市第一批文物保护单位，雍和宫、智化寺、东岳庙、天宁寺等39处古迹被列入名单。1961年，我市的故宫、卢沟桥、妙应寺白塔、周口店遗址、明十三陵等18处古迹被国务院列入国家级文物保护名单并予以公布。其中的雍和宫、智化寺、真觉寺金刚宝座塔、妙应寺白塔、房山云居寺塔及石经五项佛教寺庙及文物建筑位列其中。

文物建筑的维修工作开始起步，政府从财政中挤出部分经费用于文物建筑维修。据我市文化 、园林、宗教3个政府部门的初步统计，新中国成立初的前10年，全市用于古建维修的经费约为960万元。[①] 故宫、天坛、国子监、白云观等26处文物古迹得到了初步的维修。

（三）“文化大革命”时期，极“左”思潮对寺观的破坏

为期十年的“文化大革命”，不仅给我国的政治、经济、社会造成了巨大灾难，也使北京的文物古迹遭受了巨大损失。据初步估计，当时文物古迹（不可移动文物）的损失率约为10％，从原普查登记的8060处锐减至7309处（不完全统计）。全市有三处市级文物保护单位（圣安寺、清河汉城、延寿寺铜佛）毁于一旦。无以计数的坛庙寺观从地图上抹掉，即使还留有残垣断壁也都被砸毁了，雕塑、造像永远失去了自身的价值。尤其令人痛心的是颐和园智慧海、西黄寺清净化城塔上的佛像雕塑珍品全部被砸掉；北京最为著名的古刹隆福寺仅仅因为人民市场库房扩建就被拆毁，大批楠木建筑构件流落民间；始建于明正统年间保留东方绘画艺术瑰宝的法海寺和清初创建的雍亲王府（雍

---

① 荣大为：《北京文物事业五十年梗概》，北京市文物局网站，http：/www.bjww.gov.cn/2004/6—28/99. html.

和宫)如果没有群众冒死保护和周恩来总理派人监护，后果也不堪设想。[①]

《1949—1978北京文物博物馆事业纪事》中记录了诸多对于北京寺观拆除的事例：1966年北京市文物工作队同意拆除三忠祠内佛像、圣安寺佛像、通恩寺佛像等，1969年“北京市城建局批准西城区房管局将白塔寺山门，钟、鼓楼拆除，改成新式楼房，做副食商店用”。1970年3月26日“北京市革命委员会文教组同意北京市文物管理处拆除夕照寺壁画的方案，要求尽可能地使之完整地揭下来，另地保存”。1974年3月15日，“中共北京市委徐运北批示：圣安寺大殿‘可以拆除’，材料可修理其他古建。”1976年8月24日，“北京市文管处在征求国家文物局意见和请示北京市文化局后，同意北京市东四人民市场拆除因地震损坏的隆福寺前殿藻井和石碑移至智化寺和孔庙，主要建筑材料交市文管处用于修缮古建筑”。1977年1月，北京市文管处同意宣武区手表元件厂宝石楼筹建组拆除原善果寺大殿。又如西城区的玉钵真武庙，据1958年档案中补记于1980年的记载，庙已在“文化大革命”中拆除。

所以说，“文化大革命”的十年，是北京寺观类文物建筑及其附属文物损毁最为严重的时期。据统计，“文革”期间，北京文物清理小组先后从炼铜厂拣选金属文物117吨，最为突出的例子就是1973年，文物工作者从废品堆里拣选出了释迦牟尼8岁时等身像上半身(下半身在西藏小昭寺)的铜质不动佛造像。该造像是唐代西藏松赞干布娶尺尊公主时从尼泊尔带回西藏的。班禅得知这一消息后，即电告了西藏有关方面，并于1983年将该造像迎回西藏。同时运回西藏的还有封存在市文物局的藏传佛教造像文物重达40吨。

(四)改革开放及城市快速发展时期，对寺观的拆改与保护

20世纪80年代以来，随着改革开放，经济高速发展，城市建设速度加快、规模扩大，引发了保护与建设、保护与发展这一新的矛盾。一方面是政府对文物事业的空前重视，社会各界对古都历史文化保护的热情空前高涨；另一方面是经济建设、城市发展扩容，对古都历史街道胡同、住宅房屋改造的迫切需求，这一矛盾相互纠缠，难以破解。80年代中期，社会各界曾因“保护古都风貌”而引发了古都北京整体保护的讨论。90年代初期，中央提出了“保护为主，抢救第一”的文物工作方针，而后又提出了“五纳入”即文物事业必须“纳入当地经济和社会发展计划，纳入城乡建设规划，纳入财政预算，纳入体制改革，纳入领导责任制”的具体措施。由此，全国的文物保护工作逐步出现了转机。但北京的城市建设规模不断扩大与文物保护之间的矛盾仍十分突出。1998年，争论许久的平安大街扩建工程终于开工，它东起东四十条桥，西至车公庄大街，横穿北京老城区，不仅打通了平安里至车公庄的城市道路

① 荣大为：《北京文物事业五十年梗概》，北京市文物局网站，http：/www.bjww.gov.cn/2004/6—28/99.html.

格局，改变了旧城北部的街道景观风貌，在七公里多长的沿线两旁没有列入国家级、市级和区级文物保护单位的中小规模的寺观，则不会保留。为了建设与发展城市，很多老旧街区被规划、开发。其中存留的寺观也不断被拆除。如西城区的古刹自在禅林，据90年代的普查档案记载，1998年修建南闹市口大街时被拆除。西城区的大石佛寺及天仙庵，据97年档案记载，后改民居，1996年建南丰小区时拆除，等等。

三、对北京城区现存古寺观有效保护的思考

回顾我们对古都文物保护的历史，在解放军围城、战火将要临城的时候，党通过地下组织，联系到清华大学的梁思成先生，让他标出北平城内重要的文物古迹，予以保护。1月16日，毛泽东为中央军委起草了关于积极准备攻城部署给平津前线党的总前委的电报，其中又强调指出："这次攻城，必须做出精密计划，力求避免破坏故宫、大学及其他著名而有重大价值的文化古迹。你们务必使各纵(队)首长明确，并确守这一点。"①新中国成立后，党和政府一直把文物工作看作社会主义文化事业的重要组成部分，制定、颁布了一系列保护文物的法令、法规和政策。1951年，"为保护并合理使用本市寺庙"，北京市人民政府制定并发布了《北京市人民政府关于寺庙管理暂行办法》([51]府秘张字第240号令)。1956年4月2日，国务院《关于在农业生产建设中保护文物的通知》和1957年9月北京市人民委员会第五次行政会议《关于进行文物调查工作的决定》，都反映出党和政府在国家经济发展的不同阶段，对文化遗产、对文物的重视和保护。1961年，国务院颁发了《进一步加强文物保护和管理工作的指示》和《文物保护管理暂行条例》，可以看到，从国务院到北京市政府对文物工作的重视。即便在"文化大革命"这一特殊的历史时期，党和政府也采取积极的措施抢救性地保护文物。1968年，北京市成立古书文物清理小组，开始从造纸厂、炼铜厂、稀有金属提炼厂、废旧物资回收站，抢救了大量的古书文物。当然，这只是亡羊补牢，文物事业在这一时期遭受到了极大的损失。改革开放的三十多年，在经济建设飞速发展、城市建设旧城改造席卷古都的大背景下，旧城风貌消失的速度超过了以往的任何时期。从20世纪90年代开始，保护古都风貌的呼声就响自民间，并影响到政府决策。从城市管理者的层面，对古都的保护与利用、怎么保与怎么用一直争论不休，但是，由于多种原因的作用，包括城市经济发展的原因、改善民生的原因、市容市貌美化的原因、古都保护的法制环境和社会环境尚未形成的原因，等等，北京古都的历史街区、传统的民居四合院，不断地受到蚕食破坏甚至于消失。

① 《北京卷》编辑部著："当代中国城市发展丛书"，《北京》，北京：当代中国出版社，2011年版。

用历史唯物主义的观点回顾和总结这段历史，一方面是党和政府的保护和重视，不断地出台政策、法规、文件，对文化遗产进行保护；而另一方面是文化遗产仍在不断受到破坏，当经济发展、现实需要与文化遗产保护冲突、矛盾时，被牺牲掉的总是文化，文物保护总是让位于经济发展和更为迫切的现实需要，这是为什么，我们是应该进行反省了。

探寻过去几十年传统文化在我们民众、在我们社会意识形态中的地位，是不是从来就没有被放在至高的、应有的位置上。“古为今用”是我们对传统文化的实用主义态度。我们对传统文化缺少应有的尊重甚或崇敬。另外，1949 年以后，时代社会的主流意识形态发生了巨大的变化，古寺观的精神内核被剥离，仅仅剩下建筑物的使用功能，寺观已经从一个宗教场所，演变为纯粹的历史文物建筑，甚至仅仅作为建筑物，它的拆改、消亡就不可避免了。

(一)充分认识古寺观的价值和保护的重要意义

城市是人类文明成果的聚集地，是历代思想、政治、经济、文化、艺术以及市民生活形态的积淀。北京作为历史悠久的古都，它以它丰厚的文物遗存，保存着古都历史发展的印痕，传承着多民族文化的基因，展示着古都发展的脉络。而古寺观正是古都文化遗产的重要组成部分。古寺观是我国珍贵的思想艺术宝库，在过往的历史长河中，由于宗教建筑在社会政治、文化生活中的特殊地位，古寺观中保存了我国历代的历史文物，如天文、地理、建筑、绘画、书法、雕刻、音乐、舞蹈、文物等，它们都是古寺观文化内涵的组成部分，皮之不存，毛将焉附？作为古代社会思想、文化、艺术、民俗等社会各阶层精神寄托的载体，对寺观文化的保护尤显重要。

对于一个城市来说，重要的物质文化遗产就是那一处处古代遗址、一座座传统建筑、一片片历史街区，它把城市的历史无声地展示在人们眼前，让人们生活其中，感受其中，并以独一无二的景观特色，给来访者以独有的体验与感染。古寺观也是这样，具有鲜明民族风格和民俗特色的古寺观文化，已渗透到我们生活的各个方面，庙会、民俗节庆等活动，古寺观都提供了独特的文化场所。这些活动不仅丰富了京城的文化氛围，同时促进了地方旅游业的发展。遍布北京市城区的众多寺观就是北京市重要的旅游资源。保护好古寺观，对我们重新认识自我、繁荣文化、发展北京经济等都具有重要意义。

大高玄殿、火德真君庙、广福观等寺观是北京城“中轴线”上的重要建筑，仓神庙也与京杭大运河有着密切关系，因此，保护与利用好北京城区内古寺观对北京城“中轴线”申遗、大运河申遗，进而对北京历史文化名城保护、“人文北京”建设及北京建设世界城市都具有重大意义。

(二)对北京城区古寺观进行全面普查，为保护利用打好基础

距离 1997 年北京市第三次文物普查已经过去了 17 年，在这 17 年中，北京又经历了“奥运”申办前后的大规模城市建设，古寺观的存留情况又会有很大的变化。为了对北京城区现存古寺观进行有效保护和利用，首先需要摸清家底，对古寺观的存废及内存文物变迁情况、古寺观管理和使用情况进行一次全面的调查。这项工作可以结合去年刚刚完成的全国第三次文物普查、北京市的城区重点四合院的挂牌、北京师范大学和法国远东学院的"北京内城寺庙碑刻志"项目，或吸收其成果，或联合开展调查，从而事半功倍地完成对城区寺观的普查。在普查的基础上，总结经验教训，视各自的具体情况，分类整理古寺观的现存资料，对古寺观的有效保护和合理利用提出切实可行的实施方案。

(三)完善文物保护法律体系，为保护利用古寺观提供法律保障

从新中国成立后的北京城区古寺观变迁情况可以看出，由于古寺观建筑性质的变化，城区内中小型寺观在新中国成立后大多变为民居。而只有使用权的居民，对房屋的维护一是没有能力，二是没有积极性，所以寺观建筑年久失修的情况普遍存在。相比较许多大型寺观被用作机关办公或由文物、宗教部门管理，保存状况除添建新建外，房屋维修较好，格局保持未变，尤其是被公布为各级文物保护单位的古寺观都得到了很好的保护。这给我们以启示，保护古寺观必须有法律保障。我们可以在普查的基础上，有步骤地把北京城区古寺观公布为各级文物保护单位，列入《文物保护法》的保护体系中，使人们对其保护有法可依。对北京旧城区的古寺观进行宏观整体把握，适时通过合理渠道向政府管理部门及立法机构建议制定专门的《北京旧城区古寺观保护条例》，以对寺观进行针对性的保护。如果从这个视角考虑，则可以纳入《北京历史文化名城保护条例》，使古寺观的保护，从不同的法律、法规中得到多重交叉的覆盖。

另外，古寺观不是孤立的文物建筑，对它的保护还要扩大到寺观所处的胡同街巷，要把它与历史文化街区的保护、与北京历史文化名城的保护联系起来，这样，就从更高的视角和要求来对待它，也才能把古寺观的保护落到实处。其实，对古寺观的保护，也充实了历史文化名城保护的内涵，应该是历史文化名城重要的组成部分。

(四)对城区古寺观进行合理利用，使其在"人文北京"建设中发挥最大的社会效益

我们的文物工作方针是"保护为主、抢救第一、合理利用、加强管理"，对北京城区古寺观的保护也应遵循这一方针。我们可以根据具体情况，逐步将城区古寺观开辟为博物馆、旅游景点、办公场所，等等，使其在有效保护的基础上得以合理利用，发挥其最大的社会效益，使古寺观重现生机与活力。这也是今天保护利用文物建筑的最好方式。

(五)对地面建筑消失的古寺观信息的保存

由于上述种种原因，北京城区的大批古寺观已经永远离开了今人的视野。

为了给后人留下这些历史的记忆，建议一些著名的古寺观可以作为地名永久保留(如东城区隆福寺、大佛寺，西城区的护国寺等)，因为古寺观存有的那份人文内涵、历史人物的活动印记，以及保留在史籍和文学作品中的鲜活场景，这些都是作为古都的北京的历史积淀和城市记忆，地名的保留可以为后人提供历史记忆和追思的线索，接续北京的历史文脉。

收集整理已经出版的北京古寺观的历史文献、学术专著、学术论文、档案资料以及音像资料等，建立北京古寺观信息数据库，向城市管理者、研究学者、专业老师学生，以及广大市民开放，利用它进行各种资讯、研究、宣传、教育、普及等功用，使这些历史建筑永远活在人们的记忆中，并为今天的社会生活服务。

（作者：陈晓苏　北京市文物局图书资料中心编审）

项目名称：第一批美国留学生在北京：1929—1949
项目编号：10BaLS048
项目负责人：顾　钧
项目信誉保证单位：北京外国语大学

从美国留学生看民国时期北京的学术地位

内容提要：民国时期大批海外留学生前来北京学习。本文以美国留学生为中心阐述了民国北京的学术中心地位，具体体现在三个方面：云集一大批一流学者、拥有众多高水平学术刊物、及时追踪国际汉学最新进展并掌握话语权。这段民国历史启示我们今天应该做的正是增强北京和中国的学术魅力和精神魅力。

1922年9月，担任北京大学研究所国学门主任不久的沈兼士在《国学门建议书》中写下了这样一段话：“窃惟东方文化自古以中国为中心，所以整理东方学以贡献于世界，实为中国人今日一种责无旁贷之任务。吾人对于从外国输入之新学，曰我固不如人，犹可说也；此等自己家业，不但无人整理之，研究之，并保存而亦不能，一听其流转散佚，不知顾惜，……以中国古物典籍如此之宏富，国人竟不能发扬光大，于世界学术界中争一立脚地，此非极可痛心之事耶？”[①]沈兼士的话可以说代表了国学门同仁的心声，希望通过努力使中国人自家的学问“于世界学术界中争一立脚地”。

20世纪初以来，西方汉学和日本东洋学的研究成果逐渐被介绍到中国，以伯希和(Paul Pelliot)为代表的外国汉学家也纷纷造访中国并和中国学者进行交流，这一方面固然开阔了国内学者的视野，同时更刺痛了他们的民族自豪感。从20世纪20年代开始，把汉学中心夺回中国、夺回北京的呼声此起彼伏。据现有的资料来看，最先提出这一口号的当是陈垣，据他的学生郑天挺回忆，1921年陈垣在刚刚成立的北大研究所国学门一次集会上说：“现在中外学者谈汉学，不是说巴黎如何，就是说西京(按：日本京都)如何，没有提

① 沈兼士：《沈兼士学术论文集》，北京：中华书局，1986年版，第362页。

中国的，我们应当把汉学中心夺回中国，夺回北京”[①]。1928年傅斯年在《历史语言研究所工作之旨趣》中也高呼：“我们要科学的东方学之正统在中国！”[②]陈寅恪则用诗句表达了他在这方面的焦虑和期盼，1929年5月他在《北大学院己巳级史学系毕业生赠言》中写道：“群趋东邻受国史，神州士夫羞欲死。田巴鲁仲两无成，要待诸君洗斯耻。”[③]

这种认为汉学中心不在北京而在巴黎、京都的忧虑不能说毫无道理，但如果我们从另外一个角度——民国时期来北京的美国留学生的角度——来看这一问题，则使我们感觉这种忧虑多少有点杞人忧天。

从20世纪20年代末开始，第一批美国汉学专业研究生陆续来到北京进修，主要有孙念礼(Nancy L. Swann)、富路特(L. C. Goodrich)、魏鲁男(James R. Ware)、毕乃德(Knight Biggerstaff)、卜德(Derk Bodde)、宾板桥(Woodbridge Bingham)、顾立雅(Herrlee G. Creel)、毕格(Cyrus H. Peake)、西克曼(Laurence Sickman)、戴德华(George E. Taylor)、韦慕庭(C. M. Wilbur)、费正清(John K. Fairbank)、芮沃寿(Arthur F. Wright)、饶大卫(David N. Rowe)等人。他们回国后分别执教于哈佛大学、哥伦比亚大学、加州大学等著名学府，成为美国战后中国研究的中流砥柱。

20世纪20年代末，当这批年轻的美国学人来到北京时，中国的政治中心已经移师南京，与十里洋场的上海相比，北京也要土气得多。1931年结束北京留学的吉川幸次郎回忆道：“留学结束前去南方旅行的第一站是南京，到处有高大的建筑刚刚建成，让人感到是刚刚得到安定的一个国家的首都。……与此相比，北京是非常寂寥，长时间作为国都，而今失去了它应有的地位。因此当时报纸上有议论，要把北京作为‘文化城’而发展。北京急剧不景气的结果之一，就是1929年秋人力车夫闹事，在长安街上阻截汽车。”[④]尽管北京的政治地位下降，经济不景气，但对于想要研究中国文化和学术的留学生们来说，北京却是首选。这里不仅有丰厚的文化遗产，更是首屈一指的文化和学术中心。这里集中了北大、清华、师大、燕京、辅仁等多所高等学府，中央研究院历史语言研究所也曾一度在北海静心斋办公，更有一大批一流学者在这里工作，如陈垣、陈寅恪、胡适、金岳霖、冯友兰、顾颉刚、汤用彤、杨树达、钱穆、梁思成等。北京图书馆、各大学图书馆以及琉璃厂、隆福寺等处的各类旧书肆也提供了其他地方难以企及的学术资源。20世纪30年代在

---

① 郑天挺：《回忆陈援庵先生四事》，载北京师范大学编：《陈垣校长诞生百年纪念文集》，北京：北京师范大学出版社，1980年版，第12—13页。此后陈垣多次说过类似的话。

② 傅斯年：《傅斯年全集》第三卷，长沙：湖南教育出版社，2003年版，第12页。

③ 浦江清：《清华园日记·西行日记》，北京：生活·读书·新知三联书店，1987年版，第42页。

④ [日]吉川幸次郎著，钱婉约译：《我的留学记》，北京：中华书局，2008年版，第86—87页。

燕大、北大等校教书的钱穆回忆说："北平如一书海，游其中，诚亦人生一乐事。至少自明清以来，游此书海者，已不知若干人。"①与钱穆同为江苏人的顾颉刚在说明自己为什么一定要在北京时说："只因北京的学问空气较为浓厚，旧书和古物荟萃于此，要研究中国历史上的问题这确是最适宜的居住地；并且各方面的专家惟有在北京还能找到，要质疑请益也是方便。"②

正因为如此，民国时期的北京吸引了一大批海外的留学生。20世纪三四十年代，居住在北京的德国年轻汉学家有艾锷风(Gustav Ecke)、福华德(Walter Fuchs)、谢礼士(Ernst Schierlitz)、卫德明(Hellmut Wilhelm)、傅吾康(Wolfgang Franke)等。正是在他们的积极参与下，著名的汉学刊物《华裔学志》(Monumenta Serica)得以于1935年在北京创办，并连续出版至1948年。

法国留学生在北京的活动则更为活跃，特别是随着1941年9月北京中法汉学研究所的建立，一批年轻的法国学者为躲避二战来到北京进修和从事研究，其中韩百诗(Louis Hambis)、康德谟(Maxime Kaltenmark)、石泰安(Rolf A. Stein)、李嘉乐(Alexis Rygaloff)等回国后均成为各自领域的领军人物。

民国时期来自日本的留学生就更多了，东单牌楼附近甚至出现了"日本人村"。当时执教清华的杨树达曾在1929年7月6日的日记中这样描述来访的仓石武四郎："此君头脑明晰，又极好学，可畏也。"③其他日本留学生的情况可以推想而知。

对于那时美国留学生来说，北京的时光是他们一生难忘的美好经历。他们可以在汉语还不熟练的情况下和中国学者用英语进行交流，并向他们请教。民国建立前后留学欧美的一批中国学人在20世纪30年代已经成为学界的领袖，占据着北京各大高校的要津。洪业曾给来燕京大学进修的饶大卫以悉心的指导；蒋廷黻曾就如何使用《筹办夷务始末》等晚清档案给予费正清很大的提示；卜德则在冯友兰的指导下翻译了冯著《中国哲学史》，奠定了一生的学术基础。

毋庸讳言，巴黎、京都的学者有他们的优势，但并非样样领先。就二战前如日中天的法国汉学来说，其优势和局限都是很明显的。曾留学法国的李思纯在1923年总结说："法之治中国学者，其攻中国之事物凡两途；其一探讨古物，而为古物学之搜求；其一探讨政制礼俗，而为社会学之搜求。然决

---

① 钱穆：《八十忆双亲·师友杂忆》，北京：生活·读书·新知三联书店，2005年版，第181页。

② 顾颉刚：《自序》，《古史辨》第一册，北京：朴社，1926年版，第56页。

③ 杨树达：《积微翁回忆录》，北京：北京大学出版社，2007年版，第29页。

未闻有专咀嚼唐诗宋词以求其神味者。此无他，彼非鄙唐诗宋词为不足道，彼实深知文学为物，有赖于民族之环境遗传者至深，非可一蹴而几也。”[①]1931年吴宓访问欧洲时曾拜会伯希和，交谈后发现“彼之工夫，纯属有形的研究，难以言精神文艺。”[②]所以中国学者无须妄自菲薄。实际上，在当时北京的学者中，对于自己和本国学术有信心的不乏其人，钱穆就是其中之一。他谈到自己早年的两篇代表作时说：“余自撰《刘向歆父子年谱》刊载《燕京学报》后，初去燕大，(顾)颉刚又来索稿，以旧作《关于老子成书年代之一种考察》一文与之，续刊《燕京学报》。曾获欧洲某汉学家来函推崇，谓读余文，乃知中国学术问题需由中国人自加论定，非异邦人所能为力也。”[③]中国学术问题最终的发言权在中国人那里，也为一些日本学者所承认。小柳司气太、吉川幸次郎均表示过，无论自己的研究多么精深，都无法超过中国学者。

如果说近代以来北京一直就是汉学中心的话，20世纪30年代它的这一地位则更加巩固。20世纪20年代在把汉学中心夺回北京的时代潮流下，北大、清华、燕京、辅仁、中研院等高校和研究机构都做出了自己的努力。无论是用科学方法整理国故，还是建立国学院培养学生，抑或是组织考古挖掘寻找新材料，这些努力都很快收到了明显的效果。考虑到当时内忧外患的国内国际环境，这一努力就更显得可贵，而其效果也更让人赞叹。20世纪30年代成为20世纪中国学术最辉煌的时期，而北京则成为风光无限的汉学中心。余英时在回顾这段时期时做出了如下评价：“以老一辈而言，如陈寅恪的史学、傅斯年的古代民族史、汤用彤的佛教史、萧公权的政治思想史，都代表了中西融合的学术精品，……又由于西学已普遍传入中国的关系，从中国学术系统中出身的人此时同样可以灵活运用西方的观念和著作方式，……陈垣、柳诒徵、吕思勉、顾颉刚和先师钱穆五位大师可为典范代表。……因此这一期的成绩得到国际汉学界(日本和西方)的高度重视。”[④]美国留学生大都在20世纪30年代来到北京进修，可谓躬逢其盛。

从美国留学生的角度来看，北京的汉学中心地位大致体现在三个方面：

第一，北京云集一大批一流学者，美国留学生可以随时向他们请教，不仅在课堂上，也在私人交谈中。顾立雅回忆说：“每当我在研究中遇到一个无法解决的问题时，我就立刻骑上自行车，去找对此问题最有发言权的中国学者，一杯茶的功夫我的问题就迎刃而解了。我常想，他们的帮助为何总是如

① 李思纯：《与友论新诗书》，《学衡》，1923年第19期，第5页。

② 吴学昭：《吴宓与陈寅恪》，北京：清华大学出版社，1992年版，第78页。

③ 钱穆：《八十忆双亲·师友杂忆》，北京：生活·读书·新知三联书店，2005年版，第151页。

④ 余英时：《史学研究经验谈》，上海：上海文艺出版社，2010年版，第106—107页。

此慷慨？他们真是我所认识的最亲切的一群人。”[①]此外各种聚会也是讨论学术、互相切磋的重要场合，这种学术性的聚会是当时北京学界的一大特色，美国留学生从中获益良多，也留下了深刻的印象。顾立雅继续回忆说：“那时中国学者们经常在饭馆里聚会，听说有些教授将一半的薪水用于宴请，我几乎每周都受到邀请。这类的聚会一般四个小时，八个人左右，很少超过十二个人，大家围坐在一张大圆桌边，边吃边聊。参加的人有历史学家、考古学家、文字学家、艺术史家、文献学家，偶尔也有一两位诗人。他们的闲谈实际上都是学术讨论，语速很快，且常常一语双关，但在远处的人只会听到不时发出的笑声。”[②]刚到北京时顾立雅几乎听不懂这种“语速很快，且常常一语双关”的谈话，当经过一段时间的刻苦学习和训练终于可以听懂时，他感到自己的留学生活进入了一个全新的阶段。

第二，北京拥有众多高水平学术刊物，不仅有中文的，也有外文的，前者如《燕京学报》《清华学报》，后者如《中国社会及政治学报》(*Chinese Social and Political Science Review*)、《华裔学志》等。美国留学生都能以在这些刊物上发表作品为荣，他们的处女作和不少早期作品都发表在这些刊物上，这奠定了他们日后学术发展的基石。如卜德留学期间用中文撰写的《左传与国语》一文，经顾颉刚修改后发表于《燕京学报》第 16 期(1934 年 12 月)，是他一生唯一的中文论文，一直为他所珍视。又如费正清的英文论文《1858 年条约前鸦片贸易的合法化》(The Legalization of the Opium Trade before the Treaties of 1858)，经蒋廷黻推荐发表于《中国社会及政治学报》第 17 卷第 2 期(1934 年 7 月)。晚年费正清在回忆这篇学术处女作时还抑制不住自己对蒋廷黻的感激之情。

第三，北京学界能及时追踪国际汉学最新发展并掌握话语权。就美国留学生来说，他们出版的著作虽然在西方颇受赞扬，但在中国学者看来，其中还是存在不少问题。孙念礼留学北京时完成的博士论文《班昭传》(Pan Chao, Foremost Woman Scholar of China)在美国出版后，《燕京学报》第 22 期(1937 年)“学术界消息”一栏中发表了齐思和的书评，在表扬的同时也毫不客气地指出了其中的“疏失”：“如大家之著作除孙女士所举者外尚有《幽通赋注》，李善《文选注》引之颇详，《后汉书》本传所谓注者殆即指此。严可均《全上古三代魏晋六朝文》所收仅限于文，故未网罗，作者于此注亦未加申论，似属遗漏。又如大家著作，除《女诫》、二疏，及《东征赋》外，俱已亡佚，今所存者皆出自类书征引(惟《针缕赋》见《古文苑》，然《古文苑》固极可疑之书也)，只辞片语，残缺不完。如《蝉赋》一篇即系由三处辑出，作者俱谓之短赋，不知汉赋无如

---

① H. G. Creel, On the Birth of *The Birth of China*, *Early China* 12 (1985—1987), p. 3.

② H. G. Creel, On the Birth of *The Birth of China*, *Early China* 12 (1985—1987), p. 3.

此之短者，直至六朝始有此体。又如作者谓大家为中国唯一帝廷女史家，不知女史之职，由来已久，《后汉书·后妃传》叙、章学诚《文史通议·妇学篇》考之甚详。女史例以宫妃充之，大家教育后妃，实是女师而非女史也。《诗·葛覃》：'言告师氏，言告言归。'毛传：'师女师也。古者女师教以妇德、妇言、妇容、妇功。'女师之职，由来久矣。又如据本传曹世叔早卒，但按《女诫》大家十四岁归曹氏，作《女诫》时年已将六十，尚有在室之女，而汉时女嫁甚早，年十三四便即适人，则其夫卒时至少已五十左右，传云早卒殆非，此则前人论之已详，而应于传中述及者。"①此外如雷海宗对富路特《乾隆时期的文字狱》(*Literary Inquisition of Chien-lung*)一书的批评(载 1935 年《清华学报》第 10 卷第 4 期)，周一良对魏鲁男英译《魏书·释老志》(*Wei Shou on Buddhism*)一文的批评(载 1937 年《史学年报》第 2 卷第 4 期)等都切中肯綮。这些一针见血、一锤定音的批评显示北京学人牢牢地掌握了学术的话语权和裁判权。

风水轮流转，二战前的美国还处于汉学研究的边缘地位，但今天则无可争议地成为西方汉学的中心。今天世界汉学的中心是在北京，还是在哈佛呢?有目共睹的事实是：美国汉学的研究成果被大量译介，而当代中国学人的著作只有很少几种被美国人主动翻译；就评介机制来看，美国的 SSCI 期刊比国内的 CSSCI 期刊更权威、更能表明学术水准和国际影响力；至于群趋美国受国史则早在三十年前就开始了，至今方兴未艾。

20 世纪 30 年代的北京已成过去，但它提供的范例完全可以为今天所借鉴。最关键的一点还是学者自身的努力。北京当年的学术中心地位是靠众多优秀学者支撑的，正如钱穆所观察的那样，那时的北京学者"皆学有专长，意有专情。世局虽艰，而安和黾勉，各自埋首，著述有成，趣味无倦。"②从这些学者那里，美国留学生得到的不仅是汉学知识的教益，更是中国文化精神的感染。20 世纪 30 年代北京的魅力是学术的魅力、精神的魅力。我们今天应该做的正是增强北京和中国的学术魅力和精神魅力。

(作者：顾　钧　北京外国语大学海外汉学研究中心教授)

---

① 齐思和：《评〈班昭传〉》，《燕京学报》，1937 年第 22 期，第 315—316 页。

② 钱穆：《八十忆双亲·师友杂忆》，北京：生活·读书·新知三联书店，2005 年版，第 174 页。

项目名称：延庆县古村落调查与研究
项目编号：11DCA15
项目负责人：张素枝
项目信誉保证单位：中共延庆县委宣传部

延庆县古村落调查与研究

内容提要： 延庆是北京通往西北地区的京北古道，仍保留有如榆林堡等具有传统风貌的村落。但随着新农村建设的不断推进，这些乡村的建筑风貌逐渐被红砖房、别墅所代替；传统建筑被彻底改造，甚至拆除。如何处理好村庄建设与古村落保护之间的关系，如何从中挖掘出值得传承的中国优秀文化要素，使之成为延庆地区乡村发展新的增长点，已成为亟待解决的问题。本课题基于对延庆地区具有独特风貌特征的古村落的调查，全面系统地归纳分析了整个地区的古村落文化，为延庆地区古村落文化保护利用工作奠定了基础。

一、引　言

自古以来延庆作为北京通往山西及内蒙古的咽喉要冲，是八达岭长城和居庸关外第一重镇，是守卫京畿的西北门户，也是历代兵家必争之地，并因此饱受战火刀兵蹂躏。明朝迁都北京后，除原有因交通驿道和军事要塞形成的村落外又涌现了大批因屯兵守卫和安置流民而形成的村落。独特的北方边塞文化和拱卫京城的特殊使命造就了延庆古村落独有的形态特征。新中国成立后作为首都北京郊县的延庆在经济发展和人民生活水平方面得到了很大改善，而原来军事要冲的功能意义却在逐渐丧失，在城市"集聚效应"吸引下大批农村人口向城市迁移带来古村落的"空巢化"，古村落日益衰落甚至消亡。对于现代化生活方式和短期内经济效益提高的渴求促使现存的古村落面临着盲目开发的危险。作为人类文明最初的发源地，古村落是探寻人类文化发展脉络和发展动力的重要资源。在现代文明冲击之下，新的生产方式打破了延庆原有的传统格局，也改变着延庆古村落的空间风貌。旧的秩序正在消失，新的秩序尚未建立，如何应对时代发展需求同时避免文化传统的突然割裂使古村落平稳度过新旧更替的过渡时期成为值得研究的课题。

延庆县现有 15 个乡镇 376 个村落。2012 年年底至 2013 年上半年课题组工作人员三次在延庆进行实地考察和调研测绘，综合文献资料和调研成果对延庆县 21 个村镇现状进行系统的比较分析，并绘制分析图表，对延庆古村落和民居建筑的保存现状及形态特色进行评价总结。

二、调研村落选取与现状概述

延庆古村落的保护和发展规划开展较晚，岔道城村、榆林堡古城遗址 2013 年被划为北京市第二批历史文化保护区，柳沟古城遗址、双营城、永宁旧城为延庆区级文物保护单位。延庆古村落形态丰富，形成原因多样(如表 1 所示)。以村落整体风貌现状为原则，分三类选取了 11 个乡镇 21 个古村落(包括延庆旧城和永宁旧城)，涵盖了延庆古村落现状的各种主要类型，基本代表延庆古村落风貌特色。具体如下：

第一类：市、区级文物保护单位 5 个，包括岔道城村、榆林堡村、双营村、柳沟村和永宁旧城。

第二类：传统风貌保存较好的村落 10 个，包括劈破石村、花盆村、前山村、延庆旧城、赵庄村、四海村、小张家口村、大泥河村、东门营村和西五里营村。

第三类：传统风貌保存一般的 6 个村落，分别为八里庄村、三堡村、东边村、小川村、茨顶村和大石窑村。

图 1　调研延庆乡镇分布图

图 2　调研村落分布图

2012 年 11 月初课题组工作人员分五组对延庆县古村落进行初步普查性调查，记录延庆古村落基本信息资料；2013 年 1 月进行第二次深入调查研究，整理村落环境、街巷空间结构以及建筑风貌现状；2013 年 6 月再次调研，对重点村落进行测绘及细部信息采集。2013 年 9 月对所有资料进行整理分类比较，形成调研报告。对延庆县 11 个乡镇 21 个古村落的调研成果进行梳理，将各个村落调研收集的文字、图片整理形成基础资料库。各村落现状内容包括四个部分：村落基本信息（历史沿革、地理位置、村域面积、人口数量和主要经济来源等）、村落空间格局（村落平面、功能分布、道路交通、建筑风貌、环境要素等）、公共建筑（种类、数量、使用情况等）以及民居建筑（形式、材质、色彩、屋顶、门窗及节点细部）。

三、延庆古村落整体评价

（一）村落部分

1. 村落基本信息

表1　调研村落基本信息汇总表

地理区位	所属镇域	村落名村	地形地貌	形成年代及历史沿革	村域面积	人口数量	经济来源	村落类型	保护级别
北部中山区	张山营镇	东门营村	山前洪积扇	明代成村（嘉靖十六年设“东门营屯堡”为隆庆右卫所所属军屯）	6.73平方公里	280户960人	农、林业为主，兼营工副业	守卫屯田	——
		西五里营村		原名五里营，因建村时与邻村相距皆为5里而得名。明代为隆庆卫所属军屯营地，嘉靖十六年（公元537年）建城堡	4.7平方公里	520户1790人	农业为主		
东北部中低山区	千家店镇	花盆村	山间洪积台地	明代（原名景阳村，清嘉庆重修关帝庙挖出石盆得名）	4.5平方公里	177户524人	农业、畜牧业	自然聚集	
		前山村	山间河谷	清代（因位于山前台地得名）	3平方公里	101户372人	农业、林业		
		大石窑村		清代（村南岩壁有石灰岩溶洞得名）	8.23平方公里	98户400人	畜牧业、农业		
		茨顶村		清代成村（因村四周有四座高山原名四面顶，后此地长刺花得名）	3.3平方公里	77户244人	畜牧业为主，种植业为辅		

续表

地理区位	所属镇域	村落名村	地形地貌	形成年代及历史沿革	村域面积	人口数量	经济来源	村落类型	保护级别
东北部中低山区	四海镇	四海村	山间河谷	因处四条河谷汇合处得名。元代因有炼铁业，曾称四海冶。明设四海冶把总，有严密的防御体系。明天顺8年(1464年)筑城堡，定名为“四海冶城堡”。清代成为政治经济集中的大城堡，传为“四海城堡”	5.1平方公里	226户611人	花卉种植和果树栽培	军事要塞	
南部低山区	大庄科乡	劈破石村	沟谷台地	明代(因村北一巨石上有垂直裂隙，传为雷劈所致，得名)	4.5平方公里	88户300人	林业(核桃、栗子等)	自然聚集	
	大榆树镇	小张家口村	山脉地带	明代(屯兵，古为北出青龙桥要道，口因姓得名)	6平方公里	247户720人	农业、畜牧业	军事要塞	
		大泥河村	山坡台地	明代(永乐十二年为隆庆州后十里之一安置山西流民，村南有河水流浑浊得名)	4.8平方公里	638户1733人	农业为主	安置流民	
南部丘陵区	井庄镇	柳沟村	丘陵地带	古代关隘，明代设总兵署，筑城屯兵，因临村冲沟交错形似柳枝得名	4.4平方公里	365户1255人	农业、旅游业(豆腐宴)	守卫屯田	延庆区级文保单位

续表

地理区位	所属镇域	村落名村	地形地貌	形成年代及历史沿革	村域面积	人口数量	经济来源	村落类型	保护级别
延怀盆地	延庆镇	延庆旧城	冲积平原	元代建城				建置军城	—
		双营村		后魏时期，因两营堡合筑为一得名	0.082平方公里	180户 480人	农业为主	守卫屯田	延庆区级文保单位
		八里庄村		明代（永乐年为隆庆州后十里之一安置山西流民，因距县城八里得名）	1.84平方公里	408户 1014人	种植业、建筑业为主，特色貉、狐狸养殖业	安置流民	—
		赵庄村		明代（原名赵家庄，后简称）	1.82平方公里	300户 825人	种植玉米、小麦、蔬菜等农副产品		
	永宁镇	永宁旧城	山前平原	唐贞观十八年（公元644年大将军尉迟恭（敬德）监修为屯兵之所）	0.563平方公里		商旅服务业	建置军城	北京市历史文化街区
	八达岭镇	岔道城村	山间谷地	战国有三岔口，明嘉靖三十年（公元1551年军事设施）	7.8平方公里	313户 899人	商旅服务业	军事要塞	北京市级文保单位
		三堡村	山间谷地	金代（原名三辅，大道辅司）	3.9平方公里	21户 68人	旅游服务业、外出务工	交通驿道	—
	康庄镇	榆林堡村	冲积平原	元代（原名榆林驿，因榆树林得名，明移民建屯，为隆庆州后十里之一）	3.99平方公里	576户 1908人	农业、工副业		北京市级文保单位
	香营乡	东边村	喀什特地貌	明代（明代后期朝廷派遣守边及各地居民迁徙形成。据传150年前村边长城烽火台上设人守卫，在长城遗址东面得名	0.07平方公里	31人	农业、外出务工	自然聚集	—
		小川村	山间河谷	居民居于主沟两侧得名	75平方公里	32人	农业、外出务工		

2. 村落空间格局

(1)平面形态。在延庆县，具体的平面形态有：山体—带状平面，如岔道城村、小张家口村等交通驿道和军事要塞型村落；水系—带状平面，如劈破石村、小川村等自然聚集型村落；方形—团状平面，如军屯或民屯型村落；以及星形—团状平面，如处于山地和平原交接处，受到山体、河流多重因素影响的大泥河村。

(2)路网结构。延庆村落道路结构形态各地区明显不同。山地多以鱼骨状路网结构为主，村内主要道路平行于水系或交通要道，或交通干道直接从村中穿过；平川多以方格形路网结构为主，有统一规划的城门、城墙，主次街道规划严整；少数村落因水系、山地或其他重要的环境要素牵引形成放射状路网结构。

(3)功能布局。延庆古村落主要功能用地除耕地、林地、水系外，居住用地所占比例最大；商住形式的小型商业用地分散在居住区中，步行距离在150米范围之内；以寺庙、村委会为主的附带广场的公共设施用地(包括防御性公共建筑)比例不大但占据了村落所有重要位置。

部分规模较大的村落有单独的教育设施用地，多数学校为新中国成立后设置，多选择在旧村之外的空旷场地。调研中发现延庆古村落传统公共服务设施相对分散，尺度较小，方便就近，少数形成小面积集中商业区域或商业街。随着人口减少，许多村落商业逐渐衰落，同时大部分村落还存在公共服务设施少，种类贫乏等问题。

(4)村落风貌。根据调研村落风貌现状，按建筑风格、形式、色彩等要素的整体协调程度分为四类：

传统建筑：一般占村落比例10％－30％，这类建筑建于明清和民国时期甚至更早，形式比例优美，风格特色鲜明，是延庆古村落建筑的优秀典范。如永宁旧城、岔道城和双营村，传统建筑保护和修缮较好，其比例可达60％－90％，而如四海村、三堡村等因缺少统一规划和保护，其传统建筑比例不足10％。

与传统风貌协调的建筑：一般占50％－70％，是占延庆古村落比例较大的一类，这类建筑建造年代多在20世纪六七十年代，在形式比例上基本沿袭传统建筑风格，在材质色彩上有了明显的变化但仍与周围环境相互统一，体现了古村落风貌在历史进程中缓慢变化的过程。

与传统风貌不协调的建筑：一般占村落占10％－30％，此类建筑多建于近几十年，建筑造型和比例关系已经发生重大改变，新材料和形式的应用还处于探索阶段，缺少与周围环境的协调和正确的审美趣味。除个别古村落风貌保护较好使得此类建筑比例较少外，部分村落由于新村建设等原因风貌改变较大导致风貌不协调建筑所占比例较高。

破坏传统风貌的建筑：比例较小，仅出现在个别村落，比例不超过10%，但此类建筑在破坏整体村落风貌景观上影响很大，也不同程度地伤害了村民感情。

3. 街巷空间体系

(1)村落街巷道路系统。根据对调研村落街巷宽度的实际测量，总结当前延庆古村落道路现状如下：

县级道路：是村落与外部联系的主要交通干道，全县统一铺设了沥青路面，路宽5—7米，一般为双车道。

村内主要道路：是村落内部主要车行道路，连接各院落组团内次要道路和县级道路，多数村落为新修水泥路面，部分为传统石板路面或土路，路宽3—5米。

村内次要道路：与主路相连的入户路，部分为人车混行，部分仅供行人通行，多数村落为新修水泥路面，部分为传统石板、石子或夯土路面，路宽1.5—3米。

其中新修道路普遍比传统道路拓宽以利于车行，但硬化的路面在雨水天气会形成表面径流。

(2)街景分析。对古村落风貌影响较大的沿街立面进行了截取分析，发现各村沿街建筑立面风格和建筑质量与该村是否为文保单位、经济交通发展速度关系较大，有保护规划的文保单位以及处于深山区或经济条件欠发达区域沿街立面整体风格统一，由传统建筑坡顶和街巷空隙所组成的天际线优美丰富，如岔道城村、永宁旧城、劈破石村、大石窑村等；而经济条件发展较快又缺少规划保护的村落沿街立面形式混杂，或整体沿街粉刷成同一颜色的简单粗暴的做法，破坏了古村落丰富协调的街面美感，如四海村主街立面。

(3)节点空间。无论是带型平面村落还是团型平面村落，重要的节点空间(如村口广场、庙前广场、戏台广场、集市广场等)都沿村中最主要道路线性展开，且位置多在两条或多条道路交叉口附近；次一级的节点空间(如居住群组内的公共活动空间等)同样沿次要街巷线性分布，从而形成等级序列分明的空间组织形态。虽然为争取良好的南北朝向，古村落房屋走向多是兵营式的行列排布，横平竖直的格网道路没有明显的向心性，但是庙宇和戏楼或是重要的行政机构多位于整个村落的中心地带，反映了这些核心空间在村民精神世界和物质生活中都占有最重要的地位。它们承载了村民生活中的祈愿和依托，也为日常的贸易交流提供了亲切自由的场所，是村民日常活动和聚集的场所，也是村落精神的核心。

(二)建筑部分

1. 公建类型及使用情况

延庆古村落公共建筑遗存众多，虽有大量珍贵优美的公共建筑毁于动荡年代，但仍留有许多具有代表性的寺庙、戏楼等，不幸的是由于传统文化信仰的消失这些公共建筑多数已经荒废，取而代之的是近几十年新建的村委会、村民活动室、对外旅游接待的商铺等。新建公建与传统公建形式布局上大有不同，是村落新的精神文化中心，见图 3、图 4。

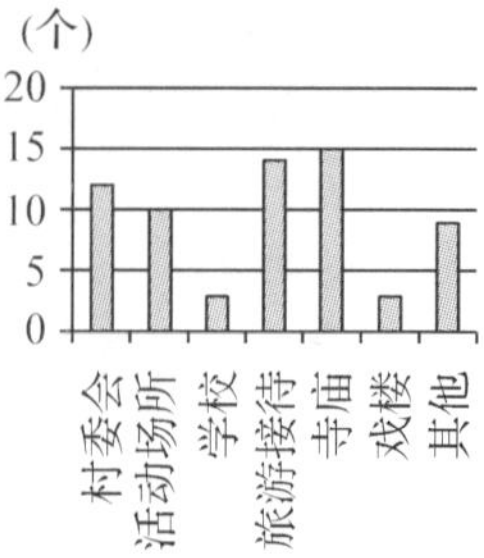

图 3　各类公共建筑所含村庄数量表

图 4　延庆传统村落公共建筑类型举例

2. 防御性建筑类型及空间组织

与其他地区的不同之处，延庆特有防御性建筑，类型主要包括城墙、城门、城堡、烽火台等。图 5 所示的防御性建筑中，城墙属于外围线性设防，而城堡、烽火台、砖窑、墩台、古崖居(其功能尚无定论)为局部点式设防。防御性公建在延庆古村落的分布以线性的城墙居多，共 9 个，而局部点式的分布较少，分别为城堡 5 处、烽火台 2 处、砖窑 1 处、其他(古崖居、墩台)2 处。

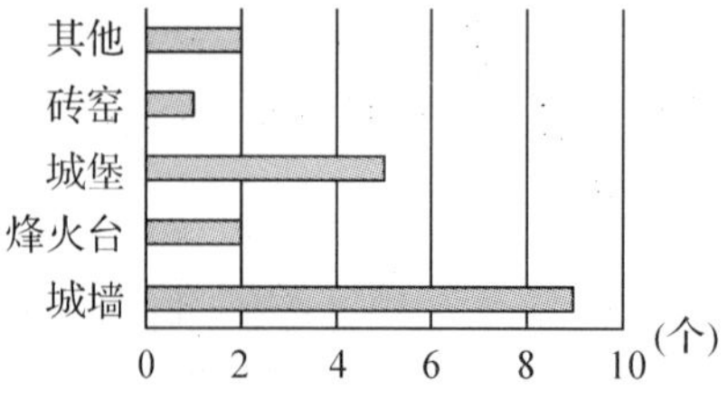

图 5　防御性公共建筑所含村庄数量表

3. 民居

延庆传统民居是调研内容的重点之一。目前延庆民居风貌保护情况不容乐观。延庆古村落民居建筑风格以明清时期北方合院式民居形式为主，随着新建筑形式和材料色彩的出现，民居风貌呈现出新旧混杂的状态，个别村落新建筑与传统建筑风貌差异很大。我们搜集了大量体现民居建筑形式和风格的图片并进行典型院落的平立剖测绘，着重采集了传统民居建筑细部材质及色彩为研究延庆古村落民居建筑形式提供基础资料。

延庆传统民居造型朴实，没有太多繁复的装饰，但以古朴庄重的整体造型区别与南方民居的轻盈活泼。居住建筑立面纵向一般为三段式造型：屋檐、墙身、台基。立面纵向三段比例约为 7∶8∶1。多使用木门平开。门板上多装饰窗格，门上有亮子，部分制作精美的房门窗格为几何纹样，尺寸基本为1200×2400 或 1400×2400 左右。窗多为木框木窗，较老的为支摘窗；较新的安装了玻璃。但现代铁或铝合金窗比比皆是，材质与色彩均破坏了村落整体协调的色调关系。

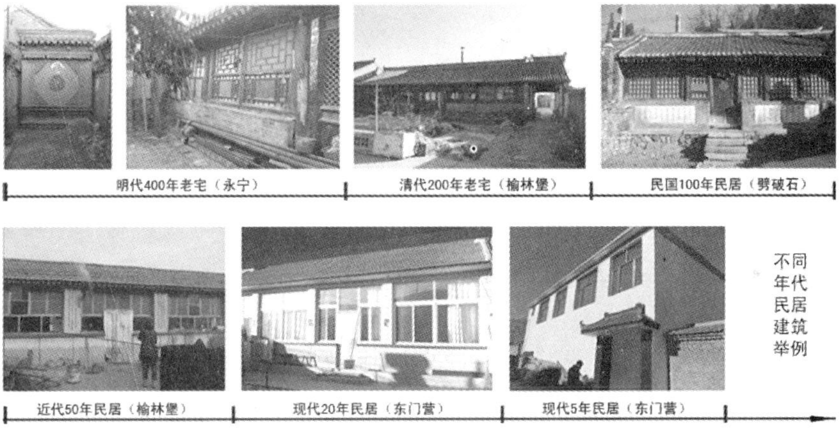

图 6　延庆传统村落民居建筑类型举例

四、延庆古村落保护与传承问题

在调研过程中我们发现延庆古村落风貌从选址布局到村落空间、从公共建筑到民居建筑的各个方面在短时间内正发生着巨变，古村落风貌特色的保护和传承出现了诸多问题。

(一)村落空间结构异变

1. 功能组织突变

随着延庆古村落防御功能和交通功能的退化，村落失去了原有的功能意义。许多村民或开发商盲目开展投资和快速建设，使原有的村落功能组织发生突变，许多山区村落失去其躲避灾祸的意义。

2. 道路组织结构改变

古村落以步行为主的道路交通系统在汽车时代遇到挑战，全部以宽敞的灰色水泥路面代替了原有的土路、石路，并拓宽了村落道路宽度。

3. 空间组织改变

村落功能的突变必然导致村落形态的变化，原有的人工边界(城墙、城门等)已经变得越发模糊，例如四海镇四海村，拆除城墙和十字路中心的玉皇阁后，村落平面形态由方形沿新建拓宽的水泥路变成带状，现在的村民甚至很少有人能说出城墙的遗址，只有村旁山顶突出的土堆依稀可辨是昔日的烽火台。双营村一户经济条件优越的人家紧邻村中两座寺庙建起了四层高楼和二三十米高的铁塔，破坏了整个村落的核心空间，失去了寺庙广场组织公共空间的作用。

4. 新村建设与旧村营建模式的割裂

部分村落由于开展特色旅游在旧村之外建立供旅游食宿的新村，由于缺少统一规划，风貌与旧村相差很远，没有延续旧村传统风貌特色，如柳沟村旧村东侧近几年迅速兴建的大量以豆腐宴农家乐为主题的参观住宿区域，除了体现了传统饮食文化外新村缺乏历史文化感和传统特色。

(二)公共建筑日渐衰败

1. 文化建筑与传统文化的衰落

受到历史文化变革的冲击，拜神敬天的传统习俗在延庆古村落销声匿迹，关帝庙、娘娘庙、土地庙等已经不再是村民祈愿、集会、举行仪式的场所，多数大门紧闭，甚至荒废。

2. 防御性建筑的地位缺失

许多村落缺少文化保护意识，拆了城墙盖新房或把城墙当成自己院墙的一部分。如四海镇四海村，失去了城墙的界定，集体迷失自己村落的过去；又如小张家口村和柳沟村，长城和烽火台已渐渐消失于山体之间，难以辨认。

(三)民居建筑风貌异变

1. 新建筑形式和比例的异变(如图7所示)

图7 自左向右为小张家口龙王庙后新建民居、小张家口村口新建民居 、双营村新建民居

2．建筑色彩材质改变

新材料的使用导致古村落的风貌特色的缺失，古村落的审美趣味迷失在新技术中。

3．建筑细部缺失

新建建筑缺少细节，线脚平直单调，缺少审美价值的同时也丧失了对传统文化的传承。

五、延庆古村落发展与保护思考

（一）延庆古村落的经营与发展

1．延庆古村落发展动力的探寻

（1）依托首都经济圈积极发展新兴产业。平原地区交通便利，发展较快。目前在延庆已初步建成了“北京延庆经济开发区”，包括以长城服装产业园、生物医药科技园、绿色食品工业园为特色的产业聚集区和生产性服务业基地。

图8　延庆葡萄采摘园

图9　四海镇四季花海

（2）依靠自身特色开展京郊旅游文化。除八达岭长城、居庸关，延庆还有众多自然资源和人文资源有待开发，包括以生态资源为主的龙庆峡自然风光、花卉林木等特色自然资源，和以历史资源、民俗资源、文化资源、科普资源为基础，体验古村落空间的民俗旅游、红色旅游等特色人文资源。

图10　龙庆峡自然风光、八达岭长城、千年古崖居

图 11　与长城文化相关的堡寨型村落空间体验游

图 12　柳沟豆腐宴、劈破石昌延联合县政府旧址

2. 非物质文化遗产的挖掘与传承

(1)通过物质载体进行陈列展示。

图 13　延庆非物质文化遗产实体展示

(2)对传统节庆活动继承发扬。

黄河九曲灯　黄河九曲灯　灯山会老艺人

图 14　延庆传统节庆活动

(3)民间手工艺文化和饮食文化的传承。

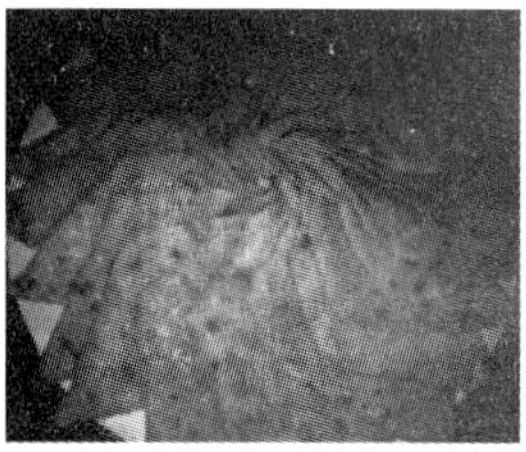

山药杳子

豆腐宴

山野菜保健餐

图 15　延庆民间饮食文化

(二) 延庆古村落保护与传承

1. 保护与传承的原则

(1)保护为主、适度开发;

(2)因地制宜开展多元化特色开发;

(3)新村建设传承古村落特色。

2. 延庆古村落风貌传承方法

(1) 古村落空间肌理的修复。

①空间组织模式原型转换。恢复原有村落空间组织关系，明确村落空间组织形态，恢复村落可识别性，增强村民归属感，如图 16，在原村落中心玉皇阁位置设置历史纪念性标志物或公共空间，考察明确原有城墙城门的具体位置并对其进行保护修复，以此唤回村民对古村落空间的记忆，提升精神凝聚力，恢复村落可识别性和历史文化可读性。

②空间肌理形态修复。针对村落平面肌理的发展现状，对其肌理修复更新分为核心保护区、建设控制区和环境协调区三个层次。

以永宁旧城为例，其核心保护区是以十字街中心的玉皇阁为起点的四条主要道路两侧，如图 17。具体采取措施包括：对现存历史文化保护建筑在保证原真性基础上进行结构加固和局部修复；对保护区内风貌协调或一般协调的沿街建筑局部或立面进行整修，修复原有色彩、高度、体量，使四条主街基本保持或恢复明清时期风貌格局；对保护区内极不协调建筑或构筑物进行拆除；保护核心区内景观要素，恢复原有空间场所。其建设控制区是指四条主街至城墙内的四片区域。建筑多为民居性质，基本为与传统风貌协调的建筑，同时存在部分新建与传统风貌不协调的建筑。具体采取措施为：首先，控制新建建筑体量大小、格局形式、高度色彩等与核心保护区协调一致；其次，拆除控制区内影响视线通廊、历史环境的建筑和构筑物，延续保护区空间肌理。

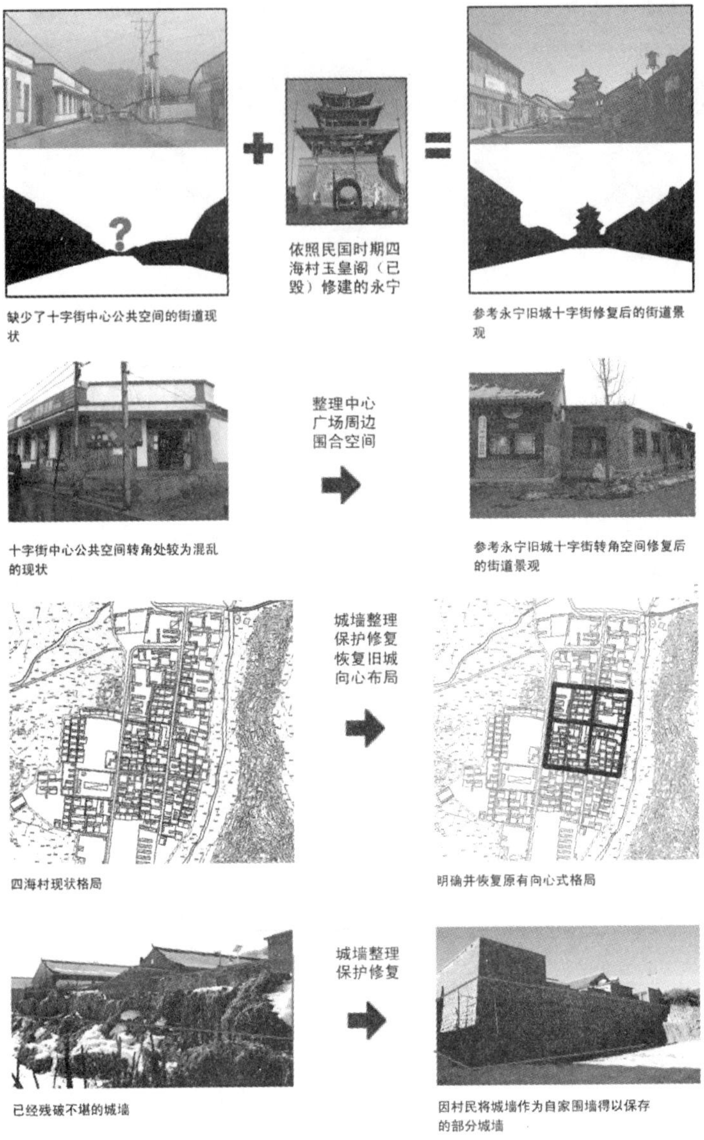

图 16　四海村空间组织模式修复对比图

双营村城门修复前

永宁400年老宅修复前

双营村城门修复后

永宁400年老宅修复后（参考古北水镇资料）

历史文化保护建筑修复对比图

景观环境要素修复对比图

景观环境要素修复前

景观环境要素修复后（岔道城节点广场）

永宁十字街南街风貌现状沿街立面

永宁十字街北街风貌现状沿街立面

街道风貌修复对比图

永宁十字街北街风貌修复后沿街立面（参考古北水镇民宿区立面局部）

图 17　核心保护区建筑、环境、街巷修复对比图

(2)古村落空间意象的再现。

①节点空间修复与利用。广场空间和路口节点是体现村民家园认同感的重要场所，也是作为日常交流、活动、休憩的重要公共空间。依据古村落节点空间模式原型合理布局节点空间形成多级有序的公共空间层次是古村落发展建设中应当十分注意的。

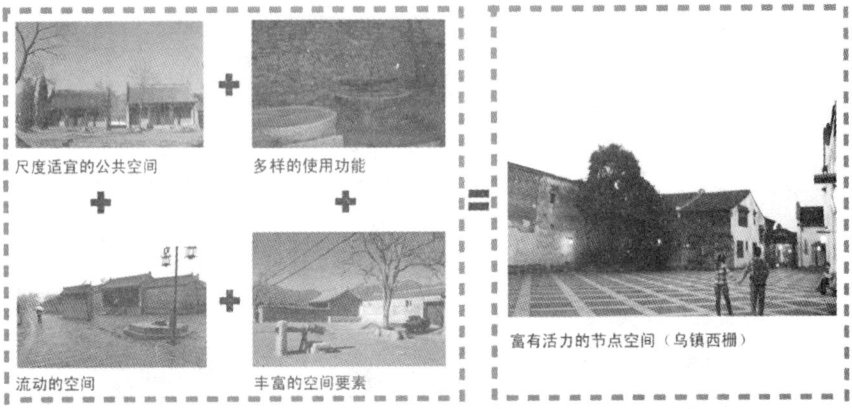

图 18　古村落节点空间修复

②街巷空间保护与复原。街巷空间联系各个节点空间并使空间相互流动起来，古村落街巷体系有层级秩序的产生宽窄变化和转折交叉，通往统一目的地时通常有多条可供选择的到达方式，在现代村落发展建设中应时刻注意街巷尺度原型的应用，街巷主次关系格局的秩序感以及通往目的地路径的多样性。措施包括：街巷空间尺度复原、沿街建筑立面修复等，见图 19，图 20。

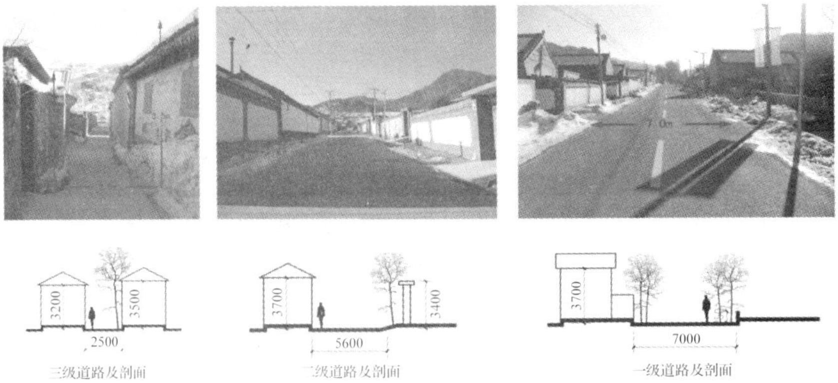

图 19　街巷空间尺度分级修复图

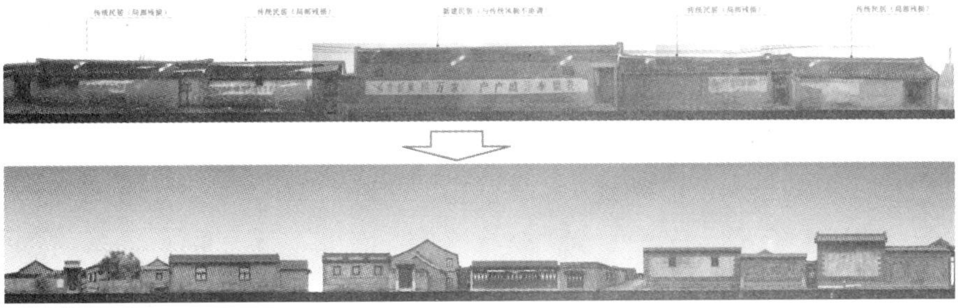

图 20　沿街建筑立面修复对比图

③道路铺装复原。

图 21　街巷道路铺装修复对比图

④村落边界和纪念物的修复与利用。作为延庆传统堡寨型村落重要标志物的城墙、城门、水渠等，应按照其遗存和遗址划定保护范围，依法进行保护及遗址的考古勘查和发掘整理。

古村落与自然环境的边界常常是模糊且相互渗透的，作为村落的外部格局环境的山体、水系等应有合理的保护和发展规划，巧妙地利用自然资源，处理好与自然边界的关系是村落发展面临的长期课题。

(3)公共建筑的保护与利用。

①复原空间结构。传统寺庙和戏楼从选址，空间布局到壁画等细部都有形式比例上的考究和审美体现，因此对此部分的保护与再利用是非常有价值的。

②功能置换。对古村落公共建筑的再利用是近年来重点关注的问题之一。保证原有公共建筑的真实性、对新旧功能区别的可识别性以及公建再利用功能的可逆性是对传统公建再利用的前提条件。

图 22　公共建筑整修对比图

(4)防御性建筑的修复与利用。

防御性建筑可作为边塞文化遗存的实体进行展示与研究，与堡寨型村落共同构成文化旅游景观，但在开发利用的过程中应时刻坚持“保护第一，开发第二”的原则，正确处理保护与开发的矛盾，实现资源永续利用，见图 23。

图 23　防御性公共建筑整修对比图

(5) 民居建筑的保护与更新。

①延续民居院落空间布局。新建民居院落追求层数增加，破坏原有的院落空间比例和院落之间的层次联系。建议在新建过程中延续原有院落的空间布局与发展模式，辅以影壁、门廊、游廊、月洞门等丰富空间层次的布局手法。

②完善与更新院落功能。合理使用新材料加强民居建筑的保温隔热性能，结合院落空间创造冬暖夏凉的宜人环境。结合农村绿色能源循环系统在院落内增加上下水管道，尽量使院落各部分功能做到洁污分区，流线不混杂。建议铺设石板或透水砖防止雨天泥泞，改善院落空间和热舒适环境。

③建筑单体保护与更新。基于村落风貌相协调的原则，对民居建筑采取分级保护与更新，包括保护修缮、保留改善、整修更新、整治拆除等措施。通过对大量优秀民居建筑的测绘和优秀民居门窗细部样式的采集，总结民居建筑形式比例和细部处理，对新建民居建设提供原型参考和指导。如图 24—

27 所示。

文物保护建筑修缮前

文物保护建筑修缮后

与历史建筑协调建筑改善前

与历史建筑协调建筑改善后

图 24　传统民居建筑整修对比图

不协调建筑整修更新前

不协调建筑整修更新后

破坏历史风貌建筑整治前

破坏历史风貌建筑整治后

图 25　传统民居建筑整修对比图

门1：风貌很好，即具有地方传统特色、传统构件及典型细部装饰，采用地方传统材料，符合风貌保护要求，且质量均很好或较好。

措施：完全保存或仅略加修饰，并进行日常维护及定时修理

门2：风貌尚好，即具有地方传统尺度、比例、材料和色彩，保留有一定的传统构件和细部痕迹，符合风貌保护要求；或其风貌很好但质量一般或较差，如结构松动、表面破损、色彩脱落、局部破坏等。

措施：按照风貌保护要求，保留框架、加固结构、补刷油漆、修补破旧部分。

门3：风貌一般，即其形式、材料、色彩等作了较大的改变（如钢卷帘门、铁门、玻璃门等）。已不具有传统地方特色。但由于其质量较好，且位于非重点地段、部位，对建筑立面及周围环境风貌影响较小。

措施：近期保留不拆除，或进行局部整治，使之与传统风貌协调；远期可考虑改造或更新。

门4：风貌较差，即其形式、材料、色彩已被任意改动，不具有地方传统特征，完全不符合风貌要求，且位于重点保护地段，严重影响建筑立面形式和周围环境风貌的。

措施：拆除，按照风貌保护协调要求，重新进行设计建造。

图 26　门的更新改造方法

窗1：风貌很好，采用地方传统材料（如木材、石材），具有地方传统特色、传统构件及典型细部装饰，其窗线、窗棚、窗台等部位线脚保存较好。符合风貌保护要求，且质量均很好或较好。

措施：完全保存或仅略加修饰，并进行日常维护及定时修理。

窗2：风貌尚好，即具有地方传统窗户的尺度、比例和材料，符合风貌保护要求，但质量稍差，如结构松动、表面装饰细部、构件等局部破损、色彩脱落等。

措施：按照风貌保护要求、框架保留、加固结构、修缮破旧部分、补刷油漆等。

窗3：风貌尚好或一般，但窗体质量破坏严重、结构破坏、大部分构件破损，几乎不能再利用。

措施：考虑整体风貌协调要求，根据现存框架、构件痕迹，尽量进行复原修复，也可根据实际情况，按风貌要求重新设计。

窗4：窗体形式、材料、尺度比例及开启方式已做较大改动，不能反映地方传统特色，整体不符合风貌要求，但其质量较好且位于非重点保护地段，对建筑整体立面和周围环境风貌影响不大。

措施：近期保留、暂不拆除，或进行局部整治，使之与传统风貌协调，远期可考虑改造或更新。

窗5：风貌较差，即其形式、材料、色彩等均不具有地方传统特征（如铝合金、大玻璃窗等），完全不符合风貌要求，且位于重点保护地段，严重破坏建筑整体立面和周围环境风貌。

措施：拆除，按照传统风貌协调要求，对窗体进行全面更新设计。

图 27　窗的更新改造方法

参考文献

[1] 尹钧科：《北京郊区村落发展史》，北京：北京大学出版社，2001 年。
[2] 延庆县志编纂委员会：《延庆县志》，北京：北京出版社，2006 年。
[3] 延庆县非物质文化遗产保护工作办公室编：《北京市非物质文化遗产普查项目汇编(延庆卷)》，2007 年。
[4] 业祖润等：《北京古山村：川底下》，北京：中国建筑工业出版社，1999 年。
[5] 段进等：《世界文化遗产西递古村落空间解析》，南京：东南大学出版社，2006 年。
[6] 阮仪三等：《江南古镇：历史建筑与历史环境的保护》，上海：上海人民美术出版社，2010 年。
[7] 王景慧、阮仪三编著：《历史文化名城保护理论与规划》，上海：同济大学出版社，1999 年。
[8][丹]扬·盖尔著，欧阳文、徐哲文译：《人性化的城市》，北京：中国建筑工业出版社，2010 年。
[9][丹]扬·盖尔著，何人可译：《交往与空间》，北京：中国建筑工业出版社，2004 年。
[10]Bernard Rudofsky，Architecture Without Architects：A Short Introduction to Non－Pedigreed Architecture，Albuquerque：University of New Mexico Press，1987.

（作者：张素枝　中共延庆县委宣传部部长
欧阳文　北京建筑大学教授
范学新　北京市延庆县文化委员会副研究员）

语言·文学·艺术学科

项目名称：中国审美文化焦点问题研究
项目编号：09AbWY063
项目负责人：韩经太
项目信誉保证单位：北京语言大学

中国审美文化焦点问题研究

内容提要：本研究确认中国美学的逻辑起点，探询中国美学之发生原理与中国形态的艺术起源学说，继而提炼中国艺术哲学的玄同思维模式，并将其核心理念凝练为“道法自然”与“技道两进”，以此而构建富有中国文化特色的美学本体论思想体系。本研究将由来已久的“内圣外王”中心命题分解为“内圣外王”与“玄圣素王”的二元对应，基于此，本研究围绕政治诗学问题的系统研究，不仅深究礼乐刑政一体化的制度文明，而且总结正反两面的历史经验；不仅揭示出富于批评诗学精神的儒家风骨的历史衰变轨迹，而且引人思考中唐以降心性儒学复兴背景下的诗学主体精神何以导向“清虚化”。本研究秉持美学理论与艺术实践高度统一的原则，围绕“大音希声”观念和“奔马飞禽”意象，以“适意写实”的创新命题，实现了美学基本原理和诗学情景交融之论、诗画艺术交融境界的深度契合。

本研究提出中国诗学本体论为“性情与言语”组合的二元本体论，而这一诗学本体的历史生成过程则呈现为依时序而展开的三种境界——由礼乐刑政一体化文化语境中具有“风”诗导向的“诗言志”观，进而为玄学“应物”观导引下“窥情风景”而“穷情写物”的“感物吟志”说，再进而到心性儒学复兴历史语境下“意新语工”而讲求“逸品”格调的“吟咏性情”论。以此诗学本体论为内在依据，长期以来被学界确认为中国美学中心范畴的“意境”，其核心精神应在“通古今之变”的重新阐释中确立为“典型性情景交融”。同时本研究强调指出，中国美学的范畴具有“丛生性”。相信如是见识与建言，将有益于中国古典诗学和中国美学的健康发展。

这里是一部循着历史时序和历史逻辑的双重线索而循序展开的“焦点问题”系列。在一共由九大专题所组成的问题系列中，涉及中国审美哲学之形而上思辨与文艺创作之形而下实践之间的广阔领域，并在兼顾学界争论不休之焦点与学界忽视之盲点的基础上，出于揭示审美文化史真相和提炼中国美学精神的终极目的，集中论述了以中国美学的逻辑起点为始端而以中国美学的“意境”阐释为终端的一系列“焦点问题”。现以研究成果论著章节次序摘要叙述如下：

一、中国美学逻辑起点的确认与“道法自然”的再阐释

全书首章，确认《老子》“道法自然”为中国美学之逻辑起点。为此，充分展开《老子》内涵“自然”概念之原创文本共五章的逐一细读，并把细读而精解的前提，建立在《老子》“道经”首章及相应文本中关键命题如“道可道，非常道；名可名，非常名”与新出土郭店楚简《太一生水》章以及先秦诸子共生之“水镜”意念之间的兼容而辩证思考之上。继而以“自然之道”的哲学美学阐释为中心，全面考察从《淮南鸿烈》到《文心雕龙》的思想史阐释逻辑，尤其对学界历来高度关注的刘勰《文心雕龙》“自然之道”阐释问题给予特殊关注，系统梳理从《老子》原创到《淮南鸿烈》的道家文化集成阐释再到南朝刘勰这里的“自然之道”阐释传统，从《文心雕龙·原道》文本内在逻辑和先秦以来思想史发展脉络两端展开“自然之道”的再度阐释。以“制器尚象”的古典命题为中心，参照西方文化语境下的“艺术起源”诸说，探询中国“艺术起源”说的哲学底蕴。最后，综合上说而旨归中国审美文化精神的提炼。

中国审美文化之创造性阐释的题内首义，当在于逻辑起点的确认。而老子“道法自然”的经典命题以及充分展开其思维理路的内涵“自然”观念的《老子》五章，堪称中国美学的逻辑起点——体现中国美学发展之历史逻辑的思想原点：第一，如果说中国哲学美学的核心范畴是为“道”，那《老子》不仅是“强字之曰道”的“道”学原创主体，而且是同时提出了“道可道，非常道；名可名，非常名”的思辨主题，中国源远流长的“原道”文化，缘此而生；第二，如果说“水源说”不失为人类普适的宇宙发生论要素，而中国“水镜说”尤其保存了人类“直觉的自我发现”的原始经验，那么以老庄“涤除玄鉴”“用心若镜”说为中心的观念阐释和意象塑造，就已经确定了中国心物合一而“外师造化，中得心源”的审美文化基调；第三，如果说中华民族数千年养成的民族性格具有“实践理性”色彩，那《老子》阐释其“自然”观时确认“功成事遂”为前提的基本立场，实质上已经揭示出，“无为而无不为”是一个富有成功学目的论的实践论命题，中国审美文化乃至整个中华传统文化之核心精神的历史阐释，势必以此为基准之一。

基于此而注目于中西文化碰撞视阈下的“艺术起源”诸说，我们发现，就像“模仿说”的内核其实是“模仿本能说”一样，“巫术说”的内核其实是“原始交感说”。西方“巫术说”的原始交感理论，事实上相通于中国古代的“物感心动”学说。汇总中华典籍中有关“艺术起源”和“艺术发生”的论述，可以从中找到西学种种“艺术起源”说的影子，而那堪当中华文明贡献于人类文明之标志性

思想建树的艺术哲学思想，包括关于“艺术起源”与“艺术发生”的精妙学说，可以凝练为：“艺术起源于象征性模仿”！

二、关于“混沌”美学与“玄同”思维的新探询

本章从评述李泽厚“庄子的哲学即美学”一说起步，进而讨论“老庄一体”意义上的哲学即美学问题，特别注意在结合魏晋玄学之如何传承并阐述老庄思理的思想史视阈下，重新解读“此两者同出而异名，同谓之玄”的老庄玄思的语言哲学本质，借以把握老庄玄思的思维模式及其话语形态。然后进入以“混沌”为中心范畴的哲学美学论辩，具体而微的“混沌寓言”解读和多元文本互相发明的庄子思想宏观把握相结合，充分展开庄子之精神家园究竟是“原始混沌”还是“理性混沌”的思考，并通过具体分析大量分明带有“炫技”色彩的寓言情节，实际展开关于“至人”艺境必有双重超越难度的艺术哲学核心原理阐释。本章关于“大音希声”的艺术哲学再思考，是围绕着魏晋南北朝之际“隐逸”及“游仙”文化背景下有关“无弦琴”“一弦琴”和“长啸”的名士精神生活意态来具体展开的，在深入梳理音乐文化史上相关史料的基础上，联系现代观念艺术代表作《4 分 33 秒》，就“大音希声”之艺术哲学原理展开思辨与阐释。

元典创制这一“后巫术”时代“混沌氏”思想意态，可以提炼其精神实质为理性“混沌”。理性“混沌”与原始“混沌”的本质区别在于，前者是对后者的自觉保护，并通过这种自觉保护而实现了自身的完美追求。正是在这个意义上，庄子的“混沌”美学是“后巫术”时代的“混沌”美学，是“人”的理性与原始“混沌”的人文统一。

《庄子》“技艺寓言”实质上含有忘却一切而坚守技艺本身的深刻寓意。《庄子》对于“机心”的高度警惕与深刻批判，其终极追求未尝不契合于“忘机炫技”的双重自由境界。只有那真正自觉排除功利主义而守护技艺讲求本身的创作主体，才有可能同时实现纯粹精神与纯粹技艺的双重收获。

魏晋以降在神仙与隐逸文化的交织中凸显出来的“魏晋风度”，呈现为“一弦琴”和“无弦琴”两个相关的音乐文化意象。其“抚无弦琴”的寓意，与王弼论“圣人有情”之所谓“神明”与“五情”合一之“应物而无累”说的玄学语境有关，蕴含着双重主题动机：一面是音乐美与乐器音律相统一的美学价值观，另一面是音乐美脱离乐器音律的美学价值观。双重主题动机的历史性展开，在深化音乐美学思想的同时，孕育了士大夫文人“自美其美”的文人艺术传统。

中国艺术哲学不是唯道主义的，而是“道艺二元”的——纯粹观念与审美技艺的交织性创造，体现着“至人之用心若镜”的人格与技艺双重“进境”。

三、围绕“内圣外王”与“玄圣素王”的人格美学探询

首先，基于庄子思想而提炼“天地大美”人格和“与道徘徊”意态为中国人

格美学之核心内容。其次，根据《庄子》文本的内在逻辑，具体辨析“内圣外王”与“玄圣素王”的关系，揭示隐含其间的社会政治元素和士人精神诉求，据此而引申及于“处下”的人生观念与“让王”人格理想。继而，比较分析《庄子》“让王”情节的不同版本，探究了隐身于不同文本情节背后的政治文化寓意。然后，认真辨析自孟子以来关于孔儒“素王”人格的阐述传统，揭示孟子以来申论“素王”人格者所阐扬的历史批判精神，进而发掘《论语》载述中孔儒师生问答之际所表现出来的价值追求及其人格力量。值此，还特别讨论了《论语·子张》子贡五章所具有的历史批判理性问题。

先秦庄子原创的“内圣外王”命题，以汉儒阐释孔子素王人格为契机，历史地成为儒家阐释自我人格理想的经典范式。“玄圣素王之道”的人格美典型，就是富有政治根本原理之底蕴的“让王”意象。“帝王”与“素王”的分列，已然标示出文化主体与权力主体的历史疏离。人格美学的理想主义，因为这种“轻帝王”而“让天下”的特定政治内涵，赋予自身以超越政治理想的人学价值。

原始儒家学派内部，已有着质疑西周政权之历史话语霸权的理性自觉，子贡的辩护与质疑，因此而具有启蒙理性的光芒。“圣之时者”的孔子人格，是以其执着的实践精神，让富于“始条理”意味的原创礼乐文明具有可持续性，推动礼乐文明进入当下社会，进而使其发展为富有“终条理”意味的新兴文明。

“士”这一历史主体与家国政体之间的深层矛盾所导致的“内圣外王之道”的阐释意向是：“内圣外王之道”乃是终极价值之所在，而“玄圣素王之道”才是人格理想之所寓。《庄子·天道》或生成于秦汉庄学传人之手的推论，恰好说明，道家“玄圣素王”之人格理想乃生成于儒家“素王之业”的阐释实践之中，这种历史进程中的“儒道互补”，历史地塑造了道家“玄圣无为”与儒家“素王删述”相结合的文化人格典型。

四、中国政治教化诗学传统中的文学“风骨”

本章的第一个论述重点是“政教诗学原理”之阐释。缘此，有对朱自清《诗言志辨》的重新认识，以及就《尚书》相关载述内容展开的史实考论，内容涉及中国上古社会文明形态和人类原始艺术的普适形态。继而，辨析淮南王文客集团称之为“《诗》《春秋》，学之美者也”的学问之道，从“王者之迹”与“学诗之士”的内在关系入手，历史地分析了春秋《诗》学与《春秋》学的文化整合过程。

本章进一步考察汉人政治诗学的历史真相。在汉代谶纬之学的特殊文化解读中，发现先秦儒家历史批评精神的特殊传承方式，以及汉儒志在复兴礼乐文明的思想精神和制度设计。与此相应，总结汉代“采诗观风”和中唐“新乐府”诗学的正反经验，具体辨识其中儒家风骨的历史生成及其清虚化历程。

中国是一个具有政治中心主义特色的文明古国，中国诗学首先是政治诗学。汉儒传承孟子思想而整合《诗》《春秋》之学以凸显“风”诗价值的理论建树，对应于汉代“采诗观风”的制度设置，理当分为“风化”与“风刺”两系。当“风刺”诗道体现出反权利剥夺的价值选择时，诗的政治学自觉就与诗的美学自觉一样具有本体价值。古代史家和思想家以“王者之迹”的存亡为线索而展开的文化价值阐释，其逻辑线索的历史展开意味着“王者之迹”与“学诗之士”的整合性传承。布衣之“士”作为“采诗观风”制度框架内沟通民间与朝廷的中介力量，担当着“社会谏诤者”的历史角色。

自上而下的教化是辩护性的，自下而上的讽谏是批判性的。辩护与批判的内在紧张关系，导致儒家“风骨”的振兴或者衰变。当其外受政治现实挫折、内受心性义理导引，从而敛约甚至消解其外向锋芒时，却也将滞守在事功主义层面上的文学价值解脱了出来，并使其在注重怡神悦性的美感形式的同时，获得某种艺术哲学的灵性。

五、关于中国造型艺术的适意写实传统

从有“世界青铜之冠”美誉的“秦陵铜车马”造型准确、风格写实、制作精美的物质事实出发，反省长期以来国人基于中西比较而确认中国艺术精神为“写意”的既定之论。基于此，讨论以下问题：一、作为先秦理性精神之凝练的“敬鬼神而远之”的思想命题；二、处于巫觋文化与礼乐文化交替过程中的“远方图物”文化现象及其艺术特性；三、可以视为典型作品的三代铸鼎之“饕餮”纹饰的文化解读问题。

由此，进入中心问题：被称之为“马踏飞燕”的汉魏铜奔马的重新命名。首先，逐一列举自该文物出土以来有关报道和涉及命名的各派论文，包括民间有识之士的各种意见。缘此而有“马乘飞燕”新名之申说。基于对古代文献记载以及出土器物的实例分析，特别以“羽人”“翼马”为中心，深入辨识中华民族之实学思维与飞升想象的直觉统一形态，揭示出由“羽人”向“乘羽”演化的艺术史动向，最终推导出“马乘飞燕”的新命名。

巫觋文化转型为礼乐文化的过程，伴随着礼乐文化对巫觋文化的吸纳和涵容。“饕餮”纹饰之“食人未咽”的狞厉美形象构思，蕴含着对当时人们来说其实并非神秘莫测的政教文化意义——逢凶化吉而旨在上下协和。此时此刻的“狞厉美”，是一种或者被人类文明所征服的自然对象，或者是一种人类已经懂得如何与之相处的自然对象。

中国民族的飞升之梦，实际分解为“羽人”和“乘羽”两个系列，前者是“人的异化之梦”，后者是“人的自觉之梦”，两个系列交织一体，大体呈现出一前一后的文明理性演进态势。西方艺术传统，可以概括为写实艺术与变形艺术各极其妙的高度统一。中国民族则是由“羽人”自觉转向“乘羽”自觉，并以此而走出了一条将变形自由收束为实学思维之“异质同构”的艺术道路。

六、中国美学的情景交融理想与诗画交融艺术

在具体论证先秦儒、道、法三家共生之技道参融美学思想的基础上，接着讨论顾恺之关于绘画艺术诗意化和透视造型自觉之矛盾的难题意识，剖析其“悟对通神”以及“迁想妙得”等美学观念在化解诗意化绘画创作难题方面的价值和意义。系统考察自魏晋而至唐宋的诗学思想历程，发掘其伴随着诗意画和山水诗的兴起而逐步实现“诗画交融”的审美文化轨迹。

反思长期以来人们循着中西美术彼此大异其趣的固定思路，就中国绘画以“散点透视”迥异于西方绘画“定点透视”的美学定论展开新的探询、论述之际，以沈括“以大观小”之说为典型例证，深入探寻沈括此说特定的时代语境，并在完整解读沈括文本原意的基础上，充分阐释其所谓“折高折远”的视觉审美透视法奥秘。

先儒孔门师生在讨论《诗》学时引入“绘事后素”问题，意味着《诗》学与“绘事”首次发生了联系，从而也就形成了中国诗画交融史上第一个值得关注的焦点问题。

联系魏晋以降山水诗以及山水画的审美自觉来领会顾恺之“迁想妙得”的思想精髓，就将意识到，只有将“迁想妙得”的艺术构思原理与“眼视实对”的透视原理联系起来，才能求解“目送归鸿难”这一诗意画创作的特定艺术难题。

“山水以形媚道”，堪称那个哲学与艺术同样发达的时代所酝酿出的最富于诗意的艺术诗学命题。如果说刘勰的“窥情风景”一语已然使情景交融的审美理想呼之欲出，那么，宗炳的“以形媚道”则蕴含着直觉形象刻画与终极价值判断的兼容性艺术自觉。其核心精神，是让“道”以及“神”“理”这些终极存在直觉形象化。

自魏晋至两宋，山水诗、山水画的相继兴盛，促成了“诗中有画”“画中有诗”的双向互动艺术讲求，通过语言艺术与造型艺术相互渗透的实践经验与思想观念，生成了对我们这个以耕读文明为主的民族来说，具有特殊意义的山水诗情画意。

中国艺术极富写实兴趣，不仅早于西方艺术而形成空间透视观念，而且实践过焦点透视的“真山之法”，但同时又生成了自我超越的艺术模式，本着“以大观小”的审美原理，让“真山之法”所得的山水“真形”重重叠合，通过画幅纵向展开中山水形象的层出不穷或画幅横向展开中山水形象的绵延不绝，最终创造出不违平面造型基本法则而又深得诗意想象情趣的审美境界。

七、中国传统文章学的文体论与文术论两翼

本章内容是就近年以来学界关于“中国文章学”的讨论而做进一步深度思考。

首先，围绕刘勰“智术”观，纵向追溯到汉代扬雄之以“心”释“神”的思想观念，而横向考察则将刘勰之“神思”论与宗炳之“畅神”说视为同构语境中的共生存在，以此而实现“中国文章学”阐释的背景透视。

具体辨析刘勰关于“古来文章，以雕缛成体”的基本判断和倡导“自然之道”的价值追求。关键在系统考察《文心雕龙》所实际呈现出来的“雕饰”与“自然”二元结构的具体形态。与此相关，针对学界大都强调《文心雕龙》之“文体自觉”的既成认识，围绕刘勰“秉心养术”之中心观念，辨析《文心雕龙》的“文术”学体系，尤其辨析其“文体”论与“文术”论之间的依存、互补关系。

在考虑到“杂文学”之所谓“杂”的负面含义的前提下，用“文章学”来替代含有“杂文学”是十分必要的。

《文心雕龙》启人深思的高明见识，是其关于“以雕缛成体”的文章本体论和“自然之道”的艺术哲学观。如果说中国文艺发展史上始终存在着雕饰美学的自觉与天然美学的自觉之间的矛盾，那么，《文心雕龙》就已经在探讨着“自然·雕饰”的原理和方法，一面赋予雕饰以自然的合理性，一面要求雕饰本身以自然天成为理想境界。《文心雕龙》作为中国古典自然雕饰美学的理论典型，其内在的理论支点，就在于“以雕缛成体”的文章学本体观念与“自然之道”的美学本体观念的契合。以此为前提，又有了雅润清丽之品位格调的讲求，又有了折中调和之技法结构的讲求，它们共同构成《文心雕龙》自然雕饰美学的思想体系。

《文心雕龙》的“术”学思想，不妨提炼其精髓为“道”“术”合一之论。《序志》篇中对“智术”的赞美，是与《文心雕龙》全书注重“术”学的思想建构完全契合的。在养心和养术相统一的意义层面上，“术”实际上又是一个深进于“心性”世界的内在元素。因此，我们认为，《文心雕龙》所表现的思想理论，乃是一种文学“道术”论——更准确的说法是“文章道术论”。尤其是“秉心养术”一说，具有鲜明的整合心性修养与技艺习得于一体的理论倾向。

八、心性儒学复兴时代的中国诗学本体自觉

其一，论证中国诗学本体论的“性情与言语”二元建构模式，并揭示其历史生成的鲜明轨迹和不同进境的典型特征。

其二，聚焦宋儒阐扬“‘吾与点也’之意”的心性儒学思想，在心性儒学思想史的历史逻辑推理中，探究理学家所谓“心源澄净”与原始道家“相忘于江湖”境界的深层关系。

其三，分析《濂洛风雅》所收理学家诗人群体共同推崇陶渊明的诗学现象，由此切入，再度透视陶渊明人格与诗品，探寻“渊明风流”递传而塑造宋儒“光风霁月”人格意象的精神轨迹。继而就“宋型文化”视阈中的心性诗学意象问题展开讨论。

其四，集中分析理学集大成者朱熹的诗学思想和诗歌艺术，特别注重阐发其儒家悲悯气质和诗家澄明境界。

其五，针对“一代之文学”的词学发达时代，专门讨论王灼《碧鸡漫志》谓苏词指出“向上一路”的问题，因此而展开涉及东坡词与梦窗词的“梦”与“觉”主题组合现象。

中国诗学的本体建构，呈现出历史生成的特殊轨迹和内在逻辑，那就是“性情与言语”的二元组合模式及其历史性展开的三种境界：春秋《诗》学与《诗》《春秋》学历史交织中的“风”诗导向；玄学“应物”说基础上的情景交融诗学与诗画交融艺术；心性儒学复兴背景下的“意新语工”诗说与“逸品”艺术格调。

宋明理学家所讴歌的“孔颜乐处”人格讲求，孕育出“吟风弄月”等心性诗学话语和“光风霁月”之心性诗学意象，说明诗人心目中的君子理想人格具有“和光同尘”与“泾渭分明”异质同构的双重属性，最终是以“出淤泥而不染”的人格自觉显现其“独树众乃奇”的引领与示范意义。

朱熹的理学集大成思维，显示出先验论与经验论、唯心论与唯物论的某种历史整合，并在心性诗学的阐释与创作中通过个性的魅力实现了终极追求与生活情怀的统一。朱熹那通向理学思维的诗学实践，不仅是富有诗人气质的，而且具有一种将“人物之性”化为“气质之性”的人文关怀。

苏轼诗词的高妙之处，往往表现为通过生活细节的生动写照传达出深邃而透彻的人生哲理思考，此即所谓“向上一路”。其中，以苏词“梦境”“梦觉”所呈现出来的“梦学”艺境，是一个尤为典型的文学审美现象。在苏轼那里是“人生如梦”的反复咏叹和“梦觉无期”的深层哲思，而在吴梦窗那里，又表现为如梦情境的幻化结构与觉翁高逸的意象塑造。

九、中国古典美学“意境”阐释的若干问题

鉴于学界围绕着“意境”所展开的论述和讨论已经相当充分，本章主要从笔者与他人彼此商榷的角度切入。

其一，分别就“意象”阐释中涉及的显隐意向问题，及其多维阐释的可能展开讨论。然后就“意境”阐释的学术史脉络做出扼要论述，在凸显从王昌龄“诗有三境”说到王国维“境界”论之阐释史脉络的基础上，对盛唐王氏与晚清王氏的诗学思想做出“再解读”。

其二，分别讨论“意境”阐释学之主体意识建构和历史意识建构问题。前者关系到专用性理路与通用性理路的契合问题，后者关系到穿越古代与现代的美学通观问题。

其三，具体批评学界存在的文本误读现象，并就相关文本的完整精读做出示范。而在理论创建方面，本章提出并论证中国古典美学之概念的“丛集生

成”原理。

“意象”范畴的理论阐释，有两种意向必须加以关注：其一是在老庄禅佛之学的推动下所发生的“超以象外”的阐释运动；其二是意想论“意象”阐释向体物方向的发展。中国古典诗学之“意象”说，大体可以分为意想论与情景论两个系统，这两个系统又共同具有向体道论提升的理论趋势。中国古典诗学在情景论层次与体道论层次上都表现出来的对“目击”之象的特殊兴趣。

“意境”是古人所谓“物境”“情境”“意境”的历史整合，是通过“得意忘言”与“目击道存”两种观念的互动来完成的。在讲求真情实景的基础上，中国古典诗歌锻造“名句”的创作经验和以禅喻诗而主张“妙悟”的思维经验，共同提炼出诗意语言的独特方式，那就是借助于“画龙点睛”式的原创性“造语”，最终“状难写之景如在目前，含不尽之意见于言外”。“意境”具有复层意义结构。中国古典诗学在实现了对形象化的极致性追求的同时，也实现了试图超越“语言”的审美追求，而此双重追求的客观效果就包含着诗情画意的兼容之美。

“意象”与“意境”的讲求都是侧重于形象性追求的。唯其以形象化为宗旨，所以才会有人们阐释中的情景交融之说。情景交融说的实质是对抒情诗传统表现手法的改造，而改造的方向则是将单纯的主观表现性转型为主观的客观化。

我们提出“概念丛生”的说法，以适应中国诗学的言语思维方式。中国传统诗学思想的阐释方式，有别于西方理性思维之逻辑言语，除了在“原道”层面上确认整个思想文化的核心之外，其余的思想智慧和言说艺术大体都在“道”的辐射空间里“丛集生成”。

（作者：韩经太　北京语言大学教授）

项目名称：新中国文学发展60年
项目编号：09BaWY066
项目负责人：张颐武
项目信誉保证单位：北京大学

六十年文学发展综论

内容提要：本文对当代中国文学的发展进行了综述，是《新中国文学发展60年》的导论部分的精编版。从“新中国文学”到“新世纪文学”，中国文学和时代一起走过了其自身的历程。今天看来，“公民”和“消费者”、“英雄”和“凡人”的身份的确立及其融合，是一条历史的主线，我们由此可以看到从20世纪中国的历史中超拔出来的“新新中国”的巨大的意义，也可以看到“新中国”六十年的文学史是一个连续性的过程，其重大的历史意义和价值也在凸显出来，它对于中国人的认同的塑造的重大意义值得我们永远铭记。

一

众所周知，“民族国家”是现代社会的最为基本的观念，正如卜正民和施恩德所指出的：“在20世纪，民族国家主导了各种政体和民族的组织方式和身份认同，其权威性和力量非其它的观念可比，与其他时代也很不相同。粗略地讲，民族国家是一个基本的观念，我们藉以认识我们自己和我们厕身的世界。”①而“民族国家”的追求，正是“现代性”的最为明确的表征。这和我们用来指称传统的王朝和帝国的“国”划定了鲜明的界限。正如汪荣祖所指出的：“国朝之国本于帝室，求一姓之绵延；民族之国本植于人民，求全民之荣华。同谓之国，固有异趣存焉。”②“新中国”的建立，正是一个中国现代历史上“建国”这一强烈的独立的现代民族国家的追求的实现，也是中国告别了19世纪后期开始的国家主权的不完整和屈辱与失败的历史的重要象征。其后的中国“大历史”演变到今天，变化的轨迹有其内外两个方面的发展：一方面，中国内部经历了计划经济的建构到市场经济的形成的转变；另一方面，中国在世

① [加]卜正民、[加]施恩德编，陈城等译：《民族的构建：亚洲精英及其民族身份认同》，长春：吉林出版集团有限责任公司，2008年版，第1页。

② [美]汪荣祖：《史传通说——中西史学之比较》，北京：中华书局，2003年版，第13页。

界上经历了由冷战时代反抗当时的世界格局到加入和参与全球化进程的变化。而个人也经历了从追求“公民”的身份的“英雄”的表现到寻找“消费者”的“凡人”的表现。中国的“大历史”也由此发生了深刻的转折和变化。新中国也在自身的崛起中展现了“新新中国”的历史图景。中国文学在这一过程中起到了极为重要的作用。我们可以简要地回顾一下六十年来的历史发展中的文化和文学的进程。

1949 年 10 月 1 日，中华人民共和国的成立开启了中国历史的新的阶段。从五四运动发端的中国新文化也进入了新的发展阶段。这是以 1949 年 7 月 2 日召开的“第一次中华全国文艺工作者代表大会”为标志的，这次代表大会虽然召开于新中国成立之前，但会议全面总结了中国新文学运动发展的历史，确定了中国文化发展的新的目标。“文艺为人民服务并首先为工农兵服务”成为了当时新中国文化建设的指导思想。这一指导思想对于中国文化的新的发展起到了重要的作用。

新中国成立后的前三十年，虽然经历过一些曲折和困难，但新中国的文化也取得了长足的进展。当时，新中国处于“冷战”的国际环境之中，艰难地探索着自力更生的发展道路，动员全体人民参与社会主义革命和建设，初步建立了工业化的基础。而在这一过程之中，文化的建设和发展也是其中重要的部分，它的功能是“团结人民，教育人民 ，打击敌人”，为社会主义革命和建设服务。据统计，1949 年中国的人均现金年收入还不到 100 元，其文化的发展也处于极低的水平。在这样的基础上，新中国文化服务于社会主义建设，服务于广大人民群众，发展非常迅速，广大人民群众的文化水平普遍提高，更多地参与文化创作的同时也享受到文化的成果。虽然受到当时特定的历史条件的限制，但文化建设和发展鼓舞了人民群众在艰苦的物质条件下奋发图强、努力奋斗。三十年间，新中国已经建立了自己的完整的文化象征系统，初步建立了适应计划经济状况的社会主义文化事业的体系，涌现了许多反映社会主义革命和建设的文艺作品，新的文艺人才也不断出现。感动过无数人，至今仍然保持着永恒魅力的被称为“红色经典”的许多新中国的优秀文艺作品也是这三十年文化发展留下的弥足珍贵的成果。

改革开放的三十年是中国社会全面高速发展的三十年，也是中国文化全面高速发展的三十年。这三十的文化发展让新中国文化进入了一个历史上从未有过的繁荣时期。

从 1978 年开始，国家确立了“以经济建设为中心”的发展方向，“改革开放”成为时代的主题，由此开始了文化发展的新阶段。在 1979 年 10 月 30 日开幕的第四次全国文代会上，邓小平代表党中央做了《祝词》，全面总结了新中国成立三十年来的文艺发展，并在文艺与政治、文艺与生活等方面做出了重要的新的阐述。明确了“百花齐放，百家争鸣”的方针和“为人民服务，为社会主义服务”的文艺方向，为中国文化的进一步发展奠定了基础。80年代以来文化创造进入了新的活跃时期。进入21世纪，党的十六大报告明确了文化事业和文化产业的区分，而十七大报告则更将“文化的大发展大繁荣”放到了重要的位置，进行了全面的阐述，对于“中华民族伟大复兴必然伴随着中华文化繁荣兴盛”的命题做了深入的分析。整个社会对于文化的意义和价值的认识更加深化，形成了新的文化的自信和自觉。

随着中国社会从计划经济到市场经济的转型，中国的全球化和市场化的进程进一步深化，社会主义市场经济体系开始确立和完善，社会主义核心价值体系的建设卓有成效。文化体制的改革不断深化，精品力作不断涌现。文化市场和文化产业开始从无到有，快速发展。文化事业由于有了经济发展的支撑，也有了高速的发展。随着中国经济在全球经济中的举足轻重地位的凸显和中国在全球化中的影响力的扩大，中国的文化影响力和辐射力也不断扩大，国家的文化“软实力”建设也有了重大的进展。2008年的奥运会既是体育的盛会，也是国家的文化发展成果的集中展现。在近期出现的全球性的经济危机中，中国的文化创意产业也一枝独秀，显示出强大的生命力。

在新中国六十年的发展的交响曲中，文化的发展和进步是一篇辉煌的乐章，而在其中文学的发展也是极为重要的部分。

二

学者约翰·哈特利在探讨西方的“现代性”时曾经指出：“消费者和公民这两者在整个现代社会的发展进程中一起成长。事实上，他们是现代性的一对连体引擎，离开这一个就不能理解另一个。这两个引擎是：对自由的渴望和对舒适生活的向往。”“对自由的渴望表现在公民身份之中，这是政府管辖的领域。”“对舒适生活的向往——不单是特权阶层或特权阶级，而是全体人口都能获得丰富的物质，使人们免于匮乏——这一梦想推动了19世纪的工业革命。这是商业管辖领域。”“自由和舒适的历史，是两个连体引擎间分化和融合的过程。”“这两个领域都可以形成自我。我们个体的身份认同是由公共和私人因素共同决定的。”[①]而二者之间的划分构成了私人领域和公共领域的区分。哈特利所指明的是西方社会“现代性”的状况。但“现代性”的这种基本构造对于进入现代的中国也产生了巨大的决定性的影响。对于中国来说，19世纪后期以来的主权的不完整所形成的“弱”的“民族国家”的尚未完全实现，使得“公民”的身份得不到实现，而中国的经济和社会的全面的危机所造成的“贫”也使得“消费者”的身份得不到实现。而“中国梦”就是这两个领域的持续的梦想，也就是

① (3)[澳]约翰·哈特利编著，曹书乐、包建女、李慧译：《创意产业读本》，北京：清华大学出版社，2007年版，第7—8页。

超越“弱”得到一个“强”的国家，超越“贫”而进入“富”使得个人的消费欲望得以满足。在20世纪中国的上半叶，残酷的民族危亡和现实的阶级斗争使得公民身份的建构的目标更加重要，而“消费者”的身份的实现也是一个持续的梦想。正如学者唐小兵所分析的，中国20世纪的“现代性”的追求是“英雄与凡人”的“辩证互动”。他指出：“正是20世纪中国的现代状况，在促成了英雄崇拜和对英雄业绩的向往的同时，也激发了人们对安居乐业，温情脉脉的日常生活的怀念。一方面是对振奋人心的崭新生活的设计和憧憬，是乌托邦想象所激起的豪情壮志，另一方面，则是支离破碎、没有了常态的现实生活所带来的残缺、错乱感，以及由此而生的失落中对安稳、细腻人生的悉心体会和回味。”[①]“公民”与“消费者”，“英雄”与“凡人”虽然领域和取向不同，却是一体两面地展现了“中国梦”的不同走向，同时体现出现代中国在打造自己的认同方面的追求的丰富性。以这样的“公民”和“消费者”或者“英雄”和“凡人”的历史角度我们可以切入“新中国文学”和国家的发展以及社会的转变与历史的关联。

“新中国”前三十年的“计划经济”时代的文学的目的为教育和动员社会，建构新的“公民”的身份。

在”新中国“的历史形势下，社会在一种物质生活相当匮乏的环境中和相对孤立的国际环境中艰苦奋斗，为中国的发展奠定了一个坚实的初步工业化的基础并建构了完整的国家象征系统。因此，社会对于个人的要求一方面是现实中需要将个人的消费压到最低的限度，将自身的日常生活的节俭变为现实的必然要求。另一方面，却将美好的生活和消费的可能性“延迟”到我们的后人所生活的未来来实现。这样，社会通过今天的将全社会的人们“英雄化”来达到一个理想的社会建构的要求。这样，“新中国”文学的前三十年就奠定了自己的基本的状态。一方面在内部凝聚社会的共识，让新的公民得以通过改造和转变在新的社会中得以展开自己的新的社会认同和身份塑造。这里有一些文学构成了一条踪迹分明的主线。另一方面，则在“冷战”的环境之下，强调世界局势的紧张和“新中国”所面临的挑战和困难，强调以革命的精神克服困难和挑战。这里的“中国梦”就是一个国家以集体性的选择，来追求自身的强大的梦想。当然，在文学的实践中，在消费者和公民之间的平衡也依然是计划经济时代文学的结构中难以排除的，虽然革命的激情在追求新的表现形式，却由于中国的历史条件的限制而无法彻底激进化。革命的理想当然是塑造公民身份的基础，但“消费者”的凡人的美好的日常生活却也始终是社会对于未来的承诺。这样的文化和社会状况要求文学为“团结人民，教育人民，

---

① 唐小兵：《英雄与凡人的时代：解读20世纪》，上海：上海文艺出版社，2001年版，第2—3页。

打击敌人”服务。新中国的计划经济时代的文学呈现出下述的鲜明特点。

首先，革命的历史的叙述和在革命历史中的“英雄”成长是“新中国文学”的关键主题。这里革命历史的叙述，是向全体公民普及革命的历史，让公民了解革命的艰难和必然，了解“新中国”建立的历史要求。同时也通过革命中英雄的成长让人们看到英雄乃是由普通的民众成长而来的，他们由于自己在压迫下产生的朴素的阶级和民族情感让他们有了革命的基础和先决条件，而他们在革命中的锻炼和学习让他们成为英雄。在革命的艰苦的极限考验之下，经受了磨难和牺牲的人才是英雄，这些以革命历史和革命英雄的成长为中心的作品，其实是通过培养公众对于革命和革命英雄的认同达到对于“新中国”的认同。”新中国文学”的许多经典作品就是在战争和艰苦的革命斗争的环境下的人的成长的经验。如《红旗谱》《红岩》《青春之歌》这样一些经典之作就是塑造“英雄”成长的历史和革命的现代历史相联系的经典之作。

其次，则是通过对于“新中国”的日常生活中的平凡而伟大的英雄的肯定来超越日常生活的平庸性和消费的诱惑，以此来克服匮乏所造成的经济和生活方面的挑战，能够以精神的超越性和革命的激情来显示出社会的认同的力量。在这里，消费者的身份并不是不存在了，而是转换了，是为了一种未来的承诺，先解放他人之后的必然的历史结果。消费者或凡人的美好的日常生活是中国“富强”的理想实现后的必然的归宿，是历史的目标实现后的事情，而实现历史的目标则需要今天的牺牲和承诺，需要今天的英雄行为。因此，公民身份的建构就需要通过和英雄的认同而超越了生活的平淡无奇，每一件小的好事都被赋予了异常重大的意义，因此，“平凡而伟大”的感受，在日常生活的平淡经验之中发现英雄的行为和事迹的坚韧的努力一直是塑造新公民的需要。在前三十年的“计划经济时代”，距离革命战争年代越远，则对于这一方面的敏感就强烈，由于忧虑年轻一代缺少旧社会的经验，因此缺少远大的理想。这其实也是在冷战的全球格局之下，中国社会的必然选择。因此，从50年代开始就有一系列关于当时社会生活中普通人的成长和社会建设的作品，其实都具有这样的意义。其实如《创业史》《艳阳天》以及诸多工业题材的作品都具有这样的意义。

由于当时的历史条件，中国面临着严峻的多重挑战和冷战的格局所造成的相对的封闭环境下进行的新的国家创造，其文学想象就必须将新的“公民”的塑造和英雄的表现作为自身的中心，它就没有条件和可能，也没有具体的历史环境来充分表现“消费者”和“凡人”的方面，虽然也呈现了新社会生活进步和发展，但比较起来其表现的程度和深度不充分，一些这方面的表现甚至受到了批判和否定。因此，我们可以认为，计划经济时代的文学写作是以对于“公民”的政治性的动员为中心，以社会建设和反抗既成的世界秩序为目标的。它所致力的是国家的象征性的建构和国家的新精神的构造。因此，它在满足人们的日常需求方面似乎有所不足。一方面，这一时期的文学在表达国家的合法性和英雄的塑造方面有重要的成就，但另一方面，在表达公众和社会的多方面的需求方面仍然有自身的缺陷，其问题就是在于社会生活之中的消费者和“凡人”的正当需求和物质和精神的愿望还不能够得到充分的满足。

而在经历了“计划经济时代”的三十年之后，中国在70年代末期开始了向“市场经济”的大转型。中国也开始进入了“市场经济时代”。后三十年的文学开始了它的新的历程。由“伤痕文学”开始其实打开了通向市场经济之门。

“伤痕文学”所表现的是一种创伤的记忆，是“文化大革命”时代对于人们的伤害和摧残造成的心理和文化的“伤痕”的展现。在这里，被出卖的青春、被蒙蔽的天真的永远失落对于心灵的伤害，这些痛苦的主题是“伤痕文学”中最为强烈地凸显的中心。如《伤痕》中的王晓华、《班主任》里的谢慧敏、《醒来吧，弟弟》中的弟弟都是被四人帮的虚假的“革命”的激情所蒙蔽，而造成了价值观的错乱和日常生活的扭曲，这导致了他们的家庭关系的破坏，和亲人的感情的永远无法弥补的创伤的经验。这些作品所展示的是“文革”带来的危机和困境中的重建价值的尝试。它所表明的是在秩序的恢复之后对于过去的痛定思痛的同时的新的可能性的展开。“伤痕文学”回到个人的命运，展现了一种伤感的精神情绪，也有抒情性的展开 ，凸显了个人的感情的存在，生活的细节开始回到小说之中。人们一般认为“伤痕文学”是70年代末期直到80年代初期主导小说发展的主要的潮流。到80年代初期，“伤痕文学”发生了演变。如从维熙《大墙下的红玉兰》、张贤亮《绿化树》标志伤痕文学的发展，它们都显示了与“反思文学”结合，使得“伤痕文学”开始对于计划经济的历史的反思。一般文学史认为“伤痕文学”标志新时期的真正生成，是新时期文学的起点。有人认为艺术上比较不成熟，局限性较大，艺术评价较低。但“伤痕文学”显然开启了“个人性”写作，为新的“现代性”的展开奠定了基础，也标志着对于一个新时代的渴望。与“伤痕文学”同步的是“反思文学”。“伤痕文学”所透视的是“文革”所造成的伤痕，而“反思文学”则试图对于“文革”的历史背景和中国20世纪以来的历史进行比较深入的反思 。试图从一个个人发展的角度透视历史，看到历史深处的“封建”的影响，为中国的发展提供一个重要的参照。

在“新时期”开始之后，形式方面的探索也已经成为小说发展的新的路向，对于西方“现代派”的技巧的挪用也已经成为小说形式方面尝试的重点。如王蒙的《布礼》《春之声》等对于“意识流”手法的借用来发展中国式的抒情小说等都是引人瞩目的实验，而高行健的《有只鸽子叫红唇》也对于形式进行了更为激进的尝试。

而到了1985年，伴随着中国社会变化速度的加快和思想解放的加深，文学的发展也呈现出以徐星的《无主题变奏》和刘索拉的《你别无选择》为代表的新的更加激进的“现代主义”的文学尝试和以王安忆的《小鲍庄》、阿城的《棋王》等作品为代表的“寻根文学”的潮流。80年代后期，小说开始发生重要的转变。洪峰、马原、格非、孙甘露、余华等作家的小说实验也动摇了“叙事”的幻觉，摧毁了对人的永恒性的信仰，也最终拆解了对历史和时间性的虔信；而80年代后期的“新写实”小说如刘恒的《伏羲伏羲》；刘震云的《塔铺》《新兵连》，方方的《风景》等本文中，都可以发现“欲望”与生命力的涌流与骚动。这里的后现代性具有相当明显的特征，已构成了与西方“后现代性”对话的因素。由此可见，“后现代性”已在80年代的文学中形成了不可忽视的影响。

新时期文学的核心特点是以“现代性”的“个人主体”的话语建构一整套有关“人”的伟大的叙事。这个“人”的解放的承诺是与“启蒙”与“代言”的知识分子的文化功能相联系80年代的中国刚刚从“文革”中脱离出来，正处在一个精神解放的时代。当时的人们把一切都视为精神解放的表征，一件牛仔裤，一副“蛤蟆镜”都意味着从精神上摆脱压抑，需求新的空间的努力。其实80年代的主题，就是如何将个人从计划经济时代的宏大的集体性话语中脱离出来。80年代的“主体性”的召唤表达出来就是这种“个人”存在的精神性的要求。无论是萨特还是弗洛伊德其实都是为这个新的“个人”的出现发出的召唤。这个“主体性”的个人展开，直接提供了思想和精神从原有的秩序中“解放”的想象。其实，80年代文化的关键正是在于一种对于康德的“主体性”观念的新的展开。“主体性”正是整个80年代从原有的计划经济话语中脱离的基础。而这个“主体性”正是新的“现代性”的展开的前提。80年代其实具体地展现了这一“主体性”的话语。正是这种“主体性”的寻找，变成了80年代的“现代性”赋予我们的最大的梦想。

从总体上看，80年代以来，文学的形式和内容发生的转变和社会的转变一样异常剧烈和复杂，文学思潮的变化也相当巨大，但其实这种文学运作的基本结构的变化并不剧烈。但其形态已经由原来的整体性的“文学”所指称的内容，转变为我们今天经常以“纯文学”来指称的那部分文学。它是由一些“精英”式的作者所写作，为启蒙公众而生产的。这一部分“文学”经过了多年的变化已经变成了今天一个由一些对于文学有相当兴趣和爱好、有所谓“高雅”品位的中等收入者和文学的固定的爱好者为中心的“小众”所构成的稳定但相对较小的市场，这个“小众”市场20世纪80年代后期到90年代遇到了相当严重的困难，一方面在社会剧烈转型，经济导向的社会变化有将其推入市场的强烈的要求，另一方面其适应一个大众性的市场的能力也受到了相当的质疑，往往被认为缺少公众的关切和过于封闭而受到争议，但同时也由于被认为代表了一个时代的文学的高度和文学的高雅等价值不应该消失等理由而受到知识阶层的强烈肯定。

90年代所持续进行的许多讨论就反映了在社会市场化转型的过程中这部

分当时最重要的“文学”所产生的焦灼和困扰。90年代的两场重要的讨论，也就是“人文精神”的讨论和“后现代”“后殖民”问题的讨论实际上都是将对于中国在“后新时期”发生的历史变化的意义的分歧摆上了台面。这里的问题在于如何看待“消费”和日常生活的超越启蒙话语的变化。这里面临着两个问题：一是如何理解90年代的消费性的潮流；二是如何理解大众文化的崛起。其实当时争论的双方实际上都超越了“新时期”的“发展共识”和“个人共识”，也开始超越“现代性”的宏伟的叙事。

进入新世纪以来，伴随着中国经济已经开始进入前所未有的繁荣，中国的中等收入者开始崛起，其文学消费能力也已经稳定，同时国家财政和民间资本对于“纯文学”的支持也有了长足的发展，而评奖等选拔机制也日益稳定。这部分文学其实早已走出了前些年的困境，运作相当成熟而有序，其需求已经需求相当固定。我们可以将之定义为一个“小众”的文学市场。在80年代所理解的“文学”经过了多年的变化已经变成了今天一个由一些对于文学有相当兴趣和爱好、有所谓“高雅”品位的中等收入者的“小众”所构成的稳定但相对较小的市场。这个“小众”市场其实就是我们经常说的“纯文学”的市场。这个市场也能够有效地运作，是文学出版的重要的方面。在这个市场中有号召力和市场影响力的作家也不超过十个人。如莫言、贾平凹、刘震云、王蒙等作家都是在这个“小众”市场中具有广泛影响力的作家，其中如王蒙、莫言在全球华文的文学读者中也有相当广泛的影响。而这些“小众”的文学的作家也接近于西方的“小众”职业作家，在一年半到两年的周期中定期推出一部长篇小说，以适应市场运作的节奏。近年来不断引起关注高潮的茅盾文学奖的获奖作品实际上其对公众阅读的影响力作用的就是这个“小众”的市场，而且照顾了这个小众市场的各个方面。茅盾文学奖所反映的正是当下的特定的文学生态的一个方面。在中国，由于人口的基数巨大和人们的阅读能力的普遍化，这个“小众”市场其实也是相当大的。

在文学向“新世纪”的发展过渡中，新的状况的出现应该引起我们的高度的关切。“新世纪文学”的构成和我们过去在“新中国文学”传统中看到的已经完全不同。除了我们上述的传统的文学界的变化之外，新的“网络文学”和“青春文学”的兴起改变了文学的整体格局。

首先，网络文学的崛起使得文学面临着新的网络文学和纸面文学“双峰并峙”的状态。网络文学经过了十多年的发展，如今已经不再是一种可有可无的新奇的点缀，也并不是许多人想象中的“小众”的新风格实验的策源地，它已经异常深刻地影响了社会公众的阅读生活，同时也在迅速地改变人们的阅读习惯。从这个角度上看网络文学的崛起已经成为现实，任何人都不应该对于网络文学的发展抱着轻蔑和无视的态度，因为网络文学正在改变整个文学的格局，也提供了新的文化的形态。实际上，现在网络文学和传统的纸面文学之间双峰并峙的状态已经逐渐清晰，网络文学具有的生命力已经显现了出来。

其次，“青春文学”开始成为“大众”的纸面文学的重要潮流。从90年代后期以郭敬明和韩寒等人为代表的“八〇后”作家出现到现在，“青春文学”的在传统纸面出版业的市场已经显示出了自己的重要的影响力，“青春文学”已经逐渐成为文学中的重要力量，也已经成为文化创意产业的一个相当重要的力量。

三

通过简要的回顾，从“新中国文学”到“新世纪文学”，中国文学和时代一起走过了其自身的历程。今天看来，在“公民”和“消费者”，在“英雄”和“凡人”的身份的确立和其间融合，正是一条历史的主线，我们由此可以看到从20世纪中国的历史中超拔出来的“新新中国”的巨大的意义，也可以看到“新中国”六十年的文学史是一个连续性的过程，其重大的历史意义和价值也在凸显出来，它对于中国人的认同的塑造的重大的意义值得我们永远铭记。

现在，如何在今天的新平台上展示中国新的文化创造的活力和能量是我们必须努力的，而在其中，我们的文学的想象力和创造力的意义更是值得我们关切。一百多年前的1908年，中国现代文化的伟大先驱者鲁迅在《文化偏至论》中表达了他对中国文化未来的期望：“内之不后于世界之思潮，外之仍弗失固有之血脉，取今复古，别立新宗。”而这将使中国“屹然独立于天下。”

我们已经接近这一伟大的目标，我们还需要继续努力。

（作者：张颐武　北京大学教授）

城市·综合学科

项目名称：北京城市交通可持续发展研究
项目编号：11ZDA03
项目负责人：刘延平
项目信誉保证单位：北京交通大学

北京市城市交通可持续发展战略研究
——以发展公共交通模式为导向

内容提要： 经过两年的调查和研究，梳理了国内外关于交通可持续发展理论和实践，在深化认知和进行国际对比的基础上，结合北京发展现状和未来趋势，针对交通发展问题和交通拥堵的症结所在，确立了以促进公共交通为主导的主线，主要从构建城市综合交通体系、实行有效交通需求管理、促进交通与经济社会环境协调发展、管理体制与机制创新四个层面，对北京城市交通可持续发展问题开展了较为全面系统的研究，为政府及交通相关部门制定战略与规划、出台相关政策提供科学依据和参考意见，也为治理拥堵提供可操作性对策和建议。

一、问题的提出

北京作为全国的政治、文化中心，不仅是世界著名的文化古都也是一个现代化的国际大都市，在成功举办奥运会之后，北京已经明确提出了建设世界城市的城市发展目标。建立世界城市需要解决的一个重要问题就是城市交通问题，一个高效、协调、可持续的综合交通体系是建立世界城市的基础，然而城市交通问题却一直困扰着北京。北京市的交通供给与需求的矛盾十分突出，交通形势不容乐观，主要表现在：交通拥堵日益严重；土地资源稀缺与交通规划用地的矛盾；停车供需矛盾日益严重；飞速增长的车辆耗费了大量能源，并给北京的大气环境带来了沉重压力；公共交通系统不够发达；以及由交通问题引发的一系列社会问题。

如果不从可持续发展的角度重新认识城市交通、改善城市交通，将会引发更加严重的交通问题。由于城市道路的拥堵使得公交车的时效性大大降低，这也直接导致了公共交通对社会公众的吸引力大大下降，增加了居民对小汽车的购买需求，进而造成道路更加拥堵，公交的时效性进一步降低，如此恶性循环下去，北京市的交通状况将更加令人担忧。另一方面，由于投入使用私人轿车的数量骤升，空气污染也随之加剧这也将会促使更多的市民放弃自行车转而使用私家车，也会形成交通拥堵的恶性循环。因此，坚持城市交通的可持续发展必将成为北京市保持社会、经济快速稳定发展的必要保证。

城市交通与城市的经济、社会、人口、资源、环境等的发展关系密切，要解决城市交通问题，促进城市交通与城市发展的要求相适应，就必须坚持可持续发展的战略，寻求城市交通恰当的发展规模、发展速度与发展方式，特别是北京这样的超大型城市，更需要根据可持续发展战略，详细、全面地制定城市交通发展目标，更好地利用城市交通推动城市的稳步发展。

二、主要研究问题及内容

作为复杂系统，可持续交通是交通系统内各组成部分之间，以及交通系统与其外部环境之间形成一体化协调发展的交通状态。它既包括交通系统自身及内部各种交通方式间的协调，又包括交通系统与社会经济发展、资源环境的协调。因此，本课题在研究视角和内容上，针对交通拥堵的现实，以发展公共交通为主线，从构建城市综合交通体系、实行有效交通需求管理、促进交通与经济社会环境协调发展等层面对北京城市交通可持续发展问题进行全面系统的研究，不仅克服了前人仅从单方面研究的局限性，并且从战略高度为实现北京城市交通可持续发展提出了一系列对策和建议。

(一)促进小汽车通勤向公共交通转移，加快以公交为导向的综合交通体系的构建

综合交通体系的构建是城市交通可持续发展的核心任务。本课题基于“公交优先”的前提，从出行者本源的需求角度重点探讨了出行者如何放弃小汽车出行并转移到公共交通出行的问题，选取回龙观、通州等大型社区的小汽车通勤出行者为研究对象进行实地调研，通过建立小汽车通勤出行向公共交通转移模型，对年收入、出行时间、换乘次数、公交拥挤度、出行费用等影响小汽车通勤出行转移的要素进行相对重要性分析，结果表明：公共交通的出行时间、舒适度和费用等要素对小汽车通勤出行转移影响很大。建议要关注中低收入者，应重点促进这一群体小汽车通勤人群转移出行方式，同时政府应该加大力气在改善公共交通服务上下功夫，并从公交规划、线网和枢纽建设以及运营组织调度等多个层面，综合提高公交服务水平，实现中心城区公共交通出行比例达到50%的目标，从而促进综合交通体系的构建。

(二)提高小汽车使用成本，鼓励公共交通出行，加强交通需求管理

课题对北京市交通需求管理进行实证分析，通过构建交通需求管理政策效果的计量模型，证明采取交通需求管理措施可以有效降低交通指数，对缓解拥堵具有明显的效果，因此，解决北京交通拥堵，必须加强交通需求管理，而且要从额度管理转向经济、环境和法律管理，多管齐下。建议通过健全和完善停车收费制度、在重点拥堵路段和区域择机实行交通拥堵收费、构建合

理的公共交通补贴机制等措施，提高小汽车使用成本，鼓励公共交通出行。

在全面分析论证了北京实行交通拥堵收费的可行性对基础上，提出了收费的区域、时间和方向，根据不同的交通拥堵等级，实行差别化交通拥堵收费等具体建议。同时还针对当前公共交通补贴机制重短期、轻长期，不考虑投入资本未来的报酬，补贴缺乏效率等问题，提出构建以生产要素价格变动为基础，将乘客满意度纳入公交补贴的考虑范畴，以短、中、长时间作为补贴调整周期，适当降低公交市场门槛，通过招投标授权经营，缓解政府财政压力，并允许公交票价在合理范围内浮动，可设定票价上限的建议。

(三)促进交通系统与产业布局、人口分布及公共资源配置的协调，充分发挥其对城市空间结构调整与优化的引导作用

城市交通的发展不仅仅是解决城市的运输问题，更应该成为城市可持续发展的有力支撑。本课题基于交通拥堵的根源，从城市产业、人口、公共资源系统与城市交通系统的互动与协调关系，揭示了目前北京存在的核心问题，指出由于长期以来城市的产业布局与城市功能结构的调整不同步，交通的建设与城市的土地开发不匹配，造成中心城区产业、人口和公共资源过度集聚，致使城中交通压力过大；新城“有城无业”问题突出，职住分离导致“交通潮汐”现象严重；“多中心”城市格局尚未形成，而且中心城区仍然分布着大量与首都功能定位不匹配、与居民实际需求关联度低的低端业态，也给中心城区交通系统带来压力。因此，通过调整产业布局，优化城市空间结构，引导人口合理分布、有秩序地搬迁医院、学校等公共服务资源，疏散中心功能，建立产业和基础设施配套的“多中心”新城则是解决交通拥堵的根本途径，也是促进交通和城市可持续发展的必然之路。

(四)促进管理体制与机制创新，建立可持续的城市交通体系

北京城市交通拥堵的治理仍然面临着一些制度性的障碍，如多元目标下的城市战略定位导致交通流重叠；超级城市的规模阴影；以建设为主的交通发展思路，忽略了对城市局部拥堵地区的微循环治理；过于重视轨道交通建设在疏解交通拥堵中的作用；以限制性交通(或额度管理)为导向，只注重短期利益等；另外，虽然北京市的交通管理体制已经初步形成了以交委为牵头单位，多部门协作的综合管理体制安排，但还存在诸多问题如多部门协作成本和代价高、道路交通管理权分置和分散、中间组织缺失、公共政策制定程序和规则存在缺陷等。

因此，北京市交通拥堵的有效治理，需要制度和机制的创新，需要长期性制度安排作为保障。这种制度安排应既包括中长期制度选择，如交通规划、城市定位和交通发展战略等；也包括短期制度选择，如早晚高峰拥堵治理、特定节假日拥堵治理、特定点源拥堵治理、意外性拥堵治理。同时，还应进一步完善相关制度和管理机制：如建立和完善协调委员会、建立信息公开制度、成立社区综合整治管理的临时机构、全面整合城市管理的执法机构、建立监督管理者制度、建立志愿者服务机构和相关组织等。最后，为切实有效地缓解北京市交通拥堵，必须做到：把过度的交通需求控制在交通环境所允许的范围之内；制定合理的政策引导北京市交通发展并严格监管；转变北京交通发展方式，建立可持续的城市交通体系。

三、核心观点与战略对策建议

(一)北京交通发展必须以科学发展观为指导，促进交通全面、协调与可持续发展

随着工业化和城市化的不断深入，城市交通问题日益加重，特别是交通拥堵已成为制约北京建设世界城市和可持续发展的重要瓶颈。交通拥堵是供需的矛盾和众多矛盾的表象反映，究其深层原因，我们认为主要有：一是交通供给系统发展的不均衡，综合交通网络体系尚需完善；二是交通与城市人口和产业布局、功能空间结构的不匹配，这是导致交通拥堵的根源所在；三是城市和交通管理、体制与机制不适应新阶段交通发展的要求。因此，要想从根本上解决交通拥堵问题，必须以科学发展观为指导，转变交通发展不科学的理念和方式。要求我们跳出就拥堵治拥堵，跳出交通看交通，跳出北京看北京，把交通置于北京城市发展、置于整个大都市圈建设的大系统中，从城市可持续发展的战略高度来重新审视交通的发展。

(二)以促进综合交通体系的构建为战略任务，加快交通网络建设，促进交通结构转型

可持续的综合交通体系以安全、集约、高效为原则，以公共交通为主导、以轨道交通为骨干，实现各种交通方式从分散、独立发展转向一体化发展，构建多种交通方式协调运转，城市、城际、区际功能层次清晰的综合交通通道体系，以此支撑中心城功能和人口疏解，支撑城市副中心及新城建设，支撑新型城镇化建设及大都市经济圈的发展。我们认为：北京迫切需要以综合运输的理念和系统的观念审视交通运输的发展。未来的北京应以全面协调发展为核心，将促进综合交通体系的构建作为战略任务，这既是化解交通拥堵的根本途径，也是实现北京城市可持续发展战略要求。

综合性交通体系的构建和完善，不仅需要硬件(线路、枢纽等基础设施)的合理布局与建设，更需要软件(组织、管理体制机制)的配套支持作为保障。当前交通职能分散、职能和部门的关系存在交叉；城市交通中多部门协作机制不存在或不完善；市政府在城市交通管理中的统筹力度不够等问题，成为北京市综合交通体系构建的主要障碍。因此，要继续完善综合交通管理体制，建立健全综合交通管理机制，着重注意以下几点：

首先，交通主管部门要改变过于重规划、轻战略的做法，高度重视交通

运输发展战略和政策研究。要在全面分析北京交通运输结构的发展趋势，及其对土地、能源需求的基础上，确定北京市交通可持续的发展战略和政策。应以白皮书形式发布北京交通发展政策，使交通发展的战略和政策具有权威性和稳定。

其次，交通相关部门内部及与其他部门之间要建立新的规划协调机制。在拟定规划过程中，不同交通方式之间要进行经常的实时沟通协调，而不是在各种交通方式完成各自的规划后，再进行综合交通分析。由于交通基础设施建设、土地利用、城市规划之间存在紧密的相互联系，而这三者目前分属不同部门管理。因此，要建立高效率的跨部门合作与协调机制，如可以建立北京市交通委员会、北京市规划委员会、北京市建设委员会、北京市市政管理委员会、北京市环保局等部门之间基于信息共享和政策对话的相关机制，组成联合工作小组或召开联合会议，实行跨部门的公务员轮岗或培训机制等，避免政出多门、权责不明、目标不同意等弊端。从而在机制体制上确保城市综合交通领域的重大政策方针、法律法规、战略规划、规则标准等，能够切实满足综合性、连续性及协作性的要求。

最后，建议成立大都市区规划组织。大都市区是北京城市发展的必然方向，大都市区的交通发展问题以及相关关系处理的复杂性也越来越显著。政府必须承担起交通运输发展规划的责任，特别是长期规划要起到统领交通发展的作用，并协调好交通运输与工业化、城市化过程中的各种关系，这需要具有相应职权和形式的政府组织才能得以切实贯彻。综合交通规划必须打破原有的行政边界，以通勤率作为公共交通覆盖范围的指标，灵活界定跨功能区或跨行政区的公共交通服务空间。既要处理好新形成的大都市区与又有市镇以及区域上下层级政府之间的关系，也要处理好统一大都市区内交通规划与交通管理、城市规划、土地管理、人口与经济管理以及环境监控等不同行政机构之间的关系。因此，应借鉴美国交通规划体制的经验，设立大都市区规划组织，才能为构建综合交通体系提供保障，提前为北京大都市区的形成做好准备。

此外，北京综合交通体系的建设需要与之配套的资金作为保障，在构建以轨道交通为骨干的综合交通体系过程中，还要注意资金平衡问题，特别是针对大运量、高投资的轨道交通的建设，要探寻可持续的交通投融资模式，解决好城市轨道交通建设资金筹措和运营资金保障问题，实现交通建设和运营自身的可持续发展。

（三）要充分重视并发挥铁路的作用，加快构建结构合理的多元化轨道交通体系

我们认为：北京综合交通体系的构建应该以轨道交通为骨干，以建设完善交通网络为重点，要充分发挥市郊铁路和城际铁路的作用。因为轨道交通不仅是现代大都市公共交通的主力，也对塑造城市形态，优化城市空间结构具有重要的作用。其中市郊铁路和城际铁路应更好地发挥其服务城市的作用。为此建议：

1. 要加快市郊铁路的规划建设和对已有铁路的利用

市郊铁路具有速度快、运能大、造价低等优势，而且比同等运能的公路占用土地资源少，可以缓解新城与中心城之间的联系对地面公交和小汽车交通的过度依赖，解决北京因地面公交速度不高导致对小汽车的依赖的问题。市效铁路应是联系都市圈中心城区与周边卫星城市的主要交通方式，应将城市铁路纳入到长距离大运量的城市公共交通系统之中。

北京与世界城市相比差距很大，四大都市拥有 1000 公里左右的市郊铁路。例如，伦敦市郊铁路全长 3650 公里并有 900 个站点；东京市郊铁路总计 2031 公里并有 600 个站点。而目前北京运行的市郊铁路只有 S2 一条线路，规划 2020 年的市郊铁路里程也不过 360 公里。北京目前可利用的既有市郊铁路还有：北京铁路枢纽内的顺义、黄村、良乡和房山，东坝—平谷(马坊支线与国铁的京哈线相连)，这些铁路本可以用来解决通勤问题的，但尚未发挥应有作用。目前北京似乎更热衷于建设适合城市中心区短站距、高强度客流的地铁，却忽视引导城市空间结构优化所需要的市郊铁路，造成轨道交通标准高、投资大、效率低。针对此问题，我们建议：城市发展战略与规划中应重视市郊铁路在城市中的作用，尽早做好规划和建设，现阶段要抓紧出台市郊铁路联合建设管理办法及如何利用现有铁路开行市郊铁路等办法。

2. 要重视并发挥城际铁路在引导城市功能布局和空间结构优化的作用

在国家新型城镇化发展战略背景下，城际铁路对引导北京城市功能布局和空间结构优化的作用不可忽视，将是支撑北京大都市圈形成和发展的重要环节。应从区域发展战略上考虑如何利用客运专线实现城际铁路功能。当前可考虑在目前已建有铁路客运专线且现有运量尚达不到设计能力的情况下，可以利用客运专线实现城际铁路功能，以避免资金过早投入和经济性不良状况。

3. 发挥旅游火车的优势特征，开拓市郊铁路的运输空间

根据北京市轨道交通的规划，2015 年的轨道交通已经延伸到许多旅游景区，如香山、十三陵景区。实际上向外围延伸的轨道交通日益呈现出规模不经济的问题。也就是说修建规模越大，运营的成本越高，亏损会越严重。因此，轨道交通的路网密度应更多地考虑在中心区和功能区范围内。超边界的大运量运输可以考虑城市火车的方式。与相关的旅游地设计相结合，科学合理地设置城市火车的线路和路网规划，较轨道交通应更为合理和经济。目前的主要制定性障碍在于轨道交通建设和运营、与火车的建设和运营分属于两个不同的制度体系。在新政改的框架下，铁道部一拆为二，这一问题有望得

到解决，但关键的问题是如何统合这两者的利益冲突。它主要取决于车站管理和铁路运营的管理体制变化，我们认为城市铁路应当属于城市交通范畴，火车站和城市铁路运营应当属地化管理。只有这样才能将铁路有效地与城市交通密切地结合起来，为城市交通发挥作用。

(四)要研究并借鉴国际化大都市的经验，及早规划和建设适合北京的以铁路线为基础的环形走廊与枢纽体系

在交通网络的建设中，交通廊道的规划和建设对大都市对建设至关重要。对大都市而言，环形走廊与枢纽体系的建设不仅对城市交通的发展有利，可以有效解决当前主要依靠道路和地铁解决城市交通问题，更重要的是它对城市空间结构的优化作用不可估量。

构建以铁路线为基础的环形走廊与枢纽体系，不同于一般对道路和地铁环线，其功能是应多重的、综合的，这一环线作为城市交通的重要功能界面，并非仅仅是针对环线上的行车功能，也应该包括环线与其他相关交通线的衔接关系、所连通的枢纽站点功能与规模，以及与环线交通功能相匹配的其他功能。就交通而言，这样对交通廊道有更加优越的能力容量、衔接功效、可靠性，其效率明显更高一般道路和地铁环线。就其对城市空间结构的优化和城市可持续发展来看，这样的多功能环线和廊道对城市交通资源整合、人口、产业的集聚与扩散力是单一城市道路和地铁环线不可比拟的。对于人口高密度如此之大对北京大都市区而言，以铁路线为基础的环形走廊与枢纽体系的建设意义重大。

一般城市规划和铁路规划都是把环城铁路作为连接线、绕行线或货运线安排使用，把铁路服务于城市对外交通与其直接服务于城市交通的功能不适当的割裂开，更多依靠道路和地铁解决城市交通问题，其结果利用已有铁路设施及其交通区位优势构建满足未来城市综合交通核心基础的宝贵机会往往被放弃。而国内外大量事实证明，单靠道路和地铁仍旧不足以解决特大城市和城市圈的交通问题。普通铁路能够也必须在大城市交通问题的破解中发挥重要作用。北京应尽早意识到规划和建设环城铁路的重要性，以铁路线为基础的环形走廊与枢纽体系越早规划建设越好，因为一旦错失机会，日后弥补或改正的代价将非常巨大。

(五)加快构建内外畅通、上下连贯、集约高效的一体化综合交通枢纽

目前，北京城市的交通枢纽在建设上过度地重视运输功能和安全功能，忽略其所能够创造的经济价值，将这种经济价值简单化定义为地产价值的提升，这是对交通枢纽形成的集聚一种“蔑视”；大部分铁路枢纽与城市重要功能区相互分离，距离较远，且部分枢纽与城市功能区之间缺乏快速、直通的轨道交通衔接；铁路枢纽周边主要以居住用地为主，缺乏商业、商务办公、休闲娱乐等功能的开发，难以满足旅客多样化的出行需求；综合交通枢纽往往容易忽视与周边建筑的联系，与周边建筑的出入口精细化设计重视不足。交通综合体建设的主要问题在于交通规划与空间规划分离，在建设过程中地产商和轨道交通建设商分离，这种体制化安排使得北京城市在轨道交通建设中缺乏长远和商业性开放思路和战略眼光。

综观世界城市交通及城市发展的历程，不难发现一个共同特点：既有的铁路站点在与城市地铁站点相统一的基础上，逐步与城市功能布局紧密结构，成为中心区域高强度开发、高密度就业、高价位土地的黄金地带。交通枢纽的综合化实际上是考虑交通枢纽不仅具有运输功能，而且还具有经济集聚功能，有助于城市新兴集聚体的出现。它不仅给城市运输提供了便利，减少了许多不必要的交通出行，而且带动了区域单元的城市集聚，是一种良性、互动的交通—经济—城市发展模式。东京等世界城市交通发展历程表明，建设交通综合枢纽的本质意义并不在于枢纽本身，而是立足于整个城市和交通的发展。要提高城市交通系统的承载力，激活城市发展的活力，使枢纽成为城市的引擎而不是瓶颈，就必须建立内外畅通、上下贯通、集约高效的综合交通枢纽。

构建一体化的综合交通枢纽，使综合交通枢纽成为交通发展的引擎，既是提高北京综合交通体系效率的根本前提，也是促进城市可持续发展发展的催化剂。我们认为应当充分在规划期考虑交通枢纽与其商业开发关系，在建设期引入地产开发，共同开发枢纽地的商业价值，平衡运输、经济和安全的三者关系，鼓励和推动交通枢纽综合体的建设，通过样本和范例推广其成功的经验。

此外，在具体对策与措施方面，课题组还提出了一些观点和看法。如在发展公共交通中，提出了解决最后“一公里”问题，将自行车租赁纳入公共交通服务范畴，轨道交通枢纽作为城市交通—经济社会综合体开发和建设；提高使用者使用成本方面，提出了征收燃油附加税更为有效率；在城市空间结构与交通结构匹配问题上，提出了以公共资源重新配置引导城市空间结构的变化。

参考文献

[1]A. D. May，D. S. Milne，Effects of Alternative Road Pricing Systems on Network Performance，*Transportation Research*，PartA，2000.

[2]查先进主编：《信息经济学》，北京：清华大学出版社，2010 年。

[3]陈艳艳、刘小明、陈金川：《城市交通需求管理及应用》，北京：人民交通出版社，2009 年。

[4]陈钊编著：《信息与激励经济学》，上海：格致出版社、上海三联书店、上海人民出版社，2010 年。

[5]《城市道路交通拥堵评价指标体系》。
[6][美]道格拉斯·诺思著，陈郁、罗华平译：《经济史中的结构与变迁》，上海：上海人民出版社，1994 年。
[7]段进宇：《发展快速公交网络　改善北京交通》，《科学决策》，2006 年第 12 期。
[8]富晓艳、隽志才、宗芳：《基于非集计选择模型的长春市居民出行数据分析》，《交通运输系统工程与信息》，2007 年第 10 期。
[9]高鸿业：《西方经济学》(微观部分)第四版，北京：中国人民大学出版社，2007 年。
[10]高家驹主编：《综合运输概论》第四版，北京：中国铁道出版社，2000 年。
[11]高凯山：《"尾号限行"治理北京交通拥堵只有短期效应的博弈分析》，《商场现代化》，2010 年第 15 期。
[12]北京市交通委员会：《北京交通发展纲要(2004—2020)》，首都之窗，http：//zhengwu. beijing. gov. cn/ghxx/qtgh/t833044. htm.
[13]北京交通发展研究中心：《2011 年北京市交通发展年度报告》，北京交通发展研究中心，http：/www. bjtrc. org. cn/InfoCenter/NewsAttach/aeb 7c878－d 31e－4f08－98 2f－3c17c717 c87b. pdf.
[14]北京市规划委员会：《北京市城市总体规划(2004—2020)》，北京市发展和改革委员会，http：//www. bjpc. gov. cn/fzgh _ 1/csztgh/2007 10/t195452. htm.

(作者：刘延平　西安电子科技大学总会计师
张梅青　北京交通大学教授)

项目名称：医改背景下的首都农村卫生人力资源配置研究
项目编号：11ZDA05
项目负责人：王晓燕
项目信誉保证单位：首都医科大学

医改背景下的首都农村卫生人力资源配置研究

内容提要：本课题运用问卷调查、定性访谈、口述历史访谈、植入式实地观察等方法，深入了解乡村卫生人力资源配置的现状，从卫生管理学、人力资源学、卫生经济学、卫生法学、历史文化学、医学教育学、伦理学、心理学、卫生政治学等多学科视角，围绕乡村卫生人力资源的政策法规、体制机制、配置标准、人员结构及支持环境，分析乡村卫生人力资源面临的困境，提出乡村卫生人力资源的配置策略和对策建议。

一、研究背景

居住在京郊的270余万农村人口，是新医改红利应该惠及的人群，维护他们的健康是首都卫生改革与发展的重要任务。作为医疗卫生服务网底的中坚力量，乡村两级卫生人力资源为维系农民的健康发挥着无可替代的作用。北京是具有“大城市、小农村”格局的直辖市。近年来，北京市政府和卫生行政部门先后在农村出台了一系列惠民政策，如建设标准化的村卫生室、加大新农合筹资力度、乡镇卫生院实行收支两条线管理等。这些政策的实施，对于缓解农村居民“看病难、看病贵”的问题无疑起到了积极的促进作用。但是在肯定成绩的同时，也必须看到，目前乡村卫生人力资源匮乏、结构不合理、分布不均衡以及服务能力不强等仍然是制约北京农村医疗卫生事业发展的瓶颈。2009年4月6日，《中共中央国务院关于深化医药卫生体制改革的意见》明确提出“健全基层医疗卫生服务体系，加强基层医疗卫生队伍建设”。2010年6月《北京2010—2011年深化医药卫生体制改革实施方案》提出：“加强人力资源配置”，“积极探索专业化、社会化的人力资源管理制度”，“加快基层医疗卫生人才的培养，免费定向培养农村适宜人才”。如何为首都农村配置一支训练有素、适应乡土环境和农民需求的卫生人力资源队伍，关系到农民健康和社会稳定。

二、研究方法

首都医科大学"医改背景下的首都农村卫生人力资源配置研究"项目组，综合运用问卷调查、定性访谈、口述历史访谈、植入式实地观察等方法，自2011年5月至2012年7月在北京市先后完成五个阶段七项调研工作，范围涉及北京市11个区县154个乡镇的3425个行政村，在农村调研时间共计60天，其中实地观察39天，参与师生共计141人。累计问卷调查2326人、实地观察247人、定性访谈35人、口述历史访谈50人。

在系列调研的基础上，项目组深入了解乡村卫生人力资源配置的现状，从卫生事业管理学、人力资源管理学、卫生经济学、卫生法学、历史文化学、医学教育学、医学伦理学、医学心理学、卫生政治学等多学科视角，围绕乡村卫生人力资源的政策法规、体制机制、配置标准，分析乡村卫生人力资源配置面临的困境，提出乡村卫生人力资源的配置策略和对策建议。

三、乡村卫生人力资源的配置现状

(一)乡镇卫生人力资源现状

问卷调查的五个区县乡镇卫生机构2007—2010年卫生技术人员数量均呈逐年上升趋势。乡镇医务人员中，医师和护士人数占卫技人员数的50%以上；各区县检验人员均不超过卫技人员的5%，影像人员则在1%—3%的水平。各区县中专及以下学历人员构成比呈逐年下降趋势，大专学历、本科学历、研究生学历均呈逐年上升趋势，其中本科学历逐年增长的比例幅度较大。卫技人员职称以初级职称为主，占55%，中级职称占20%左右，高级职称占2%左右。近两年高级职称比重略有上升，尚未评定职称比例略有下降，但总体还是以初级职称人员为乡镇卫生机构卫生技术人员的主力。卫技人员大多数以26—35岁为主，占36.3%；25岁及以下占人员总数中的23.0%。近年来25岁以下卫生技术人员进入乡镇卫生机构有增多的趋势。

(二)村级卫生人力资源现状

10个远郊区县的兜底调查结果显示，现有3410个行政村中，有2087个(61.20%)村设有村卫生室。设有2506所村卫生室，其中政府购买服务的村卫生室2105所(84.00%)，非政府购买服务的村卫生室401所(16.00%)。另设有737所入村的社区卫生服务站，其中有350个(10.26%)行政村内站室并存。10个远郊区县共有936个村(27.45%)既未设立村卫生室也未设立社区卫生服务站，即空白村。

2506所村卫生室内共有乡村医生3090名，其中基础学历为小学文化程度占2.17%，初中文化程度占37.84%，高中文化程度占14.62%，中专文化程度占40.88%，大专文化程度占4.24%，本科文化程度的占0.26%。拥有乡村医生证书或行医资格的占94.12%，拥有执业助理医师证书的占4.46%，拥有执业医师证书的占1.32%。乡村医生的平均年龄为58岁，在岗村医中有1884人超过了相应的退休年龄，除去这些即将离开村医队伍的人员，目前北京市每千农业人口乡村医生数实际仅有约为0.61人。

四、乡村卫生人力资源配置的问题分析

(一)管理体制和运行机制的变迁影响乡村卫生人力资源的服务效能

1. 农村管理和卫生管理双重体制的重大改变影响乡村卫生人力资源的生存境遇

党的十一届三中全会后，国家把工作的重心转移至经济建设。在农村“废除人民公社，确立以家庭联产承包经营为基础、统分结合的双层经营体制”，开启了经济和政治体制改革的序幕。在经济上实行家庭联产承包之后，接踵而来的是村民自治，国家权力被上收至乡镇，乡镇政府成为国家权力在乡村的最低层级，村民获得了自主管理村落事务的权力。这些“团体格局”的变化，使得农村卫生系统面临新的政策环境，在以血缘为基础的村落中，大姓中的利益代表往往被家族甚至宗族群体推举为村干部，从而使农村的“差序格局”得到了进一步巩固。集体经济瓦解后，村合作医疗室和村医赖以生存的经济基础也随之瓦解，村卫生室逐渐演变成了自负盈亏的个体卫生室。不少当年的赤脚医生通过了考试但由于难以维持生计而另择他业。

从2003年起，北京市远郊区县乡镇卫生院的人员、业务、经费等上划到区(县)卫生行政部门按职责管理。乡镇卫生院从此脱离了乡镇政府的(直接)领导，而上划到县级卫生行政部门。因此，农村的卫生管理体制是止于乡镇卫生院，村卫生室实际上处于卫生体制之外。村委会作为村民自治的权力机构，基本没有能力举办村卫生室这一承担基本医疗和公共卫生的服务机构。这种卫生人力资源区域规划制定方即“团体格局”的卫生行政领域在要求另一“团体格局”的农村领域超出自身能力范围去建设和完善村卫生室和村医的配置时，矛盾就会不可避免地产生。无论是农村改革后行政权力上收至乡镇政府，还是农村卫生管理体制改革在“上划”的同时止于乡镇卫生院，在村一级都处于“悬置”状态。“团体格局”在体制上的“悬置”与“差序格局”环境的进一步巩固结合在一起，易导致卫生制度的各种安排在村落中出现不同程度的“末端失灵”[1]。

2. 人事管理的多头并举影响乡镇卫生院人力资源的有效供给

乡镇卫生院人员的总体数量基本达到编制要求，但卫生人力资源的配置

---

[1] 吕兆丰、王晓燕、线福华：《吾乡吾情——北京市密云县村卫生室实地研究》，北京：北京燕山出版社，2013年版。

尚未达到有效需求。长期以来，医疗卫生系统的人员编制由人事、卫生等多个部门联合管理，人事编制的审批权在人社局，卫生局在人才引进和毕业生招聘方面受到人事编制的影响以及户籍制度的限制，导致有些乡镇卫生院在卫生人员不足的情况下，却无法引进外地优秀毕业生，因无法为其解决留京户口等一系列后续问题，导致大量的卫生人才拥向城区，造成城区综合医院卫生人才供过于求，而郊区乡镇卫生院供不应求的局面。乡镇卫生院需要大量的技术和经验均适宜农村卫生服务需求的全科医生，而不是苛求学历高、医技精的专科医生。然而当前医学院校培养的专科医生数量远远超过全科医生，医学教育培养与农村卫生人才需求之间存在一定程度的脱节，这也是导致实用型的农村卫生人才短缺的一个重要原因。目前，区县卫生局在人员引进与配置上未能很好地考虑乡土特色的人才需求模式，未能妥善解决引进适宜人才这一“源头性问题”。

3. 激励约束机制不全影响乡村卫生人力资源的服务效率

北京市郊区县的乡镇卫生院于2007年前后转型为社区卫生服务中心后实行收支两条线管理，业务开展、人员工资得到保障。但由于医务人员的收入与工作量脱钩，导致其在基本医疗服务提供上缺乏积极性，基本医疗服务功能趋于萎缩。虽然近年来各区县卫生局均建立了相应的绩效考核指标体系，每年都对乡镇卫生院实行季度与年度相结合的绩效考核方案，但实际上绩效考核制度并未能明显拉开区域内、机构间及机构内医务人员的工资档次，绩效考核也未能取得有效的督促作用。

近年来，北京市通过对乡村医生实行基本待遇的补助和绩效考核，在某种程度上规范了乡村医生的从业行为。但每月800元的乡医补助几乎无法维持村医的日常家庭开支，对其很难产生真正的激励作用，甚至体现在服务过程中对基本医疗服务侧重于输液和药品销售上，而对公共卫生服务则多表现为消极应对等。对于那些不在政府购买服务范围内的村卫生室，需要依靠自身的经济收入维持运转，几乎无暇也不愿为村民提供任何公共卫生服务。由于村卫生室不属于卫生服务体制之内，村医也没有乡镇医务人员的事业编制，待遇偏低及对退休后养老保障等问题的担忧，使得他们投身农村医疗卫生服务的积极性受到很大程度的抑制，加之近年来一些社区卫生服务站在中心村落的标准化建设，与村卫生室形成或明或暗的业务竞争态势，使得卫生室的服务功能趋于衰退。

(二)政策法规的制定不适宜乡土情境，影响乡村卫生人力资源队伍的可持续发展

1. 过高的准入门槛限制了乡村卫生人力资源的后继补充

2004年1月1日施行的《乡村医生从业管理条例》规定：进入村医疗卫生机构从事预防、保健和医疗服务的人员，应当具备执业医师资格或者执业助理医师资格。医生的准入条件趋同于乡镇医务人员，导致乡、村两级医疗卫生机构的人员配置不再有严格的等级区别。法规的出台与农村卫生人才队伍的执业现状存在很大程度地脱节。目前所调研的区县乡镇卫生院中具有执业医师或者执业助理医师资格的医务人员数量比例尚且不高，乡村医生中获取执业(助理)资格的更是寥寥无几。随着现有的乡村医生队伍的逐渐老化、自然减员，新的人员多数因无法获得相应的资质条件而无人可作为后备人力资源，或者获得了资质条件后另谋高就，在乡村医生队伍的人员流出已成为一种必然的趋势下，人员的流入却因制度条件的限制无法保障充分的供给，最终只会出现乡村医生队伍日渐式微的窘境。

2. 新农合定点医疗机构的覆盖面不全影响村卫生室的可持续发展

目前北京市新农合报销在多数郊区县均止于乡镇卫生院(社区卫生服务中心)及其下设的社区卫生服务站，报销范围尚未覆盖到绝大多数的村卫生室，村民在村卫生室就诊所产生的诊疗费用及医药费用需要自行承担，考虑到就医成本的问题，不得不舍近求远到可以享受医疗费用报销政策的社区卫生服务站或者乡镇卫生院就诊，一些村卫生室的业务量明显减少，经济收入受到较大影响，村医的工作积极性下降，为了生计考虑只能将大部分精力投入到务农或其他副业。新农合医疗保障体系与村卫生室的体制外设置之间的裂痕给当地村民求医问药带来诸多不便，影响了农村医疗卫生服务的可及性。

(三)乡村卫生人力资源的职责履行不力影响医疗服务的公平可及

1. 乡村两级医疗卫生机构提供的公共卫生服务均存在空白地带

乡镇卫生院作为国家基本公共卫生服务项目的主要承担机构，虽然在传染病管理、突发公共卫生事件的应急管理、免疫接种等领域发挥了重要的作用，但慢性病管理、老年保健、妇幼保健、残疾康复等农民有实际需求的服务开展很不到位，服务内容的过于形式化严重影响到“基本公共卫生服务均等化”目标的实现进程。

在公共卫生服务领域，村卫生室主要是协助乡镇卫生院开展服务，如：在慢性病的管理方面，乡镇卫生院主要负责慢性病患者的筛查和信息登记管理，村卫生室主要负责对其随访。在预防接种方面，村卫生室主要负责通知组织，乡镇卫生院负责建立计划免疫接种手册、确定接种对象、实施接种及留观。两类机构所承担的公共卫生任务无法划分明确的比例，而且公共卫生补助经费并没有在二者之间进行合理的划分，乡村医生的公共卫生补助经费数额固定为每月 400 元，没有有效的激励机制，难免存在职责推诿现象。另外，未纳入政府购买服务的村卫生室的乡村医生，不享受相关补贴，这些乡村医生基本不为村民提供公共卫生服务。这显然与国家法律和政策规定的乡村医生的职责不相符合。

2. 乡村两级医疗卫生机构提供的基本医疗服务无法充分满足农民需求

转型后的乡镇卫生院基本医疗服务功能在一定程度上弱化，集中表现在住院和手术等方面，住院分娩、剖腹产、阑尾炎等农民有迫切需求的常见手术在多数乡镇卫生院已禁止开展，给农民就医带来诸多不便。乡村两级医疗机构在基本医疗服务提供方面，内容大致相同，均集中于常见病的诊疗，无明显的技术等级差异。乡镇卫生院与村卫生室相比，在缺乏距离优势的情况下，再加上其日常服务内容缺乏明显的技术优势和吸引力导致村民在村卫生室无法解决的情况下，通常会放弃对乡镇卫生院的选择，而是舍近求远直接去区县级甚至市级以上的医院就医。

村卫生室的基本医疗服务内容主要是为村民提供量血压、体重、身高等免费体检服务；其次是常见病的诊疗和注射、输液等常规医疗服务。卫生室因过于频繁且缺乏有效监督的输液潜藏着药物滥用和抗生素耐受的隐忧，村民在村卫生室就近接受基本医疗服务的同时也在承担着一定的医疗风险。

(四)教育与培训的针对性不足制约了乡村卫生人力资源执业素养的提升

1. 现有培训形式与乡村卫生人力资源的培训需求差距较大

乡镇医务人员主要希望获得有关常见病、多发病的诊疗知识以及慢性病的规范化管理、健康教育方面的经验技巧等。村医最需要补充的专业知识主要包括全科医学知识、西医专业知识、中医专业知识。乡镇医务人员和乡村医生对继续教育均不满意，除了体现在培训内容和时间上，也有“交通不便”和“参与积极性不高”等因素的影响。他们认为继续医学教育中存在较多问题：教学缺乏实际操作技能的训练、培训或学习时间短、教学内容针对性不强。

2. 乡村卫生人力资源的执业素养无法满足农村医疗卫生事业的发展需求

《中国卫生人力发展纲要(2001—2015)》提出：到2015年农村地区乡村医生要全部达到中专以上学历水平，85%的乡村医生完成向执业助理医师的转化。从目前乡村医生的执业资质现状来看，短期内实现大多数持有乡村医生证书这个目标要求很难。卫生部《2001—2010年全国乡村医生教育规划》要求：到2010年年底，在经济或教育发达地区，30%以上的乡村医生接受专科以上的高等医学教育。调研的村医基础学历不乏初中及以下文化程度者，无法达到《规划》要求。

乡镇卫生院近年来从外地医学院校招收了一些医学本科及研究生并解决其户口问题，但他们中多数人将卫生院当作跳板；另外，三年的住院医师培训也让不少人选择了离开，这些因素共同导致了现有的乡镇医务人员的学历与职称不佳的现状。虽然收支两条线政策提高了京郊乡镇卫生院工作人员的待遇，但是仍缺乏对于年轻有能力的医务人员的吸引力。在生活条件相对艰苦，而又无法照顾家人的工作场所，略高于其他地区的工资收入没有太大的吸引力。

五、乡村卫生人力资源配置的对策建议

(一)强化政府在农村卫生事业发展中的主导职责

各级政府应充分认识到在维护农村卫生事业公益性中的主导作用，强化在农村卫生制度设计及组织实施、资源规划配置、财政投入、监督管理等方面的职责。应整合现有资源，将与卫生室重复设置的社区卫生服务站撤回卫生院，在村一级重点发展村卫生室更为适宜且可行。同时，撤回重复设置的社区卫生服务站后，既能够更好地调动卫生室村医的工作积极性，也能避免乡镇卫生院因人员过于分散而导致基本医疗和公共卫生服务水平的下降。

(二)结合“差序格局”的村落环境选拔村级卫生人力资源

由于农村医疗卫生改革置身于“团体格局”和“差序格局”并存的乡土社会环境，因此在制定卫生政策时应结合“差序格局”中的村民对于卫生服务需求的特殊性，综合考虑服务人口的数量及居住分散程度、村庄面积、所含自然村的情况、地理条件及交通状况等因素，制定符合村落实际情况的人力资源配置标准。采用“村来村去”的方式培养适宜农村的医疗卫生人才，通过单招单考的形式定向招生，可以适当降低录取分数；学费可由政府和学生按比例承担或由政府全部承担；入学前要和当地政府签订就业定向协议，即学习期间不改变农民的身份，确保学生毕业后回本村工作。今后应以区县级医疗卫生中心为依托，建立区县专科医师、乡镇全科医师对乡村医生的定点支持机制，通过“定向招生、定向培养、定向分配”的“三定”培养模式，结合村级卫生机构的需求培养能够毕生服务于一方的乡村医生。

(三)合理确定乡村卫生人力的配置标准及动态调整机制

在确定乡村卫生人力配置标准时应根据居民需求，并充分考虑地理特征和卫生服务可及性以及卫生服务机构的服务效率，设定适宜的配置标准，也要根据这些因素的变化情况动态调整。仅仅按照每千人口 1 名村医的原则来配置村级卫生人员并不能很好地满足当民的卫生需求，应该综合考虑服务人口的数量及居住分散程度、村庄面积、所含自然村的情况、地理条件及交通状况等因素。据项目组对 10 个远郊区县的测算，如果每个行政村设 1 个村卫生室，每所村卫生室配备 1 名乡村医生，实现无空白村，考虑目前的乡村医生新老更替需要新增 1884 名医生，考虑到 5 年后乡村医生新老更替需要新增 2650 名医生，加上空白村新建村卫生室产生的新增需求，5 年后至少需要新增 4163 名医生①。

对于乡镇卫生机构的人力资源配置标准，建议可以分地区进行配置，即

① 首都医科大学“医改背景下的首都农村卫生人力资源配置研究”课题组：《北京市村级卫生人力资源配置标图信息兜底调查报告》，北京：北京出版社，2012 年版。

平原、城乡结合部和半山区，在目前居民对基层卫生服务利用尚不充分的状况下，可每千服务人口配置1—2名卫技人员；当居民对基层卫生服务的利用水平提高，80%的门诊患者和40%的住院患者留在基层时，每千服务人口需配置2—3人。从推进的时间来看，从政策调整到居民对服务利用水平的变化尚需3—5年的时间才能显现出效果，因此建议3年内和3年后人力资源配置的标准要有所差异。

（四）完善农村卫生的政策和法律环境

建议参照部分省市的乡镇执业资格考试试点，将执业助理医师资格考试分为三级，一般执业助理医师、执业助理医师（乡镇级）和执业助理医师（村级）。后两级要更贴近于乡村实际，适当降低理论考试难度，注重实际操作。考试合格后的人员颁发相应的执业助理医师资格证书，限定只能在乡镇或村卫生室执业。考试情况也可以为后续教育的内容和形式提供依据，通过后续教育逐步提高乡村两级卫生人员的服务能力，在此基础上逐步提高考试级别。加强对村卫生室执业行为的监管，为村医设立医疗责任保险，提高村医对医疗风险的防范能力。

（五）建立适宜的农村卫生人力资源投入机制和激励机制

加大政府转移支付力度，为远郊山区提供可吸引较高质量卫生人力的财政支持，投入方式应根据农村地区的社会经济发展水平、居民需要需求水平以及卫生人力状况的变化动态调整。随着政府对于乡村卫生人力资源投入的增加，还要保证政府投入资金的高效率。要针对不同区域、不同层次的卫生人力制定不同的绩效考核指标体系。在区域层面考虑服务人口和服务距离的差异，在层次方面考虑不同层次卫生人力的价值。

（六）设立“订单”式培养和成人继续教育相结合的农村基层卫生人力培养教育模式

区县卫生行政部门应联合当地的教育部门，设立中专及大专层次的医学定向培养专业，采取“村来村去”“乡来乡去”“镇来镇去”的多渠道综合培养模式。在人才类型上，乡镇卫生机构要增加公共卫生、护理、药剂等专业技术人才。同时，乡村两级均要加强全科医师的培养。在知识结构上，要加强中医药知识以及慢性病、精神疾病等防治措施的培训。在服务能力上，要加强适宜技术的培训，注重基层卫生人员实践能力的提高。在培养的过程中，要注重“服务乡里”的理念，使其能够真正地做到“下得去、用得上、留得住”。医学院校及县级医疗机构全科培训基地要制定培训内容、培训师资，并对符合条件的乡镇卫生院医生及转岗人员进行全科医师的规范化培训。针对乡村医生，要严格执行定期在岗培训制度，以基本公共卫生服务和基本医疗为重点，强化临床实践技能以及全科医学知识培训，要为参加执业（助理）医师资格考试的乡村医生提供针对性辅导。另外，有关部门应适当限制所培养的人才毕业后的就业渠道和在相应机构的服务年限，同时在住房、工资、福利待遇、退休保障等方面采取一定的政策倾斜措施，以保证合格的乡村两级卫生人力资源持续有效的供给，从而在保障农民基本医疗卫生服务的可及的前提下，不断改善服务的公平。

（作者：王晓燕　首都医科大学教授）

项目名称：北京健康城市建设研究
项目编号：11ZDB12
项目负责人：王鸿春
项目信誉保证单位：首都社会经济发展研究所

北京健康城市建设研究

内容提要：本文主要对什么是健康城市、为什么建设健康城市、怎么建设健康城市等问题进行了研究。该课题对于推动北京的健康城市建设具有重要的意义。

建设健康城市是保障和改善民生的重要内容之一，也是世界各国城市发展的内在要求和普遍趋势。建设中国特色的世界城市，实现“人文北京、科技北京、绿色北京”的战略，必须注重以健康为基础，北京应在继承北京奥运会健康遗产的基础上，积极与世界卫生组织的要求接轨，努力把北京建设成健康城市。

一、健康城市的概念、产生背景及评价标准

（一）健康城市的概念和内涵

健康城市是世界卫生组织为摒弃源于西方国家的高消耗、高污染、高浪费、低经济效益、低生态效益、低社会效益的传统工业生产方式带来的“城市病”对人类生存发展造成的严重危机，而提出的一项新的生存战略，它是由健康人群、健康环境和健康社会组成并协调发展的整体。它明确指出“健康城市是长期致力于创造和改善自然和社会环境，开拓并扩展其资源，使城市居民能够在生活的各个方面相互协助和支持，并发挥最大潜能，达到最佳状态的城市”①。

健康城市是对传统城市发展模式的重大变革，是根治人口膨胀、环境污染、交通拥堵、住房紧张、资源短缺等城市病蔓延和发展的最佳途径，是提升人类健康水平的根本出路，是世界各国城市发展的必然趋势。它不是居民个人的事，也不只是卫生部门的事，而是包括城市规划、建设、运行到管理等各个部门的共同职责。它要求在应对人的健康问题上，要从被动和末端处

① 王鸿春：《红旗文稿》，2011年第23期。

理转向以预防为主的源头治理，从单纯依靠医疗技术手段转向运用经济、社会、环境等综合思维手段，从依靠单一的卫生部门力量转向依靠城市的规划、建设、管理等方方面面的力量，从政府的独自治理转向社会的共同参与。

(二)健康城市产生的背景

1. 传统城市化对人类健康造成了巨大挑战

城市化是当今人类社会发展的趋势。据有关资料显示，距今 200 年前，世界 3%的人口居住在城市，2007 年这一比例达到了 50%。未来城市人口仍将迅速增加，预计到 2050 年将超过 70%。传统的城市化是建立在传统工业化基础上的。它的迅速发展，一方面促进了经济的繁荣和社会的发展，另一方面也给城市的资源环境造成巨大压力，引发一系列社会问题，如人口膨胀、环境污染、交通拥堵、住房紧张、资源短缺等，这对人类健康产生了巨大威胁，使人类的疾病病谱发生了较大变化。显著特征是 20 世纪 70 年代以后，慢性疾病、精神性疾病患病人数大大增加，癌症、心脑血管疾病等慢性非传染性疾病逐渐成为人类死亡的主要原因。据测算，2001 年，全球 5650 万总死亡人数中，约有 60%死于慢性病；慢性病治疗费用占全球医疗总费用的 46%。从表面上看慢性病由个人生活方式和行为习惯所致，但从根源上看，则与传统城市化的发展模式有很大关系，是传统城市化模式导致自然环境和社会环境变化的结果。转变发展模式，将以人的健康为中心贯彻到城市发展的各个方面，建设健康城市成为世界各国城市发展的迫切要求。

2. 健康影响因素从生理因素向社会环境转变

随着时代的变迁和医学模式的演变，人们对于健康的认识在不断提高、完善。人们一开始只是简单地认为“健康即无病、无残”。但随着生物医疗技术的进步和人类疾病谱的转变，人们逐渐意识到，健康不仅是肉体的无痛无病，还与精神状态有密切联系，健康概念由过去的单一躯体健康(一维)发展为躯体、心理健康(二维)。1948 年世界卫生组织又进一步将“健康”定义为“整个身体、心理和社会的良好状况，而非仅仅指人没生病或不虚弱。”1989 年，世界卫生组织再次深化健康的概念，提出包括躯体健康、心理健康、社会适应良好和道德健康的四维健康新概念。伴随对健康概念理解的逐步深入，人们对影响人类健康的因素逐渐由生理因素向社会环境转变，建设健康的自然环境和社会环境成为城市发展的必然。

3. 公共卫生运动实现从重点疾病防治转向健康能力构建

公共卫生是通过政策评价、政策发展和制定保障措施来预防疾病、延长人的寿命和促进人身心健康的一门科学。公共卫生总是根据不同历史阶段人们面临的健康威胁，不断调整。19 世纪末和 20 世纪初，面对像天花、霍乱、鼠疫这类烈性传染病的威胁，人类开始了以防治传染病和寄生虫病为主要目标的第一次公共卫生革命。经过半世纪艰苦卓绝的斗争，重大的传染病和寄生虫病得以基本控制，人类寿命显著延长。之后，随着肺癌、冠心病、脑卒中、糖尿病等慢性非传染性疾病患者的增加，从 20 世纪 60 年代起，许多发达国家把疾病的预防重点从控制传染病转向慢性非传染性疾病，历史上称为第二次公共卫生革命。第一次和第二次公共卫生革命仍是以病为中心。1986 年，世界卫生组织进一步把健康定义为“日常生活的资源而不是目标”。这告诉我们，我们每天生活的方方面面必须有健康才能实现，公共卫生策略不能仅局限于疾病的预防和控制，必须要拓展到健康能力的构建。由此，有关学者提出了第三次公共卫生革命的概念，也被称为新公共卫生革命，强调现代健康问题是生物学因素、行为方式因素、环境(包括物质环境与社会环境)因素和卫生服务因素共同作用的结果，人类应通过改变环境(包括自然环境与社会环境)、加强预防和采取适当治疗干预措施相结合的方法，建立一种新的健康改善模式，从社会、经济、环境全方位解决健康问题。这引发了强调以综合干预模式改善健康的“健康城市运动”。

4. 可持续发展思想与新城市主义要求矫正传统城市发展观念

20 世纪 60 年代前，人们十分推崇“效率至上”的城市发展模式，把经济发展作为发展的全部。但随着现代社会的发展，传统发展观念造成的“城市病”问题日益突出。为弥补传统发展观的缺陷，1962 年蕾切尔·卡逊《寂静的春天》提出了可持续发展的思想，1980 年联合国首次使用了可持续发展的概念，随后其内涵不断丰富。健康是可持续发展的基本要素，只有保障人的健康，人类社会才能实现可持续发展。同时，20 世纪 90 年代初，在城市规划领域也出现了以矫正城市病为导向的“新城市主义”，要求将城市规划与公共健康理念相结合，对健康城市的兴起和迅速发展也产生了较深刻的影响。

二、国外健康城市的发展状况

随着健康城市概念的明晰化，世界卫生组织欧洲地区办公室于 1986 年发起了“健康城市建设项目”，力图将“2000 年人人健康”和《渥太华宪章》所提出的健康促进策略转化为可操作的实践模式。世界卫生组织倡导的“健康城市”，首先得到了加拿大多伦多和欧洲城市的积极响应，随后在世界各地掀起创建热潮。最初参加的城市仅有 11 个，到 2008 年，全球已有四千多个城市参加了健康城市项目，参加城市的数量还在不断攀升，建设健康城市已成为各国城市发展的世界趋势。

(一)健康城市运动在欧洲的发展

欧洲是健康城市建设的先锋。1986 年，世界卫生组织欧洲地区办公室率先设立“健康城市项目”，随后“欧洲健康城市的资格认定过程”和一系列健康城市的标准相继建立。欧洲地区健康城市发展经历了五个阶段：第一阶段(1987 —1992 年)：35 个城市参加，工作重点是引入城市健康发展的新理念和新途径(即健康城市模式)，建立新的行动组织以推动健康城市的实践；第二阶段(1993—1997 年)：39 个城市参加，工作重点是制定并实施健康公共政策、综合性的城市健康规划，使健康城市运动更具行动性；第三阶段(1998—2002 年)：50 个城市参与，主要强调改善健康公平性和可持续发展，注重社区发展和重建，强调计划的整合和系统的监测与评价；第四阶段(2003—2008 年)：主题是健康的老年期、健康城市规划、健康影响评估和体育锻炼等；第五阶段(2009—2013 年)：55 个城市参与，总体目标是促进地方政策的公平性，主题是支持性环境、健康生活方式和健康城市设计。

欧洲在“健康城市”建设的框架下，根据各自城市的特点，制订了有不同侧重的健康城市建设计划。主要做法有：一是关注弱势群体的健康。荷兰鹿特丹开展了名为家庭访视计划，了解低收入家庭福利状况，并通过各种健康促进活动来缩小不同收入群体间的健康不平等。哥本哈根市则通过为低收入人群提供特殊的卫生保健，降低哥本哈根享有健康的不一致性。二是大力开展健康促进活动。特伦特河斯托克区通过社区健康筛查、规划前期问卷调查和建立健康城市网站等方式，动员社区居民参与健康促进活动。格拉斯哥和哥本哈根则组织社区健康工作者在市民中开展戒烟课程、日常饮食课程、体育锻炼课程，预防酒精成瘾，并组织网络行动的志愿者工作组，来吸引市民的积极参与。三是开展健康城市评估。布尔诺市十分重视健康评估工作，运用人口统计学、环境、运输、安全、社会保健和信息等领域的指标来监测和评估健康城市的建设情况。四是建立健康城市的支持网络。欧洲国家在建设健康城市中努力寻求地区性、全国性乃至全球性健康城市网络支持，通过横向沟通和协作，与国内外健康城市建立广泛友好的联系，及时交流和学习城市与城市间的先进经验，提高健康城市工作的效率。

(二)健康城市运动在美洲的发展

北美健康城市网络的主要成员包括加拿大、美国、墨西哥等。加拿大是“健康城市”的诞生地，1986 年加拿大多伦多启动了“健康城市运动”，主要措施包括制定健康城市的土地、交通和住宅规划；制定相应的卫生管理法规；采取反污染措施；组织全体市民参与城市卫生建设等。在开展健康城市活动中，加拿大共设立了三个五年计划：第一阶段是试点城市围绕“2000 年人人享有健康”、《21 世纪议程》和《渥太华宪章》等开展活动。第二阶段是将健康及健康促进等内容与城市发展计划的融合。第三阶段实现城市发展与健康城市的有机结合。除此之外，加拿大还根据自身特点，率先开展了“健康社区”的活动。截至 1988 年，加拿大的健康社区活动已经覆盖了全国各主要城市，并逐渐在省级层面建立了健康社区(城市)网络。

美国健康城市是从公共健康领域开始，是由非营利组织、宗教组织推动的。1988 年，美国在印第安纳大学社区健康护理学院、印第安纳公共卫生协会和印第安纳州六个城市的共同努力下实施了印第安纳州的健康城市计划。印第安纳州的健康城市建设是政府、商界、艺术界、科学界以及广大城市居民共同努力的结果。该州健康城市建设主要分为六个阶段：一是推动城市或社区领导人承诺把健康城市建设当作城市和社区政治生活的首要任务，支持、促进健康政策的制定与实施。二是成立健康城市委员会。三是通过整理分析城市数据、专家咨询、参加国内外相关会议等方法，提高城市或社区的健康城市方案的制定水平。四是通过建立社区步行运动促进会、鼓励孩子多参加锻炼、参与电台健康节目的制作、教育家庭远离毒品、保持街道清洁等将健康城市建设付诸实践。五是推动健康城市建设配套政策的制定和实施。六是对健康城市建设行动进行评估。1989 年，美国卫生和人类服务部正式接受“健康社区”概念并在全国推广。1996 年美国成立了“健康城市与社区联盟”。

(三)健康城市运动在西太地区的发展

20 世纪 80 年代末和 90 年代初，随着欧美等发达国家启动健康城市项目，地处西太区的澳大利亚、新西兰、日本、新加坡、马来西亚、越南、柬埔寨等国家和地区纷纷加入了这一运动的行列。2004 年，西太区正式成立健康城市联盟(AFHC)，到 2008 年，该组织达到 220 个成员城市。每年在一些特定的领域设置最佳范例奖和最佳提案奖。

澳大利亚 1987 年在联邦健康和社区服务部资助下开展了为期三年的健康城市试点项目。伊拉瓦拉和伍伦港根据自身的特点，从居民的最根本的利益和最基本需求出发，通过提供基本运动设施、公共交通候车亭、没有污染的游泳池，提供面向儿童的医疗服务和创造就业机会等方法，有效改善了城市环境。目前健康城市运动范围逐渐推广到防治艾滋病，减少儿童伤害等。

三、北京健康城市建设的历程及奥运会对健康城市建设的影响

(一)北京健康城市建设的历程

北京市的健康城市建设始于 1993 年 12 月 21 日，世界卫生组织正式提出在东城区设立“世界卫生组织北京市东城区卫生发展合作中心”，并于第二年正式在东城区启动健康城市项目试点工作。这标志着中国正式加入到世界性的健康城市建设当中。

2004 年，北京市以创建国家卫生区为基础，率先在全国启动了健康城区建设。

2007 年 4 月，在国际奥委会医学委员会、世界卫生组织和国家卫生部的指导下，在中国医药卫生事业发展基金会的大力倡议和推动下，市政府将筹办奥运会与推动公共卫生事业发展相结合进行了大胆尝试，启动了“健康奥运 健康北京”全民健康活动(以下简称“双健活动”)。

2009 年，发布了《健康北京人——全民健康促进十年行动规划》(以下简称

“十年行动规划”)，提出将北京建设成为拥有一流“健康环境、健康人群、健康服务”的国际化大都市，明确了十一项主要指标和九大行动，并将健康促进工作纳入到市委、市政府对各区县的年度考核内容。

2011年，北京市政府下发了《健康北京“十二五”发展建设规划》，涉及健康水平、健康服务、健康环境三大类共35项指标被纳入考核范围，“健康”成为北京城市发展的主要目标，以此为起点，北京进入了全面建设健康城市的阶段。

2012年，国务院发布《卫生事业发展“十二五”规划》，提出“全面启动健康城镇建设活动”。在北京市第十一次党代会报告中，进一步明确提出了“积极推动‘健康城市’建设，开展全民健身活动，提高人口质量和健康水平”的工作任务。

(二)奥运会对健康城市建设的影响

借助奥运会促进人民群众的健康是北京奥运会的伟大创举。在申办奥运会时，北京就提出了要通过筹办大型赛事促进主办城市乃至全国人民的健康。为此，北京奥组委于2002年11月在国际奥委会主办的“奥运会遗产研讨会”上第一次提出了奥运健康遗产的概念，并将其定义为奥运会对举办城市乃至整个国家人群健康所产生的具有延续效应的影响。2004年该概念得到了国际奥委会的认可。受益于该概念的提出，在国际奥委会医学委员会、世界卫生组织和卫生部的指导下，在中国医药卫生事业发展基金会的倡议和推动下，北京奥运会第一次将筹办奥运会与推动公共卫生事业发展进行了大胆尝试，并于2007年提出了“健康奥运、健康北京——全民健康活动”行动计划。

历经七年奥运筹备以及受“健康奥运、健康北京——全民健康活动”行动计划的推动，北京市在保障奥运会、残奥会成功举办和促进全市医疗卫生事业发展方面取得了显著的成绩，包括高质量医疗服务水平的提升，公共卫生应急反应能力的加强，城市生活环境的改善以及健康教育活动产生了重要影响等，客观上使奥运会成为推广健康生活方式和现代社会理念的全球最大舞台，推动了公众健康，为世界留下了一笔丰厚的健康遗产。当前，奥运会已经结束，但奥运健康遗产所产生的持续影响仍在。继承奥运健康遗产，就是要求我们要在北京奥运会所做的健康工作的基础上，把握住世界趋势，进一步向促进人类健康的高端形态迈进，全面建设健康城市。

四、北京建设健康城市的对策与建议

(一)将健康城市建设纳入全市发展战略目标和各级政府的发展规划

建设健康城市是人们为应对传统城市发展模式带来的严重危机而提出的一种新的生存战略。随着传统城市发展带来的“城市病”给人们健康造成的危害越来越突出，转变原有发展方式，建设健康城市已成为全市人民的共同期待。特别是目前，北京的人均 GDP 已超过了 1 万美元，这大致是西方发达国家建设健康城市的起点。借鉴国外城市发展规律，北京将建设健康城市纳入城市发展战略是适宜的。“十二五”时期是我国加快转变经济发展方式的攻坚期，这给城市转变原有发展模式带来了重要机遇。作为国家首都，北京应紧紧抓住这一重要机遇，将建设健康城市作为基础理念纳入各级政府部门的“十二五”规划，否则，新的发展模式一旦形成，再进行调整将极其困难。将建设健康城市作为基础理念纳入各部门发展规划，应包括纳入全市“十二五”规划、制定健康城市专项规划以及将建设健康城市理念贯彻于各个政府部门的发展规划三个层次。

(二)建立强有力的健康城市建设领导机构

建设健康城市是对传统不重视人的健康的发展方式、城市管理运行方式等的重大变革，它必将对整个城市的规划、建设、运行和管理产生深远的影响。因此，必须建立一个强有力的领导机构。为有效推进健康城市建设，发达国家大多在健康城市建设初期即成立了跨部门的健康城市领导小组，负责发布健康城市建设倡议，与各政府部门进行沟通协调，并组织开展健康城市推进计划。借鉴国际经验，北京市应成立与世界卫生组织和卫生部接轨的北京市建设健康城市领导小组，一方面获取世界卫生组织和卫生部的指导，另一方面实现与国际接轨。领导小组下设办公室，具体负责北京市建设健康城市中的有关组织、协调、策划、推进等相关工作以及与世界卫生组织、卫生部以及其他部门的协调沟通工作。

(三)推动各政府部门开展健康城市建设促进和研究工作

建设健康城市应包括三个方面的内容：一是加强医院等医疗设施建设和提升医疗服务水平，保障人们有病可医；二是促进健康知识的掌握和不健康生活习惯的改善，实现疾病早期预防早期诊断，最终实现“人人享有健康权利、人人懂得健康知识、人人参与健康活动”；三是创造有利于人们健康的城市规划、建设、运行和管理环境，将以人的健康为中心的理念纳入到各级政府的实际工作中，通过努力改善人们的生存环境，增进城市居民的幸福感、满足感和促进潜能的发挥。由此可见，建设健康城市是一个复杂的社会系统工程，需要政府各个部门及全市居民的共同参与。这是与人们一直认为健康是个人的事，与政府无关，或健康是卫生部门的事，与其他部门无关的传统观念的冲击。为落实和推进健康城市建设，各级政府部门应积极按照全市规划的要求，制订各自的行动计划，并建立考核机制，努力落实健康城市的建设目标。同时，各部门应积极开展健康城市建设与部门工作关系的研究，从而提升对健康城市建设工作的认知和理解，进而促进健康城市建设工作。

(四)建立政府主导、全民参与机制

在建设健康城市过程中，应注重发挥政府的主导作用，因为政府直接掌握着在建设健康城市中具有重要作用的城市规划、建设、管理等部门，以及由公共财政带来的人力、物力、财力、信息在内的各种资源。同时，也应注重建立全民参与机制。健康城市建设涉及城市建设和管理方方面面的内容，最终还是要通过营造良好的自然和社会环境，引导人们形成良好的生活习惯，落实到实现人的健康上。没有全社会和全民的共同参与，健康城市建设就失去了其赖以存在的主体。世界卫生组织提出的健康城市建设步骤中最重要的就是要获得政府的支持和公众参与。为有效推进健康城市建设，我们应坚持政府主导、全民参与、企业支持、社会组织推动的原则，重视建立由各级政府、社会组织、企业、社区以及公民个人等多种主体共同组成的健康城市参与体系，从而通过多元沟通、转变观念、凝聚共识，共同促进健康城市建设。

(五)加大健康城市建设的宣传力度

目前我国健康城市建设仅处于起步阶段，公众的知晓率较低，理解程度也不深刻。为提高人民群众对健康城市建设工作的理解和支持，加深对健康城市理念、知识和行动计划的掌握，应加强对各级领导、干部和社会群众关于健康城市建设的宣传，以动员更多的人关注健康城市建设、参与健康城市建设和促进健康城市建设。健康城市建设工作最终取决于各部门的落实情况，因此从宣传内容上来说，除了对健康城市基本概念、内涵及建设健康城市重要性、建设目标、建设进展、国内外建设经验的宣传之外，应特别注重对各部门在健康城市建设中应达到标准和建设经验方面的宣传，从而通过促进各部门工作的落实来推动全市健康城市建设工作的开展。此外，从宣传形式上，要充分利用广播、电视、报纸、网络、刊物、社区讲堂、单位讲座等各种形式开展健康城市的宣传，其中包括在电台或电视台开设健康城市建设频道。

(六)及时开展健康城市建设队伍培训

健康城市是人们在不断认识和追求健康活动中所出现的新生事物，是在城市发展过程中人们对健康问题的关注从个体到大众，由具体到宏观，由狭义到广义不断扩展过程中形成的，涉及城市规划、建设、管理等各个方面与公共健康之间的各类科学。为使人们迅速和深入地了解、掌握这一动态、开放、内涵广泛的概念，在确定建设健康城市目标之后，必须及时开展对人才队伍的培训，否则健康城市建设工作很难推进。

（作者：王鸿春　北京健康城市建设研究中心主任、研究员）

项目名称：北京建设世界城市与京津冀一体化发展研究
项目编号：10BaZH213
项目负责人：祝尔娟
项目信誉保证单位：首都经济贸易大学

北京建设世界城市与京津冀一体化发展

内容提要：世界城市是世界城市体系中城市发展的最高端形态，是国际活动的重要聚集地，对全球的政治、经济、文化等方面具有重要控制力和影响力的城市，其形成与发展离不开所依托的都市圈。本文首先对世界城市与所在都市圈相互关系及其规律进行了探讨；其次重点对北京建设世界城市进程、水平以及京津冀都市圈的总体发展进行定性定量分析，从比较研究中找到京津冀的主要差距和问题，进而分析北京依托京津冀建设世界城市面临的机遇与挑战；再次对北京依托京津冀建设世界城市的战略进行了研究；最后重点分析了北京依托首都圈建设世界城市的切入点和制度保障。

世界城市是对国际政治、经济和文化生活具有广泛影响力、控制力的城市，其主要标志和突出特点是具备或部分具备全球经济中心、决策与控制中心、科学文化和信息传播中心、交通运输中心等方面功能，具体体现在经济发展水平、国际集散程度、基础设施水平、社会和自然环境等方面都有很高的水平。

一、世界城市与所在都市圈相互关系及其规律探讨

（一）世界城市的崛起离不开所在区域的基础和支撑

本文在系统梳理世界城市与都市圈关系的理论基础如专业化分工、集聚经济、空间相互作用等理论以及借鉴国际经验的基础上，认为世界城市形成于世界增长重心地区和最具实力的城市群之中；世界城市的发展需要所在区域的强大支撑；世界城市是中心城市与所在区域相互作用的产物；世界城市对全球经济的影响力和控制力有赖于区域分工与整体实力。

（二）世界城市是所在区域的核心中枢、科技先导和增长引擎

在都市圈演进的三个阶段，都是中心城市起着关键性推动作用：中心城市向服务经济转型，促进单核都市圈形成；中心城市向创新经济转型，促进

多核心都市圈合作发展；中心城市向信息经济转型，促进多中心网络化大都市圈协调发展。

(三)都市圈为世界城市提供要素、拓展空间和发展平台等支持

在中心城市集聚极化阶段，所在区域为中心城市提供要素支持；在单中心都市圈形成阶段，所在区域为中心城市疏解压力、拓展空间；在多中心网络化大都市圈阶段，所在区域与世界城市共同打造更高的发展平台。

二、北京建设世界城市的水平测度

本文从硬实力、软实力、影响力和承载力四个方面对北京建设世界城市的国际化水平及进程进行实证分析和测度，以期准确判断发展阶段，找出差距与不足，为探寻有效路径提供现实依据。

(一)指标选择与测度方法

本文重点选取了能反映世界城市的经济实力、经济水平、要素流量、市场交易量、技术创新及其外溢扩散水平、国际化水平及其影响力等主要指标，包括人口密度、人均 GDP、地均 GDP、失业率、财政支出、外贸进出口总额、金融中心指数、航空港客运量、航空港货物吞吐量、FDI 总额、入境旅游人数、轨道交通里程、每十万人拥有医生数、全球 500 强企业总部数、举办国际会议数量、单位 GDP 能源消耗、空气中总悬浮颗粒物、研发支出占 GDP 的比重、专利申请指数、产业结构指数、城市基础设施指数、常住人口外国人占比、人文发展指数、全球联系指数、公共制度指数 25 个指标(见表 1)，用以判断首都北京的国际化程度与进程，然后通过因子分析的方法达到降维的目的，提取 4 个公因子，以分别代表城市硬实力、城市软实力、城市影响力和城市承载力。本研究从这 4 个方面将北京与纽约州、伦敦大区、东京都、香港和上海这几个世界城市进行对比，分析其优势与劣势，差距与问题，以期找到北京建设世界城市的有效路径。

表 1　世界城市指标评价体系(2010—2012)①

指标体系	纽约州(2010)	伦敦大区(2010)	东京都(2010)	香港(2011)	上海(2012)	北京(2012)
人口密度(人/平方公里)	2825.000	4758.000	16686.000	6786.560	3754.000	1261.000
人均 GDP(美元/人)	59490.000	84572.000	46754.000	35172.000	13524.000	13857.000

① 按 2010 年年末可比价格计算 1 美元＝7.7750 港元(2010 年年末)，1 美元＝6.6227 人民币(2010 年年末)，1 英镑＝1.5429 美元(2010 年年末)，1 美元＝119.9888 日元，1 万吨标准煤＝292.70TJ。

续表

指标体系	纽约州（2010）	伦敦大区（2010）	东京都（2010）	香港（2011）	上海（2012）	北京（2012）
地均 GDP（万美元/平方公里）	2048.000	44046.000	136654.000	19087.000	4806.180	1645.110
失业率（%）	7.900	9.100	3.600	4.400	4.200	1.270
财政支出（亿美元）	1285.660	214.099	995.713	390.350	631.770	690.797
外贸进出口总额（亿美元）	828.940	1509.420	2645.233	8226.200	2068.070	4081.073
金融中心指数	769.000	775.000	694.000	759.000	694.000	650.000
航空港客运量（万人次）（2011）	4768.353	6943.357	6226.303	5331.421	4145.021	7740.367
航空港货物吞吐量（千净吨）（2011）	2199.319	1569.450	1945.110	3698.397	3103.030	1668.751
FDI 总额（亿美元）	866.090	405.780	243.116	10974.920	151.850	80.416
入境旅游人数（万人次）	444.340	1528.900	207.851	2231.600	851.120	500.900
轨道交通里程（公里）	1525.660	408.000	2305.000	87.800	457.000	1115.100
每十万人拥有医生数（人）	396.000	274.000	304.000	180.000	230.000	524.000
全球 500 强企业总部数（个）	20.000	18.000	49.000	4.000	5.000	41.000
举办大型国际会议数量（次）	32.000	115.000	50.000	77.000	72.000	111.000
单位 GDP 能源消耗（万焦耳/美元）	249.660	416.100	183.864	113.000	1162.013	949.848
空气中总悬浮颗粒物（微克/每立方米）	17.000	18.000	21.000	71.000	79.000	121.000
研发支出占 GDP 的比重（%）	2.820	1.880	3.440	0.810	3.370	5.950
专利申请指数	0.110	0.184	0.164	0.056	0.068	0.055
产业结构指数	1.000	1.000	1.000	0.640	0.840	0.800
城市基础设施指数	0.394	0.517	0.378	0.353	0.347	0.271

续表

指标体系	纽约州(2010)	伦敦大区(2010)	东京都(2010)	香港(2011)	上海(2012)	北京(2012)
常住人口外国人占比(%)	4.120	21.800	3.110	7.000	0.391	0.561
人文发展指数	0.910	0.863	0.901	0.898	0.687	0.687
全球联系指数	0.800	0.871	0.582	0.483	0.449	0.457
公共制度指数	0.895	0.859	0.813	0.991	0.565	0.565

数据来源：纽约、伦敦、东京统计年鉴 2011，香港经济年鉴 2012，北京市统计年鉴 2013，上海市统计年鉴 2013，各国政府网站，《国际统计年鉴 2011》，《Global Financial Centres9》，《State and Metropolitan Area Data Book：2011》，《Focus on Londun2011》，《Airport Traffic Report2009》，《全球城市竞争力报告 2011—2012》，ICCA 组织统计数据，《财富》杂志。指标体系设计参见段霞、文魁：《基于全景观察的世界城市指标体系研究》，《中国人民大学学报》，2011 年第 2 期，第 61—71 页

通过 SPSS 计算。在确定 4 个因子后，根据计算出的各因子的方差贡献率，根据公式 $W_i = \lambda_i (\sum_{i=1}^{m} \lambda_i)^{-1}$ 计算各因子的权重；然后用各城市在 4 个因子上的得分分别乘以各自的权重计算得出各城市的综合得分。

世界城市综合得分＝0.42710×城市硬实力＋0.33921×城市软实力＋0.14174×城市影响力因子＋0.09195×城市承载力因子。排名结果见表 2。

表 2　北京与世界城市的比较

排名	地区名称	城市硬实力因子	城市软实力因子	城市影响力因子	城市承载力因子	综合得分
1	伦敦大区	1.38180	－0.14961	－0.07100	1.12393	0.63
2	纽约州	0.64266	0.71161	0.64271	－1.36657	0.48
3	东京都	0.48687	0.67875	0.23546	－0.12576	0.46
4	北京	－0.97117	1.30910	－0.37807	0.63257	0.03
5	香港	－0.82644	－0.99452	1.21089	0.24838	－0.50
6	上海	－0.22685	－0.87659	－1.40453	－0.63830	－0.65

(二)测度结果：北京与世界城市仍有较大距离

本研究重点对上文提炼的 4 个因子逐一进行分析，主要选取能反映世界城市的经济实力、经济水平、要素流量、市场交易量、技术创新及其外溢扩

散水平、国际化水平及其影响力、资源环境承载力等主要指标，将北京与伦敦、东京、纽约、香港这几个世界城市进行比较，得出以下基本结论。

1. 城市硬实力：世界500强企业总部高度集聚，但总体实力还有较大差距

首先，北京的经济总量及人均GDP与成熟的世界城市相比还有较大差距。北京的人均GDP仅略高于上海，是香港的三分之一，与纽约、伦敦、东京的差距甚远。其次，作为城市硬实力重要支撑的产业基础有待进一步增强。从现实情况来看，北京城市功能疏解与产业外迁的效果尚不明显，需要在城市功能疏解和产业转移、技术扩散过程中，与周边城市形成错位竞争、优势互补的产业分工格局。

2. 城市软实力：研发占比名列前茅，城市软环境有待改善

北京研发支出占GDP的比重在6个世界城市中名列前茅，但专利申请指数却最低。北京的公共制度指数与成熟的世界城市相比还有较大差距。北京的人文发展程度在全国领先，但与纽约、伦敦、东京等世界城市相比较还有较大差距。

3. 城市影响力：外贸进出口、航空客运、大型国际会议有明显优势，但全球联系指数较低

北京的国际贸易规模、航空客运规模、国际大型会展等居世界前列。北京的国际金融中心指数较低，城市国际影响力有待提高。北京的常住人口外国人占比较低，全球联系指数不高，反映了北京对外国人的吸引力不够，这与北京的收入水平、生态宜居环境、文化包容度、社会开放度不足有关。

4. 城市承载力：城市吸纳力强而承载力弱，资源环境处于超载状态，提升空间有限

从北京自身条件来看，2008年奥运会后，北京进入后奥运时代，吸纳能力明显增强，人流、物流、资金流纷纷汇聚北京。但相比其强大的吸纳能力，北京的承载能力较为脆弱。北京交通基础设施承载力严重超负荷，尽管近年来北京交通基础设施投入很大，北京的轨道交通里程长于伦敦、香港和上海，但由于中心城区人口密度大、城市功能过于集中、职住分离、潮汐交通流明显，导致北京交通承载压力过大，公交系统交通承载饱和；排水设施存在隐患，城市防洪减灾任务艰巨。北京的社会公共服务水平全国领先，但社会公共服务设施使用超负荷。

三、北京依托京津冀建设世界城市的发展评估

(一)资源禀赋：优势明显，压力增大

京津冀都市圈在区位、人力、技术和资源方面具有天然互补优势，是我国最重要的政治、经济、文化与科技中心，也是国家自主创新战略的重要承

载地。京津冀都市圈因其核心城市之一是首都北京，因而具有其他城市群所不具有的首都优势，是国家政治中心、信息中心、国际交流中心，拥有总部经济优势，全国市场优势，以及全国科技教育最发达、智力资源最密集等优势，在我国区域发展中具有极其重要的战略地位。具体特征如下：区位优势独特，拥有丰富的自然资源；海陆空立体交通体系便捷发达；科技教育最为发达，高端人才最为密集；总部经济聚集效应明显，是全国金融总部、央企总部及跨国公司总部集聚地；资源环境承载压力巨大，水资源和大气污染是其突出“短板”。

(二)经济实力：中国第三大经济引擎，但总体实力仍有待提升

一是中国的第三大经济引擎，技术研发优势显著。2011 年，京津冀都市圈土地面积占全国的 1.9%，人口约占全国的 8%，GDP 占全国的 10.03%(2012 年为 11.04%)，财政税收收入占全国的 5.80%，工业企业的研发机构经费支出占全国的 7.04%，全社会固定资产投资占全国的 8.25%，国内发明专利授权数占全国的 17.69%，实际利用外资额占全国的 21.71%，技术市场成交额更是占到全国的 43.78%，以上数据表明，京津冀都市圈作为中国第三大经济引擎的实力，特别是在科技创新、技术研发等智力资源方面具有显著优势。二是与世界级大都市圈比较，京津冀具有总量优势，但人均水平不足。京津冀都市圈在人口、土地面积、财政支出、外贸进出口、轨道交通里程、入境旅游人数等总量指标方面，具有规模优势，但人均指标都远低于其他世界级都市圈的水平。如京津冀都市圈人均 GDP 只有国外著名都市圈的 10%左右；人均轨道里程和轨道交通密度排在最后一位，与世界级都市圈之间存在明显差距。三是与长三角、珠三角比较，京津冀总体实力有差距且区域内发展不平衡。2012 年，国内三大都市圈 GDP 占全国的比重为 42.99%，其中长三角为 20.96%、京津冀为 11.04%、珠三角为 10.99%。京津冀与珠三角相比，在 GDP 总量、社会消费品零售总额、全社会固定资产投资总额指标均有优势，而人均 GDP 低于珠三角，其主要原因是河北省的人均 GDP 远低于京津两市，也低于全国平均水平。

(三)产业基础：重化工业基础雄厚，新兴产业和高端服务优势明显

一是京津冀重化工业在全国地位举足轻重，尤其有本土资源优势的重化工业优势明显。二是京津冀重化工业发展规模呈现快速增长态势，产业急需调整升级。三是产业升级步伐加快，战略性新兴产业快速成长。北京的高技术产业、研发创新与科技服务居全国前列。天津的绿色能源产业全国领先，环保科技产业已成规模。河北的现代医药产业在我国具有重要地位，新能源汽车及新能源产业居全国前列。四是高端服务优势明显，尤其北京科技研发、文化创意、金融服务全国领先。五是京津冀区域各具特色的产业分工格局正在形成。从区位商来看，北京优势产业主要集中在第三产业，而天津优势产业在第二产业，而河北优势产业在资源密集型的第二产业和第一产业。六是在区域竞合中产业正在向优势区域集聚，产业的空间布局正在优化整合。根据市场份额变化来看，“石油和天然气开采业”向天津集中；“黑色金属矿采选业”和“黑色金属冶炼及压延加工业”向河北转移；“金属制品业”“电气机械及器材制造业”由天津向河北转移；“通信设备、计算机及其他电子设备制造业”由天津向北京转移；“交通运输设备制造业”由北京向天津转移；河北的化学工业及建材工业市场份额最高且比较稳定。从产业的空间布局来看，重化工业正在向滨海集聚并逐步形成滨海临港重化工产业带；高新技术产业在向京津集聚并形成京津塘高新技术产业带；现代制造业向“京保石”集聚并正在形成现代制造产业带。七是京津冀经济转型和产业升级任务艰巨。京津冀产业发展亟待解决的突出问题是，区域内行政壁垒严重，国有成分比重较高，市场活力不足；区域内产业关联度不强，产业集聚度不够，产业竞争优势不明显；外来的国际资本和大项目的本地根植性不够，对当地经济带动不明显；特别是在后危机时期和低碳经济时代背景下，随着我国劳动力工资、资源价格、环境成本、土地成本的上升，传统低成本比较优势逐渐丧失；西方发达国家的“再工业化”及贸易保护主义重新抬头，以及资源环境矛盾加剧条件下要求降低能耗和排放强度，这些“倒逼”机制都迫使京津冀区域发展模式必须尽快转型，从外延式发展向内涵式发展转变，从要素驱动向创新驱动转变，产业升级和经济转型任务艰巨。

(四)城镇体系：“中心—外围”格局显著，区域内不平衡性加剧

一是城镇体系结构呈“哑铃”型，人口分布结构呈“倒金字塔”型。2011年，京津冀城市群35个城市中，100万以上的大城市8个，50万至100万的中等城市3个，50万人口以下的小城市达24个，城市数量呈“哑铃”型。2011年，京津冀城市群的各等级规模城市人口比例计算结果表明，两个特大城市北京和天津常住人口容纳了整个地区的60.82%，远大于大城市和中等城市容纳的市区人口总和。超大城市人口过于集中，其他等级城市人口规模偏小，人口规模呈“倒金字塔”型。二是区域内经济联系不断增大，城市间差距持续拉大。本文采用空间引力模型重点测算了2000年和2012年这八个主要城市之间的经济联系量，分析其经济隶属度。2000年和2012年京津冀城市群13个主要城市之间的经济联系量几乎都有较大程度的提高。如北京与天津之间的经济联系从2000年的207.74增长到2012年的1989.46，接近原来的10倍。但是京津冀城市群区域内各城市经济联系势能差距较大。2000年，北京和廊坊之间的经济联系量最大，为281.08，而最小的张家口和秦皇岛之间的经济联系量只有0.36。2012年，北京和廊坊之间的经济联系量依旧最大，为2069.63，而张家口和秦皇岛之间的经济联系量只增长到1.87。三是城市群“中心—外围”格局显著，京津两中心城市辐射能力增强。北京、天津和廊坊不仅在地理位置上处于京津冀城市群的中心，而且在经济空间结构中也处于核心位置，它们之间的经济联系量一直远大于其他城市；而其他城市为外围，经济联系量主要沿着北京—天津、北京—唐山、天津—唐山等重要干线展开。另外，以京津为中心的极化效应向外围扩散的趋势明显，京津对外围城市的辐射能力有所扩大，在京津冀城市群的整体发展中起到了重要的动力作用。四是京津“双核”极化效应明显，区域内不平衡性仍在加剧。北京、天津两大中心城市的综合实力不断增强，集聚效应大，经济区位处于绝对优势并且不断上升，增长极作用明显。随着北京、天津经济的快速发展，中心城市对相邻城市的辐射作用也有所增强，廊坊、承德、唐山等周边城市的经济联系量不断增长，经济区位度上升。相比之下，其他城市，尤其是距离北京、天津较远的城市，如石家庄、邢台、邯郸的经济区位度在近几年下降了，即它们对整个城市群总的经济联系量的贡献比重有所下降。

四、北京依托所在都市圈建设世界城市的必然性分析

如前所分析，就北京自身来看，目前距离世界城市在经济总体实力、国际影响力和控制力上还存在较大差距，资源环境更是处于超载状态。而作为基础支撑的京津冀城市群，也存在总体实力不强、经济关联度不高、城镇体系不合理、缺乏有效的区域协调机制等突出问题。因此，北京应以更高标准和更大尺度来推进京津冀一体化发展，这不仅有利于落实国家区域发展战略，更好地发挥首都北京在区域发展中的核心、引领和带动作用；而且有利于拓展北京的发展空间、疏解承载压力、增强发展动力、经济实力和对全球经济的影响力，在区域合作共赢、协调发展中实现更好的发展。

(一)有利于疏解北京承载压力，寻求新的发展动力和空间

对任何一个城市来说，包括地理位置、气候条件、水资源、土地供给、能源供给等资源禀赋都是有限的。如果资源耗尽，意味着城市将面临不可持续的重大危机。但是，一个城市难以解决的发展难题，是有可能在更大的区域范围内得到破解的。北京目前的城市综合承载力面临严峻挑战，人口、土地、水源、环境、交通等承受重压，北京城市的未来发展，已经无法靠自己继续前行，必须加强区域合作。比如北京建设“绿色北京”，需要河北的支持和京津冀生态环境共建。区域性基础设施网络建设，也需要首都圈共建共享。无论从增强经济实力、破解发展瓶颈，还是提升城市的影响力和控制力来看，北京都需要积极推进首都圈一体化进程，在更大的区域范围内疏解资源环境压力，寻求新的发展动力和更大的发展空间。

(二)有利于提升北京及其所在区域的经济整体实力

一般来说，经济总量决定经济地位。世界城市需要具备的支撑条件主要是：一定的经济规模、经济高度服务化和聚集世界高端企业总部、区域经济

合作紧密、国际交通便利、科技教育发达、生活居住条件优越。近年来，北京在综合经济实力、产业结构优化升级、基础设施建设、国际化程度等方面取得了长足的进展，已基本具备了全面建设世界城市的基础和条件。特别是产业结构已呈现后工业化社会的服务主导、科技主导的鲜明特征。但是与世界级城市相比，2012年北京GDP17801亿元，仅占全国GDP的3.4%，即使京津冀三地GDP也只占全国GDP的11.03%，而2006年伦敦的GDP占英国GDP的比重高达16%，反映了北京的经济实力与成熟的世界城市还存在较大差距，区域基础还不牢固。目前，北京正处在产业升级、阶段跃升的关键时期，通过产业转移和产业升级，重构首都圈产业分工新格局，是提升区域整体竞争力和综合实力的有效途径。因此，推进首都圈一体化发展是北京建设世界城市的必由之路。

(三)有利于增强北京对全球经济的影响力和控制力

世界城市的本质特征是拥有全球经济控制能力。与传统的城市发展主要是基于资源驱动战略来提升城市在全球城市等级体系中的地位不同，在经济全球化和信息化的背景下，基于全球城市网络的世界城市，主要不是依靠他所拥有的，而是通过流经它的各种资源来获取财富并提升控制力。北京在经济影响力和金融控制力方面具有诸多优势，但国际化程度较低，影响力主要局限在国内，需要区域通力合作。如果站在首都圈范围来看，天津拥有金融创新先行先试的优势，在私募股权交易中心方面全国领先，完全可以与北京的金融总部所在地、资金雄厚、金融人才聚集等优势形成合力，共建具有国际影响力的金融中心。

五、北京依托京津冀建设世界城市的政策建议

(一)以谱写京津“双城记”为突破口，助推北京建设世界城市

在首都经济圈的经济版图中，京津两个超大城市并肩而立，作为区域经济发展的“双核心、双引擎”是不争的事实，也是迈向未来多中心城市群的现实基础。从国家战略来看，我们要打造的首都经济圈，无论从体量、质量还是水平，都应当是能够与长三角、珠三角并驾齐驱的、具有国际影响力和控制力的世界级大都市圈，是我国整合世界资源的重要平台、带动中国经济快速发展的三大经济航母之一。这一点决定了首都经济圈发展不可能、也不应该绕开天津。从区域发展来看，京津合作，事关全局。北京与河北的合作，更多的是资源互补性合作、产业价值链布局合作以及生态合作。而北京与天津的合作，由于经济技术水平接近、产业结构错位，资源禀赋各异，更多的是城市功能的分工合作，强强联合的合作(如金融合作、科技合作、物流合作、海空港合作、生产性服务业与现代制造业合作、教育医疗合作等)，合作领域更宽，影响更深远。因此，京津合作是推进首都经济圈一体化的核心和

关键。只有京津联起手来，才有可能把首都经济圈打造成为世界级高端服务业基地、中国科技创新能力最强的科技高地、北方国际金融中心、国际航运中心和国际物流中心。只有谱写好社会主义现代化“双城记”，首都经济圈发展才有可能取得突破性进展与质的飞跃。

(二)优化空间结构，在“点、轴、圈”上实现重点突破

在近期，抓住一些重大战略机遇，争取在以下四个方面全面推进，力求突破。(1)以北京新机场建设为契机，京津冀联手共建国家级“临空经济区域合作示范区”；(2)依托天津滨海新区，京津冀共建中国投资和服务贸易最便利的综合改革创新区；(3)抓住京津冀三地优化空间结构的机遇，京津冀共建国家级“京津科技新干线”；(4)抓住北京中心城区功能疏解的机遇，共建首都绿色生活圈

(三)充分发挥市场作用，强化空间网络联系，提升城市群质量

充分发挥市场机制的决定性作用，促进区域内要素流动、产业链接和资源整合；充分利用现代科技手段，如大数据时代信息网络技术和高铁轨道交通等现代交通通信条件，密切城市间的经济联系；充分发挥北京和天津的对外开放门户作用，提升京津冀城市群对世界经济的影响力、竞争力和控制力。

(四)构建跨界治理的区域协调机制与制度

构建包括横向协商机制、纵向仲裁机制、利益分享机制、成本分摊机制与生态补偿机制在内的区域协调机制体系；建立京津冀联席会议制度，促进区域紧密合作和规划对接；建立京津冀区域发展委员会，从顶层设计上保证区域一体化发展；构建区域发展银行、创新区域投融资机制与合作模式等。

（作者：祝尔娟　首都经济贸易大学教授
叶堂林　首都经济贸易大学副教授）

项目名称：北京市文化创意产业发展体制机制创新研究
项目编号：11ZHB006
项目负责人：梅　松
项目信誉保证单位：北京市文化创意产业促进中心

着力推进首都文化创意产业发展体制机制创新

内容提要：推进文化创意产业发展体制机制创新是首都加快转变经济发展方式、加快建设先进文化之都、加强产业融合发展以及加快解决产业发展束缚的必然要求。创新的重点领域包括正确处理政府和市场的关系、构建适合首都特点和需求的政策保障体系、加快文化创意产业相关法规的制定、提升首都文化创意产业的影响力和竞争力。必须以强化改革为中心，按照“整体统筹、分步推进、职责明确、收放适度”的路径稳步推进，重点抓好创新组织机构和完善发展环境两方面重点工作。

当前，首都经济社会发展已经进入了一个新的阶段。党的十七届六中全会将专题研究深化文化体制改革，推动文化大发展大繁荣的若干重大问题。李长春同志专程到北京调研文化体制改革与发展，并对北京推动国家文化中心建设，推动文化改革发展提出了十大任务。落实好党中央、国务院对首都提出的按照“五个之都”的方向建设中国特色世界城市，努力成为推动科学发展、加快转变经济发展方式的标杆和火炬手，走在全国最前面等重要任务，要求我们进一步加强体制机制创新，推进文化创意产业发展。

一、深刻把握推进首都文化创意产业发展体制机制创新的必要性

一是加快转变发展方式的必然要求。从国家层面来看，在保持了超过20年GDP增速超过9.6%的超高速发展态势的同时，经济快速发展带来的一些负面效应也逐渐显露出来，已经影响到中国的国际形象，而文化越来越成为民族凝聚力和创造力的源泉、越来越成为综合国力竞争的重要因素、越来越成为经济社会发展的重要支撑，在这样的背景下，十七大报告正式提出了促进文化大发展大繁荣的战略。从北京市层面来看，以建设世界城市为目标的北京必须遵循世界城市对于经济发展的特殊要求。金融是现代产业的核心，决定参与国际竞争的基础实力；科技是通向未来的桥梁，决定引领世界风潮

的必备前提；文化是历史人文的积淀，决定塑造中国品牌的现实根源。北京建设世界城市，金融、科技与文化缺一不可，是转变经济发展方式的三大抓手。同时，北京市是全国文化中心，有责任从国家发展战略和首都城市发展的战略高度，进行文化体制的改革创新，在文化创意产业发展方面为全国创造新鲜经验。

二是加快建设文化之都的必然要求。建设中国特色社会主义先进文化之都，是北京市贯彻落实中央决策部署，深刻理解文化发展的重要性和紧迫性而提出的战略决策。北京市历来是中国的重要文化中心，推进文化建设，加强建设文化之都从来都不缺乏资源，无论是在历史文化遗迹、现代文化设施、文化消费群体、国际文化元素还是在文化创意人才等方面都有着国内其他大部分城市不可比拟的优势。但是，国内很多其他省市地区的文化地位迅速崛起，文化实力迅猛提高，北京市在建设文化之都的道路上还存在不少强劲的竞争对手，要在这些省市地区中脱颖而出，就不能仅仅凭借文化资源的老本，而是要在开发资源、创造资源、占据资源上下功夫，这就需要通过创新体制机制来实现。

三是加强产业融合发展的必然要求。文化经济、科技经济、绿色经济成为世界经济增长的潮流，世界对于中华文化产品、服务的需求在扩张，这种巨大需求体现出对多种产业类型融合消费的多重性，特别是文化产品中蕴含的科技含量、环保价值，或者是其他产业产品所蕴含的文化内涵，都成为占据市场的有力武器。北京聚集了全国绝大多数著名高等学府、顶尖文化机构和团体、最优秀的文化人才，形成了全国最强的文化产品生产能力、最高层次的文化消费群体，按照国际上人均 GDP 达到 3000 美元时居民文化消费支出占个人消费支出总额的 20%计算，北京市文化消费存在 160 亿元的缺口，文化发展空间广阔、潜力巨大。目前，国内文化消费市场正因为优秀文化产品的缺乏而受到国外文化产品的强力冲击，要求北京加快体制机制创新，努力提升文化创意产业的竞争力和影响力。

四是加快解决文化产业发展束缚的必然要求。当前，北京仍旧存在制约文化创意产业发展的种种问题，主要包括：文化资源整合不够，资源效能未充分发挥。主要表现为中央在京优势资源利用不够，传统文化资源挖掘不够，文化创意人才的工作积极性调动不够，这也导致北京成为文化资源中心而不是文化产业中心。布局优化的程度不够，缺乏宏观层面的统筹规划。北京城乡之间的文化创意产业发展不平衡，文化资源多集中在城区但发展空间不足，郊区有发展空间但资源有限，这种现象导致北京文化创意产业布局分散，各集聚区差异性不够，恶性竞争等问题。首都优势利用不够，文化中心地位受到冲击。北京文化产业发展的规模和水平，与其拥有的文化、教育、科技资源以及经济总量相比并不相称，北京文化创意产业相对各兄弟省区市的领先优势正在消失，与世界发达国家相比差距仍比较大，特别是缺乏航母企业，在重点行业领域不能起到引领全国、影响世界的作用。促进机制完善不够，难以形成推进产业发展的合力。北京早在2006年就开展过相关研究，提出文化管理体制不顺，是造成北京市文化事业与文化产业难以真正分离的重要原因，促进北京文化创意产业发展亟须按照“先分后合”的思路，处理好文化事业与文化产业的关系，形成具有世界影响力的文化软实力，实现首都文化的大发展大繁荣。

二、首都文化创意产业发展体制机制创新的重点任务

国际上促进文化创意产业发展的体制主要有以市场为主导的美日模式和以政府为主导的英韩模式，而国内以上海、深圳、长沙、重庆、西安为代表的文化创意产业发展较好的城市和地区则基本都是政府主导模式，这是“党管意识形态”的中国特色决定的。综合这些城市的经验，主要有四条：第一，注重发挥政府引导作用。通过成立专门的文化产业发展管理部门，并颁布一系列推动文化产业发展的具体举措和体制机制保障措施，注重文化产业立法，注重培养、培育、规范和繁荣文化市场。第二，注重依靠市场配置资源。党委、政府更加注重文化产业的理论研究、政策研究、产业规划、产业导向、政策法规、活动组织、舆论导向等工作，而企业的发展以及资源获取则基本依靠市场配置。第三，注重培育产业聚集优势。基本都采取了以园区发展模式来实现聚集发展、规模发展的措施，注重对园区的科学规划和引导，注重产业的链条化和高端化。第四，注重挖掘文化资源特色。结合地域特点和当地传统文化特色，对文化创意产业的发展做出科学定位，抢占了文化创意产业发展的先机，占据重点产业领域的全国领先地位。

结合这些经验，北京文化创意产业发展体制机制创新的重点领域也应集中在四个方面：一是在正确处理政府和市场的关系上，要进一步梳理党委及政府职能，促进文化创意产业促进体系组织机构设置的科学化和规范化，切实解决权责不对等的问题，发挥好官方机构及非政府组织在促进文化创意产业发展方面的应有作用。二是在解决制约文化创意产业发展的金融、人才、土地等关键问题上，要进一步加强政策试点和研究，构建好适合首都特点和需求的政策保障体系。三是在政策扶持和法规支持上，要进一步整合利用专业力量，加快文化创意产业相关法规的制定，加强事关文化创意产业发展重大问题的研究，占据好文化创意产业理论研究和法制建设的领军位置。四是在提升首都文化创意产业影响力和竞争力上，要进一步在加强规范、引导和监管的基础上激发内在活力，营造好有利于文化创意产业形成规模、链条和品牌，使首都文化创意产业更好地引领国内、面向国际的环境和氛围。而解决这些问题的关键，就是要下大力气提升文化创意产业促进机构的执行力，

解决好在领导层面上高度重视，但在落实层面上，由于具体操作部门权责不对等，导致客观上执行力不强，落实政策、统筹资源、协调部门的力度不够的问题。

三、加强首都文化创意产业发展体制机制创新的建议

北京文化创意产业发展体制机制创新必须以强化改革为中心，按照“整体统筹、分步推进、职责明确、收放适度”的路径来稳步推进，重点抓好创新组织机构和完善发展环境两方面重点工作。

(一)在创新组织机构方面

必须深刻认识组织机构创新是当前文化创意产业发展体制机制创新的关键所在，只有从机构改革入手，进一步加强机构整合、理顺职责、转变职能，形成充满活力、富有效率、更加开放的组织机构框架和制度安排，才能有效提高执行力，提高具体操作部门的协调能力、统筹能力和落实能力，为打造具有重大国际影响力的文化中心奠定基础。

一是要坚持党委对文化建设的领导。文化建设离不开党委的指导，产业发展必须走市场的路径，这是必须坚持的原则。在党的领导下开展好文化建设工作，不仅是文化建设的需要，还是保持中国特色社会主义文化先进性的需要，这是北京市推进文化改革发展的一条宝贵经验，由市委、市政府主要领导牵头文化发展是必须坚持到底的。要深刻认识文化这一往往被用来实施政治影响的重要因素在其产业化、经济化、效益化过程中产生的各种影响，继续坚持党委对文化创意产业发展宏观层面的把握和指导。

二是要推进文化管理体制创新。贯彻落实中央领导对北京在体制机制创新等方面发挥示范带头作用的要求，在北京率先成立文化资产管理机构，以更有效地加强对国有文化资产的监管，更有效地整合全市文化资源，统筹全市文化力量，推动文化创意产业得到更大的发展。按照职责明确、政事分开的原则在文化资产管理委员会下设置符合市场需求和产业发展规律要求的北京文化创意产业基金会、北京文化创意产业投资有限公司等具体促进机构。建议借鉴中关村的经验，在中央统筹层面，建立如“首都文化建设和发展委员会”相类似的机构，采取类似首都文明委、首都规划委运作方式。

三是要改进文化产业促进机构服务能力。要提高行政级别。从近几年的工作情况来看，北京市文化创意产业促进中心在促进文化创意产业发展中发挥了重要作用，应全面总结促进中心工作几年来的经验教训，提升新成立的文化资产管理机构及其下属机构的公共地位与履职能力，使其能够更好地发挥协调政企关系、创新体制机制、协调行业组织、营造发展环境等方面的重要作用。要扩大职责范围。文化创意产业促进部门应具有制定和发布规划的权责、较为独立的政策制定权和较为独立的资金使用权，这样更有利于保障

资金、土地利用的公平和效率，更有利于保证体制内外企业公平的享受扶持政策，更有利于整合力量、统筹资源，打造首都“文化航母”，巩固国家文化中心地位。要改善服务能力。应针对市场主体培育乏力、骨干企业竞争力不强、文化市场管理不完善、产业规划不明晰、行业管理不规范等问题，加强规划引导和法律保障。应完善文化资产管理机构的理论研究和信息统计服务功能，努力建设发布文化创意产业专业信息、制定文化创意产业行业标准、认证重点文化创意企业资格的权威机构。

(二)在完善发展环境方面

必须从国家发展战略和首都城市发展战略的高度，围绕强化政策扶持、优化发展环境和提升保障水平，进一步解放思想，开拓创新，大胆先行先试，创造新鲜经验，在推动文化大发展大繁荣方面更好地发挥全国文化中心的模范带头和率先垂范作用。

一是要进一步强化政策扶持。政策体系是产业发展的重要动力，要研究制定既符合国际规则，又适合我国国情、北京特点和社会主义先进文化发展需要的，包括财税政策、用地政策、融资政策、人才政策、知识产权保护政策等在内的重点突出、导向明确、作用明显的文化产业政策体系。要针对鼓励社会资源参与文化产业发展、鼓励企业积极参与文化产业创新、鼓励重大文化产业项目引进和落地、鼓励文化产品转化为公共文化服务、鼓励文化产业高端人才引进等领域，抓紧制定好首都文化发展“1＋X”政策体系，解决制约首都文化创意产业发展的关键问题和瓶颈问题。要公平、合理、有效地利用财政支持政策，加大财政扶持力度，提升文化创意产业专项资金额度，创新文化金融服务平台和模式，创新投融资体制，充分发挥文化创意基金会作用，引导社会资本参与，实现倍数扩张，推动文化与金融对接，支持文化企业做大做强。要制定严格标准，保障对所有政策对象一视同仁，真正激发体制内外文化企业的发展活力。

二是要进一步优化外部环境。要着眼于建设中国特色世界城市，立足促进首都产业升级和文化繁荣，坚持实施科技创新和文化创新“双轮驱动”的发展战略，重点抓好包括园区平台、融资平台、内容平台、科技平台、营销平台、人才平台在内的六大平台建设，为北京文化创意产业发展的观念创新、内容创新、形式创新和业态创新提供便利条件。要科学引导首都文化消费市场，引导北京市民参与健康、时尚的文化消费活动，加大符合社会主义先进文化之都要求的文化消费产品和项目的推介和推广，不断培养新的文化消费增长点，同时注重规范文化消费市场的秩序，营造北京文化市场理性购买、放心消费、合法经营、良性竞争的氛围。要加强统筹协调，形成全市推动文化创意产业发展的合力，积极主动地加强与中央相关部门的沟通与协调，促进国家级文化产业项目落地北京，帮助品牌文化企业做大做强，为北京市文化创意产业的发展争取更加广阔的空间。

三是要进一步提升保障水平。要强化人才保障。加强文化人才培养，加大高端文化人才引进力度，要创新人才使用机制，制定完善文化产业人才政策，鼓励创新创业领军人才投身文化创意产业的发展，对产业拔尖人才给予优厚待遇，有突出贡献的实行重奖，为首都文化创意产业的发展提供强有力的人才支撑。要强化法律保障。保证文化创意产业发展相关政策、纲要、规划等官方文件的合法权威地位，使其真正发挥引导、扶持产业发展的作用。出台保护文化资源和文化企业的地方性法规，例如《北京市文化创意产业促进条例》。从根本上保障投资者、生产者和消费者的利益。实行更加严格的知识产权保护政策，调动文化创意人才促进产业发展的积极性和主动性。要强化规划保障。城市总体规划应适应文化发展的需要，规划建设应与文化建设相结合。在空间规划上，注重顶层设计，抓紧成立筹备委员会，以首都功能核心区和朝阳区、海淀区为中心区，打造国家级文化产业示范区。在项目规划上，加大国有资本为主体的文化企业资源整合力度，加快打造首都的文化航母。同时应大力扶持民营资本为主体的文化企业，支持民营文化企业做大做强。要强化科技保障。充分发挥首都的创新人才优势和高新技术优势，积极寻求科技创新和文化创新的结合点、融合点、生长点，促进文化和科技融合发展，为提高首都文化创新能力和文化传播能力插上科技的翅膀，使科技创新成为文化产业发展的动力支撑。

（作者：梅　松　北京市文化创意产业促进中心主任、研究员）

项目名称：北京市新媒体发展与社会管理创新研究
项目编号：12ZHC024
项目负责人：黄　河
项目信誉保证单位：中国人民大学

论社会管理视域下的新媒体角色
——基于北京市新媒体组织相关实践的考察

内容提要： 新媒体组织在社会管理以及更强调多元主体和多种方法的社会治理中发挥着重要的作用。本文在对北京市新媒体组织的相关实践进行考察的基础上，结合新媒体时代的大环境和新媒体组织与传统媒体组织相比较所具有的鲜明特点，分析论述了新媒体组织在新时期的社会管理领域，扮演着搜集、整理和传递社会情报的“情报员”，对信息进行把关、有效设置议程、积极辟谣止谣的“领航员”，舒解社会情绪、引导多元对话、汇集民意民计、缓解冲突并教育公众的“协调员”，调动社会各界力量传递社会正能量、帮助其他社会管理主体应对危机的“动员者”，以及保障新媒体用户及其相关信息的安全的“管理者”这五大角色。

以互联网和手机为代表的新媒体已经快速发展成为“思想文化信息的集散地和社会舆论的放大器”，其构建的“所有人对所有人”的传播格局，创造的虚拟社会，以及对公民意识和社会民主化进程的促进，在提升了社会管理难度的同时也为创新社会管理注入了动力、提供了机遇。除了以工具的形式被各类社会管理者广泛地利用，作为一类社会组织，新媒体机构自身亦在社会管理中扮演着重要的主体角色，对这些角色及其所承载的功能的梳理和探析，利于新媒体机构进一步明晰其在推进社会建设中的重要责任，利于促进社会管理新格局的完善和优化。

新媒体作为媒体组织的一类，它的社会管理功能必然源生于各媒体所共有的环境监测、解释信息、宣传与执行政策、联系协调、文化传承和娱乐等社会功能。然而，新媒体在技术体系、传播方式、传播关系、社会影响等方面与传统媒体又有较大的区别，这些区别使作为媒体组织的新媒体相较于传统媒体在社会管理功能上有一定程度的延伸、拓展与创新。

基于新媒体自身的独特性，本文还将结合对北京市新媒体组织社会管理实践的考察展开论述。北京市不仅是我国的政治中心、文化中心和国际交往中心，还素有“中国网都”之称。在谷歌排行榜上有名的中国网络媒体中，除腾讯、淘宝外，其余的新浪、网易、优酷、百度、搜狐等知名网络媒体的总部均设在北京①；并且，截至2012年年底，北京市共有网络媒体逾39.8万家，占全国总数的14.9%②。因此，作为中国互联网产业中心的北京，其新媒体组织的相关实践能够以点带面地洞察出我国新媒体组织的主要发展方向。综合笔者的调查研究，我们认为，作为主体的新媒体在社会管理中主要承担着情报员、领航员、协调员、动员者和管理者五种角色。

一、作为“情报员”的新媒体

情报员是指专门从事搜集、整合某种变动的消息——情报，并进行报告、解读和预警等工作的人。相较于传统媒体，新媒体作为“情报员”在情报搜集、整合与传播能力上有了很大提升：第一，在监测范围上，新媒体不仅可以有效地搜集和呈现外部环境发生的变化，还能够规模化地汇集民众对外部环境变化的反应，即网民舆论；第二，在传播速度上，新媒体的编审流程相对简单，在信息的采集、制作和发布方面更具时效性；第三，在传播方式上，新媒体一方面可通过超链接、搜索等方式，体系化地将丰富的信息呈现给用户以备其主动获取，另一方面还可根据用户的个性需求为其量身定制并适时推送信息，这较之传统媒体更为便捷和人性化。

总的来讲，作为“情报员”的新媒体具有如下几方面的社会管理功能：

(一)情报搜集

新媒体的情报搜集功能主要体现在三个方面：一是，在海量的信息存储空间与超链接、搜索引擎等技术支撑下，新媒体可将与同一新闻事件、主题相关的，代表多角度和多观点的信息最大限度地加以聚合和集成；二是，聚合用户自生产内容，规模化的新媒体用户所提供的规模化自生产内容为新媒体的情报搜集创建了重要且丰富的信息源；三是，通过搜索技术自动抓取并整理网络空间内的信息，其中最为典型的就是百度、谷歌等搜索引擎机构。

(二)情报分析与整理

在对海量的碎片化信息做出分析、整理并提取对用户有价值的信息加以呈现方面，相较于传统媒体以人工筛选、编辑和组织为主的方式，新媒体依靠计算机技术与网络技术、通过设置各标准参数、借助软件计算出信息的重要性排序的方法，使新媒体的情报分析与整理在速度、客观性和准确度方面

---

① 梁昊光、陈华、王强主编：《首都互联网发展报告(2011)》，北京：人民出版社，2012年版，第3页。

② 中国互联网络信息中心：《第31次中国互联网络发展状况统计报告》，中国互联网络中心，http：//www.cnn.c.net.cn/hlwfzyj/hlwxzbg/hlwtjbg/201403/t20140305_46239.htm.

具备了大幅度提升的可能性。

(三)情报传递发布

作为“情报员”的新媒体还履行着将有价值的信息在第一时间有效传递给用户的功能，这主要体现在：在各自平台有组织、有规律地进行新闻资讯等信息的发布，以满足公众对外界环境变化的、多样化的信息需求；同时，在一些重大事件中及时汇集并发布相关信息以满足公众的知情需求等。例如，2012 年 7 月北京遭遇暴雨期间，7 月 25 日，当北京市气象局再次发布暴雨预警之后，北京市各类新媒体组织充分发挥自身的优势，通过飞信、微信、微博等形式向北京居民及时推送预警信息。又如，2012 年 12 月初，北京遭遇持续雾霾天气，新浪、搜狐等主要商业网站都推出网络新闻专题，对空气质量监测数据、雾霾影响、预防措施、成因等方面的信息进行了实时更新与多视角呈现。

二、作为“领航员”的新媒体

如今，互联网等新媒体平台构建的“网络舆论场”声势浩大、影响深远，对社会监督、缓解社会压力、集纳民意民计等意义重大。然而，由于新媒体的开放性、可匿名、易快速引发集聚和信息扩散面广等特点，“网络舆论场”也充斥着群体极化现象、偏颇非理性的声音、虚假夸大的信息、言语甚至行为的暴力，不仅对网络空间更会对现实社会的正常运转产生严重的负面影响。在社会管理中，新媒体组织有效扮演“领航员”的角色以合理引导网络舆论，既是自身的职责所在，也是推动社会和谐稳定的必然要求。

在管理层面，目前国家对网络舆论的管理重点主要放在对网络信源的管理、对网络链接的管理、对网络安全的重视、对网络交互的关注以及对行业人员素质的培训五个方面。[①] 在引导内容上则主要侧重在网络环境的净化、网络文化的引导、社会主流价值观念的倡导、对突发群体性事件的舆论引导等。因此，根据新媒体组织的职业要求和权限范围，我们认为其可在信息把关、议程设置和辟谣止谣三个方面发挥“领航员”的功能。

(一)信息把关

在新媒体时代，随着话语权下放至公众，任何人都可以采取多种形式的新媒体渠道收发各种信息，由此带来的传播主体多元化、传播内容复杂化、传播渠道和手段多样化为新媒体组织的信息把关工作增加了难度，同时也强化了其积极履行把关责任的必要性。新媒体组织作为信息发布者的把关力量体现在“他们决定着信息以何种结构发布，不同的信息在结构中处于什么样的地位。在信息流动的结构里，每一次对信息的选择与复制，就是一个把关的

① 燕道成、蔡骐：《国外网络舆论管理及启示》，《当代传播》，2007 年第 2 期。

过程；从意见流的结构来看，网站也在一定程度上具有控制意见的发布与流动的能力”[①]。

具体而言，新媒体组织进行信息把关的做法可以分为两个方面：一方面，通过对信息内容的选择、加工、结构安排、推送方式等来完成对信息内容的把握，借此达到自身的定位与目标；另一方面，通过影响主流意见的形成以及意见的流动方向完成对网民意见的把关，例如通过删除或置顶等手段对网民意见进行直接控制、组织专家评论进行把关者意见的直接表达等。

(二)议程设置

新媒体环境下，大众媒体进行议程设置的基础被打破，为议程设置发挥效果制造了难度，这主要体现在：第一，信息的发布与传播不再集中在少数专业媒介组织手中，而是泛化到各个媒体平台，任何组织想要控制网络信息的流向与流量都变得不再现实；第二，每一个网络用户都可以成为信息的发布者，并且可以从多个网络平台上获取信息，受众从相对被动向主动转变；第三，传统媒体由于容量有限，使被其选择与突出之外的信息难以为受众所知，而新媒体信息容量的无限扩展打破了传统媒体进行议程设置的这一优势。

但这并不意味着“议程设置”在新媒体环境下完全不存在或无法实现。事实上，各新媒体也从不缺乏设置议程的做法，“议程设置假设认为，人们对某些议题的关注程度，主要来源于这些议题被报道的频率与强度，网络信息能够快速传播与繁殖，这个特点使网络可以轻易提高对某些事件的报道频率与强度。”[②]一般而言，包括北京市新媒体组织在内的各类新媒体进行议程设置的方式包括：

(1)制作网络新闻专题对议题进行横向、纵向的系统整合与呈现以凸显议题重要性，或依据视觉浏览模式与受众阅读心理等因素将欲突出的议题放在网络页面的显著位置，并进行反复或长时间提示，这是新闻网站或者商业门户网站设置议程的主要方式；

(2)设置议题排行，为用户提供一定周期内热点议题以设置议程，例如新浪微博首页右侧为用户推送的“热门话题”榜单，以时间(“24小时”“一周”“一月”)和话题类别(如全国热点、区域热点、行业热点等)两个维度向微博用户推荐微博平台上的热议话题；

(3)对网帖进行“删帖”“加精”“置顶”等相关操作以引导网民思考和关注，这是网络论坛、贴吧以及博客、微博等社交网站进行议程设置的主要方式。

(三)辟谣止谣

对谣言的治理是网络虚拟社会管理的一个重要部分。在传统媒体时代，

---

① 彭兰：《网络新闻传播结构的构建与分析(上)》，《国际新闻界》，2003年第1期。

② 彭兰：《网络传播概论》，北京：中国人民大学出版社，2001年版，第341页。

谣言主要产生于人际传播过程之中，加之受到人的活动空间限制，谣言的传播速度较慢、传播范围较窄，所造成的社会影响也相对局限。新媒体时代，谣言可借助互联网、手机等新媒体渠道突破时间和空间的制约，在短时间内大规模扩散，对社会的危害性更大。

对掌控传播渠道的新媒体组织而言，其具备通过如下手段进行辟谣、止谣的能力：第一，实时监控平台的信息流动，及时发现谣言并采取处理措施，从而把握辟谣的最佳时机、提升辟谣的效率；第二，将来自权威机构、专家和普通网民的辟谣信息通过加精、置顶等方式加以凸显，加大辟谣信息的曝光率，增强平台的"自净化"能力；第三，借助即时通信工具、电子邮件、微博、微信等多种方式向公众推送辟谣信息，形成与大众媒体联动配合的辟谣格局。

目前，北京市新媒体组织在谣言管理中取得了一些突破。以新浪微博为例，其在 2010 年 11 月成立"微博辟谣小组"，形成了较完整的辟谣机制，具体运作方式包括①：安排专职编辑全天监控平台信息，对疑似虚假的信息进行核实；建立用户举报参与体系；通过查找信息源、网络深度搜索、实地探访等多种手段核实信息；按影响大小对虚假微博及发布者进行相关处理；采用多种渠道进行澄清信息的发布。

三、作为"协调员"的新媒体

社会协调是化解社会矛盾、消除社会风险、维护社会稳定的客观要求。其中，加强与公众的联系，疏通、扩展公众的利益表达渠道，运用各种方式、各种手段及时化解已经出现的各种利益矛盾，是社会管理中协调机制建设的重要组成部分。新媒体凭借便捷的信息发布手段，为公众提供了更加开放且自由的表达空间，供其表达诉求、舒缓情绪、释放压力，让民众获得代偿性满足，从而减少现实社会中的冲突；同时，新媒体还为多元社会主体搭建了一个开放、平等的对话、沟通、协商平台，既利于汇集民声、民智和民计，使各方理性地解决利益矛盾，也利于政府、社会组织等社会管理主体与社会民众之间构建良好关系。

(一)把"高压锅"变成"泄压阀"

目前，我国社会转型期出现的诸如贫富差距拉大、官民冲突升级等问题不断加剧社会压力，使得社会越来越像一个充满不满、失望、焦虑、冲突、对抗的"高压锅"，社会风险转为社会危机的概率更高，社会危机可能带来的危害更大。此种情形下，新媒体所具备的如下作用，一定程度上发挥了社会"泄压阀"的功能：(1)新媒体为公众提供了畅所欲言的环境，从而让积蓄的情

① 谭超：《微博谣言分析及新浪辟谣机制》，《新闻实践》，2011 年第 9 期。

绪与压力有了宣泄与释放的渠道；(2)新媒体还为公众提供了个体的利益诉求进入公共空间，并获得相关组织、部门乃至整个社会关注、反馈、满足的渠道，让以往只能在封闭的现实空间中持续“发酵”等待“爆发”的社会问题与不满情绪得以部分消解；(3)新媒体可有效聚合有共同特征(如兴趣爱好、地域等)的网民群体，帮助网民找到“志同道合”的朋友，获得心理归属感，转化与舒解现实压力形成与累积的不满情绪。

(二)提供沟通对话平台

在多元利益主体共存、多样利益关系交织的背景下，利益关系的协调与共赢需要高效的对话沟通渠道与机制。在传统媒体时代，由于报纸、广播、电视等传统媒体掌握在少数专业机构手中，普通民众利用媒体渠道与政府、企业等展开对话要受到很多限制。而新媒体所具有的草根、平等、开放、互动等特征，则契合了对话的内涵，为各类社会主体搭建了一个实现对话与沟通的平台。同时，借助这些平台优势，新媒体组织还会采取发起某类话题的讨论促进对话的开展，以及提供多元视角的观点引导对话的理性进行。比如，从2003年起，北京千龙网开通“市民留言板”，主要供市民对政府新政、市政服务提出问题、建议，同时平台还不定期将网民留言进行汇总发布，取得了不错的社会效果。

(三)汇集矛盾解决方案

新媒体平台活跃着众多拥有深厚的生活积累、实践经验、细微体察的普通公众以及拥有管理权力、专业知识、行业地位的政府官员、专家学者、行业领袖。如能及时捕捉、系统汇集他们对社会问题、社会矛盾、突发事件发表的观点看法、提出的解决建议，将会为社会管理提供源源不断的智力支持。这一方面，北京市相关新媒体组织已经做出了有益尝试。例如2011年北京“两会”前夕，首都之窗网开设“网民来信”专区，征集网民的“两会”建议；最终共有585位网民提出建议，涉及城市规划、住房保障、绿色出行等热点问题，其中67条建议得到了相关部门的回复。

(四)缓解冲突、教育公众

针对社会矛盾的突出方面，如城乡关系、劳资关系、医患关系、干群关系、警民关系等，新媒体组织作为大众媒体的一部分，如何报道与分析上述社会矛盾以及相关的社会事件会在很大程度上影响公众对该类问题的认识与判断。因此，新媒体在避免为吸引网民眼球获取经济利益而采取的可能激化冲突的措施的同时，一方面应利用专业精神、职业素养与社会责任意识平衡各方力量，在各类社会矛盾中发挥“平衡轮”的功能；同时，还需融合理性的、有建设性的内容向社会各方普及公共利益的观念，增进其对公共事务的了解，引导其正确地参与到公共事务的讨论与解决之中。

四、作为“动员者”的新媒体

由政府主导，通过宣传、引导、组织等方式鼓励和发动公众参与重大的社会活动是我国传统的社会动员模式。而伴随我国政府由全能政府向有限政府的转变，动员模式正在逐渐从“对社会的动员”转向“由社会的动员”——在政府之外，由社会组织、社会成员等社会个体凭借自身力量主动进行的、调动社会各方面资源的动员。[①] 在业界实践的基础上，我们发现作为社会组织的新媒体，在进行社会动员时有着以下几方面的特点：第一，新媒体的用户常数以亿计，有着一定的动员基础；第二，新媒体可快速、频繁地将动员信息进行大规模传播，动员速度因此提高；第三，新媒体的互动性利于动员者与被动员者充分沟通，社会各界对于行动的目标与意义更加清晰明确；第四，新媒体可依托与意见领袖的良性关系，通过影响“中心”更有效地影响大众；第五，在新媒体平台上，社会上各种力量都可以为某一事件的动员献计献策，都可以成为动员活动的组织者、传播者、分享者和实践者，其主动性更强，动员效果更佳。

基于以上特点，新媒体组织作为“动员者”主要承担两大功能：组织传递正能量与应对危机。

(一)组织传递正能量

所谓正能量，是指一切予人向上和希望、促使人不断追求、让生活变得和谐幸福的动力和感情。作为社会管理的主体，新媒体组织在履行信息传递职责的同时，也应主动向公众传递爱、互助、诚信、善良、理性等积极向善的情感，并动员公众参与到正能量的传播中来，从而良好地回应社会管理者在营造和谐的社会环境与社会秩序、推动社会主义精神文明建设等方面对媒体提出的要求。以新浪微博为例，其利用“微博小秘书”“微博之夜”等官方账号不断发掘与传递有关善良、美好、敬业等体现正能量的人或事，并号召用户参与传播；此外，其还牵头在微博上动员用户参与“微公益”等倡议活动，以使正能量在更广的范围内发挥热度，取得了良好的社会效果。

(二)应对危机

新媒体凭借自身的动员优势，在帮助危机涉事主体有效进行危机应对上也发挥着重要的作用。

动员新媒体用户参与到危机的信息传播中：动员用户分享、转发包括危机的发生原因、影响程度、应对进展等事实信息，让更多的人对危机进行及时、全面的了解，缓解危机状态中公众的恐慌情绪、消除危机引发的不安定

---

① 龙太江：《从“对社会动员”到“由社会动员”——危机管理中的动员问题》，《政治与法律》，2005年第2期。

的社会因素；同时，新媒体组织还利用自身传播平台与传播网络向公众传递临危不惧、团结协作的危机应对“正能量”，并动员用户通过传递这些“正能量”的方式一起将负面的恐慌、悲痛情绪转发为战胜危机、万众一心渡过难关的精神动力。例如2012年7月21日，北京遭遇61年以来最大暴雨，“微博小秘书”在跟进暴雨动态同时，不断发布与转发暴雨救助中的感人场景与故事，这些微博均得到了数千网民的转发与评论，有效凝聚和传递了全市人民齐心合力、共同面对危机的精神力量。

新媒体组织动员行动可以有效弥补危机应对主体在资源、能力上的局限。不论是企业还是政府，在危机应对中都存在权力、资源、职能等方面的局限，而新媒体则可以利用自身优势，对危机应对主体无法有效承担的工作给予有益的补充。

五、作为“管理者”的新媒体

作为虚拟社会环境的主要营造者和直接管理者、各个新媒体平台的运营者，做好各自平台的用户管理工作，建立有效约束与规范用户行为的机制，并确保用户授权平台保管的相关个人信息得到妥善安全管理，是新媒体组织“管理者”角色所需发挥的功能。

(一)用户管理

以进入机制、保护机制、激励机制、惩戒机制、自治机制为内容的用户管理是新媒体管理的核心，主要目的在于满足用户的需要，促进用户的积极参与，约束与规范用户行为，以维护新媒体平台的良好秩序。在实践中，新媒体用户管理的实现一般以制定平台规则为手段。以社交特征较为明显的网络社区为例，目前北京市几大网络社区均具备以社区规则为基础的一整套完善的用户管理和监督机制，例如新浪微博的社区规则由《微博社区公约》《微博社区管理规定》《微博社区委员会制度》《微博商业行为规范》《微博人身权益投诉处理》及《微博信用规则》六部分组成，完成了对社区管理责任归属与分工、用户权利与行为规范、违规行为界定与处理方法、用户信用体系的界定与规范。[①]

(二)用户信息管理

用户信息是指新媒体所掌握的用户注册或使用网络服务时提交的用户名、登录密码、电子邮箱地址、手机号码等个人信息，以及用户交流生成的聊天记录等隐私类信息。目前，网络病毒、网络黑客的存在对用户个人信息的安全构成了严重的威胁。因此，对用户信息加以管理，防范其泄露、盗取或转让，进而防止对用户现实的生命、财产安全构成侵害，也是新媒体机构参与

---

① 参见新浪微博社区管理中心，http：//service. account. weibo. com/roles/gong yue.

社会管理的一项重要功能。对此，北京市的新媒体组织普遍采取的对策包括：在自查的基础上，及时发现和修复安全漏洞，以加强系统安全防护标准，提高系统的防入侵、防窃取、防攻击能力；采用加密方式储存用户信息，以保障用户信息安全；为用户提供账号安全性设置等功能，提高用户的信息安全意识，自觉加大对自身信息和密码的保护力度。

六、结　语

虽然许多新媒体机构自觉或不自觉地在社会管理过程中扮演着上述五种角色，并因此产生了积极的效果，但仍需注意到的是，由于新媒体组织及其成员在属性意识、职业素养、利益判断、运营机制等方面的缺失与不足，以及整个媒体行业环境乃至社会环境充斥着的浮躁、偏执、短视、不规范、急功近利等因素，使新媒体组织普遍存在属性失衡、角色失位和行为失范三大问题。因此，以优化新媒体作为社会管理主体的社会管理功能为目标，树立正确的行业认知、提升新媒体组织的媒体意识、调整现行的组织价值观念与运行模式、加强行业内外管理与监督力量应是新媒体在未来的发展中予以重点关注并加以解决的问题。

（作者：黄　河　中国人民大学副教授
刘琳琳　中国人民大学博士研究生）

项目名称：加快数字北京建设对策研究：基于创新 2.0 的智慧城市管理模式探索
项目编号：12CSC014
项目负责人：张　楠
项目信誉保证单位：清华大学

加快数字北京建设对策研究
——基于创新 2.0 的智慧城市管理模式探索

内容提要：北京城市管理与城市发展面临从“数字北京”步入“智慧北京”的跃迁。这一新阶段的发展需要公众的广泛参与，即创新 2.0 模式的践行。本文阐述了创新 2.0 核心理论，从国家文化差异的角度剖析了 Living Lab、Fab Lab 创新模式各自的文化背景，并分析了中国在智慧城市发展中借鉴上述模式经验所需的文化考量。在此基础上，研究分别从发展路径及政策环境两个视角分别剖析了台北市与无锡市的智慧城市实践案例，探讨了对北京智慧城市发展具有借鉴意义的规律和经验。结合前期“数字北京”建设，尤其是在城市管理领域面临的问题与挑战，研究也提出若干对策建议，以期对未来“智慧北京”的建设与管理有所裨益。

一、引　言

“数字北京”是首都信息化的战略口号和奋斗目标，其核心工作是深度开发和综合应用各种信息资源，进而实现以信息化带动工业化，以信息化推动现代化，增强城市竞争力，提高人民生活质量的战略目标①。而“数字城市”概念源于 1998 年 1 月 21 日时任美国副总统戈尔提出的“数字地球”，意指整个地球经数字化后由计算机、数据库及通讯网络来管理的巨型信息系统。

伴随城镇化进程加快，城市规模和人口不断扩张，城市发展面临的机遇和挑战并存。如何提高城市的管理、运作能力，实现城市的可持续发展成为国内外学者研究的焦点。2009 年年底，IBM 公司进一步提出“智慧城市”的概念及践行方案，引起了全球范围内新一轮城市建设的研究和探索。“智慧城市”在“数字地球”向“智慧地球”转型这一重大背景的基础下应运而生，作为信息化与城市化高度融合的产物，“智慧城市”的理念提供了城市创新发展的新

① 宫辉力、段福洲、赵文吉：《数字北京》，北京：北京工业大学出版社，2007 年版。

思路，开辟了认识城市、发展城市的新视角，成为城市发展的新模式和新形态。城市作为人类社会发展的重要空间节点和文明坐标，恰是适合率先尝试上述理念的应用场合。在这一理念的指引下，我国也开始智慧城市建设的探索。

党的十八届三中全会决议指出要“坚持以人为本，尊重人民主体地位，发挥群众首创精神”，“创新行政管理方式，增强政府公信力和执行力，建设法治政府和服务型政府。”这意味着城市管理与社会服务亟待突破规模扩张的粗放模式，而要将进一步提升城市公共服务品质和居民社会生活便利程度作为主要目标。基于信息通信技术发展，“智慧城市”是以更广泛的科技成果惠民为目的的城市发展模式创新。为了实现政府服务和社会生活双重提升的目标，在未来的信息时代基于创新 2.0 理念的智慧城市将是有效的发展模式。

二、创新 2.0 理念与智慧城市发展模式

(一)创新 2.0 理念

随着信息通信技术(ICT，Information Communication Technology)发展带来的创新形态改变，新一代信息技术正加速推动各类产业业态的演变。创新 2.0 是以人为本、以服务为导向、以应用价值实现为核心的创新。[①] 创新 2.0 重视用户的作用，强调公众的参与，倡导利用各种技术手段，让知识和创新共享和扩散。随着社会由生产向服务范式的转变，新一代信息技术在城市管理中的应用推动了城市管理与服务形态的转变，推动了城市管理从以政府管治为主向人民主动参与和主导改变。

创新经历了工业社会的立足生产、以技术为出发点的创新 1.0 阶段，发展到了知识社会的立足服务、以人为本的创新 2.0 时代。创新已不再是少数被称为科学家、专家的人群的专利，每个人都是创新的主体，生活、工作在社会中的用户真正拥有最终的发言权[②]。传统意义的实验室的边界以及创新活动的边界也随之“融化”，传统的以技术发展为导向、科研专家为主体、实验室为载体的创新活动正面临挑战，以用户为中心、以社会实践为舞台、以共同创新、开放创新为特点的用户参与的创新 2.0 模式正在逐步显现。

创新 2.0 实践活动的蓬勃发展源于知识社会环境和需求两方面的因素。创新之所以能突破扩散理论，进入创新 2.0 时代，首先取决于知识社会下形成的新环境。知识社会的外部环境有助于更广泛的创新群体在一个开放平台上从事科技创新活动，主要体现在三个层面：一是信息通信技术的发展和知识网络的形成突破了知识传播上的物理瓶颈；二是知识网络的环境最大限度

---

① 宋刚、邬伦：《创新 2.0 视野下的智慧城市》，《城市发展研究》，2012 年第 9 期。

② 葛霆、周华东：《国际创新理论的七大进展》，《中国科学院院刊》，2007 年第 6 期。

地消除了信息不对称性，使人为构建的知识壁垒和信息壁垒在如今的知识网络下越来越难以为继；三是越来越多的研究者和实践者开始关注知识社会的信息爆炸问题，利于知识被快速检索、理解和运用的众多知识封装技术使得知识也得以构建化和模块化，从而便于更多人利用[①]。同时，知识社会也迸发了更广泛的创新需求。外部环境造就了创新主体实施创新活动的可能，也造就了更多知识与应用场合需求碰撞的机会。这样的碰撞就是创新活动最大的源动力，同时也印证了熊彼特创新来源于生产活动的基本观点。

(二)创新模式差异的国家文化解释

欧盟近年来推行的 Living Lab 创新模式是智慧城市发展的一个重要模式。Living Lab 的核心理念可以概括为三点：在目标层面，Living Lab 追求的重点是市民生活便利性的改善；在参与主体层面，Living Lab 主张广泛的公众参与，但各主体在创新体系中有不同的分工；在流程层面，Living Lab 青睐应用导向的完整创新体系和完善的协作流程[②]。

而 Fab Lab，即微观装配实验室(Fabrication Laboratory)，是美国麻省理工学院(Massachusetts Institute of Technology，MIT)比特与原子研究中心(Center for Bits and Atoms，CBA)发起的一项新颖的实验——一个拥有几乎可以制造任何产品和工具的小型的工厂，它提供硬件设施以及材料、开放源代码软件和由 MIT 的研究人员开发的程序，这个小型工厂即是用户可以快速建立原型的平台，利用工程的设置、材料及电子工具来实现他们想象中产品的设计和制造。而每个 Fab Lab 的开发过程、创新成果也并非是独立的，而是在整个 Fab Lab 网络中通过各种手段(如视频会议)进行共享。Fab Lab 正是基于对从个人通讯到个人计算，再到个人制造的社会技术发展脉络，试图构建以用户为中心的，面向应用的融合从设计、制造，到调试、分析及文档管理各个环节的用户创新制造环境。

与 Living Lab 对比，Fab Lab 的核心理念也可概括为三点：在目标层面，Fab Lab 追求的是通过灵活的资源配置赋予个体更强的创新能力；在参与主体层面，Fab Lab 更强调给个体以成为创新源的机会；在流程层面，Fab Lab 不像 Living Lab 那样注重协作流程，相信创新只有支撑模式而没有生产范式[③]。

而根据 Hofstede 构建的国家文化价值(Consequences)框架及利用实证调查数据计算的分值[④]，我们可以粗略地刻画 Living Lab 与 Fab Lab 各自的发源地——欧洲和美国之间的文化差异(如表 1 所示)。

---

① 宋刚、邬伦：《创新 2.0 视野下的智慧城市》，《城市发展研究》，2012 年第 9 期。

② 宋刚、纪阳、唐蔷等：《Living Lab 创新模式及其启示》，《科学管理研究》，2008 年第 3 期。

③ 宋刚、陈凯亮、张楠等：《Fab Lab 创新模式及其启示》，《科学管理研究》，2008 年第 6 期。

④ Hofstede, Geert., Culture and Organizations., *International Studies of Management & Organization*, 1980。

表 1　Hofstede 文化维度列表

		权力距离	个人主义	阳刚气质	不确定性规避	远期规划
欧洲	均值	47	67	42	69	33
	校准差	14	17	22	25	7
美国		40	91	62	46	29

如表 1 所示，除美国与欧洲国家在权力距离和远期规划两个方面体现了其同源文化的相似性，两种文化环境在其他三个维度显现了较明显的差异，而这些差异也导致了创新理念的差别。

美国的阳刚气质显著高于欧洲国家，阳刚气质的国家努力建设绩效社会，而阴柔气质的国家努力建设福利社会。显然，源自欧洲的 Living Lab 模式更加关注居民衣、食、住、行等生活条件的便利性改善，更具阴柔气质；而与之相反，Fab Lab 则着眼于向更多人提供参与可能改变世界的创新活动的机会。

美国的个人主义也显著高于欧洲国家，导致 Living Lab 和 Fab Lab 的实现路径有所不同，Fab Lab 以向个体提供必要的平台以增强其创新能力为目标，是个人主义导向的创新模式，而 Living Lab 则试图构建一个整体的社会创新体系，公众协作完成创新活动，是集体主义导向的创新模式。

反之，欧洲国家的不确定性规避倾向高于美国，这反映了欧洲国家对不确定事物有更多的焦虑，也会体现在城市治理、社会管理等方面倾向于运用更多、更精确的法规和制度以确保管理成效。在创新理念上，欧洲国家的高不确定性规避体现在对 Living Lab 模式中用户体验和反馈机制的强调，这也确保了 Living Lab 创新体系的完整性。

(三)中国文化特征对智慧城市管理模式的机遇和挑战

不同文化背景下的创新体系存在差异。中国具有高权力距离和高远期规划的特征，尤其是后者本身就是来源于中国儒家文化中的维度。最大的挑战显然来源于高权力距离带来的领导者过度权威，资深的决策者享有权力通常被认为对创新是有阻碍的；而高远期规划导致了中国在城市发展中对规划的重视，以及保证选择长期效益大于短期效益发展路径的可行性。这使中国城市有可能对自身“智慧城市”发展进行更有前瞻性的长期规划。

创新体系的差异使得中国智慧城市的发展进程区别于欧洲和美国。中国的创新很多来源于对于试点经验的推广和学习，各个地方的试点正是当时城市发展需求最迫切的体现。创新 2.0 的概念强调以用户为中心、以社会实践为舞台为特点的用户参与，和中国的发展思路相吻合。由此，我们需要对中国文化下的试点城市进行考察，从而给北京的“智慧城市”发展提供一定的借鉴意义。

三、中国文化背景下“智慧城市”案例与经验借鉴

(一)案例1：台北“智慧城市”发展路径

在过去的十多年里，“智慧城市”建设成为了台北市政府工作的重点内容之一。从最初第一阶段“多用网路，少用马路”的理念，到第二阶段“数字城市、行动台北”的愿景，再到之后在无线城市基础上推动资讯建设，提出“电子化政府”“网络化社区”“数字化生活”三个策略目标，台北市在“智慧城市”建设方面已经取得了一定的成果，相继获得“2009年亚太杰出顾客关系服务奖—年度最佳公共服务奖”“最佳资通讯城市典范奖”等奖项。

台北“智慧城市”发展的基础是三期的网络工程建设，拥有以GIS为核心技术的技术职称体系，积极地从企业资讯化、信息产业发展和人才市场方面扶植企业电子化，用信息手段优化政府办公效率、促进政府信息网络公开，并通过生活资讯网、道路监控和悠游卡等方式切实方便市民生活，与此同时，台北还特别注意居民的信息化素质，运用多种手段培训市民。经过多年不懈地努力，终于将台北的“智慧城市”管理模式推上了一个较高的水平。[①②] 这些年的建设积累了很多可供参考的经验，其突出亮点包括：(1)以用户为中心的建设理念。台北明确“智慧城市”的服务对象是社会公众，这包括个人和企业两个层面，然后采取需求为主导的各项便民措施。(2)以多方参与为基本模式，为了结合市场优势，政府积极地引入第三方给市民提供服务，主要体现在基础设施的建设和信息服务两个方面。(3)基础设施建设和城市管理目标相互促进，其基础设施和服务提供之间的高契合度是时间和经验共同作用的结果。台北根据现有的基础设施等状况来提供服务，并且根据进一步的服务需要来完善基础设施建设，目标和现状形成了相互促进的良性互动。

(二)案例2：无锡“智慧城市”政策体系

对世界战略新兴产业发展趋势的研究表明，坚定的国家意志和稳定的政府支持是新兴产业发展的有力保障[③]。改革开放以来，在转变经济管理模式的背景下，各级地方政府也逐渐将产业政策的制定与实施作为推进产业结构调整，加快经济建设，发挥政府对新兴产业发展引导作用，打造地方优势产业的主要举措[④]。

---

① 台北市政府资讯局：《2007—2010台北推动“智慧城市”成果纪实》。

② 台北市政府资讯局：《台北智慧城市发展与应用》。

③ 薛澜、林泽梁、梁正等：《世界战略性新兴产业的发展趋势对我国的启示》，《中国软科学》，2013年第5期。

④ 吴金希、李宪振：《地方政府在发展战略性新兴产业中的角色和作用》，《科学学与科学技术管理》，2012年第8期。

无锡市自2009年8月温总理提出“感知中国”后开始物联网产业建设，选择无锡市2009年8月至2013年5月颁布的与“智慧城市”和物联网相关的25项政策作为研究对象进行编码。参考之前对国家科技政策体系的研究，我们将政策工具分为财政投入、税收优惠、金融支持、知识产权、政府采购、人才保障、行业标准、技术创新、科研教育、平台建设、统筹协调共12个类别，这也是政策环境的12个维度①。

经过对无锡市“智慧城市”相关产业政策文本的编码分析，我们初步描述了2009年以来相关政策的力度变迁，其中，财政投入、人才保障、平台建设是高频使用的政策工具，且政策力度逐年强化；金融支持、知识产权、行业标准、技术创新、科研教育等在前三年政策力度不断强化，而在2012年政策力度趋于弱化；而税收优惠、政府采购、统筹协调等政策工具在四年中都出现了不同年份间强弱不变的情况。之后尝试揭示和分析了财政投入、知识产权、人才保障等政策工具对城市发展部分关键统计指标产生的短期影响，其中财政投入政策拉动城市科技投入，知识产权的政策短期效应反映出中国研发主体从事专利申请工作的政策投机性，人才保障政策也有得有失。总体来看，利用规范的文本编码分析技术初步实现了对产业政策群构成的政策环境的量化。基于无锡市“智慧城市”及物联网相关产业政策的实证研究能够在当前全国“智慧城市”建设的独特环境下，为地方政府相关部门制定配套政策提供参考。

(三)台北经验和无锡经验对北京“智慧城市”管理的借鉴意义

台北“智慧城市”经历了很长时间的发展和完善，取得良好的治理效果。我们可以看到，台北的发展也不是一蹴而就的，而是依据经济、科技、社会的发展，对社会的需求不断做出回应的结果，是对尊重人的需求的体现。和北京相比，台北重视硬件的建设和软件的支持，并且“智慧城市”理念的指导下政府行为有所改变，社会生活也更加简捷便利，这给北京市建设“智慧城市”提供了很好的借鉴意义。

无锡市“智慧城市”管理的经验揭示，城市经济发展是多个领域共同作用的结果，单领域政策对城市经济的发展影响效力终究有限。另外，由于政策效力的滞后性等原因，不排除一些政策影响在短期经济指标上尚未显现效果的可能。政策倾斜对一个地区的经济、文化、社会等生活会产生很大影响，但是地区的自主发展还是要靠身的内生力量。北京市已经展开了对“智慧城市”的探索，创造有利于“智慧城市”建设的政策环境。但是还处于初级探索阶段，政策相对单一，并没有深入到广泛的政策领域。

---

① 张楠、林绍福、孟庆国：《现行科技政策体系与ICT自主创新企业反馈研究》，《中国软科学》，2010年第3期。

台北市在发展路径选择上的策略经验，以及无锡构建全方位政策环境的有益尝试，可以为北京未来“智慧城市”的建设策略提供参考思路。我们既要充分利用相关政策工具加快发展，也要兼顾客观规律，选择合适的发展路径，制定切实可行的发展目标，从而确保长效发展。

四、北京“智慧城市”管理模式的政策建议

(一)现状和问题

北京市经济和城市建设的高速发展，使得城市对运行秩序、市容环境、信息化管理等方面的需求日益提高；信息和通信技术创新持续深入，向“无所不在的计算”方向演进；“数字北京”向“智慧北京”迈进，提出将北京建成“数字城市”“信息城市”“网络城市”“先行城市”“可信城市”的目标；国际交流的外围环境，近年来北京对外开放水平得到跨越式提高，围绕城市建设、经济发展、文化互动等各方面的国际交流活动日益活跃①。

同时，我们也应当看到，过往的“数字北京”建设过程中也面临着诸多问题和挑战。首先，现在北京处于快速扩张的时期，急需投入更多的资源，利用信息技术手段，增强城市管理的精细化、智能化和社会化，以应对特大型城市管理的压力；其次，城管业务的系统管理与敏捷反应之间的矛盾日益突出，缺乏系统性的考虑，使得城市管理相关部门及其信息系统之间缺少整合和沟通，大大影响了城市管理部门整体效能的发挥；再次，城管执法的装备尚未得到充分的开发和利用，需要构建面向城管工作的丰富应用服务，同时增强执法车与指挥中心的互动，提高日常执法工作效率；还有，城市管理中面向市民参与渠道和公共服务能力亟待拓展和提高，让群众更多地利用个性化的信息通信技术手段参与城市管理和城市建设；最后，信息化标准法规建设滞后，信息安全保障能力面临新挑战。

(二)政策建议

“智慧城市”的基础是新一代信息技术的应用，对其基本特征的界定是：全面物联、充分整合、激励创新、协同运作四方面。即智能传感设备将城市公共设施物联成网，物联网与互联网系统完全对接融合，政府、企业在智慧基础设施之上进行科技和业务的创新应用，城市的各个关键系统和参与者进行和谐高效地协作。城市创新的主体是人，“智慧城市”就是要充分发挥人的作用，让社会各方力量参与到城市的管理和建设中来，最终城市的管理者要和社会充分互动，应对超级城市化的压力，为城市各方参与者提供优质高效的服务。《智慧北京行动纲要》颁布标志着北京市对“智慧城市”建设的日益重视，这也为项目组基于过往实践经验，融合多种创新思路构建“智慧城市”管

① 北京市城市管理综合行政执法局：《智慧城管顶层设计》。

理新框架以契机[1]。由此，给出以下政策建议：

第一，以用户需求为导向重构"智慧城市"建设模式与前端创新机制。北京市需要全面切实了解不同层次、种类用户的需求，通过多种渠道展开相应的调查工作，切实把握民众意向。针对普通市民、辖区企业、人力资源的储备和培训等方面切实了解城市需求。在此基础上深化公众参与和政民互动，以群体智慧驱动城市发展。

第二，以制度设计推动"智慧城市"建设的多主体参与。在坚持政府主导作用的同时，应积极地倡导企业、非政府组织的参与及开展广泛的市场合作，引入第三方参与机制，通过有效的制度设计规定"智慧城市"相关服务提供商的公共服务责任与盈利空间，通过激励机制鼓励第三方在城市公共数据资源利用和城市服务提供方面勇于创新，在坚持为市民提供服务的公共品和准公共品性质的同时对企业行为进行有效监管，确保"智慧城市"涉及的公共服务拥有长效品质。

第三，通过构建基础设施建设与试点示范应用联系绘制"智慧城市"发展路线图。把"智慧城市"分解为阶段的目标分步完成，加强"智慧城市"发展的总体布局与长期规划，逐步以协调有序发展思路改善当前单点突破的建设格局，做长远规划，使得各方协调发展。

第四，加强"智慧城市"建设多主体协调。无锡市"智慧城市"建设政策制定主体既有纵向结构，又有横向结构，呈现出网格状态。北京市推行"智慧社会"管理，很多方面仅依靠城管执法部门是无法实现的，需要政府、企业、高校、公众之间进行有效的协调合作与互动配合。

第五，保证"智慧城市"建设政策连续性。根据前述无锡案例，"智慧城市"建设作为一个新的领域，其政策制定方式应该具有试探性和循序渐进性，但是也要保障其可操作性和连续性。

第六，制定"智慧城市"建设综合发展政策。无锡市"智慧城市"建设的政策对城市经济和社会发展的微观方面产生了一定的影响，如促进了科技进步，增加了人力资本等。北京市在制定城市发展战略时，要出台"智慧城市"建设的配套政策，以激发经济发展的活力。

五、结　语

中国的"智慧城市"发展需要符合中国具体文化创新环境的创新2.0概念。本研究选择发展情况比较好的台北市和政策环境有章可循的无锡进行分析，可以看出台北市的"智慧城市"已经有了丰富的实践经验，在基础设施，政府

---

① 北京市政府：《智慧北京行动纲要》，首都之窗，http：//zhengwu. beijing. gov. cn/ghxx/qtgh/t1220882. htm.

工作方式、工作重心，经济市场，居民生活等方面都产生了深远的影响，无锡市的“智慧城市”也开展了一段时间，政策对于“智慧城市”的发展起着非常重要的作用。在总结台北市成功经验和无锡政策环境的基础上，研究希望通过与北京的“智慧城市”建设类比，寻求值得借鉴之处，帮助北京建设成为高新技术为依托，更加便捷高效，更加人性化，更加符合现代人生活方式需求的“智慧城市”。

（作者：张　楠　清华大学助理教授
宋　刚　北京市城管执法局科信中心主任
祝　哲　清华大学博士研究生
贺小培　清华大学硕士研究生）

项目名称：北京噪声污染调查及防治建议
项目编号：13JDCSB009
项目负责人：盛继洪
项目信誉保证单位：首都社会经济发展研究所

北京噪声污染调查及防治建议

内容提要：课题从工业、建筑施工、交通运输和社会生活四类噪声源入手，对北京市噪声污染状况展开调查，发现北京市噪声污染防治存在的主要问题是相关防治政策和标准不完善、部门协调机制不健全、城市规划布局有待优化、环评执行不力、社会各界对噪声污染重视不足等，提出要完善立法和标准体系建设，加大政府监管和处罚力度，为噪声污染治理奠定坚实基础；从源头入手综合运用各种政策措施预防噪声，力促城市声环境保护目标实现；运用经济和技术手段加强噪声控制技术的推广和应用，持续改善户外和室内声环境；营造重视噪声污染的社会氛围，建立政府、企业、公众紧密互动的声环境管理运作机制，切实防控治理噪声污染。

在各种污染问题中，噪声污染作为一种感觉型、能量型公害，与人的主观感受最为贴近，其引起的社会关注虽远不如空气、水等污染，但危害却不容忽视。据世界卫生组织对欧洲国家流行病学研究显示，噪声污染已成为继空气污染之后影响人体健康的第二大环境因素。它不仅影响了人们正常的生活、工作和学习，降低了生活质量及工作、学习效率，而且严重的还可能导致耳聋、病情加重甚至死亡。对于环境噪声，我国《环境噪声污染防治法》根据噪声源性质和管理思路的不同，将其分为工业噪声、建筑施工噪声、交通运输噪声和社会生活噪声。这些噪声源的称谓虽与国外有所不同，但其内涵和外延大致相同。因此，课题组从工业、建筑施工、交通运输和社会生活四类噪声源入手，对北京市噪声污染状况展开调查，同时研究和梳理国外噪声污染防治经验，力图为我市制定相关政策和措施提供借鉴和参考。

一、北京噪声污染的现状

改革开放以来，北京市经济、社会和人口发展的各项指标不断刷新，人均 GDP、财政收入等数据屡创新高，在很短的时间内走完了国外发达城市上百年的历程，由此引发的噪声污染很难在短时间内消化，四类环境噪声污染同时存在。2005 年，在零点公司开展的十大城市噪声污染调查中，北京是噪声污染最严重的城市。近年来，北京市大力改善首都生态环境，开展了多项城市噪声污染治理，成效显著，但受诸多因素影响，北京市各声环境功能区环境噪声排放强度仍然较大，夜间声环境质量达标率较低，噪声污染防治工作仍然任重道远。

(一)工业噪声经历了先污染后治理的过程，污染基本解决

工业噪声，是指工业生产活动中使用固定设备时产生的干扰周围生活环境的声音。伴随经济转型、产业结构调整以及相关政策标准的出台，北京工业噪声经历了先污染后治理的过程。新中国成立以后，北京工业迅速发展，首钢、重型机械厂、锅炉厂大规模扩建，城市居民区内工厂纷纷兴建，引发了严重的工业噪声和振动污染。但随着大批高污染工业企业纷纷搬离，北京工业内部结构也由传统行业、高污染高耗能行业向现代制造业、高新技术制造业转变。加之工业噪声污染声源干扰范围固定、治理手段成熟、管理措施严格，其治理目标相对容易实现。因此，工业噪声污染已不再成为影响城市声环境的主要因素。

(二)建筑施工噪声伴随城市发展呈周期性强、排放量大的特点，扰民问题较为突出

建筑施工噪声，是指在建筑施工过程中产生的干扰周围生活环境的声音，具有声源固定、周期性强和排放强度大等特点，其污染程度与建设密度、建设周期密切相关。随着首都经济持续快速增长和人民生活水平显著提高，北京城市现代化建设不断加速，各类工地在全市遍地开花，夏季施工噪声扰民问题尤为突出。针对施工噪声污染，北京市相继颁布实施了《关于维护施工秩序减少施工噪声扰民的通知》等一系列政策措施，明确了相关部门管理职责，实施了降噪费用列入工程造价、推行绿色工地达标、强化夜间施工审批制度、补偿受污染居民、开展轨道交通暗挖竖井全封闭施工试点等措施，缓解了建筑施工噪声污染，但首都施工总量激增、项目建设周期长等对建筑施工噪声影响依然较大，夜间违规施工超标排放问题频发，需加大行政管理力度严控噪声排放。

(三)交通运输噪声污染范围广、影响人群多、治理难度大，近年来呈逐步恶化趋势

交通运输噪声，是指机动车辆、铁路机车、航空器等交通运输工具在运行时所产生的干扰周围生活环境的声音。改革开放以来，城市规模的扩张和人口的膨胀拉动交通需求持续快速增长，出行总量大幅攀升，交通运输噪声污染成为当前最难治理的污染源，对城市声环境质量影响最大。机场客运量和航班起降次数的不断攀升，加剧了机场噪声的影响，引发了多起机场周边居民上访、悬挂抗议条幅、冲击机场等事件，对社会稳定造成一定威胁。机动车增长过猛、使用过频，与城市道路承载能力产生尖锐矛盾，致使北京交通运输噪声污染日益严重，尤其在上下班高峰时段或交通阻塞路段，交通运输噪声可达 70 分贝以上。部分交通干道与噪声敏感建筑物距离过近，更是加剧了北京交通运输噪声的危害。城市铁路和高铁的迅猛发展，引发了高分贝的交通运输噪声污染，扰民问题突出，不少地面路段，噪声影响人群甚广。

(四)社会生活噪声污染伴随人口快速膨胀和文化消费增长扰民严重，噪声投诉量激增

社会生活噪声，是指人为活动产生的除工业噪声、建筑施工噪声和交通运输噪声之外的干扰周围生活环境的声音。根据产生性质的不同，社会生活噪声分为经营场所噪声(商业及服务业经营场所、营业性文化娱乐场所等)、建筑服务设施噪声(建筑物配套的空调、冷却塔、通风设备、供水设备、供热设备、电梯、变压器等)、公共活动场所噪声(街道、广场、公共体育文娱设施等)和邻里噪声(家庭装修、家庭娱乐等)四小类。

二、北京噪声污染防治面临的主要问题

(一)社会各界对噪声污染重视不足

噪声污染属于感觉型公害，具有主观判断性、无形性、局部多发性和偶发性等特点。目前社会各界对噪声污染的重视和关注仍相对不足。低噪声等环保产品占政府采购的比例低。大多数企业出于成本和经营的考虑，在只有义务性规定、没有政策和经济手段调节且行政处罚额不高的情况下，不愿意主动改进隔声设施或使用低噪声设备。受生活习惯、风俗、文化差异等影响，加之缺乏对工作地、居住地和公共场所噪声真实状况的直观认识，部分市民不重视噪声防治，很难或不愿意从自身做起，主动选择环保产品或采取降噪措施，以免干扰邻里。

(二)噪声污染防治政策和标准亟须完善，部门协调机制有待健全

国家层面的政策文件尽管对环境噪声污染防治的有关问题做了比较全面的规定，但随着社会发展，许多规定显得过于原则、滞后，难以具体实施。补偿标准过低，很难对噪声排放企业起到威慑作用，对受害居民也起不到抚慰补偿作用。噪声标准存在体系不健全、噪声评价方法不科学，限值不尽合理等问题，极不利于环境噪声的管理。多部门管理的现状容易形成管理上的盲区，很难落实监管主体，难以形成有效执法。

(三)城市规划布局有待优化，环评执行力亟须提升

居住区、商业区、工业区混杂普遍存在，城市规划布局有待进一步优化。随着产业的升级，工业企业与居民区混杂的情况有所改善，但频繁商业活动对噪声敏感建筑物造成的影响依然较大。因城市用地紧张，建筑物与交通干

线的防噪声距离难以保障，尤其在五环以内，噪声敏感建筑物紧挨交通干道的情况极为普遍，且两者间的缓冲隔离带很窄或根本没有隔声措施。近年来为缓解交通拥堵，许多本应位于城市外围的高速路也逐渐进入到城市中心区，这类道路设计车速较高、车流量大，加之两侧的辅路离敏感点较近，两者的交通噪声对敏感点的影响产生了叠加作用。环境影响评价制度的执行力有待提高。在实际运行中，法律规定的建设项目环境影响评价制度常因某些原因无法发挥其应有的效力，噪声污染排放只能有所缓解而无法全面达标。部分新建道路仍存在重保障畅通轻噪声污染防治的倾向，对预测评价缺乏远期考虑，甚至对部分环保部门批复的降噪措施，也未按照要求落实。有些轨道路段为方便施工，擅自变更线位，未按要求重新报批环评。

(四)历史欠账较多，后期治理资金压力较大

过去，许多项目在规划、建设之初多从城市经济发展的角度出发，很少考虑污染控制和环境评价，这为城市的良性持续发展埋下了隐患，导致：一是污染责任难认定，如二、三环道路及两侧居民住宅，大多散建于 1997 年《环境噪声污染防治法》生效前，许多道路、住宅的建设单位都已不存在，无法明确责任主体。二是治理手段有限、费用高。目前，国内外削减噪声传声途径的主要工程技术手段有声屏障(包括全封闭声屏障)、隔声窗、低噪声路面等。这些技术措施能对噪声敏感建筑物起保护作用，但前期建设及后期更换、维护费用很高。三是治理资金难落实，仅仅依靠北京市财政资金很难支撑全市所有路段的隔声工程建设。因此隔声技术措施由谁出钱、如何建设和维护已成为当前阻碍北京噪声污染防治工作的主要问题之一。

三、借鉴国外经验，防治北京噪声污染的对策建议

国外发达城市的工业化和城市化早于北京，出现噪声污染问题也早于北京。在多种政策措施和技术手段的综合作用下，国外大城市自工业革命后出现的噪声污染问题得到有效控制，其治理经验是成功的。课题组在学习、借鉴国外经验的基础上，结合北京市噪声防治现状和实际，特提出以下建议：

(一)完善立法和标准体系建设，加大政府监管和处罚力度，为噪声污染治理奠定坚实基础

1. 完善噪声污染防治立法

国外经验表明，噪声污染来源广泛、复杂，必须构筑完善的法律体系，才能推进城市声环境质量的持续改善。为此，北京市应进一步完善噪声污染防治立法，推进《北京市噪声污染防治办法》的修订工作，提升噪声防治的法律地位；在法律体系中及时细化完善各项措施、部门职责和相互间协调配合机制，明确法律责任，加大处罚力度。鉴于当前北京市交通噪声污染的严峻形势，立法的工作重点在于明确相关部门对交通噪声的监管职责，确定交通噪声污染的法律责任，真正落实“后建者承担污染责任”的法律原则，全面推动声环境保护工作依法有序开展。

2. 推进噪声控制标准的制定、修订

环境噪声标准体系分为三个层次：第一层次是制定保证人体健康和社会安静的声环境质量标准。为确保声环境质量达标，日本、美国等发达国家均对各功能区设置了明确标准，同时督促所辖城市严格执行相关标准或制定更为细化的标准。(见表 1、表 2)

表 1　日本声环境质量标准①

等级	受影响区域		声压级	
			6 点到 22 点	22 点到 6 点
AA	要求特别安静的地方		50dB	40dB
A	仅供住宅区	一般区域	55dB	45dB
		面对双车道或多车道的区域	60dB	55dB
B	大部分是住宅的住宅区	一般区域	55dB	45dB
		面对双车道或多车道的区域	65dB	60dB
C	商业和工业区		60dB	50dB
特殊区域	面对主干线或交通繁忙区		70dB	65dB

表 2　美国环保署 EPA424/04 规定②

噪声源所在区域	最大噪声级(dBA)	
	7 点到 22 点	22 点到 7 点
农村	47	40
城市居住区	52	45
城市居住与商业或学校医院等等的混合区	55	45
城市居住与手工工业、公共娱乐或公共聚集混合区	58	50
商业区	65	60
工业区	70	70

① 柳至和、王芳、朱妍妍：《城市交通噪声特性及其控制方法探讨》，《2013・学术前沿论丛——中国梦：教育变革与人的素质提升(下)》。

② 柳至和、王芳、朱妍妍：《城市交通噪声特性及其控制方法探讨》，《2013・学术前沿论丛——中国梦：教育变革与人的素质提升(下)》。

第二层次是制定高噪声源及场所的噪声排放标准。对工业噪声、建筑施工、社会生活噪声等污染源，国外各大城市主要通过加强行政监管，按照新建和已有项目分类制定噪声控制标准：新建项目要求严格、标准值低；已有项目标准值稍微宽松。第三层次是制定高噪声产品的噪声辐射标准①。

北京市应坚持贯彻“以人为本”的理念，以稳定声环境质量，抑制恶化趋势为目的，不断加强各类噪声源的监控和管理，积极推动相关专项标准的制定、修订，使噪声管理有据可依，以此降低受高噪声影响的人口数量。此外，要由政府部门牵头，从声源控制的角度尽快制定出一些噪声管理的规范，如制定绿色标识(低噪声)制度，在此标识上详细注明各类机械设备(包括车辆)的噪声等级，限制不达标设备、车辆的市场准入，引导社会各界自觉使用低噪声设备；仿效机动车尾气排放管理，建立车辆噪声排放管理制度，逐步淘汰不达标的交通工具，等等。

3. 强化噪声污染监管力度

保护声环境、提高噪声污染防治能力，必须进一步明确部门监管职责和法律责任，强化监管措施，壮大监管力量。根据当前的防治现状，适时成立一个综合协调部门，加大监督和执法力度，有效协调各部门及各区县的噪声防治工作；采用先进技术手段，对重点噪声排污企业或区域进行在线监测；扩大监督力量，建立噪声排污暗访、曝光机制，加强媒体监督；积极利用热线电话、微博、微信平台等途径，广泛接受市民监督和举报，形成全社会齐抓共管的局面。

4. 加大噪声污染处罚威慑力

制定严厉的噪声超标处罚办法也是防治噪声污染的重要手段之一。美国《噪声控制法》对相关噪声侵害行为的惩罚十分严厉，任何法人、自然人违反规定，将根据不同情节处以每天25000—50000美元的处罚或2年以下拘役。②北京应学习借鉴国外经验，以法律法规形式制定较为严厉的防治噪声污染的处罚措施和标准，不断加大噪声污染执法处罚力度，形成对噪声违法行为的震慑，减少噪声扰民纠纷。

(二)从源头入手综合运用各种政策措施预防噪声，力促城市声环境保护目标实现

1. 合理规划城市功能布局

北京由于用地紧张、早先规划不够合理等诸多因素，商业区、住宅区和

① 张国宁、周扬胜、于丽昕：《环境噪声标准体系设计与相互关系研究》，《环境监测管理与技术》，2007年第6期。

② 康宁：《美国噪声控制法中的公众参与及启示》，《山东行政学院山东省经济管理干部学院学报》，2009年第3期。

交通设施等混杂，加之近年来北京市人口膨胀屡屡突破规划、高等级道路进入中心区等，城区噪声污染的影响范围和复杂程度不断增大。因此，北京市未来在城市建设的规划过程中应充分考虑《声环境质量标准》(GB 3096—2008)的要求，尽量合理安排功能分区(工业区、商业区、住宅区、文教区等)和建设布局；合理划定建筑物与交通干线的防噪声距离，实现机非分离、动静分开；在城市中心区内减少六车道以上的道路或高架道路的建设，减少设置辅路机动车道等。

2. 规划先行，严格执行环评

为预防噪声污染的蔓延，北京市应坚持环保先行，在交通项目建设时慎重考虑噪声现状的改变，以及噪声敏感建筑物的保护问题，严格执行环境影响评价制度，科学、准确预测交通项目的环境影响，并据此提出有针对性的防治措施，尽可能地将噪声控制规划、城市规划、交通、土地利用规划等作为一体统筹考虑，在条件允许的情况下实行线路(场址)避让、建筑功能置换、污染搬迁，避免公路、铁路穿越噪声敏感建筑物集中区域，有效降低交通噪声可能造成的影响。

3. 控制城市人口过度聚集

美国噪声专家辛普生(Simpson)在对环境噪声做了大量观测研究后发现，环境噪声级和人口密度存在正相关性，即每平方公里人口密度越大，昼夜环境噪声级越大。东京、伦敦、巴黎等城市在城市化过程中，纷纷采取了升级产业结构、开发培育城市副中心或新城、建设均衡发展的大都市圈、提高生活成本等措施，缓解了中心区人口压力，同时也极大改善了城市声环境。这些城市通过控制人口来控制声环境的成功经验值得北京学习借鉴。

4. 引导合理出行，预防噪声污染

一是必须严控机动车车速和鸣笛，在敏感区域设置单行线、障碍桩、步行区、禁行区等限制小汽车通行和车速，减轻机动车通行车速快、鸣笛多对交通干道两侧住宅的噪声干扰，如巴黎、伦敦等城市规定小汽车出行必须限制鸣笛。二是优先发展公交，形成以轨道交通为主的多种交通方式并存的公共交通系统，各种方式分工明确，联结紧密，换乘方便。三是鼓励慢行交通发展，从城市规划和建设的角度出发，统筹考虑交通发展与环境保护的关系，采取完善路网结构、限制机动车无序发展，大力发展公共交通、倡导自行车出行等措施，引导人们合理出行，降低噪声污染。

(三)运用经济和技术手段加强噪声控制技术的推广和应用，持续改善户外和室内声环境

1. 强化噪声源控制

噪声源控制涉及声源产品(机动车、轨道车辆、飞机等)噪声控制和交通项目工程降噪两方面内容。为强化噪声源控制，北京市要加大机动车、轨道车辆、飞机等声源产品的噪声控制力度，通过制定相关奖励政策，鼓励企业积极研发和生产各类低噪声交通工具，以降低环境噪声排放。此外，北京还可以通过低堑路、低噪声路面、焊接长钢轨及轨道打磨、基础减震等建设方式，提高交通项目工程降噪水平，降低交通噪声对周围环境的影响。

2. 阻断噪声传声途径

实现户外声环境达标，是控制敏感点声环境质量的关键。在阻断噪声传声途径、对噪声实施主动控制的技术方案上，北京与国外大致相同，均是采用在交通运输设施和相邻噪声敏感建筑物之间建设声屏障、绿化带的方式。据研究显示，声屏障的降噪量为5—10分贝①，以全封闭声屏障的效果最佳。20世纪70年代起，许多国家均修建了大量声屏障来防止交通噪声的传播。如德国许多城市凡是道路网延伸的地方，都建有完善的隔声设施，材料包括木材、钢、铝、混凝土以及亚克力板等②。韩国首尔市内也建有多处全封闭声屏障，形式和形状各异。

绿化带对噪声的作用也不容忽视。据研究表明，郁密度很高且乔、灌、草结合的绿化带降噪量为每10米2—3分贝，一般绿化带为每10米1分贝。此外，绿化带还能够给人们带来心理上的降噪效果，约有3—5分贝。北京应加强噪声敏感地区的声屏障和绿化带建设，甚至在有条件的地区还应设置全封闭道路或者轨道交通声屏障，以此保障人们的生活和学习环境，有效阻断噪声传声途径。

3. 加强敏感建筑物自身防护

交通噪声污染控制的最终目的，是保护人们正常生活、工作和学习的声环境质量。北京在当前规划布局不合理、交通噪声污染严峻的形势下，应考虑现实可行性，将重点放在采取隔声门窗等建筑物被动防护措施，加强医院、学校、机关、科研单位、住宅等“噪声敏感建筑物”的自身防护，以保障人们的生活、工作和学习环境。此外，对于隔声窗形式，北京市也应尽快明确标准，力争与国外接轨，而不仅仅是目前普遍采用的简单的双层玻璃窗形式。

4. 建立政府、单位、个人的降噪治理投资机制

充足的治理资金投入是推广和应用相关噪声控制技术、持续改善户外和室内声环境的重要保障。国外环保基金模式多样，政府引导型基金是许多国家环保基金运作的主要形式之一。北京市可结合现阶段噪声污染防治目标和财政实际，采取市、区政府，产权单位，居民个人分别承担的方式，实现多元化的治理资金来源，推进既有道路(轨道)交通噪声治理工程。对道路、城市轨道两侧建有居民住宅且夜间交通噪声超标严重路段要优先治理，确保居

① 张伟文：《现代城市噪声污染分析及治理措施建议》，《企业科技与发展》，2010年第12期。

② 刘韬：《欧洲城市环境噪声地图与治理措施》，《建设科技》，2007年第21期。

民住宅室内夜间声环境质量符合国家标准。根据当前实际，可以隔声窗为主要治理方式，条件适当时优先采用隔声屏的治理方式，分期分批，逐步推进，切实保障户外和室内声环境的持续改善。

（四）营造重视噪声污染的社会氛围，建立政府、企业、公众紧密互动的声环境管理运作机制

1. 推广噪声地图，保障人们的知情权和选择权

北京开展噪声地图技术的投资较大，实验一小块区域需花费200万以上，从短期看对政府制定政策帮助不大，但从长远看，绘制噪声地图对于政府、企业、公众的影响和意义都是巨大的。知情权和选择权的切实保障，有助于推动政府部门、企业和市民的环保参与，营造出重视声环境保护的良好社会氛围，从而有力推进北京市生态文明和城乡环境建设。

2. 鼓励政府相关部门以身作则开展绿色采购

政府绿色采购政策的实施，能够鼓励企业大力开发绿色产品和技术，并对全社会的绿色行为起到引导作用。北京要出台专门立法或政府法令推行绿色采购，发布政府绿色采购手册和清单，打造绿色采购信息平台，并完善监督机制，鼓励政府及下属事业单位通过绿色采购，为保护城市声环境起表率作用。

3. 采取经济措施强制或鼓励企业主动采取降噪行为

要对噪声超标排放的工业企业、施工单位以及文化经营场所制定严厉的处罚措施。对那些限期治理逾期未完成的，除依照国家规定加收超标准排污费外，可以根据所造成的危害后果处以罚款、责令停业、搬迁、关闭，同时提高这些企业对周边居民的噪声污染补偿标准，对于情节特别严重的甚至可以根据《中华人民共和国治安管理处罚法》《最高人民法院、最高人民检察院关于办理环境污染刑事案件适用法律若干问题的解释》对相关负责人处以拘役。此外，建立适合本市市情的面对企业的经济援助机制，通过政府引导性投资，积极吸纳民间资本进入噪声设备研发和噪声技术监测、建设、运营。

4. 引导市民积极参与环保决策，并从自身做起削减噪声污染

一是落实环评公众参与要求，建立和完善噪声管理的公共参与、民主决策的机制。在涉及噪声规划、法规政策制定、道路建设方面广泛听取公众意见，建立公众参与噪声管理的组织平台和制度平台，促进市民环保行为。二是加大宣传力度。注重与环保组织和社会团体的广泛合作，采取加大公共广告投放、发放宣传材料、开设环保网站等手段，普及公众的噪声防护知识，引导市民从自身做起，养成绿色出行、文明就餐等良好生活习惯，减少邻里噪声纠纷，保护城市声环境。三是强化经济激励政策引导。对公众、民间组织及其他组织参与噪声控制措施、测量与影响的研究，给予必要资助，利用税收杠杆的调节作用，鼓励市民购买低噪声产品。

（作者：盛继洪　首都社会经济发展研究所副所长
吴玲玲　首都社会经济发展研究所助理研究员）

后 记

为进一步扩大北京社科基金项目的社会影响力，使更多研究成果得到有效转化应用，北京市哲学社会科学规划办公室今年继续组织出版《北京市社会科学基金项目优秀成果选编(第四辑)》，集中展现过去一年项目研究中涌现出的优秀成果。

我们从2013年6月至2014年6月期间完成研究任务的270个项目中，遴选出49项研究成果，以成果提要的形式呈现给广大读者。凡入选成果，或获得省部级以上奖项，学术价值为社会认可；或得到省部级以上领导批示、被相关实际部门参考采纳，应用价值得以体现；或紧密结合北京经济社会发展实际，对决策和实践具有重要参考价值和指导作用，得到鉴定专家高度评价等。所有成果提要均由项目负责人压缩提炼，并经相关专家进行审读和把关，能够充分体现研究成果的核心观点、内容创新、突出特色和主要建树。

从项目类别看，本书收录第二批重大项目9项、重点项目12项、一般项目23项、青年项目5项；从学科分布看，哲学2项、科社·党建·政治学5项、经济·管理21项、法学2项、教育学2项、社会学3项、历史学4项、语言·文学·艺术2项、城市·综合学科8项，内容涵盖北京社科基金项目所有学科。为便于读者阅读，我们对入选成果的体例格式、内容繁简和行文风格进行了统一，并将各学科成果按照项目编号进行排序。

市社科规划办领导对本书的组织出版进行总体指导，成果处具体承担稿件的征集、审核和选编等工作。在本书的出版过程中，入选项目所在单位科研管理部门承担了大量组织和协调工作，项目负责人和课题组进行了认真细致的修改和审校，首都师范大学出版社的领导和编辑们给予了大力支持与帮助。在此，一并表示感谢！

北京市哲学社会科学规划办公室
2014年10月